国家社会科学基金资助项目研究成果
江苏高校优势学科建设工程资助出版

面向过程的大型工程社会影响前摄性评估方法

黄有亮　宁　延　林文生　等著

东南大学出版社
SOUTHEAST UNIVERSITY PRESS
·南京·

内容提要

本书为国家社会科学基金项目研究成果,着力从我国大型工程社会影响的过程和规律去解读现代社会影响评估理念,努力贴近评估研究领域的前沿,吸收西方的先进方法并进行本土化思考,增进和改进我国传统的项目社会评价方法和模式,构筑了一个适合当前本土社会和社区情境、立足于项目决策阶段、面向过程的前摄性评估方法体系。希望本书能促进我国的评估工作者突破传统范式,从一个新的视角去理解大型工程的社区影响,以科学的、更富有民主精神的评估思路和方法寻求对人民、社区及社会制度而言所付代价更小的项目改进方案,为项目决策提供依据。

图书在版编目(CIP)数据

面向过程的大型工程社会影响前摄性评估方法/黄有亮等著. —南京:东南大学出版社,2019.12
ISBN 978-7-5641-8712-5

Ⅰ. ①面… Ⅱ. ①黄… Ⅲ. ①大型建设项目—社会影响—评估方法 Ⅳ. ①F282

中国版本图书馆 CIP 数据核字(2019)第 285320 号

面向过程的大型工程社会影响前摄性评估方法

著　　者:黄有亮　宁　延　林文生　等
出版发行:东南大学出版社
社　　址:南京市四牌楼 2 号　　邮编:210096
出 版 人:江建中
网　　址:http://www.seupress.com
电子邮箱:press@seupress.com
经　　销:全国各地新华书店
印　　刷:江苏凤凰数码印务有限公司
开　　本:787 mm×1092 mm　1/16
印　　张:29.5
字　　数:736 千字
版　　次:2019 年 12 月第 1 版
印　　次:2019 年 12 月第 1 次印刷
书　　号:ISBN 978-7-5641-8712-5
定　　价:68.00 元

本社图书若有印装质量问题,请直接与营销部联系。电话(传真):025-83791830

前　言

　　大型工业投资项目和公共设施在国民经济和社会发展中占有重要的战略地位,并发挥着十分重要的作用。但是,工程技术固有的缺陷使得它们的开发和运营对所在社区产生了诸多不利影响,如影响当地的生态与环境、侵占当地居民赖以生存的土地等资源,甚至使得社区体系、文化和风俗习惯等发生变迁。20世纪90年代始,我国学习西方社会影响评估经验,将社会评价纳入到项目可行性研究和环境影响评价环节,作为项目行政许可程序之一。然而,许多工程的建设仍触发了社区居民或社会公众的群体性抵制行为或行动,甚至影响到正常的社会与经济秩序。所以,我们认为目前的社会评价方法应该被重新审视,为此以“面向过程的大型项目社会影响前摄性评估方法研究”为题申请国家社会科学基金项目,并获得资助。

　　然而,研究过程并不一帆风顺,我们经常面临一些问题的困扰和挑战。大型工程的兴建与运营从没有像今天这样交织着各类社会问题、社会矛盾和相关方的利益冲突,这源于当今社会人们自我保护意识的加强。在社会主义民主政治的改革和发展推动下,民间环保组织日益活跃并积极推行他们的各项倡导计划,党和政府在以人为本发展观、协调发展观和可持续发展观下对民生问题更加重视,媒体和网络也从来没有停止过这方面的报道或传播热情。社会影响评估已不再只是一项工程评估工作,而是一个需要从工程技术和社会学交叉学科视角下进行研究的复杂议题,是一项艰难的并充满争议的实务性工作,在西方被认为是应用社会科学的一个分支。也许正因为如此,国内外学术界对评估的范式、方法论,甚至是社会影响评估的定义,至今尚没有取得完全一致的意见。

　　研究过程中的社区调查也是满满的艰辛,冒着零下十多度的严寒、踏着积雪,走进海边的渔村;搭乘乡村公交,在盘山公路上颠簸两三个小时去探访位于深山里的小村;为获得一份有效的问卷,帮助路边店店主卸货,好让他有更多时间接受我们的面对面访谈;为了不中断村民合作小组的蘑菇培养基——木屑的制作生产线的运行,部分访员做了一回临时工,替换受访者……这样的调查,我们不只是获得了有效的答卷,它让我们学会了从居民的角度去理解社区所受到的冲击和扰动……在某个傍晚,当调查队进入水库边一个小镇时,我们这一群操着非本地口音的十多人立即引起了居民的注目。小镇看上去比较富裕,街头也比较热闹,大多数建筑物并不陈旧,银行、邮局和各类商店齐全,但是唯一的一家小旅馆却没有更多的床位接纳我们。幸好是冬季的营业淡季,我们终于在离镇两三公里的一家当地有名的"农家乐"找到了落脚之处。不过,第二天早晨当我们刚刚开始在街头或入户做访谈时,调查队的队长就被请进了镇派出所……我们知道,我们的活动打破了小镇的安宁,小镇居民需要把外地人带来的紧张进行安顿。

对于该课题,我们并没有试图把握社会影响评估研究的全局,没有考虑如何改进评估工作本身的技巧和绩效,没有探讨有效的评估服务提供方式,没有讨论长期社会影响监测,也没有研究诸如移民、贫困、妇女和弱势群体等社会影响评估研究常见议题。我们着力从我国大型工程社会影响的过程和规律去解读现代社会影响评估理念,努力贴近评估研究领域的前沿,吸收西方的先进方法并进行本土化思考,增进与受影响社区社会结构基本特征相适应的评估方法和模式,构筑一个适合当前本土社会和社区情境、立足于项目决策阶段、面向过程的前摄性评估方法体系。当然,它绝不是、也不可能是如何评估的最终校正方法,社会影响评估方法总是随着社会变迁而在改变。

我们希望本课题研究成果能促进我国的评估工作者突破传统的范式,从一个新的视角去理解大型工程的社区影响,以科学的、更富有民主精神的评估思路和方法寻求对人民、社区及社会制度而言所付代价更小的项目改进方案,为项目决策提供依据。社会评估领域所有评估工作者公认的共同目标是运用自己的专业技能和职业实践参与社会状况的改善,这也是本课题研究所追求的目标。

在本课题的申请和研究过程中,新加坡国立大学 Florence Ling Yean Yng 教授、东南大学成虎教授、苏州市住房和城市建设局张涛研究员级高级工程师、南京工业大学申玲教授、陈志福副教授和宋巨盛博士、东南大学陆彦博士等专家学者给予了有益的指导和无私的帮助,在此谨致以最真挚的谢忱。

特别感谢宁国市移民工作局、滁州市明湖建设管理中心对本课题调查工作的支持和准入,特别感谢受访村(社区)的基层干部对调查工作的帮助。我们格外感激那些接受我们访谈的居民们,他们无私地贡献了他们匿名的个人和家庭信息、对相关社会议题的认知和观点以及他们的社区生活知识和经验,为课题研究提供了无价的数据资料。

本课题研究也受惠于国内外公开出版或发表的相关文献,我们在本书的页脚注或者书后的参考文献中予以列出,如有遗漏,请与作者或出版社联系,给我们弥补过失的机会。在此,谨向我们所引用的参考文献的所有者、作者或译者表示衷心的感谢。

我们要向为本书出版付出许多心血的东南大学出版社编辑们致以真诚的谢意。他们极其认真地修订了本书原稿存在的格式、语法和数据计算上的错误。

最后要声明的是,除了本书署名的作者外,为本课题研究成果做出贡献的还包括:谢政民、刘梦洁、赵丽奇、刘华兴、栗雨蒙、徐敏(第3章的联合作者);朱钰(第5章和第9章的联合作者);吴天宝(第6章的联合作者);吕鹏(第7章的联合作者);钱锐(第8章和第9章的联合作者);陆传洋(第9章的联合作者)。此外,为本课题调查工作做出贡献的还包括马秋雯、陈超、付绍明、杨路远、宋家仁、钱经、薛凡、陈为、丁彦月、王玫婷、袁雅、朱剑文、王艳、吴一帆、袁晶晶、李晓霞等。

书中不足之处,恳请读者和专家予以批评指正。

著者

2019 年 9 月

目录

1　导　　论

1.1　社会影响评估(SIA)的概念

社会影响评估,英文原文为 Social Impact Assessment(SIA),又译为社会影响评价。也有人将社会影响评估称为社会评价或社会评估(Social Assessment,Social Evaluation 或 Social Appraisal),但是社会评估或社会评价也应用在社会学的其他领域,如社会工作评估、教育评估和健康卫生项目评估等。英文的 Social Impact Assessment 或 Social Assessment 多指对开发工程项目、开发规划和开发政策对人类造成影响的评估,在我国多称为投资项目社会评价或建设项目社会评价。我们的研究均采用"社会影响评估"来表达我们所要研究的大型工程社会评价,文中涉及相关文献的不同用词,也均指这一含义。对社会影响评估的用词差异,也表现了人们对社会影响评估概念的不同理解。

美国社会影响评估奠基人之一、西华盛顿大学教授拉贝尔·J.伯基将社会影响评估定义为社会科学的一个次级学科,社会影响评估是一套对影响预先做出评估的知识系统,对因拟建项目或政策改变造成的环境变化,进而对社区和个人日常生活品质产生的影响进行评价[①]。美国社会影响评估原则和指南跨组织委员会(Interorganizational Committee on Principles and Guidelines for Social Impact Assessment,IOCPG)在《社会影响评估原则和指南》中指出,社会影响是因任何公共的或私人的活动,对人类社会造成的后果——人们日常的生活、工作、娱乐、与他人互动的方式,满足需求的方式以及通常作为社会成员的适应方式发生了变化。社会影响也涵盖了文化影响,包括道德、价值观以及信仰的改变。国际影响评估协会(International Association for Impact Assessment,IAIA)在《社会影响评估国际准则》中,将社会影响定义为任何公共或私人行为的后果,带来人们生活、工作、游憩活动中相互关系和组织协作方式的改变,以及在文化层面的影响,如规范、价值观、信仰的改变,从而指导他们对自我和社会认知的形成,并使其合理化。一般广泛涉及对审美、考古、社区、文化、人口、经济、性别、健康、原住民、基础设施、制度、政治、贫困、心理、资源等社会各个层面的影响,并包括工程计划介入产生的所有直接或间接的社会问题,其影响对象包含个人、家庭、社区乃至整个地区,并将社会影响划分为:生活方式、文化、社区、政治系统、环境、健康安宁、个人财产安全等方面。[②] 国际著名的社会影响评估专家——法兰克·范克莱(Frank Vanclay)[③]教授进一步扩展了社会影响概念的维度,指出社会影响不仅仅包含以上方面,所有与人相关的

---

① 伯基.社会影响评价的概念、过程和方法[M].杨云枫,译.北京:中国环境科学出版社,2011:3.

② Vanday F. International Principles for Social Impact Assessment:their evolution [J]. Impact Assessment and Project Appraisal, 2003, 21(1):3-4.

③ 荷兰格罗宁根大学(University of Groningen)空间科学学院文化地理学教授,曾任国际乡村社会学联合会主席及国际影响评估协会董事会董事,主持编写《社会影响评估国际准则》和《社会影响评估国际手册》(2003)。

问题均应归为社会影响,认为单纯的自然影响也会对人的安全感、心情等方面产生重要的影响[1]。Becker 将社会影响评估扩展到宏观层面,认为社会影响评估是对现在提议的行为在将来产生的社会后果进行预测,预测的后果可能对个人、组织甚至宏观系统产生影响[2]。

C. 尼古拉斯·泰勒(C. Nicholas Taylor,曾任林肯大学资源管理中心的高级研究官员)、C. 霍布森·布莱恩(C. Hobson Bryan,阿拉巴马大学地理系教授,曾任美国林务局社会影响评估的项目领导人、国际影响评估协会前主席)和科林·G. 古德里奇(Colin G. Goodrich,坎特伯雷大学社会学系前系主任、人文和社会科学教务长)等认为"社会影响评估"过多地被当作一种聚焦于负面社会效果的行动,因此无形中阻碍了对结构性变化的关注。在他们合作的著作《社会评估:理论、过程与技术》中,他们采用的概念是"社会评估(social assessment)",而不是"社会影响评估",旨在克服术语"影响(impact)"常常隐含的消极寓意。在许多场合,他们用更加一般性的术语"效应(effect)"替代"影响"一词,以强调他们的观点,即社会评估不仅能够包容那些显性的变迁,而且能够包容那些细微的变异。他们认为社会评估为研究、计划和管理由政策和工程实施而产生的社会变迁评估提供了一种方法,社会评估运用社会分析、监测和公共卷入(public involvement)方法记录和管理社会效应,关注的焦点是受变迁影响的个人、群体、社区和社会部门。[3]

在我国,社会影响评估被称为社会评价。我国有权威的并带有行政色彩的、由原国家计委投资研究所和建设部标准定额研究所组成的社会评价课程组编写的《投资项目社会评价指南》将投资项目社会评价的概念表述为,投资项目社会评价是指分析评价项目为实现国家和地方的各项社会发展目标所做的贡献与影响,以及项目与社会的相互适应性的一种系统的调查、研究、分析、评价方法。由于国家和地方的各项社会发展目标的实现,有赖于各项社会政策的贯彻执行,所以项目的社会评价是以各项社会政策为基础,分析研究项目对各项社会政策的效用,及其对各项社会发展目标的作用。项目对各项社会发展目标的贡献,是指由于项目的实施给社会创造的效益,或者说是项目对社会的有利影响,如增加人民的卫生设施,使人民的保健水平提高;提高人民的教育、文化水平,改善人民的劳动条件等。项目对社会发展目标的影响,包括自然影响与社会影响。前者如对自然与生态环境的影响,对自然资源的影响,这些自然影响一般是对人民生活的间接影响。后者如对人口、劳动形式、劳动组织、社会就业、社会政治、人民的生活收入、生活质量的影响等。影响也包括近期影响与远期影响,明显的影响与潜在的影响。如对生态环境的影响,往往是对人民健康、生活质量的潜在影响,一般在较短时间内不易察觉。项目与社会的相互适应性分析,内容包括项目与社区人民的相互影响如何,如何相互适应,如项目是否适应当地社区人民的需要与需求;项目对社区人民文化的可接受性等;社会对项目是否适应,如社区对项目的吸收能力如何,是否需要提高其吸收能力以适应项目的生存;承担项目的组织机构能力如何,是否需要采取措施加以提高等。[4] 这一概念在国内的大多数行业项目社会评价方法研究及相关研究中被广泛接

① Vanclay F, Esteves A M, Aucamp I, et al. Social Impact Assessment: Guidance for assessing and managing the social impacts of projects [J]. International Association for Impact Assessment, 2015, 128(2): 311-321.

② Becker H A. Social impact assessment [R]. Eur J Oper Res, 2001: 128.

③ 泰勒,等. 社会评估:理论、过程与技术[M]. 葛道顺,译. 重庆:重庆大学出版社,2009:前言,1.

④ 国家计委投资研究所,建设部标准定额研究所社会评价课题组. 投资项目社会评价指南[M]. 北京:经济管理出版社,1997:26.

受和引用。

　　比较上述对社会影响评估的定义，可以看出，泰勒等对社会评估的定义与伯基及IOCPG对社会影响评估的定义相比，主要是前者考虑了项目对社会部门的影响，他们的研究内容中也包含了区域和当地经济影响评估[①]，即与规划项目或者实际变迁、受影响地区的社会特征直接相关的后果，变迁类型可以有多种，包括规划变迁的评价、土地的选择使用、旅游业的影响、企业关闭、基础设施工程以及经济条件的变化（如农产品价格变化或者经济增长），需要特别评估当地小企业的变迁。国内对社会评价概念定义更为宏大，如果说伯基的定义是完全微观层面的——个人、家庭和社区角度，则泰勒等的定义则除了微观层面，还包含了中观层面——区域与当地经济角度，那么国内目前权威的定义则包含了宏观、中观和微观三个层面。

　　我们认为，或者说从本研究的目标出发，大型工程社会影响评估的概念应界定在微观领域，即社区层面，包括个人、家庭和社区。事实上，泰勒等所述的当地和区域经济影响的中观变迁可从微观层面变迁考察中得到反映，而国内定义中的宏观层面影响则可以纳入我国目前项目可行性研究中所设立的"国民经济评价"或"区域经济与宏观经济影响分析"的环节中，我们在第2章中讨论评估目的时还将涉及此话题，并对此做出进一步的解释。法兰克·范克莱主编的《社会影响评价新趋势》中，基于社区背景的评估、与社区达成合作协议以获得社会许可的社区协议方法被认为是不同于传统合规式社会影响评估的另一种选择，这是国际社会影响评估一个新的方向[②]。

1.2　西方及国际社会影响评估的起源与发展

　　社会影响评估起源于1969年美国环境政策法（NEPA），该政策确认了环境影响评价（社会影响评估作为环境影响评价的一个组成部分）在未来规划、决策制定等方面的正式地位[③]。然而决策制定者、评审机构、社会学家认为单纯的环境影响评价不足以全面地预测未来干预导致的结果，倡导在环境影响评价中增加有关社会维度评估，弥补单纯环境评价中过度依赖生物物理评估的不足[④]。但不少学者对此存在争议，认为社会影响的研究早于环境政策法和自然环境评价，即便如此，环境政策法的出现加速了社会影响评估的法律地位的确立。然而直至1973年阿拉斯加管道工程的环境影响评价才将社会问题（管道工程对当地居民的习俗以及生活方式产生怎样的变化？）第一次纳入实践操作环节，这一事件促使了社会影响评估学科的建立以及随后理论和方法的研究。

　　随着美国经济的飞速发展，大型工程的数量不断增多，使得社会影响评估的研究得以深

　　① 泰勒，等.社会评估：理论、过程与技术[M].葛道顺，译.重庆：重庆大学出版社，2009：148.

　　② 法兰克·范克莱，安娜·玛丽亚·艾斯特维丝.社会影响评价新趋势[M].谢燕，杨云枫，译.北京：中国环境出版社，2015：47-59.

　　③ Esteves A M, Franks D, Vanclay F. Social impact assessment: the state of the art[J]. Impact Assessment and Project Appraisal, 2012, 30(1): 34-42.

　　④ Downs M, Stoffle R, Burdge R J, et al. Principles and guidelines for social impact assessment in the USA: The Interorganizational Committee on Principles and Guidelines for Social Impact Assessment[J]. Impact Assessment and Project Appraisal, 2003, 21(3): 231-250.

入,同时很多发达国家也纷纷展开社会影响评估的研究。例如联合国工业发展组织与阿拉伯国家工业发展中心联合编制了《工业项目评价手册》,其中设置了社会评价指标,如:就业效果、分配效果、国际竞争力等;国际上成立国际影响评价协会(IAIA);加勒比海发展银行、泛美开发银行、亚洲发展银行、世界银行等组织建立了社会发展部门。但社会影响评估的从业者发现在实践过程中面临着缺乏统一规范与控制导致评估报告的质量、评估内容的科学性差等问题。为弥补这一缺陷,很多社会学家成立跨组织委员会并编制《社会影响评估原则与指南》(1994),该规范将社会影响定义为任何公共或私人行为带来人们生活、工作、游憩活动中相互关系和组织协作方式的改变,从而指导他们对自我和社会认知的形成,使其合理化,并包含在文化层面的影响,如规范、价值观、信仰的改变。相应的,社会影响评估被定义为对特殊政策变动(如项目、新政策的实施)以及工程建设(房屋、大型工程、资源开采项目)提前进行估计和预测。因此早期的社会影响评估是作为预测工具适用于项目建设和政策实施前期,存在着适用背景单一、缺乏公共参与性、注重定量分析等问题,因而限制了社会影响评估的推广与应用。随着全球社会问题日益突出以及社会可持续性发展的要求,社会影响评估作为解决社会问题的重要工具在澳大利亚、加拿大、伊朗、中国、菲律宾、南非等国家得到广泛应用。社会影响评估从业者对社会影响的发展提出了更高的要求:建立基于公共参与下适用于全球的社会影响评估准则。为进一步促进社会影响评估的发展,Vanclay 等社会学家在以前评估指导和准则的基础上制定《国际社会影响评估准则与规范》,该规范将社会影响评估定义为对变化过程产生的、想到的、未想到、积极的、消极的社会结果进行分析、监测、管理的持续性综合管理过程,旨在创造可持续、平等的自然与人类环境。同时,该规范扩大了社会影响评估的理论以及应用范围。强调社会影响评估不单是应用在工程建设前期的预测性工具,而是一个以项目主导为主,具有恢复性、参与性、前瞻性的综合过程。社会影响评估不再仅仅作为政府审批程序,而成为企业的社会责任、社会绩效的重要组成部分,主张社会影响评估的最终目标是保证项目利益的最大化,实现可持续性发展[①]。

这一规范的提出促使社会影响评估理论和实践不断丰富,不少国家开始构建社会影响评估综合管理过程,并尝试将社会影响评估的综合管理过程纳入项目审批过程中,例如澳大利亚的昆士兰州规定所有的资源开采项目必须在环境影响评估的过程中纳入社会影响管理计划(SIMP),该计划对项目全生命周期各阶段的评估、检测、报告、评定以及应对等方面做出详细规定[②]。南非引入社会和劳动力计划(SLPs),并将其作为矿物开采项目的必要审批程序,该计划的制定有利于保证项目实施期间人力资源、职业规划以及当地社区的发展[③]。同时,社会影响研究领域也从最初的政策变动和工程建设扩展到自然资源管理[④]、灾害防

---

① Vanclay F. Principles for social impact assessment: A critical comparison between the international and US documents[J]. Environmental Impact Assessment Review, 2006, 26(1): 3-14.

② QDTRDI. Sustainable Resource Communities Policy: social impact assessment in the mining and petroleum industries[R]. Brisbane: Queensland Department of Tourism, Regional Development and Industry, 2008.

③ SADME. Social and labour plan guidelines for the mining and production industries [R]. Pretoria: South Africa Department of Minerals and Energy, 2006.

④ Becker H A, Vanclay F. The international handbook of social impact assessment: conceptual and methodological advances [M]// The international handbook of social impact assessment: Edward Elgar, 2006: 211-230.

备①、全球合作项目②、冲突管理③、尽职调查④等。目前,社会影响评估的发展已经与可持续
发展、社区生计、社会脆弱性与恢复力、社会生产许可、企业社会责任、公共参与、健康影响以
及文化等方面相结合成为研究社会问题的重要工具⑤。

伯基列出了环境与社会影响评估的重要历史事件⑥,它可以很好地表明国际社会影响
评估的发展历程(表 1.1)。

表 1.1　环境与社会影响评估的重要历史事件(伯基,2011:6)

时间	历史事件
1969 年	美国国家环境政策法(NEPA)通过(1970 年 1 月 1 日签署)
1970 年	第一个世界范围内的地球日　　4 月 22 日
1970 年	针对阿利耶斯卡输油管道公司和内政部,允许在北美地区修建跨阿拉斯加输油管道的环境陈述的诉讼
1971—1976 年	将《国家环境政策法》推广到美国 16 个州
1970—1973 年	美国工程兵军团准备实施环境影响评价
1970—1976 年	美国法律明确要求实施环境影响评价
1973 年	环境质量监察委员会(CEQ)起草了环境影响报告书指南
1973 年	加拿大建立了环境评价及审核程序(EARP)(1977 年进一步修改)
1974 年	加拿大伯杰法官关于马更些峡谷输气管道项目的调查
1974 年	环境设计与研究者协会在威斯康星州的密尔瓦基市召开首次社会影响评估的学术、专业会议
1978 年	环境质量监察委员会正式确定环境影响评价报告指南
1980 年	《环境影响评价辑要》第一期出版
1981 年	1981 年在多伦多召开的美国科学促进会(AAAS)的会议上,国际影响评价协会成立
1982 年	在加拿大温哥华市召开了首届国际社会影响评价大会
1983 年	美国大多数联邦机构制定了有关环境与社会影响评估的规定
1986 年	环境质量监察委员会发布了修订的环境影响评价规定
1986 年	世界银行要求所有受资助项目做环境影响评价(多数区域多边银行仿效)

---

① Benson C, Twigg J. Tools for Mainstreaming Disaster Risk Reduction: Guidance Notes for Development Organizations[M]. ProVention Consortium, Geneva, 2007.

② Dani A, Beddies, S. The World Bank's poverty and social impact analysis[M]//Vanclay F, Esteves A M, et al. New Directions in Social Impact Assessment: Conceptual and Methodological Advances. Edward Elgar, Cheltenham, 2011: 306-322.

③ Prenzel P V, Vanclay F. How social impact assessment can contribute to conflict management [J]. Environmental Impact Assessment Review, 2014, 45(45): 30-37.

④ Joyce S A. Social Impact Assessment in the Mining Industry: Current Situation and Future Directions [R]. MMSD Paper No. 46. IIED and World Business Council for Sustainable Development, London.

⑤ Helen Ross, Mcgee D T. Conceptual frameworks for SIA revisited: a cumulative effects study on lead contamination and economic change [J]. Impact Assessment & Project Appraisal, 2006, 24(2): 139-149.

⑥ 伯基. 社会影响评价的概念、过程和方法[M]. 杨云枫,译. 北京:中国环境科学出版社,2011: 6.

（续表）

时间	历史事件
1987 年	《我们共同的未来》——布伦特兰（Brundtland）报告发表
1989 年	欧洲经济共同体要求其成员国建立环境影响评价制度
1992 年	在巴西里约热内卢召开地球峰会
1993 年	美国环境质量监察委员会考虑在环境影响评价过程中包括社会影响评估的指南和原则
1994 年	在加拿大魁北克召开环境评价峰会
1996 年	联合国环境署发布环境影响评价"最佳实践"
1999 年	世界银行传阅社会影响评估指南草案（之后废除）
2000 年	欧洲共同体颁布社会影响评估指南草案
2001 年	联合国开发署资助在一些国家实施社会影响评估
2003 年	对美国跨组织委员会制定的《社会影响评估原则和指南》进行评审与修改
2003 年	国际影响评价协会出版《国际社会影响评估原则与指南》

1.3　我国社会影响评估的引入与现状

我国作为一个发展中国家,发展战略正在经历从单纯的强调经济增长到经济与社会协调发展的战略的转变。在投资项目的选择及战略的取向方面,从过去单纯追求财务及经济目标,转变为经济、社会、环境全面发展,走可持续发展道路,并越来越关注发展中的各种社会因素。与此对应,我国的投资项目管理体制、决策机制及项目评价,必须满足这一战略的转变要求。另一方面,我国过去忽视投资项目的社会评价工作,得到的教训是深刻的。很多项目由于没有进行社会评价,在项目的可行性研究和方案的设计过程中,很多隐含的社会和环境问题得不到有效的解决,工程项目建设后有害物质污染环境,引起周围居民不满,结果造成项目不能顺利开工生产。部分工程由于在设计阶段未安排居民广泛参与、听取利益相关者的意见,造成居民对工程建设不满意,影响了项目目标的可持续性。相反,实行社会评价可以消除项目导致的各种不利影响,降低社会风险和成本,改善弱势群体的社会地位,并增加投资项目的社会效益。

中国投资项目社会评价方法的系统研究开始于 20 世纪 80 年代,当时进行此项研究的主要是中国国际工程咨询公司、国家计委投资研究所和建设部标准定额研究所,并在国内外专家的努力下,就投资项目社会评价的理论与方法进行合作研究。1993 年 8 月,两部门合作完成了我国第一本关于社会评价的专著《投资项目社会评价方法》,该专著对社会评价的理论和方法的传播推广起到了重要的作用①。随后,中英两国专家完成《投资项目社会评价指南》并规定投资项目必须从社会发展角度,分析项目如何促进和影响国家（或地区）。迄今

---

① 王五英.投资项目社会评价方法[M].北京:经济管理出版社,1993.

为止,该书经过两次修改并更名为《中国投资项目社会评价指南》,成为中国投资项目社会评价方面最具影响力的专著。作为我国社会评价发展的里程碑,原国家计委批准颁布的《投资项目可行性研究指南》首次规定将社会评价作为投资前期的一个部分,提出项目可行性研究应该包括社会评价①。国内很多机构也针对自身工程特点,制定了相应的指南为我国社会评价的推广起到了积极作用。1993 年中国石油天然气总公司(CNPC)为加大群众参与力度,减少纠纷、规避社会风险,制定了《石油天然气项目社会评价规程》,并在行业内试行。1999 年水利部规划计划司和中国水利经济研究会共同组织有关专家完成《水利建设项目社会评价指南》,对水利项目社会评价的原理和方法进行了系统的研究。同年,中国民航总局《民用机场建设项目评价方法》,明确提出对民用航空项目开展投资项目社会评价的具体要求。2001 年,铁道部制定《铁路建设项目社会评价方法》要求对铁路项目的社会效益、影响和铁路项目与沿线地区相互适应性进行分析。2011 年,住房和城乡建设部发布了《市政公用设施建设项目社会评价导则》②。

除了政府及相关部门努力地促进大型工程社会影响评估制度的建设外,中国的一些民间环保组织也成为推进社会影响评估进程的一个不可忽视的力量。中国的环保 NGO(非政府组织)倡导公众参与的行动始于 2003—2005 年围绕西部水电开发引发的诸多讨论、争议,采取整体上谨慎、不越界的行动哲学,自觉地为当地居民、生态环境等利益方代言,进行政策游说,参与项目公众听证会和项目评估。民间组织的努力影响了公共决策,使政府先后叫停了杨柳湖水库和木格措水库。③ 著名的民间环保组织——"绿色流域"于 2002 年对已运营 7 年的漫湾水电站的建设移民进行了社会影响调查工作,调查报告反映移民生活困境、争取移民补偿及提出改善移民政策的建议,该报告通过新华社内部参考递达中央领导。2003 年,"绿色流域"提出进一步倡导水电和大型工程社会影响评估的政策建议与倡导计划。2004 年,绿家园、自然之友、地球村、公众与环境研究所、野性中国、中国发展简报、绿色流域等民间环保组织组成倡导联盟——中国河网,联盟成员贡献各自资源展开活动,进行了社区行动、联系媒体进行报道、给中央递联名信等工作。这一倡导计划产生了一系列成果,主要有:①2004—2007 年,漫湾移民获得 8 000 万元的再补偿项目;②2006 年国务院颁布新的移民安置条例,增加了移民后期扶持年限,增加了移民参与移民规划和移民的知情权和监督权等条款;③2006 年社会影响评估以工程可行性报告撰写指南形式得到确认。④

我国的项目评价研究经历二十多年的发展过程,逐渐实现了由单一的财务评价向包括财务评价、国民经济评价、环境影响评价和社会影响评估相结合的模式发展,社会影响评估成为可行性报告不可或缺的内容。但是,近十年来,大型工程开发和运营所导致的社会矛盾和群体事件却不断地增加,在规模上不断升级,在范围上不断扩大,这不仅影响到了正常的经济社会秩序甚至还会严重危害到公共安全,同时也成为阻碍许多工程与公共设施开发的一个阻碍因素(表 1.2)。这说明我国社会评价的理论和实践上尚存在着不足,未能通过社会影响评估过程发现和化解工程建设引发的社会矛盾和社会问题。

① 《投资项目可行性研究指南》编写组.投资项目可行性研究指南[M].北京:中国电力出版社,2002.
② 中华人民共和国住房和城乡建设部.市政公用设施建设项目社会评价导则[M].北京:中国计划出版社,2011.
③ 汪永晨,王爱军.守望:中国环保 NGO 媒体调查[M].北京:中国环境科学出版社,2012:435-436.
④ 马天南.中国环境保护倡导指南[M].北京:知识产权出版社,2011:123-126.

表 1.2　2007—2013 年间经媒体报道的工程建设引发的群体性事件

事件	时间	居民反对形式	政府决定结果
厦门 PX	2007 年	散步反对 PX 化工项目	项目转移他处
高安屯垃圾填埋场	2008 年	集体过马路抵制	承诺限期治理
沪杭磁悬浮	2008 年	结伴购物反对磁悬浮高铁项目	项目暂停
吴江垃圾焚烧	2008 年	堵塞国道抵制垃圾焚烧项目	项目暂停
番禺垃圾焚烧	2009 年	强烈抵制垃圾焚烧项目	项目暂停
广西灵川	2010 年	上访反对垃圾填埋场项目	项目暂停
大连 PX	2011 年	散步反对 PX 化工项目	项目暂停
江苏启东	2012 年	强烈抵制制纸排海工程项目	项目取消
四川什邡	2012 年	强烈抵制钼铜项目	项目中止
宁波 PX	2012 年	强烈抵制 PX 化工项目	项目中止
京沈高铁	2012 年	抗议京沈高铁项目环评造假	项目暂停、重新环评
昆明石化	2013 年	强烈抵制中石油 PX 石化项目	环保组织参与对话
彭州石化	2013 年	散步反对中石油 PX 石化项目	项目暂停、验收公开

　　首先,我国社会影响评估机制缺失、流于形式,评估内容不充分,使受影响社区居民的利益受损;未实现全局利益、局部利益、团体利益、个人利益平衡。当前大型工程项目的兴办与运营是一个复杂的系统工程,尤其是水库工程往往伴随着征地补偿、安置保障、生存生活和社会环境等一系列的社会问题。已有的社会影响评估通常评估内容不充分,对群众生活社会环境、周边生存环境等分析、预测与评估不够透彻,倾向于财务和经济评价[①]。例如韩传峰等认为我国 PX 工程项目在开发过程中,存在着社会影响评价结果缺失、内容保密、滞后、公正性失准等,并且政府、企业和决策机构不能给予大众权威性解释,因而激发了民众情绪不满造成大规模的社会群体事件[②]。政府干涉下的三门峡工程移民,安置时通过行政命令试图将移民安置在甘肃、宁夏等地,忽略了移民对气候和社会的适应性的评估与考虑,而且没有给予合理的补偿,遗留下大量的移民问题,导致库区经济和社会发展滞后,至今还需处理移民遗留问题[③]。

　　其次,我国社会影响评估局限于项目前期评估并且评估不充分,缺乏贯穿于全项目周期的动态监测与管理,从而导致工程后期大量社会问题爆发。大型的防洪防涝水利工程建成后,通常会促进该区域经济增长,刺激人口向该区域迁移并出现城镇。但超标洪水可能性仍然存在,如果缺乏全寿命周期的社会影响评估,则可能无法避免新的社会损失和社会问题。如洪泽湖周边防洪工程的建设,保证了周边区域的安全,产生了大量滩涂可以开发利用,虽然促进区域内经济的发展,刺激了人口向滩地迁移,但缺乏后期相关影响评估。2003 年淮

　　①　杨波.浅析重点工程项目建设中引发群体性事件的成因及对策研究[J].城市建设理论研究:电子版,2013(17).
　　②　韩传峰,田萃,滕敏敏,等.我国 PX 类项目群体性事件的形成机理及成因消弭策略[J].中国应急管理,2015(1):20-25.
　　③　徐乘,等.三门峡水库移民社会经济发展战略[M].郑州:黄河水利出版社,2000.20-21.

河洪水,周边群众被迫紧急迁移,造成了极大的社会不稳,灾后不得不重新进行防洪规划,采取人口迁移政策,改善人与水的环境①。同样,铁路项目通常涉及项目前期评估、建设期评估以及运营期评估,所经过地区的就业、生活、健康、教育和收入等方面产生一定程度的影响,容易引起社会矛盾。何孝贵指出铁路工程项目涉及大量移民、征地、拆迁等复杂社会因素,容易引起社会矛盾,因此不仅在可行性研究阶段须做社会影响评估,在实施阶段也有必要进行社会影响评估②。

最后,社会公共参与机制不健全、评估内容不公开。在多元化的社会结构中,如果政府及企业对工程项目的可行性评估结果及合法程度与公民缺乏有效沟通,忽略与公民的互动,制定项目方案、进行决策之时未将公民纳入参与主体之中,同时因周边居民缺乏知情权,使周边居民怀疑政企之间存有"黑箱操作"的行为,因而埋下了抵制工程而引起社会冲突的祸根③。诸大建通过研究此类现象指出,我国政府对工程决策通常采取自上而下的"决策—宣布—辩护"模式④。然而,我国工程项目的开发过程中往往对民意征询不够、缺乏社会公共参与,工程建设的被征地群众作为最直接利益相关者,难以参与到工程讨论与决策中⑤。国家缺乏对公共参与机制以及诉求机制的构建,使得项目的评估未能真正代表受影响居民的感受。

从2005年以来,中央维稳小组办公室在全国推广四川省遂宁市建立重大工程建设项目稳定风险评估制度的经验,对容易引发群体性事件的大型工程项目强制性进行社会稳定风险评估,对防范工程建设群体性事件起到了较好成效。但是,且不说社会稳定风险评估制度存在的不足,如目前各地区社会稳定风险评估制度强调地方政府或部门作为重大工程社会稳定风险评估的组织者或责任人——这种制度安排的主要问题是风险责任主体、评估责任主体、监督主体界限不清晰——与政府职能转变的改革方向相违背,就社会稳定风险评估所起的作用来看,它还只是一种风险预警,终止了一些可能引发的较大社会矛盾的项目,使群体性事件的数量减少,但可能是以牺牲了较大的经济利益及社会效益(如就业、垃圾围城问题解决等)为代价。例如,中国宁波网2013年4月12日的一个报道中称,3年来该市有75个重大项目因社会稳定风险评估未过关而暂停或"下马"。

社会稳定风险评估不能替代社会影响评估,甚至也不能弥补目前国内社会影响评估理论与实践的缺陷。社会影响评估不仅是发现项目开发对所在地居民利益及生活环境侵害、对社区文化、风俗和基础设施等带来的冲击性影响及居民抱有的担心、焦虑和反对意见,更重要的是通过利益相关者的参与和互动,确定可采取的缓解或消除项目不利社会影响的措施,并改进项目方案。社会影响评估的终极目标是使得项目开发计划能得到居民的同意和支持或称为社区许可,促进项目开发与社区的共同发展。我们认为,一个成功的社会影响评估应能发挥社会稳定风险评估的作用,同时也能实现社会影响评估的其他目标,这样就无需

① 余文学.水利工程建设引起的社会问题及对策[J].河海大学学报(哲学社会科学版),2005,7(4):53-56.
② 何孝贵.铁路工程项目实施阶段社会评价问题探讨[J].建筑经济,2005(5):32-34.
③ 张广文,胡象明,周竞赛.基于社会资本视角的敏感性工程社会冲突成因及其治理路径[J].城市发展研究,2017,24(4):87-91.
④ 诸大建."邻避"现象考验社会管理能力[J].党建文汇月刊,2011(12):32-32.
⑤ 韩传峰,田萃,滕敏敏,等.我国PX类项目群体性事件的形成机理及成因消弭策略[J].中国应急管理,2015(1):20-25.

再增设社会稳定风险评估环节。我国的社会影响评估的研究者和实践者要做的事是审视和反思我们的评估理念、思路和方法,这也是本研究着力解决的问题。

1.4 社会影响评估方法研究进展

1) 评估量化

由于社会影响评估起源于环境影响评价,使得其评估过程不可避免地倾向于生物物理影响的评估:指标和变量的建立以及量化。然而,关于这一问题,不同学者持有不同的态度。一方面,社会影响评估指标的建立有利于强化对社会影响的认知,从而提高社会影响评估的结果。通用的社会影响评估变量指标体系有利于实现社会影响种类的一致性,实现内部和外部的统一性,减少争论[①]。另一方面,社会影响评估的量化不同于其他评估领域的研究,工程种类差异、受影响人群的特质以及不同时间和空间特性都将影响社会影响的产生与发展。Vanclay 指出社会影响评估的种类受区域和工程种类的影响,并且同一工程冲击下不同社区受到的主要的社会影响冲击也不相同,因而社会影响评估指标和变量的统一和量化是不可能的[①]。同时,社会影响评估评价变量和指标的建立和量化会偏离社会影响评估的本质:倾向于"专家化""技术化",而不再是基于民主参与下的本土化实地调查过程[②]。在已有的大量关于社会影响评估指标和变量的研究中,社会影响通常包括定量指标(如移民以及外来人口的数量)和变量指标(如社区和居民观念、信仰、认知方面的差异),但尚未具有针对性的社会影响量表以及具有可操作性的评价体系。表 1.3 是代表性的学者提出的社会影响变量、指标体系。

表 1.3 代表性的学者所提出的社会影响变量、指标体系

代表性学者	主要社会影响评估变量、指标
Branch(1984)	社区资源、社区社会系统
Audrey Armour(1990)	居民生活方式、文化、社区
Gramling & Freudenburg(1992)	生物物理和健康系统、文化系统、社会系统、政治系统、经济系统、心理系统
IOCPG (1995)	人口、社区组织、政治和社会资源、个人与家庭、社区资源
Burdge (1994)	人口、社区组织、本地居民与外来居民的冲突、个人与家庭、社区资源
Juslèn (1995)	常规影响、心理影响、参与担忧、实施评估影响、个人和区域影响、流动影响
Vanclay (1999)	生活、文化、社区、政治系统、环境、健康安宁、个人财产权、恐惧与愿景

尽管不同学者针对社会影响量化问题展开了研究,但是社会影响的量化依然存在着诸多的问题。Esteves 等学者认为项目开发者以及政府对社会影响评估理论概念的缺失、认

---

① Vanclay F. Conceptualising social impacts[J]. Environmental Impact Assessment Review, 2002, 22(3): 183-211.

② Vanclay F, Bronstein D A. Environmental and social impact assessment [M]. Chichester: Wiley, 1995: 31-65.

知差异性、实践操作能力的局限性限制了社会影响量化过程,进而严重削弱了社会影响评估应有的作用①。其次,变量指标数据的精确性同样影响了社会影响评估的发展。例如Burdge 指出过度量化的变量指标使得社会影响评估成为人口信息的罗列,在数据的处理过程中往往忽略不同利益群体在时间和空间维度上受到影响的差异性以及累积性影响②。注重二手数据、可借鉴案例研究的匮乏、变量指标本土化的缺乏都使得社会影响评估未能满足项目开发者、政府、居民的要求。

Vanclay 指出框架体系缺失使得社会影响评估在应用过程中不能充分考虑社会影响的维度,从而影响评估的质量。为进一步研究大型工程产生的社会影响,社会影响评估研究领域开始注重社会影响框架的构建③。Rossouw 和 Malan 认为框架的构建在一定程度上能够帮助从业者充分考虑社会影响的维度,并达成共识④。在社会影响框架的构建过程中,先后出现了拆迁安置模型、贫困与重建模型、可持续性生计框架模型、水库委员会模型、综合模型和财富模型等(表 1.4)。

表 1.4　不同的社会影响框架与主要内容及特点

主要框架	主要内容及特点
拆迁安置框架⑤	以拆迁的过程来划分,分析居民在这个过程的表现与反应;包括规划期、调整与适应期、社区形成和经济发展期、交付与合并期
贫困与重建框架⑥	主要描述重建安置过程中社区及居民可能出现的贫困风险,包括:失地、失业、失去家园、边缘化、食物匮乏、死亡率增加以及社会关系的脱节
可持续性生计框架⑦	主要描述影响社区生计的因素以及不同生计策略对社区的影响,认为物质资本、经济资本、社会资本、自然资本、人力资本对社区的发展有着重要的作用
国际水库委员会框架⑧	主要讲述实现工程社会维度可持续的必要条件:公众的支持;全面的方案评估;解决现有问题;保持河道以及生计的延续性;利益共享;保持一致性

---

① Esteves A M, Franks D, Vanclay F. Social impact assessment: the state of the art[J]. Impact Assess. Proj. Apprais, 2012, 30(1), 34-42.

② Rabel J Burdge. The practice of social impact assessment background [J]. Impact Assessment & Project Appraisal, 2003, 21(2): 84-88.

③ Vanclay F. Conceptualising social impacts [J]. Environmental Impact Assessment Review, 2002, 22(3): 183-211.

④ Rossouw N, Malan S. The importance of theory in shaping social impact monitoring: lessons from the Berg River Dam, South Africa[J]. Impact Assessment and Project Appraisal, 2007, 25(4): 291-299.

⑤ Scudder T, Colson E. From welfare to development: a conceptual framework for the analysis of dislocated people[M]//Involuntary Migration and Resettlement: The Problems and Responses of Dislocated People. Boulder: Westview Press, 1982.

⑥ Cernea M M. Poverty risks from population displacement in water resources development [J]. Cambridge Massachusetts Harvard Institute for International Development Aug, 1990.

⑦ DFID, 1999. Sustainable Livelihoods Guidance Sheets. Retrieved from http://www. eldis. org/vfile/upload/1/document/0901/section2. pdf.

⑧ Asmal K. Dams and development: a new framework for decision-making [R]. The report of the World Commission on dams, 2000.

（续表）

主要框架	主要内容及特点
水库综合评估框架①	将水库涉及的影响分为：社会凝聚力、文化和行为、物质文化、基础设施、财物和宏观影响
财富模型②	该模型包括三类财富：物质财富（土地房屋）、内在财富（居民在特定生活环境下拥有的生产生活技术）、社会财富（包括居民的社交网络关系以及保障社会网络关系的设施）

2）评估方法论

（1）技术性方法论

社会影响评估由环境影响评价衍生而来，评估方法注重建立一个全面而综合的评价指标体系。技术性方法提倡工程开发者雇用专业的技术人员和专家来完成社会影响评估工作，研究视角多从成本效益、统计学等科学角度出发。目前技术性研究方法包括两个重要方面，第一，社会维度的划分。当前社会影响评估关于社会影响的维度主要借鉴 Burdge 提出的社会维度，包括人口、社区和机构、社区转变、个人和家庭层面上的影响，社区基础设施等方面。第二，指标和变量的选取、确定、量化。在实践过程中，工程开发者雇用专业的技术人员和专家通过发挥其自身专业知识来完成指标的选取、确认、量化。这种以技术性和专家化为特点的方法的弊端是缺少理论上和概念上的指引。社会影响评估一般包括指标和变量，而该方法缺少对指标的选择以及指标之间关系的研究，因而存在着众多的弊端。首先，指标由技术人员和专家按照他们的认知进行选取、确认，使得指标的制定容易脱离实际。其次，为了结果的可量化性，使得一些不易量化的社会问题未能得到反映，因而不能完全反映当地实际发展状况、生活状态。最后，大量的评估实践通常通过被调查者回忆工程建设前后的面貌来反映社会影响的变化，该方法不能保证调查者能够清晰回忆工程建设前后的状态，因而会影响调查结果的准确性③；同时，社区通常作为一个耦合的系统，容易受到外界的多重扰动，难以确保变化是否是由于调查的工程影响④。但该方法以其结果的可读性、科学性等特点还是得到了较多的关注和应用。

（2）对比案例分析方法论

评估学研究要求得到的是由工程或者政策变化得到的净影响而不是社会变化产生的影响⑤。在社会影响评估研究领域中，对比案例分析作为评估社会影响的有效方法得到了广

① Tilt B, Schmitt E. The Integrative Dam Assessment Model：Reflections from an Anthropological Perspective [J]. Practicing Anthropology, 2013, 35(1)：4-7.

② Wang P, Lassoie J P, Dong S, et al. A framework for social impact analysis of large dams：a case study of cascading dams on the Upper-Mekong River, China [J]. Journal of Environmental Management, 2013, 117：131.

③ Galipeau B A, Ingman M, Tilt B. Dam-Induced Displacement and Agricultural Livelihoods in China's Mekong Basin[J]. Human Ecology, 2013, 41(3)：437-446.

④ Turner B L, Kasperson R E, Matson P A, et al. A framework for vulnerability analysis in sustainability science [J]. Proceedings of the National Academy of Sciences of the United States of America, 2003, 100(14)：8074.

⑤ Asselin J, Parkins J R. Comparative Case Study as Social Impact Assessment：Possibilities and Limitations for Anticipating Social Change in the Far North [J]. Social Indicators Research, 2009, 94(3)：483-497.

泛的应用,特别是针对正在实施的工程进行影响的预测,这种方法也称为"历时比较模型"[①]。Fuglsang指出在社会学的研究中该方法为研究者提供了一个更深入的研究视角而不仅仅停留在现象的表面[②]。在该方法下,影响社区与对比社区本身的特点与影响的特点要尽可能的相同,而控制社区通常是指没有受到影响但其他背景条件等方面要与影响社区尽可能的相似。通过三个社区之间的比较来完成对工程带来的社会影响的研究。尽管这种方法在社会影响评估中很受欢迎,但其自身的一些弊端也不可忽视。第一,该方法需要消耗大量的资源和时间。第二,比较社区很难去确认,尤其是针对那些较为罕见的项目。第三,数据的收集,尤其是研究工程建设对社区的长期影响很难开展下去。然而该方法还是在以往的社会评价的应用中受到广泛应用[③]。例如安大略州和魁北克州的水电项目、伊努维克的水电项目[④]。

（3）政治性方法论

和发展的功能主义相比(强调通过技术手段来解决问题),政治性途径注重社会批判理论,拥抱冲突,强调决策的过程而不是被动接受一个结果,主张在决策过程中对当地知识、经验,以及对历史文化等进行应用[⑤]。这种方法的关注点是采用政治手段参与到工程决策过程中而不是注重对技术性指标的确认、分析、量化。政治性方法的提出使得社会影响评估超越了现有的评估方法和分析趋势,将社会学家的知识应用到工程决策中,从而在应对未来工程带来的挑战时能更好地规划社区,规避社会矛盾[⑥]。然而,从事这种工作的社会影响评估人员通常是具有一定号召力,能和社区成员很熟并能参与到当地政府决策过程中的人,因而其实施方法未能得到很好的发展。

不同评估方法论有着各自的优缺点,见表1.5所示：

表1.5　不同评估方法论的优缺点

方法论	主要内容	优点	缺点
技术性	社会影响维度的划分、指标的选择、确定、量化	结果的可量化性、可读性、科学性、专家化	缺少公共参与、指标的确定不科学、社会问题容易遗漏,结果未能真正反映实际情况
对比案例分析	通过影响组、对比组、实验组的比较来预测工程影响	能够保证得到的结果是受目标工程产生的"净影响"	需要大量的人力、物力、财力,比较组和对照组不容易确认、数据收集困难
政治性	社会学家运用专业知识参与到决策过程中,从源头考虑社会问题	充分利用当地的知识、经验来参与到决策的过程中,使得决策合理化	对参与决策的人员具有较高的要求

① Burdge R J. The concepts, process and methods of social impact assessment[M]. Dog-Eared Publications, 2004.

② Fuglsang J, Frystyk J, et al. Short communication: A longitudinal study of serum adiponectin during normal pregnancy [J]. BJOG: An International Journal of Obstetrics & Gynaecology, 2006, 113(1): 110-113.

③ Parkins J R, Mitchell R E. Social Impact Assessment: A Review of Academic and Practitioner Perspectives and Emerging Approaches [J]. Research, 2015, 3(10): 131-140.

④ Angell A C, Parkins J R. Resource development and aboriginal culture in the Canadian north [J]. Polar Record, 2011, 47(01): 67-79.

⑤ Craig D. Social impact assessment: Politically oriented approaches and applications [J]. Environmental Impact Assessment Review, 1990, 10(1): 37-54.

⑥ O'Faircheallaigh C. Public participation and environmental impact assessment: Purposes, implications, and lessons for public policy making [J]. Environmental Impact Assessment Review, 2010, 30(1): 19-27.

3）评估模式

（1）传统模式

国际社会影响评估委员会(ICGP)于 1995 年以环境影响评价操作模式为参考首次提出了社会影响评估操作模式,并于 2003 年对该模式进行了完善,为早期的社会影响评估实施奠定了基础。尽管该模式在早期的实践中发挥着重大作用,然而该模式也有众多的缺陷。首先,该模式具有鲜明的"专家化"和"技术性"的特点,专家和技术人员在社会问题的确认和影响评估中发挥着重大的作用,而使得指标的制定和评估等方面不能充分反映实际情况,因而造成评估结果的偏差[①]。其次,过度注重指标与变量的使用、结果的可量化性,使得众多的社会问题未能很好地体现在社会影响评估的结果中[②]。科学的社会影响评估操作过程应该充分考虑到当地居民的意愿,并充分利用当地人的知识和经验进行社会影响评估的操作,促进公共参与和技术性相结合,从而更好地发挥应有的作用。

（2）公共参与模式

基于公共参与的社会影响评估操作模式是由 Arce-Gomez 等在总结了社会影响评估近十年的理论发展的基础上提出的[③]。该模式在原有框架的基础上进行了扩充与延伸。第一,该模式结合公共参与形式,提出以社区论坛为平台,技术人员与利益相关者相结合的公共参与形式。第二,在评估方面摒弃传统单一的"专家化"与"技术化"的评估方法,提倡采用对比案例分析方法、直线趋势预测、人口乘数方法、统计方法相结合的多元化评估方法[④]。第三,提出累积性影响对于社会影响评估的重要意义,提倡将累积性影响添加到社会影响评估的模式体系中。第四,在监测过程中,提倡动态实时性的监测方法,建立以利益相关者为主的监测群体,保证有效措施的严格执行。第五,该模式提出对社会影响评估的管理和评估环节,建立社会影响评估案例数据库,为类似工程提供借鉴和帮助,同时提出社会影响管理计划,保证社会影响评估的有效实施。

（3）基于项目全生命周期的实施模式

社会影响概念的延伸、积累性、不可预测性,使得工程的各个阶段均有社会影响的产生,而动态化管理方法则要求社会影响评估在工程的各个阶段均有社会影响评估的参与,并且社会影响评估在不同的实施阶段具有不同的任务。自 20 世纪 90 年代起,社会影响评估开始注重生产阶段社会影响的评估,同时项目其他阶段的社会影响也得到了研究[⑤]。在全生命周期评估思想的提出以及 ISO 26000 关于企业社会责任的研究,基于全生命周期的实施模式得以实现。Vanclay 等学者提出了基于项目全生命周期的社会影响评估模式,该模式主张将社会影响评估应用到从工程提出到工程退役的各个阶段,并对各个阶段社会影响评

---

① Ziller A. Social impact assessment and the new national yardstick [J]. Australian Planner, 2009, 46(3): 14-15.

② Rowan M, Streather T. Converting project risks to development opportunities through SIA enhancement measures: a practitioner perspective[J]. Impact Assessment and Project Appraisal, 2011, 29(3): 217-230.

③ Arce-Gomez A, Donovan J D, Bedggood R E. Social impact assessments: Developing a consolidated conceptual framework [J]. Environmental Impact Assessment Review, 2015, 50: 85-94.

④ Dennis R Becker, Charles C Harris, Erik A Nielsen, et al. A comparison of a technical and a participatory application of social impact assessment [J]. Impact Assessment & Project Appraisal, 2004, 22(3): 177-189.

⑤ Dreyer L, Hauschild M, Schierbeck J. A Framework for Social Life Cycle Impact Assessment (10 pp) [J]. International Journal of Life Cycle Assessment, 2006, 11(2): 88-97.

估的任务进行了全面的划分,为社会影响评估的应用提供了新的应用角度。

综上,我们对不同评估模式的特点做一个比较,见表 1.6 所示:

表 1.6　不同评估模式的特点比较

种类	主要模式	主要特点
传统模式	公共卷入、描述、基准确定、筛选、预测、二次调查、备选措施、减缓措施、监测	结果的可量化性、可读性、科学性、专家化
公共参与模式	描述、社区概要、筛选、影响评估、备选措施、减缓措施、监测、管理、评估	运用公共参与、评估方法多元化、注重累积性影响、动态化监测、提出社会影响管理计划
基于全生命周期的实施模式	根据工程的意向阶段、概念阶段、预可行性阶段、可行性阶段、运营阶段、项目停用阶段进行预测、评估、制定缓解措施、监控	充分利用当地的知识、经验来参与到决策的过程中,使得决策的合理化

4）多学科交叉融合的评估

Vanclay 指出发展综合性评价方法是评估学的新趋势,大量的文献研究表明社会影响评估需要与其他领域理论相结合才能发挥出其应有的作用[1]。例如 Fischer 等学者主张将社会影响评估与环境影响评价、健康影响评价等相结合发展出综合的评估方式并提出框架形式的评估方法,从而更好地对产生的影响进行管理[2]。根据这一思路,Mahmoudi 将风险评估与社会影响评估相结合,形成社会风险冲突评估框架,形成了冲突评估与社会影响评估相结合的评估框架,为预测与评估自然灾害产生的影响提供帮助[3]。

随着社会影响评估理论和应用的不断推广,社会影响评估已与其他概念融合,注重多领域的交叉研究。目前社会影响评估综合发展要求研究者对其核心概念,例如文化、社区、权利、人权、性别、公平、区域、脆弱性、恢复力、可持续性生计以及公共参与有很深的理解[4]。例如 Esteves 等学者将社会影响评估应用到矿物开采行业中的人权保护研究中,从而帮助项目开发者规避因人权问题而导致的不必要社会风险和成本[5]。

5）国内相关研究进展

无论是《投资项目社会评价指南》,还是《中国投资项目社会评价指南》,都提倡采用公共参与的方法实施社会评价工作。后者在国外理论研究的基础上结合中国国情详细阐述了参与式方法的基本概念、方式、理念和原则以及参与式方法在社会评价工作中的应用的必要性,并制定参与式社会评价工作模式,提倡采用参与式调查和利益相关者研讨会的方式,尽

---

① Vanclay F. The triple bottom line and impact assessment：how do TBL, EIA, SIA, SEA and EMS relate to each other？[J]. J Environ Assess Policy Manag, 2004, 6(3)：265-88.

② Fischer T B. Comparative analysis of environmental and socio-economic impacts in sea for transport related policies, plans, and programs[J]. Environmental Impact Assessment Review, 1999, 19(3)：275-303.

③ Mahmoudi H, Renn O, Vanclay F, et al. A framework for combining social impact assessment and risk assessment [J]. Environmental Impact Assessment Review, 2013, 43(4)：1-8.

④ Esteves A M, Franks D, Vanclay F. Social impact assessment：the state of the art[J]. Impact Assessment and Project Appraisal, 2012, 30(1)：34-42.

⑤ Esteves A M, Factor G, Vanclay F, et al. Adapting social impact assessment to address a project's human rights impacts and risks[J]. Environmental Impact Assessment Review, 2017, 67：73-87.

可能地保证整个过程的民主与透明化。近年来,国内最有影响的社会影响评估领域文献是周大鸣教授等所著的《参与式社会评估:在倾听中求得决策》,他们在总结人类学在中国应用与实践的基础上,根据他们主持或参与的世界银行等国际组织与中国政府合作的农业项目、扶贫和公路等项目上社会评估实践经验,探讨参与式社会评估在本土化应用的全过程①,为参与式评估在中国的推广应用起到积极示范作用。

目前,多数研究者着重研究不同行业、不同类型工程的社会评价变量指标体系,如城市基础设施项目社会评价指标体系②、大型煤炭化工项目社会影响评估指标体系③、高速公路社会评价指标体系④和电网项目社会评价指标体系⑤等,未能形成具有普适性、框架性的指标体系。评估内容研究倾向于"社会效果评价",主要分析项目在就业、收入、区域发展、卫生交通等方面的研究⑥。评估方法研究主要还是以经济学和技术学作为研究理论基础,注重指标体系的建设与量化,研究内容比较狭隘⑦。尽管不少学者提倡采用社会参与式的评估方式,最大限度地保障利益相关者——特别是社区居民的利益,但是很少能提出一些切实的建议以解决参与式评估模式本土化应用面临的一些难题,如"为立项而评估"的评估思维,再如如何实施这一操作过程复杂、且耗时费力的评估模式,以避免其流于形式,保证其发挥应有的作用等。尽管也有不少有关大型工程社会影响的研究,但多集中于移民研究,且对于如何将这些成果应用于项目的前期评估,以预测和管理开发计划对社区社会变迁影响等研究报道并不多见。

由于我国社会影响评估领域的研究起步较晚,有关评估方法无论在研究深度还是在广度上与西方的研究尚有一定差距,但是有不少研究者在探索适合国情的评估方法上正在进行着不懈的努力,如住建部标准定额研究所编制的《市政公用设施建设项目社会评价指南》⑧,强调社会多样性、社会性别、利益相关者、公众参与等内容,提出了采用社会评价检查清单进行社会调查和分析的方法。

1.5 本研究的目标和任务

刘金兰等指出,大型工程具有实施周期长、不确定因素多、经济风险和技术风险大、对生态环境的潜在影响严重、在国民经济和社会发展中占有重要战略地位等特征;大型工程项目的不确定性受其规模、复杂性、创新性和技术含量等因素的影响,并且受环境、资源、时间等因素的影响⑨。我们认为,大型工程开发和运营影响社区范围广、受冲击的人口众多,所处

① 周大鸣,秦红增. 参与式社会评估:在倾听中求得决策[M]. 广州:中山大学出版社,2005.
② 侯宇. 城市基础设施项目社会影响评估指标体系构建[J]. 中外企业家,2016(6):227-228.
③ 周忠科,王立杰. 大型煤化工项目的社会影响分析与评价[J]. 辽宁工程技术大学学报,2011,30(s1):11-14.
④ 夏立明,陈树平,孙丽. 高速公路项目社会影响后评价指标体系构建研究[J]. 建筑经济,2010(3):92-95.
⑤ 崔丽娟,张霄. 雄县电网改扩建项目社会效益评价指标体系构建探讨[J]. 商情,2012(50):174-174.
⑥ 李强,史玲玲. "社会影响评估"及其在我国的应用[J]. 学术界,2011(5):19-27.
⑦ 杨华均,杨庆媛,谢德体,等. 工程项目社会影响评估的回顾与展望[J]. 中国农学通报,2007,23(8):588-593.
⑧ 住房和城乡建设部标准定额研究所. 市政公用设施建设项目社会评价指南——社会评价示范案例[M]. 北京:中国计划出版社,2014.
⑨ 刘金兰,韩文秀,李光泉. 大型工程建设项目风险分析方法及应用[J]. 系统工程理论与实践,1996,16(8):62-68.

的社会环境(如民族、地理分布、文化、宗教信仰等)多变,它们所面临的社会风险远比技术风险和经济风险难以应对。表1.2中的案例显现出社会风险对工程成败的影响。这类社会风险是英国社会学家吉登斯(Anthony Giddens)所称的"人为不确定性",具有"难以预料的特点""不能够用现成的统计方法来分析"①。

事实上,人们通过媒体报道等途径感知的诸如抗拆、拒迁、群体性事件等社会矛盾,尚是大型工程社会影响的表层现象,而那些只有受影响人群才能体会到的深层次影响更为复杂,且处置更为棘手。"绿色流域"组织于2002年对1995年建成投入运营的澜沧江漫湾电站水坝建设淹没村寨的移民进行的社会影响调查结果呈现了"远迁他乡型""就地后靠型""就地农转非型""就地安置资源打乱重分型"和"就地安置资源没有打乱重分型"等五种类型移民的生存困境和生计维艰,从"就地后靠江边村"和"远迁他乡红岩村"的状况可见一斑。

江边村:

大坝建设淹没了江边村的全部水田、旱地、轮歇地、宅基地、公共设施和大部分山林牧场。在政府协调下,全村人就地后靠搬迁到丙寨地界内定居。使江边村从一个土地、山林、牧场和水资源都十分丰富、生计来源多样化、生活日趋富足安乐的村寨,一下就变成一个土地紧缺、山林狭窄、没有牧场、人畜饮水和灌溉用水十分困难,生计来源狭窄,连温饱都难维持的贫困村。由于经济困难,许多人家都背上了高利贷,村中许多中学生辍学、村民有病无钱医治;由于占据了邻村的土地,使传统友好互助的村寨关系变得紧张;村寨内部的贫富差距拉大,贫困户和妇女的地位更加弱化。由于新建村寨和开田开地砍伐了大量树木,导致水土流失加剧、生态恶化……②

红岩村:

来自4村5社的50多户人家共257人远迁100多公里,到红岩建立了一个彝族为主、兼有白、汉、纳西、回等民族的多民族杂居村。新家与老家相比,交通、市场、教育、医疗条件更好;但灌溉水源缺乏,粮食不能自给。调整结构种甘蔗虽然增加了经济收入,但劳动强度加大、劳动时间延长,且市场风险较大。新建房屋因缺乏乡土知识遭白蚁侵袭而短短几年普遍变成危房;人畜饮水困难、能源面临短缺,移民负债严重。由于远迁他乡,移民原有的社会资本和社会关系逐渐淡化、疏远以至丧失;以往村寨集体盛大狂欢的民族传统节日,变成家庭中平淡、冷清的活动,浓烈的思乡情绪使移民普遍不安心于新的生存环境,导致社会文化心理适应困难。教育和医疗费用太高、特殊的地方病等影响移民的身体健康和文化素质的提高。新的、严峻的生活环境给男女两性都带来压力,迫使妇女更加认同于传统的男性强势地位。③

我们对一些在运营工程的原住民社区调查也观察到其他现象,例如,有潜在环境影响的工程所在社区居民的二次拆迁、逃离和对房地产价格下降的抱怨;再如,近年来的城郊园区开发项目的受拆迁安置居民获得较丰厚利益补偿,但"一夜暴富"和不再需要工作以维持生

① 安东尼·吉登斯.超越左与右:激进政治的未来[M].李惠斌,杨雪冬,译.北京:社会科学文献出版社,2009:116-117.
② 高鸿钧,王明远.清华法治论衡·第16辑:环境法治与可持续发展[M].北京:清华大学出版社,2012:337.
③ 同②336-337.

计让一些人失去了生活追求,价值观也随之改变,或肆意挥霍钱财,或沉溺于麻将、赌博,或沾染吸毒,甚至为此沦为贫困阶层。

　　大型工程开发对社区的冲击影响是如此的深远,产生的社会问题是如此的复杂,如果我们等到它们出现时再去治理,这样只会形成更多的社会矛盾和社会稳定风险,或为治理而付出巨大的社会成本。我们对一些在运营工程的调查发现,受同一项目影响、历史上同质的,而安置地点、安置方式不同的社区,在项目建成后的若干年进程中社区发展结果却有很大的差异,甚至社区干部的社区影响力、领导力和管理能力都会对社区的发展产生了较大影响。所有这些,都应该在项目开发规划中被关注和仔细斟酌,而这方面的建议多数来自受影响的人群自己,他们也"有权参与对他们和他们的生活产生影响的变迁的有关决策"①。获得这方面建议的途径是社会影响评估过程,也只有社会影响评估能够提供。

　　为此,我们要从社会学角度去重新认识大型工程的社会影响,并且审视我们目前采用的社会影响评估方法的效力。传统的面向项目社会产出结果的"技术化""专家论"方法不再能胜任这一角色,社会影响评估面对的社会问题、社会矛盾和社会风险,是英国社会学家吉登斯(Anthony Giddens)所称的"人为不确定性",具有"难以预料的特点","不能够用现成的统计方法来分析"②。所以,社会影响评估需要一个"技术上更加胜任且符合民主和伦理精神的评估程序"③。民主和伦理精神体现在利益相关者共同参与项目开发规划的决策,并需要他们达成一致的意见,而"决策及其后果的好坏取决于它们产生的过程"④。

　　本研究的目标就是突破目前的以专家知识和经验为基础、面向结果的评估方法局限性,试图建立一种我们称之为"面向过程的前摄性社会影响评估方法"。所面向的过程是多维的,包括社区参与评估过程、评估互动干预过程、社区变迁过程、利益相关方达成共识过程等,前摄性则是指前瞻的、主动干预的。具体的研究任务包括如下几个方面:

　　一是国际社会影响评估的新趋势、新进展和新方法的本土化,并形成可操作性的程序。社会影响评估应以社区为本,这是国际社会影响评估的趋势,而"社区是地域性的社会生活实体,不同国家的社区结构和社区工作模式,从属于不同的社会制度和文化历史背景"⑤,所以本研究必须在国际先进经验如何本土化方面做出努力。

　　二是评估范式的讨论,以确立适用于大型工程社会影响评估的方法论。范式包含:①哲学因素——哲学思潮、世界观以及科学信念、基本原则、基本概念等;②社会学因素——各种社会因素对科学的影响,包括历史、经济、文化、民族传统和社会心理;③结构性因素——科学工作者根据科学理论及其重大成就而确立的科学范例、工具和方法。⑥ 社会影响评估作为社会科学的一个分支,我们必须确立它的研究范式,包括评估目的、价值取向和方法论等,以作为评估者的共同信念和工作规范。

　　三是寻求合适的技术路径,实现快速评估。社会影响评估是需要在一定时间、经费限制

① 泰勒,等.社会评估:理论、过程与技术[M].葛道顺,译.重庆:重庆大学出版社,2009:170.
② 安东尼·吉登斯.超越左与右:激进政治的未来[M].李惠斌,杨雪冬,译.北京:社会科学文献出版社,2009:116-117.
③ 同①.
④ 同①.
⑤ 吴亦明.现代社区工作:一个专业社会工作的领域[M].上海:上海人民出版社,2003:354.
⑥ 闻曙明.隐性知识显性化问题研究[M].长春:吉林人民出版社,2006:186-187.

内完成的一件社会分析性工作,它不可能像一般的人类学、社会学研究那样,可以在一个既定社区进行持久的调查和观察活动。周大鸣等认为社会评估应采用参与式乡村快速评估法[①]。所以,社会影响评估必须是问题驱动的,必须快速地聚焦于关键的议题,我们需要寻找实现这一目标的路径和方法。

四是研究有效的技术安排,促进评估实现面向过程的、前瞻性的目标。成功的社会影响评估是在评估过程中,评估者能够预见在目前开发规划方案下的项目寿命周期过程中,社区未来社会变迁过程及可能后果,如受影响人群的可持续生计及社区的文化、制度和设施变化等。只有能够对这些做出前瞻性、预见性的判断,评估者才可据此提出项目方案的改进建议和措施,主动干预项目的社区冲击,消除或缓解不利影响,扩展有利影响,促进社区与项目的共同发展。

五是探讨可行的评估模式,有助于达成各方的共识。项目与社区的冲突张力总是存在的,我们似乎很难找到一项预期的行动方案在不侵害任何人的情况下得以实施。为获得社区的意见,公众参与式评估是社会影响评估界公认的模式。但是,流于形式的参与也并不少见。我们应探讨更为切实可行的评估模式和方法,除了社区与居民的参与,更重要的是要赋予他们参与决策的权力,为项目方案的改进提供建议。我们将试图构建一种新的评估运行机制,在这一机制中利益相关者能互动学习,改变各自可能存在错误的项目影响认知,平等地协商他们之间的冲突,共同探讨项目与社区的协同发展。

本研究着力于项目筹划与立项阶段对项目未来社会影响的前摄性评估方法,尽管研究中会涉及项目建设与运营阶段的社会影响监测及众多文献所研究过的移民、贫困、妇女和弱势群体等内容,但并不打算对这些问题进行专题讨论。

本章小结

目前人们对社会影响评估(SIA)有不同的用词,对概念也有不同的理解,国内多称项目社会评价。西方学者和机构多把社会影响评估局限在微观领域,即个人、家庭、群体和社区,部分学者和机构扩展到社会部门和地区等中观领域。我国权威机构在引入这一评价时,将项目社会评价又扩展到宏观领域,如自然资源、国民经济发展等。但是,我们认为宏观的和中观的社会影响可纳入项目可行性研究的国民经济评价(宏观经济分析)和区域经济分析中,社会影响评估的概念和范围应界定在微观领域,这也是国际社会影响评估研究的一个趋势。我们的研究也在这一界定范围内展开。

国际社会影响评估方法研究与实践现状的评估量化主要是聚焦于过程的影响变量指标,评估方法更倾向于对比研究和政治性方法论,评估模式多采用公共参与和基于项目全寿命周期的实施模式等,并且呈现社会影响评估、风险评估、健康影响评估以及文化、社区、脆弱性、恢复力、可持续生计等多学科交融的综合性评估趋势。目前国内的项目社会评价实践多采用技术方法论、基于专家知识与经验的评估模式;相关的研究着重在不同行业、不同类型项目的面向结果的评价指标体系研究,公众参与虽也多被研究,但提出的被动式、形式化参与问题的方案多从宏观的角度思考,缺乏适用于微观层面的、实践可操作性的解决方案提

---

① 周大鸣,秦红增.参与式社会评估:在倾听中求得决策[M].广州:中山大学出版社,2005:序5.

出。当然，也有不少研究者也探索适合国情的评估方法，提出了采用社会评价检查清单评估等新方法。

我们这项课题研究试图突破国内实践评估方法的局限性，结合国际社会影响评估发展趋势，立足于项目决策阶段的评估，研究大型工程社会影响及过程的预测、预判技术及实现早期干预和管理的方法，我们称为面向过程的前摄性评估方法。具体研究任务落实在评估范式讨论、国际先进方法的本土化、合适的技术路径、有效的技术安排与适合本土情况的方法增进、可行的评估模式等几方面。

2 评估范式、方法论与前摄性评估方法框架

2.1 不同社会评估范式与方法论

2.1.1 范式与方法论

范式(paradigm)是一个哲学概念,由美国著名科学哲学家托马斯·库恩(Thomas Kuhn)在《科学革命的结构》(*The Structure of Scientific Revolutions*)一书中提出并进行了系统阐述。范式被定义为一个共同体成员所共享的信仰、价值、技术等的集合,一般是指某一种或多种学科的科学研究者在进行研究过程中所共同遵从的世界观和行为方式。它由特有的观察角度、基本假设、概念体系和研究方式等构成,表示科学研究者看待和解释学科和世界的基本行为模式,也可以为实践活动提供主题、方法以及前提[①]。

方法论是一个哲学概念,是人们认识世界、改造世界的一般方法,即人们用什么样的方式、方法来观察事物和处理问题。用哲学语言解释,方法论就是指适用于各门具体科学并起指导作用的一般性的范畴、原则、理论及方法与手段的总和。说到方法论,必然提到世界观。世界观是人们对世界的总体看法和根本观点。一定的世界观原则在认识过程和实践过程中的运用表现为方法,方法论则是有关这些方法的理论。没有和世界观相脱离、相分裂的孤立的方法论,也没有不具备方法论意义的纯粹的世界观。

可见,库恩的范式概念包含了世界观和方法论两个方面,但它不只是单纯的哲学概念。英国学者玛格丽特·玛斯特曼(Margaret Masterman)对库恩的范式观作了系统的考察,将库恩列举的21种不同含义范式概括为三种类型:第一,作为一种信念、一种形而上学思辨,它是哲学范式或元范式;第二,作为一种科学习惯、一种学术传统、一个具体的科学成就,它是社会学范式;第三,作为一种依靠本身成功示范的工具、一个解决疑难的方法、一个用来类比的图像,它是人工范式或构造范式。虽然范式的首要含义在哲学方面,这也是库恩范式的基本部分,但库恩的创见和独到之处则在于范式的社会学含义和构造功能。他认为,一套实际的科学习惯和科学传统对于有效的科学工作是非常必要和非常重要的,它不仅是一个科学家共同体团结一致、协同探索的纽带,而且是其进一步研究和开拓的基础;不仅能赋予任何一门新学科以自己的特色,而且决定着它的未来和发展[②]。

任何一门科学的研究是科学家共同体主导的,共同体内部遵循着约定俗成的一门学科的研究范式。尽管在科学家共同体内部会出现一些实质性的分歧,但对于原则性问题的界

---

① 吴琼. "文本"到"人本"——高校思想政治教育范式转换研究[D]. 上海:复旦大学,2007.
② 陈洪,吕淑琴. 诺贝尔奖得主的哲学思考:纪念诺贝尔奖颁发110周年[M]. 北京:科学出版社,2012:241.

限、解决问题的准则,以及这些准则的价值理念,科学家通常会达成大致的共识①。社会学研究的特征通常是由思想流派或范式体现出来,这些思想流派或范式构成问题界定及解决的方式。社会学是一门多重范式的学科,其发展的一百多年历史形成了众多观点各异的流派。美国社会学家瑞泽尔将社会学各种流行理论分为社会事实范式、社会释义范式和社会行为范式等三种基本范式,中国社会学家周晓虹教授则将其归纳为四种理论范式:一是社会事实范式,目的是理解、预测和控制社会事实,主要假设是人的行为是社会结构的派生现象,采用的研究方法是社会调查方法;二是社会行为范式,目的是理解社会行为及决定或影响人类社会行为的内外部因素,主要假设是社会行为或受制于外部刺激因素或受制于人类的本能,研究方法是实验室实验;三是社会批判范式,目的是强烈批判现实社会和强调知识的反思性及指导行动的意义,主要假设是事物的本质存在于对现实的否定之中,研究方法是历史—社会的分析方法;四是社会释义范式,目的是作为社会行动者的个人行动的主观意义以及这种意义对行动者和社会现实的影响,主要假设是社会现实是由人的有意义的社会行为建构的,研究方法是实地研究②。

社会评估是运用社会研究方法,研究、评价并帮助改善社会项目的所有重要方面,包括社会问题诊断、概念化与设计、实施与管理、结果及其功效。社会评估作为一种社会科学研究活动,是社会研究应用的一个方面。社会评估的基本假设是有组织、有计划、持续不断的社会项目干预,可解决社会问题或改善社会环境;目的是运用社会研究程序,在一定政治和组织环境条件下,系统地调查致力于改善社会环境的社会干预项目绩效,并为对创造、延续或改善负有责任的或与之有利益相关人或组织提供有关社会项目绩效的发现;研究方法是社会科学家基于系统观察和逻辑规则并依据观察所得进行推论和研究社会行为的程序③。可见,适用于社会评估的范式主要是社会事实范式和社会释义范式。

2.1.2 不同的社会评估范式

古贝(Guba E G)将教育领域评估发展历史划分为三个时代,第一代为"测量"时代,评估者的角色是技术使用者,利用技术工具对任何指定的调查变量进行测量;第二代为"描述"时代,评估者的角色是描述者,以描述关于某些规定目标的优劣模式为特征的方法,在描述时代测量不再等于评估,而只是作为评估工具;第三代为"判断"时代,以努力得到判断为特征,同时还保持了先前的技术性和描述性功能,评估者角色是评判员(帮助委托人决定判断的标准)④。

古贝总结了前三代评估中普遍存在的问题:一是"管理主义倾向"。管理者是委托者或者评估资金提供者,通常情况下评估者在设定评估参数和边界时听从管理者的意见,并且向管理者汇报。评估者与管理者之间的这种传统协作关系在前三个时代很少受到挑战,却产生了一系列问题,如管理者对双方分歧意见的决定权、评估结果公布的决策权,而管理者却并不承担评估不当的责任,且管理者与评估者之间可能形成一种共谋或同谋关系,或者叫暧

① 肯尼斯·赫文,托德·多纳.社会科学研究:从思维开始[M].10版.李涤非,潘磊,译.重庆:重庆大学出版社,2013:119.
② 周晓虹.社会学理论的基本范式及整合的可能性[J].社会学研究,2002(5):35-47.
③ 彼得·罗希,等.项目评估:方法与技术[M].6版.邱泽奇,等译.北京:华夏出版社,2002:3-25.
④ 古贝,林肯.第四代评估[M].秦霖,等译.北京:中国人民大学出版社,2008:2-9.

昧关系。二是"在采纳价值多元化方面的失败"。前三代评估范式要求客观性就是排除价值观的影响,认为评估者价值是中立的,忽视了评估中价值观上存在的差异。但社会本质上是价值多元化的,在评估过程中判断的要求和价值多元化几乎是同时出现的,哪种价值观在评估中占据主导地位,或者如何协调价值分歧等类似问题,都将成为评估中的主要问题。三是"过分强调调查的科学范式"。科学范式是指社会评估像自然科学那样,描述客观实在并揭示它遵循的法则。社会评估过分依赖科学方法产生了不幸的结果,如注重普通性因素,忽视局部条件;依赖定量测量工具,并最终使得测量工具本身也变成了变量,并且将无法被测量的事实认定为不真实的;封闭了考虑评估客体的其他途径等。

为此,古贝提出了第四代评估范式——建构主义方法论。第四代评估范式采用响应式聚焦方式,不同于前三代评估是以目标、结果为导向的,而第四代评估是由利益相关者提出评估客体的"主张""焦虑"和"争议",不同的利益相关者也有不同的"主张""焦虑"和"争议",且对不同的"主张""焦虑"和"争议"持有不同的建构(认知、观点)。评估者的工作就是发现这些不同的因素,不仅对不同利益相关者的观点做出响应,而且还对随后的信息做出回应。评估者的主要任务是以一种解释学辩证过程来控制评估,引导利益相关者进行信息收集并协商,所有的利益相关者代表和评估者共同解决出现的问题,力求对有争议的问题达到共同性建构(共识)。所以,它是一种以过程为导向的评估范式。

泰勒(Taylor C N)等在研究能源和基础设施发展规划、农村和农业发展计划、社区需求发展评估以及自然资源和经济政策评价等项目的社会评估时,将社会评估范式分为"技术专家论—行动""技术专家论—研究""参与式—行动""参与式—研究"等四种取向(图 2-1)[①]。泰勒等认为社会评估可以从两个主要维度去考量,第一个维度(图 2-1 的纵向维度)涉及社会评估采用的主要观点是"技术专家论的(technocratic)"(结果取向的)还是"参与型的(participatory)"(过程取向的)。第二个维度(图 2-1 横向维度)涉及的主要观点是关于信息的使用,是为社会行动提供依据,还是为了支持研究或与新知识的生产有关,表现为"行动(action)"取向和"研究(research)"取向。"技术专家论—行动"取向是政府机构引导和监控环境影响评估,以及其他公共机构实现环境影响评估及自然资源计划和管理领域有关法定要求的典型类型,在中央化控制下以"知情"社会计划和影响为目标,评估的推动力在于依赖"专家知识"在一个正式的结构化的官僚政治体系中实施"自上而下"的决策;"技术专家论—研究"取向的典型代表是来自大学、公共或私人"智库"对政策相关议题进行评价,目的一般是为了知识本身,包容多种哲学和意识形态立场;"参与—行动"取向具有同样的中央化社会规划和管理的行动特征,但是其工作环境从国家的、区域的或者集权的计划机构转变为地方的行动,试图"自下而上"地组织以应对社会变迁,一般是对起源于"上方"的政策的反应,其目标仅仅是为了对发展项目或政策中的某个具体内容提出不同意见或为了实现当地提出的要求,与技术专家论的机制截然不同,强调群体的一致意见、集体决策以及妇女或少数群体的积极参与和领导权;"参与—研究"取向注重学术研究者使用的事实调查,代表本土居民、男女平等主义者、社会改革推动者、环保群体、工会等不同方面的利益,旨在证实利益团体提出的环境变化的具体状况和相关需求。

与古贝观点不同的是,泰勒认为,虽然四种不同取向存在着冲突,但每个不同取向的评

---

① 泰勒,等.社会评估:理论、过程与技术[M].葛道顺,译.重庆:重庆大学出版社,2009:30-37.

估者会发现参考其他取向评估者的观点大有裨益,四种取向之间正在形成缓慢的整合趋势,所以社会评估实践要超越取向,采取一种中间立场(图 2-1 中"问题导向")。但是,古贝指出的是前三代评估中评估者所持的中立价值观而忽略现实所面临多元价值观的问题,而泰勒所称的中间立场则是从评估方法论角度,认为在纵向维度上实现立场的两维转变,即技术专家论导向应更多地向参与思维转变,而参与式论则要在保持对特殊议题的验证和倡导的同时找出促进社会政策发展的有效途径。为了达到中间立场,横向的"行动—研究"维度应尽可能同时变化。

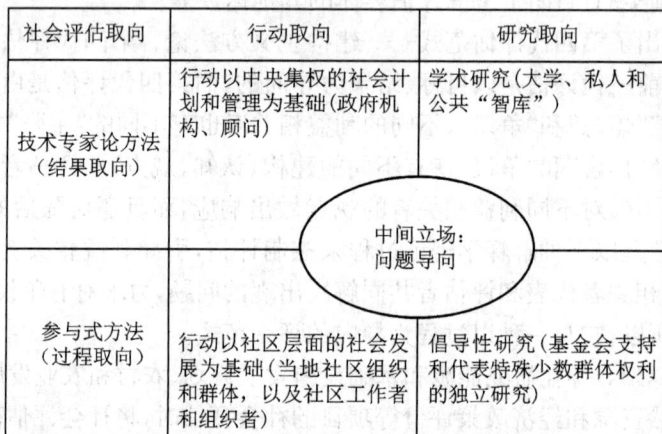

社会评估取向	行动取向	研究取向
技术专家论方法 (结果取向)	行动以中央集权的社会计划和管理为基础(政府机构、顾问)	学术研究(大学、私人和公共"智库")
	中间立场: 问题导向	
参与式方法 (过程取向)	行动以社区层面的社会发展为基础(当地社区组织和群体,以及社区工作者和组织者)	倡导性研究(基金会支持和代表特殊少数群体权利的独立研究)

图 2-1 社会评估的取向(泰勒等,2009:32)

为此,泰勒将中间立场的方法概括为前摄的、问题导向的方法,包括以下要素:①社会评估是个过程;②更好的概念化和人类环境分析;③确认和聚焦于关键议题;④使用参与式方法;⑤冲突的确认、解决或者磋商。这种参与式的、前摄的社会评估过程,强调在规划和决策的早期开展咨询并寻求潜在冲突的解决办法,以信息交换为手段并采用问题导向的研究方法,所有决策过程的参与者集中在一起共同鉴定效果并对成本和收益的分担及管理形成方案。这种方法通过举办社会影响论坛来动员社会和利益群体参与社会变迁,激励社区群体在管理社会变迁方向时发挥决定性作用,社会评估过程本身成为了变迁分析的一部分。

泰勒并没有明确提出这种方法的评估指导哲学,他只是讨论了建立社会评估主要理论基本假设,批判了社会学中存在的凌驾于自然之上、以人类为中心的支配性理论,如保守主义、自由主义和激进主义等理论,提出应以环境社会学、生态中心论等理论作为社会评估基本理论假设[①]。然而,泰勒所提出的问题导向方法与古贝的第四代评估理论在方法论上却是异曲同工,他们都强调社会评估过程与社会问题解决过程的结合,即参与、信息共享与沟通、问题聚焦、磋商、冲突解决。

国内学者陈阿江从研究主题、方法论和科学家共同体三个基本要素,将项目社会评价分为技术经济范式和社会学范式(表 2.1)。他对水利建设项目的社会评价进行分析,认为国内的建设项目社会评价无论是研究主题、方法论,还是科学家共同体,都属于技术经济范式。

---

① 泰勒,等.社会评估:理论、过程与技术[M].葛道顺,译.重庆:重庆大学出版社,2009:39-63.

陈阿江指出,项目社会评价应持社会学范式,因为社会评价对象是"社会的",而技术专家、财务专家、经济专家以及环境专家既然进行属于他们所擅长的工作,剩下属于"社会的"内容自然应该留给社会学家、人类学家去做,技术经济范式的社会评价也根本不可能解决项目中实际存在的社会学问题。[①]

表 2.1　项目社会评价范式(陈阿江,2003:95)

社会评价范式	基本方法论	方法	研究主题	研究共同体
技术经济范式	科学主义	工程技术、经济学方法收集资料、数学工具分析资料	研究项目"剩余",即除了技术、经济、环境以外不易说清的部分	技术评价专家、财务评价专家、经济评价专家
社会学范式	以人本主义为主	参与观察法、访谈、座谈会等	研究作为整体的"项目社会",特别关注项目受影响群体	社会学家、人类学家

2.1.3　不同的社会评估方法论

19 世纪初叶,法国哲学家和社会学家孔德(Auguste Comte)创立了实证主义哲学,提出用实证主义方法论研究社会世界。他宣称社会学是"社会的科学",坚持用自然科学研究模式去研究社会学,在研究方法上倡导用自然科学的研究方法,认为社会科学研究不仅在研究方法与程序上与自然科学一致,而且研究的目的也一样,都是发现普遍性规律,进而利用这种规律为人类服务,建立美好的社会秩序[②]。人们把这种源于孔德,主张社会科学与自然科学具有一致性,并寻求普遍规律性的观点称之为实证主义(positivism)。

20 世纪六七十年代以前属于传统的实证主义时期,在一定意义上社会科学研究在方法论上是依附于科学的实证主义方法论的,社会科学领域的方法论根本没有对自然科学领域的实证主义方法论形成任何根本性的挑战,也不存在根本的冲突。20 世纪 70 年代以后,科学成果的负面效应不断累积,工业生产等人类活动对自然的破坏达到了前所未有的程度,工业文明的创新技术所产生的尚不能被人类所充分掌握的副作用,构成了新的风险积累。德国社会学家贝克(Ulrich Beck)指出,现代世界正在从"工业社会"向"风险社会"转变。为此,人们不得不对科学进行反思,波佩尔、库恩、费耶阿本德等人阐述的"后实证主义"思想导致了科学哲学中的革命,同时也对社会理论产生了重大影响,并鼓舞了社会科学家冲破实证主义的科学统一观和科学方法的整体性的樊篱。人们不再相信自然科学会提供某种真理性知识或普遍性法则,以及能够从中产生普遍有效的解释和预测;人们转而相信,科学获得巨大成就的秘诀与其说是出自某种方法论的内在逻辑,毋宁说取决于科学的社会、文化、制度、组织等外在因素;过去被奉为圭臬的、高不可攀的科学性观念以及所涵括的客观性、合理性、真理性是科学本身不曾达到也不会达到的标准[③]。以此为契机,社会学发展中迎来了后实

①　陈阿江. 范式视角下的项目社会评价[J]. 江苏社会科学,2003(5):98-102.
②　陈宇翔,等. 马克思主义与社会科学方法论[M]. 长沙:湖南大学出版社,2012:43-44.
③　苏国勋. 社会学与社会建构论[J]. 国外社会科学,2002(1):4.

证主义时代。

后实证主义在科学哲学中也被称为后经验主义,它是当代西方社会理论在科学哲学影响下出现的一股强劲思潮,其主要关注点是社会认识问题,试图在弥合传统的实证主义社会科学与理解的社会科学的基础上致力于创建后实证主义方法论。在20世纪70年代初这场科学史和科学哲学争论中,在英国发展起来一个被称为"科学知识社会学"流派,该流派反对后实证主义主流学派对科学权威地位的辩护,摒弃科学社会学在美国发展时期的默顿模式,强调要把知识社会学的原理推进到科学知识生产的关键部位,认为科学理论具有内在的诠释学性质,即包括科学理论在内的一切知识的内容归根结底都是在社会、文化因素的参与和作用下而形成。这些因素包括社会关系、利益、共识、习俗约定、劝说、修辞、权势网络、文字记载等①。这种对科学的合理性、客观性持怀疑主义态度和相对主义立场构成了科学知识社会学的基本认识论前提,其研究科学知识的方向或策略被称为"社会建构论"或"建构主义"(social constructivism or constructionism)。科学知识社会学的兴起,促使对科学的研究从"常规性"向"社会建构性"转变。社会建构主义对实证主义进行了比较彻底的批判,并成为当代西方社会科学哲学的一股重要思潮和一个新的社会学研究方法论。尽管从它产生之日起在理论上就有很多争议,但是作为一种独特的社会研究视角,尤其是对社会问题的解释与解决所特有的方法论,使它得到广泛使用。

实证主义、后实证主义和建构主义方法论的主要差异表现在以下几个方面②:

(1)核心思想。实证主义方法论的核心就是实证原则,即一切科学知识必须建立在观察和实验的经验事实基础上,反对讨论经验之外的抽象本质、第一因等形而上学的问题。后实证主义是一种"批判的现实主义",不再把自然科学及其方法看作是唯一的社会科学研究方法,而是把它们视为研究必不可少的工具,强调运用直觉判断和个人洞察力获取知识,认为社会现象实际上是个人主观经验。建构主义则认为社会问题要经历一个社会建构过程,一种社会现象从浮现到被视为"问题"是一个复杂的社会建构过程。

(2)目标。实证主义相信客观规律的存在和发现这些规律的可能,坚持社会科学和自然科学研究的同一性,总是寻求各个研究领域的统一规范性法则,试图将世界和自然纳入一种"合理"的秩序中。后实证主义承认实证主义的目标是正确的,即客观实体是存在的,但其真实性却不可能被人的认识穷尽,人们所了解的真实无非只是客观实体的一部分或其中一种表象,所以坚持逼近现实的目标,但永远也不能实现这一目标。建构主义则反对实证主义所坚持的社会现实客观存在的立场,否认存在客观事实,认为实证主义认定的"真理"只不过是一种建构,这一建构的背后隐匿的是权力、利益甚至霸权。

(3)方法。实证主义以传统自然科学的归纳和演绎逻辑为基础,强调认识的途径和建构理论的主要方法就是在受控制的条件下进行实验,并且主张以一整套固定的"科学主义"原则和标准衡量知识增长。后实证主义不再把自然科学及其方法看作是唯一的方法,只是把它们视为社会研究必不可少的工具,强调多元测量和多元观察的重要性,通过"证伪"的方式,对不尽精确的表象不断进行排谬,逐步逼近客观真实。建构主义者更加倾向于使用质性研究方法,强调叙事、话语、故事和言说,同时不断探索其中的脉络和情境。

---

① 苏国勋. 社会学与社会建构论[J]. 国外社会科学,2002(1):8.
② 赵茜. 后现代社会建构主义对社会工作的影响[J]. 广东青年干部学院学报,2008,22(1):60-63.

实证主义方法论的基本原则包括四个方面：①自然科学的研究方法和社会科学的研究方法之间没有本质的区别；②客观存在的现实能够被还原为可观察的单元或自然现象；③科学的基础是观察，研究程序就是从观察开始，然后进行检验，寻求的法则是一种具有解释、推测能力的因果关系；④科学并不对它的研究对象作价值判断，它是独立于社会和道德价值的中立活动。后实证主义虽然强调了社会现象与自然现象的本质区别，理论的历史性、发展性、相对性和多元性，社会科学研究中种种方法都有合理性和局限性，但又坚持实证哲学的认识论和方法论，坚持实证研究的方法和原则；虽然将人类知识区分为思辨哲学（形而上学）、经验科学、常识（事实描述）三种类型，但坚持科学主义的知识观。建构主义方法论则以下面四个方面的假设为基础，对实证主义和后实证主义方法论都提出了有力挑战：一是我们用于理解世界的术语不是由存在的事实决定的；二是我们描述、解释或者表征世界的模式是由关系驱动的，既包括人和人之间的互动关系，也包括人和其他不同于人的事物间的互动关系；三是我们对世界的描述、解释和表征会形塑我们的未来；四是对我们理解的方式进行反思对于未来的福祉至关重要。在这些前提下，建构主义方法论解构了实证主义方法论坚持的存在客观实在的本体论，取消了科学发现真理的权威地位，认为真理只是语言的表述，科学的语言不具有任何特权，否定了研究者中立性的可能，认为他们是有偏好的，知识的发展和社会、文化因素（如制度、意识形态、信念、社会关系、利益、共识、习俗约定、劝说、修辞、权势网络、文本等）密切相关[①]。

范式包含了方法论，2.1.2 节中对不同社会评估范式的主要比较可看出，古贝对教育社会评估时代划分中，前三代评估采用的是实证主义方法论，而他所提出的第四代评估是建构主义方法论。陈阿江对项目社会评估的两种范式分类中，"技术经济范式"是实证主义方法论，而他所倡导的"社会学范式"则属于后实证主义方法论范畴。泰勒对项目社会评估四种取向范式的研究中，虽然没有明确各种取向的方法论，但还是可看出"技术专家论—行动"和"技术专家论—研究"两种取向是实证主义方法论、"参与—研究"和"参与—行动"两种取向是后实证主义方法论，而他所提出的"问题导向方法"，尽管是作为四种导向的融合，但其中包含了建构主义方法论的要素，如把社会评估看作一个过程，公众参与下的问题协调与解决等。

2.2 大型工程的社会影响：三维视角观察

大型工程社会影响评估究竟适合什么样的范式和方法论，需要根据大型工程的社会影响，特别是社区冲击，进行推论。对此，我们分别从项目冲击理论、社区资本和风险社会等不同的视角观察。项目冲击视角是项目对社区资源占有或破坏维度，社区资本视角是项目冲击下的社区资本变迁和社区居民生计维度，风险社会视角是项目开发当下所处的社会环境维度。三维度的全方位观察可以让我们更全面、深入地了解大型工程冲击的社区冲击是一个怎样的社会问题。

---

① Kenneth J. Gergen. An invitation to social construction [M]. London：SAGE Publications, 1999：47-50(转引自：解玉喜. 实证主义与建构主义之争的虚假性[J]. 北京大学研究生学志,2007(2)：95).

2.2.1 项目冲击视角

大型工程建设对社区冲击是显而易见的,几乎所有的工程建设都会侵占社区的一种或多种资源,如耕地、山林或水文等,这还只是可以直接观察到的地表空间资源,另外还包括地下空间资源(如地铁工程)、地上空间资源(如高楼大厦),一些工程还会征地拆迁占用住宅用地资源。有一些工程可能破坏当地的生态环境、自然景观和历史文化遗址等,还有一些工程会排放废气、废水和噪声,使当地社区的环境受损。事实上,有许多大型工程因为对社区资源侵占或者对社区生态、环境造成不利影响,引发了社区居民以集体行动方式的反对,并爆发若干社会矛盾和冲突。表2.2罗列了近年来媒体曾报道过的、因工程占用土地等资源或因潜在的环境污染而引发的群体性事件。

表2.2 近年工程建设引发的群体性事件案例

群体性事件	发生时间	发生地区	冲击类型
汉源事件	2004 年	四川	占用资源类
铁本事件	2004 年	江苏	
定州事件	2005 年	河北	
浑源事件	2008 年	山西	
京沪高铁事件	2008 年	河北	
陆良事件	2009 年	云南	
通安事件	2010 年	江苏	
富锦事件	2010 年	黑龙江	
苍梧事件	2010 年	广西	
绥江水库围堵事件	2011 年	云南	
汕尾事件	2011 年	广东	
北京铁路南站事件	2006 年	北京	负外部性类
厦门 PX 事件	2007 年	福建	
六里屯垃圾焚烧事件	2007 年	北京	
春申高压线事件	2007 年	上海	
磁悬浮事件	2008 年	上海	
骏景变电站事件	2008 年	广东	
番禺垃圾焚烧发电厂事件	2009 年	广东	
白鸽湖垃圾焚烧发电厂事件	2009 年	深圳	
北京地铁十号线事件	2009 年	北京	

（续表）

群体性事件	发生时间	发生地区	冲击类型
美景花园变电站事件	2010 年	广东	负外部性类
启东王子造纸厂事件	2012 年	江苏	
四川什邡事件	2012 年	四川	
宁波镇海 PX 事件	2012 年	浙江	
杭州九峰垃圾焚烧厂	2014 年	浙江	

与此同时大型工程开发会导致受干预社区产生社会变迁,如土地利用方式的转变、产业结构急剧变化、社区原有地理景观和社会网络快速重构、非自愿移民及外来人口涌入导致的社会空间分异等。这类冲击影响范围不仅是项目所在地社区,还包括接受移民的移民安置社区。以作为本研究案例之一的安徽省宁国市港口湾水库为例,依据《港口湾水库工程淹没处理及移民安置实施规划》宁政〔1999〕11 号文、《港口湾水库建设工程库区移民安置暂行办法》宁政〔1999〕12 号文等相关文件资料,港口湾水库工程土地征用总面积为 3 856.47 hm²,其中耕地 1 517.53 hm²、林山 531.47 hm²;共有移民 6 340 户、合计 19 469 人(实际人数)。征地、移民及库区淹没涉及竹峰、青龙、方塘、甲路和东岸等乡镇,涉及机关、企事业单位120 个,移民主要安置在天湖街道、汪溪街道、南山街道、河沥溪街道、西津街道、竹峰街道、方塘乡、青龙乡、甲路镇、港口镇、胡乐镇等 11 个乡镇、街道,155 个移民安置点。

不同种类的工程对社区产生的冲击往往不同、不同的社区或者个人接受来自同一工程的冲击往往也不相同。其中 Mathur 指出部落、老人、女人以及失去土地的居民受到的工程的冲击往往比较大[1];Tilt 等人也提出在 Lesotho Highlands 工程中妇女受到来自项目的不利影响(劳动力分配、营养贫乏、社会地位下降等)更为显著[2]。另一方面不同种类的工程往往对社区产生的影响也不尽相同,水库工程与市政工程对社区产生的冲击强度明显不同[3],表 2.3 是一些大型工程对社区冲击影响的比较。为研究工程影响维度,Scudder 以水库工程为例指出水库工程的冲击主要包括大量土地的淹没、人口迁移、下游生产系统的改变等三个维度。当工程涉及大量的拆迁时,工程冲击维度则包括社会/文化维度(社区凝聚力的丧失、社会支持系统的破坏、文化遗址的丢失等)、经济维度(农田的丢失、房屋和生产设施的丢失、失业等)、基础设施维度(学校、医院、道路等)[4]。同时,很多学者致力于分析框架的建立旨在为项目影响的评估提供建议。例如 Kibler 通过建立综合分析框架(IDAM)将工程产生的冲击分为社会凝聚力、文化、财富、收入、基础设施以及物质变化;Wang 建立财富模型分

① Mathur H M. Making resettlement work: issues in planning and management[J]. Eastern Anthropologist, 2006, 59(2): 157-177.

② Tilt B, Braun Y, He D. Social impacts of large dam projects: A comparison of international case studies and implications for best practice[J]. Journal of Environmental Management, 2009, 90(3): S249-S257.

③ Mathur H M. Social impact assessment a tool for planning better resettlement[J]. Social Change, 2011, 41(1): 97-120.

④ Scudder T. Social impacts of large dams[M]//Large dams: Learning from the past, looking at the future: workshop proceedings, Gland, Switzerland. The World Bank, 1997: 41-68.

析工程项目建设产生的影响,将财富分为物质财富(农田、房屋、粮食等)、内在财富(农业养殖技术等)、社会财富(文化传统、语言、社会网络关系等)①。

表 2.3　一些大型工程对社区冲击影响的比较

工程类别	项目影响
水库工程	财产权侵害;失业;政治行政系统破坏;人口拆迁和安置;居民健康下降;经济边缘化;娱乐设施的缺乏;交通差;居住条件差;文化和风俗丢失
公路和管道工程	生活质量下降;社会网络关系分化;社会福利低;风俗习惯丢失;失业;基础设施匮乏;自然资源缺乏;疾病多;污染环境;交通、居住条件下降
港口工程	基础设施匮乏;健康水平下降;收入水平降低;生产方式改变
资源开采工程	失业;收入下降;社会组织遭到破坏;居住条件下降;教育资源不均衡;社会秩序受到影响;生活品质下降;风俗习惯受到破坏

2.2.2　社区资本视角

Flora 提出了社区资本框架理论,认为社区要实现健康可持续性的发展,自然资本、经济资本、社会资本、物质资本、人力资本是必不可少的②。自然资本是由局部、区域和全球生态环境系统提供并能为社区提供产品和服务的各种资源,如空气、水源、土地、树等。长远来看,社区的自然资本越丰富,社区的活力、适应力则越强,是其他资本的基础并促进其他资本的发展③。人力资本是提高社区居民劳动生产力的一系列因素,如教育、技术、技能培训、知识等。Bollman 指出,技术和知识是人力资本的重要组成部分,是建设和保持社区可持续性发展的重要因素④。社会资本是因共同价值观、信仰和信任而产生的一系列关系。良好的社会资本能够保证社区居民获取资源和帮助以及问题解决渠道的畅通;同样较差的社会资本则容易造成社区居民的疏远,沟通出现障碍。⑤ 经济资本是可用于社区建设、企业发展、支持社区居民进行创业、学习等活动的经济资源,并且能够为社区的未来积累财富,常见的经济资本包括居民的现金、存款等可以转化为货币的财富⑥。物质资本是用于社区发展建设的所有基础设施,例如道路、灌溉、交通、通信设备等设施。我们认为,大型工程的社区冲击对社区资本产生了显性、隐性和持续性的扰动。

① Wang P, Lassoie J P, Dong S, et al. A framework for social impact analysis of large dams: A case study of cascading dams on the Upper-Mekong River, China[J]. Journal of Environmental Management, 2013, 117: 131-140.

② Flora C B, Flora J L, Fey S, et al. Rural communities: legacy and change. [J]. Contemporary Sociology, 1993, 22(5): 695.

③ Costanza R, Daly H E. Natural capital and sustainable development [J]. Conservation Biology, 1992, 6(1): 37-46.

④ Bollman R D. Human capital and rural development: what are the linkages? [M]. Agriculture Division, Statistics Canada, 1999.

⑤ Portes A. Social capital: Its origins and applications in modern sociology [J]. Annual Review of Sociology, 1998, 24(1): 1-24.

⑥ Osman B, Elhassan N G, Ahmed H, et al. Sustainable Livelihood approach for assessing community resilience to climate change: case studies from Sudan [R]. AIACC Working Paper No. 17, 2005.

1）显性扰动

大型工程的开发、建设以及运营是一个复杂而长期的过程，而在这个过程中，大型工程的建设又不可避免地对土地、江河海、山脉进行占用和开发，进而引发当地生物物理环境的变化。McCartney 指出大型工程项目的开发伴随着明显的环境影响并且能够带来物质地理环境的改变[①]。

首先，大型工程建设往往会占用大量的土地，致使其打破当地原有的地域特点并对生态、地貌产生重要的影响。Yang 等认为大型工程建设占用大量的农田和林地造成当地原有生态环境的变化，土地占用和征用成为大型工程建设对社区和当地最直接的影响，其研究发现大型发电水库工程的建设往往容易造成水库周围的水域以及河道分布的改变，改变该地区原有的水生生态系统和地貌[②]。Wu 的研究发现大型工程在建设过程中容易造成当地水质下降，影响水中和陆地的生态系统从而造成水生生物的种类减少；大量生态植被在工程建设的过程中受到破坏和侵占，使得当地物种赖以生存的栖息地遭到破坏，造成当地鸟类、哺乳动物等物种数量下降[③]。Fearnside 在研究大型水库产生的自然影响时发现大型工程建设与当地温室气体的排放有直接的影响，并且能够影响当地的天文气象，对当地的气温产生变化，原因在于水库工程建设往往吞没大量土地和植被，改变河道和河流分布的同时增加了水域面积从而增加了水分的蒸发，在植被遭到破坏的共同作用下容易产生大量的温室气体，极大影响当地的气候[④]。Berkmap 以水库建设为例归纳出大型工程建设造成的自然影响，指出工程建设会改变当地的地貌特点（水库工程淹没土地、改变河道和水域的分布）、破坏生态系统（造成水质降低、栖息地减少）、降低物种多样性等[⑤]。

其次，大型工程建设往往伴随着大规模的人口迁移和安置，改变原有的村落分布、居住环境[⑥]。据统计，全世界每年因大型工程开发而导致的人口迁移和安置达 1 000 万，在中国截至 2006 年仅仅由于大型水库建设而导致的人口迁移就有 2 280 万，其中三峡工程就造成了接近 140 万的人口迁移[⑦]。Cerna 指出人口迁移与安置是一个复杂的过程，其中涉及众多的问题，例如因大型工程导致的人口迁移与安置会伴随着原有村落居住房屋的丧失、原有地域村落分布的改变、大量耕地的占用，从而改变村落地貌特点[⑧]。同时，在安置的过程中大型工程往往需要重新规划土地，进行土地的占用和管理，从而改变了安置地的区域特点。

---

① McCartney M P, Sullivan C, Acreman M C, et al. Ecosystem impacts of large dams[J]. Thematic Review II, 2000, 1.

② Yang T, Zhang Q, Chen Y D, et al. A spatial assessment of hydrologic alteration caused by dam construction in the middle and lower Yellow River, China[J]. Hydrological Processes, 2008, 22(18): 3829-3843.

③ Wu J, Huang J, Han X, et al. The three gorges dam: an ecological perspective[J]. Frontiers in Ecology and the Environment, 2004, 2(5): 241-248.

④ Fearnside P M. Greenhouse-gas emissions from Amazonian hydroelectric reservoirs: The example of Brazil's Tucuruí Dam as compared to fossil fuel alternatives[J]. Environmental Conservation, 1997, 24(1): 64-75.

⑤ Berkmap G, McCartney M, Dugan P, et al. Dams, ecosystem functions and environmental restoration[J]. Thematic Review II, 2000, 1: 1-187.

⑥ Kaida N, Miah T M. Rural-urban perspectives on impoverishment risks in development-induced involuntary resettlement in Bangladesh[J]. Habitat International, 2015, 50: 73-79.

⑦ Jing J. Rural resettlement: past lessons for the Three Gorges Project[J]. The China Journal, 1997 (38): 65-92.

⑧ Kaida N, Miah T M. Rural-urban perspectives on impoverishment risks in development-induced involuntary resettlement in Bangladesh [J]. Habitat International, 2015, 50: 73-79.

2）隐性扰动

大型工程的建设不仅会给社区物理生态环境方面带来直接显性的影响,例如大型工程的建设所带来的生物物理环境的变化(包括耕地的占用、河道分布的改变),并且带来更多的隐性冲击,尤其对当地的生计资本造成威胁和破坏。

Flora 指出物理环境的改变会带来社区居民生计资本的变动。生计(livelihood)的解释为"获取生活的手段和方式"。Chanmber 和 Conway 指出社区拥有的资产(储备物、资源、要求权和享有权)和采取的发展策略是社区生计的基础,并强调社区资源以及资本在社区生计发展过程中具有重要作用——直接影响到居民的生活质量和社区发展。Kamanga 认为森林资源对生活在林区的社区而言不仅仅是一种单纯的地貌物理环境,同时也是一种重要的生活、生产资本,它的变动和变化不仅仅是对地域的改变,同时也是对社区居民资源和资产的一种改变,森林资源的丧失间接地降低社区的生计水平,减少生计来源[1]。从这个角度来看,大型工程建设过程中带来的大规模土地占用、自然资源占用,不仅仅单纯地改变了当地的物理环境,同时致使社区居民失去了赖以生存的生计自然资源,如农田、林地、养殖水面、草场等,从而影响了社区的生计水平和来源。Tilt 指出漫湾水库工程占用大量的土地,水库使得原有的土地被吞没,这种土地的丢失剥夺了当地居民的生计来源,居民失去了粮食来源和收入来源。大型工程项目导致的拆迁安置过程中,移民被迫地失去了原有的生计资源以及资源的获得权,例如在三峡工程的搬迁过程中,大量移民在搬迁过程中失去了原有的耕地和山林,而搬迁到下游的居民同时面临着丰富水源灌溉享有权的丧失,这些直接影响了居民的生计资本[2]。搬迁带来的住宅、宅基地等储备物的丧失,使得居民的储备物等物质财富的丧失,打破了固有的生计状态。Caspary 认为大型工程带来的拆迁和安置会对居民的安全和保障带来严重的威胁,例如造成大规模的疾病、饥荒,以及童工和非法雇用童工等人身伤害,使得当地居民的人身安全等保障方面面临着威胁[3],因而严重影响了移民的健康、安全以及生产效率等[4],使得当地的劳动力受到极大的冲击和扰动。

依据社区资本理论,社区资本认为社区本质上可以概括为社区资本(自然资本、经济资本、社会资本、物质资本、人力资本)之间相互作用,资本的变化衡量了社区的发展与进步。自然资本通常指所拥有的自然资源,包括农田、林地、牧场、水源等,大型工程带来的影响和变化,如占用了大量的田地会对社区自然生计资本的扰动;搬迁和工程建设带来的人口迁移和房屋的拆迁,减少了社区居民储备物等物质,使经济生计资本发生变化;安置的社区以及房屋的占用必然会打破原有的村落和社会网关系,影响社区的联系和交流,从而影响社区的社会生计资本;大型工程带来的疾病、饥荒等问题是对社区的居民的经济资本和人力资本的扰动。

---

① Kamanga P, Vedeld P, Sjaastad E. Forest incomes and rural livelihoods in Chiradzulu district, Malawi[J]. Ecological Economics, 2009, 68(3): 613-624.

② Wilmsen B. After the Deluge: A longitudinal study of resettlement at the Three Gorges Dam, China [J]. World Development, 2016, 84: 41-54.

③ Caspary G. The impacts of development-induced displacement on human security. A study of dam finance [R]. Centre of International Studies & Research, 2007.

④ Webber M, Mcdonald B. Involuntary Resettlement, Production and Income: Evidence from Xiaolangdi, PRC [J]. World Development, 2004, 32(4): 673-690.

3）持续性扰动

大型工程对社区产生的一系列的社会变化是由于大型工程的干预而给社区或社区成员带来的，既包含了消极影响也包括了积极影响[1]，而众多的扰动则需要长期的累积，例如就业、收入、生产、文化、社区、政治系统、环境、健康和安宁程度、个人财产安全、恐惧等维度[2][3]。三峡工程的建设在防洪作用、发电效益、航运效益以及促进长江流域可持续性发展、库区经济发展等方面发挥了巨大的作用，同时三峡工程涉及了大量的移民拆迁并产生了持续性冲击，大量的土地、房屋等众多生计资本丧失，许多居民被迫离开自己的家园，致使出现了大量的失业、冲突等社会问题，严重影响了当地居民的生活质量和状态[4]。

Vanclay 指出工程建设产生的社会影响具有累积性和长期性，尤其是涉及居民拆迁和安置的大型工程，通常会给当地的居民带来长期性改变。例如水库工程所带来的大量居民的拆迁和变动、生态环境的改变，核电站和其他工业设施所带来的辐射导致的健康问题，道路和管道建设工程带来当地居民社会关系的疏远化、边缘化，垃圾焚烧项目对当地居民健康所造成的伤害与威胁。Cerna 也认为工程建设容易使得当地居民遭受严重的生计破坏和经济损失，而从长期发展来看工程拆迁导致的贫困问题已经成为大型工程建设不容忽视的累积性影响，甚至成了当地政府和居民主要的矛盾来源，随之而来的经济萎靡、失业率上升、部落民族的边缘化等社会问题也在大型工程建设的后评估过程中得以论证。另一方面，大型工程建设又可以对当地居民产生诸多的积极影响，Tan 指出大型工程建设往往会促进当地基础设施、交通、住房的发展，并且给当地带来很多的就业机会，促进当地的经济发展和进步[5]。Tilt 等发现大型水电站项目的建设容易促进当地就业结构的转变，其原因在于工程建设水电站项目侵占了大量的土地使得原有的生产方式发生转变，转而从事其他跟工程建设项目的餐饮以及工程材料供应等有关的职业，使得原有的就业结构更加多样化[6]。Nigel 和 Shakti 的研究证实从长远角度来看，大型工程具有促进当地旅游业和娱乐业的发展、丰富当地的产业结构、推动当地的经济发展的正向作用[7]。Philip 的研究则发现大型铝制品加工工程项目的建设对巴西整个国家的就业、收入水平、国民的健康程度等方面有重要的影响[8]。

① Burdge R J, Fricke P, Finsterbusch K. Guidelines and principles for social impact assessment [J]. Environmental Impact Assessment Review, 1995, 15(1): 11-43.

② Vanclay F. Social impact assessment [J]. Environmental Assessment in Developing and Transitional Countries, 1999: 125-135.

③ Scudder T. Social impacts of large dams[M]//Large dams: Learning from the past, looking at the future: workshop proceedings, Gland, Switzerland. The World Bank, 1997: 41-68.

④ Jackson S, Sleigh A. Resettlement for China's Three Gorges Dam: socio-economic impact and institutional tensions [J]. Communist and Post-Communist Studies, 2000, 33(2): 223-241.

⑤ Tan Y, Yao F. Three Gorges Project: Effects of Resettlement on the Environment in the Reservoir Area and Countermeasures [J]. Population & Environment, 2006, 27(4): 351-371.

⑥ Tilt B, Braun Y, He D. Social impacts of large dam projects: a comparison of international case studies and implications for best practice [J]. Journal of Environmental Management, 2009, 90: S249.

⑦ Nigel Rossouw, Shakti Malan. The importance of theory in shaping social impact monitoring: lessons from the Berg River Dam, South Africa [J]. Impact Assessment and Project Appraisal, 2007, 25(4): 291-299.

⑧ Fearnside P M. Environmental and Social Impacts of Hydroelectric Dams in Brazilian Amazonia: Implications for the Aluminum Industry [J]. World Development, 2016, 77: 48-65.

我们在调查港口湾水库建设对居民产生的长期社会影响时发现:在长期的影响过程中,受干预社区家庭呈现加速小型化、核心化和空巢化的趋势,促进了家庭生产功能向社会化转变,养老功能由家庭养老向社会养老变迁;亲属关系随空间距离拉长而变得疏远,邻里关系却并没有因为在新居住地的重构而带来负向影响,家庭的社会网络关系突破了传统的血缘和地域限制,在原有的基础上得到了扩展和延伸。工程建设给当地居民的就业率、收入水平、消费行为、休闲行为、居住方式和社会保障等方面均产生了影响;并且这些影响与安置拆迁政策有很大的联系。同时该工程建设拆迁安置点社区的工业化和城镇化趋势明显快于其他社区,而社区的精神文明建设良好,社区经济功能、福利保障等方面具有较大的提升。

2.2.3 风险社会视角

传统的工程规划设计决策是以设计规范和标准为原则,规范和标准来自对工程、技术或产品已有的知识或认知。但在 20 世纪中叶以后,工业生产等人类活动对自然的破坏达到了前所未有的程度,工业文明的创新技术所产生的尚不能被人类所充分掌握的副作用,构成了新的风险积累。随人类对社会生活和自然的干预范围和深度的扩大,决策和行为成为风险的主要来源,人为风险超过自然风险成为现代风险结构的主导内容[①]。因此,贝克指出,现代世界正在从"工业社会"向"风险社会"转变,并认为"当代中国社会因巨大的社会变迁正步入风险社会,甚至将可能是进入高风险社会"[②],这一观点也得到国内学者的支持[③]。英国著名社会学家吉登斯认为,风险社会的出现并不意味着现在的社会生活比以前的更为危险了,而是人们的自我保护意识增强了。正是这种个人风险意识的加强,公众对工程的负外部性产生的风险认识和感知增强,对工程安全性的要求程度更高。

然而,传统的工程决策程序是由政府通过专家垄断技术知识的定义和解释,以高度抽象的科学逻辑,论证技术的安全性。在中国语境下,政府通过"民心工程""技术先进""公共利益"等话语,进行技术风险的"安全叙述",建构公众认知层面的"安全体系"。但是,在风险社会中,"风险不仅依托国家的认知塑造,同时有赖民众的个体感知,民众成为风险认知的'社会竞技场'主角"[④]。不同于专家,受影响的公众凭个体生活、观察经验及受害者的方式去界定风险,广州番禺垃圾焚烧厂选址的群体性事件中,居民就以传闻的"广州李坑垃圾焚烧厂周边居民癌症病人比以前多了 70%~90%"作为抗议的一个证据,不仅质疑现行规范的"300 m"安全距离,甚至对该工程距离居民区 3 km 的安全区域提出疑问。

类似于番禺垃圾焚烧厂的社区居民集体抵制行动,在国内外并不鲜见。国内通常称之为"群体性事件",在西方称之为 NIMBY(Not in My Back Yard),中文通常译为"邻避",或被称为"邻避情结""邻避综合征""邻避症候群""邻避现象""邻避效应""邻避事件""邻避冲突"和"邻避运动"等,即对于兴建的大型工程或公共设施,居民能理解其对社会整体而言是必要的,但又强烈反对其与自己居住区毗邻。近十多年来,我国大陆地区的邻避事件数量呈明显上升趋势,前述表 2.1 列出了一些媒体报道的社会影响较大的事件。

① 杨雪冬,等. 风险社会与秩序重建[M]. 北京:社会科学文献出版社,2006:26.
② 薛晓源. 前沿问题,前沿思考:当代西方学术前沿问题追踪与探询[M]. 上海:华东师范大学出版社,2005:63.
③ 陈道银. 风险社会的公共安全治理[J]. 学术论坛,2007(4):44-47.
④ 郭巍青,陈晓运. 风险社会的环境异议——以广州市民反对垃圾焚烧厂建设为例[J]. 公共行政评论,2011(1):95-121.

　　一些研究者试图解释居民抗议背后的原因。管在高将国内的邻避事件归为直接原因和深层社会背景，直接原因主要是邻避设施的环境污染、社区形象、房产贬值、不确定性忧虑等负面影响，深层社会背景包括政治体制开放、公民自主性增强、基层政府权威被削弱，司法救济渠道不畅、权利意识的觉醒，群体性造势心理的影响等[①]。李晓晖认为"负部性带来的不对称的收益——成本分配结构，以及由此产生的经济、社会和政治上的利益冲突，是造成邻避性公共设施困境的根本原因"[②]。

　　但是，"邻避"似乎并不依赖于其所处的社会环境。除非不存在开发，否则开发无论发生在哪个国家或地区，"邻避"均难以避免。20世纪末的二三十年内，欧美国家曾发生过较大规模、持续较长时间的"邻避"运动。1980年至1987年，美国计划兴建的81座废弃物处置场仅有8座顺利完成。该国天然气协会(National Gas Association of America)调查了覆盖全美十九个州的五大瓦斯管线系统建设过程，发现民众抗争案件多达2890件[③]。20世纪七八十年代后，"邻避"浪潮也席卷亚洲的日本以及我国的台湾和香港等地区。在我国台湾地区，20世纪80年代初出现了以环保为主要议题的公众自力救济运动，反对当地的污染设施和工厂，至80年代末、90年代初达到高峰阶段。21世纪初以来，我国香港地区也发生了多起"邻避"事件，著名的如2004年抗议政府维港填海工程的万人"蓝丝带行动"、2008年当地居民和议员抗议垃圾焚化炉屯门区选址的活动等。时至今日，世界各国的邻避事件也屡有发生。

　　可见，在全球范围内，许多大型工程规划选址决策过程均遭遇到"邻避"困局。但是，这一困局的根源究竟在哪？西方一些研究者将设施之所以遭到公众反对的原因归咎于居民的邻避心理因素和消极态度，"邻避情结"成为一个不折不扣追求狭隘自我利益的典型，被斥之为"社会病，一种对技术进步狂热且非理性的排斥"[④]，被形容为"政策性头痛的重要来源"[⑤]。也有研究者反对将抗议者烙上"自私""无知""阻碍地区开发"的"邻避"标签，认为"邻避"是公众对设施的风险感知和谨慎反应，抗议者根本不是邻避者，他们的抱怨是有根据的，而且常常是有广泛的理由的[⑥]。

　　表面上，"邻避"似乎发源于"邻避情结"。但是，根据荣格心理学理论，"邻避情结"可解释为人类内心所固有的保护自身健康、生活环境和财产免遭损失的情感，它具有强烈的情绪色彩，是自主的，具有自己的内驱力，是一种典型的群体心理现象，属于荣格所提出的"集体无意识"形态。荣格认为集体无意识的内容是原始意向(原型)，原型与本能彼此决定，构成人格中的根本动力，当一种与特定原型相对应的情境出现时，这种原型就被激发，并不可抗拒地表现出来，形成一种本能的冲动。因此，"邻避"的真正根源是"邻避情结"的原型被相对应情境所触发。

　　这种情境是什么？郭巍青、陈晓运将邻避冲突归于居民对设施的技术风险感知和社会

①　管在高. 邻避型群体性事件产生的原因及预防对策[J]. 管理学刊,2010,23(6)：58-62.

②　李晓晖. 城市邻避性公共设施建设的困境与对策探讨[J]. 规划师,2009,25(12)：80-83.

③　丘昌泰. 邻避情结与社区治理：台湾环保抗争的困局与出路[M]. 台北：韦伯文化国际出版社,2007：7.

④　Edelstein M R. Contaminated communities：the social and psychological impacts of residential toxic exposure [M]. Westview Press, Boulder, 1988：170-189.

⑤　Minehart D,Neeman Z. Effective siting of waste treatment facilities[J]. J Environ Econ Manage,2002,43(2)：303-324.

⑥　Burningham K. Using the Language of NIMBY：A topic for research,not an activity for researchers[J]. Local Environment,2000,5(1)：55.

建构及其与政府在风险定义争夺中形成的环境异议①，NIMBY 一词原创者——美国加州大学伯克利分校公共政策学教授 Michael O'Hare 将设施受当地居民排斥的原因归于设施的负外部性问题②。公众的风险建构源于设施的负外部性，所以这种情境可定义为：由于某些工程或设施存在负外部性，当居民"被"临近时，居民风险感知的"瞬时"，"邻避情结"得以触发，预示着"邻避冲突"无可回避。现实中观察到，公众乐意与一些产生正外部性的工程或设施（如公园、城市绿地广场、学校、银行、地铁等设施）为邻，这是"邻避情境"定义的一个侧面注解。

至此，可认为"邻避"的关键，一是设施与社区之间居民心理上的"安全距离"长短；二是负外部性的强弱。这两方面都对大型工程决策提出了新的挑战，垃圾焚烧发电厂兴建中的环境异议是一个很好的例证。国家环境保护部、发改委和能源局联合发布的《关于进一步加强生物质发电项目环境影响评价管理工作的通知》（环发〔2008〕82 号文）附件——《生物质发电项目环境影响评价文件审查的技术要点》中，第一条"生活垃圾焚烧发电类项目"的第 6 款"环境防护距离"规定："新改扩建项目环境防护距离不得小于 300 m"；第 9 款"环境质量现状监测及影响预测"规定："在国家尚未制定二噁英环境质量标准前，对二噁英环境质量影响的评价参照日本年均浓度标准(0.6×10^{-6} gTEQ/m³)评价"。然而，近年来按照这一规范规划选址和设计的许多垃圾焚烧发电项目均遭遇"邻避"而搁浅，著名的案例有上文提到广州番禺项目（选址阶段）和苏州吴江项目（已建成）等。

我国正处于经济和社会快速发展时期，许多大型的、重要的工业项目亟待建设，公共部门还要配置更多的诸如垃圾处理、火葬殡仪、核电、飞机场、精神病院等公共服务设施，以增强城乡的社会、文化、经济等服务机能，满足公众生活需求。以垃圾处理为例，2006 年以来全国城市生活垃圾清运量逐年增长（平均增长率约 2%），但是无害化处理量中采用"卫生填埋"工艺处理的比例却由 2006 年的 43% 上升到 2011 年的 61%。填埋方式占用了大量土地，且对土壤和地下水造成污染。据调查，全国 1/3 以上的城市均深陷垃圾围城困局，1/4 的城市已基本没有垃圾填埋堆放场地。可见，在目前可行的垃圾处理技术中，垃圾焚烧应是一条适合国情的最佳处理途径。但是，"邻避"困局使得诸如城市垃圾焚烧设施等大型工程的选址、兴建或运营被迫暂停或终止。

工业项目生产运营需要人力资源和配套的交通、能源设施，公共设施则也是为人群服务，大型工程建在无人地带，既不经济也不现实。因此，大型工程兴建的"邻避"困局出路还在于解决项目对社区冲击的社会影响问题。大型工程决策环节中的以社区为单位的社会影响评估是无法回避"邻避"问题的，也理应在"邻避效应"规避中发挥重要的作用。

2.3　大型工程社会影响评估范式和方法论

2.3.1　社会学评估范式的适用性

陈阿江从研究主题、方法论和科学家共同体等三方面，将目前的工程项目社会影响评估

---

① 郭巍青、陈晓运. 风险社会的环境异议——以广州市民反对垃圾焚烧厂建设为例[J]. 公共行政评论,2011(1)：95-121.

② O'Hare M. Not on my block you don't：facility sitting and the strategic importance of compensation[J]. Public Policy,1977,25(4)：407-458.

区分为技术经济范式和社会学范式,并指出评估实践中两者并存,甚至技术经济范式主导社会评价的局面①。国内的项目社会评估,除了世界银行和其他国际组织与中国政府合作的农业、环境、教育和社区发展等项目一般采用如陈阿江所说的由社会学家、人类学家主导的社会学评估模式外,其他国内投资项目绝大多数采用的如陈阿江所说的由技术、财务、经济专家主导的技术经济范式。陈阿江列举了水利工程社会评价的《水利建设项目社会评价指南》及相关实践案例对此加以论证。实际上不仅限于水利工程,实践中我们见到,多达近百页甚至几百页的项目建议书或可行性研究报告中,社会评价内容只有几页或十多页内容,多为评估者的主观分析推理,缺少社会调查或者社会调查非常简单,而社会评价章节编制人员一般是由财务评价人员去完成。以承担了国内许多重大工程评估业务的中国国际工程咨询公司②为例,据该企业网站③,其"人才队伍"栏目介绍,目前公司员工 3 000 余人,其中专业技术人员占 80% 以上,专业覆盖工程技术、经济管理等各个行业,拥有国内外工程建设、经济、法律、国防和外交等领域 400 余名专家学者组成的专家学术委员会,其中有由中国科学院、中国工程院、政府宏观管理部门及大型企业领导等各领域 80 位高端学者、资深专家组成的顾问,并拥有近 15 000 名各行业优秀人才组成的专家库,但未见有社会学家、人类学家这样的相关叙述;其"人才招聘"栏目中,也未见有招聘社会学类专业的毕业生和社会学专业人员;其"教育培训"栏目中,鲜见有"社会调查""社会学研究方法"等方面的培训内容。

陈阿江的研究结论是,项目社会评价应持社会学范式,事实上,技术经济范式解决不了项目中实际存在的社会学问题。从研究主题看,无论是技术经济范式还是社会学范式,对社会评价的对象是"社会的"这一点已没有异议。技术专家、财务专家、经济专家以及环境专家既然进行属于他们所擅长的工作,剩下属于"社会的"内容自然应该留给社会学家、人类学家去做。从方法论与科学家共同体组成看,技术经济范式社会评价根本不可能解决项目中存在的社会学问题,如关于三峡工程的社会评价案例,既没能剔出重大社会事项,也没能解决什么重要的项目社会学问题,仅仅是重复论述了相关的技术或经济事项④。

从我们在 2.2 节中三个维度的观察可看出,大型工程开发对社区资源、环境和生态的冲击及对社区资本的扰动是一种"社会事实"(或"社会现象"),符合法国社会学家涂尔干(又译"迪尔凯姆")对"社会事实"的定义——"一切行为方式,不论它是固定的还是不固定的,凡是能从外部给予个人以约束的,或者换一句话说,普遍存在于该社会各处并具有其固有存在的,不管其在个人身上的表现如何,都叫做社会事实"⑤。因此,它属于社会学研究的主题,大型工程社会影响评估应采用社会学范式。下面以工程规划设计方案决策为例,在 2.2 节分析的基础上,我们从风险社会视角下工程规划设计合理性的艰难选择这一点,进一步验证陈阿江的结论。

尽管有许多种方法支持工程规划设计方案的评选和决策,但实践中方案的合理性则是

———————————

① 陈阿江. 范式视角下的项目社会评价[J]. 江苏社会科学,2003(5):96.
② 中国国际工程咨询公司(简称中咨公司,英文缩写 CIECC)是国务院国资委管理的中央企业,是顺应我国投资体制改革,贯彻决策民主化、科学化而成立的国内规模最大的综合性工程咨询机构,在我国投资建设领域具有较大影响(引自该企业网站:http://www.ciecc.com.cn/col/5).
③ 中国国际工程咨询公司. 人力资源.[EB/OL].[2015-09-16]. http://www.ciecc.com.cn/col/col25/index.html.
④ 同①.
⑤ 迪尔凯姆. 社会学方法的准则[M]. 狄玉明,译. 北京:商务印书馆,1995:34.

决策者判断的基本准则。工程规划设计方案合理性包含两个方面,一是必须符合目的;二是必须符合条件。[①] 目的决定规划设计的方向和主旨,条件则决定着规划设计的可行性和代价。起初,人们对工程取舍更注重实用目的。随着时代的发展,工程作为一种经济产品和社会公共物品的属性日益凸显,这就迫使人们考虑设计合目的性与社会学(包括经济学)的内在联系。工程设计中开始强调使用者的需要,强调工程与其环境之间的关系,强调技术的特性。美国工程技术认可委员会对工程的定义是"利用通过学习、实验和实践获得的数学与自然科学方面的知识,开发经济地使用材料和自然之力的方法来造福人类"[②]。这一定义包括了技术、使用和经济三个层面价值构成的工程目标系统。赫什伯格将建筑设计的目标价值要素归纳为人文因素、技术因素、自然环境、文化环境、经济环境、业主与设计者的哲学理念和偏好以及对公众健康、安全和福利的关注等几个方面[③],这些目标要素同样适用于任何工程规划设计决策。

因此,工程规划设计合理性的目的是一个基于多元目标的系统,它由工程利益相关者各自所追求的价值目标组成。设计师从技术角度去思考问题,如建筑设计师会考虑空间尺度、领域感、色彩等,并追求个人的审美价值和空间形态创新。但是,其他工程利益相关者可能并不了解设计的专业知识,所以可能并不像设计师那样思考问题。政府会考虑整体的社会效果,如 GDP、增加就业、"形象工程"等;投资人注重市场因素,如投资回报、成本节省;公众则关注环境价值、个人的福利和安全。然而,多元目标之间的冲突是无法回避的,例如,兴办者追求设施所带来的利润和尽可能低的成本,而公众则要求设施尽可能小的负外部性和尽可能大的正外部性,这又必然增加投资成本。多元目标之间冲突如何平衡成为工程规划设计合理性判断的一个难题。

在传统的工程建设程序中,这种平衡工作来自先进设计师的自觉追求。以建筑设计为例,在 20 世纪 70 年代初的"能源危机"之后,国际上流行的纪念式建筑风格已经让位,而更富有人性、更关注建筑使用者需要和更关心使用者生活方式的建筑风格正在涌现。设计过程中,建筑设计师有意识地寻求与规划师、结构工程师和社会学家进行更大范围的合作,把创新的工程技术和富于表现力的设计美学结合起来反映在建筑的人文主义价值观中。20 世纪 80 年代后提出的生态设计理论及实践的拓展,正是体现了设计合理性问题在人文价值目标上获得的全面定位。但是,或迫于委托人——兴办者的压力,或自身的原因,并不是所有的设计师都会努力实现这个平衡。即使他们有这样的想法,传统程序中也并没有相应的机制促成这样的平衡。正如 2.2 节中所阐述的那样,许多大型工程的开发所导致的土地侵占冲突、环境异议等使多元目标之间的冲突逼上了"前台",它们之间的平衡不应再是设计师的自觉行为,也不是设计师自觉行为可以解决的问题,它已经成为工程规划设计决策中必须面对的问题。

从设计决策的逻辑顺序来看,规划设计合目的是人们做出决定的重要因素,这是确定无疑的。但是一个设计方案仅是合目的性还不行,还必须符合条件。目标是否合理并不是以目的本身是理性的或非理性来划分,也不是因为它是符合社会目标而非个人目标就更具有合理性,关键在于它是否合乎条件。例如,在现代建筑史中,"乌托邦"设计和规划理念的失

---

① 刘云月,马纯杰. 建筑经济[M]. 北京:中国建筑工业出版社,2004:50.
② 沙立文,等. 工程经济学[M]. 13 版. 邵颖红,等译. 北京:清华大学出版社,2007:4.
③ 赫什伯格. 建筑策划与前期管理[M]. 汪芳,李天骄,译. 北京:中国建筑工业出版社,2005:56.

败，并不是它不符合目的，而是因为它不符合条件，所以只能是一种空想。在传统程序里，设计师关注的是公共政策、市场需求以及土地资源的利用模式等人文和自然条件等①。然而，正如我们在2.2.3节中分析的那样，在当下，许多符合相关技术标准和规范条件的设施同样也遭受着"邻避"抵制。也就是说，在风险社会，公众的心理接受条件，尤其是设施所在的社区居民心理感受，已经成为现代工程规划设计决策不可忽视的关键条件。

至此，我们可以窥见，现代经济决策范围已经从商品性或物质性拓展到人类全部行为以及与之相关的全部决策领域。对于工程设计规划、设计决策而言，它应涉及工程内部及外部与经济要素发生某些关系的各种价值要素，而且也不仅是先验性的价值思考，更重要的是源于人类生活需求的价值评价。这已经完全超出了技术和经济的范畴，涉及家庭、个人、社区、群体和社会部门及人们对工程的认知，是一个复杂的社会问题。特别是在现代风险社会，政府或者项目兴办方已经无法独立地应对大型工程相联系的社会危机和风险，需要社会公众、社区居民及其他社会组织等共同面对人类所面临的重重困难。社会学范式也许是我们唯一能采取的大型工程社会评估研究方法。

尽管我们赞同陈阿江的观点，但我们同时也认为，在项目冲击、社区资本和风险社会等这三个视角下，陈阿江的社会学范式尚需进一步的扩展。一是在"研究主题"上，除了要关注项目中的人、组织及因项目而形成的"项目社会"——项目介入后，使相关人群形成了一个有联系的整体社会，特别关注处于相对弱势的老人、女性、族群、农民等群体②，还要研究项目冲击下社区的社会过程及长期的影响结果，我们称之为评估主题或评估焦点。二是在"研究共同体"上，不仅如陈阿江所言，项目社会评估主要使用社会学家和人类学家，而且我们认为，项目社会评估应该是由社会学家和人类学家作为评估促进专家所主导的，包括项目的兴办者、技术与经济专家、社区基层组织机构人员、NGO组织人员、社区公众代表等所组成的评估成员共同体。三是在"方法论"上，陈阿江认为技术经济范式采用的是科学主义评估方法论，而社会学范式应采用人本主义方法论，具体方法包括参与观察法、访谈、座谈会等。本书在2.1.3节中也呈现了各领域社会评估的不同方法论之争。但是，我们认为社会评估实践应该超越这一争论，更重要的是选择合适的方法，能够实现评估的目标。此后章节中还将对上述几个方面进一步讨论和论证。

2.3.2　评估者的价值取向

正如在2.1.1节中所指出的，范式离不开世界观，范式意义下的世界观主要是指研究者的价值观。所以，讨论社会影响评估范式问题无法回避评估者的价值观这一议题。

科学研究中的"价值中立论"源远流长，早在18世纪40年代，英国经验主义哲学家休谟（David Hume）严格区分了"事实陈述"（回答"是什么"的问题）和"价值陈述"（回答"该不该"的问题）两类命题，认为事实判断与价值判断之间有着不可逾越的鸿沟。18世纪80年代，德国思想家、哲学家和科学家康德发展了休谟学说，他把人类的理性法则划分为自然法则和道德法则，相应地哲学也就被划分为自然哲学和道德哲学。不同的是，康德试图把两者结合起来，并具有道德理性化的科学主义的色彩，但是结合并不成功。1914年，德国社会学家韦

---

① 刘云月，马纯杰.建筑经济[M].北京：中国建筑工业出版社，2004：51.
② 陈阿江.范式视角下的项目社会评价[J].江苏社会科学，2003(5)：94.

伯首次提出了"价值中立性"的概念——在进行社会学研究的时候只是力求反映研究对象的真实状况，而避免介入政治现实和作"善与恶""好与坏"的评价，就是力求摆脱价值判断，不进行价值判断或者暂停价值判断的意思。他认为"价值中立性"应被视为科学的规范原则，因为"价值判断"是在对社会现实满意或者不满的一种评价，是一种从伦理、理想和哲学观点推理出来的实践判断，价值判断或明或暗地受到我们主观感情的影响。20世纪二三十年代，以石里克、卡尔纳普等人为代表的逻辑实证主义在事实与价值截然两分的前提下，进一步强化了科学的"价值中立"观念，认为科学是关于客观的事实判断，与"主观"的价值无关[①]。"科学价值中立说"主张科学与价值无涉，科学是纯粹求真，是不带任何价值倾向和感情因素地了解自然界。科学家要坚持客观性和中立性，与政治、伦理等严格分离，以保持其"纯洁"性。直至20世纪70年代，"科学价值中立说"在人们讨论科学与价值关系中仍占据着主导地位。

20世纪六七十年代后，核灾难的威胁和全球性环境问题迫使人们反思传统的科学价值观，"科学价值中立说"受到质疑。1981年，美国科学哲学家普特南提出了价值事实的存在观点，认为价值与事实是分不开的，价值就是事实的价值，事实也是有价值的事实，"每一个事实都有价值负载，而我们的每一个价值也都负载事实"。科学具有价值负荷，一是在科学知识体系中就渗透着价值和价值判断因素；二是科学家及其共同体在科学活动中也脱离不了价值判断。因此，科学的价值并不是成为科学所探索的事实的一部分，而是成为科学本身的一个组成部分。科学研究活动中的价值有着极为丰富的内容，诸如科学探索的动机、事实的选择、体系的建构、理论的评价等也都渗进和充斥着科学家及其共同体的价值判断。"科学负荷价值说"（也有称为"科学价值非中立说"）是强调技术渗透着价值的全过程的观点，坚持科学不是一种纯粹的个性工具，而是出现于特殊社会情景之中的复杂事业。科学是负载价值的，是事实判断与价值判断的统一[②]。

在社会评估领域，评估者的价值观也存在着不同的观点。在2.1.2节中曾提到过，古贝在研究教育领域的第四代社会评估时，揭示出前三代评估中普遍存在的问题之一是"忽视了价值的多元性"，即断言评估是价值中立的。古贝指出，20世纪60年代以后，人们认识到，尽管社会应当共享价值观，也存在以社会成员同化和赞同为特征的价值体系，但社会本质上是价值多元化的，如党派之争及种族、性别和代际冲突等。"评估"（evaluation）一词就源于"价值"（value）一词。但是，在价值差异问题没被提出之前，涉及价值判断的"客观"工具的发展或者是蕴含价值认同的客体描述问题都很容易被忽略。正因为存在着价值差异性，人们对评估结果能否完全可信一直争论不休，因为人们不能确认评估过程中使用的方法论是否是科学的，以及科学是否被证实是价值中立的。事实上，科学价值中立的观点也正在受到严峻挑战。如果科学并非中立的，那么人们怎么理解评估结果要服从不同的解释，而且"事实"本身也是在评估者所遵从的价值体系作用下被确定，尽管评估者可能并没有意识到这一点。假如"评估价值中立"观点成立，那么社会价值化在评估中就是一个需要关注的关键因素。因此，古贝认为前三代评估的这个观点是站不住脚的[③]。从认识论角度，古贝进一步讨论价值观问题，认为社会评估调查中一个不可避免的因素是调查者与调查有关的其他人价

① 夏从亚,夏保华.自然辩证法概论[M].北京:中国石油大学出版社,2002:166-170.
② 杜吉泽,李维香.自然辩证法简明教程[M].北京:高等教育出版社,2007:88-89.
③ 古贝,林肯.第四代评估[M].秦霖,等译.北京:中国人民大学出版社,2008:11-12.

值观。调查者是人,无法摆脱他们的人性。调查者自己的价值观,以及可能会影响他的人,特别是评估资金提供者、发起者和专家等的价值观不可避免地渗透在一系列调查设计与调查实施中。同时,相关个体的价值观,特别是受访者的价值观,也在发挥作用。价值观反映在调查理论中,反映在调查与相关人员引入调查的建构中以及调查范式本身中,而且所有的价值观可能是相互分离的或冲突的①。鉴于此,古贝指出,社会评估不能忽视价值观,必须承认他们在所有调查中的影响作用。

在2.1.2节中曾提到泰勒等研究能源、基础设施等项目社会评估时,提出了图2-1所示的社会评估的取向,尽管他是从方法论角度讨论这个问题的,但其纵向维度正是泰勒所要表明的社会评估采取的价值观——"技术专家论—参与纬度反映了社会评估的价值观问题,这个问题之所以重要是因为社会评估事关决策制定"。泰勒指出,评估者想要更成功地影响决策制定者,就需要采用和决策制定者相互支持的价值观体系来表述他们的产品,即采用什么样的价值观体系对发展或政策计划做出赞成或反对结论。但是,受发展或政策计划变迁影响的社区和公众群体常常拥有不同的价值体系,为了保持自己的生活方式,反对变革计划或者提议改变发展的路径。技术专家论都趋向于实证的方法,即通过对后果的预测、控制和管理推动发展计划,而参与式社会评估把社区行动参与作为重点,通过协商对影响进行分担。泰勒等将社会评估范式分为"技术专家论—行动""技术专家论—研究""参与式—行动""参与式—研究"等四种取向,并认为四种不同取向存在着冲突,但各有优点,而社会评估实践要超越取向,采取被他称为"问题导向方法"的中间立场②。

尽管泰勒没有明确表明"中间立场"的价值观,但认为偏向于受决策制定者价值观主导或支配的"技术专家论"与从社区群体价值体系出发的"参与式"对实现新的、价值更大的社会目标都具有潜能,所以试图寻求在这两个位于"公共卷入光谱"两极的导向中找到一个合适的"中间立场"。可见,泰勒的"中间立场"价值观,并不是完全将"价值"与评估范式完全割裂的"价值中立",而是也承认了价值对社会评估的影响及重视价值的重要性,但他力图在利益相关方价值观冲突中寻求平衡,以一种"调和的价值观"进行评估。

我们认为,大型工程社会影响评估的价值观取向应是受项目影响社区人群及群体一致的价值观,也就是说,社会影响评估一定是立于社区的角度,以受影响群体的价值观体系去理解项目开发给社区带来的变迁和发展。这样的结论来自以下几个方面的理由:

(1)尽管财务评价和国民经济评价(又称费用效益分析)均采用了陈阿江所称的技术经济范式及科学社会主义方法论③,或者也可以称为实证主义方法论,这个方法也要求评估者应该是价值中立的,但是实践中极少的评估机构和评估者能够超脱评估委托方"长官"意志的影响,这可能屈从于评估报告为委托方所认可的压力和对后续业务的担忧,当然这种屈从本身也会让评估者节省评估成本和更多的付出。正如泰勒指出的那样,评估者想要更成功地影响决策制定者,就需要采用和决策制定者相互支持的价值观体系来表述他们的产品,价值体系的紧密相关可以在评估和决策制定之间形成相互强化机制。评估者很熟悉的结果是:有时评估在建议或者改变具体政策、计划和发展过程方面毫无作用,特别当支配者是制

①　古贝,林肯. 第四代评估[M]. 秦霖,等译. 北京:中国人民大学出版社,2008:55.
②　泰勒,等. 社会评估:理论、过程与技术[M]. 葛道顺,译. 重庆:重庆大学出版社,2009:30-38.
③　陈阿江. 范式视角下的项目社会评价[J]. 江苏社会科学,2003(5):99.

度性资助、政治机构和其他强制性力量时,评估就可以用来推动发展,甚至充当"橡皮图章(rubber stamp)"的作用①。与其评估根本无法取得"价值中立",还不如各层次的评价完全立于各自所代表立场的价值观体系。

(2)尽管泰勒等在提出了"中间立场"的评估价值选择,但他在讨论评估技术时,认为应以社区为本的协商式技术作为参与式社会评估方法的主要部分。一方面实践经验所表现出这个方法的适用性,另一方面人们有权参与对他们和他们的生活产生影响的变迁决策。这将使得评估者获得机会,在社区层次听取人们关于社区的认知,以及诸如社区未来、问题和目前危机等方面的讨论。② 国内学者研究中也提出以社区或社区居民为本的评估价值观,如以人为本③、人本主义④等。周大鸣、秦红增根据他们主持或参与的在世界银行等国际组织与中国政府合作项目的社会评估实践经验基础上,提出参与式发展的理念⑤,强调接受发展帮助的目标群体真正地参与到项目的决策、评估、实施、管理等每一环节,评估者征求他们的意见和建议,利用他们的知识经验,培养他们对发展的责任感,使他们充分认同并接受发展的决策与选择,把发展当成是自己的承诺,并把所有外部的信息、技术及资金等方面的支持变成自己的发展动力。无论是以社区为本、以人为本,还是评估与被评估者之间的相互学习、充权式调查等,均体现对项目影响社区人群价值观的充分尊重。

(3)在传统的工程决策程序中,工程的兴办者根据自己的价值体系决定是否投资兴办项目,即使是公共设施的政府兴办机构也不例外,或迫于公众需求的压力,或受政府的指令,抑或是追求机构自身的绩效。政府在工程建设中承担着资源最优配置和合理使用监督的责任及公共安全和生态环境保护的职能,政府也正是基于这样的价值观,通过项目的土地规划审批、工程建设规划审批、立项许可等环节,审查项目是否满足设计边界约束条件、工程技术规范、环境排放标准、环境保护规定等,否定或批准项目。但是,在传统工程决策程序中,受项目冲击的社区居民并不能直接或间接影响工程决策,他们权益的保护依赖于代表他们利益的公共政策和能够维护工程公共安全的相关政府机构。然而,随着全球性以"邻避运动"为特征之一的风险社会来临,传统的工程决策程序遭遇了挫折。一些工程建设群体性事件所牵扯出来的或传闻的官员腐败、项目审批的舞弊行为及项目"遮遮掩掩"的公示,使社区公众怀疑政府、工程兴办者及为项目进行技术辩护的专家之间有着某种暧昧关系,公众个体对技术风险的焦虑在更大范围内体现为政府、经济集团和科学家这一专家共同体的"信任危机"⑥。公众将技术风险议题与管理体制问题紧紧捆绑,从而将一系列问题逼上台面,如利益集团与利益输送问题、官商勾结与腐败问题、决策民主与公众参与问题、行业监管与公众监督问题,因此专家共同体成为公众环境异议的"宣战对象"⑦。对于专家共同体做出的"应建"决策,公众则可能得出完全相反的结论。如果在体制内无法寻求解决争端的可能,公众

① 泰勒,等. 社会评估:理论、过程与技术[M]. 葛道顺,译. 重庆:重庆大学出版社,2009:30.
② 同①171.
③ 韦惠兰,刘若雨. 工程技术项目社会影响评估研究[J]. 兰州大学学报(社会科学版),2002,30(3):118.
④ 陈阿江. 范式视角下的项目社会评价[J]. 江苏社会科学,2003(5):95.
⑤ 周大鸣,秦红增. 参与式社会评估:在倾听中求得决策[M]. 广州:中山大学出版社,2005:5-6.
⑥ 陈海嵩. 风险社会中的公共决策困境——以风险认识为视角[J]. 社会科学管理与评论,2010(1):94-101.
⑦ 郭巍青,陈晓运. 风险社会的环境异议——以广州市民反对垃圾焚烧厂建设为例[J]. 公共行政评论,2011(1):95-121.

出于自我保护的意识,必然寻求体制外的解决方案。通过媒体、网络或口口相传的其他"邻避事件"间接经验,公众自然选择最简单、最直接也是最有效的方式——集体行动,"邻避冲突"则无法避免。国内发生的许多"邻避事件"已经证明,无论工程是处于选址阶段、建设阶段,还是运营阶段,在国家"维稳"大局方针下,政府必然迅速做出"暂停"或"终止"决策,专家共同体所做出的大型工程规划设计决策至此以"失败"而告终。因此,在风险社会视角下,不仅公众风险感知及利益需求应被纳入决策机制,而且应提供公众直接参与决策的途径。这一途径的唯一入口就是社会影响评估,因此社会影响评估应以社区群体的一致价值观作为调查、观察和分析的视角,评估报告也应以这一视角展现项目冲击下的社区变迁事实。

我们强调社会影响评估应以社区价值观作为价值取向,并不合认也不回避评估面临的多元价值之间冲突的难题。传统的技术经济范式社会评估强调价值中立和客观性,其核心就是排除价值观的影响,实际上是否定了评估中价值观的差别,那么这就意味着评估的结果就代表着事物本来的状态,必须作为客观真理被接受。社会学评估范式承认价值观的差异,而正如古贝所述,一旦价值差异被提出来,那么哪种价值观将会在评估中占据主导地位,或者如何协调价值分歧等类似问题现在都将成为主要问题①。我们前面的讨论,确立了社会影响评估的价值观取向,而如何解决评估中多元价值冲突问题正是下文评估方法研究中要讨论的问题。

2.3.3 方法论讨论

在 2.1.3 节中,我们曾提及社会科学研究及社会评估中存在着实证主义、后实证主义及建构主义等方法论之争,那么大型工程社会影响评估适用于哪种方法论呢?

古贝等在研究教育领域社会评估时指出,前三代评估采用的实证主义方法论存在着"不能满足识别利益相关者需要""只采用'证实'方式而不是'探索'的态度,无法征询到利益相关者的主张、焦虑和争议""没有考虑因素的前后关联"——即关注调查变量的内在有效性,而不考虑导致结果的外在有效性及"无法提供以随形势变化而变化为基础的评估手段"等问题②,而实证主义自身无法消解这样的难题③。为此,他们主张社会评估应采用建构主义方法论,认为评估是一个利益相关方共同"探索""建构"的过程,而非"证实"的过程,即利益相关方共同参与调查评估,以"问题—响应—协商—共识"互动模式,评估者与利益相关者一起通过多轮次的讨论、协商来建构一种共同认知。评价者的根本任务就是通过收集各种资料,梳理出不同人、不同环境中的建构,并运用协商的方式,逐步改变、统筹不同意见上的分歧,引导他们达成共识④。

陈阿江批评了目前工程项目社会评价的技术经济范式中采用的"工程技术和工程经济所认同的科学主义方法论:以数学为工具的科学的方法论",认为社会学范式的社会评价应

① 古贝,林肯.第四代评估[M].秦霖,等译.北京:中国人民大学出版社,2008:11-12.
② 同①30-34.
③ 谢小燕,顾来红,徐蓓蓓.新管理主义的评估问题剖析与"第四代评估"理论的借鉴——基于场域视角[J].南京理工大学学报(社会科学版),2014,27(2):87.
④ 卢立涛.回应、协商、共同建构——"第四代评价理论"述评[J].内蒙古师范大学学报(教育科学版),2008,21(8):5.

由社会学家、人类学家共同体完成，"以人本主义①为主"的基本方法论，"在实际的研究中，具体采用什么方法是根据项目具体情况来决定的，社会学研究中所采用的方法，如参与观察法、访谈法、问卷调查法等方法在社会评价中都有可能被采用。但无论采用什么方法，社会评价不可能离开社会学实地调查的传统"。尽管他也提出"社会学范式的社会评价关注项目中的人的存在，强调要给人以及生存其间的人的社会结构、制度、文化特性以特别的体验与理解""重视研究者与被研究者的社会互动与沟通"，但他相信由社会学家、人类学家组成评估共同体，依靠他们的知识与经验，采用社会学研究方法，能够解决技术专家、财务专家和经济专家等无法解决的项目中存在的社会学问题②。因此，我们基本可认为，技术经济范式的社会评估采用的是实证主义方法论，而陈阿江所提出的项目社会评价的社会学范式方法论属于后实证主义范畴。

泰勒等将他们提出的"中间立场"的方法概括为以下几个要素：①社会评估是个过程；②更好的概念化和人类环境分析；③确认和聚焦于关键议题；④使用参与式方法；⑤冲突的确认、解决或者磋商。社会评估过程强调在规划和决策的早期开展咨询并寻求潜在冲突的解决办法，一般通过信息交换的手段和采用问题导向的研究方法，有助于动员社会和利益群体参与社会变迁。强调早期咨询通常很符合成本效益原则，所有决策过程的参与者集中在一起共同鉴定效果并对成本和收益的分担及管理形成方案③。虽然泰勒等没有讨论他们的方法论，但他们的"中间立场"方法过程阐述显现出他们的方法可以纳入建构主义方法论范畴。

其他一些研究者，虽然没有直接讨论社会影响评估范式、价值观或方法论议题，但是从他们所倡导或采用的方法及流程，我们也能见微知著。例如，周大鸣、秦红增在他们主持或参与的在世界银行等国际组织与中国政府合作项目的社会评估中进行应用人类学实践，提出并采用参与式乡村快速评估法（PRA — Participatory Rural Appraisal），要求调查者对乡土居民的逆向学习，不局限于固定程式与调查表，寻求多样化的答案，注意考察信息体现的差异性和矛盾性，强调当地人的参与，调查者协助被调查者自己来调查、分析和作出报告，在此基础上调查者与被调查者同时进行反思。④ 在参与式社会评估实践中，他们认为，"参与"实质是个决策的民主化过程，即从资金、权力等资源拥有者（传统的决策者）那里分权，或赋权给其他相关群体，以便在多方倾听中求得决策的公正与科学⑤。评估实践中，当地村民对工程规划、基础设施建设要求、安置与扶贫政策措施的建议等构成他们评估报告的重要组成部分。据此，我们可认为，周大鸣教授的社会评估理论趋向于建构主义方法论。

对于大型工程社会评估的方法论，我们的观点是应该超越方法论的二元主义或多元主义对立，认为大型工程社会影响评估既需要实证主义的分析工具，也需要建构主义的程序与

① 学者们对人本主义没有一个统一的定义，诸如人文主义、人文精神、人道主义等词汇，大多时候都和"人本主义"所表达的内容一致。因此，一些自称或被称为"人本主义"的学者，他们对世界的看法以及对人的看法有很大的不同，导致他们的人本主义观念彼此之间也有非常大的矛盾与隔阂，但是有一点却是共同的，那就是他们都是以人为中心进行研究与思考，都强调和尊重人的价值、意义、尊严和自由（引自：傅樵.赋税制度的人本主义审视与建构[M].重庆：重庆出版社，2015：16）。可以说，人本主义是和神本主义、自然主义和科学主义等相对立的、不相容的一种哲学观点.
② 陈阿江.范式视角下的项目社会评价[J].江苏社会科学，2003(5)：94-96.
③ 泰勒，等.社会评估：理论、过程与技术[M].葛道顺，译.重庆：重庆大学出版社，2009：37-38.
④ 周大鸣，秦红增.参与式社会评估：在倾听中求得决策[M].广州：中山大学出版社，2005：5-6.
⑤ 同④43.

步骤。我们有三点理由：

一是大型工程社会影响作为一种涂尔干所称的社会事实（参见 2.3.1 节），需要评估者揭示之存在的因果关系，预测并向人们展示项目冲击下社区未来可能面临的社会急剧变迁和动荡的图景。同时，还需要透过因果关系，寻求对项目开发的理性运作方案，制定未来开发的行动法则。为此，这项评估和研究需要以项目对社区冲击、扰动的客观事实为根据进行预见性判断，抑或是以其他的项目影响事实为依据进行表述，无法脱离实证主义方法论。但是，社区居民对项目的建构也是一种事实，正如当代法国社会学家布迪厄（也有人译为"布尔迪厄"）指出的那样，社会事实除了如涂尔干所主张的那样，是一个独立于行动者意识与意志、具有强制力的外部事物之外，还应该包括行动者所持有的关于社会世界的基本表象，包括受涂尔干排斥的"行为者的浅见和成见"[1]。同时，他也指出，社会学不能"忽略对象的建构工作"，因为如果忽略此项工作，就会轻易采纳常识性经验和自生社会学设计出来的各种范畴[2]。我们在 2.2.3 节中的分析也充分显示出，社区公众对项目的建构有可能成为决定项目是否能为社区所接受的关键因素。因此，大型工程的社会影响评估同样离不开建构主义方法论。

二是大型工程社会影响评估常用的一种技术是案例比较方法，就是用已运营若干年的类似项目社会影响和社区社会变迁事实作为对拟建项目的未来社会影响的预测。正如哈耶克所说，"尽管历史本身从来不完全重演，而且正是因为事态发展并非不可避免，我们才能在某种程序上接受以往的教训，避免相同过程的重复"[3]，类似案例有助于评估者识别拟建项目未来的潜在社会影响，并将这些反映在他的报告中。将案例项目的社会影响作为一种客观存在的事实进行实地参与观察和调查，需要实证主义的方法与工具。另一方面，评估者又试图将项目潜在的社会影响，包括正面的和负面的，向项目利益相关者，如项目兴办者、政府、社区居民、NGO 组织成员等，灌输社会影响的认知，以期能够影响他们的项目建构，利于各方在相关问题的冲突上达成共识。这一过程需要基于建构主义方法论的过程和技术。

三是尽管大型工程社会影响评估的咨询工作服务对象可能是政府或项目的兴办者，但是如我们在 2.3.2 节中所指出的那样，评估者价值取向应该是项目干预社区及社区居民。评估报告应是立足于社区角度，评估报告使用者包括政府相关部门、项目兴办者、社区居民及社会公众等，评估报告应为这些使用者提供相关的决策信息。这就要求大型工程社会影响评估报告一方面呈现项目的社区影响真实信息，并以客观的事实和证据反映这些影响的可能后果；另一方面，评估报告能反映社区居民的利益诉求、对项目负外部效应产生的担忧和焦虑，以及他们对项目方案的建议和意见。前者需要评估者以实证方法获得，后者则需要评估者动用建构主义的工具。

我们的方法论主张并不是试图建立一个能够替代评估方法论多元化的新的理论范式（我们还没有能力做到，并且我们不认为有这个必要），也不试图做一个中庸主义者。我们认为大型工程社会影响评估既需要实证主义的方法，也需要建构主义的方法，评估过程应是方

① 朱伟珏. 社会学方法新规则——试论布迪厄对涂尔干社会学方法论的继承与超越[J]. 浙江社会科学,2006,(5):103.

② 同①105.

③ 哈耶克. 通往奴役之路[M]. 谭爽,译. 北京:京华出版社,2000:17.

法论之间的"对话",或者说是实证主义方法论所获得社会影响的客观事实、真实信息与项目利益相关者有关项目建构之间的"对话",利益相关者基于这样的"对话",分享和交流他们的项目认知,相互学习,共同协商,平衡价值冲突,达成各方共赢的项目建设方案与社区发展的一致性意见。无论是政府相关部门、项目兴办者,还是社会影响评估咨询工作者,都应该走出"凭客观事实与社区居民讲道理"的误区,消除评估单一方法论的樊篱,提倡在社会学、人类学视野下研究和解决大型工程社区冲击,让自然科学与人文社会科学共同协作,让大型工程走出可能面临的"邻避"困境。为此,本研究试图提出一种基于上述思路的评估方法框架,我们把它称之为"面向过程的前摄性方法",或者简称为"前摄性方法"。

2.4 大型工程社会影响评估前摄性方法框架

2.4.1 评估目的

目的和手段是反映人们在认识世界、改造世界的过程中,主观与客观之关系的一对哲学范畴。所谓目的,是主体依据外界情况和主观需要而提出的行动目标,即事先存在于主体头脑中实践之后的结果;所谓手段,是为达到目的,实现目的主体所用的工具、操作方式、方法……总之,主体在其对象性活动中,作用于外界对象的一切中介之总和,都称之为手段。目的规定手段,手段因目的而生[1]。所以,在研究评估方法之前,我们必须厘清和明确大型工程社会影响评估的目的。评估目的,也可以称为评估目标。尽管也有人指出,目的和目标并不是完全等同,但社会评估中人们涉及这一词语时,并没有区别。

早期的社会影响评估倾向于将社会影响评估界定在一定的环境保护制度管理背景下,因而其目的具有单一性。1994年,社会影响评估指导与准则的国际跨组织协会出版的《社会影响评估指导与准则》中指出,社会影响评估目的主要是在特定的政策行为或工程项目开始之前对一定的规模(国家、地区)可能产生的社会结果进行评估或估计,并且当时的社会影响评估主要针对工程可能产生的消极的社会影响进行预测,未提出社会影响评估会涉及整个社区的安宁以及可持续性生计水平[2]。

此后,有关社会影响评估目的的认知得到进一步扩展。Vanclay认为社会影响评估是对计划介入后产生的一系列社会影响进行分析、监测和管理,其主要的目的是实现生态与人类环境的可持续性和平等性[3]。泰勒等认为,社会评估的目的是使提议支持者和决策制定者能够做出更具有社会责任的决策,并且让受影响人群直接参与决策过程[4]。同时,他们又阐述了评估过程的目标:一是预期变化的社会效应,以尽可能实现早期管理;二是卷入受变化影响的所有社会群体,以求变化导致的成本和收益的不同分配得到合理控制;三是为了促

① 聂凤峻. 论目的与手段的相互关系[J]. 文史哲,1998(6):74-75.
② Vanclay F. Principles for social impact assessment:a critical comparison between the international and US documents[J]. Environmental Impact Assessment Review, 2006, 26(1):3-14.
③ Vanclay F. International Principles for Social Impact Assessment:their evolution[J]. Impact Assessment and Project Appraisal, 2003, 21(1):3-4.
④ 泰勒,等. 社会评估:理论、过程与技术[M].葛道顺,译. 重庆:重庆大学出版社,2009:20.

进和最大化参与者之间的沟通、协调和合作,因为他们代表了受到不同程度影响的公民,还包括开发者和变迁的拥护者①。美国社会影响评估奠基人之一、西华盛顿大学教授伯基认为,社会影响评估作为规划过程的一部分,它使规划者和项目建议者关注可能的社会影响。如同自然环境,或者经济影响,社会影响应受到重视及评价,以使受影响人群和负责任的决策者理解和进行交流。社会影响评估的目的表现在,社会影响评估为管理由预计的(或已实施)政策行动或项目所造成的社会变化提供指导。它通过提供预计行动后果的信息,帮助决策者做出合理的决策。更重要的是,社会影响评估可以避免或将潜在不利影响减至最小,为无法避免的负面影响设计减缓措施,进而增加项目或政策成功实施的可能性。此外,社会影响评估帮助受影响公众,了解预计行动对他们造成的后果,使他们明了预计行动中将带来的各种变化②。

20世纪末期,我国有权威的并带有行政色彩的、由原国家计委投资研究所和建设部标准定额研究所组成的社会评价课程组编写的《投资项目社会评价指南》著作中指出,我国项目社会评价的目的是使项目与社会相互适应、相互协调,避免投资的社会风险,保证项目顺利实施并持续发挥效益,以提高投资效益;同时采取措施增强项目的有利影响,减轻或消除不利影响,以保持社会稳定,并促进社会进步与发展③。21世纪初,中国国际工程咨询公司编著的《中国投资项目社会评价指南——世界银行、亚洲开发银行资助项目》及《中国投资项目社会评价:变风险为机遇》两本著作中阐述的社会评价的主要目的是,消除或尽量减少因项目的实施所产生的社会负面影响,使项目的内容和设计符合项目所在地区的发展目标、当地具体情况和目标人口的具体发展需要,为项目地区的人口提供更广阔的发展机遇,提高项目实施的效果,并使项目能为项目地区的区域社会发展目标,如减轻或消除贫困、促进社会性别平等、维护社会稳定等做出贡献,促进经济与社会的协调发展④。

两部指南在有关投资项目的社会评价目的阐述存在着差异,前者注重的是社会总体效益、社会适应性、社会稳定,避免社会风险,提高投资效益;后者更强调消除项目负面影响,项目对当地的发展影响和效果,也关注受影响人群的贫困人口、性别差异和少数民族等问题。对我国项目社会评价目的界定的前后变化,可能源于国内外项目社会评价概念的发展和研究者对社会评价的理解。前一部指南,是两个国家部委的研究机构在研究了英国与其他西方国家社会分析的理论和方法,结合我国国情编制的供国内外开展投资项目社会评价的参考书,直接服务对象是各级政府官员、项目决策者、评价与评估者、管理者与教学、科研人员⑤。后一部指南,是为国家重大投资决策提供咨询服务的专业智力服务机构——中国国际工程咨询公司在世界银行和亚洲开发银行的资助和具体指导下,国际专家直接参与,借鉴

①　泰勒,等.社会评估:理论、过程与技术[M].葛道顺,译.重庆:重庆大学出版社,2009:67.

②　伯基.社会影响评价的概念、过程和方法[M].杨云枫,译.北京:中国环境科学出版社,2011:4.

③　国家计委投资研究所,建设部标准定额研究所社会评价课题组.投资项目社会评价指南[M].北京:经济管理出版社,1997:27.

④　中国国际工程咨询公司.中国投资项目社会评价指南——世界银行、亚洲开发银行资助项目[M].北京:中国计划出版社2004:14;中国国际工程咨询公司.中国投资项目社会评价:变风险为机遇[M].北京:中国计划出版社,2007:29.

⑤　同③前言2.

了中国的国际援助项目社会评价的成功经验和国际上社会评价的先进理论与有益经验，并结合中国投资项目的具体情况研究制定的，用于指导有关机构和个人在中国开展投资项目的社会评价工作①。中国国际工程咨询公司的两部著作对于社会评价目的的界定处于统治地位，近十多年来国内涉及社会评价目的的文献（主要是著作）多采用了这一界定②，也有文献将前一指南有关宏观的、社会总体的发展贡献评价也列入其中③④。

对比国内外对社会影响评估（社会评价或评估）的目的界定，可以发现项目对社会的负面或不利影响是共同关注的目的；两者的差异，国外评估目的关注项目对个人、人群、社区的影响后果和社会变迁过程，关注公众直接参与决策过程，为项目决策者实施富有社会责任的决策提供指导，而国内评估目的更关注项目的社会效益产出、地区社会发展等。我们还发现，国内的社会影响评估被负载了更多的、更重的任务，从社会总体效益到区域发展，到个人贫困减轻或消除，到促进性别平等。对这个差异，我们可能还是只能从评估范式去理解。国内的项目社会评价多为陈阿江所称的"技术经济范式"，而技术经济范式中社会评估的研究主题"社会"是一个剩余概念，即项目技术、经济部分以外的"剩余"⑤。也就是说，社会评价将财务评价、国民经济评价和环境影响评价之外的所有"剩余"部分都纳入其中。不仅如此，两部指南对项目社会评估的目的还附加了项目要实现的社会目标，诸如"促进经济和社会的协调发展""减轻或消除贫困""促进社会性别平等"等。显然，这些社会目标应该是由项目本身的开发而不是由项目社会影响评估来实现的，评估最多只能预测或评价实现这些目标的程度或可能性。把这些目标作为社会评估的目的，给人的错觉，似乎只有实现这些目标，项目的社会评估才能获得通过。

我们认为，为社会影响评估加载多重的、笼统的、宏大的甚至是有些模糊的、不合适的目的目标或任务并不合适，那只会让社会影响评估者无所适从，或者让社会影响评估报告最终只是做个"橡皮图章"，社会影响评估因此失去它应有的作用。周大鸣教授等在研究和实践农业发展等项目的参与式社会评估时所设定的评估目的（他称之为评估目标）则很明确，由五个方面构成：一是消除或降低对社会的负面影响，主要是对自然资源、生态环境的影响；二是社区各类群体的广泛参与性与受益程度；三是地方文化的特色与多样性的利用和保护，地方习惯与风俗的尊重；四是社区及群体面临的社会问题及可以提供的发展机会；五是论证项目的可行性，除了上述几点外，强调从受益群体的角度设计项目，使他们能够接受项目目标和变化动机⑥。

据上述对评估目的的讨论，基于本研究所确立的评估范式——大型工程社会影响评估应该是完全的社区视角、受影响社区的居民价值观立场，借鉴上述有关评估目的的观点，我们将大型工程社会影响评估目的归纳为以下几点：

（1）真实地计量与呈现大型工程开发建设对个体、家庭、群体和社区的直接影响，包括

① 中国国际工程咨询公司.中国投资项目社会评价：变风险为机遇[M].北京：中国计划出版社，2007：Ⅲ.
② 李海涛.投资项目可行性研究[M].天津：天津大学出版社，2012：226.
③ 全国注册咨询工程师（投资）资格考试参考教材编写委员会.项目决策分析与评价（2012）[M].北京：中国计划出版社，2011：394.
④ 田洋，王成东，崔嵩，等.项目可行性研究[M].哈尔滨：哈尔滨工程大学出版社，2015：226-227.
⑤ 陈阿江.范式视角下的项目社会评价[J].江苏社会科学，2003(5)：93.
⑥ 周大鸣，秦红增.参与式社会评估：在倾听中求得决策[M].广州：中山大学出版社，2005：60-62.

他们的受益和受损,尤其是项目对社区资源的侵占、生态环境的破坏、地形地貌的改变等。

(2) 对大型工程开发对社区资本的显性、隐性和持续性扰动进行估计,测量社区脆弱性,分析和评价社区居民和弱势群体的未来生计问题。

(3) 对受影响的个体、家庭、群体和社区的社会变迁过程与后果及获得的发展机会进行预测和评价。

(4) 获得社区居民、群体、非政府组织(NGO)就上述各个方面的认知、焦虑、主张和建议。

(5) 当地居民广泛地赋权式参与,居民推举代表、NGO 组织成员等与项目兴办者之间就上述各个方面进行多轮次对话、谈判、协商和沟通。

(6) 陈述在最大化沟通基础上所达成的各方共识及无法取得一致的异议或矛盾焦点。

(7) 对大型工程实施的社会可行性进行估计,对可预期的社会效应规划应对策略,对负面影响的减缓措施与方案等提出建议,对不可预期的社会效应监测提出计划。

其中的第五个目的——当地居民广泛地赋权式参与,居民推举代表、NGO 组织成员等与项目兴办者之间就上述各个方面进行多轮次对话、谈判、协商和沟通——是非常特别的,它既作为评估目的,同时它也是评估手段(评估方法),因为建构本身既是社会影响评估的对象,也是评估的过程和方法。

也许有人会质疑我们对社会影响评估目的(或称为目标)的界定,因为它并没有包含诸如大型工程开发为当地社会所创造的就业效果、收益分配效果、资源合理利用效果、基础设施建设效果等。大型工程的上述这一类社会效果是对社会总体的贡献,很难或很少为项目影响社区所分享,或者也不为社区居民所接受。以就业效果来说,本研究对多个案例工程的调查结果显示,原住民极少在大型工程开发后所形成的企业中工作,这个极少人群的工作岗位也多集中于保洁、保安等职业。这并不是因为企业没有提供社会就业机会,而是因为原住民自身的技能和条件与提供的就业岗位要求不相适应,或者是工作环境、薪酬标准很难为原住民所接受。以本研究所确立的评估价值取向,大型工程的社会总体效益评价应排除在社会影响评估之外。这并不是说,我们就忽略大型工程的社会总体效益,而是因为它完全可以纳入而且应该纳入项目的国民经济评价中考察。我们非常赞同国家发改委和原建设部发布的《建设项目经济评价方法与参数》(第3版)中提出的建设项目"区域经济与宏观经济影响分析"方法,它是从区域经济或国民经济整体的角度,分析项目对区域经济发展或国家宏观经济的影响,分析框架包含了收入、就业、贫困、生态、环境等社会与环境指标[①]。而且国民经济评价(经济费用效益分析或费用效果分析)完全可以并入"区域经济与宏观经济影响分析"中,如果没有人反对的话,我们认为可把它们统称为"区域经济与宏观经济影响分析"。本研究设定的社会影响评估目的框架,使得社会影响评估聚焦于社区与居民这样单一的评估对象,使用评估者采用唯一的价值观去观察、调查和了解需要解决的社会问题,从而为项目有关社区事项的决策提供切实而有意义的参考依据,并为项目获得社区许可奠定基础,真正发挥项目社会影响评估的作用。

2.4.2 前摄性的意义

前摄性(proactive)是一个外来词汇,牛津词典的解释是指(人或者政策)积极主动的、主

① 国家计划委员会,建设部.建设项目经济评价方法与参数[M].3版.北京:中国计划出版社,2006:29.

动出击的或先发制人的,它的反义词是反应性或回应性(reactive)。多用于心理学中,如前摄行为(Proactive Behavior),意即有前瞻性的、主动的、积极的、事前就付诸的、先行一步的行为。

泰勒等认为,社会科学一直是反应性多于前摄性,即社会科学家每每倾向于观察已经发生的事件并做出解释,而不是预测变化,在事件发生之前或之中提出建议,影响其变化。社会评估给社会科学带来了特别的挑战,强调社会科学从反应性思路向前摄性方法转变[①]。为此,他们提出了一个更加符合参与性和前摄性要求的方法:强调更好的概念化和分析、聚焦于问题和咨询,并致力于信息共享基础上的协商和冲突调解[②]。

本研究沿用泰勒的"前摄性"这一词来命名方法,根据上述对本土的大型工程社会影响特征、评估范式、价值取向、方法论和评估目的等讨论,结合近几年国内外有关社会影响评估方法的新进展,对"前摄性"赋予更具有可操作性、适合本土化的意义。"前摄性"的意义体现在如下几个方面:

一是评估主题体现预见性。即,社会影响评估之初应能预见性地确定或基本确定在大型工程开发建设与运营冲击下社区未来可能存在的直接的、间接的、临时的、持续的若干社会问题和所获得的发展机会作为评估主题。唯有如此,社会影响评估调查工作才有针对性和明确的对象,评估者也由此才能获得反映社区社会变迁的重要领域。评估者自身的大型工程社会影响建构可帮助他们在调查中检查是否对具有社会意义的关键领域存在忽视或遗漏,有助于预见性的实现。评估者建构的形成则源于他们的经验和相关知识的积累,而前摄性评估方法则应该提供这样的概念框架,以对评估者的实践提供有关社会影响评估变量的选择指导,便于他们能够从中提取出与所评估对象相适合的关键变量。当然,概念框架也是来自经验的观察,一个概念框架不可能包罗纷繁复杂且多变的社会现实,工程本身及所处社区的差异性则使得一些超出已有经验之外的现象出现,特别是当地社区居民对工程建构的特殊性,所以前摄性方法也应该提供合适的调查技术指导,以帮助评估者能够更全面地预见大型工程所在社区的未来社会变迁及居民的心态和态度。本研究将在第3章提出具有参考性的社会影响评估变量框架,在第8章探讨社会影响评估的调查技术。

二是评估技术具备预判性。即,社会影响评估应能对大型工程开发及运营对当地的环境与生态、交通情况、文化、宗教及居民生计资本等冲击程度与未来若干年的变化情况,以及这些冲击和变化可能引发的利益相关者矛盾的焦点与冲突可能性及程度等,做出大致的预测,为其他评估开展及项目运营中的社会影响监测提供依据。所以,前摄性评估方法在技术上应能实现这样的预判性功能。伯基提出了一种基于历时比较方法的社会影响评估模式,即采用比较模式,根据受类似工程影响已发生环境变化的社区情况,推测其他面对同样变化的社区将会发生什么,通过已受项目开发影响的社区和居民的行为来预测未来开发可能带来的后果。他同时也就资源开发类项目提出了对比对照社区的选择标准[③]。本研究将在第3章对这一方法,特别是对照社区的选择进行讨论,在第4章和第5章中研究预判性的评估技术。另外,本研究还将选择国内的一些运营若干年的典型工程进行社会影响调查形成相

---

① 泰勒,等.社会评估:理论、过程与技术[M].葛道顺,译.重庆:重庆大学出版社,2009:27-28.
② 同①38.
③ 伯基.社会影响评价的概念、过程和方法[M].北京:中国环境科学出版社,2011:13-23.

关报告作为本书附录,为本土的社会影响评估实践提供参照。

三是评估过程实现干预性。工程建设实践中会出现这样的问题,项目的兴办者似乎不大愿意让项目所在的社区更早地了解项目的信息,这可能源于担忧居民会利用被拆迁房屋或被征用土地作为资源与政府或兴办方进行博弈,或者担心项目潜在的环境污染而遭到居民采取集体行动进行抵制。我们曾经遇到这样的案例,一个化工项目所在地的政府要求该项目的社会稳定风险评估机构不得让当地居民了解项目有关信息。正如我们在 2.2.3 节中阐述的那样,项目兴办者如果认为项目决策是自己的事而不考虑受影响居民的意见,或者采用"瞒天过海"之计等,在今天的风险社会下是很难保证项目最终能获得成功的。兴办者不应该抱着侥幸的心理,居民的抗议在项目的规划、建设或运营的任何阶段都有发生的可能性,甚至一个偶然的因素就可能引发,如大连福佳大化石油化工有限公司的邻避冲突事件[①]。泰勒等把这种工程开发中回避公众参与的方式称为"反参与",并根据 Howard 的研究[②]总结出十二种反参与的手段[③]。我们发现,这些手段几乎与我国实践可观察到的现象非常雷同,如"先做后说""踢皮球"等。他们还进一步指出,这些反参与手段只会使得社会评估无法真正发挥作用,他们称之为"失能(disabling)"。因此,前摄性方法必须强化对这种"反参与"的干预,即通过利益相关者之间的互动、沟通和协商,让各方对项目对社区产生的正面效益和负面效益有正确的认知,并可能达成共识,有利于兴办者做出正确的决策,帮助受影响的社区和居民以积极的方式适应大型工程开发可能引发的社会变化。本研究将在第 6 章和第 7 章对此展开研究。

四是建议方案具有预防性。工程开发方案的选择从项目投资构想阶段就已经开始,但是正如在 2.2.3 节中所讨论的,传统的工程决策程序最多可能让兴办者、技术专家或设计师去考虑受技术规范、标准和法规约束的环境、生态与社会的总体正负效应(即使这些也常常被忽视或故意遗忘),很难让他们关注项目对社区冲击效应。社会影响评估越早介入方案的评议中,从社区角度提出规划建议,可在很大程度上越能促进方案的选择符合社区发展,特别是预防项目冲击对社区的不利影响方面提供更为合理的备选方案将发挥重要作用。但是,如泰勒等指出的那样,"社会评估实践者最常提及的一个烦恼是,他们没有对方案审议做出足够的贡献。虽然理想地看来,他们应当在政策制定和资源规划阶段有所投入,但在其他层次社会评估有所作为也十分重要,即使在早期没有介入"[④]。无论社会影响评估在项目开发或运营的任何阶段介入,评估者应与项目兴办者、设计规划者或政府相关部门进行沟通。从社区角度,对如何避免或减缓项目的社区不利影响及增强有利影响提出设计或运营方案修改建议和解决措施方案。另外,一个非常重要的方案建议来自居民赋权参与过程,这是不能忽视并需要特别关注的方案建议渠道。居民会从社区、个人和家庭的切身利益及日常生活和生产需求出发,提出更为具体、丰富和多样性的方案意见。利益相关各方只有在项目开发方案、利损者补偿方案、项目帮助社区发展方案及不利影响消除或减少措施方案等方面达

① 大连福佳大化石油化工有限公司是建成在运营的主要生产对二甲苯(PX)的项目。2011 年 8 月 8 日,受强热带风暴"梅花"的影响,该厂 PX 项目防波堤发生溃坝,虽未发生泄漏等连带事故,但引起部分市民对 PX 项目的关注,并引发了群体性事件(据《嘉兴日报》2011 年 8 月 17 日报道)
② Howard A. The great participation fallacy[J]. The Planner, 1976, 62(6): 163-164.
③ 泰勒,等. 社会评估:理论、过程与技术[M]. 葛道顺,译. 重庆:重庆大学出版社,2009:59-60.
④ 同③78.

51

成基本共识，才能保证项目开发获得社区许可，并有效避免社会风险和意外后果。本书将在第 6 章和第 7 章中涉及如何获取方案建议及对方案意见的沟通、协调方法过程。

五是评估结论的预后性。"预后(prognosis)"是医学词汇，指对疾病发生后的临床进程和不同结局(好转、痊愈、复发、恶化、伤残、死亡)的预测，预后研究则是关于发病后各种结局发生概率及其影响因素的研究[①]。我们在这里借用该词，主要指评估者在评估报告或评估结论中对经社会影响评估过程干预后，项目在未来开发建设和运营过程中社区发展图景进行预测，对还将可能会出现的社会问题、社会矛盾进行预警，并提出合理的防范措施和监测计划建议。预后研究可选择类似过往建成在运营的工程案例作为参照，根据受评估的项目在前述评估过程中利益相关方就项目建设方案、社区和个人补偿方案、社区发展方案及若干消除项目不利影响措施方案等达成的基本一致情况等进行评估，尤其是那些在评估过程各方存在分歧、尚无法达成一致建构的有关大多数居民焦虑和主张等，评估结论中必须给项目兴办者相应的预警，为决策者的合理决策提供依据。

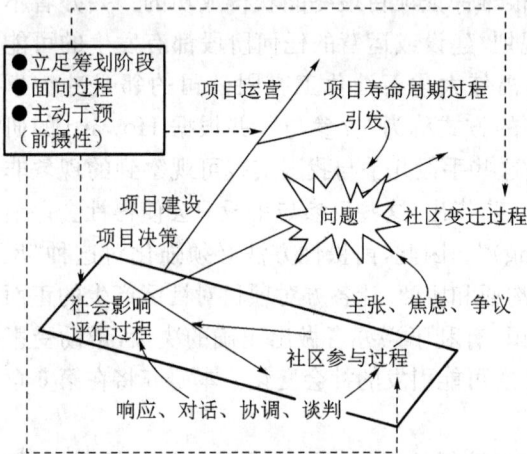

图 2-2　前摄性的意义

总而言之，前摄性评估不同于传统的技术经济范式中面向结果的评估，它是以大型工程对社区冲击问题为导向、面向社区的社会变迁过程、面向评估干预过程、面向利益相关方达成共识过程的评估技术。这一分析评估框架在泰勒等命名的前摄性方法基础上赋予了更为丰富的涵义(图 2-2)，为区别起见，我们把它称为"面向过程的前摄性评估方法"。

2.4.3　评估方法框架

目的与目的的实现离不开手段，手段是目的实现的中介环节。在明确了评估目的和前摄性应该赋予的意义之后，我们就可探讨相应的评估方法。这里的研究关键是要找到合适的、有效的、具有实践可操作性的评估方法，以保证实现这样的目的和意义。从手段和目的的辩证关系来看，手段与目的并不是一种外在或然关系，而是一种内在必然联系。正是在这个意义上，手段是目的的，包括两个方面的含义：一方面，手段作为目的的内在环节，应具有目的的价值特质，否则手段就由于价值上对于目的的否定性而不成为该目的的手段；另一方面，手段作为目的实现的中介，又应具有有效性，否则手段就由于其无助于目的的现实存在而不能成为该目的的手段，不能成为此目的的内在部分。目的的价值特质与有效性特质，是手段的内在特质与现实规定。[②]

泰勒等根据所提出的社会评估价值取向以及使能性的、前瞻性的和整合性的评估思路，在人们对社会评估过程的主要元素已取得相当的共识基础上，讨论了社会评估实践所受到

---

①　彭晓霞,冯福民,等.临床流行病学[M].北京：北京大学医学出版社,2013：133.
②　高兆明.心灵秩序与生活秩序：黑格尔《法哲学原理》释义[M].北京：商务印书馆,2014：138.

的概念模糊性羁绊和历史文献中的那些矛盾之处，提出了一个简单而合乎逻辑的代表性方法和实质过程（表 2.4）①。

表 2.4　泰勒等提出的社会评估过程（泰勒等，2009：71）

过程要素		过程的活动内容	主导的分析模式
设计阶段	定位	问题确认、变量描述/测量、生物-物理性变量和社会性变量之间的链接，以及影响区域和评估的可能边界	对提议变迁的测量：参照社会剖面
	社会剖面	对当前社会背景和历史传统的全面回顾和分析	现实变迁资料以及截至当前社会反应信息的整理和分析
	方案选择与制定	在效应预测和估计的基础上对应对变迁的各种方案进行分析和比较	问题和选择的分析：参照效应的预测和估计
	效应的预测与估计	对照决策标准对一个或多个选择方案的潜在影响进行细致审查	变迁预测，包括不同方案选择下的具体特点
执行阶段	监测、治理和管理	收集有关现实效应的资料，包括这些资料被不同的参与者在不同阶段用于避免或降低消极效应、增加积极效应，以及对变迁进行总体管理的情况	收集和分析现实变迁以及有关治理和管理策略的社会反应的资料——可能卷入更多的效应预测
	评价	对包括已经执行的社会评估过程在内的所有评估所发现的变迁的社会效应进行系统的回顾性评论	回顾整个变迁期间的监测数据和其他有关现实变迁和社会反应的分析

　　泰勒等提出的方法和过程涉及项目从前期立项决策阶段社会评估到投入运营后社会效应的监测和管理的全寿命期过程，同时他们也将区域与当地经济影响评估及当地社会总体环境承载力也纳入评估内容中。但在这里，我们主要是立足于项目立项阶段的评估方法研究，以及我们所确定的以社区为本的评估价值取向、对评估目的和前摄性意义的拓展，借鉴国内外有关社会影响评估方法的学说，提出了如图 2-3 所示的"面向过程的大型工程社会影响评估前摄性方法"框架。

1）评估主题的选择与确定方法

　　社会影响评估是需要在一定时间、经费限制内完成的一件社会分析性工作，它不可能像一般的人类学、社会学研究那样，可以在一个既定社区进行持久的调查和观察活动。周大鸣等因而称之为社会评估应采用参与式乡村快速评估法（Participatory Rural Appraisal，PRA）②。泰勒等认为，快速、适用的社会评估是分析性的而不是百科全书式的，是问题驱动的，而不是其他驱动的。宽泛的、百科全书式的思路也只会获得冗长的时间序列以及对工程决策和政策制定并不适用的复杂结果③。因此，社会影响评估应该将评估主题聚焦在受项目影响的个体、群体和社区所关注的社会问题，以及评估者根据经验和知识所判断社会变迁的关键议题。

---

① 泰勒，等.社会评估：理论、过程与技术[M].葛道顺，译.重庆：重庆大学出版社，2009：64-99.
② 周大鸣，秦红增.参与式社会评估：在倾听中求得决策[M].广州：中山大学出版社，2005：序5.
③ 同①16.

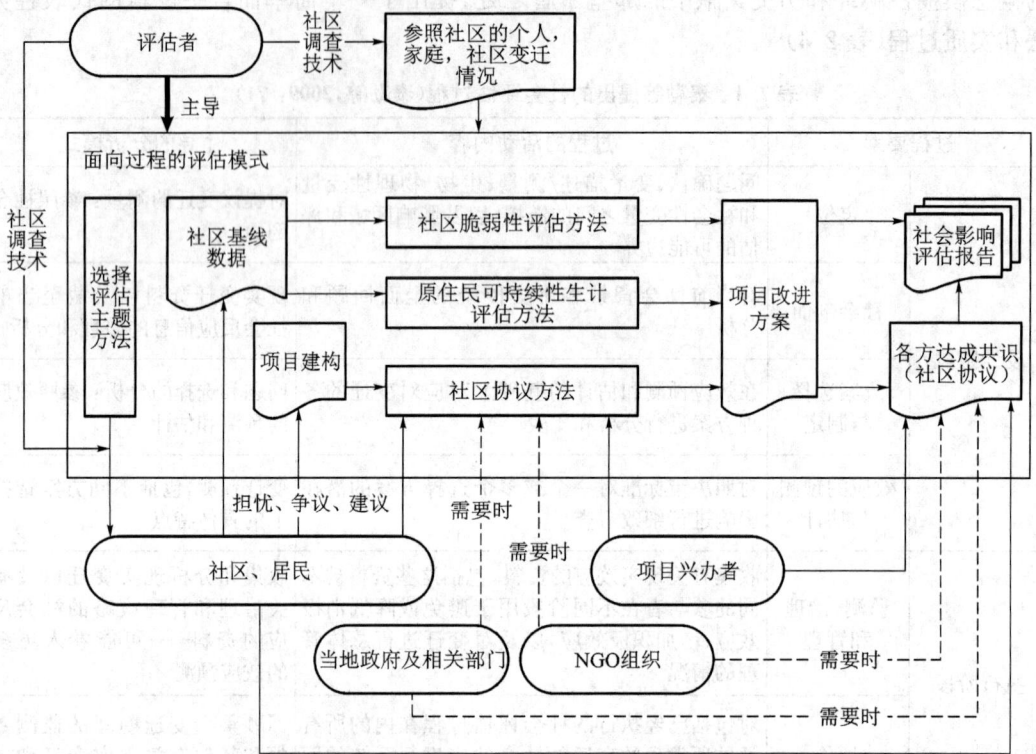

图 2-3　面向过程的大型工程社会影响评估前摄性方法框架

陈阿江指出,技术经济范式的社会评估喜欢采用固定的指标体系,"研究人员预先在书斋里设计好许多的表格,然后交给基层单位去填写,收集以后进行'精确'的数据处理。对数据收集过程中可能出现的误差则往往不在他们的视野里。"泰勒等也指出,一些非学术机构的专家一般将评估焦点严格限定于一些标准的变量(通常与经济和人口有关),而私人顾问常常被聘用于严格规定了时间进度的既定格式的评估方案执行。毫无疑问,这样过窄的聚焦也限制了社会评估概念和方法的发展。评估主题如何选择、聚焦哪些问题,并形成评估的概念框架,是社会影响评估面临的首要问题。本研究将在第 3 章中研究相应的方法。

2) 社区脆弱性评估方法

社区脆弱性分析源于 20 世纪七八十年代对自然灾害的研究,从危险的承受者角度来分析社区灾害,主要着眼于社区里面的哪些人群、哪些地域、哪些方面更为容易受到灾害的侵害,并找出相应的控制和预防机制来弥补这一方面的不足[①]。20 世纪末期,社会学家们将这一方法引入到政策和开发计划对社区影响的分析中,将脆弱性定义为"某个社会经济和环境系统在面临某个风险、危害或情况的改变后,所可能经受的伤害程度"[②]。社区发展依赖于特定的资源和所处的自然及社会环境,是社区发展的基础。在大型工程开发冲击下社区发展基础发生了动摇和改变,甚至是巨变,正如布卢姆菲尔德等所指出的那样,"在对自然资源

---

① 胡鞍俊,等.中国社区灾害应急管理[M].北京:中国社会出版社,2014:104.

② Keskitalo E C H. Vulnerability and adaptive capacity in forestry in northern Europe: a Swedish case study[J]. Climatic Change, 2008, 87(1/2): 219-234.

的使用和管理不断改变的背景下,一个明显的事实是,有些社区可以有效地适应这些改变,而另外的一些社区则难以适应"[①]。因此,社会影响评估应将社区作为大型工程开发冲击的承受者,分析其在哪些方面受到了侵害或改变,判断面临变化时敏感性和脆弱性,检验扶持政策对社区的承受能力和恢复能力增强作用和有效性,为制订项目方案和减缓项目不利影响措施提供技术支持。

3) 原住民可持续生计评估方法

"生计"一词是指一种生活的手段或方式,被广泛应用于贫困和农村发展的研究中,并赋予了丰富的涵义。比较权威的定义是"包括资产(自然的、物质的、人力的、金融的和社会的资本)、行动和获得这些资产的权利(受到制度和社会关系的调节),这一切决定了个人和农户的生活的获取"[②]。Chambers 指出,一种生计只有当它能够应对并从压力和打击中恢复,在当前并长远地维持乃至加强其能力与资产,同时不损坏自然资源基础,才是可持续性的[③]。1992 年联合国环境和发展大会将可持续生计概念引入行动议程,主张把稳定的生计作为消除贫困的主要目标。

正如在 2.2.2 节中所阐述的那样,大型工程开发对社区资本产生了显性、隐性和持续性扰动,甚至改变了原住民的生活方式和手段,对他们的生存能力构成了威胁。原国际乡村社会学联合会主席、国际影响评估协会董事会董事范克莱教授主编的《社会影响评价新趋势》著作中,Coakes 和 Sadler 提出"以可持续生计方法作为社区敏感性和脆弱性的整合模式"的构想[④],但是我们认为应用最为广泛的、由英国国际发展署(DFID)提出的用于贫困人口和农户的可持续生计分析框架,更适用于对社区的贫困家庭和弱势群体的生计评价。为此,本研究将探讨基于可持续生计框架的原住民(大型工程影响社区原住民多为农民)生计评估方法,为项目兴办者制订原住民利益补偿、移民安置方式、生计安排(如就业)等项目方案提供依据。

4) 社区协议方法

以开发者与原住民签订社区协议方式获得社区对项目的许可,最早可追溯到 20 世纪 80 年代。1997 年,加拿大出现了一个新的社会政治趋势,项目开发者必须与当地原住民部落达成直接协议后,开发项目方可获得政府许可。Nish 和 Bice 剖析了一些成功案例,认为社区协议是高度参与的和充分协商谈判的,不仅是一个将社会影响评估的成果转变为决策与政策的战略手段,它本身还是一个知情、理解及自决的决策过程,可改进、超越或替代传统的合规式社会影响评估,提供了一个与传统的社会影响评估不同的选择。[⑤]

根据初步的二手资料调查,我们发现在我国大型工程开发实践中出现了社区协议的身影和雏形,就预示出社区协议方法引入我国社会影响评估领域有一定可行性。它是一个面

---

① 法兰克·范克莱,安娜·玛丽亚·艾斯特维丝. 社会影响评价新趋势[M]. 谢燕,杨云枫,译. 北京:中国环境出版社,2015:264.

② Ellis F. Rural Livelihoods and Diversity in Development Countries[M]. New York:Oxford University Press,2000:26-78.

③ Chambers R, Conway G R. Sustainable rural livelihoods:Practical concepts for the 21st century [R]. IDS Discussion Paper No. 296. Brighton, Institute of Development Studies, 1992.

④ 同①264-267.

⑤ 同①48.

向过程的解决问题方法,与我们力图构建的前摄性方法思路一致,所以我们把它作为方法框架的一个重要组成部分和环节,并试图结合国情研究其在本土化应用中应解决的问题。主要目的是为项目开发获得社区的许可,缓解或消除项目开发引发的社会矛盾张力。本研究将在第 6 章探讨本土化的社区协议方法。

5）面向过程的评估模式

我国目前常见的大型工程开发获得社区许可的模式,首先是由相关评估机构完成项目社会评价或社会稳定风险评估,这个过程中社区、居民等一般是被动接受调查或参加收集意见的座谈会。在评估机构提交评估报告后,项目兴办者或政府部门公布拆迁、移民安置和受损利益补偿方案,如遇居民阻力或抗争,或由基层政府组织出面进行动员、协调,对拒绝搬迁者逐个突破,或强行推进,甚至暴力拆迁。我们在此并不过多讨论这种模式的弊端,但有一个无法回避的事实是这一模式不仅使基层政府部门承担了应由项目兴办者(包括公共设施的政府建设部门)实施或者他委托第三方咨询机构实施的工作及相关的支出,而且也由政府承担了社会失稳的责任和维稳成本,与中央持续推进的政府职能改革和转变方向相违背。我们姑且把目前这种模式视为面对风险社会及工程建设快速发展的权宜之计,但绝不是长久之计。事实上,只要把项目获得社区许可作为政府项目主管部门批准项目许可的必要条件,项目兴办者必然承担起相应的职能。据此,我们在第 7 章中试图架构一个由评估者主导和促进的、包括政府在内的其他项目利益相关方参与的、从社区调查开始到社区协议(或各方共识)达成(获得社区许可)全过程的评估模式,社会影响评估的各项工作将在这样一个评估模式下开展。

6）社区调查技术

社区调查技术有很多,如观察法、问卷法、访谈法、座谈会法等,一般社会调查的方法都可以使用。关于这些方法的介绍与研究有很多,我们将不再赘述。大型工程社会影响评估中的社区调查主要是获得社区的基础数据及居民对开发计划的观点、意见和他们的担心、焦虑等,为后续的社区脆弱性评估、原住民可持续生计评估及社区协议等提供第一手数据资料,这就要求社区调查获得可信的、准确的调查结果。决定社区调查质量的关键,一是问卷问题的设计;二是调查的方式。我们在第 3 章研究中将提出一个本土化的评估变量概念框架,可作为社区调查问卷设计问题参考。另外,根据我们的社区调查经验,访谈式问卷调查方式比自填式问卷调查方式更为适用于社会影响评估的社区调查,不仅受访者的回答质量得到保证,而且评估者在访谈过程中能获得更多问卷中可能没有包含的信息。本研究在第 8 章社区调查技术的研究中主要试图将在心理学、社区传统文化、教育、旅游研究中应用较为广泛的凯利方格调查技术引入到社会影响评估,这一方法对于深度挖掘受访者建构是非常有效的技术。

本章小结

社会评估范式有技术经济范式和社会学范式之争,而在方法论上又有实证主义和建构主义的争议,对评估的价值中立说也有诸多质疑。那么,大型工程社会影响评估适宜采用什么样的评估范式、方法论和价值观呢?

我们从项目冲击、社区资本和风险社会三维视角分析了大型工程社会影响的特征,认为其社会影响已经完全超出了技术和经济的范畴,涉及家庭、个人、社区、群体和社会部门及人们对工程的认知,是一个复杂的社会问题和涂尔干所称的一种社会事实,属于社会学研究的主题。因此,尽管在国内实践中,项目社会评价多为技术经济范式,但从项目社会影响本身特点及国外的理论与实践来看,社会学范式应是大型工程社会影响评估方法的唯一选择。同时,根据对大型工程社会影响多维度观察,我们认为采用社会学评估范式,学者们所提出的"研究主题"范畴还需要进一步扩展到社区的社会过程和影响结果,而不仅是项目对社会的产出;"研究共同体"则不应只是学者们所说的由社会学家和人类学家等组成的评估者,社区公众代表、第三方组织代表等也应成为评估团队的主要角色(赋权式参与),组成一个评估共同体;"评估方法论"则应超越方法论的二元主义或多元主义对立,视"研究主题"的不同内容,社会影响评估既需要实证主义的分析工具,也需要建构主义的程序与步骤。对于评估价值观取向,我们认为,尽管社会影响评估过程中多元价值之间的冲突无可避免,但事实证明在风险社会中评估者价值中立无助于冲突的解决,评估者唯有以社区价值观为主导,才能保证评估结果发挥它应有的作用。实践中,项目财务评价立足于投资者立场,国民经济评价(又称为费用效益分析)立足于从国家整体立场,那么项目社会影响评估则理应立足于社区立场。至于社会影响评估过程中项目利益相关者之间的多元价值冲突,则由评估方法协调,它也是通过评估方法实现的评估目的之一。

基于上述观点,从评估的目的出发,结合社会影响评估方法新的发展趋势,我们提出了一个以面向过程的评估模式为支撑的,由社区脆弱性评估、原住民可持续生计评估和社区协议为主体的前摄性评估方法框架。后续则分章对该方法框架中各类"研究主题"及评估方法展开研究,同时与方法研究结合,对上述的一些观点进一步讨论和论证。

3　评估主题的聚焦与评估变量

3.1　大型工程社会影响评估的聚焦

如 2.4.3 节中所述,社会影响评估是一个在时间、资金等资源约束下的社会分析过程,所以它应该是一个以问题为驱动的社区研究过程。这一点是社会影响评估学界的共识,并且泰勒等人还指出,问题导向思路在本质上还是一个利益相关者的参与过程。泰勒等将评估应关注的问题称为评估的"焦点"[①],陈阿江称之为"研究主题"[②],我们把它称之为"评估主题"。强调评估主题的作用是促进评估者及其评估过程聚焦于大型工程冲击引发的特别问题及具有潜在社会意义的社区变迁,同时这也是社区及居民密切关注的议题。评估主题的确定来自评估者运用经验、知识以及采用社区调查技术进一步验证得到的结果,通常社会影响评估研究者会为评估实践提供一个参考性和指导性的评估主题概念框架。

3.1.1　传统的指标评价体系

早期的社会评估,人们试图列出项目社会影响清单作为评估主题的概念框架,如世界银行、亚洲开发银行、国际粮农组织等国际机构出台的相关社会影响评估指南。有一些研究者提出了侧重于居民适应性的指标,如人们的生活方式、健康和社会福利、生活质量、经济和实质性福利、文化影响、家庭和团体、体质、法律、政治、权益、公平性及性别关系等。但是由于影响概念的模糊化、构建可操作性定义的缺乏以及社会心态的偏颇都使得社会影响评估的重心偏向于可量化的指标,如经济、人口等指标,以及可以在政策上利于评估的指标,例如人口变化、就业率以及服务等[③]。

我国的社会评估对指标体系更为偏爱,由原国家计委投资研究所和建设部标准定额研究所组成的社会评价课程组编写的《投资项目社会评价指南》中提出项目的社会效益和影响评价从社会环境影响、对自然与生态环境的影响、对自然资源的影响、社会经济等四个方面进行评价,社会环境影响指标包括当地人口、就业效益、公平分配、当地文教卫、社区人民生活、社会安全、民族关系、基础设施、宗教信仰等;自然与生态影响指标包括环境质量、污染治理、水土流失、植被破坏、自然景观受损等;自然资源影响指标包括节约土地自然资源指标、自然资源效益等;社会经济指标包括技术进步效益、促进地区经济发展、促进部门经济发展、促进国民经济发展等。一些指标可予以定量计算,如就业效益指标可采用单位投资就业人

---

①　泰勒,等. 社会评估:理论、过程与技术[M]. 葛道顺,译. 重庆:重庆大学出版社,2009:16.

②　陈阿江. 范式视角下的项目社会评价[J]. 江苏社会科学,2003(5):93.

③　Vanclay F. Conceptualising social impacts [J]. Environmental Impact Assessment Review, 2002, 22(3): 183-211.

数、收入分配效益指标可采用贫困地区收益分配系数、节约自然资源指标可采用单位投资占用耕地等。一些专业大型工程项目社会评价提出了专门的相应评价指标体系，如由中国水利经济研究会、水利部规划计划司编写的《水利建设项目社会评价指南》中列出了两大类、十一个小类共 55 个指标[①]（表 3.1）。

表 3.1　水利建设项目社会评价指标体系（中国水利经济研究会等，1999）

一级指标	二级指标	三级指标	四级指标
社会效益	除害兴利	防洪	项目影响区域自然灾害发生率变动 项目保护人口与移民人口比 项目保护耕地与海涂土地比 单位保护人口投资 单位保护面积投资
		灌溉	人均增加灌溉面积 人均增加粮食产量 人均增加收入 单位新增灌溉面积投资
		供水	单位供水投资 项目因供水增加国内投资总值 工业万元增耗水量 人均用水量增加值 自来水普及率
		水力发电	人均用电量增加值 装机容量投资 供电量投资
		航运	通航里程 运输能力 节约旅途时间 碍航、断航影响
		水土保持	人均收入增加值 国内生产总值增加值 人均粮食生产总量增加值 减少水土流失面积 森林覆盖率 人均绿化面积
		水城旅游	旅游人数 旅游收入

① 中国水利经济研究会，水利部规划计划司.水利建设项目社会评价指南[M].北京：中国水利水电出版社,1999：25.

（续表）

一级指标	二级指标	三级指标	四级指标
社会环境	扶贫、脱贫		脱贫人口与本区扶贫人口 扶贫项目前后人均收入变化
	促进文教卫事业的发展		学龄儿童入学率 每万人大专文化程度人数 每千人医疗卫生人数 每千人医疗床位数
	就业效果		直接就业效果 间接就业效果
	分配效果		国家收入分配效果 地方收入分配效果 投资者收入分配效果 职工收入分配效果
	项目支持率		支持人数与总人数的比例
	促进地区综合发展		国内生产总值增加
	水库淹没损失		单位库容淹没耕地 单位库容移民人数
	移民安置		人均安置投资 安置前后人均产粮增长率 安置前后人均年纯收入增长率 移民安置率 移民安置稳固率
	资源利用		水资源利用率增量 水能资源利用率增量 水力发电年节约火电标准煤消耗量
	生态环境		新增自然植被率 风速、相对湿度、水质、水温变动率

　　尽管很多学者致力于在社会影响评估过程中建立一个完善的评价系统，但是由于社会影响概念的多样性、工程种类的多样性，以及受影响人群的差异性使得社会影响评估的评价体系也呈现出多样化。在已有的文献中，社会影响既指可以量化的变量，例如安置居民的数量，也指可以定性描述的指标体系，例如涉及影响居民观念、价值观以及生活环境认知的文化影响。社会学家指出建立具有通用性的社会影响维度评价体系是不可能的，原因在于：一是社会影响具有累积性和长期性；二是社会影响的维度也受其他因素的影响，例如所在地的文化、政治以及历史环境、工程本身的属性以及采取的缓解措施。因此，传统的指标体系

受到了一些质疑,如存在指标间迭代关系和难以测量①、评价空间和时间跨度模糊②③、计算方法的诸多假设④等问题,以及使用指标体系的方法无法正确地考虑通过复杂的因果机制所产生的社会影响,尤其是高层次的影响或者是累积影响⑤。

3.1.2 社会影响变量体系

20 世纪 90 年代以来,国际上的社会影响评估研究者及相关机构致力于建立社会影响变量体系作为评估焦点的概念框架。社会影响变量是指人群、社区和社会关系的可测量变化,这些变化由于政策改变或开发项目所致。它的形成建立在早期的环境评价或社会评价的文献和资料基础上,测量社会影响变量的信息来源主要是项目参数、普查和其他人口统计数据、地方政府资料、社区观察和公共参与信息⑥。

Audrey Armour 首先提出了社会影响评估的变量体系,认为它应该包括以下三个方面,居民的生活方式:日常生活中如何生活、工作、娱乐以及和他人交往;文化:共同认可的信仰、风俗、价值观;社区:凝聚力、稳定性、特性、设施、服务⑦。国际社会影响评估跨组织委员会(The Interorganizational Committee on Guidelines and Principles for Social Impact Assessment,IOCGP)中列出 32 个社会影响评估变量,分为:人口影响、社区制度、政治和社会资源、个人和家庭层面的影响以及社区基础设施的需求等五类⑧。但是,Frank Vanclay 认为,很多的社会影响变量未能真正地反映社会影响的本身,而是对社会变化的一个量化的结果。例如,IOCGP 的《社会影响评估原则和指南》(*Guidelines and principles for social impact assessment*),实际上不是一个社会影响指标清单,相反而是一个用于为确认可能存在的社会影响研究的指标清单。有些指标不是社会影响变量,而是干预变量(只是暗示社区可能经历的影响)⑨。他与 Slootweg 等提出了一个环境与社会影响评估的集成框架(图 3-1)⑩,并认为环境和社会影响综合评价体系明确了环境、环境影响、社会影响以及人类活动之间的关系,由于项目或者政策对社区的干预,会通过两条途径对人类活动造成影响:首

① Vanclay F. Conceptualizing social impacts [J]. Environmental Impact Assessment Review, 2002, 22(3):183-211.

② Barrow. How is environmental conflict addressed by SIA [J]. Environmental Impact Assessment Review, 2010, 30(5):293-301.

③ Tilt B, Braun Y, He D. Social impacts of large dam projects: A comparison of international case studies and implications for best practice [J]. Journal of Environmental Management, 2009, 90:S249-S257.

④ Schirmer J. Social Influence Modulates the Neural Computation of Value [J]. Psychological Science, 2011,22:894-900.

⑤ Slootweg R. Function evaluation as a framework for the integration of social and environmental Impact Assessment [J]. Impact Assessment and Project Appraisal, 2001,19 (1):19-28.

⑥ Burdge R J. The social impact assessment model and planning process [J]. Environment Impact Assessment Review, 1987, 7(2):141-150.

⑦ Armour A. INTEGRATING IMPACT ASSESSMENT IN THE PLANNING PROCESS: From Rhetoric to Reality [J]. Impact Assessment, 1990, 8(1/2):1-14.

⑧ Interorganizational Committee on Guidelines and Principles for Social Impact Assessment. Guidelines and principles for social impact assessment [J]. Impact Assessment, 1994:107-152.

⑨ Vanclay F. Conceptualizing social impacts [J]. Environmental Impact Assessment Review, 2002, 22(3):183-211.

⑩ Slootweg R, Vanclay F, van Schooten M. Function evaluation as a framework for the integration of social and environmental impact assessment[J]. Impact Assessment and Project Appraisal, 2001, 19(1):19-28.

先,大型工程对社区的干预通过引起社会变迁过程来影响人类活动,这属于直接影响;其次,大型工程对社区的干预也可以通过引起生物物理变化进而对人类活动造成影响,这属于间接影响。与此同时,受影响人类活动反过来也会引起社会变化,形成二次影响或高级影响。在社会影响的测定中,二次影响和高次影响很难定量分析,因此,用生物物理和社会变化过程作为变量来测量开发计划的社会影响较为容易。例如,有关失业的负面影响就会引起为了寻找工作而从农村往城市迁移的社会变化过程。在这个变化过程中,人类活动影响的多数指标是无法定量测量的(如人们对自身职业的满意程度),需要人为地赋予权重,带有一定程度的主观性。因此,可采用社会变化过程中引起的变量的变化作为评估指标,更加具有客观性。

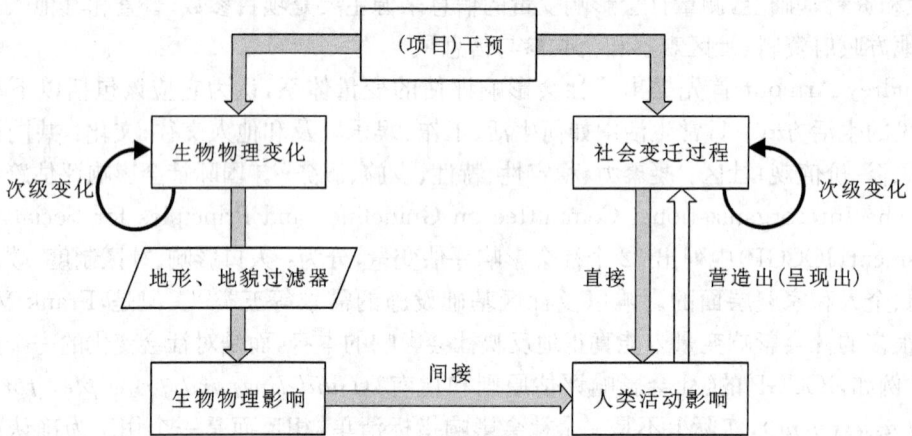

图 3-1　环境与社会影响评估的集成框架(Slootweg 等,2001)

伯基根据若干年来其他学者的研究,整理出 28 个社会影响评估变量(表 3.2),并指出这些变量在大多数项目和政策中都会重复,在这里并不寻求囊括所有变量,而注重其在实施预计行动之前的可测量性[①]。

表 3.2　美国社会影响评估权威伯基所整理的社会影响评估变量列表(伯基,2011)

变量分类	变量
人口影响	1. 人口变化 2. 临时性工人流动 3. 季节性(旅游性)居民的出现 4. 个人和家庭的重新安置 5. 年龄、性别、种族和民族构成的差异
社区制度	6. 对项目态度的形成 7. 利益群体活动 8. 地方政府结构与规模的变化 9. 有无综合规划活动 10. 行业多样化 11. 生活/家庭收入 12. 强化经济的不平等 13. 少数群体就业平等的变化 14. 就业职位的变化

---

① 伯基.社会影响评价的概念、过程和方法[M].杨云枫,译.北京:中国环境科学出版社,2011:32.

（续表）

变量分类	变量
变迁中的社区	15. 外来机构的出现 16. 机构间的合作 17. 新社会阶层的出现 18. 当地商业/工业重心改变 19. 周末居民的出现
个人和家庭层面的影响	20. 对日常生活和活动模式的干扰 21. 宗教和文化活动的差异 22. 家庭结构的变化 23. 对社会网络的干扰 24. 对公共健康和安全的感知 25. 休闲机会的改变
社区基础设施的需求	26. 社区基础设施的变化 27. 征地和土地配置 28. 对已知的文化、历史、宗教和考古遗址的影响

21世纪以来,尽管国内的一些研究及世界银行等国际机构投资的项目评估实践要求由人类学家、社会学家主导社会影响评估,强调评估过程中的公众参与,关注贫困人口、弱势群体、少数民族、非自愿移民等[1][2][3],但是国内投资项目社会评价实践偏重于指标计算,对于一些诸如表3.2中需要定性(质性)研究的社会问题很少涉及或寥寥数语。学界主要研究也是偏好于一些特定类型项目的类似于表3.1的评价指标体系,如城镇市政基础设施[4][5]、公路[6][7]、铁路[8]及工业项目[9]等。近年出台的官方评估指南,如《市政公用设施建设项目社会评价导则》[10]和《市政公用设施建设项目社会评价指南——社会评价示范案例》[11],也强调了社会多样性、社会性别、利益相关者、公众参与等,主张采用社会评价检查清单进行社会调查和分析,而从清单内容的文字意义及示范案例来看,基本还属于指标的范畴或者仅仅是呈现

① 周大鸣,秦红增.参与式社会评估:在倾听中求得决策[M].广州:中山大学出版社,2005.
② 中国国际工程咨询公司.中国投资项目社会评价指南——世界银行、亚洲开发银行资助项目[M].北京:中国计划出版社,2004.
③ 中国国际工程咨询公司.中国投资项目社会评价:变风险为机遇[M].北京:中国计划出版社,2007.
④ 张飞涟,张涛.城镇市政设施投资项目社会影响后评价内容及指标体系的构建[J].改革与战略,2006(11):6-8.
⑤ 侯宇.城市基础设施项目社会影响评估指标体系构建[J].中外企业家,2016(6):227-228.
⑥ 夏立明,陈树平,孙丽.高速公路项目社会影响后评价指标体系构建研究[J].建筑经济,2010(3):92-95.
⑦ 冯玫.公路建设项目社会经济影响评价指标体系研究[J].重庆交通大学学报(自然科学版),2006,25(4):7-10.
⑧ 张飞涟.铁路建设项目社会后评价内容及指标体系的构建[J].开发研究,2005(5):80-83.
⑨ 周忠科,王立杰.大型煤化工项目的社会影响分析与评价[J].辽宁工程技术大学学报,2011,30(s1):11-14.
⑩ 中华人民共和国住房和城乡建设部.市政公用设施建设项目社会评价导则[M].北京:中国计划出版社,2011.
⑪ 住房和城乡建设部标准定额研究所.市政公用设施建设项目社会评价指南——社会评价示范案例[M].北京:中国计划出版社,2014.

调查结果。总之,国内对于社会影响评估变量的研究及实践报道尚不多见。

3.1.3 评估应聚焦于受影响社区的社会变量及可能后果

我们强调,大型工程社会影响评估应聚焦于受影响社区的社会变量及可能后果,而不是包括项目对社会总体输出在内的复杂指标体系。社会影响评估应聚于社区,这一点我们在2.4.1节中已经予以阐述。目前社会评估的指标体系或评审清单中一些关于项目对社会总体的影响指标应可忽略,它们可以纳入"区域经济或国民经济影响分析"或"国民经济评价"中。

也许有人会认为,评估指标和评估变量是同一个概念,只是表述不同,但我们并不赞同这样的观点。我们认为,"指标"与"变量"有一定关系,但不能表达"变量"全部的概念内涵。用"指标"一词,更多反映的一种静态的结果,实践中我们见到国内项目社会评估报告中的指标计算或者调查结论,一般都是项目对社会(通常是社会总体)的一种产出结果;而用"变量"一词,更多是要反映项目影响下的社会(一般着眼于社区)可能的变化过程及结果,它可以用动态的指标数据来表达变化过程和结果。正如伯基所指出的那样,"它们(指变量,笔者注)在评估和规划过程中的各个阶段,都可以作为社会影响的指标。……它帮助决策者理解在社区层面可能发生的变化"[①]。

我国目前对项目社会评估作用定位于为政策及项目兴办者的决策服务,例如住房和城乡建设部发布的《市政公用设施建设项目社会评价导则》总则第一条:"为贯彻落实科学发展观,促进经济社会公平与和谐发展,适应投资体制改革要求,提高投资决策的科学化、民主化水平,结合市政公用设施建设项目的特点,制定本导则。"所以,项目为获得政府的批准,评估更关注项目为社会做了什么,即对社会总体的产出成果。以注重项目对社会输出的指标体系作为评估聚焦的概念框架,会使评估者更为关注数据层面的内容,如项目创造的就业机会、为社会提供的基础设施规模等。从评估技术来说,产出数据比较容易获得,并可以方便地进行汇总与统计分析,而且似乎可以显著地表现出项目开发计划对社会的贡献。评估所制造出的社会发展幻象统计数据,也使项目更可能获得政府部门的许可,因为政府部门似乎更为偏爱产出数据所表现的说服力。

但是,很多社会总体产出的数据并不能反映项目对社区的真实影响。例如,就业效果指标显现出项目给社会创造了多少就业岗位,但它不能说明这样的就业岗位究竟解决了社区居民(如失地农民)的就业问题,社区居民或没有相应岗位所要求的专业技能,或者他们并不接受这样的岗位。我们曾调查过苏州市某垃圾焚烧项目,周边拆迁安置村民几乎没人在该厂工作,因为他们认为工厂工作环境差,且工资待遇并不高,低于在当地乡镇企业工作收入水平。事实上,该项目的运营带来了大量外来劳动力人口,对社区产生了其他冲击性影响。再例如,我们在港口湾水库社区影响调查中,村民们提到这样一个事实,尽管水库工程同时为社区配套建设了较宽敞的通往县城的盘山公路,但是建水库前他们位于山脚下的道路到达县城只要半小时,而水库建成后却需要花费近 2 个小时通过盘山公路到达县城。如果在该工程社会评估中,以建成的公路里长作为项目对社会产出指标,只能显示出它的正面效益,而对社区居民来说,它却是负面效应。这一负面效应也不仅仅是表面所表现出村民出行

---

① 伯基.社会影响评价的概念、过程和方法[M].杨云枫,译.北京:中国环境科学出版社,2011:31.

便利性的影响,更重要的是可能由于出行便利性严重受损,会影响社区长期的经济发展。杨雪婷等以川西山区交通与 GDP 关系的实证研究就表明,"从整体上看,川西山区通达性指数与 GDP 存在显著正向关联且关联程度不断加强,交通主干线显现出更为明显的经济促进作用,而边缘化的地理区位不利于地区对外开放,阻滞了经济发展"[①]。这一点也是我们要进一步阐明的,项目对社区的一些影响不是立即显现,可能需要一段时间才能表现出来,而这却是指标体系所无法体现的,也是目前大型工程社会评估报告没有回答的问题。

工程项目的社会影响与公共政策的社会影响有相似之处,前面我们多次引用的泰勒等人的著作《社会评估:理论、过程与技术》中将两者作为共同的研究对象。美国著名公共政策学专家托马斯·戴伊教授就指出:"许多政府机构用大量的统计来衡量政策的输出,比如已支付的福利款项、逮捕罪犯的起诉数量、医疗保险的支出、学校的招生人数等。但这种方式说明不了贫穷、犯罪、健康或教育的改善状况"[②]。

因此,我们认为大型工程的社会产出及相关指标不足以衡量项目的社会行为及其影响,特别是对社区的冲击,大型工程的社会影响评估应聚焦于项目对社区影响的社会变量及影响结果。当然,这并不是要否定大型工程对社会总体的产出,只是为了区分它与社区影响的不同。大型工程社会总体的产出是项目兴办者向政府部门声明和解释他所做的项目决策为社会所做的实际事情,它对于政府衡量和许可大型工程也非常重要,但它应该是项目国民经济评价或者区域经济或宏观经济所重点关注的内容。另外,从我们在第 2 章所确定社会影响评估的价值观导向及评估目的来看,评估也应聚焦于受影响社区的社会变量及后果。

Vanclay 指出,社会影响评估的一个重要挑战是建立一套完整的评价变量体系,该体系必须本土化[③]。尽管 Vanclay 没有给出变量体系必须本土化的理由,但我们赞同他的观点,因为"社区是地域性的社会生活实体;不同国家的社区结构和社区工作模式,从属于不同的社会制度和文化历史背景"[④]。因此,我们需要建立本土化的大型工程社会影响评估变量体系作为评估主题聚焦的概念框架。

本土化社会影响评估变量体系的建立,一是借鉴国外相关的评估变量体系;二是要结合我国社区自身的特点。社会影响评估者提出了不同的社会影响变量分类框架,有代表性的观点,一是 IOCGP 分为人口属性、社区和制度结构、政治和社会资源、个人和家庭变化和社区资源等五类[⑤];二是表 3.2 中伯基的分类。为便于进行本土化研究,我们拟从受影响社区的原住民个人、家庭和社区等三个层次进行分类。表 3.2 中的变量也是可以分别归入这三个层次之下,这一分类框架也与社会生态系统理论的观点相一致。社会生态系统理论的代表性人物——查尔斯·扎斯特罗从层次性的角度,把生态系统理论划分为宏观系统、中观系

① 杨雪婷,方一平,邱孝柯,等. 川西山区交通与 GDP 的海拔梯度性及其相关关系[J]. 长江流域资源与环境,2017,26(4):530.

② 戴伊. 理解公共政策[M]. 12 版. 谢明,译. 北京:中国人民大学出版社,2011:285.

③ Vanclay F. Conceptualising social impacts [J]. Environmental Impact Assessment Review, 2002, 22(3):183-211.

④ 吴亦明. 现代社区工作:一个专业社会工作的领域[M]. 上海:上海人民出版社,2003:354.

⑤ Interorganizational Committee on Principles and Guidelines for Social Impact Assessment. US Principles and Guidelines [J]. Impact Assessment & Project Appraisal, 2003, 21(3):231-250.

统和微观系统等三种基本类型。宏观系统是指包括文化、机构和组织等比小规模群体更大的社会系统。中观系统是指包括家庭和其他社会职业群体,是一种小规模的群体。微观系统是指社会环境中的个体。他指出,个体生存环境中的宏观系统、中观系统和微观系统总是相互作用和相互影响的[①]。为便于进行调查验证和实践操作,我们把社区又分为社区体系(如人口、文化、制度等)和社区基础设施(如交通设施、环境设施、教育设施等)。本章按这样的分类框架提出本土化的变量假设,并进行实证检验,试图获得一个本土化的大型工程社会影响评估变量体系。

3.2 本土化的社会影响评估变量假设

3.2.1 原住民生存方式与状态影响变量假设

1)生存方式与生存状态

杨振闻认为人的生存方式不等同于存在方式,存在方式一般是揭示事物已经存在的样态,是从静态对事物存在的一种把握,而对于人而言仅从某一存在方式进行描述是不够的,因为人不仅存在,更在生生不息地生活。他认为人的生存是存在和生活的统一体,对人的生存方式的揭示,既要从存在论的静态视角揭示人们在一定时期的生存状况,更要从生存论的动态视角揭示人的生存方式的演变,进一步回答人"如何生存"的问题[②]。

占鹏飞提出生存方式有广义和狭义之分。广义范畴上解释的生存方式内容十分广泛,可以包含劳动生活、家庭生活、消费生活、闲暇生活、宗教生活、政治生活等领域;狭义范畴上解释的生存方式则主要指人们在日常生活中体现出来的活动特征和其各种表现形式的总和,其主要内容涵盖人们基本的生产生活方式[③]。

关于"生存状态",目前还缺乏明确而权威的定义,文化学者陈慧博认为,生存状态是指生物体在生存过程中由于自身因素及外界因素的复合影响而形成的综合状态,对于具有社会性的生物又有其社会学意义[④]。虽然"生存状态"没有一个非常确凿的定义,但在对其理解和使用方面并无多少歧义。"生存状态"就是生存的"样子",而说明"样子"需要有质的要素,又需要有量的要素。也就是"生存状态"一方面要指出人的生存的质的问题,也即生存的方式和生存的内容;另一方面又要指明人的生存的量的问题,也就是人的生存的方式和内容的状况,即人在发展中的某一阶段,生存的方式和内容或生存的某一方式和内容呈现出来的水平、程度和现状[⑤]。

2)大型工程对原住民生存方式与状态的影响

本研究将广义范畴内诸如宗教生活和政治生活,纳入对社区影响范畴,这里主要从狭义范畴进行考量,分为就业情况、收入情况、消费行为、休闲行为、居住方式和社会保障状态等方面进行观察。

① 扎斯特罗. 人类行为与社会环境[M]. 师海玲,等译. 北京:中国人民大学出版社,2006.
② 杨振闻. 当代中国人生存方式的变迁及其影响[D]. 北京:中共中央党校,2012.
③ 占鹏飞. 被征地农民生存方式变化研究——以昌吉市为例[D]. 乌鲁木齐:新疆农业大学,2012.
④ 百度百科. 生存状态[DB/OL]. https://baike.baidu.com/item/生存状态/4999278? fr=aladdin.
⑤ 陈丽萍. 中学教师生存状态及改进对策研究[D]. 长春:东北师范大学,2009.

Walker 的研究指出 Molas 的旅游发展计划造成了重要复杂的社会影响。这些影响和效果无处不在,并已经导致了当地居民生活方式、居住安排、生计和土地使用的变化,这些变化都是不可逆的,应该及早予以关注[①]。Lockie 对 Coppabella 煤矿的社会影响进行了纵向评估,从时间历程的角度,分析了跨区开发所产生的影响会怎样随着时间变化,并指出该变化源于变化的经济和社会情况。在整个研究过程中,研究者通过咨询潜在的受影响利益相关者(包括矿区工人、Nebo 本地商人和 Nebo 本地居民),来确认实际产生的影响,包括人口结构、居住情况、收入水平和就业率方面的变化[②]。

皮海峰、林畅对三峡工程移民现状的调查结果显现出,搬迁前后移民的就业结构、收入水平、收入来源结构、居住格局和居住面积发生了变化[③]。陈甲伟以长清大学城建设为例,分析了失地农民的生存状态变化,研究发现征地前后,失地农民的收入水平、消费水平、消费结构、生活改善满意度、社会保险的投保情况、居住格局、就业率、就业结构发生了变化[④]。阎占定、胡祥以武汉市为例,对城市化过程中失地农民生活方式变化特点进行了分析,研究发现失地农民的就业结构、收入来源结构、消费结构和消费水平发生了变化[⑤]。任燕、张红以鄂尔多斯市为例,研究了城市化进程中失地农民生活方式的变迁,研究发现失地农民的收入水平、就业率、居住格局、消费水平、消费结构、消费观念、居住人口发生了变化[⑥]。占鹏飞对昌吉市失地农民生存方式变化进行了研究,研究发现失地农民的就业结构、就业率、收入水平、收入来源结构、消费水平、消费结构、闲暇时间和闲暇活动方式发生了变化。

综上,过往研究相关的案例分析揭示出大型工程开发建设前后原住民在就业、收入、消费等发生的变化。我们注意到这些案例中共同之处就是项目对原住民的冲击是移民或者是被征地,而这些是大型工程开发建设所共同的特征。因此,我们可以推断大型工程开发建设会给原住民的生存方式与状态冲击性的影响。但是,应该认识到这样的事实,即使没有项目开发建设的影响,原住民生存方式与状态也会随社会经济整体发展在变迁。例如,李君甫分析了改革开放以来,我国农民的就业结构发生了巨大的变化后认为,农民就业结构的变化会改变农民的收入结构,增加农民的收入,加快全面建设小康社会的步伐[⑦]。因此,在我们的研究中还需要进一步区分原住民生存方式和状态的变迁还是项目开发建设冲击的结果,或者证明了项目开发加速了这种改变。但是,从本研究的目的出发,作为项目社会影响评估,我们需要区分出项目对原住民生存方式和状态的影响程度。

3) 原住民生存方式与状态影响的评估变量假设

根据上述分析,我们可以确定的是可以把就业情况、收入情况、消费行为、休闲行为、居

---

① Walker J L, Mitchell B, Wismer S. Impacts during project anticipation in Molas, Indonesia: Implications for social impact assessment[J]. Environmental Impact Assessment Review, 2000, 20(5): 513-535.

② Lockie S, Franettovich M, Petkova-Timmer V, et al. Coal mining and the resource community cycle: a longitudinal assessment of the social impacts of the Coppabella coal mine[J]. Environmental Impact Assessment Review, 2009, 29(5): 330-339.

③ 皮海峰,林畅. 三峡移民现状的调查与思考[J]. 三峡大学学报(人文社会科学版),2003,25(5): 19-22.

④ 陈甲伟. 失地农民生存状态分析[D]. 济南:山东大学,2008.

⑤ 阎占定,胡祥. 失地农民生活方式变化指标体系与实证分析[J]. 理论月刊,2009 (10). 170-173.

⑥ 任燕,张红. 城市化进程中失地农民生活方式的变迁——以鄂尔多斯市为例[J]. 安徽农业科学,2012,40(12): 7476-7478.

⑦ 李君甫. 中国农民就业结构变迁研究[J]. 生产力研究,2010 (8): 42-43.

住方式和社会保障状态等作为大型工程对原住民生存方式与状态影响的评估变量。在评估时，我们需要评估各变量项目影响的变迁状况，为此需要相应的测度指数，用以定量或定性估计变量变化的程度。我们可从过往研究中获得相关评估测度指数的概念。

（1）就业情况。重庆城市化进程中失地农民就业问题研究结果表明，绝大多数农民甚少财富积累，加上受教育程度低，缺乏除农耕以外的谋生能力，一旦失去赖以生存的土地，他们将无所适从[1]。三峡库区移民出现移民就业难、失业率高的原因主要受到政府政策的因素，以及移民自身的素质因素影响[2]，而且因为工程移民数量众多，农业无法全面安置，大多数移民需要进入非农部门就业[3]。BHH防洪项目为当地行政人员提供了179个永久性的工作岗位，并设置了水闸管理处、排水站和环保处为当地人提供了工作机会，此外，工程的建设也为当地人提供了相当数量的短期就业机会[4]。所以，就业情况不应该只是传统指标体系中项目为社会提供的就业机会，更重要是这些就业机会能不能为原住民所胜任，或者他们是否愿意选择相应的职业。因此，对于就业变量，可选择就业率和就业结构作为测度指数。

（2）收入情况。云南水利水电工程建设对移民搬迁后的生活和收入产生很大的影响，安置政策、村庄类型和受教育程度会影响工程性迁移对移民收入的影响[5]。杜华章以江苏省1990—2011年农民收入和农村就业结构的相关数据为样本开展了进一步的研究，运用因子分析方法分析了农村就业结构与农民收入及构成的各因素的相互关系，并得出结论，工业就业主导型结构成为决定农民增收的关键，而农业就业主导型结构对农民增收的贡献甚微[6]。所以，收入情况变量的测度指数不仅要考察收入水平，更重要的是评估原住民的未来收入来源结构。

（3）消费行为。尽管消费与收入有着直接的关系，收入水平是影响消费需求的决定性因素，不同的收入构成会对居民消费行为产生影响，不仅影响总体生活消费水平，而且直接关系到消费结构的合理性[7][8][9]，但是消费行为也是居民生存状态的重要表征。衡量消费行为采用什么样的测度？消费水平应是最基本的指标，直接体现出居民的生活水平；其次是消费结构，这是研究消费问题的最关键指标，可较好地表征居民的生存层次；最后是消费观念，消费观念一方面是社会经济现实在人们头脑中的反映，另一方面又反作用于社会经济，并支配着人们的消费行为，从而影响人和社会的自身发展[10]。

（4）休闲行为。马惠娣指出，休闲把人从劳动状态与负有责任的其他活动中分离出来，构成人的生存整体的一个组成部分；社会学家把"休闲"看成一种社会建制以及人的生活方式和生活态度，是发展个性的场所。[11] 社会学有关休闲研究包括休闲时间数量与结构的调

---

① 苏小玲. 重庆城市化进程中失地农民就业问题研究[D]. 重庆：西南大学，2007
② 巴娜. 三峡库区移民就业问题研究[D]. 北京：中央民族大学，2010.
③ 王承云. 三峡库区移民就业及相关影响因素研究[D]. 武汉：武汉大学，2012.
④ 中国国际工程咨询公司. 中国投资项目社会评价——变风险为机遇[M]. 北京：中国计划出版社，2007.
⑤ 魏帅. 云南水利水电建设对工程移民收入的影响研究[D]. 昆明：云南财经大学，2013.
⑥ 杜华章. 江苏农村就业结构与农民收入关系实证分析[J]. 天津农业科学，2013，19(10)：51-55.
⑦ 侯石安，赵和楠. 城乡居民收入来源构成对其消费行为的影响[J]. 中南财经政法大学学报，2012(6)：28-35.
⑧ 王宏伟. 中国农村居民消费的基本趋势及制约农民消费行为的基本因素分析[J]. 管理世界，2000(4)：163-174.
⑨ 屈佳. 陕西省农村居民收入对消费水平与消费结构的影响分析[D]. 西安：西安理工大学，2008.
⑩ 李珍妮，周莉莉. 当代大学生消费行为的社会学分析[J]. 科教导刊(上旬刊)，2016(1)：182-183.
⑪ 马惠娣. 休闲：人类美丽的精神家园[M]. 北京：中国经济出版社，2004：77-78.

查、经济发展趋势和休闲的关系、各阶层对休闲时间的利用、休闲对社会生活的影响等。谢立宏在研究宁夏固原饮河村回族失地农民生活方式变迁时指出,村落公共闲暇活动空间变迁会引起村民闲暇生活方式变迁[①]。占鹏飞也在研究被征地农民生存方式变化时指出,经济收入、就业情况、公共休闲空间等会对休闲行为产生影响[②]。可见,休闲行为可作为评估项目干预社区原住民生存方式与状态的一个变量,其测度指数,可用"休闲时间"和"休闲活动方式"。后者作为测度指数,不仅可表明休闲结构,也可体现休闲的层次。

(5) 居住方式。居住方式是人类生活和生存方式的一个方面,居住方式与居住者的谋生手段密切相关,一个人的谋生手段基本决定了他采取什么样的居住方式,但是被迫性的居住方式变迁也将影响到谋生手段、消费水平,甚至影响休闲方式。陈会广指出,土地整治是引起农民居住、生活方式变化的"因",生活在原来农村土地上的传统居住方式也在不可抗拒的发展浪潮下逐渐消失,原住民逐渐从传统的民居中搬入现代化城市公寓房,居住环境和条件的变迁也使得原住民逐渐远离自己以前的生存和生活方式[③]。石芳对河南农村住宅、农民居住条件的变化及影响因素进行了分析探讨,她指出家庭规模变化、农民收入增加从一定程度上影响着农村住房形式的变化[④]。因此,居住方式应作为项目社会影响评估变量,相应的测度指数包括居住面积、居住格局(独门独户或者公寓式等)及居住人口(指同住的家庭人口数量与结构)。

(6) 社会保障。对于征用农地开发的项目,受项目干预社区居民面临着失去全部或部分赖以生存的土地资源,社会保障将会影响他们的未来生存状态,尤其是一些无法学习新的职业技能的中老年群体。丛旭文在研究中国失地农民社会保障问题时指出,我国的城乡二元结构体制使农民失去了土地,失去了生活保障,而切身利益却得不到应有的补偿。为了确保利益共享,政府一般会在政策制度上给予相应的补偿,补偿对象一般是受开发影响的群体,既包括受直接影响的群体,也包括受间接影响的群体[⑤]。张尧在研究南水北调移民的社会支持现状及社会工作介入情况时,从正式和非正式社会支持角度探讨了移民的社会支持现状,并指出安置政策是影响移民社会保障状态的重要因素[⑥]。社会保障评估变量可设置两个测度指数:一是居民投保的保险类型结构;二是他们在受项目冲击后对生活改善的满意程度。

3.2.2 原住民家庭影响变量假设

研究对原住民家庭的影响,首先要从家庭社会学角度去理解相关的概念框架。

1)家庭概念框架

家庭是由婚姻、血缘或收养关系组成的社会生活基本单位。根据家庭社会学理论,家庭的研究主要包括家庭基本关系、家庭结构、家庭功能及其演化的客观规律等方面。

---

① 谢立宏. 宁夏固原饮河村回族失地农民生活方式变迁研究[D]. 兰州:兰州大学,2012.

② 占鹏飞. 被征地农民生存方式变化研究——以昌吉市为例[D]. 乌鲁木齐:新疆农业大学,2012.

③ 陈会广,李浩华,张耀宇,等. 土地整治中农民居住方式变化的生态环境行为效应分析[J]. Resources Science, 2013,35(10).

④ 石芳. 河南农村人口居住方式的变迁及影响因素[J]. 河南教育学院学报(哲学社会科学版),2011,30(5):85-88.

⑤ 丛旭文. 中国失地农民社会保障问题研究[D]. 长春:吉林大学,2013.

⑥ 张尧. 南水北调移民的社会支持现状及社会工作介入研究[D]. 武汉:华中农业大学,2012.

（1）家庭结构

家庭结构是在婚姻关系和血缘关系等的基础上形成的共同生活关系的统一体，即为代际关系和人口结构组合起来的统一形式。[1] 这里沿用王跃生对家庭结构类型的划分[2]，整理为表 3.3。

表 3.3 家庭结构类型

家庭结构类型	主要特征
核心家庭	核心家庭指夫妻及其未婚子女组成的家庭
直系（主干）家庭	父母或一方同一个已婚儿子及儿媳、孙子女组成的家庭
复合家庭	父母和两个及两个以上已婚儿子及儿媳、孙子女组成的家庭
单人家庭	只有户主一人独立生活所形成的家庭
残缺家庭	没有父母或只有两个以上兄弟姐妹组成的家庭
其他家庭	指户主与其他关系不明确成员组成的家庭

研究家庭社会学问题还会涉及"空巢家庭"议题。"空巢家庭"概念是美国学者杜瓦尔在 1977 年提出来的，是指子女长大成人后从父母家庭中相继分离出去，只剩下老年一代人独自生活的家庭或者是无子女的老年人家庭。在我国，随着经济与社会的发展与变革，出现了大量的人口迁移、流动和农村剩余劳动力向城市转移的现象，"空巢家庭"被赋予了更多的内涵，包括子女在外地工作，只在重大节假日回父母家，平时剩下老人或老人与未成年的孙辈独居的家庭。

（2）家庭关系

家庭社会学中所称的家庭关系是指在一个家庭中共同生活的家庭成员之间的关系。家庭关系包括姻亲关系（如夫妻、婆媳、姑嫂、叔嫂、妯娌等关系）、血亲关系（如亲子关系、兄弟姐妹关系等）、收养关系（如养父母和养子女的关系）[3]。常见的家庭关系类型如表 3.4 所示。

表 3.4 常见家庭关系类型

关系类型	定义
夫妻关系	夫妻关系是家庭关系中最重要的关系。从法律上讲，夫妻关系包括夫妻人身和夫妻财产的权利义务关系
代际关系	两代人之间的人际关系。如家庭中的父母辈或祖父母辈与儿女、孙子女辈的关系
亲子关系	父母子女关系，在法律上是指父母和子女之间的权利、义务关系。父母和子女是血缘最近的直系血亲，为家庭关系的重要组成部分。亲子关系属于代际关系范畴
婆媳关系	婆媳关系是指在一家中婆婆和媳妇的关系

---

① 邓伟志，徐新. 家庭社会学导论［M］. 上海：上海大学出版社，2006：42

② 王跃生. 家庭结构转化和变动的理论分析——以中国农村的历史和现实经验为基础［J］. 社会科学，2008（7）：011.

③ 朱强. 家庭社会学［M］. 武汉：华中科技大学出版社，2012：123.

（3）家庭功能

家庭功能是指家庭在人类生活和社会发展方面所能起到的作用，即家庭对于人类的功用和效能。根据功能主义者的观点，任何制度都是针对着某种需要。家庭作为一种社会制度，同样具有某种社会功能，并在个人的生活中自发地发挥着某种不可或缺的作用。[①] 家庭的功能是多方面的，影响家庭职能的因素也有很多，家庭主要功能类型归纳于表 3.5 中。

表 3.5　家庭主要功能类型

家庭功能	定义
经济功能	包括家庭中的生产、分配、交换、消费。它是家庭功能其他方面的物质基础
生育功能	从人类进入个体婚制以来，家庭一直是一个生育单位，是种族延续的保障
教育功能	包括父母教育子女和家庭成员之间相互教育两个方面，其中父母教育子女在家庭教育中占有重要的地位
抚养与赡养功能	具体表现为家庭代际关系中的双向义务与责任。抚养是上一代对下一代的抚育培养；赡养是下一代对上一代的供养帮助，这种功能是实现社会继替必不可少的保障
感情交流功能	它是家庭精神生活的组成部分，是家庭生活幸福的基础。感情交流的密切程度是家庭生活幸福与否的标志
休息与娱乐功能	休息与娱乐是家庭闲暇时间的表现，随着人们生活条件的改善，人们的休息和娱乐逐渐从单一型向多向型发展，日渐丰富多彩，家庭在这方面的功能也将日益增强

（4）家庭社会关系网络

家庭社会关系网络是指家庭与其他群体或个体成员之间因为互动而形成的相对稳定的关系结构，它关注的是人们之间的互动和联系，以及作为这种互动结果而积累起来的社会资本[②]。这些关系网络，既包括家庭与家庭之间、家庭与家庭成员之间或家庭成员与家庭成员之间的由血亲、姻亲、宗亲、收养、赡养或继承等所形成的关系网络，也包括家庭成员的朋友、同学、邻居、同事等与家庭形成的关系网络。

2）大型工程对原住民家庭结构影响假设

（1）家庭人口规模的影响

国家统计局历次人口普查和抽查的户均人口数指标显示出，自 1987 年以来我国的家庭人口规模一直呈逐渐缩小趋势（表 3.6）。如果以 3 人以下（含 3 人）家庭作为小家庭标准，根据第六次人口普查数据，小家庭占比已达 68.8%。

家庭规模呈小型化趋势是由于社会变迁、城市化进程以及多年来的计划生育政策影响的结果，这是许多家庭社会学学者的共识[③][④][⑤]。对于本研究来说，我们需要探求的是在大型工程开发的社区，社区原住民家庭规模小型化趋势步伐是否更快？

① 邓伟志,徐新. 家庭社会学导论[M]. 上海:上海大学出版社,2006:42.
② 叶继红. 集中居住区移民社会网络的变迁与重构[J]. 社会科学,2012,11:10.
③ 杨善华. 中国城市家庭变迁中的若干理论问题[J]. 社会学研究,1994,51(3):78-83.
④ 邓伟志,徐新. 当代中国家庭变革动因之探析[J]. 学海,2000(6):17.
⑤ 马春华,石金群,李银河,等. 中国城市家庭变迁的趋势和最新发现[J]. 社会学研究,2011(2):182-216.

表 3.6　全国人口普查及抽样调查户均人口数统计数据①

全国人口普查次数	户均人口数	全国人口普查次数	户均人口数
1987 年全国 1%人口抽样调查	4.20	第五次全国人口普查(2000 年)	3.44
第四次全国人口普查(1990 年)	3.96	2005 年全国 1%人口抽样调查	3.13
1995 年全国 1%人口抽样调查	3.70	第六次全国人口普查(2010 年)	3.10

我们推断,在大型工程开发冲击下,拆迁安置使得一些原住民的居住方式发生改变(独门独院式居住方式转变为多高层楼房住宅居住方式)或者居住条件改变(一户安置多套楼房住宅)可能会促使"分家"这样的家庭生命周期的关键时点提前来,加速了项目开发社区的原住民家庭规模小型化趋势。孟向京在青海省三江源地区用 5 个移民村的调查数据和迁出区与迁入区的非移民数据进行对比,运用迁移差别指数对三江源生态移民的特征作了分析,发现生态移民的家庭规模呈现普遍小于非移民家庭的特征。②

(2)家庭结构的影响

伴随着工业化、城镇化与规模巨大的人口流动,中国家庭户规模持续缩小,而家庭结构则进一步呈现出核心化趋势。在各种家庭结构中,核心家庭占据主导地位的过程中,直系家庭与复合家庭及其他家庭结构类型所占比重的变化,反映了城市化以及工业化对社会结构与家庭结构的影响,同时也反映了人们面对不断变化的社会环境与社会政策中对婚姻与家庭的心理偏好与偏好选择结果③。徐安琪通过多项抽样调查并以上海为例发现,家庭结构在向核心化转变的趋势中的带有很强的地域特征④。王跃生认为,当代城乡家庭结构的变动特征与二十余年来计划生育政策推行以及经济转型中人口迁移流动加速有关⑤。

大型工程开发对社区的冲击符合研究者提出的影响家庭结构核心化影响因素特征,所以我们假设,相对于未受干预的历史上同质社区,大型工程干预社区的原住民家庭核心化趋势更显著。

(3)家庭空巢化的影响

以高于或等于 65 岁(含 65 岁)作为划分老人基准,将独孤老人或有未成年人共同生活的独孤老人、一对老年夫妻或有未成年人共同生活的老年夫妻定义为空巢家庭。从国家统计局 2010 年第六次全国人口普查数据来看,空巢家庭户数占到家庭总户数的 7.37%,比 2000 年第五次普查数据增长了 72.86%。张翼认为家庭结构呈现出核心化趋势的过程中最显著的特征是老年家庭的空巢化,引起老年空巢的主要原因是计划生育所引起的家庭子女数减少、人口迁移以及老年人与子女的分居等⑥。沈崇麟等则认为中国家庭呈现核心化趋势的观点是不准确的,更客观的是空巢化趋势,因为空巢家庭比例大幅上升,在家庭结构分布上开始呈现出核心家庭、直系家庭和空巢家庭三足鼎立的格局⑦。

① 数据来源:根据中华人民共和国国家统计局官网的统计数据整理所得。
② 孟向京. 三江源生态移民选择性及对三江源生态移民效果影响评析[J]. 人口与发展,2011(4):2-8.
③ 张翼. 中国家庭的小型化、核心化与老年空巢化[J]. 中国特色社会主义研究,2012(6):87,89-92.
④ 徐安琪. 家庭结构与代际关系研究——以上海为例的实证分析[J]. 江苏社会科学, 2001, 2:150-154.
⑤ 王跃生. 当代中国城乡家庭结构变动比较[J]. 中国社会科学, 2006, 26(3):118-136.
⑥ 同③ 92-93.
⑦ 沈崇麟,李东山,赵锋. 变迁中的城乡家庭[M]. 重庆:重庆大学出版社, 2009,160-172.

鉴于上述大型工程开发可能会加速项目干预社区原住民家庭规模的小型化和结构的核心化推断，同时考虑到绝大多数的大型工程开发涉及大量的征地，项目干预的农村社区会出现较多的富余劳动力，相对于未受干预的历史同质社区，劳动力向外转移的比例应有较大幅度增加，所以我们认为大型工程开发也可能加剧原住民家庭的空巢化。

3）大型工程对原住民家庭关系影响假设

家庭关系中主要的两个关系是夫妻关系和亲子关系，其他婆媳关系、祖孙关系等都是这两条主线的延伸。王跃生认为我国家庭成员平等的局面已基本形成，家庭关系有两条主线：一条是以亲子关系为主导转变为夫妻关系为主导，另一主线是亲子关系，它既有对传统的保留，也随社会变革发生了强弱变化[1]。因此，本研究也主要是夫妻关系和亲子关系的分析。

（1）夫妻关系的影响

20世纪80年代，我国家庭的夫妻关系被认为家庭最终决定权还是掌握在男性手中，但随着社会的发展，当代中国家庭的关系正由不平等向平等过渡，在性别层面上表现为夫妻平等。即，夫妻关系将由"男主女从"型逐渐转变成"男女平权型"。李银河以甘肃兰州的调查为基础，认为家庭关系中的夫妻关系中夫妻平等的程度在向西方的家庭靠近[2]。但是，徐安琪依据抽样调查结果，认为中国家庭并没有向欧美家庭一样趋向现代平等，社会文化、传统意识促使中国家庭延续了传统的角色分工，甚至还有强化倾向[3]。

马春华等采用了结婚年代、配偶的结识途径、婚前双方家庭经济状况、夫妻平等、夫妻民主、夫妻情感等方面来描述受访家庭夫妻关系的变迁[4]。沈崇麟用婚姻满意度、家务劳动分工等方面来描述夫妻关系。田丰认为对夫妻关系的测量方法包括对双方社会经济地位的测量、双方承担家务劳动、家庭内部分工的测量和夫妻双方对家庭事务决定权的测量，在度量夫妻关系平等、民主方面可以从经济权、决策权、家务分担、日常活动以及情感交流五方面来考量[5]。付光伟[6]调查研究发现，在加入家务劳动承担时间这一变量后，夫妻双方的性别区别对收入差距的影响就不再显著。这提醒我们在分析夫妻经济地位的不平衡性时也不应该忽视夫妻双方在家务劳动分担上的差异。

改革开放至今，在市场经济条件下，我国城乡家庭财富不断增加，夫妻收入不平衡，在夫妻矛盾中，很多矛盾都是经济因素产生的，这凸现了经济地位在夫妻关系中的重要性。相比计划经济时代，商品经济条件下夫妻关系中经济地位因素的最大特点是收入高，差距大，这对夫妻关系既有正面又有负面的影响[7]。学者们采用不同的测量方法都发现当代中国家庭中的夫妻关系变迁方向趋向于平等，家庭内部分工的性别差异缩小，夫妻双方对家庭事务共同做决策[8]。

大型工程开发会对当地社区原就业结构进行冲击，促进就业行业的多样性，原住民家庭

① 王跃生. 中国当代家庭关系的变迁：形式. 内容及功能[J]. 人民论坛，2013(8)：6-10.
② 李银河. 家庭结构与家庭关系的变迁——基于兰州的调查分析[J]. 甘肃社会科学，2011(1)：6-12.
③ 徐安琪. 家庭性别角色态度：刻板化倾向的经验分析[J]. 妇女研究论丛，2010(2)：5.
④ 马春华，李银河，唐灿，等. 转型期中国城市家庭变迁—基于五城市的调查[M]. 北京：社会科学文献出版社，2013.
⑤ 田丰. 中国当代家庭生命周期研究[D]. 北京：中国社会科学院研究生院，2011.
⑥ 付光伟. 城镇正规就业女性家务劳动与工资收入关系研究[J]. 山东女子学院学报，2012(2)：23-27.
⑦ 董凤芝. 经济关系变化影响夫妻关系[J]. 妇女研究论丛，2000(1)：54-55.
⑧ 同⑤.

的生产消费模式也会受到影响。特别对于受冲击的农村社区,传统的"男耕女织"模式可能会因之改变,更多的妇女选择外出打工就业,减弱了之前的夫妻收入不平衡状况。根据过往研究和家庭现代化理论,我们推断在大型工程干预下,受影响的社区家庭会加快现代化步伐,从而加快了原住民家庭夫妻关系平等化发展趋势。

(2)亲子关系的影响

按照家庭生命周期理论,从孩子出生不断成长,到结婚生子成为父母,亲子关系也是不断变化发展并且带有轮回特性的。父母在子女出生到长大成人,给予的是抚养、教育、经济和服务性的支持与帮助,而子女给予父母的是赡养和情感安慰。东西方社会具有不同的两代人关系模式,中国社会主张家庭养老,相邻上下两代人具有抚养教育和赡养的相互责任和义务,因而两代人的关系是"反馈"模式;西方国家大多没有家庭养老的传统和习惯,只有上代人对下代人的抚养义务,而没有下代人赡养上代人的责任反馈,因而两代人的关系是"接力"模式①。

在传统的中国家庭是典型的父权制,是父权制社会在家庭中的缩影,长辈和子辈、晚辈之间的关系类似于上下模式,是统治与被统治的关系,无平等可言。在社会变迁的背景下,亲子关系的统治模式已经与家庭现代化理论中的亲子关系有很大不同,传统社会的亲子关系比较强调父母的权威和子女的服从;而现代社会则倡导相对平等的关系。随着新中国成立,特别是改革开放以来,这种状况发生了巨大改变,亲子关系也与夫妻关系一样,向着民主平等的方向变迁。马春华根据五城市的调查发现,家庭关系中的亲子关系并没有变得疏远和松散,反而是越来越密切,越来越平等,不是父子轴向夫妻轴的完全转变,而是呈现一种夫妻轴与父子轴并重的新模式②。朱冬亮认为,在现代化社会转型过程中,传统的农村家庭教育模式在向现代城市家庭教育模式的转变过程中出现了明显的断裂,突出表现为城中村家长的教育方式滞后于城中村自身的社会变迁③。黄岩毓认为,随着社会变迁,传统父母与新一代父母在对待孩子信念、培养观念、沟通方面发生了很大变化④。

在社会发展过程中,由于代与代之间年龄差距拉大以及时代环境和社会条件的急剧变化,导致大致相同的年龄和拥有类似社会成长环境的不同世代之间在思想意识、价值观念、行为选择、生活方式等方面出现差异、隔阂甚至冲突⑤。吴银涛认为亲子关系中两代人之间的理解、互动给新移民家庭亲子关系的改善带来了希望和曙光⑥。因此,据上述相关过往研究理论,我们推断,受大型工程社区干预的原住民家庭与历史同质且未受项目影响社区的原住民家庭相比,子代与父代之间的沟通更加平等。

4)大型工程对原住民家庭功能影响假设

日本社会学者大桥熏认为依据家庭功能多重性理论,家庭功能包括家庭本身的固有功能(生育和赡养功能)、家庭基础功能(生产和消费功能)以及派生功能(教育、看护、宗教、娱

---

① 邓伟志,徐新. 家庭社会学导论[M]. 上海:上海大学出版社,2006:35-120.

② 马春华,李银河,唐灿,等. 转型期中国城市家庭变迁——基于五城市的调查[M]. 北京:社会科学文献出版社. 2013:01-229.

③ 朱冬亮. 现代化的断裂:城中村家庭教育行为分析——以厦门市为例[J]. 华中师范大学学报(人文社会科学版),2006,45(6):136-141.

④ 黄岩毓. 家庭教育[M]. 台北:五南图书出版社公司,1988:291-291.

⑤ 成伟. 论代际沟通与协调[J]. 学术交流,2008(1):120-123.

⑥ 吴银涛. 城市新移民家庭教育影响因素探索——以成都市部分流动家庭的亲子关系为例[J]. 成都大学学报(社会科学版),2007(1):34-35.

乐等),其中最重要的是教育功能,并且随着社会的变迁,教育功能在家庭功能中占据越来越重要的地位)。[1] 国内学者对家庭功能也有类似分类,邓伟志在《家庭社会学》中把家庭的功能归类为:生物功能(生育、赡养等)、经济功能(生产、消费)、教育功能(社会化、家庭教育)、心理功能(情感慰藉等)、政治功能(小型政府、家长权力)、娱乐功能、文化功能(习俗、宗教学习)[2]。黄振华利用田野调查方法深入农村基层,探讨了政府介入与中国农村家庭功能的变迁的关系,围绕生产、消费、生育、教育和赡养家庭功能的变迁进行了研究[3]。根据已有文献的概念框架,结合大型工程对社区冲击的特点及其他一些评估变量已经包含的要素,本研究认为可从生产功能、生育功能、教育功能和赡养功能等四方面探索和评价大型工程对原住民家庭功能变迁的影响。

(1) 生产功能的影响

在历史上,家庭曾经是重要的生产单位,从原始社会末期家庭出现开始到传统农业社会,家庭既是生活单位,也是生产单位,还是消费单位,社会消费的基本特点之一就是以家庭为单位来进行收入和支出的核算[4]。我国家庭功能的变迁经历了几个重要的历史时期:在漫长的封建社会里,家庭的生产功能处于支配地位;1949 年后的农业生产合作社时期,土地等财产归集体所有,生产功能大幅削弱、消费功能也处于低水平;"大跃进"时期,生产、消费功能几乎被取代;"文化大革命"的十年,生产功能几乎丧失殆尽,十一届三中全会至今这一时期,生产功能逐渐失去传统的支配地位,消费、教育功能等的重要性则日益提高。尹世洪认为,在中国社会转型之前,农村家庭传统的生产和消费功能受到严重抑制,家庭的生产功能呈现萎缩不健全和单一化的趋势;在社会转型时期,农村家庭经济功能的最大变化,是随着市场化和城镇化进程,大量农民进城务工,从过去的封闭单一,转向开放多元[5]。

可见,改革开放以来,我国家庭的生产功能经历了从丧失到恢复的过程。从 1993 年到 2012 年,我国城镇居民家庭人均可支配收入增加了近 10 倍、农村居民家庭增加了 8 倍有余[6]。潘泽泉认为,伴随着社会化大生产的过程,企业成为现代社会生产的基本单位,相当一部分家庭手工业生产功能已转移到大工业生产,家庭只保留着部分物质资料的生产和为生活消费服务的家庭生产[7]。尹世洪认为,在我国社会转型的过程中,生产功能的模式也发生了巨变,从原来的务农耕种为主,到如今的面向社会市场的工、农、商等的多元经营[8]。

大型工程的开发过程通常会涉及大面积的征地拆迁,占用农用耕地,受干预的原住民家庭可能面临失去耕地,从而改变传统的家庭生产以耕地为主的模式,主动或者被动地寻求其他更社会化的生产方式,会破除过去相对单一的传统生产方式,生产功能转为多元化。因此,我们推断,在大型工程冲击下,受项目干预社区的家庭生产功能更趋向于社会化。

① 吴建华,潘光伟,黄海. 近代以来日本家庭结构与功能的变迁[J]. 西南师范大学学报(人文社会科学版),2000(5):166-171.
② 邓伟志,徐榕. 家庭社会学[M]. 北京:中国社会科学出版社,2001:51-66.
③ 黄振华. 中国农户:功能变迁与政府介入[D]. 武汉:华中师范大学,2013.
④ 邓伟志,徐新. 家庭社会学导论[M]. 上海:上海大学出版社,2006:35-120.
⑤ 尹世洪. 社会转型时期农村家庭功能的变化——以江西省安义古村为例[J]. 农业考古,2012(4):223-228.
⑥ 数据来源:《中国统计年鉴 2013》。
⑦ 潘泽泉. 现代家庭功能的变迁趋势研究[J]. 学术交流,2005(1):129-132.
⑧ 同⑤.

（2）生育功能的影响

自人类进入个体婚制阶段以来，家庭一直被当作生育子女、繁衍后代的基本的、合法的单位。通过生育而产生的新一代，保证了社会的新陈代谢和结构完整。人类通过各种文化手段控制生殖，以维持社会继替，家庭正是承担这一使命的文化载体。家庭通过建立双系抚育、确立婚姻、夫妇配合等一系列制度来保证生育功能的实现。

不同学者对家庭的生育功能的变迁趋势有不同的说法。有日本学者认为，战后日本家庭的生育功能在逐渐削弱，但从家庭适应社会的意义上说，日本家庭的生育功能不是削弱了，而是随着社会生产方式的进步而更理性化了[1]。而在中国，潘泽泉认为，传统家庭是为了传宗接代、养儿防老以及增加劳动力等，在现代家庭则已实行计划生育，多数人已把生养孩子看作是对社会尽义务，认为是一种感情的追求、爱情的果实和夫妻关系的纽带，家庭幸福的重要内容体现在生孩子不再追求数量而追求质量，不再计较性别而讲究附着在孩子身上的意境及其所带来的愉悦，他认为生育一个小孩的趋势不能说明生育功能的减少，优生优育便是一个很好的说明[2]。尹世洪认为，生育功能作为家庭的基本功能之一，在社会转型时期依然还延续着，但是这一功能受到传统生育观念和计划生育政策之间矛盾斗争的影响，家庭生育功能在退化[3]。

我国传统的生育观念有"多子多福""重男轻女"等，这与我国过去计划生育基本国策和现代化观念，如"一胎，二胎"政策、"生男生女都一样"等相悖。虽然，我们并不能肯定大型工程冲击会促进原住民家庭的生育观变迁，但是我们观察到的是，建设在农村社区的大型工程一般都会占有农用地，这意味着原住民的耕地会有较大幅度减少，那么我们需要探求的是，以增加劳动力为目的传统生育需求是否因之会降低。

（3）赡养功能的影响

在西方，人基本上是以个人为单位在这个世界存在，人到晚年，自己供养自己，或者独自在家养老，或者进养老院，人们都不觉得有什么凄惨、不对劲的地方。[4] 与西方社会不同，在传统的中国社会，家庭的生活与生产单位合二为一，这样的社会条件使家庭养老成为最根本、最主要、最普通的养老方式。尽管在现代社会，由于社会保障制度的建立，老年人的收入和社会保障基本由社会提供，生活服务由社会各类专业部门或支援组织来承担，但家庭的赡养功能尚未凋零。但在现代化的推进和计划生育政策的推行过程中，家庭赡养面临着严峻的挑战，家庭结构的小型化，"传统共居"模式的改变在一定程度上削弱了家庭的赡养功能，养老越来越具有社会意义，养老功能在家庭和社会之间转移、互补将是一个必然的趋势[5]。

尹世洪对江西省安义古村的赡养方式调查研究表明，在 1978 年和 2009 年两个不同的时点，该村的赡养方式发生了很大改变，老人的赡养方式类型中，与子女一起吃住的比例由

① 吴建华,潘光伟,黄海. 近代以来日本家庭结构与功能的变迁[J].西南师范大学学报(人文社会科学版),2000(5):166-171.
② 潘泽泉. 现代家庭功能的变迁趋势研究[J]. 学术交流,2005(1):129-132.
③ 尹世洪. 社会转型时期农村家庭功能的变化——以江西省安义古村为例[J].农业考古,2012(4):223-228.
④ 马春华,李银河,唐灿,等.转型期中国城市家庭变迁——基于五城市的调查[M].北京:社会科学文献出版社,2013:1-229.
⑤ 邓伟志,徐新. 家庭社会学导论[M]. 上海:上海大学出版社,2006:35-120.

61%下降为23%,家庭的赡养功能社会化变迁明显,同时他认为这是经济政治文化社会变化对家庭赡养功能影响的结果①。吴建华认为老年人的医疗看护、经济照顾等赡养功能,将随着养老的社会化和医疗技术的发达、医疗福利设施的齐全等,逐渐由家庭转移到社会、福利设施和市场,部分功能执行主体将从家庭中分离出去②。

作为对所干预社区的公益补偿,一些大型工程开发建设会为社区建设一些养老设施,或者为居民提供一些拆迁安置保障。此外,鉴于前述中我们对大型工程开发干预社区原住民家庭的加速小型化、核心化趋势的判断,所以我们推断,大型工程开发建设会加速干预社区养老的社会化,从来使得原住民家庭的家庭赡养功能快速退化。

(4) 教育功能的影响

西方学者普遍认为,进入现代工业社会,社会化大生产所需要的科技知识越来越复杂,层次也越来越高,基础知识教育和职业技术教育的绝大部分转移到学校来承担,家庭教育功能呈现退化的趋势。但是,在中国,我们可以观察的现象是,家庭子女从婴幼儿到一个成熟的社会人,家庭在子女教育中起着重要的作用,家庭成年成员的文化知识水平、道德修养、职业技能、业余爱好等也会对后辈子女发挥潜移默化的教育效用。潘泽泉就认为,我国的家庭教育功能并无减弱的趋势,家庭依然承担着对子女进行职业培训和生活知识传授的功能,承担着伦理道德等人生观的教育义务③。邓伟志、徐新的观点比较中性,他们认为虽然教育更多的是在社会中完成的,但是家庭辅助教育作为学校教育和社会教育的补充将要延续相当长的时间④。

可是,我们必须注意到社会转型期的农村家庭教育功能变化。尹世洪的调查结果显示,在城镇化和大量农民外出务工的浪潮中,农村的家庭教育功能更是受到很大冲击,不少家庭除了负担子女的衣食,对他们的文化道德技能等方面的教育,几乎完全依赖于社会⑤。鉴于此,我们思考的是,大型工程冲击可能会加速原住民社区的社会转型,家庭教育功能是否因之受到影响。

5）大型工程对原住民家庭社会关系网络的影响假设

社会关系网络是人们之间因社会互动而形成的关系网络,社会关系网络不仅是一切社会制度和权力运行的重要基础,也是重要的信息分享和资源配置的替代机制⑥。社会资源理论研究已经证明,一个人的社会关系网络规模越大,即交往的人数越多,拥有的社会关系就越多元、越丰富。那么他/她所拥有的社会资本就越丰富,越可能在社会行动中占据优势地位⑦。这里所述的家庭社会关系网络包括家庭成员与家庭成员之外因血缘、姻缘的亲属、亲戚关系,因过去或现在因居住地点相邻、相近而熟识所形成的邻居、邻里关系(或称之为"地缘关系"),以及因社会交往(如共同学习、共同工作或共同爱好等)所熟识形成的同学、同

① 尹世洪. 社会转型时期农村家庭功能的变化——以江西省安义古村为例[J]. 农业考古,2012(4):223-228.
② 吴建华,潘光伟,黄海. 近代以来日本家庭结构与功能的变迁[J]. 西南师范大学学报(人文社会科学版),2000(5):166-171.
③ 潘泽泉. 现代家庭功能的变迁趋势研究[J]. 学术交流,2005(1):129-132.
④ 邓伟志,徐新. 家庭社会学导论[M]. 上海:上海大学出版社,2006:35-120.
⑤ 同①.
⑥ 李树,陈刚. 关系能否带来幸福? 来自中国农村的经验证据[J]. 中国农村经济,2012(8):66-78.
⑦ 袁靖华. 边缘身份融入:符号与传播——基于新生代农民工的社会调查[M]. 杭州:浙江大学出版社,2015:129.

事或朋友关系（或称之为"学缘关系""业缘关系"）。

关于亲属、亲戚关系。张文宏等认为，尽管改革开放后中国农村的宏观经济结构和社会结构发生了巨大变迁，以血缘和婚姻联系起来的亲属关系在农村社会网中依然占据着最重要的位置，在亲属关系的交往上并没有削弱①。唐灿、陈午晴的研究则表明，空间距离是影响亲属关系频度和亲密度的主要变量，且对亲属关系有负向影响②。

关于邻里关系。闫文鑫认为，在当今中国，农村与城市集中居住的其他社会关系网络却有很大差异。比如邻里关系，与传统的农村居住的频繁串门、经常往来等的邻里相处方式不同，现代住区的人们虽然近在咫尺，但是一般情况下来往甚少，关系冷漠，导致邻里之间无助感增强和人际关系退化③。徐慧明对常州市金坛区尧塘镇西谢村失地农民集中居住后的调查显示，成年人邻里串门频率，由拆迁前每月 18 次，降到拆迁后每月 2 次。叶继红的调查显示，集中居住方式同时也造成了移民社会交往的空间隔离、集中居住区邻里关系淡化等问题④。

关于业缘、学缘等社会关系网络扩展。张文宏等认为朋友在整个社会网络中占有突出的中心位置；同事的重要性虽然有所下降，但仍然是一种相当重要的社会关系⑤。毛德松认为随着中国农村经济社会的变迁，原先建立在血缘和地缘基础上的社会关系网络也出现了新的变化和调整，特别是伴随着农村劳动力的大规模转出和非农就业，农村社会关系网络得以突破血缘和地域限制，在原来基础上得到了拓展和延伸⑥。叶继红的调查显示，超过六成的被调查者（移民）在集中居住后社会网络变大，移民的业缘关系得到一定发展。

大型工程开发冲击下，项目所干预社区的地形、地貌、空间形态均会发生变化，移民或集中居住也改变了原住民家庭的居住方式、交往空间。根据上述研究者的研究结论来看，原住民家庭社会网络关系必然会被改变、重构或重组。从亲属、亲戚关系来说，项目所干预社区的空间重构，可能使得亲戚之间的距离变远或变近；从邻里关系来说，集中居住方式可能会增加与更多邻居交往的概率；从业缘关系来说，家庭成员的职业变迁会促进社会网络关系的扩展。为此，我们需要进一步研究大型工程开发所干预社区原住民家庭的社会网络关系会呈现一种或者多种什么样的变化。

3.2.3 原住民社区体系影响变量假设

社区体系是一个结构性的整体，所有构成社区的要素都包含于这个系统中，包括社区成员及其组织、社区组织的机构、制度规范、社区文化、公共事务等内容。⑦尽管学者们对社区概念的描述各有不同，但对社区基本内涵（要素）的分析则是大体相同的，包括居民（社区人

① 张文宏,阮丹青,潘允康. 天津农村居民的社会网[J]. 社会学研究,1999(2)：110-120.
② 唐灿,陈午晴. 中国城市家庭的亲属关系——基于五城市家庭结构与家庭关系调查[J]. 江苏社会科学, 2012(2)：92-103.
③ 闫文鑫. 现代住区邻里关系的重要性及其重构探析——基于社会交换理论视角[J]. 重庆交通大学学报(社会科学版),2010(3)：28-30.
④ 叶继红. 集中居住区移民社会网络的变迁与重构[J]. 社会科学,2012(11)：67-75.
⑤ 张文宏. 宏观社会结构变迁背景下城市居民社会网络构成的变化[J]. 天津社会科学, 2006(2)：67-71.
⑥ 毛德松. 非农工作经历与农民社会关系网络[J]. 技术经济与管理研究,2014(1)：102-106.
⑦ 王元凤,黄琪.基层工作综合知识解析[M].北京：清华大学出版社,2010：148.

群）、地域（社区空间）、文化（社区背景）、组织（社区的社会组织）、认同（社区的归属感）等方面①。

从工程对社区影响角度，Taylor 认为应把当地人口规模变化、社会群体、传统文化等作为项目社会影响监测指标②。宋永才认为城市建设项目前期社会影响评估中应该以对当地管理机构、对社会保障社会福利的影响、对社区组织结构的影响作为评估指标③。贾广社认为社区人口数量、人口迁移以及受教育程度、社区邻里关系的变动以及居民对社区公共事务的参与程度、社区阶层、利益群体的变化作为工程社会影响研究指标④。许多学者也指出，在进行工程项目社会评估时，应将不同人的利益群体、社会阶层、外来人口、社区传统文化等作为评估指标⑤⑥⑦⑧。

结合国际社会影响评估跨组织委员会确定的社会影响变量体系⑨及 Rabel Burdge 提出的社会影响评估变量⑩，本研究认为可以从社区人口、社区组织、社区群体与阶层、社区文化及社区基础设施等几个方面考察大型工程对社区系统的影响。鉴于社区基础设施涉及社区范围的差异，我们将此归为与社区系统并列的一类变量专门研究。

1) 社区人口影响

人口是社区的主体。作为一个相对独立的变量，社区人口在很大程度上会影响和制约社区管理、社区建设和社区发展。崔恒展在有关社区和人口关系的研究中指出，社区发展中人口的影响主要体现在人口的数量、质量和构成上⑪。

社区建设的各项内容，比如社区组织、社区服务、社区党建等，无不围绕着一定数量的人口这一对象展开，从这一点上来说，社区人口的数量决定着社区的规模发展和经济发展⑫。此外，人口既是消耗社区资源的来源同时又是产生劳动力、创造社区资源的原动力。因此，人口数量的多少与社区经济发展有着重要的关系⑬。

人口的构成是指按照一定划分条件所形成的不同特征的人口，按照区域来划分可以将社区内人口划分为当地人口和外来人口。杜晓敏通过对我国多个区域人口流动的研究和分析，认为人口迁移和流动对我国经济发展是一个帕累托改进效应，人口流出会对流出地的经济造成负面影响，而促进流入地的经济增长⑭。当然，社区外来人口的增加也会带来一些负

① 刘君德，靳润成，张俊芳. 中国社区地理[M]. 北京：科学出版社，2004：3.

② 泰勒，等. 社会评估：理论、过程与技术[M]. 重庆：重庆大学出版社，2004：28.

③ 宋永才. 城市建设项目前期社会影响评估及其应用[J]. 哈尔滨工业大学学报（社会科学版），2008(7)：21-27.

④ 贾广社，杨芳军. 基于 GA-BP 的大型建设工程社会影响评估指标体系研究[J]. 科技进步与对策，2010(10)：148-152.

⑤ 中国国际工程咨询公司. 中国投资项目社会评价指南[M]. 北京：中国计划出版社，2004：30.

⑥ 王朝刚，李开孟. 投资项目社会评价专题讲座（系列）[J]. 中国工程咨询，2004(1)：43-44.

⑦ 施国庆，董铭. 投资项目社会评价研究[J]. 河海大学学报（哲学社会科学版），2003(2)：49-53.

⑧ 李强，史玲玲，等. 探索适合中国国情的"社会影响评估指标体系"[J]. 河北学刊，2010(1)：106-112.

⑨ Interorganizational Committee on Guidelines and Principles for Social Impact Assessment. Guidelines and principles for social impact assessment[J]. Impact Assessment, 1994(2)：107-152.

⑩ Burdge R. The concepts process and methods of social impact assessment [M]. Wisconsin：Social Ecology Press，2004a：13-26.

⑪ 崔恒展. 社会管理视角下的社区与人口关系研究[J]. 济南大学学报（社会科学版），2013(3)：55-59.

⑫ 唐钧. 当代中国城市的人口与社区[J]. 中国人口科学，2004(5)：26-32.

⑬ 黄荣清. 中国区域人口城镇化讨论[J]. 人口与经济，2014(1)：3.

⑭ 杜晓敏. 人口迁移与流动对我国各地区经济影响的实证分析[J]. 人口研究，2010(5)：77-88.

面的效应,譬如治安状况可能会劣化、社区认同感的丧失等。

人口学所讲的人口质量,一般指的是人口总体的身体素质、科学文化素质以及思想素质,它反映了人口总体认识和改造世界的条件和能力。[①] 人口质量即是人口总体的质的规定性的范畴,即人口素质,它的高低影响着社区的发展。耿修林认为,经济发展有可能直接对人口素质的改善产生作用,比如产业结构的调整会对劳动技能产生新的要求,收入的增加会影响到城乡居民的消费水平和生活品质等,经济发展也可能先对社会事业发展产生影响,然后通过社会事业的进步影响到人口的素质[②]。他采用 1990—2007 年期间社会发展维度和人口素质相关统计数据验证了我国社会发展水平与人口素质总体上保持较高的相关性,经济和社会事业的发展,对人口素质产生了正面影响。[③]

大型工程开发对社区的人口影响可以直接观察到,一是可能有些社区因为拆迁安置移出而人口规模减小,有些社区因为拆迁安置移入而人口规模增加;二是外来人口的大量流入,在工程建设阶段大量施工人员涌入是无法回避的,而在运营阶段,诸如生产性的大型项目会有较多的外来务工人员流入,一些大型水利工程会有季节性的旅游流动人口涌入。

人口规模对社区经济的影响需要在较大社区的范围内研究,一般需要把整个项目所影响的区域作为一个大的社区去考察,这一方面的评估实际上在项目经济评价和费用效益分析中已经得到综合的考虑。因此,社会影响评估主要是考察项目冲击下的社区人口构成与人口素质的变化。

项目干预社区的人口构成的主要影响是因项目建设与运营所带来的外来人口进入社区,在社区租房或买房,临时性或长期性居住。涌入的外来人员可分为以下几类:一是外来投资人员——项目投资企业的正式员工,通常有较高的收入和较高消费水平的管理者和技术人员;二是外来务工人员——因项目投资建设与生产所吸引的建筑施工企业工人或项目企业工人,即通常所称的打工人员,数量规模较大;三是外来定居者——因项目吸引(如因项目建设形成的宜居环境)而迁入社区的主动移民;四是外来旅游者——项目所吸引的外地旅游人员。

大型工程开发实施总是以项目能够获得足够好的经济效益或社会效益为前提,而社会影响评估也是以此为前提条件,即设定项目开发建设必定会促进社区的经济增长,因此我们可以假设大型工程开发可促进原住民社区的人口素质提高。

2)社区组织的影响

社区组织各自的功能释放及组织之间的互动协作则是实现社区善治的基本保障,更是实现城市社会良性运行的基础[④]。杨贵华将社区组织分为广义和狭义两种,广义的社区组织定义为在社区地域内面向社区居民开展工作满足社区及其居民需要的各种组织的统称,而狭义的社区组织定义为由社区及其居民组建并吸纳社区成员参与的以满足居民社会性需要和社区公共利益为目标的各种社会组织[⑤]。本研究涉及的是广义定义,所考虑的社区组

① 国家人口计生委发展规划与信息司.人口发展战略研究报告(2010—2011)[M].北京:中国人口出版社,2013:380.
② 耿修林.社会发展对人口素质影响的实证分析[J].数理统计与管理,2009(5):777.
③ 同②778-784.
④ 李璐.社会转型期城市社区组织管理创新研究[M].天津:天津人民出版社,2015:94.
⑤ 杨贵华.我国城乡社区组织发展与"村改居"社区组织建设[J].福建行政学院学报,2011(3):26.

织类型包括社区基层政府管理组织机构（如社区居民委员会）、社区民间组织（如志愿者、兴趣爱好、环境保护、权益维护等民间小组或团体，包括内部组织的和外面进入的）及从外部进入社区的企业组织。

（1）企业组织

国内关于企业和社区关系的研究开始于20世纪80年代，一般来说，社区学或者管理学学者认为企业和社区的关系是相辅相成的，社区为企业提供好的发展基础以及商业氛围，政策的指导和资源的开发是外来企业入驻社区的主要因素，社区工业化和城镇化的演变过程中，外来企业的数量也会随之增加。同样，企业也承担应有的社会责任，为社区的发展做出贡献[1]。宋金平指出，外来企业的非农化推动对农村社区演变起到了巨大作用，主要表现在：一是创造就业机会，凝聚劳动力和人口；二是扩大社区和外界的联系，改变原有的生活方式，促使农民生活方式城镇化；三是打破原有产业结构，使产业发展更加合理化，促进经济发展。张志敏通过对20世纪80年代村落发展进行研究，提出企业所带来的非农经济以及工业化的发展使村落成为超级村庄的主要原因[2]。

大型工程开发建设是否如我们所预想的那样，可以吸引更多的外部企业进入社区，推动社区的发展呢？一些研究者的案例研究并没有获得这样的结论，如李静研究表明，长期以来因受各种条件的制约，小浪底库区乡村产业存在资源利用粗放原始，产业发展落后，新兴产业企业缺乏的现状[3]。周科研究表明，三峡案例工程周边社区工业发展落后，呈现产业空虚化的现状[4]。

（2）民间组织

社区民间组织在有的社会学研究中称之为第三部门、非政府组织等，是狭义上的社区组织。社区民间组织在社区发展中占据重要地位，是辅助社区治理、提高社区参与度和凝聚力的重要力量。随着社区的发展，社区内民间组织的数量和种类都在不断增加，并参与社区建设和治理功能。但其自身的发展和建设受社区基层干部执政以及社区经济发展的影响较大。夏建中通过对全国六个城市实证研究认为，社区内民间组织是社区管理的辅助，社区经济发展和政府支持是社区民间组织发展的前提条件[5]。耿云也认为社区内民间组织的发展离不开政府的扶持和社区资金支持[6]。

大型工程开发促使原住民的被动式移民，会出现原住民社区的拆分、合并和调整过程。杨贵华认为，社区整合也不只是一个规模调整和扩大的过程，同时又是一个提升社区功能、催生新型社区组织体系的过程。随着社区规模的扩大和资源的合理利用，社区作为地域性生活共同体的功能开始显现，也为社区组织拓展了活动平台。[7] 因此，我们可假设大型工程开发对原住民社区的民间组织发展有较好的推动作用。

① 史浩明,张鹏.从社会负担到社会责任——论苏南乡镇企业所承担的社会责任[J].苏州大学学报(哲学社会科学版),2004(3):16-21.

② 张志敏.村落经济组织与社区整合[J].浙江社会科学,2003(4):82-89.

③ 李静.小浪底库区乡村旅游开发研究[D].成都:四川师范大学,2014:23.

④ 周科.三峡库区"四化"同步推进的途径与对策[J].农村现代研究,2014(3):290-293.

⑤ 夏建中.我国城市社区社会组织的主要类型及特点[J].城市社会组织研究,2012(2):25-35.

⑥ 耿云.我国城市社区社会组织的发展困境及其对策[J].云南行政学院学报,2013(6):102-104.

⑦ 杨贵华.我国城乡社区组织发展与"村改居"社区组织建设[J].福建行政学院学报,2011(3):28.

（3）社区（村）居民委员会

社区（村）居民委员会是居民自我管理、自我教育、自我服务的基层群众性自治组织，也是作为政府与居民群众之间的联系纽带，其任务是办理有关居民的公共福利事项、反映居民的意见和要求、动员居民响应政府号召并遵守法律、领导群众性的治安保卫工作、调解居民间的纠纷等。大型工程开发建设使得原住民社区重新整合为新的社区，社区居民委员会组织机构成员可能会发生较大的变化，特别是由此产生的新社区居民委员会要了解社区、适应社区及提高管理能力需要有一个过程，尤其是由农村的乡村社区变迁为新的城镇社区情况下。杨贵华研究城市化进程中"村改居"社区组织时认为，目前"村改居"社区的主要组织（党组织、居委会、社区群团组织等）总体说来，是国家行政力量自上而下推动建立的，覆盖面也不够宽，还不能很好地适应城市化发展对基层社会治理的新要求，不能满足新老居民多元化、多层次的需要，未能将外来务工人员及其家属等新居民纳入其服务和管理之中，未能成为村民转化为市民的平台，未能成为吸引大众广泛参与、推进社区和居民全面、协调、可持续发展的有效载体。因此，我们推断大型工程开发冲击下，项目干预社区的居民委员会社区组织管理工作会受到较大的影响。

3）社区群体与阶层的影响

群体是居民在社会交往过程中逐渐形成的交往圈子和范围，社区内各人由于其文化教育和经济水平的不同以及日常交往对象的不同会形成不同的群体以及关系网络[1]。即群体是由一定的社会互动和社会关系结合起来并共同活动的人形成的不同社交对象。根据不同群体表现在教育、收入、职位的差异，或者生活方式不同，或者共同利益取向相背，可以分为社会阶层群体、利益群体和社交群体。社区群体内部有较强的凝聚力，群体关系是社区发展的向心力。社区内成员的共同利益，使社区具有内在的向心力，同时这种向心力凝聚成行为规范[2]。

（1）阶层群体

王刘玉在当代中国社会阶层分化现状及其走势分析中指出，改革开放后我国社会阶层发生深刻的变更，由原来的工人阶层、农民阶层、知识分子阶层开始向由主体阶层（产业工人、农民、国家管理者、经理人员、专业技术人员、商业服务业员工）、新生阶层（办事人员、个体工商户、私营业主）和过渡层（失业人员）等组成的十大社会阶层转变[3]。崔海兴在对河北省农民素质研究中发现，随着大量农村劳动力从土地中释放出来，农村社会职业阶层发生变化，农林牧渔从业人员呈下降趋势，工业建筑业从业人员呈上升趋势[4]。可见，转型期下的中国社会阶层正在发生着急剧的变化，伴随着以经济改革为重点的全面改革的不断深化，各阶层之间的流动跨越了城乡结构、产业结构的限制，原有阶层结构的构成方式已被打破，旧的社会阶层的分化瓦解与重新组合，新的社会阶层相伴而生[5]。那么，我们需要研究的是大型工程开发是否加剧了项目干预社区的社会阶层分化。

（2）利益群体

利益群体是因利益的获得或者损失而关联。李强将国内利益群体分为四类，特殊获利

① 孙立平. "关系"、社会关系与社会结构[J]. 社会学研究，1996(5)：20-30.
② 田雪原. "中观"人口控制与社区综合发展[J]. 中国人口科学，1993(1)：23-26.
③ 王刘玉. 当代中国社会阶层分化现状及其走势[J]. 学术交流，2009(6)：144-149.
④ 崔海兴. 退耕还林工程对农村人口素质影响的实证分析[J]. 职业技术教育(教科版)，2006(19)：62-66.
⑤ 张纯，王云霞. 社会阶层分化下的我国参与型政治文化主体建设[J]. 四川行政学院学报，2015(2)：10.

群体、普通获利群体、利益相对受损群体和社会底层群体[①]。谢海军认为,利益群体因其利益受损或受益而分化成不同的群体,这是社会同质化向多元化发展的结果,我国目前利益群体正处在分化和变动阶段,政府和市场经济是决定利益再分配的重要因素[②]。林龙飞通过对红色旅游地群众感知的研究,揭示出红色旅游开发后部分农民利益相对剥夺,沦为弱势群体的现状[③]。石智雷、杨诚从南水北调工程角度指出,大型工程具体实施过程中,涉及利益相关方众多,在水源地与输入地之间,在项目法人、各级地方政府、施工单位与工程移民之间将发生错综复杂的利益关系,其中包含了相当复杂的利益分配、发展冲突以及社会公平等方面的问题[④]。无论是正面效益还是负面效益,均需要在利益相关方中进行分配,相关的利益相关方会因为共同受益或受损,而分成不同的利益群体。项目社会影响评估主要需要评估原住民社区是否存在受工程冲击的利益受损群体,或者因为项目干预而使得更多的原住民沦为弱势群体或社会底层群体。关于利益群体评估中必须关注的一个现实是,在工程建设中出现的群体性事件多因拆迁、征地或受项目外部负效应影响的原住民弱势群体,在他们利益受损且无法获得足够补偿后,试图通过集体行动方式向项目兴办者或者政府施压。

(3) 社交群体

社会互动带动社区内资源禀赋的流动,给社区带来生机和活力,促进语言传播、文明成果共享,提高生产力促进社会发展[⑤]。同时,居民社会交往是社区社会资本构建的过程,居民通过社会交往建立互惠和信任的基础,促进社区整体发展[⑥]。多数研究者都认为随着社区的发展,人与人之间关系变得淡漠。其中,最为著名的研究是,齐美尔和沃思提出的社区消失论,主要观点是在前工业社会,普遍存在小规模的、相互熟识的、同质性较强的人群,他们参加同类的工作并具有类似的兴趣,其思想和行为趋于一致,容易认同某种价值观和行为规范。而城市化社会中的人们虽然相互接触多,但不易获得与家庭、朋友紧密的首属关系;社会分工使人们生活方式、价值观产生差异,社区内邻里关系以及共同情感削弱[⑦]。从社会变迁的角度来看,邻里关系在整个发展和演变过程中其功能是被弱化或者替代的。一些学者通过对社区内邻里关系进行研究,总结影响社区邻里关系的因素有社区自身的发展、个体的差异及熟知程度[⑧][⑨]。本研究需要确定的是大型工程开发是否加速了项目干预社区的社交群体和社会互动弱化。闵飞对丹江口案例工程远迁移民返迁意愿的研究结论值得关注——因为身份上的不认可、邻里日常交往障碍,无法融入新的社会网络所带来的困惑,是造成移民待不下去一个重要因素[⑩]。

---

① 李强. 当前中国社会的四个利益群体[J]. 学术探索,2000(3):5-19.

② 谢海军. 改革开放以来我国利益群体的演变轨迹、前景和特征[J]. 郑州大学学报(哲学社会科学版),2009,9(1):18-22.

③ 林龙飞. 基于相对剥夺理论的红色旅游地居民感知研究[J]. 湖南财政经济学院学报,2012(28):32-39.

④ 石智雷,杨诚. 南水北调工程利益相关者管理演进与利益结构——基于进化博弈分析[J]. 科技进步与对策,2010,13(7):24.

⑤ 陈凤敏. 社会交往的特征及其精神生产力功能[J]. 河南师范大学学报(哲学社会科学版),2004(4):95-97.

⑥ 胡荣. 城市居民的社会交往与社会资本构建[J]. 社会科学研究,2007(4):98-103.

⑦ 夏建中. 现代西方城市社区研究的主要理论与方法[J]. 燕山大学学报(哲学社科版),2000(2):1-6.

⑧ 蔡禾,贺霞旭. 城市社区异质化与社区凝聚力——以社区邻里关系为研究对象[J]. 中山大学学报(社会科学版),2014(02):133-151.

⑨ 邢小明. 城镇社区和谐邻里关系的社会学分析[J]. 学术交流,2007(12):163-165.

⑩ 闵飞. 远迁移民的人际互动与其返迁意愿的相关研究[J]. 人口与经济,2002(3):34-38.

4）社区文化的影响

人们对于文化的定义五花八门、形形色色，1952 年美国两位人类学家阿尔弗雷德·克洛依伯和克莱德·克拉克洪在《文化：概念和定义的批判分析》一书中列举了历史上百余条不同的文化定义，归纳为哲学的、教育的、历史的等九类"基本主题"定义。[①] 其中，社会学的文化定义的重心是社会共享的概念和行为特征等方面，代表性的定义是美国社会学家保罗·布莱斯蒂所提出的："文化包括一切习得的行为、智慧和知识，社会组织和语言，以及经济的、道德的和精神的价值系统"[②]。

社区文化也没有统一的定义。刘庆龙认为，社区文化包括社区内的人们的信仰、价值观、行为规范、历史传统、风俗习惯、生活方式、地方语言和特定象征等，可将其简要分为固有的传统文化以及现代精神文明[③]。叶木全认为社区文化和社区居民归属感和认同感，社区内部凝聚力有着紧密关系[④]。马龙清认为社区文化是形成社区规范和社区价值标准的重要基础，文化发展对于营造社区精神，丰富社区文化和精神生活，增强社会成员的认同感和归属感，提高社区约束力和自治力有显著作用[⑤]。

根据上述概念框架，本研究提出可把传统文化、精神文明和社区认同感等作为衡量大型工程对社区文化影响的评估变量。

（1）传统文化

传统文化是对应于当代文化和外来文化而言的，其内容当为历代存在过的种种物质的、制度的和精神的文化实体和文化意识，例如民族服饰、生活习俗、古典诗文、忠孝观念之类[⑥]。传统文化还应包括民族宗教信仰等。张丽艳实地考察了宁夏吴忠市利通区裕西社区的文化变迁，发现在吴忠市的城市化进程中，以宗教性为其突出特点的回族社区由于居住设施的薄弱、房屋的老化，大多成为城市化进程中城市改造、重建的首要目标。城市改造、翻修必然会打破原来回族社区传统的居住格局，加之在市场经济发展过程中，人与人之间的关系逐渐淡漠生疏，使得维系原来传统回族社区的精神价值发生变化，社区中原有的宗教文化发生改变，许多宗教文化功能渐渐减弱或消失[⑦]。王应政对贵州三板溪案例工程建设与当地传统文化之间的关系进行研究，认为案例工程建设中应注重社区传统文化的保护、推广和开发[⑧]。胡绍华研究结论表明，三峡案例工程的旅游业开发是对当地传统文化的一种保护作用[⑨]。基于社区意义上的传统文化，是民族历史文化与社区成长过程相融合的长期沉淀积累所形成的传统和习惯，特别体现在宗教、传统节日的风俗与礼仪特色，即使是同一民族的不同社区也有自己各自的特点。大型工程开发移民或外来人口涌入，外来者的宗教礼义和

---

① 陆扬，王毅. 文化研究导论[M]. 修订版. 上海：复旦大学出版社，2015：3.

② 同①8.

③ 沈关宝. 历史现实模式——以上海社区文化为例的实证研究[M]. 上海：上海人民出版社，2007：23-25.

④ 叶木全，黄重. 构建和谐社会视野中的社区文化建设和发展探究——基于对闽东社区文化建设的调研与思考[J]. 东南学术，2011(3)：203-210.

⑤ 马龙清. 论社区功能与文化建设的有机结合[J]. 管理观察，2014(8)：173-175.

⑥ 马可，杨娟，王美玲，等. 中国传统文化精神导论[M]. 北京：清华大学出版社，2015：4.

⑦ 张丽艳. 城市化进程对宁夏吴忠市回族社区文化影响分析[J]. 中国穆斯林，2012(4)：49.

⑧ 王应政. 贵州案例工程建设与少数民族传统文化保护——以三板溪案例工程为例[J]. 贵州民族保护，2011(4)：55-59.

⑨ 胡绍华. 三峡地区非物质文化遗产与旅游开发利用原则[J]. 三峡大学学报（人文社科版），2007(11)：5-8.

节日风俗与原住民的传统文化之间会发生冲撞，我们需要研究这样的冲撞会使得原住民社区的传统文化发生什么样变化。

（2）社区精神文明

社区精神文明包括居民在社区生活中所表现出的社会道德、价值观、公共舆论话题及居民对社区共同性规范遵守等方面。吴理财指出，改革开放以来，农村社区文化在经验层面、话语层面和规范层面几乎同步发生不可逆转的激变，使中国农村社会发生了深刻的历史变迁[1]。黄娇娥认为生产力因素是影响社区精神文明建设的首要条件，生产力决定社区经济程度[2]。罗明灿关于天然林保护工程对社区影响的研究结论表明，当地社区的经济收入的降低阻碍了社区精神文明的建设[3]。我们在研究中需要确定，大型工程开发干预社区的精神文明建设变迁与项目是否存在必然的关系。

（3）社区认同与归属

学者们对社区认同的定义有些差别，如付春华认为，社区认同是指处于社区范围内的居民和群体基于社区生活和发展的需求，在对社区组织结构及其规则进行评价并接受社区反馈的过程中，产生对社区运行体制的认同并进行组织行为参与，进而产生共同体意义上的社区的心理认同感和归属感，最终形成的关于社区发展的自上而下相统一的文化价值观[4]；辛自强、凌喜欢则认为社区认同应该涵盖两部分，一是情感上的认同，即居民与社区的情感联结以及在情感层面上对社区的接纳和认同；二是功能上的认同，即居民对社区功能的满意和认可程度[5]。从本研究的角度，我们采用吴理财的观点，即认为社区认同是一个社会学概念，社区认同的本质是社会文化性的，即对社区文化、习俗、精神等共有价值的认可、赞同和珍视[6]。

汪雁、凤笑天和朱玲怡对三峡工程的宜昌移民区调查结果表明，三峡外迁移民中，大部分移民户的社区归属感较高，他们能够稳定地居住在安置区；但是，仍旧有至少40％的移民对安置区的认同感较低，他们有返迁或再迁的可能性；三峡外迁移民的现有社区归属感程度与移民政策的要求——绝大多数移民能够稳得住相比，仍有相当的距离[7]。孔翔、张宇飞对上海闵行经济技术开发区周边社区居民的调研结果表明，虽然产业结构升级有助于提高居民的生活质量，但普通劳动力的集聚却可能削弱居民对地方的认同；而地理景观的变化却由于改善了居民的生活条件而增强了地方感；不过社交网络的重构却面临本地人和外地人之间情感分异的困难，居民对开发区和小区的地方感都处于较低水平[8]。学者们的研究亦已表明，大型工程开发对干预社区原住民的社区认同感（归属感或地方感）可能会产生较大冲击。

① 吴理财.改革开放以来农村社区文化的变迁[J].人民论坛，2011(24)：40.
② 黄娇娥.影响农村精神文明建设的因素分析[J].吉林省社会主义学院学报，2005(1)：33-36.
③ 罗明灿.天然林保护工程实施后对社区的影响及对策分析[J].林业经济问题，2000(1)：13-17.
④ 付春华.政府推进社区多元共治的体系与过程：重构社区认同[M].北京：中国政法大学出版社，2015：46.
⑤ 辛自强，凌喜欢.城市居民的社区认同：概念、测量及相关因素[J].心理研究，2015，8(5)：65.
⑥ 吴理财，等.公共性消解与重建[M].北京：知识产权出版社，2014：6-8.
⑦ 汪雁、凤笑天、朱玲怡.三峡外迁移民的社区归属感研究[J].上海社会科学院学术季刊，2001(2)：135.
⑧ 孔翔，张宇飞.开发区建设中的居民地方感研究——基于上海闵行开发区周边社区的调研[J].城市发展研究，2014,21(6)：92.

3.2.4　原住民社区基础设施影响变量假设

1）社区基础设施

基础设施是指为社会生产和居民生活提供公共服务的物质工程设施，按《辞海》的解释，基础设施是为工业、农业等生产部门提供服务的各种基本设施[1]。世界银行在《1994年世界发展报告》中提出的基础设施概念是指下述的设施：一是公共设施，包括电力、电信、自来水、卫生设施以及排污、固体废弃物的收集与处理及管道煤气；二是公共工程，包括道路、大坝和灌溉及排水渠道工程；三是其他交通部门，包括城市与城市间铁路、城市公共交通、港口、航道和机场[2]。

学者对基础设施类型分类也有差异，有的是按地域性分为农村基础设施和城市基础设施，两者区别是，除了主要都包括饮水、用电、道路、交通、通信、医疗、教育、文化、环卫、垃圾处理等生活设施外，农村基础设施还有农田水利灌溉等生产设施，城市基础设施还包含消防、防空、能源、隧道、港口等设施[3][4]；也有的是按使用性分为生产基础设施和社会基础设施，前者包括服务于生产部门的供水、供电、道路和交通设施、仓储设备、邮电通信设施、排污、绿化等环境保护和灾害防治设施，后者指服务于居民的各种机构和设施，如商业和饮食、服务业、金融保险机构、住宅和公用事业、公共交通、运输和通信机构、教育和保健机构、文化和体育设施等[5][6]。

上海市住宅建设发展中心、丁名申认为，大型居住社区基础设施建设内容，几乎包含所有城市基础设施的内容，所不同的只是规模小些、项目少些而已。从技术性基础设施来说，城市建设重点在于制造能源及源能的输送，居住区则重点在对源能的接收和使用。从社会性基础设施来说，城市侧重建设规模大、层次高的公共建筑，而居住区则侧重于能满足社区居民基本需求的一般性公共建筑。技术性基础设施包括水、能源、通信、环境、交通和防灾系统，社会性基础设施包括行政管理、教育、卫生医疗、商业财贸、文化娱乐、体育运动、社会福利、住房等[7]。

2）大型工程开发与社区基础设施变迁的关系

前述研究揭示过大型工程开发对社区的冲击，诸如地形、地貌、水文改变，原有一些基础设施将会被破坏或迁建，项目潜在的生态环境影响及移民和外来务工人口流入等，这些方面均可能给社区上述基础设施带来巨大压力。段跃芳对一些大型水电工程非自愿人口流动安置的研究中发现，移民的安置涉及基础设施建设、公共服务提供、移民自身经济补偿等多重因素[8]。李振时认为，人口数量的快速增长及迁移、外来人口占比较大、区域人口年龄结构和性别结构以及人口素质的变化，对政府提供社会公共服务以及管理社区的能力提出了更

① 邓淑莲. 中国基础设施的公共政策[M]. 上海：上海财经大学出版社，2003.
② 世界银行，毛晓威. 1994年世界发展报告：为发展提供基础设施[M]. 北京：中国财政经济出版社，1994.
③ 周小奇. 农村社区基础设施供给问题研究[D]. 长沙：湖南农业大学，2008.
④ 李平，王春晖，于国才. 基础设施与经济发展的文献综述[J]. 世界经济，2011(5)：93-109.
⑤ 李燕凌，曾福生. 农村公共品供给农民满意度及其影响因素分析[J]. 数量经济技术经济研究，2008(8)：3-18.
⑥ 乔恒利. 基础设施性质与基础设施项目投融资模式关系研究[J]. 华东经济管理，2008，22(3)：74-78.
⑦ 上海市住宅建设发展中心，丁名申. 大型居住社区开发建设管理实务[M]. 上海：上海科学技术文献出版社，2014：12-13.
⑧ 段跃芳. IRR模型及其对我国非志愿人口流动安置的现实意义[J]. 三峡大学学报(人文社会科学版)，2002(6).

高的要求①。蔡依平等对移民安置模式实证研究表明,移民使得社区原住民的共享资源需要被重新分配或争夺,假如城镇化安置模式依托于现有小城镇,就需要进一步完善城镇基础设施,提高城镇的承载能力②。邱正光等对三峡工程移民模式的分析结论表明,整体搬迁模式下移民原社区的资源被破坏,而又对安置点原有体系构成冲击效应,资源被更多人群共享而造成紧张或者一定程度的破坏③。

面对大型工程开发对社区基础设施冲击和压力,相关各方是如何行动的呢?

首先,我们从政府角度来看。政府通常以"公共型政府"为核心,负责安排提供经济基础设施,环境保护,城市规划,社会福利等公共服务的公共物品供给,以保证居民福利和社会稳定。④ 许源源、张艳对五强溪库区就地后靠安置移民调查结果表明,由于社区资源破坏和占有,可资利用的资源窘迫,进而产生普遍的移民贫困等问题,认为必须要由政府介入,通过政策手段来推动社区基础设施的建设,满足移民生产生活所需,帮助其摆脱资源紧张的窘境⑤。城市基础设施具有较强的公共性和服务性,且不以营利性为目的,一般由政府提供⑥。即使不由政府直接组织生产设施,例如一些非营利的设施采用私人模式建设,一些设施完全可由市场自主提供(如商店、餐馆等),但是政府还承担着规划、授权和监督职能。实践中,我们可以观察的现象是,地方政府通常以大型工程开发建设为手段之一,改善当地的基础设施状况。

其次,我们从社区居民角度来看。社区组织或居民面对大型工程开发带来的社区基础设施破坏、冲击或压力,出于保护自身利益需要,会要求工程兴办者予以重建、翻新或改造,或者求助于相关政府部门,甚至通过集体行动方式获得利益补偿。廖蔚对案例工程移民中的社会冲突与整合过程分析研究表明,移民与政府在互动过程中双方力量不平衡、互动结构不对称性。移民面对信息输入和利益占有,基于利益保护本能也形成了一套自我保护机制并作用于它的互动对象,如通过民间精英表达移民利益,又如在共同利益驱使下形成移民自发性组织,在既成事实的情况下,最大限度地降低迁移的净占有等⑦。冯媛媛认为,公众为了生存和发展所需,可平等分享资源和条件。公众利益是公共管理中最主要的利益追求,公众和社区组织需求对于基础设施等公共设施有着极强的利益要求和表现⑧。

最后,从大型工程的兴办者角度来看。为了移民、征地或拆迁工作的顺利开展,不管是遵守相关法规规定,还是按城市规划要求,或者执行相关拆迁安置协议,或者迫于政府、公众或社区居民的压力,项目兴办者一般将项目干预社区的基础设施修缮、补充或重建方案纳入工程的总体规划。宋良光对案例工程移民后扶持政策调查中发现,案例工程建设难免对项目所在社区原有的基础设施带来损毁或造成资源紧张,必然使得政府或建设单位投入资金

---

① 李振时.社会公共服务资源适应人口变化趋势的对策研究——以佛山市为例[J].经济论坛,2013(5):115-120.

② 蔡依平,张梦芳.水利水电工程移民安置模式多样化实证研究[J].安徽农业科学,2006,34(5):996-997.

③ 邱正光,伍黎芝,杜金平.三峡库区农村移民安置模式探讨[J].人民长江,2000,31(3):3-5.

④ 彭澎.政府角色论[M].北京:中国社会科学出版社,2002.

⑤ 许源源,张艳.移民资源,权利,贫困与安置区发展——基于五强溪库区就地后靠安置移民的调查[J].西部论坛,2014,24(4):37-43.

⑥ 吴荻.城市基础设施建设与政府职能改革[J].兰州学刊,2006(2):172.

⑦ 廖蔚.当前我国案例工程移民的社会冲突与整合研究[J].农村经济,2005(11):71-73.

⑧ 冯媛媛.论我国城市经营中政府利益与公众利益的关系[D].成都:四川大学.2006.

进行基础设施改善[①]。

综上所述,大型工程冲击可能会使得项目干预社区的设施、资源或者生态环境遭受破坏和占有,因项目建设与运营而导致的移民或外来人口流动给社区生活、生产资源的供给增添更大的压力。无论政府出于城市管理职能或维护公共利益的需要,还是居民为保护自身利益对恢复、改善或提高基础设施条件的诉求,抑或是项目兴办者作为项目对社区及居民利益的损害的补偿措施所实施的社区基础设施重建、功能改造或完善等,随着大型工程开发,项目干预社区基础设施将会发生变化。

3)社区基础设施影响变量假设

根据上述概念框架,从本研究目的角度,结合社会影响评估变量过往研究,我们将社区基础设施分为以下四种类型:第一类是日常生活类基础设施,它们与社区居民的日常基本生活密切相关,如供水、供电、道路、邮电通信、商业服务等设施系统;第二类是社会服务类基础设施,它们与保证生活质量、提高生活水平相关,如医疗卫生、文化娱乐、体育健身、养老福利等设施;第三类是环境及生态保护设施,包括环境保护设施、卫生设施、生态与绿化工程等;第四类是自然与文化遗产保护等设施,包括项目干预社区内独特、稀有或绝妙的自然现象、地貌或具有罕见自然美地域的保护措施,具有历史、文化或艺术等价值的建筑物、雕刻、绘画、宗教建筑、遗址等保护措施,以及园林和公园景观等。从本研究的角度,我们需要考察在大型工程冲击下上述各类基础设施的影响及变迁情况。

与目前有关社区基础设施组成框架相比,我们增加了第四类有关自然与文化遗产保护等设施。理由如下:一是国外学者和国际社会影响评估跨组织委员会在社会影响评估变量的研究中,将历史文化遗址保护措施列入评估变量框架体系;二是社区的自然与文化遗产承载着社区居民对社区的认同、热爱和寄托等情感,尤其是文化遗产,如农村社区的庙宇、宗祠等。刘朝晖认为,工程移民大多立足于解决目标人群的衣、食、住、行等"物质生活需求",鲜有关注到他们的社会、组织、文化等"精神文化需求",更未深入探究文化权利的保护与社会稳定之间的逻辑关系[②]。"丽江古城狮子山环境整治工程"项目的实地调查表明,在移民安置过程中,社区民众通过社区参与、文化主张、协商行动等文化抗争的方式,维护自身的文化权利,达到对文化遗产整体性保护的目标。[③]

3.3 研究设计

3.3.1 评估变量假设检验方法

1)评估变量假设汇总

将3.2节研究所提出的社会影响评估变量假设汇总于表3.7中。

---

① 宋良光. 国家大中型案例工程移民后期扶持政策的非预期后果讨论[J]. 水利经济,2010,28(2):72-74.
② 刘朝晖. 文化遗产保护地移民安置的社区价值研究——以云南"丽江古城狮子山环境整治工程"项目为例[J]. 思想战线,2012,38(2):85.
③ 同②89.

表 3.7　本土化的社会影响评估变量假设表

变量属性	评价变量	测度指数
原住民生活与生存状态	就业情况	就业率
		就业阶层
		就业结构
	收入情况	收入水平
		收入来源结构
	消费行为	消费水平
		消费观念
		消费结构
	休闲行为	闲暇时间
		休闲活动方式
	居住方式	居住格局
		居住面积
		居住人口
原住民家庭	家庭结构	小型化
		核心化
		空巢化
	家庭关系	夫妻关系
		亲子关系
	家庭功能	生产功能
		生育功能
		赡养功能
		教育功能
	家庭社会关系网络	亲戚关系
		邻里关系
		业缘、学缘等社会关系
社区体系	社区人口	人口规模
		外来定居
		外来务工
		外来投资
		旅游者

（续表）

变量属性	评价变量	测度指数
社会体系	社会组织	社区企业组织
		社区民间组织
		社区(村)居民委员会
	社区社会阶层与群体	社会阶层
		利益群体
		社交群体
	社区文化	社区传统文化
		社区精神文明
		社区认同与归属
社区基础设施	日常生活类设施	供水、供电
		道路交通
		商业服务
	社会服务类设施	医疗卫生
		文化娱乐
		体育健身
		养老福利
	环境及生态保护设施	环境保护
		卫生设施
		生态与绿化工程
	自然与文化遗产保护措施	自然遗产
		历史与宗教建筑物
		艺术与文化遗址

2）案例研究方法

案例研究又称为个案研究，尽管学界对它的定义有不同的观点，总之它是以社会事实为研究对象，以田野调查和观察、面谈、收集文件证据、描述统计、测验、问卷、图片、影片或录像资料等方式获取的第一手资料作为依据，开展研究的一种方法。案例研究是社会科学研究中广泛使用的一种研究方法，迄今为止，这种研究方法已经得到社会学、人类学（包括民族学）、教育学、政治学以及公共管理等学科研究者的认可并且被运用到特定问题的研究之中[①]，也是社区研究通用的方法[②]。

应国瑞（Robert K. Yin）认为案例研究是一种实证研究，它在不脱离现实生活环境的情

① 王金红.案例研究法及其相关学术规范[J].同济大学学报(社会科学版),2007,18(6)：87.
② 吴文藻.吴文藻人类学社会学研究文集[M].北京：民族出版社,1990：67.

况下研究当前正在进行的现象;待研究的现象与其所处环境背景之间的界限并不十分明显。案例研究法处理有待研究的变量比数据点还要多的特殊情况,所以,需要通过多种渠道收集资料,并且把所有数据资料汇合在一起进行交叉分析,因此,需要事先提出理论假设,以指导资料收集及资料分析,减少研究工作量,避免走弯路。作为一种研究思路的案例研究包含了各种方法,涵盖了设计的逻辑、资料收集技术以及具体的资料分析手段。就这一意义来说,案例研究既不是资料收集技术,又不仅限于设计研究方案本身,而是一种全面的、综合性的研究思路[①]。为此,他提出的案例研究设计基本模式是"确定要研究的问题→提出理论假设→确定分析单位→形成连接数据与假设的逻辑→解释研究结果的标准"[②]。Kleeburg 等人总结出的案例研究特点之一是,当要回答"怎么样"和"为什么"的问题的时候,当要研究者对研究事物不予控制或不能控制时,当研究的对象是当代某一处于现实环境的现象时,案例研究是一种合适的研究方法。[③]

上述案例研究方法的理论揭示出,要验证我们根据相关理论演绎、文献中的二手数据资源所获得的表 3.7 中评估变量假设时,案例研究方法是一个比较恰当的方法,我们发现这可能也是唯一可行的方法。本研究应用此方法属于王金红所称的解释性案例研究,即通过特定的案例,对事物背后的因果关系进行分析和解释。在解释性案例研究中,案例中所包含的一些事实被作为自变量,另外一些事实被作为因变量,通过对案例背景的研究,寻找不同变量之间的相关性或因果关系。解释性案例研究一般适用于研究"为什么""怎么样"之类有关因果关系的问题。[④]

本研究试图以一些大型工程作为案例,通过对项目干预社区进行田野调查获得相关数据资料,对表 3.7 中评估变量框架进行验证,以获得适合本土化的项目社会影响评估变量。那么,应选择什么样的案例? 王宁指出,在个案研究中,个案所要求具备的,不是代表性,而是典型性。典型性不等于代表性,反过来,代表性只是典型性的一个特例(即普遍性)。代表性是统计性样本的属性,是样本是否再现或代表总体的一种性质。代表性预设了具有明确边界的总体的存在。典型性则是个案所必须具有的属性,是个案是否体现了某一类别的现象(个人、群体、事件、过程、社区等)或共性的性质;至于这个类别所覆盖的范围有多大,则是模糊不清的。一个个案,只要能集中体现某一类别,则不论这个类别的覆盖范围的大小怎样,就具有了典型性。典型性不是个案"再现"总体的性质(代表性),而是个案集中体现了某一类别的现象的重要特征。[⑤] 鉴于这一逻辑,要实现对表 3.7 评估变量假设的验证,选择的典型案例应考虑以下几个原则:

(1) 案例工程处于运营阶段的一个合适时间区间

一方面,据第 2 章的分析可见,项目开发对原住民社区带来的人口流动、物质资源占有和生态环境破坏等冲击性影响并不是在项目建设和运营期初就立刻完全显现,而是逐渐显

① Robert K Yin. 案例研究:设计与方法[M].周海涛,等译. 重庆:重庆大学出版社,2005:16;转引自:王金红. 案例研究法及其相关学术规范[J].同济大学学报(社会科学版),2007,18(6):88.应国瑞(Robert K. Yin),美籍华人学者,案例研究法理论和建构方面有突出国际影响的学者.

② Robert K Yin. 案例研究:设计与方法[M].周海涛,等译. 重庆:重庆大学出版社,2005:25.

③ 孙海法,朱莹楚. 案例研究法的理论与应用[J]. 科学管理研究,2004,22(1):116.

④ 王金红. 案例研究法及其相关学术规范[J].同济大学学报(社会科学版), 2007,18(6):91.

⑤ 王宁. 代表性还是典型性? ——个案的属性与个案研究方法的逻辑基础[J]. 社会学研究,2002(5):125,124.

现,并伴随着项目运营产生累积效应,社会变量变化无法短期内被监测。另一方面,如果项目建设的年份太久,大型工程所带来的社会影响将可能为社会整体的发展及社区的若干其他开发项目影响所稀释,实地调查时受访的社区居民,或者未经历过或感受过案例工程的冲击变迁,或者对于当年的事实记忆模糊。因此,典型的案例工程必须是运营一定年限的项目,且年限不宜太短,也不宜太长,宜选择10年左右,不宜短于5年,也不宜长于15年。

(2) 案例工程所影响的社区没有受到其他大型工程干扰或者干扰较小

为了能够识别案例工程对社区影响的变量及影响程度,需要剔除其他工程项目的干扰影响。但是,这种干扰影响无法通过数据处理方法加以剔除,所以我们需要找到合适的案例工程,它可以屏蔽其他大型工程对本研究测量的干扰。可采取的策略是选择的案例工程所在社区没有经受过其他大型工程的冲击,至少应能保证与邻近的未受案例工程冲击影响社区相比,在历史上经受过其他相同的大型工程冲击影响。

(3) 案例工程社会影响涉及范围要保证有足够的社区样本

为保证对评估变量检验的效度,足够多的社区调查问卷数量是基本条件。为此,案例工程影响社区的数量及受影响的人群要能够保证我们获得足够的社区样本。所以,案例工程适宜选择一些投资规模大、建设周期长、面临的问题复杂特别是项目每一步决策都可能会对当地的经济社会发展、生态环境以及民众利益等产生深远影响的项目,在居民中有一定反响的工程。尽管并不是所有大型工程都会产生较大的社会影响,但是对项目社会影响评估而言,正如第2章所阐述的那样,其目的是通过评估发现项目可能潜在的较大社会影响、社会矛盾和社会问题,以便对此进行监测和处置,保证受影响居民的可持续生计,预防社会矛盾激化。因此,无论是从本研究的角度还是从评估目的出发,选择这一类工程作为典型案例是适宜的。

3) 比较研究方法

对于大型工程开发所干预的社区,一个显然的事实是,社区置身于社会场域中,社区的社会变迁不仅受到项目冲击影响,还会随着所在地区的整体社会结构和文化变迁在变化着。以因大型工程的征地拆迁而重新安置的农村社区为例,社区原有道路交通、教育、卫生医疗等基础设施会有改变,原住民因土地、林地或湖海养殖面积等生产资源的减少,其就业结构、收入结构等生存方式也可能有所变化,但是社区也会随着新农村建设、美丽乡村等政府农村支持政策而变迁。因此,从本研究验证评估变量目的来看,我们试图将大型工程对社区的影响从地区社会总体发展对社区影响中分离出来进行观察,比较研究方法是一个可行的方法。

比较研究方法是指对两个或两个以上的事物或对象加以对比,以找出它们之间的相似性与差异性的一种分析方法。比较法作为一种重要的研究分析方法,已在社会科学研究中有广泛的应用[①]。Neuman列举了若干适合于比较研究的问题:(1)探究某个特殊结果(如内战)是由哪些社会因素共同促成的;(2)比较整个社会体系以了解不同社会之间,哪些是共同特性,哪些是独特之处;(3)研究社会变迁的过程和特征;(4)比较不同文化或社会脉络下的社会过程[②]。比较研究方法也是社区研究的常用方法,中国社会学和人类学的奠基人费

① 高本权.经济学方法论与经济研究方法[M].北京:中国财政经济出版社,2014:180.
② 孙国强.管理研究方法[M].2版.上海:上海人民出版社/格致出版社,2014:192.

孝通先生在其著作《云南三村》中研究社区型式时,就应用类型比较法,透过两种不同型式社区的比较,考察现代工商业发展过程中农村社区所发生的变迁[①]。

采用比较研究法的研究方案是对所选的案例工程,一是抽取受项目直接或间接影响的社区作为实验组样本;二是抽取与实验组社区邻近但在项目影响范围之外的社区作为对照组样本,将实验组与对照组社区的实地观察和问卷调查数据进行对比分析。实验组社区和对照组社区样本的选择条件见表3.8所示:

表3.8　实验组社区与对照组社区的样本选择条件

	实验组社区 (满足下列条件之一)	对照组社区 (同时满足以下条件)
地理位置	● 紧邻案例工程	● 邻近实验组社区 ● 原则上应与实验组社区在同一县域范围;案例工程地理范围较大时,应在同一地级市域范围 ● 历史上人文条件、资源禀赋、经济条件等与相应的实验组社区基本相似
直接影响	● 住房、基础设施等被拆迁 ● 有拆迁人口迁出安置 ● 有拆迁人口迁入安置 ● 土地、水域、海域等资源被占用 ● 地形地貌改变	● 未见直接影响
间接影响	● 较多原住民受雇于案例工程 ● 水文及泥沙被改变 ● 局地气候变迁 ● 水、地质、土壤等环境变迁 ● 陆地、水生等生物变化 ● 水土流失	● 没有或极少社区居民受雇于案例工程 ● 未见或没有证据表明受到其他间接影响

4) 资料收集方式

对评估变量假设检验本质上属于质性研究范畴,符合陈向明对质性研究的定义——质的研究是以研究者本人作为研究工具,在自然情境下采用多种方法收集资料,对社会现象进行整体性探究,使用归纳法分析资料和形成理论,通过与研究对象互动对其行为和意义建构获得解释性理解的一种活动[②]。质性研究一般来说依靠四种主要的方法来收集信息:(1)参与到研究场景中;(2)直接观察;(3)深度访谈;(4)分析档案文献和物质文化[③]。

鉴于一个大型工程影响社区、群体和人群众多,资料收集方法考虑质性和量性方法相结合,课题组除了收集案例工程影响社区的历史档案、年鉴等数据及深入社区进行观察、体验外,采用结构式访谈问卷方式获得社区居民所处项目干预下的生存环境以及受项目长期影响结果及感知等方面更具普遍性的数据,为验证评估变量检验提供事实与证据。具体的拟

① 董建波. 史学田野调查方法与实践[M]. 上海:上海辞书出版社,2013:165.
② 陈向明. 质的研究方法与社会科学研究[M]. 北京:教育科学出版社,2000:13.
③ 马歇尔,罗斯曼. 设计质性研究:有效研究计划的全程指导[M]. 5版. 何江穗,译. 重庆:重庆大学出版社,2015:167.

采取的资料收集方法见表 3.9 所示：

表 3.9　资料收集方式

资料类型	资料收集方式
社区历史、人文资料、统计数据	历史档案法
社区历史与现实状况	结构式实地观察、半结构式访谈、照片、录像
社区居民家庭与个人的情况	结构式问卷访谈

　　之所以对社区居民采用结构式问卷访谈这种需要花费较多时间、精力和费用的调查方式而不采用自填式问卷，主要考虑是自填式问卷的回收率和有效率难以保证、所获得的数据质量无法控制，并且对受访者的文化水平有较高要求。大型工程干预社区范围较广，大多包含具有异质性的农村社区、城市社区或城郊社区等，且从本研究的需要出发受访人群的年龄跨度较大，所以受访者的受教育程度会有较大差异，如采用自填式问卷有诸多缺陷。结构式访谈常被用于研究一个难以直接观察的大总体，它的特点是需要大规模的样本，所以适用于本研究中对原住民家庭和个人相关的评估变量验证调查。

　　结构式访谈的优点在于能够对调查过程加以控制，从而提高调查结果的可靠程度；可以有效地避免由于访谈者个人因素造成的干扰或影响，便于对调查资料进行统计处理和对比分析；由于能使被访谈者听清所提的问题，能当场核实答案，因而减少了误答和因问题不清而不回答的数量；不论被访谈者的文化水平、身体健康状况如何，结构式访谈均可以进行。但是结构式访谈不利于充分发挥访员与受访者的积极性、主动性，在一定程度上可能使复杂的问题流于表面，并且很难触及社会生活的背景，很难对所调查的问题进行深入的探讨。[①]为此，可考虑在问卷外增加一些开放性的卷外问题，特别是由于采取面对面的访谈，访员应特别关注并记录一些有意义的个案。此外，由于面对面结构式访谈不具有匿名性，所以评估变量中有关家庭关系、特别是夫妻关系等敏感的、涉及隐私的问题调查结果可能会有误差，这需要在设计相关问题时要进行一些技术上处理。

　　入户访谈时，宜优先选择年龄在 30～60 岁区间的居民为受访者，主要理由：一是根据前述的案例工程为运营 10 年左右项目的基本原则，需要受访样本人群经历和见证了案例工程的前期动员、征地拆迁、移民搬迁、后期运营等阶段，并可能直接参与相关活动，对案例工程有足够的认知，对案例工程开发前原住民社区生活、生产以及家庭状态等有深刻记忆和印象。二是 30～60 岁人群是十多年内最活跃的群体，是社区和家庭的主要生产力，是社区和家庭事务的主要参与者或决策者，他们可以为本研究提供最有效、最有说服力的第一手数据。三是这个年龄段人群一般对社会、家庭和个人变迁有自己独立的认知、判断和思考，对过去发生的事情有更为清晰的记忆，且能够独立表达出问卷问题的答案，对问卷的质量和有效性有很好的保证。当案例工程建成运营年份 10 年内，且受访社区的人数较少时，为保证足够的问卷样本数量，受访者选择范围可扩大为年龄在 20～70 岁区间的人群。

　　本调查适宜面对面结构式访谈，采用统一设计的、标准化的结构式调查表，受访者的标准和方法、访谈中提出的问题、提问的方式和顺序，以及对受访谈者回答的记录方式都应进行统一。访员必须严格按照问卷上的问题顺序发问，而且不能随意对问题作解释。当被访

---

① 周德民.社会统计学导论[M].3 版.长沙：中南大学出版社，2012：31-32.

谈者表示不明白或听不懂时,访员可重复问题,并可按规定的统一口径解释。① 因此,问卷中对有可能发生误解的地方应有说明。调查实施之前还需要对访员进行培训工作,包括学习问卷、理解调查问题、统一专业名词和问题的解释、熟悉调查问卷填写,模拟演练访谈应采取的方式和方法。

3.3.2 检验案例概况

根据上述原则,并鉴于案例项目的田野调查需要经历较长时间和多次轮回和课题经费等一些客观条件限制,本研究选择了课题组较近的位于安徽省境内的港口湾水库、位于江苏省境内的田湾核电站和泰州医药城园区作为检验案例。

1) 港口湾水库

港口湾水库坐落在安徽省宣城市境内水阳江上游支流西津河上。它是治理长江中下游一级支流水阳江水系洪涝灾害的骨干控制工程,是安徽省改革开放以来工程投资和建设规模最大的重点水利枢纽建设工程,是以防洪为主,结合发电、灌溉、城市供水、水产养殖、旅游开发的跨世纪工程。水库控制流域面积为 1 120 km²,正常蓄水位为 135 m,水面面积为 32.8 km²,总库容为 9.4 亿 m³,其中调洪库容为 4.3 亿 m³。水库提高了境内京福(州)铁路、皖赣铁路和 318、205 国道以及宣城、宁国等城镇的防洪标准,保护着流域内的 55 万亩农田与 45 万人口。

该工程 1998 年 10 月 6 日正式动工,设计工期为三年零八个月。工程土地征用总面积为 3 856.47 hm²,其中耕地 1 517.53 hm²;库区涉及 120 个机关企事业单位,5 个乡镇,21 个村和居委会,138 个村民组,移民 6 340 户、共 19 469 人的安置拆迁,及大量复建工程以及安置区的各项工程。2000 年年底,移民已基本安置完毕。2002 年 10 月,港口湾水库工程通过了水利部长江水利委员会、安徽省水利厅和宣城市人民政府共同主持的竣工验收。

港口湾水库对当地产生了深远影响性,截至我们在 2015 年年初调查时,已投入运营近 15 年,项目所在地无其他大型工程,影响符合检验案例的选择原则。在该案例工程调查中,我们获得了宁国市人民政府办公室、移民局及所选调查点的乡镇人民政府和村民委员会的支持和极大的帮助,使我们的调研工作顺利完成。港口湾水库的社区影响主要有如下一些特征:一是工程移民拆迁安置有就地后靠和异地安置两类;二是移民的身份还保留为农村居民;三是工程开发前原住民以农业种植、山林产业作为主要生计资本,工程开发后就地后靠的大多数原住民的农业耕地大幅度减少或完全丧失;四是重新拆迁安置后,原住民基本保持着传统的独门独户式居住方式,但与拆迁前相比,村庄居民房屋建筑密度更高,大多农户比邻而居。

2) 田港核电站

田湾核电站位于江苏省连云港市连云区高公岛街道云台山南麓的扒山头,是中俄两国在加深政治互信、发展经济贸易、加强两国战略协作伙伴关系方针推动下,在核能领域开展的高科技合作,是两国间当时最大的技术经济合作项目,是我国"九五计划"的重点核电建设工程之一。田湾核电站的安全性、可靠性和经济性与西方正在开发的先进压水堆的目标一

---

① 百度文库.社会调查方法[DB/OL]. https://wenku.baidu.com/view/72c48c4bf7ec4afe04a1df0d.html,2012-08-30.

致,在某些方面已达到国际上第三代核电站的要求。同时,田湾核电站作为我国首家获得全国工业旅游示范点的核电站,丰富了当地旅游资源,成为向公众宣传核电是安全、可靠、清洁、高效的新能源的重要窗口,提升了城市形象①。

田湾核电站具有得天独厚的地理、地质、水文优势,建设规模为 4 台百万千瓦级压水堆核电机组,总装机容量可达 800 万～1 000 万 kW,年发电 600 亿～700 亿 kWh,产值 250 亿元以上。第一期工程 1、2 号机组于 1999 年开工,2007 年正式投入运行;第二期 3、4 号机组于 2013 年开工,预计 2018 年 2 月和 12 月投入使用;第三期 5、6 号机组已于 2015 年 12 月正式开工建设,预计总工期 60 个月。三期工程征地 105.85 hm²,耕地 59.96 hm²,林地 45.14 hm²,非集体建设用地 3.75 hm²,征地范围内不涉及文物古迹和风景旅游区。电站 5 km 半径内涉及四个社区和 10 个行政村,34 个村民小组,共有 19 044 人,其中东崖屋村的船山组距离核电站西侧 0.6 km,居民 155 人,为核电站建设需要全部搬迁到安置点。东崖屋村距离厂址 1.0 km,现有居民 196 人。核电站建设工程涉及陆上土方爆破、场地开挖和回填、临时和永久道路的建设、设备运输等产生的噪音和粉尘和海上施工对水环境的影响。

田湾核电站对当地产生了深远的影响,截至我们在 2016 年年初调查时,已投入运营 10 年,项目所在地无其他大型工程,影响符合检验案例的选择原则。田湾核电站的社区影响主要有如下一些特征:移民安置主要采用小距离后靠的方式,尽管影响人口数量较少,但是在输电线路沿线分布过程中,居民大量的土地被征用,因而影响范围不仅仅局限于工程所在地;二是移民的身份依然保留为农村居民;三是工程建设前居民以海面养殖、农业种植为主要资本,工程建设后居民的生计资本大幅度减少或丧失;四是由于核电站的特殊性,很多居民对于工程建设产生的健康方面的影响以及对未来潜在的风险表示担忧,因而呈现出一定的抵抗心理;五是工程建设过程中涉及大量陆上和海上施工,对当地社区的房屋、空气、海水以及交通方面产生了重要的影响;并且田湾核电站的施工建设吸引了大量的外来人口,促进了当地诸如饭店、超市等很多产业的发展。

3)中国医药城

泰州医药高新技术产业开发区(中国医药城),坐落于长江三角洲的滨江新城泰州,是当今中国唯一的国家级医药高新区,由科技部、国家卫生计生委、国家食品药品监督管理总局、国家中医药管理局与江苏省人民政府共同建设。泰州国家医药高新技术产业开发区由医药园区、经济开发区、周山河街区、高教园区、数据产业园区、滨江工业园区等 6 个园区共同组成。医药园区是江苏省"十一五"期间重点打造的医药类专业化园区,先后被国家科技部、商务部确定为国家火炬计划医药产业基地、国家级医药出口基地和科技兴贸创新基地。目前,区内已集聚国内外 50 多家知名大学和医药研发机构,阿斯利康、武田制药、勃林格殷格翰、石药集团、海王药业等近一批国内外知名企业先后落户。

医药城始建于 2006 年,并于 2009 年 5 月底正式落成,总面积达 50.18 km²,其中核心区域规划面积为 30 km²,人口 15.14 万。医药园区主要位于寺巷南部和野徐镇,征用社区土地包括寺巷街道的大王社区、南塘社区、帅于村、小寿社区、大寿社区,野徐镇的唐家社区、仲联社区、解家社区等,其中,南塘社区、帅于村、大寿社区、唐家社区、仲联社区、解家社区为了医药城发展,全社区拆迁。由于拆迁工程陆续进行,其具体拆迁人口数目尚未统计。

---

① 中国核电信息网. 中国核电站一览[EB/OL]. http://www.heneng.net.cn/index.php? mod=npp.

医药城对当地产生了深远影响性，截至我们在2016年8月调查时已投入运营近8年，项目所在地无其他大型工程，影响符合检验案例的选择原则。医药城对社区影响主要有如下一些特征：一是工程移民拆迁安置涉及两种类型即受影响社区仅涉及征地和同时涉及征地与拆迁集中安置；二是仅涉及征地的社区居民仍为农村户口，涉及征地和集中安置的居民变为城市户口；三是原住民以农业种植作为主要生计，工程开发后大多数原住民的农业耕地大幅度减少或完全丧失；四是重新拆迁安置后，仅涉及征地的居民保留着原有的房屋和居住特点，居住模式得以保留；拆迁安置的居民则被统一安置到城镇小区，房屋类型为多层单元楼房安置，居住模式和生活习惯被打破。

3.3.3 调查表与问卷设计

1) 调查表与问卷构成

调查表与问卷设计实现三个目标：一是验证社会影响评估变量假设；二是获取大型工程对原住民社区、家庭和个人的社会影响的案例资料，为本研究提供第一手数据；三是能够形成典型工程社会影响案例，可作为大型工程社会影响评估的对照案例。调查表和问卷的构成见表3.10，调查表与问卷分别见附录A～D。

表3.10 大型工程社会影响调查表与问卷构成

构成	类型	使用对象
社区(村)基本情况访谈问卷	半结构式	社区(村)居民委员会
社区(村)基础设施实地观察调查表	结构式	向导(社区干部、热心居民)、调查观察员
原住民个人、家庭和社区情况调查问卷(实验组)	结构式	入户或街头调查/社区原住民
原住民个人、家庭和社区情况调查问卷(对照组)	结构式	入户或街头调查/社区原住民

对照组的原住民个人、家庭和社区情况调查问卷是在实验组问卷基础上进行调整，为进行比较研究，基本问题保持一致，主要区别是前者目的是获得个人、家庭和社区的现状数据，而后者不仅包括现状数据，还需要采集到大型工程建设前的相关数据。问卷问题设置是根据上述目标，参考过往研究中相关问卷，提出初步问卷。初步问卷经试调查后修改，形成正式调查问卷。在三个不同案例工程调查过程中，问卷问题设置视工程情况有一些调整。问卷主要问题设计及设计依据见下文。

2) 生存方式与状态问题设计

借鉴过往研究者相关研究[1][2][3][4][5][6][7]有关问卷选项类别设置，并结合大型工程社区影响的特点进行问卷设计。

① 陆学艺. 当代中国社会流动[M]. 北京：社会科学文献出版社，2004.
② 苏小玲. 重庆城市化进程中失地农民就业问题研究[D]. 重庆：西南大学，2007.
③ 王启凤. 城市化进程中失地农民生活方式研究[D]. 重庆：西南大学，2010.
④ 李霞. 生活方式的变迁与选择[M]. 北京：人民出版社，2012.
⑤ 张尧. 南水北调移民的社会支持现状及社会工作介入研究[D]. 武汉：华中农业大学，2012.
⑥ 马春华，李银河，唐灿，等. 转型期中国城市家庭变迁——基于五城市的调查[M]. 北京：社会科学文献出版社，2013：201-229.
⑦ 占鹏飞. 被征地农民生存方式变化研究——以昌吉市为例[D]. 乌鲁木齐：新疆农业大学，2012.

（1）就业情况问卷设计

就业情况所涉及的内容主要有就业率、就业阶层、就业结构和就业途径以及变化的原因是否受到案例工程建设影响，考虑到问卷的简洁性，在问题设计时，将这些问题通过一个题目的形式进行判断。选项类别的设置在参考过往研究文献基础上，主要结合社科院以职业分类为基础，以组织资源、经济资源和文化资源的占有状况为标准划分的中国十大就业阶层进行划分。

（2）收入情况问卷设计

收入情况所涉及的内容主要有收入水平、收入来源结构、家庭资产情况等方面的内容。其中将收入水平划分为了 8 个档次，主要考虑到涉及案例工程建设前后的数据，案例工程建设前后历时较长，经济水平差异很大，因此该收入水平划分是在综合考虑了案例工程建设前后所在地区统计年鉴①中所反映的年收入情况之后进行的划分。收入来源结构，是按照国家统计局的分类标准②，分为经营性收入、工资性收入、转移性收入和财产性收入，考虑到问卷的易理解性，又使用日常语言将四大类收入来源划分为与原住民日常生活息息相关的 13 小类收入来源，并分别探讨不同收入来源的变化情况。同时，为了探讨家庭资产变化对原住民家庭收入来源结构的影响，也相应地增设了问卷题目。

（3）消费行为问卷设计

消费行为所涉及的内容主要有消费观念、消费水平、消费结构、耐用消费品拥有量等方面的内容。其中，将消费观念划分为 5 个档次，通过通俗易懂的语言反映了 5 个层级的消费观念。将消费水平划分为了 5 个档次，也是在综合考虑案例工程建设前后当地统计年鉴中所反映的消费水平之后进行的划分。消费结构的划分借鉴了中国统计年鉴的划分标准，并予以深化，考虑到当地的风土人情，增加了人际交往类的选项，更加贴合实际。耐用消费品拥有量则是在参考广东省社会变迁基本调查问卷③基础上，以设置"有/无"选项的方式比较案例工程建设前后的变化。

（4）休闲行为问卷设计

休闲行为所涉及的内容主要包括闲暇时间和闲暇活动方式两个方面。其中，将闲暇时间划分为"少于 2 小时""2～4 小时""4～6 小时""6～8 小时"和"8 小时以上"五个档次，分别考察案例工程建设前后，原住民每天平均拥有的空闲时间（除去工作、睡觉、吃饭等必需时间）。闲暇活动方式则是在参考广东省社会变迁基本调查问卷基础上，以设置"有/无"选项的方式比较案例工程建设前后的变化。

（5）居住方式问卷设计

居住方式所涉及的内容主要有居住格局、居住面积、居住人口等方面的内容。其中居住格局在综合考量案例工程建设前后的实际情况，将选项分别设定为"1 层瓦房或平房""2～3 层小楼房"和"多层住宅楼"，并考虑到不同的安置方式导致房屋建设模式的不同，又增设了建设模式的问题，分为"自建"和"统建"两个选项。同时以开放式的问题询问受访者家庭房屋的间数或面积、居住人口和代际关系，并设立了专门的选项通过询问的方式来探讨原住民

---

① 宁国市统计局. 宁国统计年鉴 2013[Z]. 宁国：宁国市统计局，2013.

② 中华人民共和国国家统计局. 中国统计年鉴 2014[Z]. 北京：中国统计出版社，2014.

③ 广东社会变迁基本调查问卷[DB/OL]. http://www.docin.com/p-470799403.html，2004-07-01.

居住方式各方面变化的原因与案例工程建设是否有关。

（6）社会保障问卷设计

社会保障状态所涉及的内容主要有投保情况、安置补偿情况、政策满意度和生活改善满意度等方面的内容。其中投保情况按照农村和城镇常见的社会保险分类进行划分，并增加了商业保险和无保障的情况。安置补偿政策根据案例工程相关历史资料中记述的安置扶持政策进行设立，同时结合现行的其他补偿方式补充选项，从而探寻原住民实际所受补偿状况和期望之间的差异。政策满意度则采用5级量表法，根据选项表达的满意程度进行赋值，"1～5"分别代表"很满意""比较满意""一般""比较不满意"和"很不满意"。生活改善满意度则按照"好了""没有太大变化""差了"划分为3级选项，并增加了开放性问题选项"其他"，探寻案例工程对原住民的生活改善产生的具体影响。

3）家庭变迁问题设计

借鉴国内学者过往研究家庭问题的经典调查问卷，如1993年沈崇麟和杨善华等组织的七城市家庭调查、1990年和2000年全国妇联组织的大型妇女地位调查中的家庭部分、中日合作城乡调查（2007）、2008年北京大学中国社会科学调查中心组织进行的"中国家庭动态跟踪调查"、转型期中国城市家庭变迁——基于五城市的调查[1]等，以及相关的过往研究有关家庭访谈问题[2][3][4][5][6][7][8][9][10][11][12][13][14]，分别对家庭结构、关系、功能和社会关系网络等四个部分问题进行了设计。

（1）家庭结构问题设计

根据过往研究的经验，本问卷设计考虑分别从家庭成员人数、与受访者关系、性别、年龄、婚姻状况、工作或生活所在地、教育程度等多个角度判断受访者家庭小型化、核心化和空巢化的情况。

（2）家庭关系问卷设计

根据过往研究，夫妻关系平等、民主方面可以从经济权、决策权、家务分担、日常活动以及情感交流等五方面度量，本问卷也设计了相应的问题"夫妻双方谁管家里的钱？""家里重

① 马春华,李银河,唐灿,等. 转型期中国城市家庭变迁——基于五城市的调查[M]. 北京：社会科学文献出版社,2013.

② 沈崇麟,李东山,赵锋. 变迁中的城乡家庭[M]. 重庆：重庆大学出版社,2009：160-172

③ 杨善华. 改革以来中国农村家庭三十年——一个社会学的视角[J]. 江苏社会科学,2009(2)：012.

④ 徐安琪. 夫妻权力和妇女家庭地位的评价指标：反思与检讨[J]. 社会学研究,2005(4)：134-152.

⑤ 潘泽泉. 现代家庭功能的变迁趋势研究[J]. 学术交流,2005(1)：129-132.

⑥ 邓伟志,徐新. 家庭社会学导论[M]. 上海：上海大学出版社,2006：35-120.

⑦ 尹世洪. 社会转型时期农村家庭功能的变化——以江西省安义古村为例[J]. 农业考古,2012(4)：223-228

⑧ 唐灿,陈午晴. 中国城市家庭的亲属关系——基于五城市家庭结构与家庭关系调查[J]. 江苏社会科学,2012(2)：92-103.

⑨ 张文宏. 宏观社会结构变迁背景下城市居民社会网络构成的变化[J]. 天津社会科学,2006(2)：67-71.

⑩ 单菁菁. 农民工的社会网络变迁[J]. 城市问题,2007(4)：59-63.

⑪ 闫文鑫. 现代住区邻里关系的重要性及其重构探析——基于社会交换理论视角[J]. 重庆交通大学学报(社会科学版),2010(3)：28-30.

⑫ 毛德松. 非农工作经历与农民社会关系网络[J]. 技术经济与管理研究,2014(1)：102-106.

⑬ 叶继红. 集中居住区移民社会网络的变迁与重构[J]. 社会科学,2012(11)：67-75.

⑭ 中国人民大学中国调查与数据中心,中国综合社会调查（CGSS）项目. 中国社会综合调查报告（2003—2008）[M]. 北京：中国社会出版社,2009.

大事情(买房、车、电器)谁说了算?""夫妻之间家务劳动分配情况?""夫妻经常一起外出(购物、走亲戚或散步)吗?""对方是否会倾听我的烦恼?"来衡量在大型工程的干预下,夫妻关系是否向平等、民主方向发生变迁。过往研究通常用家庭中涉及亲子的重大的决定权来度量亲子间的权力关系模式,比如升学问题、就业问题特别是选择配偶的决定权,因为选择配偶与个人生活幸福高度相关,是统治模式和平等模式会发生激烈冲突的领域。本问卷也采用子代的选择重大事项的决定权来度量原住民家庭亲子关系平等化,用升学选择权、工作选择权和配偶选择权等度量亲子关系平等程度变迁,分别设计了"子女上学学校选择由谁决定?""子女的工作选择由谁决定?(或打算)""子女的对象选择由谁决定?(或打算)"等问题。

(3)家庭功能问卷设计

根据过往研究,中国传统家庭是为了传宗接代、养儿防老以及增加劳动力等,传统的生育观念有"多子多福""养子防老""重男轻女"等。家庭生育功能的变迁可先从生育观念开始去验证其变迁过程,因此研究设计了"家里子女添下一代孩子,您更倾向于要几个小孩?""如果只允许生一胎,更想要男孩还是女孩?"两个量表问题来衡量生育功能的变迁情况。在传统的农业社会,家庭的生活与生产单位合二为一,这样的社会条件使家庭养老成为最根本、最主要、最普通的养老方式。但是在现代社会,由于社会保障制度的建立,老年人的收入和社会保障基本由社会提供,生活服务由社会各类专业部门或支援组织来承担,家庭的赡养功能开始由家庭走向社会。家庭赡养功能社会化程度可以从受访者的赡养观点变迁考察,因此设计了"当自己年老时,您打算怎么安排自己的老年生活"的问题衡量赡养功能变迁。家庭教育功能变迁可以从家庭对教育时间精力的投入方面考虑,为此问卷设计了"您觉得您家庭对孩子教育投入的精力多吗?"的问题来度量家庭对教育的时间精力投入情况。

(4)家庭社会关系网络问卷设计

根据过往研究,亲属间的互动程度可衡量亲属关系的亲密程度,类似亲属关系和邻里关系等可以通过日常交流频繁程度来衡量。为此,问卷设计了"您与亲戚联络(包括相互走动、电话)频繁吗?""您与邻居联络(包括走动、电话)频繁吗?"两个问题来度量受访家庭跟亲戚和邻居之间的交往情况。研究家庭社会关系网络可采用日常中跟各类人打交道情况以及当遇到困难时求助对象是哪一类来识别受访者的社会关系网络如何。本研究设计了"目前您交往的人最多?其次是?再其次是?""如果您遇到经济上或生活上(如生病)困难时,您最先想找的人是?其次是?再其次是?"等两个问题来考量比较大型工程干预下对原住民家庭建立社会关系网络的影响。

4)社区体系问卷设计

借鉴国内学者过往研究社区的访谈问题①②③,分别对社区人口、社区组织、社区群体和社区文化等四个部分进行了设计。

(1)社区人口问题设计

人口总规模的变动从统计年鉴或社区居委会问卷获得,因此本研究设置的问题主要有

① 白友涛.城市社会建设新杠杆——社区民间组织研究[M].南京:东南大学出版社,2006:11.
② 李霞林.土家族风俗习惯与精神文明建设[J].贵州民俗研究,1999(1):107-112.
③ 刘庆龙.论社区文化建设及其在社区建设中的作用[J].清华大学学报(哲学社会版),2002(5):19-24.

"目前,您周边主要有哪些外来流动人口(外来务工、外来投资、外来定居、外来旅游)?""现在与案例工程建设前相比这些外来人口有什么变化?"等。本研究根据受访者的受教育程度(划分为文盲、小学、初中、高中及中专、大学及以上)来评估社区内人口素质。为扩大样本量,分别访问受访者的本人、配偶、父亲、母亲、子女、子女配偶的受教育程度。

(2) 社区组织问题设计

社区组织问卷中,社区企业数量和企业间的合作关系可以从社区(村民)委员会访谈中获得相关数据。家庭访谈问卷中设置居民对于社区企业化最直观的感受。民间组织按文化娱乐健身类、社区服务类、带有维权性质的组织以及慈善救助类等四类组织设置居民对其变化的直观感受。

(3) 社会阶层与群体问题设计

本研究有关社会阶层变化的问题中,以职业变化作为阶层变化的评估依据,采集受访者本人、配偶、父母、子女、子女配偶等相关信息,该问题含在基本信息表中。同时,通过受访者对自己所处的社会阶层感受获得相关信息。通过询问社区居民日常交往对象、交往关系和社区人群矛盾关系等相关信息,获得社区利益群体、社交群体数据。

(4) 社区文化问题设计

从风俗习惯、传统节日、精神文明建设和社区认同感等几个方面设置了相关问题,主要有"现在传统节日的氛围如何""您对现在现代节日的重视程度如何""与以前相比,社区文体活动、公益活动情况如何"及"如果可重新选择,愿意选择以前的社区还是现在的社区"等。

3.3.4 调查实施

案例工程社区调查分为三个阶段:第一阶段,搜集案例工程的历史档案资料,了解工程的基本概况、征地拆迁情况和周边社区的经济、人口、文化、地理等情况,确定工程影响的大致范围。第二阶段,走访当地政府相关行政管理部门核实资料,实地勘察周边社区,与社区干部和居民交流,确定工程直接影响和间接影响区域,选择实验组和对照组社区。第三阶段,根据前期调查,适当调整问卷,开展社区调查工作。为了获得更多的社区活跃群体的受访者样本,一般选择在周末实施调查工作,所以一个案例工程需要多个周末深入社区开展结构性访谈。

1) 港口湾水库

港口湾水库案例工程的调查工作实施时间是2015年1月至2015年3月。调查的社区及有效问卷数量见表3.11。其中,实验组1与实验组2的区别是实验组1社区是受水库直接影响的原地未动、就地后靠或库区内搬迁社区,实验组2为拆迁移民在库区外异地集中安置社区。

表3.11 位于安徽省宁国市的港口湾水库工程调查社区样本(N 为有效问卷份数,下同)

组别	乡(镇)	行政村	自然村
实验组1 (N=131)	港口镇	港口村	小胡村
			港口村

（续表）

组别	乡（镇）	行政村	自然村
实验组1 （N=131）	青龙乡	龙阁村	龙阁村
			移民新村
			半山脚村
	方塘乡	方塘村	方塘村
			板栗村
			窖湾三村
	甲路镇	上坦村	上坦村
		甲路村	甲路村
			锦桥村
			锦合村
	竹峰街道	竹峰村	竹峰村
		桥头铺	桥头铺
实验组2 （N=50）	天湖街道	枫河村	枫河村
		汤村	汤村
		马村	马村
对照组社区 （N=90）	梅林镇	对山村	对山村
	宁墩镇	吉宁村	吉宁村
			黄冈村
	南极乡	南极村	永宁村
			龙川村
	万家乡	万家村	万家村

受访者基本特征分布见表3.12。

表3.12 港口湾水库案例工程受访者特征分布表

组别	特征变量	变量指标	人数/人	百分比
实验组1 （N=131）	性别	男	67	51%
		女	64	49%
	年龄/岁	30～39	30	23%
		40～49	43	33%
		50～60	58	44%
	受教育程度	文盲	23	18%
		小学	60	46%
		初中	34	26%
		高中	11	8%
		大学及以上	3	2%

（续表）

组别	特征变量	变量指标	人数/人	百分比
实验组2（N=50）	性别	男	23	46%
		女	27	54%
	年龄/岁	30～39	14	28%
		40～49	17	34%
		50～60	19	38%
	受教育程度	文盲	8	16%
		小学	24	48%
		初中	16	32%
		高中	2	4%
		大学及以上	0	0%
对照组（N=90）	性别	男	47	52%
		女	43	48%
	年龄/岁	30～39	22	25%
		40～49	29	32%
		50～60	39	43%
	受教育程度	文盲	14	15%
		小学	30	33%
		初中	41	46%
		高中	5	6%
		大学及以上	0	0%

2）田湾核电站

田湾核电站案例工程的调查工作实施时间是 2015 年 11 月至 2016 年 2 月。调查的社区及有效问卷数量见表 3.13。

表 3.13　位于江苏省连云港市的田湾核电站工程调查社区样本

实验组（N=61）		对照组（N=57）	
街道（乡、镇）	社区（村）	街道（乡、镇）	社区（村）
高公岛街道	柳河村	板桥街道	板桥社区
	高公岛村	连云街道	临海社区
	黄窝村		云台社区
宿城街道	东崖屋村		荷花社区
	夏庄村	连岛街道	连岛新村
	高庄村		西连岛村
	宝山	云山街道	白果树村
云山街道	黄崖村		李庄村
中云街道	云门寺村		老君堂村

实验组（$N=61$）		对照组（$N=57$）	
街道（乡、镇）	社区（村）	街道（乡、镇）	社区（村）
墟沟街道	大巷社区	中云街道	江庄村
	滨海社区		黄岭村
			东渚朝村
			西渚朝村

受田湾核电站工程直接影响的社区样本量较小，所以本案例工程调查将受访者的年龄选择范围确定为 20～70 岁之间（实际调查中，个别受访者年龄略超过 70 岁）。受访者基本特征分布见表 3.14。

表 3.14 田湾核电站案例工程受访者特征分布表

组别	特征变量	变量指标	人数/人	百分比
实验组（$N=61$）	性别	男	31	51％
		女	30	49％
	年龄	20～29 岁	3	5％
		30～39 岁	7	11％
		40～49 岁	7	11％
		50～59 岁	20	33％
		60～69 岁	17	28％
		70 岁及以上	7	11％
	教育程度	文盲	11	18％
		小学	13	21％
		初中	22	36％
		高中或中专	12	20％
		大学及以上	3	5％
对照组（$N=57$）	性别	男	28	49％
		女	29	51％
	年龄	20～29 岁	0	0％
		30～39 岁	6	11％
		40～49 岁	13	23％
		50～59 岁	17	30％
		60～69 岁	14	25％
		70 岁及以上	7	12％
	教育程度	文盲	10	18％
		小学	10	18％
		初中	21	36％
		高中或中专	14	24％
		大学及以上	2	4％

3）中国医药城

中国医药城案例工程的调查工作实施时间是 2016 年 4 月至 2016 年 8 月。调查的社区及有效问卷数量见表 3.15。其中,实验组 1 是受中国医药城建设影响的原乡村社区,实验组 2 是受影响的原城镇社区;对照组 1 是未受该项目影响的乡村社区,对照组 2 是未受该项目影响的城镇社区。

表 3.15　位于江苏省泰州市的中国医药城工程社会调查的社区样本

组别	街道(乡、镇)	社区
实验组 1 (N=41)	寺巷街道	小寿社区
		大工社区
实验组 2 (N=39)	野徐镇	野徐社区
	寺巷街道	龙凤家园
	野徐镇	康居新城
	口岸街道	腾龙御园
对照组 1 (N=36)	胡庄镇	李元村
		史庄村
对照组 2 (N=34)	苏陈镇	双岸村
	胡庄镇	胡庄镇
	苏陈镇	苏陈镇

尽管课题组选择周末的日期开展社区调查,但在实验组社区及乡村对照社区实地调查时发现,社区里大多为 60 岁以上的老年居民(据了解,社区青壮年大多在周末也要工作),这与我们所期望获得的更多青壮年受访者样本有所差距。所以,本案例受访者的年龄位于 60～70 岁比例较高。受访者基本特征分布见表 3.16。

表 3.16　中国医药城案例工程受访者特征分布表

组别	特征变量	变量指标	人数/人	百分比
实验组 1 (N=41)	性别	男	20	49%
		女	21	51%
	年龄	20～29 岁	3	7%
		30～39 岁	2	5%
		40～49 岁	10	24%
		50～59 岁	9	22%
		60～69 岁	10	24%
		70 岁及以上	7	17%
	教育程度	文盲	7	17%
		小学	18	44%
		初中	8	20%
		高中或中专	7	17%
		大学及以上	1	2%

（续表）

组别	特征变量	变量指标	人数/人	百分比
实验组 2 （$N=39$）	性别	男	22	56%
		女	17	44%
	年龄	20～29 岁	1	3%
		30～39 岁	4	10%
		40～49 岁	4	10%
		50～59 岁	14	35%
		60～69 岁	9	23%
		70 岁及以上	7	18%
	教育程度	文盲	5	13%
		小学	19	49%
		初中	7	18%
		高中或中专	5	13%
		大学及以上	3	7%
对照组 1 （$N=36$）	性别	男	18	50%
		女	18	50%
	年龄	20～29 岁	2	6%
		30～39 岁	2	6%
		40～49 岁	4	11%
		50～59 岁	11	31%
		60～69 岁	12	33%
		70 岁及以上	5	14%
	教育程度	文盲	3	8%
		小学	17	47%
		初中	10	28%
		高中或中专	5	14%
		大学及以上	1	3%
对照组 2 （$N=34$）	性别	男	18	53%
		女	16	47%
	年龄	20～29 岁	1	3%
		30～39 岁	7	21%
		40～49 岁	10	29%
		50～59 岁	12	35%
		60～69 岁	4	12%
		70 岁及以上	0	0
	教育程度	文盲	3	9%
		小学	7	21%
		初中	13	38%
		高中或中专	10	29%
		大学及以上	1	3%

3.4 本土化评估变量的检验结果与讨论

3.4.1 数据统计与处理方法

本研究的目的并非案例工程本身，而是将一个大型工程的干预作为一个大型的"社会实验"，比较实验组在工程建设前后及当前实验组和对照组之间的差异，探究大型工程对原住民个人、家庭和社区的影响。在对采用结构性问卷访谈方式所获得的实验组和对照组的横截面数据进行比较分析时，主要采用了三种不同的数据分析方法：

一是针对"有无"型的数据问题，如工程建设前后原住民家庭拥有物品、个人和家庭闲暇活动方式、投保等情况，主要采用二元 Logistic 回归方法进行分析。

二是针对分类别的数据问题，如就业阶层等，主要采用的是非参数检验的方法进行分析，对具有两个组的数据应用 Mann-Whitney U 检验，对具有三个组的数据应用独立样本 Kruskal-Wallis 检验。

三是大多数问卷数据主要采用单因素方差（one-way ANOVA）方法分析，分别比较实验组工程建前后或实验组和对照组之间是否有显著性差异。以大型工程开发作为单因素控制变量，根据因变量（问卷调查项）的样本数据，分析和检验"是否有大型工程开发"作为自变量的变化对因变量的观察数据是否具有显著影响。

此外，根据分析的需要，对有些数据采用了描述性统计分析，主要描述样本的平均数、分布频数和百分比等，描述数据的总体情况和结构，分析样本特征或者样本各变量间关联的特征，从中发现相应规律。

对于港口湾水库案例工程，课题从宁国市统计年鉴中获得了实验组和对照组乡镇的 1998 年及 2002—2013 年的相关面板数据，可用于考察该工程对原住民就业率、人均全年总收入、人均工资性收入、人均家庭经营收入、人均转移性收入、人均生活消费支出、恩格尔系数和文化教育娱乐用品及服务占生活消费支出比重的净影响。虽然面板数据的统计口径包含了非原住民的外来人口，并不能完全真实地反映原住民的实际情况，但是原住民在当地人口中占了绝大多数，该面板数据基本能够反映原住民生存和生活状态的各年度情况以及综合情况，可作为本研究调查问卷的一个补充。面板数据采用了面板双重差分方法，通过组内差分将其消除，从而获得系数的一致性估计。在具体操作过程中，分别采用了固定效应模型和一阶差分模型两种方法。

统计数据分析工具主要运用 IBM SPSS Statistics 统计软件。

3.4.2 评估变量检验结果

3 个案例工程对社会影响评估变量假设检验结果见表 3.17。

表 3.17 评估变量检验结果

变量属性	评估变量	测度指数	评估变量验证结果		
			港口湾水库	田湾核电站	中国医药城
原住民生活生存状态	就业情况	就业率增加	后靠显著负向;外迁不显著	显著负向	显著负向
		就业结构多样化	后靠居民显著正向;外迁居民不显著	显著正向	显著正向
	收入情况	收入水平增长	后靠显著负向;外迁不显著	不显著	显著负向
		来源结构多样化	后靠显著负向;外迁不显著	显著正向	不显著
	消费行为	消费水平提高	不显著	不显著	不显著
		消费观念节俭化	不显著	不显著	显著正向
		消费结构多样化	不显著	显著正向	不显著
	休闲行为	闲暇时间增加	不显著	显著负向	显著正向
		休闲方式丰富化	不显著	不显著	不显著
	居住方式	居住格局变化	后靠显著正向;外迁不显著	显著	显著
		人均居住面积增加	不显著	不显著	不显著
	社会保障	促进社会保险	后靠不显著;外迁显著正向	显著正向	显著正向
		生活改善满意度	后靠显著负向;外迁不满意度较低	显著负向	显著负向
原住民家庭	家庭结构	促进小型化	后靠显著正向;外迁不显著	不显著	不显著
		促进核心化	显著正向	不显著	不显著
		促进空巢化	显著正向	不显著	显著正向
	家庭关系	夫妻关系平等化	不显著	不显著	不显著
		亲子关系平等化	不显著	不显著	不显著
	家庭功能	生产功能社会化	显著正向	显著正向	显著负向
		生育功能重要性	不显著	不显著	不显著
		赡养功能社会化	显著正向	不显著	不显著
		教育功能重要性	不显著	不显著	不显著
	家庭社会关系网络	亲戚关系疏远化	不显著	不显著	显著负向
		邻里关系淡漠化	不显著	不显著	显著正向
		业缘、学缘等关系扩大	显著正向	显著正向	不显著
社区体系	社区人口	人口规模增加	后靠显著正向;外迁不显著	显著正向	显著正向
		人口素质提高	后靠显著负向;外迁不显著	不显著	不显著
		外来投资者增加	后靠显著负向;外迁不显著	显著正向	显著正向
		外来务工者增加	后靠显著负向;外迁不显著	显著正向	显著正向
		外来定居者增加	后靠显著正向;外迁不显著	显著正向	显著正向
		旅游者增加	后靠显著正向;外迁不显著	不显著	不显著

（续表）

变量属性	评估变量	测度指数	评估变量验证结果		
			港口湾水库	田湾核电站	中国医药城
社会体系	社会组织	社区企业组织增多	后靠显著负向；外迁不显著	不显著	显著正向
		社区民间组织增多	后靠显著负向；外迁不显著	不显著	不显著
		居委会政务能力适应性	后靠显著正向；外迁不显著	显著正向	显著正向
	社区社会阶层与群体	促进社会阶层分化	后靠显著负向；外迁不显著	显著正向	显著正向
		促进利益群体分化	后靠显著正向；外迁不显著	显著正向	显著负向
		社交群体多样化	不显著	显著正向	显著负向
	社区文化	社区传统文化淡化	后靠显著负向；外迁不显著	不显著	不显著
		社区精神文明状况	后靠显著负向；外迁不显著	不显著	显著负向
		社区认同感增强	显著负向	未检验	未检验
社区基础设施	日常生活类设施	水电设施完善	显著正向	显著正向	显著正向
		交通便捷度提高	显著负向	显著正向	显著正向
	社会服务类设施	商业服务满足需求	不显著	显著正向	显著正向
		医疗设施满足需求	不显著	显著正向	不显著
		文化娱乐设施多样化	显著正向	显著正向	显著正向
		体育健身满足需求	显著正向	显著正向	显著正向
		养老福利设施满足需求	显著正向	显著正向	显著正向
	环境及生态保护设施	环境保护完善	显著正向	显著负向	显著正向
		卫生设施健全	显著正向	显著正向	显著正向
		生态与绿化完好	显著正向	显著负向	显著正向
	自然与文化遗产保护措施	自然遗产受保护	未检验	未检验	未检验
		历史与宗教建筑物妥善保护	显著负向	未检验	未检验
		艺术与文化遗址被保留	显著负向	未检验	未检验

注：显著正向——表示工程对该变量起到促进作用；显著负向——表示工程对该变量起到抑制作用；不显著——表示工程对该变量没有影响；未检验——所调查社区未涉及该变量测度指数；后靠——库区原住民在库区周边就地后靠安置；外迁——库区原住民异地安置。

3.4.3 对比分析与讨论

表 3.17 显示出案例工程对社会影响的结果并不相同，有些甚至完全相反。这种差异性现象表明了大型工程社会影响的复杂性，并且也需要我们对其做出分析和解释，探究其背后的逻辑与机理。

　　对港口湾水库案例的不同安置模式影响结果比较发现,由于该工程建设导致了内迁和外迁两种拆迁安置方式,居民在就业率、就业结构、收入来源、居住格局、人口素质增加以及民间组织数量等方面呈现出差异。这一发现与安置模式的研究结论一致。但从项目冲击与社区资本的角度来看,在这个工程中不同类型的社区受到来自工程社区资本的冲击明显是不同的。内迁居民集中安置在库区周围,由于土地数量的局限,尽管居民的房屋以及其他生产性场所得到了改善和补偿,但以自然资本基础的生产方式和经济活动(例如农田种植、茶叶种植、木材开采、加工)遭到了破坏。当地的居民被迫改变了这一经济生产模式,转而投向了其他的生产活动。由于当地居民教育程度以及职业技术的缺失,使其在其他行业中未能得到可持续性的收入保障,很多居民甚至面临着失业的风险。相反,外迁居民在安置过程中,由于土地资源的丰富性,安置居民得到了大量的土地补偿,使其原有的以自然资本为基础的生产活动和经济模式得到了延续,居民在经济收入以及收入来源等方面得到保障。因而自然资本的改变使港口湾水库工程内迁居民和外迁居民在就业率、收入水平、就业结构呈现出较大的差异。另一方面,内迁居民受限于水库安全的考虑,很多的经济活动(例如木材加工)等活动受限,并且安置模式未能按照原有的村落布局安置,因而原有的经济资本、社会资本遭到了破坏,使社区原有的企业组织、民间组织、社会网络关系遭到了侵害。与内迁社区相比,外迁居民所在地区,基础设施完善、民间组织丰富、社区周围企业多、社会网络得到保护。因此,经济资本、物质资本以及社会资本受到的不同冲击,使内迁和外迁居民在经济活动、企业组织、民间组织、社会网络关系等方面有着较大的差异。基于以上分析,可以发现,即使是同一工程,由于工程对社区造成不同程度的资本扰动使社区在社会影响上呈现出不同的结果。

　　对三个案例工程影响结果对比分析发现,三个案例工程对其受影响的社区在不同的社区资本方面造成的冲击强度不同,因而导致同一社会影响变量在不同的工程中呈现出差异。港口湾水库工程征用了大量的农田、林地、村落,使影响社区的自然资本受到了严重的破坏,尤其是对内迁居民的自然资本的破坏。由于水库工程建设的特殊性,库区周围安置的居民不能进行原有的生产活动,改变了社区原有的收入来源、收入水平等经济资本的变化。原有经济资本和自然资本的减少在一定程度上降低了社区原有外来人口的增加,社区建设以及民间组织发展也受到了限制,社会资本受到了侵害;同时,安置过程中涉及内迁和外迁两种模式,大量的社会资本遭到破坏,打破了社区原有的社会网络关系,民间活动和组织很多被肢解,并进而影响到精神文明的建设。田湾核电站尽管受到来自自然资本的侵占较少,但是由于核电站工程的特殊性以及居民对其存在的担忧,致使居民在社区担忧、愿景等方面产生了高度的忧虑,不少居民认为核电站潜在的核泄漏、核废料排放等容易对居民的健康等人力资本方面造成伤害。在核电站长期的施工过程中,涉及大量的开山、填海工程,存在着大量的粉尘以及震动,严重破坏了当地居民的房屋、住所以及基础设施的质量,造成了社区物质资本的破坏。但由于工程建设也使得大量的人口涌入,带来了当地消费结构以及经济来源等经济资本和社会资本的变化。同时该工程涉及极少量的拆迁安置工程,原有的社会关系未受到破坏,反而随着外来人口的增加,改变了社区的社会资本,因而其社会网络关系等方面出现正向发展。泰州医药城工程占用大量的土地和农田,不可避免地对当地的自然资本造成破坏。在安置过程中未能保护当地原有的社会网络关系,采用了集中楼房安置的模式造成了当地居民不能适应这种生活方式,原有的邻居关系遭到了一定程度的伤害,并且居住格局、居住条件不利于社区居民保持原有的邻里关系的维系。又由于工程影响范围大的缘故,原有的亲戚受拆迁安置的影响反而减少了空间上的障碍,反而关系得到了进一步的完善。以及基础设施等方面在园区开发的过程中得到了大规模的完善。基于以上三个工程案例对社区资本冲击程度的差异,导致了受影响社区在收入水平、闲暇时间、外来人口、生产功能、民间组织、社会阶层、利益群体、精神文明、消费观念、消费结构、亲戚关系、邻居关系等方面产生差异。

一些研究者认为,社会影响的类型与强度往往与工程种类、受影响人群特质、空间距离等因素有关,但未能揭示这种现象背后所隐含的深层次原因和规律性。上述的案例对比分析显现出,社会影响类型和强度与工程种类似乎并不存在十分密切的关系,社会影响结果取决于受影响社区的经济资本、物质资本和社会资本等社区资本原始状况及其受项目冲击后的变化程度,这是不同案例影响结果差异性所产生的根源和共同的规律性。这一发现,为我们后续研究指明了方向。

3.5　基于评估变量的评估主题聚焦过程及应用

在泰勒等的研究中,他们把社会评估变量又称为社会剖面变量,认为社会剖面是社会评估的重要部分,因为它提供了变迁发生的基础状况。主要的剖面变量应当描述出接受评估地区任何新的主要变迁发生之前、之中和之后的动态社会背景,他们称之为描述性范畴(descriptive categories),并指出任何描述性范畴都是一个动态社会系统的一部分。描述性范畴的使用将有助于由可能缺乏足够社会科学背景知识成员组成的研究小组建构他们最初的概念框架。对一个包含了多种专家的组合团队而言,在数据收集期间有一个共享的关于社会领域构成的概念性要点,以及在数据收集之后有一个共享的既简单又容易理解的关于数据分解的出发点,是十分关键的[①]。可见,在泰勒那里,社会评估剖面变量可使得评估者小组成员或来自不同专业领域参与评估的专家聚焦于一个共同性的评估概念框架。

而伯基提出了著名的28个社会影响评估变量(表3.2),并认为它们可应用于评估和规划的各个阶段,并在应用过程中有一个进一步完善的过程。这可以视为一个评估变量的聚焦过程,具体步骤如下[②]:

(1)建立社会影响评估变量指标的前瞻性。这个步骤包括:确认和寻找资料来源,以及建立事前的分析程序。

(2)查阅现存的文献资料,包括各种规划文件和环境影响报告,列出一个社会影响评估变量清单,这些变量在不同的项目和政策中都必须给予关注。

(3)对于需要项目建议者提供的信息,列出一个信息和资料来源清单。

(4)通过考察其他社会分析资料,形成新的社会影响评估变量的资料来源。

(5)制定一些标准,根据这些标准,就可阻止一些有重大社会影响的拟建项目,或者考察备选方案和实施减缓计划。

我们借鉴他们的研究,从我们所确定的评估目的出发,按原住民个人、家庭和社区三个层次重新架构变量体系,根据国内研究者有关大型工程社会影响的研究报道,提出本土化评

① 泰勒,等.社会评估:理论、过程与技术[M].葛道顺,译.重庆:重庆大学出版社,2009:119-121.
② 伯基.社会影响评价的概念、过程和方法[M].杨云枫,译.北京:中国环境科学出版社,2011:40.

估变量假设,在三个案例工程中检验,获得了本土化的大型工程社会影响评估变量体系(表 3.17)。当然,这还只是本研究提出的初步成果,可能尚不成熟,有待完善。但是,可以说它基本上包含了从居民和社区价值观视角下所要考察的社会变迁变量,能够满足作为一项评估开始时评估者应聚焦的评估主题概念框架。随着评估过程进展,评估主题的聚焦也是一个动态变化的并多重运用的过程,我们可从图 2-3 所示的评估前摄性方法框架中观察这一变化。

社会影响评估的第一步是对受影响的社区及居民进行社会调查。初步调查是为了让评估者获得受影响社区的基线数据,并且在评估工作一开始就能够识别出社区居民、非政府组织(NGO)成员及社区精英等对社区本身及项目的建构,这是社会影响评估需要聚焦的问题。初步调查工作也意味着评估者与社区互动的开始,公开坦诚与居民开展沟通,了解他们对项目的焦虑、担心和主张等,对促进居民形成正确的项目建构及社区接受项目奠定良好的基础。社区调查为大型工程社会影响评估确立社区变迁基线、了解社区对项目行动方案的反应提供了相关信息,其重要性显而易见。但是,我们在前文提到,社会影响评估是在有限时间和资金等资源条件限制下的一项社区社会分析工作,它不同于社会学的社区研究工作,它不能穷尽我们所有的可能数据和资料,正如泰勒等所说:"从各种可用的信息源收集数据的目的不是为了获取尽可能多的资料而是为了尽可能少地取得必需的资料"[①]。显然,社区调查所设计的问卷或访谈问题必须使得评估者在评估初期就能聚焦到具有社会意义的特别问题和有关社区变迁的关键变量,而评估变量体系则为问卷和访谈问题的设计提供了非常有用的概念框架。

这样的以评估变量体系作为评估主题概念框架进行的聚焦,同样适用于对参照社区的调查。为了预测受拟建项目影响社区的未来社会变迁状况和发展趋势,评估实践中人们采用了一种被伯基称为的"历时比较模式"(图 3-2)——"通过比较模式,研究已经发生环境变化的社区,从中推测出在其他面对同样变化的社区将会发生什么?换句话说,我们想知道,如果 A、B 两个社区在开发前的状况相似,那么相似的开发项目对 A 社区已造成的社会影响,可否普遍化,并以此预测同样的项目对 B 社区将会造成的影响。从理论上来说,这种方法具有一定的意义。"[②]伯基还建议,采用历时比较研究,最好再选择一个"控制社区",以区分自然发生的变化与开发带来的变化,"控制社区"还可以帮助预测"不采取行动"的备选方案。历时比较研究中,无论是对比较社区的研究,还是对控制社区的研究,也如所评估项目影响社区调查一样,评估者可能要对特定社区的众多的可获得的二手数据(如官方统计数据、政府报告、档案资料等),也可能需要进行社区调查获得更多的一手数据,这就要求评估者能识别出关键的社会剖面变量,结合相关数据指标,动态地呈现出受项目开发影响的社区变迁图景。显然,评估变量体系为评估者对社会剖面变量的辨别提供了一个切实的帮助。

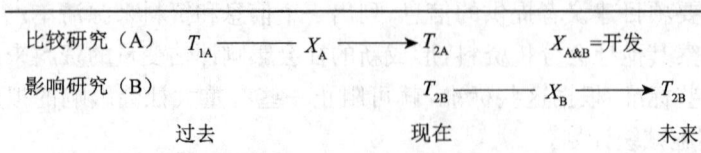

比较研究(A)　　T_{1A} ——— X_A ——→ T_{2A}　　　　$X_{A\&B}$=开发

影响研究(B)　　　　　　　　　　T_{2B} ——— X_B ——→ T_{2B}

过去　　　　　　　现在　　　　　　　未来

图 3-2　历时比较研究的时间维度预测拟建开发项目的社会影响(伯基,2011:14)[③]

---

① 泰勒,等. 社会评估:理论、过程与技术[M].葛道顺,译. 重庆:重庆大学出版社,2009:118.
② 伯基. 社会影响评价的概念、过程和方法[M].杨云枫,译. 北京:中国环境科学出版社,2011:13.
③ 我们认为,该图的后一个 T_{2B} 应改为 T_{3B},方能表明历时过程。但是,原著及译著均为前者,本书仍按此引用。

在图 2-3 所示的前摄性方法框架中，社区脆弱性评估和原住民可持续生计评估需要社区和家庭的自然资本、物质资本、人力资本、金融资本和社会资本等数据，通过社区调查使得评估主题进一步聚焦于评估变量的测度指数并提供相关数据。同时，社区调查所获得的有关项目利益相关者——特别是社区居民及 NGO 组织——对有关项目的认知及他们的焦虑、担忧和主张等，为社区协议协商提供了应聚焦的特别问题，也使得评估者事先了解利益相关方的矛盾冲突焦点，并制定出有针对性的社区协议协商过程方案（如确定受影响社区的范围及利益相关者代表的确定等）。经过上述过程，评估工作可形成类似表 3.18 这样的评估聚焦成果，它将成为改进项目方案的依据。根据项目改进方案进一步修改该表后，可作为未来项目运营过程中进行社会影响监测的依据和指标。

表 3.18　评估主题聚焦示例

评估变量	测度指数	关注的社会变化过程	关注的社会后果
……	……	……	……
收入来源	生计资本——土地的丧失	以打工为生、就业困难	依靠土地补偿金或政府低保维持生计
……	……	……	……
环境保护设施	潜在核辐射污染	居民心理担忧、恐惧	外迁、逃避，不动产价格下降

本章小结

在时间、资金等资源的约束条件下，大型工程社会影响评估应是面向项目冲击下的社区问题，聚焦于相应的特定议题。传统方法以指标体系作为聚焦的主题概念框架，但因其评估空间与时间模糊性、无法反映复杂因果机制所产生的高次或累积性影响等而受到质疑，而以受影响人群、社区和社会关系变化的社会影响变量作为评估主题概念框架已经成为一种国际趋势。国际著名的社会影响评估学家范克莱教授指出，社会影响评估的一个重要挑战是建立一套完整的评价变量体系，且该体系必须本土化。国内尚未见对这一方面的研究报道，我们试图对此进行探索性的研究。

国外学者提出了不同的社会影响评估变量分类框架，经比较它们的共同性，根据社会生态系统理论的观点，我们从原住民的生存方式与状态、原住民家庭、社区体系和社区基础设施等四个角度重新架构变量体系。在这一分类框架下，借鉴国际上有关社会影响评估变量的研究成果，对国内有关大型工程社会影响的研究报道，我们提出了本土化社会影响评估变量假设。我们选择了港口湾水库、田湾核电站和中国医药城等三个在运营项目作为案例工程，采用结构化问卷访谈方式获得受影响社区（实验组）及未受影响社区（对照组）的调查数据。数据统计分析结果显现出，我们所设计的评估变量测度指数多数有显著性变化，除了家庭关系外，其他评估变量均获得了验证（以其中一个测度指数在一个案例中通过显著性检验为标准）。统计数据检验也显示出不同案例的社会影响结果之间的不同，甚至有些完全相反。有研究者认为社会影响类型与强度、工程种类、受影响人群特质等有关。但是,三个案例工程的实地考察资料和调查数据的比较分析结论显示,社会影响结果主要取决于受影响社区的经济资本、物质资本和社会资本等社区资本原始状况及其受项目冲击后的变化程度。这一发现,为研究社区脆弱性、原住民可持续生计、社区协议等方法指明了方向。

我们提出的本土化评估变量体系可能并不完善,但它基本包含了在居民和社区价值观视角下所要考察的社会变迁问题,能够满足作为一项评估开始时评估者应聚焦的评估主题概念框架,对设计社区调查问卷和问题具有指导和参考价值。实践中,随着评估进展,评估变量也将根据社区调查、社区脆弱性评估、原住民可持续生计评估及社区协议过程调整、补充和完善,并进一步聚焦于测度指数、社会变化过程及社会后果,成为项目改进和项目社会效应监测的依据和指标。

4 社区脆弱性评估方法

4.1 大型工程冲击下的社区脆弱性

4.1.1 脆弱性理论

1) 脆弱性内涵

脆弱性的英文为 Vulnerability,该词来源于拉丁文 vulnus 和 vulnerare,释义分别是"伤口"和"会受伤",牛津英语字典对该词的释义为"由于暴露使得身体上或情感上受到袭击或者损害的可能性"。例如,小鱼容易被捕食,伤口容易感染等,说明脆弱性是在受到袭击或损害后一个潜在的结果,结果是一个可能的未来的判断,脆弱性是目前存在的状态。

脆弱性的研究源于自然灾害的研究领域,随着研究的不断深化与扩展,脆弱性已成为一个涉及人口统计学、地理学、人类生态学、经济学、心理学、可持续性研究的综合概念。其研究视角也从单纯的自然科学逐渐向社会科学方向转变,研究对象也从传统的自然系统转向社会-生态系统、人-环境耦合系统、社会经济系统(见表4.1)。

表 4.1 脆弱性的研究视角和主要代表学者

脆弱性研究方向	主要代表学者
全球气候变化	Adger(1999)
可持续生计研究	Nelson(2007)
城市设施	Pitilakis(2006)
风险管理	Leon V D, et al(2006)
社会科学	Dwyer(2006)
环境管理与科学	Shreen P, et al(2008);Barnett(2008)
人口学	Armas(2008)
发展学研究	Cannon(2008)
公共政策	Sharma & Patwardhan(2008)
地理与人口	Cutter & Mitchell(2000);Cutter(2012)
社会经济	Rygel(2006);Ionescu(2009)
社会政治	Keskitalo(2012)

研究视角和研究领域的差异使得脆弱性的概念也不尽相同,社会学家将脆弱性定义为

决定人们应对变化和压力的一系列社会经济指标[①],气候学家则将脆弱性定义为气候和环境变化而带来风险的可能性,而其中具有较高权威的是 IPCC(Intergovernmental Panel on Climate Change)通过三个因素来定义的脆弱性:暴露(系统在外界干预下的伤害程度)、敏感性(系统在遭受外界干预下如何反应)、适应能力(系统应对外界干预的调整和准备能力)[②]。该定义涵盖了导致脆弱性的三个原因,并认为脆弱性是一个系统反应的最终过程。表 4.2 对现有脆弱性的研究侧重点以及概念进行了梳理。

表 4.2 脆弱性侧重点、概念及其代表学者

研究侧重点	概念	主要代表学者
与风险类似	系统暴露于不利影响或遭受损害的可能性	Cutter(1993)
强调协同面对扰动的结果	系统遭受不利影响或损害的程度	Timmeman (1981);Tunner (2003)
强调系统自身应对能力	系统承受不利影响的能力	Downing(1992);Verhagen(2003)
强调脆弱性的表征	一种概念的集合,包括暴露、敏感性、适应性及恢复力等	Adger(2006);刘燕华,李秀彬(2007)
强调系统内部的结构与功能	系统对扰动的敏感性和缺乏抵抗力而造成的系统结构和功能容易发生改变的一种属性	李鹤等(2008)

尽管脆弱性概念具有多元化的特点,但在其研究领域已初步达成一些共识:

(1)脆弱性客体具有多层次性。目前,脆弱性的研究已延伸到家庭、社区、地区、国家甚至全球生态系统,研究对象也涉猎人类系统、动植物生态系统、行业、市场等有形或无形的客体。

(2)造成脆弱性的扰动具有多重性。扰动和冲击既可以来自系统内部,也可以来自系统外部,而且不同扰动之间存在着复杂的关系。

(3)脆弱性的研究概念中出现了许多相关概念。敏感性、适应力、恢复力等概念已经成为研究脆弱性的重要方面。

(4)脆弱性的形成往往是针对特定的扰动。这意味着并不是所有的扰动均能对系统造成脆弱性,而面对不同的扰动,系统的表现往往也不同。因而,系统的脆弱性总是与施加在系统的扰动息息相关。

2)脆弱性研究视角

脆弱性概念多元化致使关于脆弱性的研究视角也呈现出多元化的局面,因而在不同的研究领域关于脆弱性研究也不尽相同,造成这种局面的主要原因是由于脆弱性目的差异,脆

---

① Allen K. Vulnerability reduction and the community-based approach[M]//Pelling M. Natural disasters and development in a globalizing world. London:Routledge, 2003:170.

② Intergovernmental Panel on Climate Change (IPCC). Climate change 2001:impacts, adaptation and vulnerability. Contribution of Working Group II to the Third Assessment Report of the Intergovernmental Panel on Climate Change[M]. Cambridge:Cambridge University Press, 2001.

弱性分析的中心概念不同,脆弱性评估的时间、空间不同。我们在整理相关文献以及表4.1、表4.2的基础上,对现有的主要脆弱性研究进行梳理,归纳为三个方面:

(1) 基于风险灾害角度的脆弱性研究

基于风险灾害角度的脆弱性研究起源于地理学的灾害研究,White将脆弱性的理论与灾害特性、风险阈值、人类因素以及环境风险调控等方面进行结合。这类研究受到了国际气候研究小组的青睐。该研究领域的最大特点是从生物物理的角度出发,研究者致力于三个方面的研究:首先对自身的脆弱性方面进行宏观的描述;其次对可能产生的后果进行预测;最后确定影响的产生时间、空间[①]。灾害风险研究方法倾向于将生物风险因素(例如气候研究文献中温度的变化、极端天气的出现与预测)和潜在的损失作为不利后果的函数。当潜在的损失得以实现并成了不利后果的函数,这些后果就等同为脆弱性[②]。

然而该研究在实践过程中,通常将破坏的量化作脆弱性的替代品,导致了过程和结果的合并与混淆。例如Iglesias在评价亚洲地区粮食生产在应对环境变化的过程中将环境变化和环境变化而导致的产量、土地的质量和收入等因素进行了动态模型的模拟。尽管他们认为导致脆弱性的原因是一系列的地理要素(土壤的性质、水源的性质),但在该研究过程中影响脆弱性的主要原因是项目建设带来的土地流失,收入降低等。在诸如此类的研究过程中,脆弱性是模糊不清的,并容易将预测分析带来的结果作为对脆弱性评估的结果。但随着社会因素、制度、组织理论的研究,脆弱性评估与影响评估相互结合逐渐成为研究人类社会系统的重要研究领域[③]。

(2) 基于政治经济、政治生态角度的脆弱性研究

基于政治经济和政治生态角度的脆弱性研究来源于气象研究学中的灾害风险评估模型[④]。Hewitt认为气象学的研究过程中过分地依赖和强调脆弱性评估的技术性却忽略了政治经济等因素在脆弱性评估中的作用[⑤]。政治经济研究要求在脆弱性评估的过程中将社会和经济因素作为不可或缺的组成部分,注重研究社会因素的差异而导致研究结果的差异性,例如为什么特殊人群会脆弱?什么是导致人群脆弱性的真正原因[⑥]?

该研究视角主张在进行脆弱性评估的过程中注重使用社会、政治、文化、经济等可以解释内部组织性差异的因素来分析外界扰动和干扰,最重要的是注重不同因素在应对未来干扰和扰动结果的差异性。例如Sen提出的权利和能力(食品安全、生计保障、当代发展理论的核心概念)的概念为政治经济模型提供了坚实的理论基础并为贫穷消除和食品安全提供

① White G F. Natural hazards research [M]//Chorley R J. Directions in Geography. London: Methuen, 1973: 193-216.

② Brooks N. Vulnerability, risk and adaptation: A conceptual framework [J]. Tyndall Centre for Climate Change Research Working Paper, 2003(38): 1-16.

③ Iglesias A, Erda L, Rosenzweig C. Climate change in Asia: a review of the vulnerability and adaptation of crop production [J]. Water, Air, and Soil Pollution, 1996, 92(112): 13-27.

④ Blaikie P, Cannon T, Davis I, et al. At risk: natural hazards, people's vulnerability and disasters [M]. London: Routledge, 2014.

⑤ Hewitt K. Interpretations of calamity from the viewpoint of human ecology [J]. Geographical Review, 1983, 74 (2).

⑥ Ribot J C, Najam A, Watson G. Climate variation, vulnerability and sustainable development in the semi-arid tropic [M]. Cambridge: Cambridge University Press, 1996.

了理论分析框架①。同样该观点也得到了 Bohle 的支持②,该学者提出脆弱性是一个由政治、经济、权利和授权等因素综合界定的定义,提倡将脆弱性评估纳入过程性和动态化的评估过程。Liverman 强调动态性和以往的历史性研究对于脆弱性评估的重要意义,其在研究墨西哥干旱期间粮食产量与气候关系的时候,发现粮食产量的差异性是与土质和农民长期积累下来的对生产性资源的认知是息息相关的,因而不能只将土质作为主要因素③。

(3) 基于生态恢复力的脆弱性研究

生态恢复力是脆弱性评估研究领域的一个新视角,强调脆弱性是系统在应对外界物理扰动的内在属性,其应用范围已从传统的气候变化研究扩散到人与自然系统的研究。Holling 将脆弱性系统中的生态恢复力定义为系统吸收变化和外界扰动而保持相对稳定的能力,强调系统认知和应对扰动的功能和结构④。

与经济生态研究相比,基于生态恢复力的脆弱性要求研究者和资源管理者熟知脆弱性变化过程、确认临界值、确认影响系统吸收扰动能力因素等。同时生态恢复力下的脆弱性注重研究区域内社会和环境因素的变化,而否定了以往仅仅将人类作为受影响人群的观点。如 Chapin 在研究北极生态系统的脆弱性时,提出资源的管理策略是影响该系统脆弱性的重要因素而不是传统认知的生态资源⑤。Timmerman 在进行脆弱性评估的过程中认为脆弱性是科学、技术、社会组织的综合作用过程,强调用"适应力"研究系统应对外界扰动的能力,并认为系统要不断地进行资源和信息的交流,并动态化的进行学习。生态恢复力评估方法已经被广泛地应用到了预防和降低系统应对灾害的社会脆弱性研究,成为系统的重要组成部分⑥。

4.1.2 社区脆弱性

1) 社区脆弱性概念界定

脆弱性作为描述系统内部以及组成要素受到外界的冲击和扰动的重要理论,在不同的研究领域中衍生出不同的概念。在这里,我们试图借鉴其他领域的脆弱性概念,对大型工程冲击下社区脆弱性概念进行界定。

在灾害学的研究中,脆弱性通常与可能造成的损失相关,表现为系统暴露的致灾因子(即外部性)和社区系统自身是否具有反应能力和恢复能力(即内部性)。外部性通常由外界灾害的强度所决定,而内部性往往受到系统各组成部分的要素以及相互作用的影响,进而影响到系统的功能和结构。所以在灾害学中,脆弱性是暴露、应对能力、抵抗力、恢复力以及致

① Sen A. Food, Economics, and Entitlements [M]//Jean Drèze, Amartya Sen. The political economy of hunger. New York: Oxford University Press, 1990.

② Bohle H, Mayer M, Weber E. Livelihood security and vulnerability in Nepal, India and Sri Lanka [R]. JGV Bulletin, 1998: 48.

③ Liverman D M. Drought impacts in Mexico: climate, agriculture, technology, and land tenure in Sonora and Puebla [J]. Annals of the Association of American Geographers, 1990, 80(1): 49-72.

④ Holling C S. The resilience of terrestrial ecosystems: local surprise & global change [J]. Sustainable Development of the Biosphere, 1986(14): 292-317.

⑤ Chapin III F S, Peterson G, Berkes F, et al. Resilience and vulnerability of northern regions to social and environmental change [J]. AMBIO: A Journal of the Human Environment, 2004, 33(6): 344-349.

⑥ Timmerman P. Vulnerability, resilience and the collapse of society: A review of models and possible climatic applications. Environ monograph [J]. Institute for Environmental Studies, University of Toronto, Canada, 1981.

灾因子的函数①②。在地理学的研究中随着对社会经济活动研究的不断重视,在其研究领域中将社区脆弱性的研究归结为社区系统受到损失的可能性③。而在社会学研究领域中脆弱性研究重点放在了社会、经济、政治等因素以及其变化导致社区系统的脆弱性,其研究内容主要包括:识别脆弱性群体、脆弱性程度量化、空间分布特点④,目的在于对脆弱性群体进行提取,探究内部以及外部原因,并且对致灾因子的研究也进一步扩大,将社会脆弱性也纳入其中,并且认为社会脆弱性是导致物理脆弱性的重要原因。在经济研究领域中,关于脆弱性的研究则集中在贫困问题的研究,即在一定的政治经济等外界因素的共同作用下,脆弱性被定义为降低贫困的可能性⑤。在全球气候变化研究中,将其导致脆弱性的原因纳入定义中,认为脆弱性是系统内部的一种状态。可持续性研究则进一步扩展了脆弱性的研究领域,其主张脆弱性的研究焦点应该放在人与自然生态系统的研究。因而脆弱性成了一个复合概念,包括暴露、敏感性、适应力以及三者在环境下的相互作用⑥。

尽管脆弱性的概念涉及多个研究领域,但脆弱性总的来说是研究系统遭受伤害和迫害的一种性质,该性质由内部和外部等一系列的因素决定。依据此结论,在界定大型工程冲击下的社区脆弱性的概念时,大型工程建设对社区带来的冲击和扰动,例如土地的侵占、房屋的占用、收入水平降低等作为外界暴露。社区作为一个社会、经济、人力资源相互作用下的系统,自身具有一定应对外界扰动的能力,例如社区研究领域中的社区适应力、恢复力、活力、社区能力等,这些属性在一定程度上决定了社区在应对大型工程干扰和冲击的内在能力。当社区内部具有的属性与大型工程冲击带来的外部扰动相结合,必然会对社区产生巨大的作用。如果社区能对干扰和扰动进行及时的响应,根据干扰和内在属性进行处理,及时调整其结构和发展方向,降低社区的敏感度、提高其抵抗干扰的能力,增加其自身的适应力,对外界冲击和扰动进行有效的释放,社区则能对外界扰动进行积极的响应;相反,当社区系统遭受到外界的干扰时,没能及时对扰动进行处理,则社区系统可能失去了应对能力而使得社区遭到了严重的冲击。因而结合大型工程项目的冲击和扰动以及社区的内部属性,将大型工程项目冲击下的社区脆弱性定义为:在大型工程带来的冲击和扰动作为外界暴露的作用下,社区遭到的受损程度以及社区表现出的应对能力,该定义强调:

(1) 大型工程项目冲击下的社区脆弱性是考察社区在应对大型工程所带来干扰和扰动程度的重要指标,反映了社区受外界扰动和冲击后的状态。

(2) 大型工程项目冲击下的社区脆弱性是集成化概念,既包括社区系统内部属性应对能力(社区适应力、恢复力、活力等),也包括大型工程冲击和扰动所带来的外部因素。外界

① Watts M J, Bohle H G. The space of vulnerability: the causal structure of hunger [J]. Progress in Human Geography, 1993, 17(1): 43-67.

② Cutter S L. Vulnerability to environmental hazards [J]. Progress in Human Geography,1996(20): 529-539.

③ Mitchell J K, Devine N, Jagger K. A Contextual Model of Natural Hazard [J]. Geographical Review, 1989, 79(4): 391-409.

④ Cheung K W. At Risk: Natural Hazards, People's Vulnerability and Disasters — by Ben Wisner, Piers Blaikie, Terry Cannon, and Ian Davis [J]. The Geographical Journal, 2007, 173(2): 189-190.

⑤ Luers A L, Lobell D B, Sklar L S, et al. A method for quantifying vulnerability, applied to the agricultural system of the Yaqui Valley [J]. Mexico. Global Environmental Change 2003, 13(4): 255-267.

⑥ Smith T. The human dimensions of global environmental change [R]. World Social Science Report, 2013: 345-353.

冲击和扰动是导致社区脆弱性的催化剂,而内部属性是决定社区脆弱性的关键因素,但是社区固有的内部属性与外界扰动和冲击没有直接的关系。

(3) 大型工程项目冲击下的社区脆弱性是一个长期性、动态化过程。大型工程建设与运营是一个长期的过程,其对社区带来的冲击和扰动同样是长期性和持续性,并且在这个过程中,社区内部属性会不断地发生变化,因而在其过程中表现为动态化、长期性。

2) 社区脆弱性构成要素

脆弱性作为一个集合概念,研究其内部组成对于认知脆弱性具有重要的意义。商彦蕊指出脆弱性是社区本身的一种属性,受到外部环境与内部环境的共同作用,对社会经济系统而言,社区的脆弱性往往受暴露、系统自身的性质以及一系列的经济、政治等因素的影响[①]。焦建玲在研究应对气候变化的时候,认为脆弱性系统是由暴露、天然缺陷、适应能力以及结构性脆弱构成[②]。大型工程冲击下的社区脆弱性被定义为外界大型工程带来的冲击和扰动在外界暴露的作用下,社区以及内部因素的相互作用后,社区系统遭到的受损程度以及社区表现出的应对能力,因而大型工程冲击下的社区脆弱性同样由内部的结构性脆弱、应对能力和外部的暴露强度相互作用构成。

(1) 暴露。暴露是脆弱性形成的重要因素。大型工程冲击下,不可避免地给社区带来巨大的冲击和扰动,造成生计资本的大量丧失。在这种干扰下,社区自然会出现失业率上升、健康程度下降等现象,但需要指出的是暴露不仅仅指受影响社区所在的自然和地理位置,而在社区这个经济系统中,受影响人群的性质,例如社会地位、职业、收入水平、教育程度等都会限制暴露的程度。

(2) 结构性脆弱。结构性脆弱是由社区所在的外部社会条件决定的。例如在农村社区的系统中,主要表现为农民的民主权益、参政议政等权利得不到保障,因而在社区的变迁中,社区的发展得不到应有重视,进而决定了社区内部结构性脆弱。而某些社区有结构性优势使得社区在外界的暴露侵入时能及时的化解和协调。例如,发达地区拥有雄厚的资金投入、现金、技术和设备,能够及时采取一系列的减缓措施和设施,从而将损失和脆弱性降到最低。

(3) 应对能力。社区在面对外界的扰动和冲击过程中,总是会利用各种资源、机会来降低大型工程对社区带来的脆弱性,提高社区的防御能力。

3) 社区脆弱性、适应力、恢复力及相互关系

在脆弱性有关研究中,其概念在不断扩大,也有人将恢复力、适应力等概念涵盖其中,然而这三个概念又有内在的联系和区别,它们相互联系相互作用,共同促进系统的内部属性。而在社区脆弱性研究的过程中,应对能力的研究往往集中在适应力和恢复力的研究,因而厘清三者的关系对加强脆弱性的系统认知和评价有重要的作用。

脆弱性概念包含了对外界扰动和冲击的暴露、暴露的敏感程度以及适应力。通常而言,脆弱性是指强加在系统特定扰动的反应程度,换言之,一个系统可能会对某种冲击表现出脆弱性,而对另一种冲击不脆弱[③]。另一方面,脆弱性指容易受到外界冲击的伤害性,即系统

---

① 商彦蕊. 灾害脆弱性概念模型综述[J]. 灾害学,2013,28(1):112-116.

② 焦建玲. 应对气候变化研究的科学方法[M]. 北京:清华大学出版社,2015.

③ Adger W N. Social Vulnerability to Climate Change and Extremes in Coastal Vietnam [J]. World Development, 1999,27(2):249-269.

遭受冲击时潜在变化的可能性，而不仅仅是指受到伤害的结果。脆弱性的概念中注重外界扰动和冲击、系统内部应对外界扰动的变化，以及系统的适应性的综合研究。恢复力的研究起源于生态学的研究中，Holling 将恢复力定义为系统吸收外界变化而保持原有状态的能力。另一方面恢复力被定义为抗干扰能力的大小，一个社区系统在达到系统稳态之前系统可以承受干扰的大小。通常而言，恢复力越强，意味着系统遭受的后续影响和损失越少，进而影响到未来的可能性越小[①]。适应力是由 Smit 提出，认为适应力是系统对环境适应的一种能力，是对将来系统的结构、功能、行为以及组织特点的预测，需要注意的是适应性不是一种通用性和广泛性的特性，它通常是指特定环境、特定人群下的特征。适应性也逐渐被延伸为在特定环境下人类系统为增加生活品质而采取的行为[②]。

尽管脆弱性、恢复力、适应力都是从系统学角度衍生出的概念，然而三者之间又有较大的差异和联系。恢复力作为脆弱性的一个主要成分作用于脆弱性，但不完全是脆弱性的对立面，原因在于恢复力是系统应对外界转变的一种状态，概念仅仅包含那一时刻的状态，并且不包括外界扰动的研究。脆弱性则是对系统内部的一种结构性变化研究，既包括了外界扰动，又包括内部的属性。适应力则是系统调整改变自身特征或能力的行为，从而更好地应对已有的或未来的外部打击的能力，是脆弱性和恢复力的组成部分。适应力影响了脆弱性和恢复力的水平，适应力越强脆弱性越低，恢复力则越高。恢复力与脆弱性则是同一个硬币的两面，不能将其分开，一般而言，恢复力越强，脆弱性则越低。关于三者之间的关系，众多的学者进行了研究，Nelson 指出三者之间的关系，系统的脆弱性涵盖了恢复力、适应力两个重要因素，并提出社区脆弱性是社区适应力作用之后的结果，提出适应力是决定社区脆弱性中应对能力的关键因素（见图 4-1）[③]。同样在社区脆弱性的评估过程中，分析框架多由适应力的角度去考量，将适应力作为决定系统内部的重要因素。Engle 在研究三者之间的关系时认为脆弱性和恢复力是两个独立的概念框架，而中间的连接变量则是适应力，脆弱性的研究要以适应力作为中间变量进行脆弱性的研究和评估[④]。

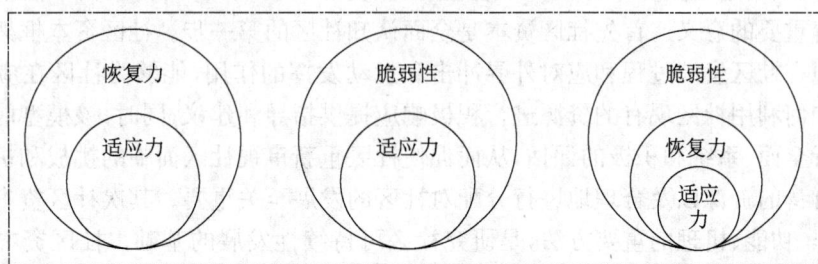

图 4-1 脆弱性、适应力、恢复力关系（Nelson，2010）

① Holling C S. The resilience of terrestrial ecosystems：local surprise and global change ［J］. Sustainable Development of the Biosphere, 1986(14)：292-317.

② Smit B, Burton I, Klein R J T, et al. An Anatomy of Adaptation to Climate Change and Variability ［J］. Societal Adaptation to Climate Variability and Change. Springer Netherlands, 2000, 45(1)：223-251.

③ Nelson R, Kokic P, Crimp S, et al. The vulnerability of Australian rural communities to climate variability and change：Part II — Integrating impacts with adaptive capacity ［J］. Environmental Science & Policy, 2010, 13(1)：8-17.

④ Engle N L. Adaptive capacity and its assessment ［J］. Global Environmental Change, 2011, 21(2)：647-656.

适应力、脆弱性、恢复力三者之间的关系可以得出适应力是研究恢复力和脆弱性研究的基础，而脆弱性的评估通过社区的适应力来衡量，即脆弱性是系统适应力作用之后的状态。因而大型工程冲击下的社区脆弱性概念中的应对能力可以通过社区的适应力来考察，而脆弱性的评估同样需要适应力这个中间变量来评估，社区的适应力越强，社区的脆弱性水平越低，反之亦然。

4.1.3 社区脆弱性表现与属性

1）社区脆弱性表现

在脆弱性研究领域中，学者们通常采用一系列指标来衡量社区的脆弱性表现。例如李天星在研究云南山地民族社区经济系统脆弱性表现及影响因素时，将不同社区的脆弱性归纳为经济水平发展极低、主要产业"先天性发育不足，后天营养不良"、种植业和畜牧业协调性差、经济发展趋势后劲不足等[①]。殷勤等在研究农业生态系统环境脆弱性从资源容量、生态干扰、环境质量等三个方面来归纳社区的脆弱性表现[②]。区域经济的研究者则将社区系统的脆弱性归纳为区域、社会、社区系统的稳定性差；对外部社会政治、经济、文化条件改变的反应敏感；在外部条件的干扰和变化下遭受各种损失的程度大；遭受扰动后，恢复力较差[③]。

大型工程在建设和开发的过程中，带来的一系列影响包括显性、隐性和持续性影响，同时依据大型工程冲击下的社区脆弱性的概念和形成机理发现：大型工程冲击在外部环境以及社区系统内部反应的共同作用下，社区因不能及时反应必然会有一系列的脆弱性表现。

为了进一步了解社区运作机制和功能，实现社区的可持续性健康发展，Flora提出社区资本框架理论，旨在研究社区的资源在社区发展过程和应对外界冲击和扰动发挥的作用，为社区在应对外界的扰动以及如何利用社区现有的资源进行积极响应提供指导和建议。该研究发现社区要想实现健康可持续性的发展自然资本、经济资本、社会资本、物质资本、人力资本必不可少，同时这五类资本也是社区适应力、恢复力的基础[④]。而社区资本框架对深入研究社区有着重要的意义。首先社区资本是全面认知社区的第一步。社区资本框架致力于研究社区资源在社区发展过程和应对外界冲击和扰动发挥的作用，能够为社区在应对外界的扰动以及如何利用社区现有的资源进行积极响应提供指导和建议；同时，该模型能够对社区的资源进行全面、系统和积极的评估，从而促使社区重新审视社区面临的挑战和机遇。社区如何利用自身的资源以及合理地进行分配对社区的发展至关重要。其次社区资本框架是研究社区运作、功能、机理的重要方法，是研究社区可持续性发展的基础。社区资本提倡从系统的角度去认识社区的属性，因而关于社区恢复力、适应力、脆弱性的研究多从社区资本的角度展开。Beckley依据社区资本框架构建社区能力模型，提出社区资本是社区能力的基础，社区资本在外界催化剂（来自外界的机遇和挑战）和社会关系（市场、政府等因素）的共同

① 李天星.云南山地民族社区自然系统脆弱性表现及影响因素[J].生态经济(中文版),2014,30(5):165-168.
② 殷捷,周丽娟,张信伟,等.重庆市农业生态环境脆弱性的空间分布特征[J].安徽农业科学,2015(13):178-180; 黄承伟,王小林,徐丽萍.贫困脆弱性：概念框架和测量方法[J].农业技术经济,2010(8):4-11.
③ 赵国杰,张炜熙.区域经济社会脆弱性研究——以河北省为例[J].上海经济研究,2006(1):65-69.
④ Flora C B, Flora J L, Fey S, et al. Rural communities: legacy and change.[J]. Contemporary Sociology, 1993, 22(5):695.

作用下使得社区资本具有较高的社区能力,体现为社区居民健康、生态系统平衡、高度文明等[1]。因而社区脆弱性作为社区的重要属性,其脆弱性在一定程度上表现为社区资本水平的变化。

(1)社区自然资本大量丧失:大型工程建设中,不可避免地占用社区大量的土地和其他资源,例如农田、林地等。我们所调查的港口湾水库工程,它的建设占用56个村庄的农田2.4万亩,林地1.2万亩。这些自然资本是社区居民赖以生存的关键生计资本。尽管工程开发过程中,社区因此会得到一定的土地和现金补偿,但是这通常不能够将社区的自然资本恢复到工程建设之前。在三峡工程建设过程中,下游的社区不仅受到了土地资源的流失而且也丧失水资源的使用权,因得不到充足的灌溉资源,致使当地的农作物收成降低[2]。自然资本作为社区获得生计的基础,对社区的发展有重要的作用,自然资本的下降促进了社区脆弱性程度,因而受到工程的冲击,社区脆弱性通常表现为土地等社区自然资本匮乏。

(2)社区经济资本下降:受大型工程冲击的影响,社区在经济资本方面表现出较大的脆弱性,其主要表现为经济资本水平降低。大量的案例研究表明在大型工程建设冲击下,当地居民的收入水平受到了严重的影响,例如造成当地原有的经济模式受到冲击,大量居民出现失业的问题,从而使得社区的经济水平受到极大的冲击[3]。其次,在经济资本方面表现出社区经济资本收入来源受到限制。大型工程的冲击和扰动使得当地居民的自然资源和储备物受到破坏,居民失去了农田和土地等经济来源,加之,当地居民往往具有较低的从业知识和技能从而使得社区的经济资本来源受到影响和限制。同时大型工程受影响的人群多在农村,而当地居民由于缺乏其他生存技能,因而社区脆弱性表现为经济资本水平下降,经济资本来源受到限制。

(3)社会资本边缘化、分离化:脆弱性社区表现为失去家园,尽管失去家园只是一个短期的表现,但是在一些工程中却表现为慢性问题。广义意义上的失去家园不仅仅指简单的家,而是指一种失去文化和社区归属感。脆弱性社区不仅失去了物质的家园,同时也将失去社区原有的文化的归属感和认同感,使得社区原有的文化、根源等认同感遭到破坏。大型工程冲击下尤其是涉及拆迁和安置的工程,脆弱性社区被迫地失去原有的社会关系,很多居民被安置到不同的社区,因而呈现出社会资本分散化和碎片化,社会组织关系、人际发展模式、亲属关系均遭到破坏,从而表现物质家园和精神家园的丢失[4]。

(4)物质资本贫乏:受到大型工程的冲击,社区在房屋、基础设施等物质财富方面受到了较大的冲击。在大型工程冲击带来的安置和拆迁过程中,社区居民一方面面临着房屋、宅基地、自有住宅等方面的影响,同时在农田生产设施等方面也受到影响,使得社区在农作物种植和收入方面得不到应有的保障。被安置的社区基础设施往往在短时间内不能得到较好

---

① Beckley T M, Martz D, Nadeau S, et al. Multiple capacities, multiple outcomes: Delving deeper into the meaning of community capacity [J]. Journal of Rural and Community Development, 2009, 3(3).

② Leino T, Lodenius M. Human hair mercury levels in Tucuruí area, State of Pará, Brazil [J]. Science of the Total Environment, 1996, 175(2): 119-125.

③ Samanta D, Shireesh. Social Impact Assessment of Projects involving Land Acquisition in India: Implications of RFCTLARR Act, 2013[J]. Italian Journal of Public Policy, 2015, 7(2): 27-35.

④ Scopel R M, Teixeira E C, Binotto R B. Caracterização hidrogeoquímica de água subterrânea em área de influência de futuras instalações de usinas hidrelétricas: bacia hidrográfica do rio Taquari-Antas/RS, Brasil Hydrochemical characterization of ground waters in projected hydroelectric [J]. Química Nova, 2005, 28(3): 383-392.

的补充和完善,最终使得社区的脆弱性表现为物质资本水平低,在短时间得不到恢复和保护[①]。

(5) 人力资本遭到破坏:首先大型工程建设往往伴随着一系列的健康问题,使得社区的健康程度降低、死亡率升高。例如,Tadei 研究发现由于当地水库工程建设的影响,当地社区居民出现了大量的因蚊子或者其他寄生虫而导致的疟疾和曼苏尼亚蚊子瘟疫,当地居民的健康水平受到了极大的冲击[②]。大型工程建设不仅仅打破了原有的社区健康平衡水平,还使得受影响社区在医疗的享用权、医疗设施等福利水平的变化,例如社区的健康医疗设施和资源极容易受到破坏,因而脆弱性社区往往表现为健康水平低,疾病多。另一方面,受影响的社区在教育资源和信息的获得权等方面也表现出不一致,脆弱性社区更容易在教育资源和信息的获得方面表现出更多的局限性,因而社区人力资本受到了极大的冲击。

社区资本理论认为社区在本质上是资本之间的相互作用和联系,因此大型工程冲击下的社区脆弱性表现为社区资本受到冲击,包括自然资本、人力资本、物质资本、社会资本、经济资本等五个方面的变化。

2) 表现的差异性

尽管大型工程冲击下社区脆弱性有以上的表现,但并不是所有的工程冲击均会有如此的表现,也并非同一工程冲击下所有的社区有相同的表现。例如,水库工程建设带来大规模人口的拆迁和安置,在这个过程中水库工程对社区带来的脆弱性表现涉及失去土地、失业、社区边缘化、收入降低、带来疾病进而影响健康[③]。公路、管道工程给社区带来的脆弱性往往是社区社会网络关系的疏远化、噪音和水污染导致的健康程度下降、就业率较低等[④]。根据相关文献研究结论,我们对一些类型的大型工程给社区带来的脆弱性表现进行了总结,见表 4.3。

此外,即使面对同一工程,不同社区的脆弱性表现也不同。某些特定人群往往更容易受到冲击和扰动,Freeney 和 Koening 的研究发现妇女数量较多的社区往往在这个过程受到更多的伤害,因而脆弱性水平较高[⑤]。例如 Agnihotri 的研究发现在大型工程带来的土地赔偿的过程中,妇女往往更容易受到歧视,得不到应有的赔偿,因而具有较少的生计资源;同样部落社区往往比其他的社区更脆弱,更容易受到外界扰动和冲击,尤其是在社会网络关系方面更容易遭到破坏[⑥]。社区脆弱性表现的差异性往往也跟社区所处的地理位置有关,例如Mathur 在研究 Sardar 水库工程时发现:古吉拉特邦部落由于位于水库的上游因而充分利

① Wang P, Dong S, Lassoie J P. The Large Dam Dilemma: An Exploration of the Impacts of Hydro Projects on People and the Environment in China [M]. Springer Science & Business Media, 2013.

② Tadei W P, Mascarenhas B M, Podestá M G, et al. BIOLOGIA DE ANOFELINOS AMAZÔNICOS. Ⅷ. Conhecimentos sobre a distribuição de espécies de Anopheles na região de Tucuruí-Marabá (Pará) [J]. Acta Amaz, 1983, 13(1): 103-140.

③ Nakayama M, Gunawan B, Yoshida T, et al. Resettlement Issues of Cirata Dam Project: A Post-project Review [J]. International Journal of Water Resources Development, 1999, 15(4): 443-458.

④ 赵玉生. 公路工程项目社会影响评估的探讨[J]. 山西交通科技, 2002(5): 21-23.

⑤ Feeney P, et al. Business and human rights: the struggle for accountability in the un and the future direction of the advocacy agenda [J]. Sur — Revista Internacional de Direitos Humanos, 2009, 27(27): 138-43.

⑥ Dempsey J F, Charity R J, Sobotka L G, et al. Isospin dependence of intermediate mass fragment production in heavy-ion collisions at E/A= 55 MeV[J]. Physical Review C, 1996, 54(4): 1710.

用工程建设带来的优势和好处,修建沟渠提高当地的灌溉设施,引进新的粮食品种发展农作物种植,部落极大地提高了作物的产量,社区的脆弱性较低;相反其他社区由于所在位置的差异则在该工程的冲击和扰动作用下脆弱性较高,生活状态较差①。在调查港口湾水库对社区居民产生的影响过程中,我们发现:尽管方塘乡和甲路乡受到的外界冲击近似相同,90%的农田和林地被征用和占用,但是两者面对这种情形却截然不同。甲路乡发挥自身的人力资本和社会资本丰富的优势积极引进外来养殖菌类作物的优势成立香菇发展基地,最终使社区的生存状态比工程建设之前还要好;相反,方塘乡在这个方面表现不如甲路乡,工程建设后社区居民失去大量的土地,未能及时从中得到恢复,生活状态很差。

表 4.3　各种大型工程带来的脆弱性表现

工程类别	脆弱性表现	文献来源
水库工程	财产权侵害;失业;政治行政系统破坏;人口拆迁和安置;居民健康下降;经济边缘化;娱乐设施的缺乏;交通差;居住条件差;文化风俗丢失。	Fearnside（1997）；Jackson & Sleigh（2000）；Cox & Perry（2011）；Luo & Zhang（2009）；Tilt, et al（2009）
公路和管道工程	生活质量下降;社会网络关系分化;社会福利低;风俗习惯丢失;失业;基础设施匮乏;自然资源缺乏;疾病多;污染环境;交通居住条件下降。	夏立明（2010）；Kemp（1965）；Berkowitz, et al（1980）
港口工程	基础设施匮乏;健康水平下降;收入水平降低;生产方式改变。	Wang（2013）；Forbes, et al（2008）
资源开采工程	失业;收入下降;社会组织遭到破坏;居住条件下降;教育资源不均衡;社会秩序受到影响;生活品质下降;风俗习惯受到破坏。	Ren & Li（2010）；Franks（2012）；Rogers（2012）；Cave, et al（2012）

因而大型工程冲击下的社区脆弱性表现具有一定的差异性,其差异性往往由工程的性质、社区资本组成以及其发展策略所决定的,而在其他条件一定的情况下,社区与工程的距离往往也容易导致脆弱性表现的差异。

3）社区脆弱性属性

从大型工程冲击下的社区脆弱性表现来看,它具备以下的一些基本属性:

(1) 外界暴露性与社区内部适应力共同决定社区脆弱性水平高低

脆弱性的成因有两类:一是系统自身的内部结构存在先天的不稳定性,形成内部结构性脆弱;二是在外界自然变化或人类活动的压力或干扰下,容易使系统遭受损失或产生不利变化,形成脆弱性的催化剂②③。大型工程冲击下社区脆弱性是由外部的冲击累积的暴露性和社区内部系统适应力的共同作用下形成。大型工程冲击下的社区脆弱性概念以及机理的形成表明,社区的脆弱性的形成需要外界暴露和社区内部的适应力作用后的结果。当不同的

① Mathur H M. Social Impact Assessment A Tool for Planning Better Resettlement [J]. Social Change, 2011, 41(1)：97-120.

② 何爱平. 中国灾害经济：理论构架与实证研究[D]. 西安：西北大学,2002.

③ 张炜熙,王东,王丽娜. 中国农机投资项目财务可行性研究[J]. 中国农机化学报,2006(6)：47-50.

外界暴露

适应力	高	中等	低
高	高	高	中等
中等	高	中等	低
低	中等	低	低

注：横向表示外界暴露程度，纵向表示适应力高低，而中间的方格部分表示脆弱性水平的高低

图4-2　暴露性、适应力和脆弱性关系

社区在面对相同程度的外界暴露时，社区的内部适应力决定了社区脆弱性水平，社区适应力越高，则社区的脆弱性越低；同理，当社区的适应力一定时，外界的暴露性决定了社区脆弱性水平的高低，外界暴露越强则社区的脆弱性水平越高（图4-2）。

（2）社区资本水平决定了社区的适应力高低

尽管脆弱性、适应力、恢复力三者之间有着复杂的联系，但研究表明适应力决定了社区脆弱性系统的内部属性也是社区内部应对能力的关键因素。Ellis提出社区资本决定了社区的适应力的高低，从而影响了社区在应对外界扰动的干扰能力，并将该研究思路应用到澳大利亚社区在外界气候环境变化下，社区脆弱性的评估研究中。一般而言，社区拥有资本的数量和种类越多，其适应力往往越高，原因在于资本能够调节适应力和外部扰动之间的关系，进而影响到适应力，并最终决定了社区的脆弱性水平[①]。

（3）大型工程冲击下的社区脆弱性具有长期性、动态化的特点

长期性是指大型工程冲击下社区的脆弱性形成是一个长期的过程，而动态化说明这个过程中社区的脆弱性水平是不断变化的。从大型工程冲击下社区的脆弱性形成机理和不同社区的脆弱性表现可以发现，外界的冲击和社区的内部适应力是造成社区脆弱性的重要因素，而冲击和社区内部属性在大型工程中往往是不断变化的。大型工程的建设往往持续时间长、影响范围广，对社区产生的扰动和冲击是一个长期的过程，伴随着项目的建设、运营直至消亡。研究表明社区资本是决定社区内部属性和适应力的重要原因，而社区资本在大型工程项目的全生命周期过程中同样是一个长期性和动态化的过程。在项目的选址、项目的建设、运营等阶段，社区拥有的资本是不同的，例如在项目的建设阶段社区的经济资本、社会资本、自然资本往往是比较薄弱的，而在项目的运营阶段，社区的经济资本往往会得到补偿，因而前后阶段的资本是不同的，进而社区的内部适应力是不同的，社区的脆弱性水平也不相同。

（4）大型工程冲击下的社区脆弱性具有多重性、复杂化的特点

多重性是指导致社区脆弱性的扰动和冲击是多重的，导致社区脆弱性的扰动不仅仅来自某个工程项目，往往是多重扰动和冲击的共同作用。复杂性不仅指扰动和冲击间的相互作用，也包括社区内部属性和相关因素复杂性，例如与社区内部属性相关的社区资本之间的关系往往是复杂的。社区常暴露于多重扰动下，这一观点在脆弱性研究中已达成共识[②]。社区作为一个耦合系统其脆弱性的研究不同于系统的单扰动研究。李雪萍在研究西藏城镇

①　Ellis F, Ellis F. Rural livelihoods and diversity in developing countries [M]. New York: Oxford University Press, 2000.

②　Turner B L, Kasperson R E, Matson P A, et al. A framework for vulnerability analysis in sustainability science [J]. Proceedings of the National Academy of Sciences, 2003, 100(14): 8074-8079.

社区发展的实例调查中,发现在西藏地区多重脆弱性叠加是西藏社区脆弱性的基本特征;主要由外部脆弱性与内部脆弱性叠加、累积性冲击与冲击性脆弱性叠加、结构性脆弱性和胁迫性脆弱性叠加三个方面共同作用的[①]。同样在大型工程冲击下的社区脆弱性往往也是暴露于多重扰动和冲击下,社区面对的不仅仅是来自单一工程带来的影响和冲击,因此这一背景下的社区脆弱性具有多重性和复杂化的特点。

4.2 基于时空特性的社区脆弱性分析框架

4.2.1 社区脆弱性的空间特性

1) 距离衰减理论

距离衰减理论是地理学研究中的一个重要概念,其理论基础来源于牛顿的万有引力公式的发现。18 世纪 50 年代,凯雷发现地域间人类活动的相互引力与万有引力的模式相似,因而提出了居民点之间的吸引公式并认为社区之间的吸引力与居民距离的平方是成反比的。1931 年兰利在凯雷公式的研究基础上提出了零售引力定理和断裂点的概念,决定断裂点距离的因素是两个社区之间的距离以及社区的人口数目[②]。这一概念随后在城市吸引和规划学中得到了广泛的应用。掌握距离衰减规律有助于进一步认识地域分异的缘由。在自然环境中,水面对气候的影响,地震烈度的递减,受距离衰减规律的制约。如 1975 年的海城地震,震中强度 9 度,沈阳烈度 7 度,北京烈度 4 度,长江以南则不受影响,可以发现距离震中越远,烈度越小。而在社会环境中,信息的传播,商品的流通,都与距离有一定的关联。例如孔子有 72 位大弟子,鲁国人占 44 位,因而孔子的思想从鲁国逐渐向四周扩散。

空间距离作为影响社会交流和社会影响的关键因素,已经被关注半个多世纪。Jone 和 Wolfe 等指出社会交流和影响与空间距离之间存在一定的关系,距离是影响交流程度与联系的重要因素[③]。Latané 依据社会影响理论,提出辐射来源产生的社会影响随着距离的延伸而影响力下降,并认为这种影响是与距离的平方成反比的[④]。这种现象在中国上海和美国加州均得到了验证,研究表明距离是与社会影响的强度成反比的[⑤]。Wolsink 在研究风车发电项目产生的社会影响时发现,距离风车项目较远的社区受到工程项目的影响较小,例如地貌的改变、生存环境的影响,因而对工程项目的支持态度较高;距离工程较近的社区受到的社会影响较大,地貌受到了巨大的冲击和扰动,当地居民对工程建设的反对态度较高。关于地震导致的社区脆弱性研究中,处于震中以及距离较远的社区受到的干扰和冲击往往又是不同的[⑥]。因此,距离衰减理论作为揭示空间维度上受影响社区与辐射来源强度之间的

① 李雪萍. 反脆弱性发展:突破发展陷阱的路径——基于西藏城镇社区发展的实证调查与理论分析[J]. 华中师范大学学报(人文社会科学版),2013,52(2):18-24.

② 胡兆量,陈宗兴. 地理环境概述[M]. 北京:科学出版社,1994.

③ Jones D C. Spatial proximity, interpersonal conflict, and friendship formation in the intermediate-care facility [J]. The Gerontologist, 1975, 15(2):150-154.

④ Latané B. The psychology of social impact [J]. American Psychologist, 1981, 36(4):343-356.

⑤ Wheeler L, Miyake K. Social comparison in everyday life [J]. Journal of Personality & Social Psychology, 1992, 62(5):760-773.

⑥ Wolsink M. The social impact of a large wind turbine [J]. Environmental Impact Assessment Review, 1988, 8(4):323-334.

关系,适用于社会影响评估的研究中。在调研港口湾水库工程项目中,距离工程较近的社区,失去了原有 90% 的土地和农田,而距离工程项目较远的社区在农田和林地方面受到的冲击则较小,因而受影响社区的冲击强度与距离辐射源的空间距离有关,因为工程产生的某些影响总是在一定的距离内有效,而超过这一区域则影响很小,例如噪音。综上所述,距离衰减理论对于认知社区脆弱性的空间特性有很大的帮助。

2) 其他领域社区脆弱性系统的空间特性

地理信息系统(geographic information system, GIS)是在计算机软件支持下,对部分地球表层空间中与空间和地理分布的有关数据进行采集、存储、处理、可视化的空间信息系统。计算机化的技术系统是 GIS 的物理外壳,由数据采集子系统、数据管理子系统、数据处理和分析子系统、可视化表达与输出子系统等几个子系统构成。这些子系统的构成直接影响着 GIS 的硬件平台、系统功能和效率、数据处理的方式和产品输出的类型[1]。近些年,GIS技术在研究区域经济、社会、人口等方面发挥着巨大的作用。在脆弱性的研究中,GIS 同样在研究洪水、水污染、社区危机、地震导致的脆弱性等方面发挥着巨大的作用,极大地增强了数据的可视化以及研究的空间感。

在社区脆弱性研究领域中,GIS 被广泛应用以提高脆弱性水平的空间可视化。我们在梳理其他研究领域中关于脆弱性的研究时,发现社区的脆弱性与社区所处的地理位置具有密切的联系。例如王艳君等在研究中国的各省份因暴雨导致的受灾人口脆弱性和经济脆弱性时,发现人口脆弱性的分布多集中在西南地区,如重庆和云南等地区;经济的脆弱性呈现出由长江中游地区向西、向北、向南逐渐递减的趋势[2];王豫燕研究了江苏省暴雨脆弱性空间特征,清晰地分析了江苏各个地区的受灾面积情况。在地震学的研究中,学者对地震受灾区域进行了脆弱性空间分布格局的划分:京、津、唐、秦皇岛和承德等大中城市市区的脆弱性异常高,其他地区的脆弱性状况大体围绕全区平均水平小幅波动[3]。区域导致的脆弱性差异同时也出现在区域的社会系统脆弱性、自然系统的脆弱性的相关研究中[4]。

通过对其他研究领域中关于脆弱性的空间格局梳理时发现,社区脆弱性在一定的地理区域中呈现出不同的表现形式,脆弱性程度也不尽相同。厘清脆弱性的空间特点有助于从空间的维度去分析其特点以及导致这种状况的原因。

3) 大型工程冲击下的社区脆弱性空间特性

尽管大型工程冲击下的社区脆弱性的空间特性鲜有学者研究,但该背景下的社区脆弱性空间特性却十分明显,我们在港口湾水库和田湾核电站案例工程调查中发现的受冲击社区在空间维度上的不同表现,很好地验证了这一点。

【**案例 4.1**】 港口湾水库于 1998 年 7 月开工,主体工程项目于 1998 年 10 月开工,该工

① 刘耀林. 地理信息系统[M]. 北京:中国农业出版社,2004:2.
② 王艳君,高超,王安乾,等. 中国暴雨洪涝灾害的暴露度与脆弱性时空变化特征[J]. 气候变化研究进展,2014,10(6):391-398.
③ 王豫燕,王艳君,姜彤. 江苏省暴雨洪涝灾害的暴露度和脆弱性时空演变特征[J]. 长江科学院院报,2016,33(4):27-32.
④ Berry P M, Rounsevell M D A, Harrison P A, et al. Assessing the vulnerability of agricultural land use and species to climate change and the role of policy in facilitating adaptation[J]. Environmental Science & Policy, 2006, 9(2):189-204.

程涉及宁国市 5 个乡镇,现已规划为街道社区,其中方塘、甲路、竹峰 3 个社区位于水库建设项目的主体区域,距离工程项目的距离很近,而青龙、港口两个社区位于港口湾水库的上游,并且距离工程项目的主体部位较远(图 4-3)。5 个社区均是山地,主要生产模式是山地和林地相结合,经济来源是粮食生产、茶叶和木材加工等。

在调研的过程中发现,工程对这 5 个社区带来的脆弱性是明显不同的,方塘、甲路、竹峰社区由于位于工程的主体区域,其多数的土地、林地被征用和淹没,居民的生产方式和收入来源受到了很大的冲击,经济资本、自然资本也受到了较大的冲击,方塘、甲路和竹峰社区的脆弱性水平较高;青龙和港口由于位于工程项目的上游,在地理位置上距离较远,因而工程项目带来的冲击也比较少,与方

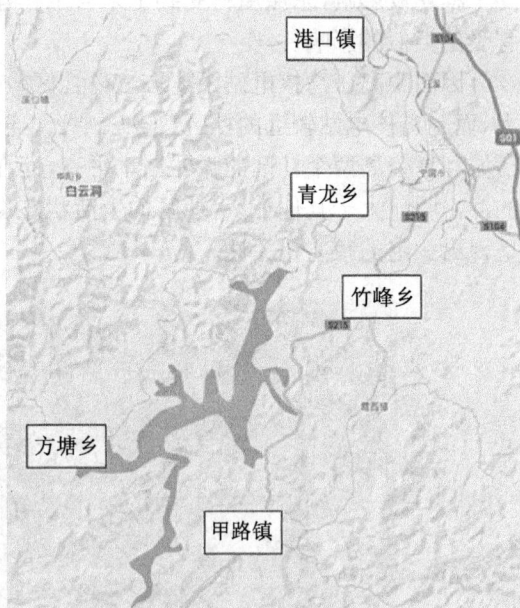

图 4-3　港口湾水库周围乡镇分布

塘、甲路和竹峰社区相比,这两个社区保留了一部分土地和林地,一定程度上保留了原有的生产方式和经济来源,因而社区的脆弱性水平较低。由于地理位置上的差异,青龙和港口在自然资本和经济资本水平方面明显高于方塘、甲路、竹峰社区。同样,这种地理位置上的差异也使得社区在拆迁方面表现出较大的差异。方塘、甲路、竹峰社区基本被重新安置和拆迁,原有的村落分布状态丢失、房屋丢失,被安置到新的区域,而青龙和港口只有较少的人口拆迁,原有村落保持了原先的形态和房屋,因而在物质资本上表现出一定的优势。

实地观察中,我们也发现,方塘、甲路、竹峰社区的居民生活状态明显不如青龙和港口两个社区,受工程冲击的社区脆弱性表现更加明显,显现了社区脆弱性与空间的关联性。

【案例 4.2】　田湾核电站位于江苏省连云港市连云区高公岛街道云台山南麓的扒山头。田湾核电站周围有宿城乡、高公岛乡、连岛、连云、云山、中云和板桥等街道社区(图 4-4)。周围村组水产养殖为主,共有水产养殖水面 41 530 亩,另有耕地 2 496 亩和林地茶叶面积 1 450 亩。当地滩涂养殖十分闻名,宿城街道被誉为茶叶之乡,高公岛街道也是鱼类、紫菜出产的重要所在地,因此当地居民多以水产养殖为主业。

调查中发现,田湾核电站直接影响宿城乡和高公岛乡,居民的土地和养殖水面直接被占用,而在核电站的影响范围内的其他社区同样也失去了一定的养殖水面和田地。但其他的社区由于距离工程较远,因而在征地和征海方面受到的冲击和扰动则较小,仅仅因核电站电路的分布而占用了少量的土地,居民还是保留着原有的自然资本、生产方式和经济来源。而在拆迁方面,仅有核电站所在的两个社区宿城和高公岛部分社区居民被拆迁、安置,因而失去了房屋等物质资本,而其他城镇则没有拆迁和安置问题的出现。因而,宿城和高公岛在自然资本、物质资本、经济资本方面受到了较大的冲击和扰动,其中核电站工程脚下特意成立了宿城社区。另一方面,由于核电站建设是一个庞大的工程,涉及大规模的建设管理问题,

受工程建设影响,东崖屋村受到了来自工程建设巨大的噪音和粉尘污染,而其他的社区则没有受到类似的影响。

因而距离田湾核电站距离较近的社区较为脆弱,原因在于其受到的工程冲击和扰动更大,而距离核电站较远的社区(连岛、中云、连云等)则受到的工程冲击较小,脆弱性水平没有宿城和高公岛两个社区的脆弱性水平高,而在调研过程中通过访谈以及观察,发现社区受到的冲击明显大于其他社区,社区的生活状态也和其他社区具有差异性,因而在空间上脆弱性呈现出一定的距离相关性。

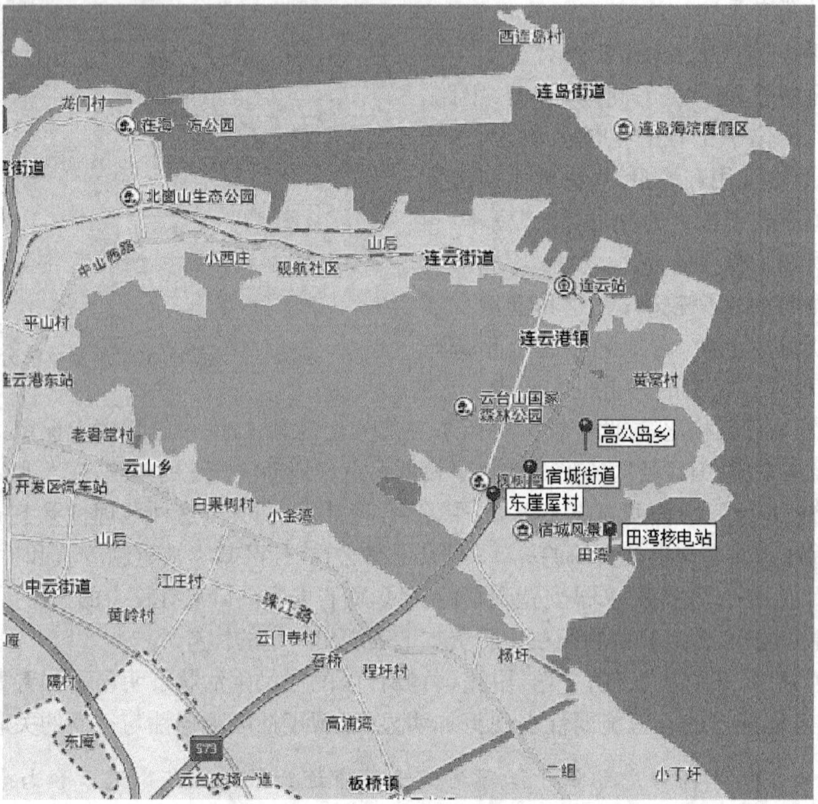

图 4-4　田湾核电站周围乡镇分布

通过对上述两个案例的分析可以发现大型工程冲击下的社区脆弱性具有空间特性,体现在:

(1)大型工程冲击下的社区脆弱性在地理空间分布上基本呈现距离衰减的趋势。在没有其他干扰因素的作用下,社区的脆弱性是与工程所在地的距离呈现出一定的关系,距离越远则社区受到的冲击和影响越小,地貌、地形等方面变化的越小,社区脆弱性水平越低,反之亦然。

(2)研究也发现脆弱性与距离并非成绝对线性关系。例如,在空间位置上宿城和高公岛社区与田湾核电站距离相近,高公岛社区的脆弱性水平是高于宿城社区的。宿城社区的脆弱性水平较低、社区生活状态较好,主要在于工程建设给宿城社区带来了更多的资本和资源。田湾核电站所在地由于外来人口的增加,原来的村庄被规划为宿城社区,并增加了交通、通信、路灯等基础设施。另一方面,外来人口的增加促进了当地的内需,增加了更多的就业机会,社区居民得以从事与工程相关的行业,因此生活状态较好,而高公岛社区虽然在空间距离上相近但没有得到发展,各类资本水平上比宿城社区低。所以社区的脆弱性水平与距离并非绝对的线性关系。

4.2.2 社区脆弱性的时间特性

1) 生命周期理论[①]

生命周期是生物学领域中的一个概念,用来描述某种生物从出现到灭亡的演化过程。生命周期有广义与狭义之分。狭义是指本义即生物体从出生、成长、成熟、衰退到死亡的全部过程。广义是本义的延伸和发展,泛指自然界和人类社会各种客观事物的阶段性变化及其规律。生命周期理论也从传统的生物学研究角度逐渐应用到政治、经济、环境、技术、社会等众多领域。

生命周期理论的应用主要集中在管理学的研究领域。波兹在其《新产品管理》一书中最先提出了产品生命周期的概念。之后,美国哈佛大学的维农提出了产品生命周期理论模型。他认为:产品生命是指市场上的营销生命,产品和人的生命一样,要经历导入、成长、成熟、衰退这样的周期,就产品而言,也就是要经历一个开发、引进、成长、成熟、衰退的阶段(图4-5)。企业生命周期理论是20世纪90年代以来国际上流行的一种管理理论,其中比较著名的是美国管理思想家伊查克·爱迪斯提出的生命周期理论。他从组织和管理的角度把企业的成长非常细致地划分为孕育期、婴儿期、学步期、青春期、盛年期、稳定期、贵族期、后贵族期、官僚期及死亡期十个阶段(图4-6)。而产业生命周期理论是从产品生命周期理论和企业生命周期理论扩展而来的。20世纪70年代 William J. Abemathy 和 James M. Utterback 共同提出了 A-U 模型。他们依据产出增长率将产品生命周期划分为流动阶段、过渡阶段和稳定阶段,并认为企业的产品创新和工艺创新相互关联,在不同阶段对两者的侧重有所不同,企业的创新类型和创新频率取决于产业成长的不同阶段。

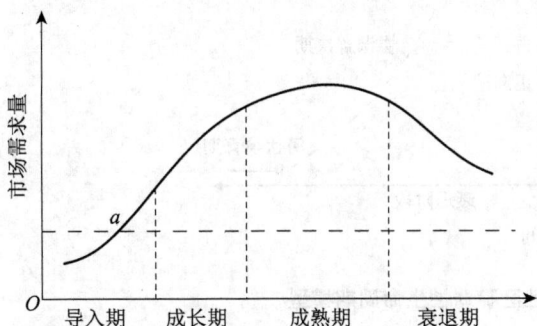

图4-5 产品生命周期模型(魏丽丝,2014)　　图4-6 企业生命周期理论(魏丽丝,2014)

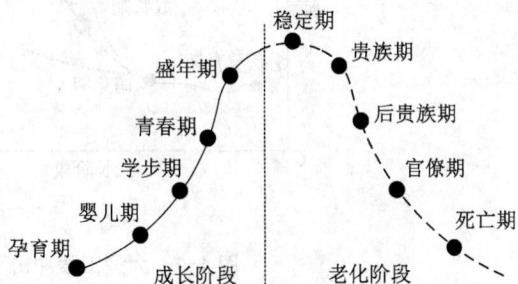

2) 大型工程冲击下的社区脆弱性的时间特性

尽管脆弱性在环境学、地理学、社会学等研究领域中得到了广泛的关注。但是关于脆弱性的时间特性则鲜有提及,其研究方法也单纯的集中于构建指标体系构建脆弱性评价指数,结合 GIS 技术将脆弱性以时间序列的方式呈现出来。例如王豫燕等在研究江苏省暴雨洪涝灾害的暴露度以及脆弱性的过程中通过构建指标体系分析了该区域从20世纪90年代至

① 魏丽丝. 生命周期理论文献综述[J]. 合作经济与科技,2014(24):155-156.

今的农作物暴露和农作物的脆弱性分析①。周松秀等在亚热带农业生态环境脆弱性的时间演变过程中同样构建了评价体系分析了该区域在时间上的演变过程,并发现脆弱性水平呈现出逐年降低的趋势。但是具有生命的有机体,如植物、动物和人类都会经历出生、生长、衰老和死亡阶段,任何一个系统都有生命周期②。因此大型工程冲击下的社区脆弱性在时间维度上必然具有生命周期的迹象。

生命周期理论中存在着波浪型、链型、环型、螺旋型等模型,其中波浪型是最常用的模型之一,指研究对象因价值等因素变化而出现的上下运动③。社区脆弱性的形成过程与植物的成长过程类似,高等植物的生命周期可以划分为孕育期、萌芽期、成长期、成熟期、衰老期和死亡期。因此,参照植物生命周期的演变过程和各类型生命周期波浪型模型,结合工程建设的自身特点,将其划分为潜伏孕育期、萌芽期、成长期、爆发期、稳定期、协调期和解决期以及下一个阶段的潜伏孕育期。如图 4-7 所示的波浪型抛物线为大型工程冲击下的社区脆弱性的运动轨迹,其中横轴表示时间序列;纵轴表示在不同时间序列上导致的社区脆弱性水平;曲线上的每个节点代表每个阶段的开始,将潜伏孕育期、萌芽期、成长期和爆发期划分为成长阶段,将协调期和解决期作为衰退阶段。在形成阶段由于工程建设的出现,使得社区存在的脆弱性不断成长,最终到达爆发期,社区出现脆弱性表现,而在衰退阶段由于社区自身或者政府采取的生计资本策略使得社区得到了很好的恢复和适应,从而让社区的脆弱性衰退下降,最终进入了平稳期并成为下一个生命周期的起点。

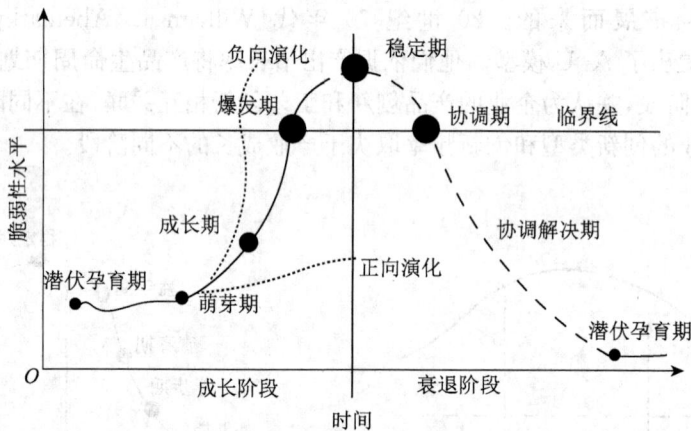

图 4-7　大型工程冲击下社区脆弱性生命周期模型

3) 社区脆弱性生命周期模型的调研案例论证

（1）潜伏孕育期

Adger 指出脆弱性是社区内在的一种属性,当外界暴露累积没有达到一定水平时,脆弱

---

① 王豫燕,王艳君,姜彤. 江苏省暴雨洪涝灾害的暴露度和脆弱性时空演变特征[J]. 长江科学院院报,2016,33(4):27-32.

② 周松秀,蒋晴,刘兰芳,等. 亚热带稻作区农业生态环境脆弱性时间演变研究——以衡阳盆地为例[J]. 衡阳师范学院学报,2015,36(6):57-62.

③ 朱晓峰. 生命周期方法论[J]. 科学学研究. 2004(6):566-571.

性将作为一种潜伏属性[①]。商彦蕊指出脆弱性构成因素包括结构性脆弱性,这种脆弱性是由系统所处的结构和环境长期决定的。在潜伏孕育期社区脆弱性状态是由社区拥有的资源和长期发展策略决定的[②]。在这个过程中,社区脆弱性往往不能表现出来,加之外界环境的稳定性,使得社区脆弱性成为一种潜在的属性,并在外界环境的稍微变动中孕育。在港口湾水库调查中,一些受访居民观点(受访者口述4.1)也证实了这一点。

【受访者口述4.1】 "我们在工程建设之前,虽然社区的生活不是很好,但是也没有达到很差的状态,我们对社区的感觉还是不错的,社区长期就是这样的。但是在工程建设之后,我们的生活却出现了很大改变,没想到生活是这么差,虽然工程对我们有很大的影响,但没有想到让我们村子的短处更加的明显,要是没有这个工程也许我们生活还是勉强地撑下去,但是有了这个工程,我们潜在的问题更严重了,穷的更穷了。"

居民的观点反映出这一时期的特点:社区的长期发展决定了社区内部的特性,这种特性在早期较为稳定的环境中未能得以显现。

(2) 萌芽期

当外界环境由稍微变动变为较大冲击和扰动时,社区的脆弱性得以萌发,外界环境为其提供了土壤。港口湾水库开始建设时,大量的生计资本受到了冲击和扰动,居民失去了大量的土地和资源。社区潜在的脆弱属性得到了催化,开始萌发,居民开始感受到潜在的结构性脆弱性得以暴露并在外界环境下得以滋生。对受港口湾水库工程影响的居民进行访谈,并请求访谈对象对这一时期的特点进行描述(见受访者口述4.2)。

【受访者口述4.2】 "我们没有了土地、没有了收入的来源,开始意识到这种生活的改变。也就是在土地被征收不到一年的时间里,我们感到工程真正影响了我们的生活,生活感觉开始慢慢地变差,街上的人们开始讨论水库以及赔偿的问题。"

因此,萌芽期的社区脆弱性在潜伏孕育期的基础上呈现出早期的特点,脆弱性开始萌发,脆弱性表现开始显现,居民的生活状态开始出现下降的趋势。

(3) 成长期

在萌芽期的基础上,如果社区没有得到很好的生计资本补偿和生计资本恢复计划,脆弱性得不到遏制反而进一步成长。社区居民将明显感受到生活的改变和压力并开始对补偿政策产生了质疑。居民也开始对工程以及当地政府产生了不信任以及敌对的态度。这一时期,在贫困以及生计资本匮乏的累积作用下居民的生活已经大不如前,出现收入下降、收入来源有限、储备物和基础设施不足等。在对受港口湾水库影响的居民访谈的过程中,居民对当时的状态描述见受访者口述4.3。

【受访者口述4.3】 "工程建设后的不久,生活开始变得差一些,但我们还是有一些存款并且对生活还是有希望的,觉得会有人帮助我们的,但是随后没有任何的援助以及帮助,社区生活开始变得越来越差,我们开始对生活失去了信心,军天湖的居民开始发动社区居民上访、投诉等。"

① Adger W N. Vulnerability [J]. Global Environmental Change, 2006, 16(3): 268-281.
② 商彦蕊.灾害脆弱性概念模型综述[J].灾害学,2013,28(1):112-116.

（4）爆发期

经过成长期的累积，工程带来的冲击和扰动达到了最大并且生计资本破坏累积的作用使得社区超过临界线并爆发，社区的脆弱性充分暴露出来，社区生活陷入崩溃的状态。自然资本、经济资本、物质资本等得不到补偿，甚至出现恶化的态势。在对港口湾水库安置的社区进行访谈时，发现社区得不到应有的生计援助，居民对未来的生活失去了信心，因而社区居民开始聚众上访、围堵政府、拦截交通的正常运行。在对其中居民的访谈过程（见受访者口述4.4），当时社区生活和状态验证了这一时期的特点：社区居民不能正常的生活，遭受着工程的不利影响并且不能得到援助，因而社区系统处于崩溃状态。

【受访者口述4.4】 "我们没有土地和收入来源，以后的日子也不会有什么改变了，以前奢望我们的生活会有所改观，政府会有一定的帮扶措施，但是现在明显这不现实了。为了改变这种状态，我们得表达我们情绪，只能通过一些方式跟政府索要一些东西让我们的生活有保障。"

（5）稳定期

稳定期阶段社区的脆弱性水平达到了临界值以上，高脆弱性使得社区系统处于崩溃阶段，在此期间社区资本综合水平达到了最低，若没有外界的变化这种状态将一直持续下去。

（6）协调解决期

当社区脆弱性得以充分暴露，尤其出现了重大的社会矛盾冲突的时候，政府或项目的开发者往往会与社区进行协调，就化解社区的脆弱性现状进行帮扶，如发放征地补偿、增加就业机会、提供土地资源等。双方达成一致，脆弱性社区在资本生计方面得到恢复和帮助，脆弱性社区进入了协调解决期。这一时期的特征通过田湾核电站周围的居民得到了印证，访谈内容见受访者口述4.5。

【受访者口述4.5】 "田湾核电站建设给我们的社区带来的影响太大了，我们的海面和土地被征用、政府给的补偿又不够、社区的生活坏到不能再差了，并且政府给予的补偿又不够，因而我们只能采取上访的方式跟政府谈条件，甚至有些极端的方式去解决问题，例如周围的居民围堵核电站建设材料的运输车，围堵政府部门。通过这种方式，核电站和当地政府对我们的情况进行了了解之后，增加了对我们的生活补偿，社区的生活重新开始。村民开始根据自家拥有的东西和钱财进行调整和重新生活。"

（7）下一个阶段的潜伏孕育期

脆弱性社区得到了资本和生计方面的恢复和帮助，社区完成了自己的调整和协调期，社区居民的生活进入了一个平衡稳定的状态。脆弱性社区完成了转变和适应，各类生计资本进入了稳定状态，因而社区的脆弱性水平也进入到一个平稳状态，并进入到新的一个周期，形成新周期的潜伏孕育期。

需要特别指出，当政府以及社区自身在脆弱性发展过程中采取一定的生计资本恢复策略是可以改变社区脆弱性的生命周期的走向的。例如政府能够在社区脆弱性的萌芽期采取合理的生计资本补助措施，社区的脆弱性水平是可以得到遏制的，从而使社区的脆弱性水平降低到临界线以下进入平稳阶段，从而社区的脆弱性向正向演化。但如果此时，政府以及社区不能有针对性地对社区的生计资本实施缓解措施，甚至赔偿等问题不能满足社区的基本需求，那么将对社区的脆弱性起到了负向演化作用，加速社区脆弱性的爆发（图4-7）。

4.2.3 分析框架

1) 脆弱性分析的不同框架

脆弱性由于其概念、应用的多样化使得关于脆弱性的分析框架也趋于多样化，通过梳理相关文献，发现关于脆弱性的分析框架主要基于三个视角展开进行评估：政治经济视角、社会生态视角和综合视角[1]。

（1）基于政治经济分析框架

在政治经济视角的研究过程中，主要包括压力和释放模型（PAR）、可持续生计框架（SUS）（图 4-8）。压力和释放模型主要从分析自然灾害是如何发生、如何影响脆弱人群两个角度出发，并认为脆弱性是根植于社会的经济、人口和政治的过程，它决定了权利和各种资源的分布及可获得性，指出自然环境、地方经济、社会关系和公共行为与制度中的不安全条件，进一步加剧了脆弱性[2]。Mustafa 等应用该模型解释了巴基斯坦中部贫困和政治参与的缺失是当地居民遭遇洪水灾害后脆弱性突显的根源[3]；Gaillard 的研究发现菲律宾东部沿海的台风并不足以形成毁灭性灾害，而是根植于底层社会的政治和经济的糟糕状况进一步加剧了人口和社会脆弱性[4]。可持续性生计框架是由英国国际发展署提出，主张从社区资本的角度对脆弱性进行评估，在该框架中用人力资本、社会资本、自然资本、经济资本、物质资本构建的评价体系来评估脆弱性，并且认为政治系统、法律、制度、文化等对脆弱性的研究有重要的作用。其应用领域集中在农村地区面对来自外界环境变化、政策变动的应对能力以及社区社会与贫困脆弱性、家庭生计等。Ellis 以社区资本构建的脆弱性体系评估社区在应对全球环境变化对农村生产能力的影响[5]。

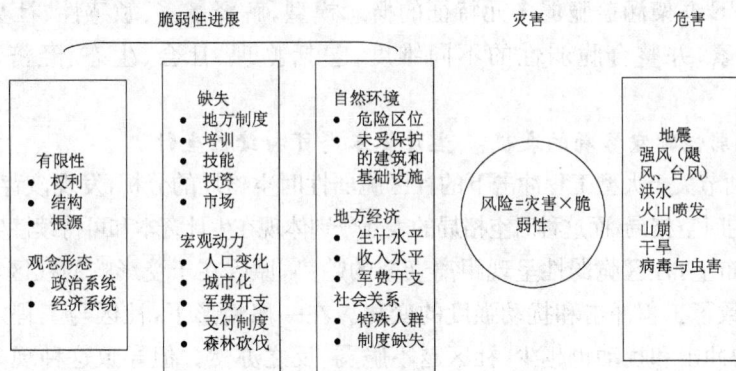

图 4-8　压力释放模型（Blaikie 等，2014）

① 黄晓军，黄馨，崔彩兰，等. 社会脆弱性概念、分析框架与评价方法[J]. 地理科学进展，2014，33(11)：1512-1525.

② Blaikie P, Cannon T, Davis I, et al. At risk: natural hazards, people's vulnerability and disasters [M]. London: Routledge, 2014.

③ Mustafa D. Structural Causes of Vulnerability to Flood Hazard in Pakistan* [J]. Economic Geography, 1998, 74(3): 289-305.

④ Gaillard J C, Liamzon C C, Villanueva J D. "Natural" disaster? A retrospect into the causes of the late-2004 typhoon disaster in Eastern Luzon, Philippines [J]. Environmental Hazards, 2007, 7(4): 257-270.

⑤ Ellis F, Ellis F. Rural livelihoods and diversity in developing countries [M]. New York: Oxford University Press, 2000.

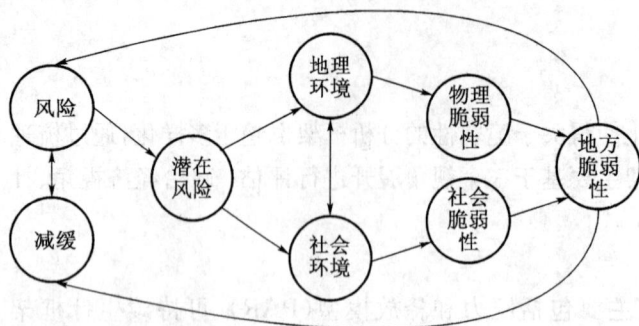

图 4-9　脆弱性地方-风险模型（Cutter 等，2000）

（2）基于社会生态分析框架

该研究视角主要包括地方-风险模型与人-环境耦合系统分析框架。地方-风险模型认为一个地区的脆弱性是由于生物物理脆弱性与社会脆弱性造成的，Cutter 等通过分析特定地方的多种风险或多重压力来探讨人口和社会的脆弱性，这些研究明确了风险暴露度和社会敏感性之间的关系，对于确定风险事件特征和脆弱人群的识别起到关键作用，而且对地方和区域尺度制定、风险干预和减缓措施具有重要意义（图 4-9）[①]。人-环境耦合系统的分析框架由耦合系统中人文条件与环境条件及其相互作用过程中面临的扰动、耦合系统脆弱性的暴露、敏感性和恢复力组成。Turner 等以墨西哥南部尤卡坦半岛洪水和飓风导致的社会脆弱性为案例进行了分析，进一步阐述了人-环境耦合系统脆弱性分析框架[②]。

（3）基于综合视角的分析框架

综合视角则是对多个领域的研究过程进行了结合，其代表框架有 BBC 框架与 MOVE 框架（BBC 框架见图 4-10）。BBC 框架从环境、社会、经济三个方面来对导致脆弱性进行分析，并提出脆弱性是一个动态的过程包括脆弱性的发生、对风险的降低和降低脆弱性的干预。MOVE 框架涵盖脆弱多元特征的概念模型，解释暴露、敏感性、社会能力与适应能力等核心要素，并整合脆弱性的不同维度，包括物理、社会、生态、经济、文化和机制维度。

2）社区脆弱性时空格局的表征：生计资本与可持续性生计

通过以上两节关于大型工程冲击下的社区脆弱性时空格局的分析，发现该背景下的社区脆弱性具有鲜明的时空格局，而这种时空格局的表征分别体现在生计资本和可持续性生计两个方面。

在空间分布上，社区脆弱性呈现距离衰减的趋势，原因在于受影响的社区与工程所在地之间的距离导致了工程冲击和扰动强度的变化。在一般情形下，社区与工程之间的距离越大，社区受到的冲击和扰动也越少，社区越不脆弱，反之亦然。但导致这种现象的根本原因在于冲击强度实质影响了社区生计资本的水平，社区生计资本水平作用于社区脆弱性，从而呈现出一定的距离衰减现象。但这种距离衰减的趋势并非成绝对的线性关系，也并非距离工程越近社区的脆弱性水平就越高，这从另一个角度也证实了工程冲击导致的社区生计资本水平是这种现象的根本原因。换言之，衡量工程带来的冲击强度在于考察社区综合生计

① Cutter S L, Mitchell J T, Scott M S. Revealing the vulnerability of people and places: A case study of Georgetown County, South Carolina [J]. Annals of the Association of American Geographers 2000, 90(4): 713-737.

② Turner B L, Matson P A, McCarthy J J, et al. Illustrating the coupled human-environment system for vulnerability analysis: three case studies [J]. Proceedings of the National Academy of Sciences, 2003, 100(14): 8080-8085.

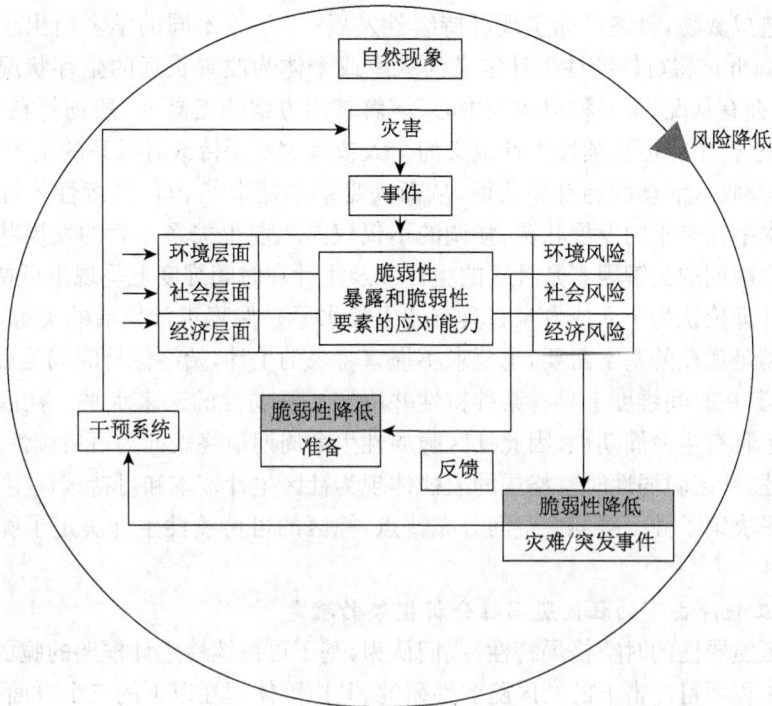

图 4-10　BBC 概念框架[①]

资本水平的变化情况,工程建设后社区的生计资本水平变化越大,代表工程带来的冲击和扰动也越强,而这种冲击和扰动包括了积极和消极的影响,社区的生计资本水平可能会变高,也可能变低。在现实中,空间距离上相近的社区受到来自工程的冲击和扰动看似相同,实质上却不相同,因而社区的脆弱性水平也不同。例如上文的宿城社区和高公岛社区,尽管工程建设在征用土地、征用海面等方面表现出一致,但在工程建设带来的好处和利益方面却不同,一个社区在失去土地的同时也受到工程建设带来的好处,例如增加就业等,而另一个社区则不能享受到这种好处,因而社区间的差异较大。这种变化最终表现为社区生计资本的差异,而并非简单的空间距离上的差异。因此,大型工程冲击下的社区脆弱性空间特性表征为社区生计资本水平。

在时间特性上,社区脆弱性具有自己的生命轨迹,包括了潜伏孕育期、萌芽期、发展期、成长期、爆发期、协调调整期以及下一阶段的潜伏孕育期。然而需要指出的是,并非所有的社区脆弱性均有这六个阶段。例如当社区和政府在早期采取一定的生计缓解措施去控制社区的脆弱性水平,社区的生命周期中将不会有爆发期;当社区和政府没有采取合理的缓解措施,社区脆弱性将超过临界线并保持高水平的脆弱性则不会有后续的调整和协调期。另一方面,如果社区始终保持生计方面的可持续性,那么社区的脆弱性生命周期也将所有不同。

① Bogardi J, Birkmann J. Vulnerability assessment: the first step towards sustainable risk reduction[M]// Malzahn D, Plapp T. Disaster and Society From Hazard Assessment to Risk Reduction. Berlin: Logos Verlag, 2004: 75-82.

可持续性生计指实现系统从外界压力和冲击中恢复,维持或提高生计的能力和资本,又不对将来的生计造成威胁,最终目标实现可持续性发展①。尽管不同的学者给出了不同的概念定义,例如 Mathur 将可持续性生计定义为家庭或个体为改善长远的生存状况所拥有的谋生能力、资产拥有状况,是一种以人为中心、缓解贫困方案的工具②。唐钧等在《中国城市贫困与反贫困报告》中将可持续性生计定义为个人或者家庭保持或者维系的生产力,以保证对财产、资源以及收入活动的拥有和获得,从而满足基本需求③,但可持续性生计强调的是社区居民生计水平在未来的发展状况,强调的不仅仅是当前也关系今后的发展状态。决定社区脆弱性生命周期的关键因素是社区的生计以及生计在时间维度上呈现出可持续性。同时可持续性生计理论认为个人或者家庭具有的生计水平是保障正常生活的关键,可持续性不仅要求生计满足现在的基本需要,也要求不损害将来的生计,始终保持时间维度上的可持续性发展,因而其在时间维度上具有某种特性并决定了脆弱性的未来水平。社区脆弱性同样在时间维度上具有生命周期性,因此社区脆弱性生命周期最终表征为可持续性生计。

综上所述,社区脆弱性时空格局的表征体现为社区生计资本和可持续性生计两个方面,社区资本水平决定了社区脆弱性空间分布特点,社区的可持续性生计决定了脆弱性在时间维度上的特性。

3) 大型工程冲击下的社区脆弱性分析框架的确定

根据社区脆弱性的时空格局特性,我们认为,基于可持续性生计框架的脆弱性分析适用于评估大型工程项目冲击下的社区脆弱性研究,其原因体现在以下的三个方面:

(1) 可持续性生计框架包含外部的冲击和扰动

人们生活在某一个特定的环境中,该环境往往会给一个社区带来长期性和累积性的冲击和扰动,这种特定的环境被称为风险环境,又称为脆弱性环境/背景,包括超乎社区控制范围的周期、趋势和冲击。而社区的外部环境往往主要由社会、经济、政治、人口、自然环境、气候等因素的历史趋势决定。社区脆弱性不仅受到外部冲击和周期性因素的根本性影响,而且受到主要变化趋势的根本性影响;并且这些因素是人们难以控制或没办法控制的④。风险环境的重要性在于它直接影响社区拥有的资源和资本的状况以及社区所面临的选择和机会。例如在研究渔业可持续性生计过程中,趋势可能包括下降的捕获率、鱼价格的变动,以及不受社区控制的其他因素,例如食物或药品成本上升。冲击包括风暴破坏海岸设施、有毒藻类带来的水华、油价上涨、货币贬值等影响渔业投入成本和渔业产品市场价值的要素。社区成员的疾病和死亡以及捕鱼工具的缺失则是明显的冲击。而大型工程作为外部的风险环境,趋势则指国家关于大型工程建设的趋势以及国家经济建设对大型工程建设的需求,冲击则指工程建设导致的受影响社区的生计资本和资源的丧失。

外部环境作为社区脆弱性发展的催化剂,在研究大型工程冲击下社区脆弱性的研究中有重要的意义。外部环境的研究能够帮助受影响社区了解脆弱性的外部环境的冲击、趋势、周期,指导政府等决策者制定合理的适应性缓解策略。

---

① 闻波. 世界环境与发展委员会访华团抵达北京介绍其报告[J]. 中国环境管理,1991(4):30.

② Mathur H M. Social Impact Assessment A Tool for Planning Better Resettlement [J]. Social Change, 2011, 41(1):97-120.

③ 唐钧,沙琳,任振兴. 中国城市贫困与反贫困报告[M]. 北京:华夏出版社,2003.

④ Ellis F. Rural livelihoods and diversity in developing countries [M]. New York:Oxford University Press, 2000.

(2) 可持续性生计框架注重社区资本的研究

可持续性生计框架注重社区资本和资产的研究，并且提倡社区资本和资源的多样性。可持续性生计框架提供了一种关于"什么资源或者资源如何组合才能对社区的发展起到重要的作用"的研究视角。依据社区资本分析框架提出的社区资本在衡量社区脆弱性的重要意义，可持续性生计框架是基于社区资本对社区内部脆弱性能力的研究[①]。大型工程在开发、建设和运营等过程中给社区资本带来了大量的冲击和扰动，可持续性生计框架中关于社区资本的研究在一定程度上衡量了大型工程给社区带来的冲击和扰动、社区资本维度的变化，并能衡量社区的脆弱性水平的高低。

另一个方面，该框架提出对社区发展起到关键作用的资本不仅仅包括传统的物质资本、自然资本、经济资本，并且包括社会资本和人力资本等，而后者在决定社区内部脆弱性方面同样有着不可忽略的作用。社区内部的脆弱性指标的构成不仅仅局限于易于观察的相关指标，经济收入水平、就业率、经济来源，而信任、社会关系、生活习惯、文化风俗等指标同样对社区的脆弱性构成有重要的影响。其次，可持续性生计框架提供了一个更现实的用以评估项目对社区的生活状况的直接或间接影响的框架，和单一维度的生产力和收入指标对比，评估具有全面性和系统性，因而该框架在全面性和科学性方面具有较大的优势。

(3) 可持续生计框架中阐明生计策略和政府采取缓解措施的重要意义

所谓社区生计资本策略指社区在承受外部冲击环境后采取的一系列的行动和方法。换言之，生计策略也就是资本组合和应用的方法。受影响人群在受到外界的冲击和扰动，社区资本受到了严重的冲击。社区居民为了改善自身的生计条件，往往对脆弱性环境进行审查，然后采取合理的生计措施对社区资本进行投资和组合，从而使得社区资本在短时间完成投资和再生产的过程。

大型工程冲击下社区脆弱性研究的意义不仅在于对大型工程带来巨大冲击和扰动作用下社区脆弱性的评估，更重要的意义在于发现导致社区脆弱性的深层次原因、深刻剖析社区生计资本策略的缺陷，从而帮助社区居民和政府等相关部门做出正确的政策与制度调整，以此作为一种良好的生计资本策略，促使社区居民完成从外界冲击和扰动中的恢复，尽早实现生计的可持续性。

以上分析证明可持续性生计框架适用于分析大型工程冲击下的社区脆弱性，本研究在已有框架的基础上结合社区脆弱性的时空格局构建适用于大型工程冲击下的社区脆弱性分析框架(图4-11)。

(1) 大型工程带来的冲击和扰动作为社区脆弱性的外部环境。大型工程带来的冲击和扰动作为一个变量在评估的过程中不易直接观察，在此分析框架中通过社区在大型工程建设前后的社区资本(包括自然资本、物质资本、社会资本、经济资本、人力资本)的变化来衡量大型工程对每一个社区的冲击和扰动的不同程度，从而实现对扰动和冲击的准确度量。冲击和强度在空间上具有距离衰减的趋势，研究过程中将针对这一趋势对冲击和扰动之间的关系进行分析。

(2) 工程建设后社区资本水平反映出社区的受损强度以及社区表现出的适应力，是评

① Rijn F V, Belder E D. Impact assessment in the Sustainable Livelihood Framework [J]. Development in Practice, 2012, 22(7): 1019-1035.

N-自然资本 F-经济资本 H-人力资本 P-物质资本 S-社会资本

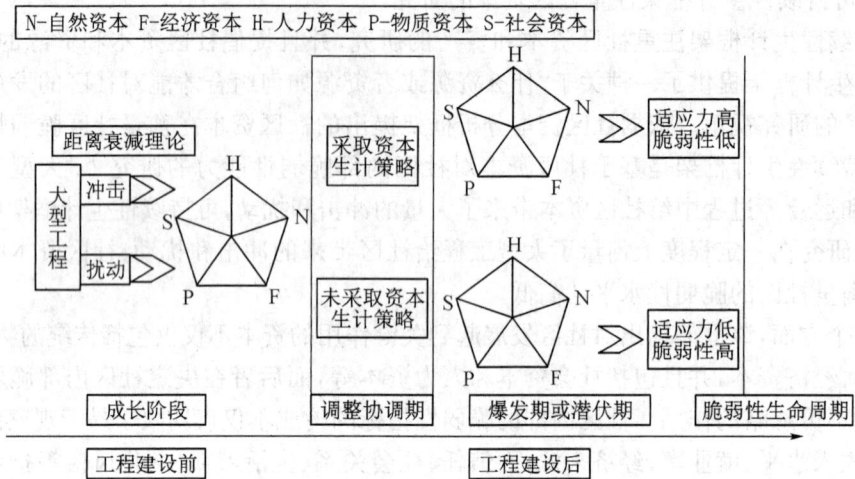

图 4-11 大型工程冲击下的社区脆弱性分析框架

估脆弱性水平的重要指标。脆弱性是适应力作用后的结果,因而通过适应力这一中间概念来反映社区的脆弱性。而社区资本作为决定社区适应力以及内部属性的关键因素,在一定程度上决定了社区的适应力,因此在本框架中,借助社区资本的综合水平来反映社区的脆弱性和适应力①。同时脆弱性是一个动态而长期复杂化的过程,其随着工程的扰动与冲击和社区资本的水平而变化。社区资本作为对社区脆弱性和适应力评估的重要指标,在整个项目的全生命周期中也是持续不断变化的。因而在研究脆弱性的过程中需要选取某一个剖面来研究大型工程冲击下的社区脆弱性。

(3) 社区资本间的平衡以及社区资本的恢复作为社区脆弱性的有效补救措施。该分析框架在评估大型工程给社区带来的冲击、社区间的脆弱性关系之后,将识别出较为脆弱的社区,并深入挖掘导致社区脆弱性的深层次原因,并根据社区资本的补救措施帮助社区完成遭受大型工程冲击和扰动后的适应过程,最终帮助社区实现可持续性。

4.3 社区脆弱性评价尺度及其测算方法

统计学上,尺度被定义为研究对象量化的一个过程。在本研究中,尺度是指社区脆弱性评价的一个完整过程,包括评价方法的选取、指标的选定、测算方法等环节,旨在提供一个完整的脆弱性评价体系。

4.3.1 社区脆弱性评价方法的比较与选择

1) 脆弱性评价的不同方法②

脆弱性评价方法一直是脆弱性研究的焦点,其中大部分都是关于地理学领域中风险和

---

① Ellis F, Ellis F. Rural livelihoods and diversity in developing countries[M]. New York: Oxford University Press, 2000.

② 李鹤,张平宇,程叶青. 脆弱性的概念及其评价方法[J]. 地理科学进展, 2008(2): 18-25.

灾害方面的研究,如地下水脆弱性、信息系统的脆弱性、生态脆弱性、承灾体的脆弱性等。由于不同领域对脆弱性的理解不同,对于脆弱性评价也是结合具体领域而言的,也没有形成共识。主要脆弱性评价方法有以下几种:

(1) 综合指数法

综合指数法从影响脆弱性的因素、作用机理和表征等维度构建评价指数体系,利用统计学等数学方法将评价体系综合成脆弱性指数,来反映研究对象脆弱性水平的相对大小,是脆弱性评价中比较常用的一种方法。综合指数法常采用层次分析法(AHP)、加权平均法、主成分分析法(PCA)、模糊综合评价法、熵值法等数学统计方法。例如美国国际开发署(USAID)在对早期饥荒预警系统的研究中,运用综合指数法通过对选取的若干指标进行计算,比较非洲不同地区对粮食安全的脆弱性;南太平洋应用地学委员会通过50个指标构建了环境脆弱性的指标评价体系,并利用统计学方法计算得出脆弱性的相对大小,用来反映某一国家自然环境易受到损害及发生退化的程度。于波涛通过22个评价指标建立基于因子分析方法的林业区域系统发展的脆弱性评价模型,对伊春市1998—2006年度的林业区域情况展开实证研究,对各年度林业区域系统发展的脆弱性进行定量分析[1]。由于综合指数法的简单、易操作性,使其在脆弱性评价中得到广泛运用。但该方法对脆弱性的评价缺乏系统的研究,尚不能清晰地解释脆弱性构成要素之间的相互关系;另一方面在指标的选取和权重的确定上缺乏客观性、科学性;而脆弱性的形成机理和表征在时间和空间维度上具有鲜明的特性,如何建立跨区域、跨时段的脆弱性评价指标体系是该方法致力解决的问题。

(2) 图层叠置法

随着GIS技术的不断发展和普及,越来越多的脆弱性评估开始和GIS技术相结合,图层叠置法就是在GIS技术的基础上发展起来的一种脆弱性评价方法,图层叠置法根据其研究思路不同主要包括两种方法:一种方法是依据脆弱性构成要素图层间的叠置,例如Cutter将美国卡罗来纳州一个郡的自然脆弱性和该地区的社会脆弱性空间差异分布图进行叠置,从而达到对该区域总体的脆弱性进行评估分析的目的[2];郝璐等分别对内蒙古牧区环境对雪灾的敏感性和牧区承载体对雪灾适应性的地域差异进行了分析,并将二者的区域图进行叠置分析,得出了内蒙古牧区雪灾脆弱性的地域差异[3]。图层叠置法能全面地反映区域脆弱性的空间差异,反映出区域受灾害影响的风险性、敏感性和适应性等因素的空间差异,适合研究极端灾害事件扰动和冲击下的脆弱性。另一种方法则是研究不同扰动和冲击下的脆弱性图层间叠置。O'Brien将研究区域中多重扰动和冲击下的脆弱性的空间分布图层进行叠置,来反映该区域在多种干扰和冲击作用下的脆弱性空间差异,并以印度农业生产部门在气候变化和经济全球化双重干扰和冲击作用下的脆弱性为例进行了实证分析[4]。该方法为多重干扰和冲击相互作用下的脆弱性评价提供了研究思路,但未能考虑各种干扰对

① 于波涛. 林业区域系统发展的累积式脆弱性分析与纵向评价[J]. 林业科学,2008,44(4):115-123.
② Cutter S L, Mitchell J T, Scott M S. Revealing the vulnerability of people and places: A case study of Georgetown County, South Carolina [J]. Annals of the Association of American Geographers, 2000, 90(4):713-737.
③ 郝璐,王静爱,史培军,等. 草地畜牧业雪灾脆弱性评价——以内蒙古牧区为例[J]. 自然灾害学报,2003,12(2):51-57.
④ O'Brien K, Leichenko R, Kelkar U, et al. Mapping vulnerability to multiple stressors: climate change and globalization in India[J]. Global Environmental Change, 2004, 14(4):303-313.

系统脆弱性影响的差异,因而很难反映影响脆弱性的主要原因。

（3）函数模型评价法

函数模型评价法依据对脆弱性的概念理解,首先对构成要素进行定量评价,并在分析各构成要素之间的作用关系的基础上,建立脆弱性评价模型。Luers 提出系统的脆弱性是由系统内部因素在扰动、冲击下的敏感度和因素与风险临界值的接近程度构成的函数,因而脆弱性可以用二者比值的期望来度量,在此研究的基础创立了最小潜在脆弱性的评价方法[①]。Metzger 在脆弱性函数模型的基础上,将系统在扰动、冲击作用下遭受的潜在风险和适应能力二者作为脆弱性函数模型的两个变量[②]。函数模型评价法和上述方法相比,更注重研究系统内部脆弱性影响因素之间的关系,有助于对脆弱性决定因素和特征的评估和认识。得到的结果既能反映系统整体的脆弱性状况,也可以了解脆弱性构成要素的具体情况。但脆弱性的概念、构成要素、要素间的相互作用关系的差异,不同研究领域有着不同的认知,即使在同一领域的研究,不同研究者选取的要素、指标、作用关系也会有所不同,因而使其定量表达不容易实现。

（4）模糊物元评价法

模糊物元评价方法首先要选定一个参照状态（脆弱性最高或最低的状态）,然后计算研究区域与参照状态的相近程度来比较区域间的脆弱性水平差异。祝云舫等采用模糊集贴近方法建立了城市风险排序中"最差序城市""中序城市""最优序城市"三种状态模型,通过计算评价城市与三种状态的贴近程度来反映城市环境的脆弱性程度[③]。邹君等将欧氏距离的概念引入到模糊物元评价模型中,通过对衡阳盆地 7 个县农业水资源脆弱性评估结果与最理想状态的贴近度来反映各县农业水资源的脆弱性相对大小[④]。该方法不是将众多指标合成一个综合指数,不必考虑变量间的相关性问题,因而原始变量信息可以得到充分利用。但该方法的评价结果反映的信息量较少,只能得出研究对象脆弱性的相对大小,很难反映出脆弱性决定因素和脆弱性特征等信息。

2）脆弱性评价方法的比较

为了选择符合分析框架的脆弱性评价方法,我们对上述四种方法从基本原理、优点和不足两个方面进行了比较,旨在选择出符合大型工程项目冲击下的社区脆弱性评价方法（表4.4）。

表 4.4　脆弱性评价方法的比较

评价方法	基本原理	优点和缺点
综合指数法	对选取的指标数据进行标准化处理,并利用主成分分析、综合加权求和、熵权系数、层次分析等方法确定指标权重,进而综合评价脆弱性程度	计算过程相对简单,且容易操作;但在指标选取与权重确定过程中存在一定的主观性,且忽视了脆弱性构成要素之间的关系

① Luers A L, Lobell D B, Sklar L S, et al. A method for quantifying vulnerability, applied to the agricultural system of the Yaqui Valley [J]. Mexico. Global Environmental Change, 2003, 13(4): 255-267.

② Metzger M J, Leemans R, Schroter D. A multidisciplinary multi-scale framework for assessing vulnerabilities to global change [J]. International Journal of Applied Earth Observation and Geo-information, 2005(7): 253-267.

③ 祝云舫,王忠郴. 城市环境风险程度排序的模糊分析方法[J]. 自然灾害学报,2006,15(1): 155-158.

④ 邹君,杨玉蓉,田亚平. 南方丘陵区农业水资源脆弱性概念与评价[J]. 自然资源学报,2007,22(2): 302-310.

(续表)

评价方法	基本原理	优点和缺点
图层叠置法	根据脆弱性的构成要素分别制图,并将其进行空间叠置,如区域生物物理脆弱性和社会脆弱性的图层叠置,形成地方整体脆弱性	实现了脆弱性评价结果的地图可视化和直观表达;但评价结果难以反映不同要素对整体脆弱性的影响程度
函数模型评价法	根据对脆弱性的不同理解,构建相应的脆弱性函数模型,一般多由暴露度、敏感性、应对或适应能力、恢复力等所构成	较好地明确了脆弱性的组成要素及其相互作用关系;由于对脆弱性构成要素的理解不同,导致该模型表现形式差异较大
模糊物元评价法	选定一个参照状态,脆弱性最高或最低的状态,然后计算研究区域与参照状态的相近程度来反映研究区域的相对脆弱程度	原始变量信息可以得到充分利用;评价结果反映的信息量较少,只能得出研究对象脆弱性的相对大小,很难反映出脆弱性决定因素和脆弱性特征等信息

3) 大型工程冲击下的社区脆弱性评价方法的确定

根据表4.4,我们认为大型工程冲击下的社区脆弱性评价可采取综合指数法与模糊物元评价法相结合的方式进行评价,其优势主要体现在下面两个方面:

(1) 分析框架中提出社区资本的状况是评估社区脆弱性的基础,社区资本的共同作用决定了社区脆弱性的最终状态,如何考虑将各种社区资本结合起来共同作用于社区脆弱性是研究的基础。而综合指数法可以充分将五类资本综合起来作用于社区脆弱性。

(2) 大型工程冲击下的社区脆弱性具有鲜明的时空特性,社区脆弱性受到内部条件和外部条件的共同作用。社区作为一个耦合系统受到的冲击和扰动是多方面的,如何正确的提取仅由目标工程造成的影响而避免其他因素对工程项目的影响是确定脆弱性评估方法的重要方面,而模糊物元法可以弥补这方面的不足,在本研究中通过设置不受工程影响的社区的脆弱性水平即对照组,从而实现社区脆弱性的比较,并应用 GIS 技术可以使得实现数据空间分布的可视化,使得数据得到充分利用,而避免其他条件的干扰。

4.3.2 评价尺度测算基础:社区脆弱性指标体系

从大型工程冲击下的社区脆弱性分析框架中可以发现社区脆弱性评价的关键在于对适应力的评价。Nelson 发展了基于可持续性生计框架和适应力相结合的社区脆弱性分析,主张从社区生计资本的角度去研究社区适应力[①]。在该模型中,通过分析某一时刻的社区资本情况构建一个社区适应力指数,从而反映出社区在这个时间节点上的脆弱性程度。基于这一思路,根据第3章评估变量的本土化实证研究结论,我们试图将评估变量及相关测度指数纳入可持续生计框架所包含的人力资本、自然资本、物质资本、经济资本、社会资本等生计资本范围内(相关研究将在第5章中展开)加以考察社区的脆弱性。

大型工程所在地区的居民生计资本存在一定的差异性,社区脆弱性分析指标也不尽相同。主要差异表现在项目开发所冲击的地区是农村社区还是城市社区,前者在自然资本上

---

① Nelson R, Kokic P, Crimp S, et al. The vulnerability of Australian rural communities to climate variability and change: Part II — Integrating impacts with adaptive capacity [J]. Environmental Science & Policy, 2010, 13(1): 8-17.

受到的冲击强度较大。大型工程开发多发生在农村地区,根据农村地区的社区资本构成及我们对案例工程的考察,我们提出了表4.5所示的社区脆弱性指标体系,并给出必要的解释和说明。

表 4.5   社区脆弱性指标体系的构成以及指标解释

社区资本类型	指标体系	指标解释
自然资本	责任田	村集体所有的耕地承包给农户,农户负责耕种与管理,获得粮食、蔬菜等产品
	责任林地	村集体所有的林地承包给农户,农户负责耕种与管理,获得木材、茶叶等产品
	养殖水面	社区所拥有的池塘、海面等用来养殖获得产品的资源
	畜牧业草场	社区用来进行畜牧业养殖的草地和草场
	自留地	农业集体经济组织按政策规定分配给成员长期使用的土地,用来生产各种农副产品
	宅基地	农村的农户或个人用作住宅基地而占有、利用本集体所有的土地
经济资本	收入水平	家庭年收入水平
	收入来源	家庭获得经济收入的主要来源
	经济地位	家庭处于社区整体中的经济地位
	就业难易	居民就业难易程度反映出社区的经济来源
	消费支出	家庭月消费水平
	理财投资	家庭对现有经济资源的管理方式
	经济援助	家庭遇到困难时主要的经济援助来源
人力资本	年轻人留守	家庭中是否有年轻人留守
	教育程度	被调查者和被调查者配偶的教育水平
	健康程度	被调查者和被调查者配偶的健康水平
	城镇户口	被调查者是否为城镇户口,人口属性的差异导致居民享受的权益也不同
	职业类型	被调查者和被调查者配偶的职业种类反映出社区居民的人力水平,职业的类别越高,居民的生产力也越高
	医疗保险	被调查者是否享有医疗保险,保障生产力的健康水平
	技能培训	被调查者是否拥有技能培训
	政府就业培训	被调查者是否享有工程带来的政府培训
社会资本	夫妻关系	被调查者夫妻间关系怎么样
	子女关系	被调查者与子女关系怎么样
	晚辈与长辈关系	被调查者家庭长辈与晚辈关系怎么样
	亲戚关系	被调查者亲戚关系怎么样
	邻居关系	被调查者与邻居关系怎么样

（续表）

社区资本类型	指标体系	指标解释
社会资本	网络使用	被调查者是否使用网络,网络的使用会促进社会资本的发展
	外来人口	社区是否有外来人口,外来人口能够证明社区的对外社会关系好坏
	语言和宗教	社区居民主要的语言类型和宗教信仰说明交流的多样性
物质资本	房屋	工程建设前后被调查者家庭房屋面积和类型
	医疗设施	工程建设前后社区的医疗水平
	交通设施	工程建设前后社区的交通情况
	社区服务设施	工程建设前后社区的服务系统水平
	健身设施	工程建设前后社区健身设施水平
	通信设施	工程建设前后社区通信设施水平

4.3.3 社区脆弱性评价尺度测算方法与过程

根据我们的社区调查经验,我们认为采用结构式调查问卷和访谈方式进行数据的收集,是社区调查搜集数据较合适的方法。数据类型主要分为两种:一是 1～5 级的李克特量表(被调查者夫妻关系、当地医疗水平、收入水平);二是无规律性数据(工程建设后林地的变化情况包括减少、增加、不变;职业类型)。

我们建议对评价尺度采用两次主成分分析(PCA)的方法进行测算。主要理由:主成分分析是考察多个变量间相关性的一种多元统计方法,其主要目的是用较少的变量去解释原始数据中大部分的变异。主成分分析的重要思想是降维,将多个相互关联的变量转化成少数几个互不相关的综合指标的统计方法,这些综合指标是原来多个变量的主成分,每个主成分都是原来变量的线性组合。在本研究中,将两次使用主成分分析。首先采用主成分分析方法从每一种资本的众多问卷指标中选取具有代表性的指标,使其充分代表原始数据的特点。根据 Sheng 和 Nossal 应用主成分分析研究社区适应力与社区资本之间关系的研究,指标的选取必须满足主成分分析的要求,即指标必须对社区资本的影响要一致,例如较高的健康水平导致较高的社区资本,其他指标也必须产生这种效应[1]。因此在主成分分析的过程中要进行指标间的相关性分析,对最终结果不一致的指标予以剔除,以确保各类指标对每种资本的作用一致性。其次主成分分析将确定五种资本在社区适应力和脆弱性中的权重,避免以往研究权重确定的主观性,其主要思路如图 4-12 所示。

社区资本的具体测算过程如下:第一步对统计问卷数据进行效度分析,α 系数是否证明问卷的数据有效性。第二步对每一类资本数据单独进行 KMO 和 Bartlett 检验,检验数据是否适合运用主成分分析方法。第三步对每一类资本单独进行相关性检验,将呈现出负相关的数据予以剔除,例如在经济资本的研究过程中,如果经济收入水平与收入来源成反

① Sheng E, Nossal K, Zhao S, et al. Exploring the feasibility of an adaptive capacity index using ABS Data [J]. ABARE and CSIRO Report for the National Land and Water Resources Audit, Canberra, 2008.

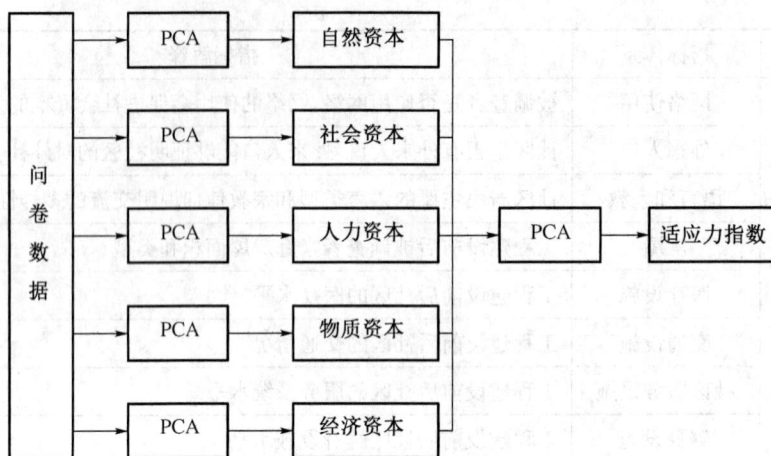

图 4-12　数据分析过程与方法

比,则要删除收入来源这一数据,原因在于收入水平是与社区的适应力成正比的,一般而言,收入水平越高,则社区的适应力能力越强,反之亦然。但是如果收入来源与收入水平呈反比,则说明收入来源与收入水平对适应力的作用不一样,因而会使得适应力有不同的方向,因此应该避免这类数据的出现,一旦出现予以剔除,保证数据指标间的正相关。第四步,分别对每一类资本下的数据指标使用第一次主成分分析,根据特征值大于 1 确定主成分的个数。指标的选取过程中依据共同性的大小确定,共同性越高,表示该变量与其他变量可测量的共同性质越多,表示越有影响力。在社会科学中,共同性值通常介于 0.4～0.7 之间,而 Hair 建议在进行主成分分析时,应确保变量的共同性大于 0.5,小于 0.5 的考虑剔除,因而本研究按照共同性小于 0.5 予以剔除[①],然后根据每一个主成分的线性方程计算出每一个主成分值,其中 Comrey 认为因子荷载量为 0.45～0.54、0.55～0.62、0.63～0.7 和＞0.7 分别表明变量状况为普通、良好、非常好和极好,因此将在计算主成分的研究中将荷载因子较小的予以剔除以简化指标的计算。并依据其方差贡献率占总方差贡献率确定每个主成分的权重,最终计算出每一类社区资本值。

社区脆弱性的测算同样运用主成分分析法:首先对上面计算获得社区资本值进行 KMO 和 Bartlett 检验,检验所得的社区资本数据是否适合运用主成分分析方法。对数据进行主成分分析,在确定因子的个数时将因子的个数设置为 5,得到解释总方差表,确定每一类资本在社区适应力指数中的权重,最后计算该指数,并以该指数的大小来衡量社区的脆弱性程度。

我们将在 4.4 节中结合评价尺度验证,选择一个案例工程阐释上述方法与过程。

4.4　社区脆弱性评价尺度的有效性验证

这里选取连云港田湾核电站案例工程的调查数据,检验评价尺度的有效性和分析框架

---

① Hair Joseph, et al. Multivariate Data Analysis: Pearson New International Edition (PDF eBook)[M]. Pearson Education Limited, 2014: 128-134.

的合理性与科学性,同时也为大型工程冲击下的社区脆弱性评价提供相关的经验。

4.4.1 实证数据获取与处理研究

案例工程的选取原则、选取调查对象、确定调查样本、问卷设计、采集数据、统计与处理数据等环节,参见 3.3 节。

4.4.2 测算过程与结果

1) 工程建设前后社区资本测算

依据 4.3 节中确定的主成分分析方法,以其中一种社区资本,经济资本为例进行计算过程的描述。

第一步,对统计问卷数据进行 KMO 和 Bartlett 检验,结果如表 4.6 所示,其中 KMO 值大于 0.7,证明该指标适合进行主成分分析。

表 4.6　KMO 和 Bartlett 的检验

KMO 和 Bartlett 的检验		
取样足够度的 Kaiser-Meyer-Olkin 度量		0.777
Bartlett 的球形度检验	近似卡方	185.512
	df	10
	$Sig.$	0.001

第二步,对变量间进行相关性分析得到表 4.7,发现指标间相关性较强,且多数满足 $Sig. < 0.05$,变量间呈显著相关性,并且变量间呈正相关性,确定所有指标对最终结果的作用性质是一致的,因此在这个过程中不予以剔除指标。

第三步,通过主成分分析得到解释的方差和主成分表(表 4.8 和表 4.10)。在表 4.8 方差累积贡献率表,前三个主成分的特征值均大于 1,方差累积贡献率达 82.725%,大于 80%,因而前三个主成分能够很好地反映出这组数据的特点,故取前三个主成分作为研究对象。

表 4.7　指标相关性

		经济来源	经济水平	经济地位	消费支出	理财投资	就业难易	经济援助
相关系数	经济来源	1.000	0.766	0.614	0.850	0.720	0.750	0.729
	经济水平	0.766	1.000	0.790	0.528	0.771	0.750	0.555
	经济地位	0.614	0.790	1.000	0.646	0.557	0.452	0.758
	消费支出	0.850	0.528	0.646	1.000	0.666	0.780	0.800
	理财投资	0.720	0.771	0.557	0.666	1.000	0.723	0.696
	就业难易	0.750	0.750	0.452	0.780	0.723	1.000	0.624
	经济援助	0.729	0.555	0.758	0.800	0.696	0.624	1.000

（续表）

		经济来源	经济水平	经济地位	消费支出	理财投资	就业难易	经济援助
显著性水平	经济来源	—	0.040	0.140	0.004	0.008	0.053	0.008
	经济水平	0.040	—	0.001	0.000	0.001	0.049	0.078
	经济地位	0.140	0.001	—	0.058	0.018	0.050	0.044
	消费支出	0.004	0.000	0.058	—	0.002	0.014	0.141
	理财投资	0.008	0.001	0.018	0.002	—	0.092	0.016
	就业难易	0.053	0.049	0.050	0.016	0.092	—	0.400
	经济援助	0.008	0.078	0.044	0.141	0.016	0.400	—

表 4.8　指标累积贡献率

成分	初始特征值			提取平方和载入		
	合计	方差的%	累积%	合计	方差的%	累积%
1	1.887	36.964	36.964	1.887	36.964	36.964
2	1.370	29.565	66.529	1.370	29.565	66.529
3	1.134	16.196	82.725	1.134	16.196	82.725
4	0.814	11.623	94.348			
5	0.756	4.806	99.154			
6	0.611	0.734	99.888			
7	0.428	0.112	100.000			

由于指标 V_7 的共同性小于 0.5（此处按照 Hair 的研究，即共同性小于 0.5 的指标予以剔除），而其他指标的共同性均大于 0.5，如表 4.9，说明指标 V_7 与其他指标的共同性较少，为了减少指标的复杂程度和简化计算过程，因而在计算每一个主成分时将 V_7 去掉。

表 4.9　指标提取率

	初始	共同性
经济来源 V_1	1.000	0.569
经济水平 V_2	1.000	0.710
经济地位 V_3	1.000	0.529
消费支出 V_4	1.000	0.531
理财投资 V_5	1.000	0.612
就业难易 V_6	1.000	0.576
经济援助 V_7	1.000	0.464

根据以上分析结果以及主成分表 4.10 所罗列的指标量可知，其中消费支出指标在线性方程中的荷载因子较小。Comrey 认为因子荷载量为 0.45～0.54、0.55～0.62、0.63～0.7

和>0.7分别表明变量状况为普通、良好、非常好和极好，因此在这个过程中将消费支出予以剔除。最终提取的主成分是F_1、F_2、F_3，根据上表中计算可得各成分的数学模型：

主成分1计算式：$F_1 = 0.732 \times V_1 + 0.823 \times V_2 + 0.552 \times V_3 + 0.563 \times V_5 + 0.674 \times V_6$；

主成分2计算式：$F_2 = 0.491 \times V_1 + 0.380 \times V_2 + 0.474 \times V_3 + 0.542 \times V_5 + 0.616 \times V_6$；

主成分3计算式：$F_3 = 0.524 \times V_1 + 0.630 \times V_2 + 0.517 \times V_3 + 0.732 \times V_5 + 0.607 \times V_6$；

表 4.10　主成分表

指标	F_1	F_2	F_3
经济来源 V_1	0.732	0.491	0.524
经济水平 V_2	0.823	0.380	0.630
经济地位 V_3	0.552	0.474	0.517
消费支出 V_4	0.054	0.020	0.177
理财投资 V_5	0.563	0.542	0.732
就业难易 V_6	0.674	0.616	0.607
经济援助 V_7	0.078	0.045	0.048

每个主成分对于经济资本的权重确定方式依据累积贡献率，各个主成分的贡献率分别占三个累积贡献率和的比例确定权重，则经济资本 $F = 36.964/82.725 \times F_1 + 29.565/82.725 \times F_2 + 16.196/82.725 \times F_3$，由此得到了各个社区的经济资本水平为：6.23，5.70，5.85，4.68，5.60，6.10，4.74，6.69，见图 4-13。按照此方法分别计算各类资本工程前后的变化情况，所得具体结果如图 4-13 和图 4-14。

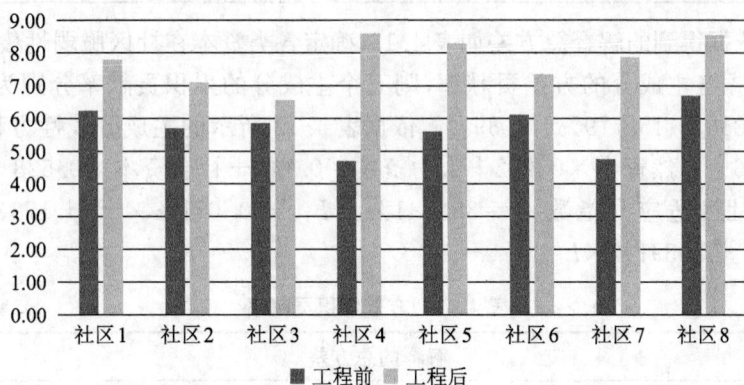

注：社区 1～8 分别代表墟沟、中云、云山、连岛、连云、高公岛、宿城和板桥，下同不做备述。

图 4-13　社区前后经济资本对比图

2）社区脆弱性测算

社区脆弱性的测算是通过社区适应力指数的计算来间接地反映出社区脆弱性水平的高低，社区适应力越高则社区的脆弱性越低，反之亦然。而社区适应力的计算是第二次运用主成分分析。依据上一小节得到各个社区的各类资本的计算结果，进行主成分分析，在确定因

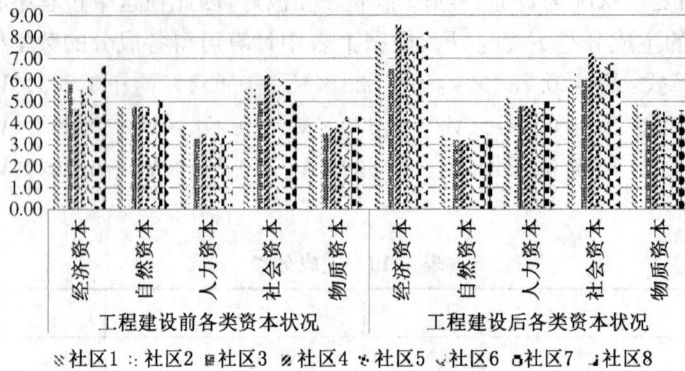

图 4-14　社区前后各类资本对比图

子的个数时将其设置为5,确定每一类资本在社区适应力中的作用。以工程建设后社区适应力指数为例,其计算过程如下:

第一步,对各个社区的社区资本数据进行 KMO 和 Bartlett 检验,结果如表 4.11 所示,其中 KMO 值大于 0.7,证明该指标适合进行主成分分析。

表 4.11　KMO 和 Bartlett 的检验

KMO 和 Bartlett 的检验		
取样足够度的 Kaiser-Meyer-Olkin 度量		0.834
Bartlett 的球形度检验	近似卡方	142.168
	df	10
	$Sig.$	0.000

第二步,依据得到的解释总方差如表 4.12,确定各类资本在社区脆弱性模型中的权重,其确定方法依据各主成分的方差贡献率,则五个主成分的累积贡献率分别为：35.441%、20.071%、17.318%、15.779%、11.391%,依据表 4.13 所示的主成分线性方程(如 F_1=经济资本×0.656+自然资本×0.252+人力资本×0.744+社会资本×0.528+物质资本×0.667),最终社区适应力指数 A=35.441%×F_1+20.071%×F_2+17.318%×F_3+15.779%×F_4+11.391%×F_5。

表 4.12　方差累积贡献率

成分	解释的总方差					
	初始特征值			提取平方和载入		
	合计	方差的%	累积%	合计	方差的%	累积%
1	1.772	35.441	35.441	1.772	35.441	35.441
2	1.004	20.071	55.512	1.004	20.071	55.512
3	0.866	17.318	72.830	0.866	17.318	72.830
4	0.789	15.779	88.609	0.789	15.779	88.609
5	0.570	11.391	100.000	0.570	11.391	100.000

表 4.13 成分表

	成分				
	F_1	F_2	F_3	F_4	F_5
经济资本	0.656	0.176	0.126	0.655	0.305
自然资本	0.252	0.903	0.120	0.325	0.001
人力资本	0.744	0.173	0.348	0.006	0.343
社会资本	0.528	0.040	0.839	0.014	0.128
物质资本	0.667	0.353	0.105	0.503	0.407

依据上述的方法分别计算出各个社区的适应力如图 4-15,与工程建设之前相比,各个社区的适应力水平得到了整体的提升,原因在于在这期间经济的发展带动了各个社区的整体状态的提升,这一点可以从社区的物质资本、经济资本、社会资本、人力资本的整体上升得到印证。图 4.15 所示的社区适应力水平表明社区 3 的适应力水平最高,因而社区的脆弱性水平最低,并且社区 3 的变化量也最高,即社区的适应力增长程度也越大,这一现象说明了社区 3 在工程建设后得到了较多的发展,社区的整体状态得到了较大的提高。而在社区的调研访谈过程中,发现社区 3 在这期间有良好的建筑材料供应产业的发展,当地产业的发展带动了社区的综合发展,因而社区的适应力也得到了很大的提升。

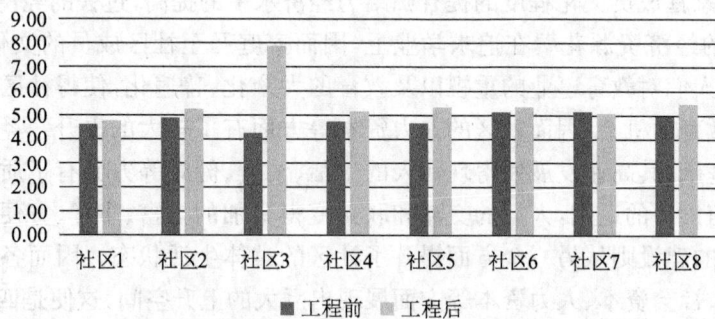

图 4-15 工程前后社区适应能力对比图

4.4.3 根据测算结果的有效性验证与讨论

1)尺度验证

为了验证社区脆弱性评价尺度的合理性和科学性,在问卷的调查过程中,由调研者对社区居民的家庭就居住情况、家用电器设备等方面进行了一个综合判断,包括 A、B、C、D 四个水平,分别代表非常富裕、富裕、一般、贫困。同时在问卷的最后设置与工程建设之前相比"你觉得你的生活水平变化:好,没有变化、差",分别将其定义为 3、2、1,并将适应力指数与生活满意度绘制成散点图(图 4-16),说明社区适应力与生活满意度的关系。关于家庭类型的比较中发现,适应力较高的社区中富裕和非常富裕的比例是高于适应力较低社区的,因而说明社区的适应力和社区满意度的关系成正比。因而可以发现社区的适应力和社区的生活状态是正相关的,即社区的适应力越高社区生活状态越好。从这个角度来看,社区适应力指数的计算是合理的。依据适应力越高则社区的脆弱性水平越低,意味着社区应对外界冲击的能力越强,因此社区的脆弱性评价尺度是合理的。

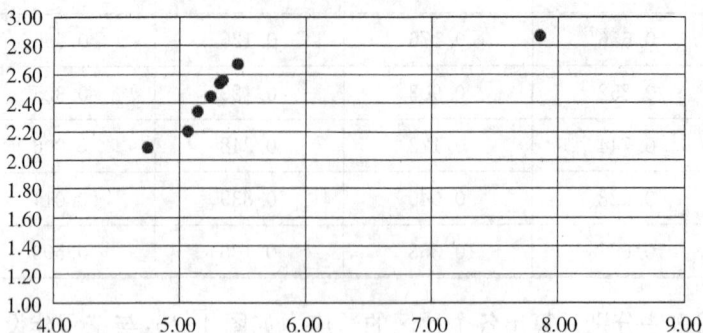

图 4-16　生活满意度与社区适应力关系图

2)工程建设前后的社区资本变迁

依据社区资本指标体系以及社区资本的计算结果,可以发现各个社区在物质资本、社会资本、人力资本、经济资本等四类资本都有较大的提升如图 4-14、图 4-15、图 4-17、图 4-18、图 4-19,这个结论也符合当前大量社区资本的研究以及整体的经济发展态势。在资本的盘旋上升趋势过程中,区域的经济发展以及人们的生活水平起了主导性的作用。在调研过程中,许多居民将家庭成员文化程度的提升归结为经济水平的提高,过去的经济状态不允许家庭成员将过多的经济资源花费在追求学业上,因而家庭乃至社区成员的文化水平都不高。相反,现在随着人们对教育事业的重视以及教育的大众化、普遍化,使得社区居民有了更多可以接触文化教育的机会,因而社区的人力资本等方面有了较大的提升。经济发展作为提升人们物质的基础,其高速发展使得现代人的生活、消费、健康等方面有了质变,例如手机、网络等现代通信设备的运用,人们的交流和联系变得更加的丰富、多样、方便;社区健身、娱乐、文化设施等的建设则从另一个方面提升了社区的整体生活状态。因而各个社区在经济资本、物质资本、社会资本、人力资本等方面展现出巨大的上升空间,这便是四类资本上升的重要原因,同时也说明了资本之间的相互交叉和相互促进的关系。

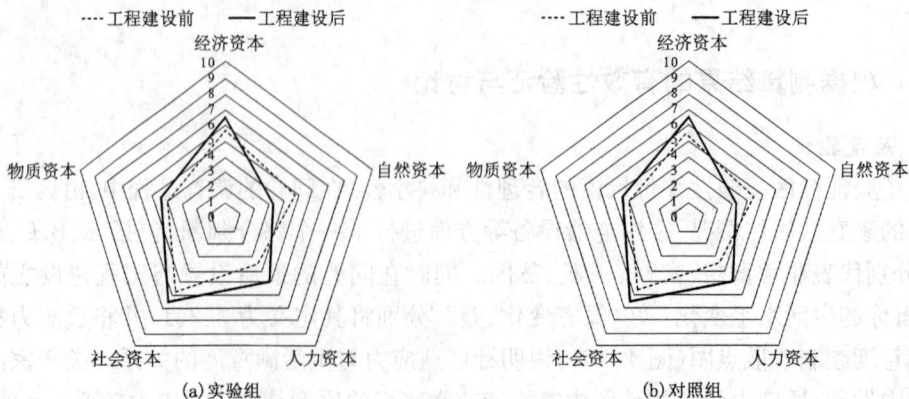

图 4-17　实验组社区工程建设前后社区资本比较与对照组社区工程建设前后社区资本比较

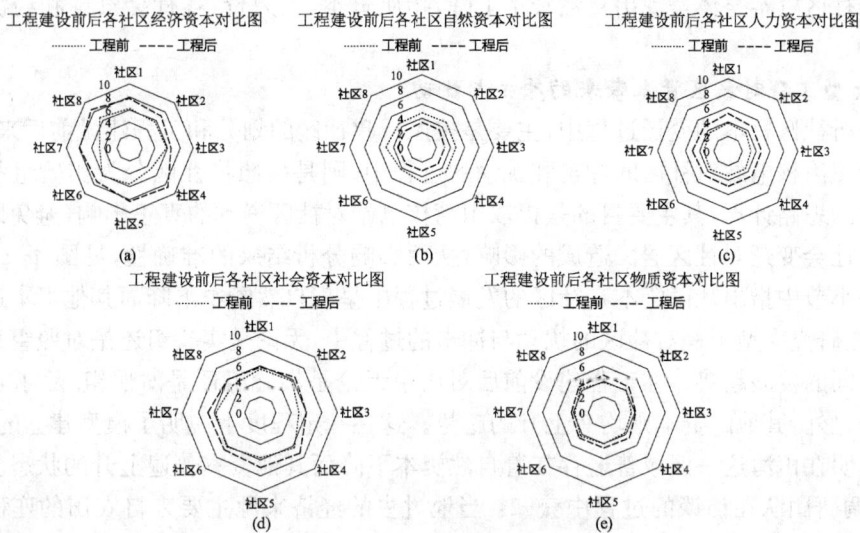

图 4-18 工程建设前后各社区之间社区资本比较

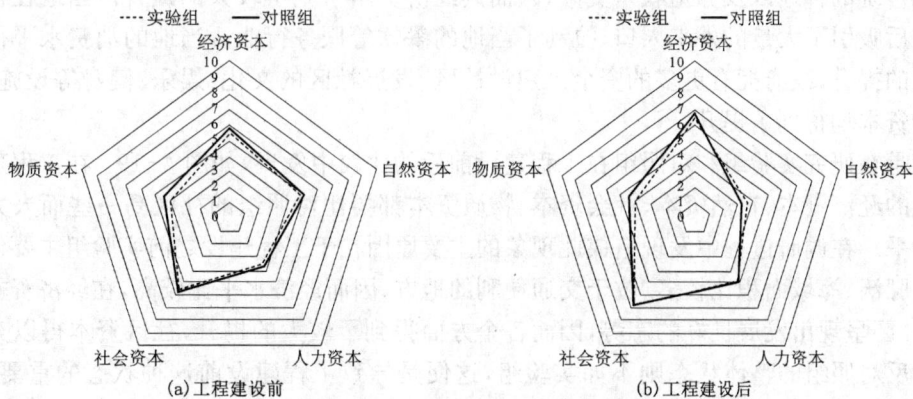

图 4-19 实验组与对照组在工程建设前后社区资本比较

　　自然资本作为人类发展的基础,往往为人类提供大量的自然资源,满足人们的生存需要。但是在本研究过程中发现,自然资本在社区的变迁过程中,呈现出下降的趋势。在调研的过程中了解到,过去自然资本是提供居民粮食的主要途径,"民以田为生"的思想在社区居民的意识中有很重要的地位。自然资本呈现出下降的趋势,主要原因有两个:第一,田湾核电站的建设征收了大量的农耕地和养殖水面,社区居民以得到经济补偿的方式失去了大量的土地。当地居民被迫地改变了原有的农耕方式,从而另谋他路,例如做生意或者打工。另一方面,即使在没有受到征地和征海影响的社区居民也会因为投入过多、收入低等原因而将土地以某种方式出租出去,而自己则从事其他收入较高的行业,例如外出打工等,因而自然资本呈现下降的整体趋势。但在调研的过程中发现,自然资本在社区发展的过程中,角色发生了重要的转变。自然资本不再作为一种提供社区居民生计的重要资本,而是一种以自然景观的角色丰富社区居民生活的资本。而物质资本、经济资本、社会资本、人力资本等四种资本则在经济的带动上呈现出上升的趋势。

因而社区资本整体呈现出自然资本下降,物质资本、人力资本、社会资本和经济资本上升的趋势。

3）大型工程对社区资本带来的冲击与扰动

在分析社区资本的变迁过程中,主要是按照行政社区的划分和工程建设前后来计算的。但在厘清田湾核电站对社区的冲击和扰动的过程中,则是按照将社区分为实验组和对照组对比分析的思路计算,其主要目的是提取田湾核电站对社区资本的真正影响,避免因其他工程建设或社会变迁对社区居民造成的影响,从而影响分析结果的准确性,见图4-17～图4-19。上一小节中指出社区资本在社区的发展过程中呈现自然资本下降而其他资本逐渐上升的趋势,在研究大型工程对社区的扰动与冲击的过程中,无论是实验组还是对照组工程前后呈现出相同的发展趋势。在工程建设前后对比中无论是实验组还是对照组,除了自然资本有所下降之外,其他的资本则均有上升的趋势。这在一定程度上说明了模型建立的合理性,同时也说明在田湾这一区域普遍存在着自然资本下降而其他资本普遍上升的状态。在调研过程中,调研团队在访谈的过程中获知:当地过去的经济来源主要来自农田的庄稼以及海边的养殖海面,近些年由于当地经济的发展,很多的农民放弃了传统的靠田和靠海吃饭的收入状态而是谋求其他的经济方式,传统的土地被摒弃或者出租给合作社等。其他的赚钱方式相比传统的种地以及养殖收入更高,因而其经济资本得到了较大的提升。当地在核电站建设之后吸引了大量的外来人口,拉动了当地的餐饮等服务行业。当地的消费水平得到了大幅度的提升,政府拥有更多的资金来建设社区,发展社区的文化、娱乐、健身等设施,所以其他的资本均得到了提升。

但是在研究实验组和对照组在工程建设前后的比较中发现,如图4-19:在工程建设前实验组的经济资本、自然资本、社会资本、物质资本都要比对照组的社区高一些而人力资本基本持平。在调研过程中发现造成此现象的主要原因在于工程建设之前实验组主要位于土地较为肥沃、海域面积比较多、位于交通便利的地方,因而经济水平比较高,在经济资本的带动下,社区呈现出发展良好的态势,因而各个方面得到了较大的提升,社区资本得以充分发展。相反对照组的整体状态则不如实验组,这便是导致工程建设前这种状态的重要原因。而工程建设后,实验组的经济资本、物质资本与对照组持平,自然资本的优势丢失,人力资本优势保持,社会资本下降。其原因在于工程的建设侵占了实验组的大量的农田,实验组的自然资本丧失,导致经济优势丧失,加之,现在社区大部分都已摒弃了传统的农耕经济,多数选择外出打工,经济资本大约持平。而人力资本的提升在很大的程度上,体现出工程拆迁导致的大量的保障措施的实施,例如医疗保险,提供医疗帮助等。为了进一步验证大型工程对社区资本造成的破坏,分别对工程建设前后实验组与对照组社区资本进行独立的样本 t 检验,其结果发现(表4.14):在工程建设前实验组与对照组在社会资本、自然资本、物质资本存在显著性差异,尽管这可能说明实验组与对照组的选择上不尽理想,但这种原因可能是这种测度深层次的选择,而并非是理想上的相同。而工程建设后发现该现象均消失,这说明大型工程的建设对社区的自然资本、社会资本与物质资本产生了重要的影响。实验组的三类资本尚处于重建的状态中,需要很长的时间去完善,而对照组则没有冲击因而发展态势良好,得以缩小与其的差距。而自然资本的差异产生在于实验组大量的土地被占用,丧失了对土地这一类自然资本的拥有权,因而缩小了与对照组的差异。而社会资本和物质资本差异的消失在于工程建设前后经济的发展使得实验组和对照组都加大了基础设施的建设,但实验组的一切受工程建设的干扰,许多的道路处于建设和修护中,因而使得社区之间的差异性逐渐减少,而社会资本差异缩小的原因在于:实验组有一部分社区位于城区,因而交通、通信、网络等方面与其他相比较为先进因而联系频繁,社区的社会资本发达;而工程建设后,随着科技的进步与提升,市区在上述方面的先进性没有那么的明显,相反很多农村社区的通信、网络、交通等方面得到了同样的发展,因而使得社区在社会资本方面出现相近的情况。

表 4.14 社区资本 t 检验

社区资本	工程前			工程后		
	t	df	Sig.	t	df	Sig.
自然资本	1.356	57	0.041	3.056	57	0.064
经济资本	1.869	57	0.152	1.234	57	0.056
社会资本	2.364	57	0.032	2.167	57	0.120
物质资本	1.456	57	0.042	2.541	57	0.041
人力资本	2.312	57	0.352	2.213	57	0.092

综上所述,田湾核电站对社区资本产生了冲击和扰动,表现为:加快实验组社区的自然资本的丧失,使得与对照组的自然资本的优势丧失;同时工程建设也缩小了实验组与对照组之间物质资本和社会资本的差异,促进了实验组很多基础设施的重新建设与分配。

4) 识别出脆弱性社区和脆弱性空间特性

在研究社区脆弱性水平过程中,几乎所有的社区适应力保持在5左右,而社区3即云山社区适应力很突出,达到了7.86,因而社区3具有最低的脆弱性水平,而社区1则有最高的脆弱性水平。实验组(社区1、社区2、社区3、社区6、社区7)与对照组(社区4、社区5、社区8)的适应力比较(图4-20和图4-21),以此来映射出社区的脆弱性水平:作为距离田湾核电站建设地址最近的宿城街道(社区7)的脆弱性低于社区2、社区3和社区6,这个现象与正常的认识是不同的。工程建设会给宿城街道的社区带来巨大的冲击和扰动,例如沙尘、震动、噪音、侵占土地等消极影响,而脆弱性则出现了相反的态势,在进一步实地调研的过程中,了解到田湾核电站是一个庞大的建设工程,牵扯了大量的外来人口,包括工人以及各类技术人才。在工程建设前本来宿城街道的居民主要以农耕和养殖业为主,工程建设致使村民失去了土地。但是工程建设期间带来了来自全国各地的外来人口和农民工。据访谈者透露仅仅农民工就足有两万多人,这些工人在工程建设期间租用了当地村民的房子。而当地的村民则利用这个机会将房屋出租,同时从事餐饮等相关的行业,这里交通发达,社区设施齐全。因而该社区的适应能力远远超出了其他的社区,脆弱性水平自然较低。而社区3云山街道适应力突出而脆弱性最低的主要原因在于,工程建设未能对社区产生足够大的影响和冲击,保持了原有的经济发展态势,另一方面,该社区有养殖业和从事建筑材料的产业,这两个产业在这些年发展良好,因而使得社区自身的恢复能力和适应力等方面有突出的表现。而社区1墟沟街道作为城区则适应能力最弱,脆弱性最高,其原因在于调研过程中,调研的对象多为从事个体化的小商人或者摆摊的小贩,多为来自农村的农民,因而其生活状态、经济收入、对外交流等方面都不能得到较好的发展,但随着城市的不断建设,调研的很多人还是对城区建设的一切充满信心的。通过比较可以发现:社区1的脆弱性水平最高,而社区3的脆弱性水平最低,而实验组社区的适应力水平(5.155)低于对照组的适应力水平的

(5.895),依据对照组的水平作为基准水平来比较社区之间的关系,因而实验组的整体脆弱性水平是高于对照组的。因此政府的相关部门,应该针对田湾核电站对社区的影响实施合理的生计资本补助措施,例如增加就业机会,促进与该工程建设相关的其他产业的发展,例如建设材料供应、餐饮业服务业的发展。

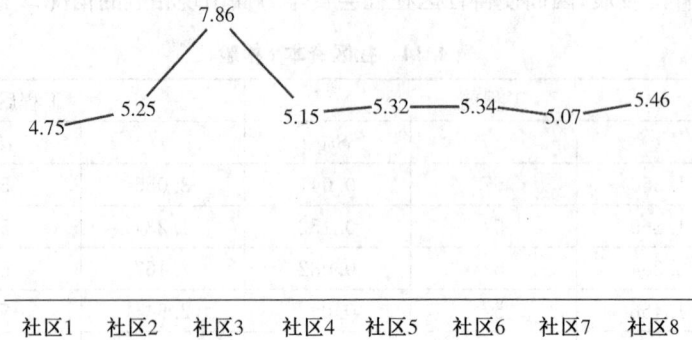

图4-20　社区适应力指数

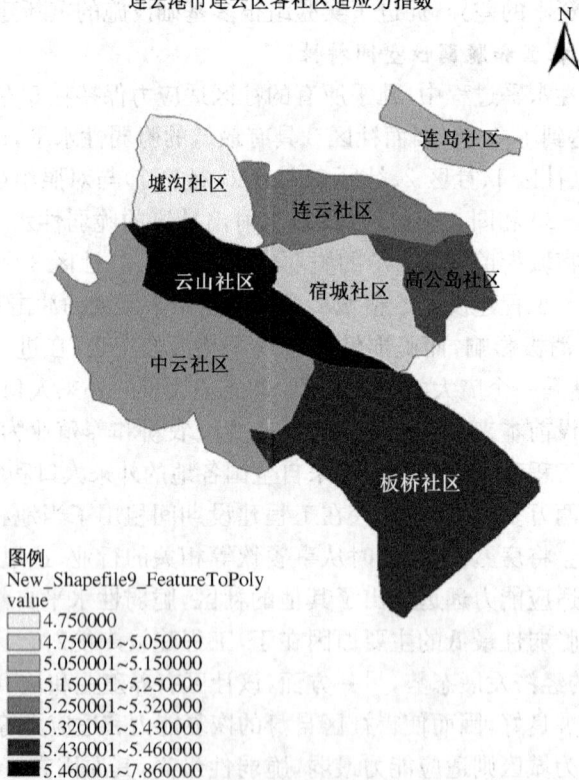

图4-21　各社区适应能力区域分布图

　　尽管在脆弱性的研究过程中提出社区脆弱性在空间上具有一定的分布规律,但在分析该工程导致的脆弱性空间分布的过程中发现:社区的脆弱性在空间上没有完全符合距离的衰减理论,但在某些社区的比较中还是可以发现这种现象。例如宿城社区和云山、板桥社区相比,社区脆弱性较高,其主要的原因体现在工程建设对社区的冲击和扰动的差异性,田湾核电站位于宿城社区中,带来的冲击和扰动必然很大,而板桥和云山社区则距离工程较远,受到的冲击和影响则会较少。但也有不符合距离衰减理论的社区,例如,和中云社区相比,云山社区在空间上明显距离工程较近,但是云山社区的脆弱性是明显低于中云社区的,造成这一现象的原因可能是中云和云山社区在其发展过程采取的生计策略的差异性,云山社区有发展工程建筑材料的传统,因而拥有较好的经济发展态势,社区的各类资本保持完整。这也验证了社区脆弱性的空间分布在一定程度上与社区的资本以及社区的生计发展策略有关。

本章小结

我们对相关案例工程的调查研究发现,大型工程冲击给不同的社区带来不同的社会影响,且社区在长期持续发展过程中呈现相异的发展格局。社区脆弱性作为一种研究社区内部属性在应对外界扰动时的方法,在很多领域中得到了应用。在澳大利亚,社区脆弱性方法被用于政府森林政策的社会影响评估中。我们试图将这一方法引入大型工程社会影响评估领域,评估受影响社区的脆弱性。

本研究根据案例工程调查数据、相关理论和其他研究者有关社区生计资本的研究,分析大型工程冲击下社区脆弱性的表现、属性及其在空间和时间上的分布特性。研究结论表明,面对同一工程冲击,不同社区的脆弱性表现并不相同,这与各社区受冲击的社区生计资本变化有关,也与社区原来的社区生计资本构成有关。因此,其在地理空间上分布特性分析结果是社区脆弱性呈现出大致的距离衰减趋势,但不完全是等级递减。同时,案例工程社区的研究也发现,空间特性规律在个别社区会出现例外,而例外则缘于工程开发对该社区生计资本明显的正向变化,这恰恰又进一步验证了社区生计资本与社区脆弱性的关系。时间分布特性研究表明,受工程冲击的社区脆弱性与社区生计资本变化强度及累积变化程度密切相关,其显现或被感知有时间滞后性,并在总体上呈现出生命周期过程。同时,我们也发现移民拆迁安置政策及后期扶持政策对社区生计资本恢复有调节作用,并影响社区脆弱性随时间的变化趋势。据上述研究结论,我们认为应以社区生计资本作为社区脆弱性评估尺度,为此以第3章本土化评估变量为基础,确定了评价的指标体系,并根据以调查方式获得的社区生计资本数据特点,建议实践中对冲击前后评估尺度的变化数据采用两次主成分分析测算,评估社区的脆弱性。以田湾核电站社区建设前后的社区资本调查数据,评估该工程所影响社区的脆弱性和适应能力,其结果与实地考察和问卷调查所获得的各社区居民目前的生活状态基本一致,验证了评估尺度的有效性。

在理论意义上,本章研究揭示了大型工程冲击下社区脆弱性及适应力的时空规律性,提出的社区脆弱性与社区生计资本的关系特性为研究原住民可持续生计资本评估、社区协议方法及项目建构主题等提供了依据。在实践意义上,本章提出的评估方法为社会影响评估者开展社区脆弱性评估提供了方法工具,评估结论可以使项目开发者及政府相关部门能认识、区别和掌握项目开发对社区影响的差别性,它与原住民可持续生计评估结合,可以为制定消除和缓解项目不利社会影响措施、确定与社区特点相适应的移民拆迁安置政策和方案及提出项目方案改进建议等提供依据。

5 原住民可持续性生计评估方法

5.1 社会影响评估的增进：可持续生计方法的导入

5.1.1 可持续生计(SL)理论

1) 可持续生计的起源

"生计"的概念在贫困地区和农村发展的研究过程中被广泛关注。"生计"在词典中的释义为"一种生活的手段(方式)"，它表征的是一种生活状态，是人们在一定的生产生活环境中为生存和发展而选择的结果①。20 世纪 80 年代以来，不同学者对于生计概念进行了阐述。在生计多样化的研究过程中，Ellis 指出"生计"是指一切"决定了个人和农户生活(资料)获取"的要素，包括资产(自然的、物质的、人力的、金融的和社会的资本)、行动以及获得这些资产的权利(受到制度和社会关系的调节)②。在社区恢复力的研究过程中，Osman 等提出"生计"意味着人们用以谋生的方法、活动、权利以及资产③。在生计可持续性的研究过程中，Scoones 指出"生计"是由生活所需要的能力、资产(包括物质资源和社会资源)以及行动组成④。Chambers 和 Conway 提出"生计"是谋生的方式，该谋生方式建立在能力(Capabilities)、资产(Assets)(包括储备物、资源、要求权和享有权)和活动(Activities)基础之上⑤。(图 5-1)国内外学者一般认为，对于贫困人口来说，生计更能完整描绘出其窘迫的生存状态和影响因素的复杂性⑥，Chambers 和 Conway 的定义为大多数学者所接受。在此定义下，生计包含了三块核心内容：能力、资产、活动。

数十年来，人们一直致力于消除贫困。传统的贫困研究主要集中于"消费能力不足"这个现象，多从全国范围来看，以人均收入或消费标准作为出发点⑦，而没有深入探求贫困的原因。与之对应，贫困消除方法也集中于"机械化"的物质、经济扶助，而缺乏对于"贫困人口"本身的关注。正如 Ashley 等指出，尽管之前承诺减少贫困，但是大多数捐款者和政府的

---

① 赵锋.可持续生计与生计动态能力分析：一个新的理论研究框架[J].经济研究参考，2015(27)：81.

② Ellis F, Ellis F. Rural livelihoods and diversity in developing countries. [M]//Rural livelihoods and diversity in developing countries. New York: Oxford University Press, 2000, 8.

③ Osman B, Elhassan N G, Ahmed H, et al. Sustainable Livelihood approach for assessing community resilience to climate change: case studies from Sudan[R]. Assessments of impacts and adaptations to climate change (AIACC) working paper, 2005: 4.

④ Scoones I. Sustainable rural livelihoods: a framework for analysis[R]. IDS Working Paper 72, 1998: 5.

⑤ Chambers R, Conway G R. Sustainable rural livelihoods: Practical concepts for the 21st century[R]. IDS Discussion Paper 296, Brighton: Institute of Development Studies, 1992: 6.

⑥ 赵锋.可持续生计与生计动态能力分析：一个新的理论研究框架[J].经济研究参考，2015(27)：81.

⑦ 纳列什·辛格，乔纳森·吉尔曼.让生计可持续[J].国际社会科学杂志(中文版)，2000(4)：124.

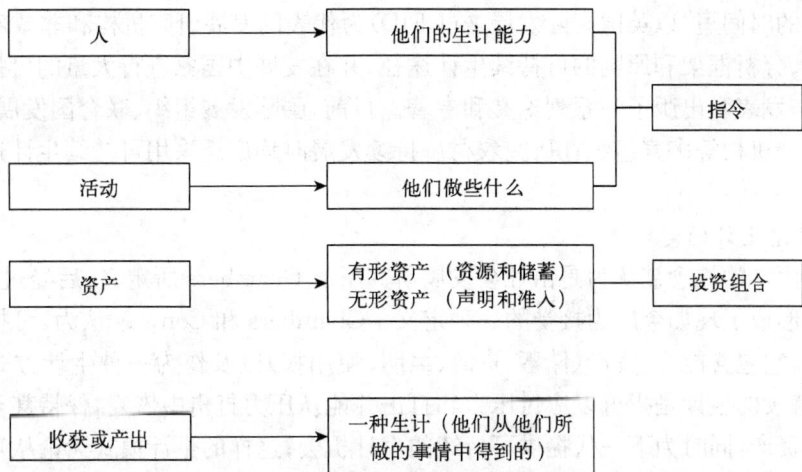

图 5-1　能力、资产、活动与生计关系图（Chambers，Conway，1992）

直接关注点都集中在资源和设施（水、土地、医务室、基础设施）或者提供服务的机构（教育部门、牲畜设施、非政府组织），而不是集中在人本身[1]。这样的方法取得的成效很有限。后来，人们对贫困的考察由消费领域深入到生产领域，从贫困现象本身的界定扩展到贫困原因的界定，认为消费能力不足的原因在于物质再生产的诸多条件不足，使得简单再生产难以维持。当收入不再是唯一度量贫困的标准的时候，取而代之的是一种参与式的主观分析方法，这种方法揭示了贫困多维度的本质及贫困与福利之间的关系，在这样的新的分析方法下，学者们提出了"脆弱性""能力"和"社会资本"等新的术语作为研究贫困的新维度[2]。此时，"生计"作为包罗了"能力、资产、活动"三块核心内容的一个概念，为研究"农村经济发展和贫困状况改变"提供了一个新视角，逐渐被研究者、非政府组织和政府部门所广泛关注[3]。英国国际发展署（UK's Department for International Development，DFID）以及其他一些机构修改了他们的发展策略并将他们自身置身于消除贫困的重要位置上，并从生计角度思考贫困问题。"可持续生计"应运而生。

　　可持续生计（Sustainable Livelihoods，SL）作为一种新的减少贫困的方法最早出现在 1987 年的世界环境和发展委员会的报告里[4]，自此，凡是研究贫困、可持续、生计系统和多样性以及参与的重要性，都会采用可持续生计途径（Sustainable Livelihoods Approach）。20 世纪 90 年代中期，国际上一些发展研究机构、非政府组织提出针对解决农村扶贫等多样性和多元性农村发展问题的生计途径。1992 年，联合国环境和发展大会将此概念引入行动议程，主张把稳定的生计作为消除贫困的主要目标；1995 年，哥本哈根社会发展世界峰会和北京第四届世界妇女大会进一步强调了可持续生计对于减贫政策和发展计划的重要意义[5]。

---

① Ashley C, Carney D, Ashley C, et al. Sustainable livelihoods：lessons from early experience[R]. Department for International Development UK，1999：226-227.

② 苏芳，徐中民，尚海洋. 可持续生计分析研究综述[J]. 地球科学进展，2009，24(1)：61.

③ 李金香，冯利盈. 移民搬迁与可持续生计研究：来自宁夏的数据[M]. 北京：经济科学出版社，2016：31.

④ 纳列什·辛格，乔纳森·吉尔曼. 让生计可持续[J]. 国际社会科学杂志（中文版），2000(4)：123.

⑤ Solesbury W. Sustainable Livelihoods：A Case Study of the Evolution of DFID Policy [R]. Overseas Development Institute，2003.

在过去几年的时间里,以英国国际发展署(DFID)为代表的发展研究机构和非政府组织提出了包括概念、分析框架和原则的可持续生计途径,并在发展中国家进行大量的可持续生计途径实践活动,发表和出版了一系列论文和专著。目前,国际发展组织、联合国发展项目组织、英国国际发展机构等多家组织在研究农村可持续发展时均广泛采用可持续生计这一基本方法和途径。

2) 可持续生计的定义

可持续生计的概念被认为是由社会发展研究所的 Chambers 所定义,后经过了 Scoones 的修改完善形成了现如今广为接受的一种定义。Chambers 和 Conway 认为,可持续生计是指一种生计,它包含能力、资产(储蓄、资源、声明、使用权)以及作为一种生计方式所需进行的活动;可持续的生计是指可以应付压力和打击并能从压力打击中恢复,保持甚至提升其自身的能力和资产,同时为下一代提供可持续的生计机会;这样的生计模式无论从短期还是长期来说,都对当地甚至全球水平的其他生计起到良好的促进作用[1]。而可持续生计的主要倡导者 Ian Scoones 将其概念简化为:可持续生计是指一种生计,它包含能力、资产(储蓄、资源、声明、使用权)以及作为一种生计方式所需进行的活动;可持续的生计是指可以应付压力和打击并能从压力打击中恢复,并且在不过度消耗其自然资源基础上,能够保持甚至提升其自身的能力和资产的一种生计[2]。这个概念与之前的概念相比差别在于:它并不强调其"对当地甚至全球水平的其他生计需要起到良好的促进作用"。这也是 DFID(英国国际发展署)所采纳的一种定义,也是一般广为接受的一种定义。

3) 可持续生计的性质

除了上述可持续生计的定义外,"可持续生计"可以通过许多种方式理解。部分学者用它来描述一种框架,如对于 DFID(英国国际发展署)员工来说,可持续生计是在 NRAC 98(自然资源顾问会议)上提出的一种框架,这个框架被用作是一个问题检查表并用以构建分析;而另一部分学者视"可持续生计"为一个运营目标,他们将自己的使命当作是提升生计的可持续性;同时,还有一部分人将可持续生计作为一系列的几乎可以应用于所有情形的原则,如 Allison、Horemans 将可持续生计的原则转化为渔业发展政策和实践[3];除此之外,有些人将其视作一种特殊的可持续生计项目/计划的称呼,如 Sinha、Roy 对于萨加尔岛的渔业可持续生计计划研究[4]。总体来说,更多人视它为用以发展的一种方法,将上面众多的描述都集合在内,它既包含了框架,又包含了原则,目标导向提升贫困人口的生计。NGOs(非政府组织)、CARE(美国援外合作署)以及 Oxfam(乐施会)使用该方法,利用可持续框架和可持续原则来指导项目朝着可以提升生计的目标发展。

通俗来讲,可持续生计方法是将农户放置在一个脆弱性的背景中生存或谋生,在其中,他们可以使用一定的资本或减贫因素,这些资本同时影响着他们的生计策略,进而影响着他

---

① Chambers R, Conway G R. Sustainable rural livelihoods: Practical concepts for the 21st century [R]. IDS Discussion Paper 296, Brighton: Institute of Development Studies, 1992.

② Scoones I. Sustainable rural livelihoods: a framework for analysis[J]. IDS Working Paper 72, 1998: 5.

③ Allison E H, Horemans B. Putting the principles of the Sustainable Livelihoods Approach into fisheries development policy and practice[J]. Marine Policy, 2006, 30(6): 757-766.

④ Sinha A, et al. Sustainable Livelihood programme for fisheries under Tribal Sub Plan at Sagar Island, Sundarban, West Bengal[M]. Barrackpore: CIFRI, 2013: 1-2.

们长远的生活水平。在这里,值得一提的是,生计概念中所提及的"资产"(Asset),在可持续生计研究中部分学者定义为"资本"(Capital),"生计资本"。大多数学者在研究过程中,并未对这两个词语进行严格的界定。在可持续生计研究领域为大多数研究者所认同的英国国际发展署(DFID)可持续生计分析框架(后文简称 DFID 框架)中,涉及"资产、资本"概念的词被写作"livelihood assets""capital"①,未做严格区分。Sheng 等在剖析生计资本、资产概念时,提出了"生计构建块"概念,他指出资产的概念应该包含"随着时间流逝,投资所带来的产出"的意思,而事实上,并不是人们所能获得的所有的"capital"都是由他们的投资所产出的,所以准确地说"capital"并不应该作为"资产"来解释,它更像是一种"生计构建块"(livelihood building block),好比说,你要建一栋大楼,你需要砖块来盖大楼,"capital"实质上即对应着这些"砖块","capital"之于"人"有如"砖"之于"大楼"。因而更合理、更形象的用法应当以"生计构建块"取代"资本"一词。不过,习惯意义上,人们用"capital"一词来表示②。我们认同 Sheng 的说法,并认为在中文译意中,"资本"一词能最大限度地体现"生计构建块"这一概念,因而在后文阐述中,均用"生计资本"一词。

生计的可持续性体现为人们长期和短期利用生计资本投资组合的能力,可持续生计方法是一种"多重资本"方法③。在可持续生计方法下,人们将可获得的资本进行分类。关于生计资本的组成,有不同的划分。Chambers 和 Conway 将生计资本划分为两个部分:有形资本(储备物和资源)和无形资本(要求权和可获得权)④。Scoones 认为实现不同生计策略的能力依赖于个人或家庭所拥有的物质资本和社会资本,为了能够实证调查,Scoones 归纳了经济学术语,将生计资本进一步划分为 4 类,即人力资本、自然资本、经济资本和社会资本⑤。英国国际发展署(DFID)在其生计分析结构中又将经济资本细分为物质资本和经济资本,即生计资本包括人力资本、自然资本、经济(金融)资本、物质资本和社会资本五部分⑥⑦⑧,这也是为大多数学者所广泛接受的分类,五大主要资本具体包括:

(1) 人力资本。个人的技能、健康以及受教育程度决定了劳动力以及管理土地的能力。人力资本概念早在 19 世纪由亚当·斯密(Adam Smith)提出,在 20 世纪 60 年代成为经济分析的一个热点,此时伴随着研究方法和知识的成熟⑨⑩⑪。人力资本代表技能、知识、劳动

① DFID U K. Sustainable livelihoods guidance sheets[R]. London: DFID, 1999: 1.
② Sheng E, Nossal K, Zhao S, et al. Exploring the feasibility of an adaptive capacity index using ABS Data[J]. ABARE and CSIRO Report for the National Land and Water Resources Audit, Canberra, 2008: 20.
③ Morse S, Mcnamara N, Acholo M. Sustainable livelihood approach: A critique of theory and practice[J]. Springer, 2013, 189: 4.
④ Chambers R, Conway R. Sustainable rural livelihoods: Practical concepts for the 21st Century[R]. IDS Discussion Paper 296, Brighton: Institute of Development Studies, 1992.
⑤ Scoones I. Sustainable rural livelihoods: a framework for analysis[J]. IDS Working Paper, 1998: 7-8.
⑥ DFID U K. Sustainable livelihoods guidance sheets[R]. London: DFID, 1999: 7.
⑦ MARTHA G R, 杨国安. 可持续发展研究方法国际进展——脆弱性分析方法与可持续方法比较[J]. 地理科学进展, 2003, 22(1): 15.
⑧ 纳列什·辛格, 乔纳森·吉尔曼. 让生计可持续[J]. 国际社会科学杂志(中文版), 2000(4): 123-129.
⑨ Becker G S. Human capital: a theoretical and empirical analysis, with special reference to education[J]. Nber Books, 1964, 18(1): 556.
⑩ Flamholtz E. Investment in Human Capital. The Role of Education and of Research [J]. Economic Development & Cultural Change, 1971, 53(4): 272.
⑪ Thurow L C. Investment in human capital[J]. Wadsworth Pub. co, 1970, 20(3/4): 451-454.

的能力以及好的健康状况等因素,这些因素共同构成保证人们从事不同的生计活动、实现他们的生计目标的基础。从家庭层面来说,人力资本因为家庭规模、技能水平、领导潜力、健康状况等的不同而不同,许多人认为不好的健康状况或匮乏的教育是贫困的核心缘由[1]。通俗的来说人力资本是一种关乎于人本身的资本,是因人本身而附加的一种无形资本。

(2)自然资本。自然资本是为人们所普遍关注的一项传统资本。自然资本是指人们用以维持生计的自然资源。自然资本的范围很广,从无形的空气到有形的直接用于生产生活的生物(如树木、土地等)。一般定义里,包含土地生产力、维持(支撑)生产力的行为以及水、生态资源(农村生计由此衍生)[2]。毋庸置疑,对于以种地、捕鱼、林业、矿业等为生的家庭来说,自然资本是极为重要的,它是他们进行生产活动的资源基础。同时,自然资本的重要性远不止于此,没有人能够离开环境以及食物而生存,而环境与食物都是自然资源所赋予的,如果某个地方环境恶劣自然资本严重受损,那么人力资本也无法得到保障。

(3)物质资本。物质资本由基础设施和用以维持生计的生产资料组成。此处的基础设施包括:付得起的交通、安全的住宅、充足的水资源和环境卫生、清洁且付得起的能源、信息的可获得度[3]。基础设施通常是公共的无需直接支付的物品,除了住宅这一私有物品以及能源、水这种按用量收费的物品。生产资料包括人们用以提高生产力的工具和设备,生产资料可能归个人所有或集体所有,也可能是从市场上租来的。贫困评估研究发现对特别类型的基础设施的缺失往往是致贫的关键因素。例如,如果没有充足的能源,人们的健康会恶化,并且长此以往,人们会把时间精力都投入到收集燃料这种非生产性活动上。基础设施的匮乏可能导致教育落后、健康服务落后以及收入困难。举例来说,没有交通设施的话,将种植的作物运送到集市上需要花费较多资金成本,加上这样的运输成本后种植者在市场上将处于劣势状态。匮乏或不当的生产资料也将限制人们的生产能力,人们花费更多的人力、物力、财力去满足基本需求以及将产品运输到市场上去。

(4)经济资本。DFID 定义下,经济资本是指人们用以实现他们的生计目标的经济资源。这样的定义在经济学上是不健全的,因为它既包含了流动资金又包含了库存,它既有助于生产,同时又有助于消费,然而,它已经被广为采纳用以描述一种重要的"生计构建块",代表可用的现金或者等价物。有两种主要类型的经济资本:①可用库存。储蓄是经济资本的首选类型,因为它们不含债务且通常不依赖于其他人。它们可以有多种形式:现金、银行存款或流动资产如牲畜等。经济资本也可以通过信贷机构获得。②常规的资金流入,最常见的流入是退休金。这些流入资金必须是可靠的,虽不能保证永远可靠,但是一次性付款与规律的转移是有差异的[4]。经济资本可能是五项资本中最万能的一种资本。它可以在不同程度上转换成其他类型的资本,以缓解其他资本的不足。比如说,它可以转化为人力资本,人们可以花钱来投资自己,实现人力资本的提升;可以转化为社会资本——政治影响力,能够让人更加自由、更加积极地参与到组织、制定政策立法等活动中去。然而,对穷人来说,它可能就是最难获得的一项资本。事实上,正是因为穷人如此缺乏经济资本,而导致其他类型的

---

① DFID U K. Sustainable livelihoods guidance sheets[R]. London:DFID, 1999:7.

② 同①11.

③ 同①13.

④ 同①9.

资本如此重要。此外,经济资本并不一定是以钱为媒介的,可以存在财富的其他形式,如精神财富或人权知识等,但是相对来说难以度量。

(5) 社会资本。社会资本是可持续生计研究以来,愈发为人们所重视的一项资本。关于"社会资本"的确切定义存在很多争议。在可持续生计框架中,社会资本是指人们所拥有的用以实现他们生计目标的社会资源,具体包括网络和连通性、比较正式的团体成员关系以及信任、互惠、交换关系。"网络和连通性",不论是垂直的(老板-客户)或者水平的(利益相关者之间),都可以增加人们的信任,并且促进人们共同完成工作的能力,同时,能够拓宽他们接触到政府等部门的途径,比如说现代社会,使用网络的人往往比不使用网络的人获取到更多的信息和知识,更有利于促进创新。"比较正式的团体成员关系"通常能够相互支持,他们遵循和接受共同的规则、规范和制裁。"信任、互惠、交换关系"往往能够促进合作,降低交易成本并且可能为贫困人口提供非正式的安全网基础。这三方面是相互关联的,比如说通过加入正式组织团体,人们可以建立信任、互惠、交换关系,这样也起到了降低交易成本的效果。社会资本能够提供一种缓冲,帮助人们应对危机,它可以作为对其他资源的一种补偿,例如,信任、互惠、交换的格局可以缩减很多方面的成本(经济资本)。此外,社会资本可以提高共同资源(自然资本)的利用率以及对共享的基础设施(物质资本)的维护。同时,社会资本可以促进创新、知识的发展以及知识的共享,某些家庭人力资源不足,共享的劳动力小组可以弥补这种不足。因此,社会资本和人力资本也密切相关。最后,社会资源本身也有很大作用,它可以提升人们的幸福感(通过身份、荣誉和归属感),帮助人们实现可持续生计目标。

与此同时,可持续生计方法是一种"支撑干预"方法。Morse 指出,在可持续生计被视为一种研究方法的同时,它的初始目的是作为支撑干预(政府等干预措施)的一种工具而存在的[①],可持续生计框架阐明了政府干预所采取的措施政策的目标之所在。不同的组织、机构使用可持续生计方法完成对"贫困人口"或者说"弱势群体"生计的支撑干预。

除此以外,可持续生计方法是一种聚焦于"人"本身的方法。可持续发展概念指出发展过程应该满足当代的需求,同时不影响未来几代人的选择。它强调对于资源环境的保护,但同时又远不止对于资源环境的保护,它应当包含对于人的未来生计的保护,UNDP(联合国开发计划署)指出"不管怎么说,应当是人(而并非树)的未来选择应当被保护"。DFID 框架中包含了同样的思想。DFID 核心原则中强调"以人为本"这一思想。传统的贫困消除方法在减少/消除贫困时往往更多地关注于资源或能源等方面,较少关注人本身,而可持续生计方法认为人是一切生计活动的核心与根本,分析应当以人为中心。

5.1.2 大型工程开发对原住民生计的冲击

随着社会经济的发展,因水库、交通、港口、资源开采等工程建设项目导致的农地被征用的现象十分普遍。Robinson 指出从全球的项目建设对相关区域人口迁移带来的影响来看,每年有 1 000 万人口因各类工程建设而成为移民[②];世界大坝委员会(WCD)的报告《大坝与

---

① Morse S, Mcnamara N, Acholo M. Sustainable livelihood approach: A critique of theory and practice[J]. Springer, 2013, 189: 6-7.

② W. Courtland Robinson. Risks and Rights: The Causes, Consequences, and Challenges of Development-Induced Displacement [R]. An Occasional Paper, The Brookings Institution-SAIS Project on Internal Displacement, 2003: 1.

发展》里指出全球因水库建设而被迫迁移的人约为 4 000 万～8 000 万[①]；印度近 40 年来大约有 2 000 万的人民因为工程建设而被迫迁移。Cernea 指出工程建设不可避免的会对非自愿移民生计的可持续带来巨大而深刻的影响，而探究这样的影响将有助于我们解决原住民生计问题。总结大型工程冲击下的原住民生计状况，可以归纳为以下三点："生计能力"受损、"生计资本"恶化、"生计活动"失效。

1) "生计能力"受损

能力最早是一个心理学范畴。一般认为，能力反映出的是个体完成各种任务的可能性。在西方心理学的研究中，能力通常被解释为实际能力和潜在能力。实际能力是指个人以"知识技能""资本基础""市场价值"为表现现实所测度出来的人现在所实际能做的事情。潜在能力是指可以通过训练可能达到的水平，多蕴涵于人力资本之中。教育学范畴的能力观认为，个人能力主要由教育、健康、技能培训等决定。教育赋予人基本的知识与技能。健康的心灵和人格是人得以发展的动力。尤其在现代工业和后工业时代，人获取生产、生活的能力往往需要通过特定的实践和教育培训去获得[②]。

在经济学领域，能力来源于 20 世纪 80～90 年代早期对于贫困问题的深化理解，特别是来自阿马蒂亚·森的创造性分析和研究。阿马蒂亚·森用"能力"一词来表示"能够实现特定的基本功能""一个人能做的事情、能成为的角色"，比如说，（能够实现）营养充足、衣着舒适、避免可避免的疾病等[③]，用"可行能力"表示一个人有可能实现的、各种可能的功能性活动组合。Sen 指出"贫困最终并不是收入问题，而是一个无法获得最低限度需要的能力问题"[④]。因此，能力指的是某个个体把作为人的潜质发挥出来，不仅包括自身的素质（营养、健康和知识禀赋），而且包括其拥有的交换权利（参与到社会中的权利和机会）。可行能力是一种自由，是实现各种可能的功能性活动组合的实质自由。换句话说，可行能力可以理解为一个人可选择的空间的大小，比如一个人的"吃、穿、住、行、读书、看电视、社区参与等"[⑤]。阿马蒂亚·森认为，不同的群体具有不同的"可行能力集"。富人之所以更富有，穷人之所以更穷，是因为富人在资源获取中居于优势地位，而穷人则居于劣势地位，前者比后者拥有一个更大的"可行能力集"。

在森的"能力"定义里，包含"生计能力"这一子集，"生计能力"包括"能够应对压力和冲击""能够找到生计机会""能够利用生计机会"。这不仅仅是一种用以应对状况的不利变化的被动能力，也是一种主动能力并且它是动态适应的。它包含获得和使用服务和信息（的能力）、运用先见之明（的能力）、试验和创新、与他人竞争与合作（的能力）以及开发新的条件和资源（的能力）。"生计"可以帮助提升和锻炼"能力"，"能力"能够使得"生计"得以实现[⑥]。

森的"可行能力集"的概念，将"人的内在属性"与"外部资源"相结合。可以认为人的"生计能力"包含了其与外部资源的黏性。大型工程建设没有改变人本身，但在一定程度上改变

① World Commission on Dams. Dams and development：A new framework for decision-making：The report of the world commission on dams[M]. London：Earthscan, 2000.

② 赵锋. 可持续生计与生计动态能力分析：一个新的理论研究框架[J]. 经济研究参考, 2015(27)：39.

③ Chambers R, Conway G R. Sustainable rural livelihoods：Practical concepts for the 21st century[R]. IDS Discussion Paper 296, Brighton：Institute of Development Studies, 1992：4.

④ Sen A. Poverty and famines：an essay on entitlement and deprivation[M]. New York：Oxford University Press, 1981.

⑤ 赵锋. 可持续生计与生计动态能力分析：一个新的理论研究框架[J]. 经济研究参考, 2015(27)：81.

⑥ 同③5.

了这样的黏性,比如说,在工程建设之前人们拥有土地这一"可选子集",可以选择"种田"作为一种就业渠道,而在大型工程建设后,农民失地,"可选子集"丢失,"可行能力集变小",这就意味着工程带来"生计能力"受损。大型工程冲击下的能力问题与普通的"贫困型"的能力问题对比,差异在于这种能力的受损是来自外力的冲击和介入,即政府主导和完成的资源重新分配,往往强行迫使原住民离开原有的熟悉的生产生活环境,使其原本构建好的与外部资源的黏性在一定程度上受损,破坏了其原有的"可行能力集",这种破坏是被动的、长期的、深刻的。

2)"生计资本"恶化

资产是生计概念中含义最广泛的概念,家庭或个人资产状况是家庭或个人拥有的选择机会、采用的生计战略和所处风险环境的基础[1]。大型工程开发带来农民生计资本的改变。正如2.2节大型工程的社会影响之社区资本视角所述,大型工程开发占用了大量的土地、切断了原住民的生计来源、带来的搬迁和安置迫使原住民放弃原有的生计资源以及资源的获取权,这些都不同程度地影响了原住民的生计资本。在中国失地农民问题研究过程中,越来越多的学者将研究视野投入了"生计"视角,在生计视角下,"资本"备受关注。赵锋指出大型水利工程的建设,由于非自愿性迁移使得农村移民这一转变过程形成了外力干预,移民的部分生计资产(资本)因迁移而被迫放弃,还有一部分生计资本(如社会资本)的功能被弱化和降解,居民家庭生计资本也必须从结构上进行整合转变[2]。

从项目冲击视角,不同的大型工程对农民生活产生了不同的冲击,比如说水库工程往往造成了土地占用、财产权侵害、失业、人口拆迁和安置、居民健康水平下降等影响;公路和管道工程带来失业、基础设施匮乏、环境污染、社会网络关系分化等影响;港口工程带来收入降低、健康水平下降、基础设施匮乏等影响;资源开采工程带来失业、收入下降、居住条件下降等影响。依据DFID生计资本分类,我们可以从资本视角更深入地理解大型工程所带来的冲击。大型工程占用了大量的土地、带来环境污染对应着自然资本的恶化,居民健康水平下降对应着人力资本的恶化,财产权侵害、失业、收入降低对应着经济资本的恶化,基础设施匮乏、居住条件下降对应着物质资本的恶化,社会网络关系分化对应着社会资本的恶化。综上,大型工程建设带来了原住民"生计资本"的恶化。

3)"生计活动"失效

生计活动是个人依赖于能力、拥有的生计资本而做的生计选择。在不同的资产状况下,生计活动呈现出多样性。生计选择取决于许多因素,特别是人们的资产状况以及政策、体制所设置的制约或提供的机会。大型工程冲击改变了土地利用方式、产业结构,带来了人们原有的生计活动的改变,原有的生计活动无法继续,新的生计活动受阻。赵锋在南水北调工程移民生计问题研究过程中指出非自愿性迁移导致了部分贫困移民发展边缘化,在这样的边缘化背景下,农民失去原有就业岗位,家庭创收能力下降,收入减少,家庭经济失去自我循环与外界交换的机会和能力后,会导致移民陷入新的贫困,成为社会地位较低甚至是被排斥的

---

① 李金香,冯利盈.移民搬迁与可持续生计研究:来自宁夏的数据[M].北京:经济科学出版社,2016:33.
② 赵锋.水库移民可持续生计发展研究:以南水北调中线工程库区为例[M].北京:经济科学出版社,2015:61.

社会群体[①]，在这样的受排斥背景下，农民原有的"生计活动"失效，试图进行新的"生计活动"严重受阻。庆云县郭楼村拆迁户生计问题互动论坛中，有村民提出原本他们能够在家做加工生产，而拆迁安置到新社区后，小区空间小，没有厂区，四五十岁的人无处工作，生计活动无法继续[②]。课题组进行的港口湾水库工程、田湾核电站工程项目社会影响评估过程中发现有部分养殖户、种植经济林的村民在工程建设失地后，原有的创收性的生计活动无法继续。除此以外，还存在老龄人口家庭，原本依赖土地可以维持基本生计，但在大型工程冲击下，土地丧失，因年龄大、健康状况差而无法在城市进行新的生计活动。目前征用农村土地基本是采取一次性补偿，补偿方式单一，由于原住民缺乏投资理念和理财能力，大部分人都是将原本不多的补偿款全部或大部分用于建新房，其余部分用于生活消费，很少用于投资创业或购买养老保险；又由于缺乏劳动技能，二次就业困难重重。综上，大型工程冲击下，原住民原有生计活动无法继续，新的生计活动严重受阻。

生计能力受损、生计资本恶化、生计活动失效共同导向了同一种结果——贫困，杨云彦等在南水北调工程移民研究过程中提出"介入型贫困"概念，更加清晰地定义了大型工程冲击下的贫困状态。"介入型贫困"是指由社会政策和外来力量的介入导致的失业、贫困状态。他指出大型工程项目以发展经济、合理利用资源和改变贫困为目标，在改变了大多数人的生活方式，并提高了他们的福利的同时，也使得相当一部分人原有的生活体系、社会体系遭到破坏，不仅无法恢复到原有的生活水平，更谈不上发展和分享项目所带来的收益[③]。大型工程冲击下的原住民群体即将成为这样的"介入型贫困"群体，他们的生计问题亟待被关注。

5.1.3 SIA 中可持续生计方法的导入

"十三五"期间，国家提出将继续按照《2011—2020 中国农村扶贫开发纲要》的要求实施脱贫攻坚工程，实施精准扶贫、精准脱贫，分类扶持贫困家庭。而目前我国仍有贫困人口七千多万，这其中许多人面临着"生计能力受损、生计资本恶化、生计活动失效"等生计问题。这在一定程度上反映了现有的生计政策的失灵。在大型工程冲击下的"介入型贫困"群体中，这样的失灵尤为突出。大型工程建设往往伴随着一系列的利益补偿政策、拆迁安置政策、生计安排方案，这样的方案旨在工程建设造福社会的同时，维持甚至改善建设地居民的生计水平。然而，在现行的补偿政策下，失地农民的生存状况却可谓"事与愿违"。总结国内学者对目前失地农民生存状况的研究可以发现，失地农民生活普遍存在以下几点问题：①收入减少，生活水平有所下降[④]；②就业困难，失业率高[⑤⑥]；③补偿方式单一，农民"坐吃山

① 赵锋. 水库移民可持续生计发展研究：以南水北调中线工程库区为例[M]. 北京：经济科学出版社,2015,93.
② 拆迁户生计问题[EB/OL]. (2017-02-08). http://liuyan.people.com.cn/threads/content? tid=4253474.
③ 杨云彦,徐映梅,胡静,等. 社会变迁、介入型贫困与能力再造——基于南水北调库区移民的研究[J]. 管理世界,2008(11)：89.
④ 孙俊. 丹东开发区失地农民生活现状调查及对策研究[D]. 大连：大连理工大学,2014.
⑤ 方爱清,陶慧君. 城郊社区失地农民生活现状及其社会支持网络建构——以武汉市阳逻经济技术开发区 Z 村和 X 村为例[J]. 江汉大学学报(社会科学版),2012(4)：31-35.
⑥ 同④.

空"①②③;④社会保障制度不完善④⑤;⑤关系网络弱化⑥。概括来讲,失地农民生活处于"失地、失业、失权、失保、失身"的状态⑦,生活现状是不延续、不发展、不公平的,是一种不持续的状态。这也从侧面折射出现行的政策制度的失灵,合理有效、切实作用于可持续的政策亟待被制定。

我国的项目评价研究经历二十多年的发展过程,逐渐实现了由单一的财务评价向包括财务评价、国民经济评价、环境影响评价和社会影响评价相结合的模式发展,社会影响评价成为可行性报告不可或缺的内容。但是,近十年来,大型工程开发和运营所导致的社会矛盾和群体事件却不断地增加,在规模上不断升级,在范围上不断扩大,这不仅影响到了正常的经济社会秩序甚至还会严重危害到公共安全,同时也成为许多工程与公共设施开发的一个阻碍因素。这说明我国社会评价的理论和实践上尚存在着不足,未能通过社会影响评估过程发现和化解工程建设引发的社会矛盾和社会问题。在涉及失地农民问题时,征地拆迁往往伴随着大量的上访、游行、静坐、打砸政府机关及人员甚至发生征地群体性事件,比如2013年4月发生的宁西铁路打砸事件,中铁十三局一项目部在铁路施工中,与河南省信阳市潢川县八里村村民发生冲突,300余人被曝殴打村民,9人致伤住院观察治疗。与此同时,报道指出中铁十三局发生的这起与当地百姓暴力冲突事件,并非个别案例,征地难、拆迁难、补偿难、安置难、环保难,已成为铁路基建、油气管道运输等大型企业施工中面临的首要的普遍性难题。⑧ 这些矛盾冲突的频发在敦促着人们去思考新的"能够聚焦于人""能够符合失地农民利益诉求"的社会影响评估方法。

正如前文所述,原国际乡村社会学联合会主席、国际影响评估协会董事会董事范克莱教授主编的《社会影响评价新趋势》著作中,Coakes 和 Sadler 提出"以可持续生计方法作为社区敏感性和脆弱性的整合模式"的构想⑨,但是我们认为应用最为广泛的、由英国国际发展署(DFID)提出的用于贫困人口和农户的可持续生计分析框架(下文 5.2.1、5.2.2 小节将详细阐述),更适用于对社区的贫困家庭和弱势群体的生计评价,而大型工程冲击造成了原住民生计能力受损、生计资本恶化、生计活动失效,使其变成了工程项目影响下的弱势群体。

大型工程社会影响评估存在一定的评估范式和方法论,在进行原住民(或者说是失地农民,大型工程冲击下的原住民在工程建设后期多成为失地农民)研究,选择分析方法时,我们

① 刘润彩.可持续生计视野下失地农民存在的问题与路径选择[J].濮阳职业技术学院学报,2008(4):60-61.
② 刘海云.城市化进程中失地农民问题研究[D].保定:河北农业大学,2006.
③ 杨琳琳,李静.可持续生计视角下失地农民的困境与出路[J].中共青岛市委党校,青岛行政学院学报,2013(6):99-104.
④ 方爱清,陶慧君.城郊社区失地农民生活现状及其社会支持网络建构——以武汉市阳逻经济技术开发区 Z 村和 X 村为例[J].江汉大学学报(社会科学版),2012(4):31-35.
⑤ 张时飞.为城郊失地农民再造一个可持续生计——宁波市江东区的调查与思考[J].公共管理高层论坛,2006(2):133-147.
⑥ 同④.
⑦ 黄建伟,刘典文,喻洁.失地农民可持续生计的理论模型研究[J].农村经济,2009(10):106.
⑧ 崔丽.央企施工与地方矛盾激化现象引人深思[N].中国青年报,2013-04-22(10).
⑨ 法兰克·范克莱,安娜·玛丽亚·艾斯特维丝.社会影响评价新趋势[M].谢燕,杨云枫,译.北京:中国环境出版社,2015:264-267.

需要从研究目的出发，根据需求选择合适的方法。在上文的分析中，我们发现可以从生计视角思考大型工程对农民的影响。在这一视角下，我们需要复合性地思考"冲击""资本""能力""活动策略""政策制度"等问题，并期望尽可能地实现"公众参与"以保证政策的制定符合失地农民的利益诉求，减少矛盾冲突。

可持续生计方法恰好提供了一种解读"风险环境""生计资本""政策、制度、机构""生计策略""生计结果"等多重问题的综合性视角，适用于社会影响评估。这一点可从可持续生计的起源和应用成果中予以解读，具体如下：

（1）从可持续生计的实践起源中，大家可以认知到可持续生计区别于其他方法的重要的一点在于对人的关注，传统方法在减少/消除贫困时往往更多的关注于资源或能源等方面，较少关注人本身，而可持续生计方法认为人是一切生计活动的核心与根本，分析应当以人为中心。与此同时，可持续生计方法认为发展活动应该具有响应性和参与性，应当让利益相关者、部门、政府等众多参与方参与其中，良好的发展活动应当获得利益相关者的响应。（DFID框架中提出的可持续生计的核心原则）

（2）Morse等指出，可持续生计是伴随"保证农民福祉能够持续"这一愿望而产生的[1]。它的应用对于"减贫"存在多方面的意义。主要可以从三个层面进行分析：

① 资本识别层面。通过注重资产的多样性，可持续生计方法提供了一种关于"什么资源或者说资源的组合对于穷人来说很重要"的整体性视角，指出这些资源应该不仅仅包含物质和自然资源，还包含社会、经济和人力资本[2]。这种方法通过对众多要素（这些要素直接或间接地决定了或制约了穷人对于各种资源或资本的使用权，因而影响了他们的生计）在不同层面的聚焦，促进了人们对于贫困起因的理解。可持续生计方法提供了一个更现实的用以评估项目对人的生活状况的直接或间接影响的框架，相较单一维度的生产力或收入指标来说，更具有评估性。

② 政策层面。首先，可持续生计框架阐明了政府干预所采取的措施政策的目标之所在；其次，可持续生计方法可以确保政策不被忽视。可持续生计分析提供关于主流"结构和过程"是如何影响生计方面的本质信息。通常可以识别进行政策改革的需要。此外，可持续生计方法鼓励人们在政策制定中更加以人为本，可持续生计方法可以帮助政策制定者将关注的焦点从关注政策变化转移到人本身，从个人的视角来思考问题。可持续生计方法可能带来项目政策方面的变革，因为它阐明了项目的政策目前以及未来可能对人民生活产生的影响。

③ 其他层面。可持续生计为来自不同部门的政策制定者提供了一种共通的语言基础。可持续生计分析框架对于探讨不同部门讨论跨领域问题，如贫困、农村发展和权力分散、公共部门改革，有很大作用。

综上所述，可持续生计方法良好地满足了大型工程冲击下原住民生计研究诉求，在社会影响评估（SIA）中可以加以运用。

---

① Morse S, Mcnamara N, Acholo M. Sustainable livelihood approach：A critique of theory and practice[J]. Springer, 2013, 189：4.

② Krantz L. The sustainable livelihood approach to poverty reduction：An Introduction[J]. IEEE Transactions on Ultrasonics Ferroelectrics & Frequency Control, 2001, 49：39-46.

5.2 社会影响评估的可持续生计(SIA-SL)评估模型

5.2.1 不同可持续生计分析框架及对比

在可持续生计研究过程中,形成了四种主要框架:联合国开发计划署(UNDP)——UNDP框架、美国援外合作署(CARE)——生计安全框架、英国社会发展研究所(IDS)——IDS农村可持续生计框架、英国国际发展署(DFID)——DFID框架。

1) 联合国开发计划署(UNDP)——UNDP框架

"促进可持续生计"是联合国开发计划署(UNDP)1995年所采纳的可持续发展(SHD)整体指令的一部分。可持续生计方法是其中实现减贫的一种方式[①]。作为联合国开发计划署的使命之一,可持续生计方法既为可持续的贫困消除提供了一种概念框架,又为其提供了一种实际操作的程序上的框架。该模型各元素之间的逻辑和层次顺序如图5-2、图5-3所示。

UNDP认同的可持续的生计是指:(1)能够通过应对和适应策略应对冲击和压力;(2)经济有效;(3)生态健康,能够确保生计活动不会对给定的生态系统的自然资源造成不可逆转的伤害;(4)社会公平,意思是不管现在还是将来,一部分群体生计机会的促进与提升不应当以牺牲另一部分群体的生计选择机会来达成的。

UNDP采用了一种基于资本的方法,强调促进人们对于资本的获取和可持续利用。为了达到这个目的,它强调了理解"人们提出的应对和适应策略"的重要

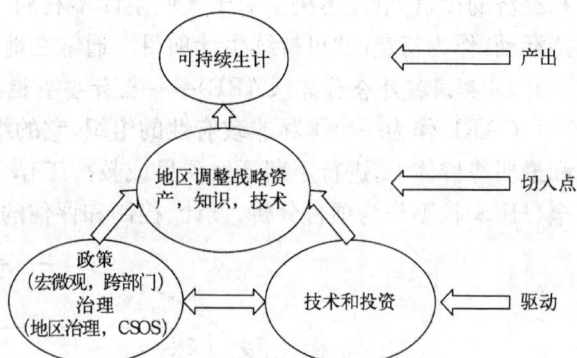

图5-2 UNDP可持续生计分析方法
(Krantz L, 2001)

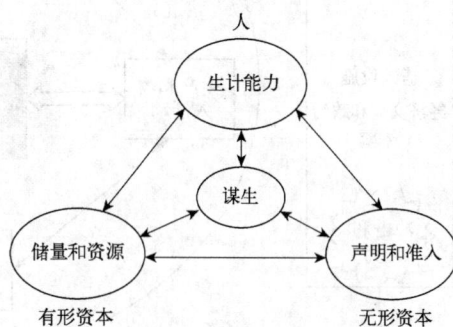

图5-3 UNDP促进可持续生计的方法
(Krantz L, 2001)

性。应对策略是指人们对于诸如干旱等冲击的短期反应,而适应策略则是指在冲击和压力下,人们行为模式的长期变化。这两种策略都受到人们资本状况的影响,同时又都对资本组合本身产生影响,有可能会导致资本耗尽也有可能再生。联合国开发计划署的可持续生计方法还强调:(1)以人为本;(2)政策(宏观微观链接)和治理问题对生计的影响应当列入考虑;(3)可持续性的评估和支持是一个不间断的、持续性的过程。

UNDP开发出了一种用于可持续生计项目设计、实现和评估的方法,具体包括五步:

---

① Krantz L. The sustainable livelihood approach to poverty reduction: An Introduction[J]. IEEE Transactions on Ultrasonics Ferroelectrics & Frequency Control, 2001, 49: 39-46.

(1)进行参与式评估,通过这样的评估可以了解到人们面临的风险要素、资本状况以及从人们所选择的生计应对和适应策略中所透露出的人们的知识状况;(2)从微观、宏观和部门视角分析影响人们生计策略的要素;(3)对用以补充完善当地居民知识系统、提升居民生计水平的"现代科学和技术"的潜在贡献力予以评估和确定;(4)对帮助或妨碍现有的生计策略的"社会和经济投资机制"的识别;(5)确保前四个阶段是实时进行的,以保证可持续生计评估过程是整体项目开发的一部分,而不是一系列孤立的事件。

对于 UNDP 来说,可持续生计方法主要是作为一个编程框架用以设计一组活动,通过加强他们应对(冲击、趋势等)的弹性和适应策略,来改善穷人和弱势群体的生计的可持续性。虽然这在原则上是一个无止境的过程,但是强调的重点在于改进技术的引进以及社会和经济的投资,借此解决了对于人们生计不利的"政策和政府问题"。UNDP 组织了各种支持活动,作为特定的"可持续生计项目",通常在地区层面上来推广这些项目。

2) 美国援外合作署(CARE)——生计安全框架

CARE 作为一个国际非政府性的组织,它的组织使命是把它的项目聚焦于帮助最贫困和最弱势群体上,进行定期开发项目或救济工作。自从 1994 年来,CARE 使用家庭生计安全(HLS)模型作为项目分析、设计、控制和评估的框架,具体模型如图 5-4 所示:

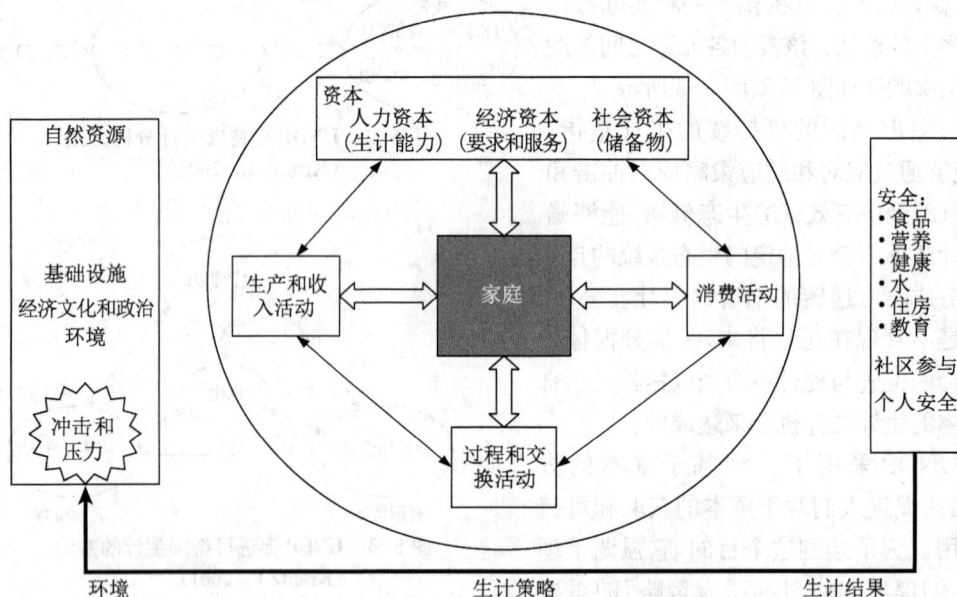

图 5-4 CARE 生计安全模型(Carney,1999)

HLS 的概念起源于 Chambers 和 Conway 对于生计的经典定义,它包含三个方面基本属性:拥有的人力(诸如教育、技能、健康、心理取向)(人力资本)、对于有形和无形资本的可获得能力(社会资本)以及经济活动的存在(经济资本)。这三个方面的交互作用形成了一个家庭的生计策略。

CARE 对于生计安全的定义强调了贫困人口自身能力建设在脱贫方面的重要性。它经历了由聚焦"地区和国家食品安全"—"家庭和个人食品安全"—"不仅仅关注食品生产,同时还关注于自身生产的食品之外的其他食品的获得"—"不仅仅关注食品,还关注人们维持自身生计安全的能力的提升"[1]。CARE 生计安全模型强调一种赋权行为,包括个人赋权和社会赋权。个人赋权是指个人自信和技能的一个建立和提升,社会赋权强调建立社区为基础、帮助人们提升生计能力的组织。

CARE 的生计安全模型实践具体包括以下四步:(1)使用二手数据识别潜在的贫困区域;(2)找出弱势群体并识别他们的所面临的生计制约因素;(3)收集分析数据(在 CARE 的整体生计模型指导下),记录它们随时间的变化趋势并且识别主控指标;(4)确定需要项目干预的一组社区。

3) 英国社会发展研究所(IDS)——IDS 农村可持续生计框架

在 1998 年 6 月,IDS(英国社会发展研究所)发表了一篇工作论文,为可持续生计提供了一个分析框架[2]。该框架(图 5-5)强调了五个相互影响的元素:背景、资源、机构、策略和结果。该模型起源于 1996 年的 IDS 的头脑风暴,当时他们在为 DFID 关于可持续生计的研究项目做投标准备。当时还存在多个其他机构的投标版本,不过跟 IDS 的模型有一些相似性。1998 年,英国国际发展署的可持续生计农村生计咨询团(Scoones 是其中一员)对这些不同的模型进行了讨论,确定了 DFID 框架[3]。

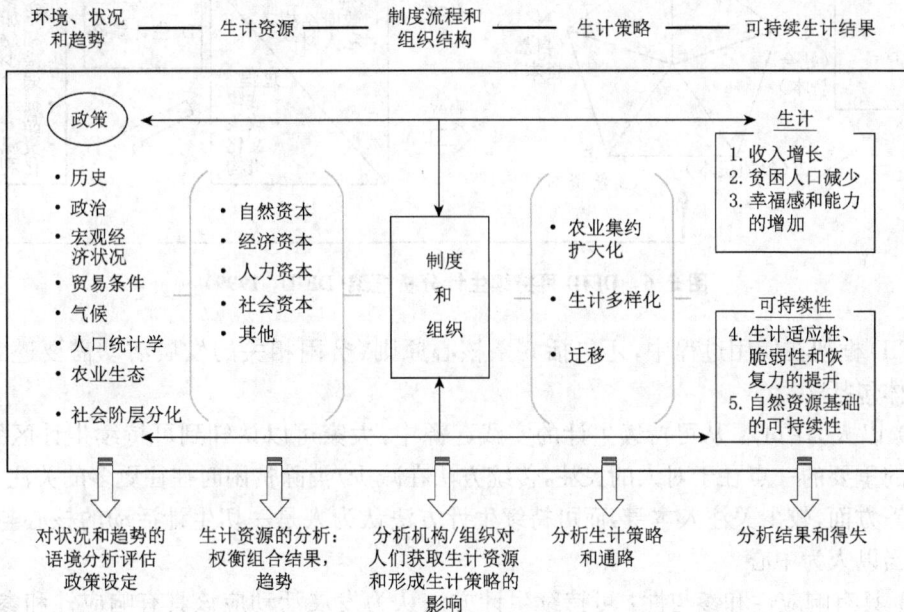

图 5-5 IDS 农村生计可持续生计分析框架(Krantz L,2001)

4) 英国国际发展署(DFID)——DFID 框架

DFID 可持续生计分析框架源于 1997 年英国国际发展署发布的《国际发展白皮书》中。

---

① Carney D, Drinkwater M, Rusinow T, et al. Livelihood approaches compared: a brief comparison of the livelihoods approaches of the UK Department for International Development (DFID), CARE, Oxfam and the UNDP[R]. DFID Technical Report,1999.

② Scoones I. Sustainable rural livelihoods: a framework for analysis[R]. IDS Working Paper 72,1998:4.

③ Carney D. Sustainable rural livelihoods: what contribution can we make? [J]. International Development, 1998,10(7):213.

白皮书中指出,DFID 的主要目标在于消除贫穷国家的贫困①。1998 年 1 月,DFID 的自然资源政策和咨询部门(NRPAD)就可持续生计展开了一次协商,这次协商过程包括了 DFID 内部机构和外部(非政府组织、捐助机构、研究者和顾问公司)人员的参与。借此契机,成立了一个农村生计咨询团,它的主要目标是将英国政府《国际发展白皮书》提出的可持续生计概念落实到实际工作中,该小组的论文在 1998 年 6 月的 DFID 自然资源顾问会中呈现了出来②,该论文中提出了 DFID 可持续生计分析框架。DFID 对于可持续生计的定义遵循了 IDS(英国 Sussex 大学的社会发展研究所)的研究,并对 Chambers 和 Conway 提出的原始概念进行了改良。此后,DFID 不断地对其分析框架进行扩充和完善,形成了目前的以贫困人口为主要分析对象的可持续生计分析框架,具体如图 5-6 所示:

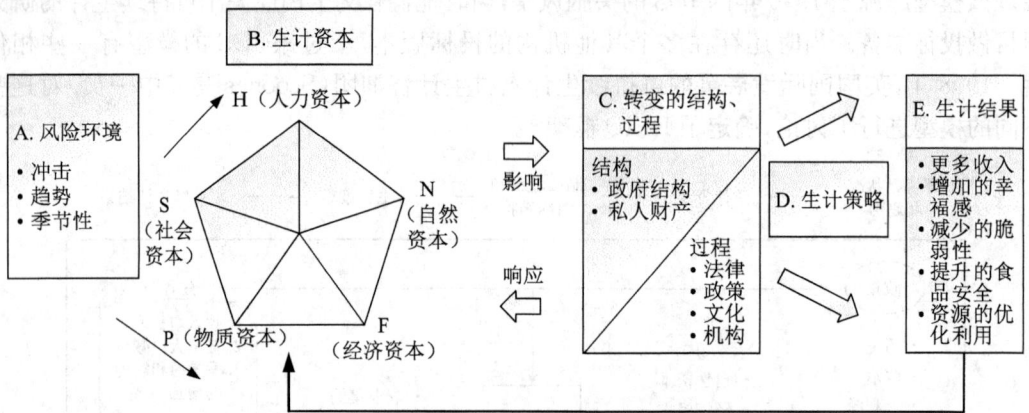

图 5-6 DFID 可持续生计分析框架(DFID,1999)

DFID 框架在使用过程中,还包括 6 条核心原则(贫困相关的发展活动需要遵守的准则),具体包括③:

(1) 以人为中心:从可持续生计的实践起源中,大家可以认知到可持续生计区别于其他方法的重要的一点在于对人的关注,传统方法在减少/消除贫困时往往更多的关注于资源或能源等方面,较少关注人本身,而可持续生计方法认为人是一切生计活动的核心与根本,分析应当以人为中心。

(2) 具有响应性和参与性:可持续生计方法认为发展活动应该具有响应性和参与性,应当让利益相关者、部门、政府等众多参与方参与其中,良好的发展活动应当获得利益相关者的响应。

(3) 多层面:消除贫困是一项巨大的挑战,只有通过各方(各层面)共同努力才能实现。

(4) 进行合作:可持续生计的实现需要依赖同公共以及私人部间的合作。

(5) 多维度可持续:可持续性包含四个关键维度——经济、制度、社会、环境的可持续

---

① Krantz L. The sustainable livelihood approach to poverty reduction：An Introduction[J]. IEEE Transactions on Ultrasonics Ferroelectrics & Frequency Control，2001，49：39-46.

② Carney D. Sustainable rural livelihoods：what contribution can we make？[J]. International Development，1998，10(7)：213.

③ DFID U K. Sustainable livelihoods guidance sheets[R]. London：DFID，1999.

性。它们都是很重要的,需要在四者间找到平衡。

(6)动态:因为居民的生活状况是一个动态的变化过程,所以与之对应的生计策略也应当随之变化,需要投入外部支持来辨别生计策略的动态性,以灵活自如地应对居民生活状况的变化。

DFID 的可持续生计方法的目的在于增加"结构、过程"在减少贫困方面的效力,通过两种主要的方式:第一种方式是主流化一系列的核心原则,这些核心原则决定了发展活动应当以人为中心、具有响应性和参与性、多层面、进行合作(形成伙伴关系)、可持续并且动态。第二种方式是在设计支持性活动时,保持一种整体性视角,来确保这些活动对应解决相应的问题或者直接相关的区域,从而提升居民生计①。DFID 方法的一个核心的元素是 DFID 框架,DFID 框架是一种分析结构,它有利于帮助人们对约束或促进生计机会的许多要素形成一种广泛而系统的理解,并且显示了这些要素之间的关联性。

DFID 模型是可持续生计模型中较为典型的一种模型,广泛被国内学者认可和使用。

5)四种框架的对比

很难从文献中直观地找到四种框架本质的差别。这四个机构都使用可持续生计方法来消除贫困,也都遵循可持续生计的基本定义。DFID 框架是在 IDS 基础上的改良,因而主要对比 UNDP、CARE、DFID 这三个机构在使用可持续生计方法上的差异。细究的话,三个机构下的模型建构和使用可能存在以下几点差别:

(1)用途不同。UNDP 和 CARE 主要使用可持续生计框架来促进具体项目和程序的规划,一般开始于工程前期,项目规划阶段,它遵循一定的步骤,形成一定的范式,属于规划或项目的一道程序。而对于 DFID 来说,可持续生计方法更多的是一种分析框架,而不是规划的一道程序,它可以被用来评估和审查正在进行中的工程、项目以保证它们更加符合贫困居民的状况和需要,也可以用来回顾已有项目,狭义上来说,DFID 使用可持续生计方法来进行"政策对话"。它可以作为一种普适性工具应用于机构所支持的各种类型的活动,而不仅仅是可持续生计工程或项目。

(2)实现层面不同。CARE 的可持续生计模型最主要用在社区层面,从家庭出发,落脚在家庭、社区层面。而 UNDP 和 DFID 在用于家庭、社区层面的同时,强调政策环境、宏观经济改革、法律等对贫困人口脱贫同样重要。对于 DFID 来说,虽然对于人们生计的分析通常发生在家庭(或社区)层面,但是它不仅仅是为了从这个层面上去思考约束条件和补救机会,在 DFID 框架下,需要去理解政策、制度要素的重要性,有些冲击作用于社区层面,但是需要从更高的政府层面去解决。

(3)除此以外,DFID 和 UNDP 框架在某些情况下可持续生计定义中会包含一些环境指标,而 CARE 框架较"可持续生计"来说,更着重强调"家庭生计安全",它往往更关心的是直接的、现时的需要,而没有那么关注长远的对环境的影响。UNDP 框架从"应对和适应策略"出发,在一定程度上偏向于关注"现代科学和技术""社会和经济投资机制",通过这些领域来提升人民的生计水平。

这三个机构在使用各自框架进行可持续生计实际操作过程中的差异如表 5.1 所示:

---

① Krantz L. The sustainable livelihood approach to poverty reduction: An Introduction[J]. IEEE Transactions on Ultrasonics Ferroelectrics & Frequency Control, 2001, 49: 39-46.

表 5.1　CARE、DFID、UNDP 这三个机构可持续生计框架的差异应用

机构	起点	分析程序	对可持续性的理解	资本类型	方法差异
CARE	1. 人的能力的拥有； 2. 有形和无形资产的获取； 3. 经济活动的存在； 4. "基本需求"的处理： ① 收入/就业 ② 食品安全 ③ 水供给 ④ 基础教育 ⑤ 基本健康和家庭计划 ⑥ 社区参与	1. 识别潜在的地理区域； 2. 识别脆弱群体和生计制约因素； 3. 收集基础数据并辨别指标； 4. 考虑相似度和吸收能力	1. 伙伴关系、团队/能力的建设； 2. 环境、社会/性别公平； 3. 相比可持续来说更加强调安全	人力 社会 经济	1. 区分私有资产和公共资产； 2. 强调家庭层面； 3. 个人和社会； 4. 强调授权
DFID	1. 资本的获取； 2. 转变结构和过程	1. 社会/贫困分析； 2. 生计分析（包括制度和经济分析）； 3. 伙伴关系分析	社会、经济、环境、制度上的可持续	人力 社会 自然 物质 经济	1. 强调根本原则和一系列的"可持续生计方法"； 2. 宏微观结合
UNDP	1. 编程策略； 2. 优势分析； 3. 资本分析以及应对/适应策略	1. 参与式的风险、资本、本地知识和应对/适应策略； 2. 微观、宏观以及部门政策评估； 3. 对于科技的潜在贡献力的评估； 4. 对于存在的投资机会的评估； 5. 确保前四步是实时进行的	1. 应对压力和冲击的能力； 2. 经济有效性； 3. 生态完整性； 4. 社会公平	人力 社会 自然 物质 经济 （有时候加上政治）	1. 从优势（而不是需求）开始评估； 2. 强调科技； 3. 强调宏微观的联系； 4. 以适应性策略作为切入点

5.2.2　DFID 框架对于 SIA 的适用性分析

根据上述对四种主流的可持续生计分析框架比较,无论是从 5.1.2 节对大型工程对失地农民生计的冲击分析,还是从 DFID 框架本身特点及人们应用 DFID 框架研究和解决的问题来看,DFID 框架最为适合于社会影响评估中对失地农民的可持续生计评估。

1) DFID 框架的构成要素及关系

DFID 框架包含五方面内容:脆弱性/风险环境、生计资本、转变的结构和过程、生计策

略、生计结果。我们在此根据英国国际发展署发布的权威性的《DFID 指导清单》①内容对其进行阐述,具体如下:

(1) 风险/脆弱性环境。生计由许多因素组成并受众多因素的影响,人们生活在某一个特定的环境中,此环境往往会给一个社区带来逐渐的变化和突然的冲击,因此被称为风险环境,又称为脆弱性环境/背景。该环境构成了人们生存的外部环境,人们生计资本的有效利用不仅受到外部冲击和周期性因素的根本性影响,而且受到主要变化趋势的根本性影响。这些因素是人们难以控制或根本没办法控制的。这个风险环境的重要性在于它直接影响着老百姓拥有资产的状况以及他们所面临的选择和机会,因此间接影响着他们生活生产所取得的结果。在 DFID 定义的可持续生计分析框架下,风险环境包含超出家庭控制范围的三个方面内容:冲击(Shocks)、趋势(Trends)和季节性(Seasonality)。举例来说,Allison、Horemans 在关于渔业的可持续生计探讨中指出,"趋势"可能包括"捕获率降低""鱼的价格的增加"以及"其他影响渔业家庭的跟鱼没有关系的因素",例如说食物或药品成本上升。"冲击"包括"风暴破坏海岸设施""有毒藻类带来的水华""油价上涨""货币贬值"这些影响渔业投入成本和渔业产品市场价值的要素。对于家庭来说,"家庭成员的疾病和死亡"以及"渔网被盗或丢失"是明显的冲击②。

(2) 生计资本。关于 DFID 所界定的生计资本,已在第 2 章详细阐述。本处不再赘述。DFID 框架通过一个五边形来展示五项资本,突出了资本间是相互联系的。可持续分析的非常重要的一个部分在于找出人们对于各项资本的获得能力和利用能力③。DFID 致力于给人们提供更多的直接的资本支持。它认为,人们有了更多的资本支持后能够更有能力去影响"结构和过程"(政策、制度、机构)。

(3) 转变的结构和过程。DFID 框架中所讲的"转变的结构和过程"是指政府部门的层级结构、私人部门的结构以及法律、政策、文化、制度的过程会塑造或者说改变人们的生计状况。它们对于人们的生计来说也是至关重要的。从国际层面到家庭层面,从个人到公众都受到它们的影响。它们有效的决定了:①使用权。它们决定了人们是否能够接触或使用各种类型的资本,影响了人们的生计策略,影响了人们的决策并影响了资源所能对人们产生的影响。②不同类型资本之间的转换条件。③任何一种既定的生计策略所能带来的收益(经济以及其他方面)。除此以外,它们直接影响了人们能否有一种被包容感以及幸福感。因为文化也包含在其中,所以它也解释了不同社会群体"行为方式"方面的"难以解释"的差异性。

(4) 生计策略。Ellis 认为,生计策略就是追求持续生计的一系列行动和方法④。换言之,所谓生计策略,也就是资本组合和应用的方法。人们寻求不同的生计方法来促进选择、机会和多样性,这最明显体现在人们选择不同样的生计策略(这一包罗万象的术语用以表示人们为了实现他们的生计目标而采取的各种各样的活动和选择)中。农户家庭选择不同的

---

① DFID U K. Sustainable livelihoods guidance sheets[R]. London: DFID, 1999: 9.

② Allison E H, Horemans B. Putting the principles of the Sustainable Livelihoods Approach into fisheries development policy and practice[J]. Marine Policy, 2006, 30(6): 757-766.

③ Carney D. Sustainable rural livelihoods: what contribution can we make? [R]. International Development, 1998, 10(7): 213.

④ Ellis F. Rural livelihoods and diversity in developing countries[M]. New York: Oxford University Press, 2000.

生计策略来匹配他们的资产禀赋,并借此来抵御市场失灵、社会规范以及接触各种风险给他们带来的约束条件[①]。生计策略对于人们来说很重要,因为它帮助人们进行自我决策并帮助人们适应变化。生计策略的"构建块"是人们对于资本的使用权(接触度)。生计策略所希望得到的结果是在"结构、过程"作用的同时,将生计资本转化为更合乎人们需求的生计结果。农村家庭采取不同生计策略来构建他们自身的适应能力,应对内部和外部的变化与冲击。从长远角度来看,这些策略能够提高生计安全性和环境可持续性,帮助减少社区脆弱性。

(5)生计结果。所谓生计结果就是一系列生计策略的效果或结果,包括生计(就业、贫困程度、持续改善等)和可持续性(生计易受损害、自然资源的持续性)。需要强调的是,对于框架中"生计结果"这一组分,作为局外人,应当通过调查、观察以及倾听等方式得到人们所追求的自然的结果而不是迅速地得到结论或太草率的进行判断。在调查贫困人口的生计结果时,调研者不应该假定人们的全部目标都集中于使他们的收入最大化,相反的,调研者应该去深入挖掘他们潜在的深刻的生计目标。这样将有助于帮助调研者理解人们的优先级,搞清楚人们为什么做他们所做的事情以及他们在做这些事情的时候面临的主要制约因素。

同时,调研者需要明白的是生计结果并不等同于生计目标。在框架中使用"结果/产出"而不是"目标"的主要原因有两条:①可持续性:可持续生计框架提供了一种关于生计的思考模式并且致力于促进响应性。但是,虽然可持续性有很多维度,它也存在一个规范维度,即推进生计的可持续性。然而,困难之处在于广义的可持续目标可能并不为所有人所接受。因此,框架中采用生计结果这一概念来表示一种混合的东西,它将 DFID 的目的和它的客户的目的结合起来。使用"目标"这一术语可能会带来这样一个疑惑:"谁的目标"?而使用"结果"一词更加中性并且鼓励我们去关注究竟发生了些什么。②成果导向:该框架不仅仅是一个分析工具。它的目的是为现实行动提供基础。思考"目标"问题可能描述起来很有趣,而思考"结果"问题则集中于关注所取得的成就、指标的发展以及贫困消除方面的进展。

在通用框架中生计结果的出现有助于使得框架可控。生计结果可能有多种,这需要参与式调查得到。DFID 指出良好的结果可能包括:

① 收入增加。虽然用收入来衡量贫困水平被很多学者批评了,但是不得不说,很多人仍然进行各种活动只是单纯地为了增加家庭收入。增加的收入同时还跟经济学上的可持续相关。

② 增加幸福感。除了收入以及金钱所能买到的东西,人们还重视非物质性的东西。人们的幸福感一般受到多种因素的影响,可能包括他们的自身性格、家庭成员的人身安全、他们的健康状况、设施的可获得程度等。

③ 脆弱性减少。穷人常常被迫生活得非常不稳定,没有什么可以抵御脆弱性环境的缓冲条件,不管从生计目的还是生计意图来说,他们的生计都是不可持续的。对于这样的人群来说,将他们的脆弱性降至最低并且提高他们生计的整体社会可持续性很

---

① Bank W. Making sustainable commitments: an environment strategy for the World Bank[J]. World Bank Publications, 2001, 16(1): 152.

重要。

④ 提升的食品安全状况。食品安全是脆弱性的一个核心维度。它在生计结果中作为一个单独的类别以强调它本质的重要性。

⑤ 自然资源基础的更加可持续的使用。环境可持续或者自然资源基础的可持续性对于 DFID 框架来说并不是可持续性的唯一维度，然而它常常却被视作一个主要的维度，事实上在其他一些生计结果类别中，它并不能充分显示生计结果的特征。

综合来讲，可持续生计方法是一种用以帮助人们实现他们自身的生计目标的方法。因而，生计程序的关注点应在于判断这样的程序是否的确对人们所重视的生计结果有利。对于某些群体来说可能并不能实现他们的生计目标，这时就要思考其原因，往往包括两种可能：一是他们的利益目标与其他一些群体的利益目标相冲突，而那些群体更加有权有势；二是他们可能缺乏一定的生计资本来辅助他们实现这样的生计目标。这样的区别性可以帮助政府或相关部门明白弱势群体的诉求所在，切实关注弱势群体的相关利益，使得政策更有针对性。

除了五方面的主要内容外，DFID 框架还促使人们思考这五大模块之间的联系，他们的具体关系应当如下：

(1) 脆弱性/风险环境与框架的关系：①在脆弱性/风险环境中，大多数外部影响是"转变的结构和过程"（如政策的变化）的产物。②管理脆弱性/风险环境的一种方法是帮助贫困人口或弱势群体组织建立起恢复力的应付和适应策略。③管理脆弱性/风险环境的另一种方法是帮助人们增强其抵御风险的能力，这可以通过支持贫困人口建立起他们的资本的方式来达到。

(2) "转变的结构和过程"与框架的关系：①"转变的结构和过程"是风险环境的直接反馈。程序（政策）通过组织机构形成和实现，它直接（财政政策/经济趋势）以及间接（卫生政策/人口趋势）地影响着未来的趋势。同时，它们还可以帮助缓解外部冲击的影响（例如抗旱救灾政策和救济机构），运转良好的市场可以通过区域间的贸易帮助减少季节性冲击的影响。②制度可以严格限制人们生计策略的选择（比如部分国家严格的等级制度）。政策和法规常常会改变某些生计选择的预期回报，因而影响了人们对其的选择。③"转变的结构和过程"可能对"生计结果"有着直接的影响。响应性的扶贫政策，如增加对贫困地区的社会服务性设施的投入能够很大程度上增加人民的幸福感。它们可以促进权利意识和自我控制感，也可以通过社会安全网帮助减少脆弱性。各种政策和资源利用的可持续性之间的关系是复杂且非常重要的。

(3) "生计策略"与框架的关系：①人们对于各项资本的使用权（获得度）是影响人们做出不同的生计策略的主要影响因素。不同的生计活动有不同的需求，但是总体来说，必然是拥有更多样资本的人在做出不同的生计选择时占据了更加有利的位置，也就是说他们可以在一系列的选项中选择一个能够使他们生计结果最大化的生计策略，而不是说选定某一种生计策略只是因为那是他们唯一的选择。②转换的结构和过程可以强化"积极的"选择。如果它们运作良好的话，它们会促进劳动力市场的流通性并降低风险以及交易成本。它们还可以促进投资的有效性。然而，在其他一些情况下，它们却可能成为做出选择的一个主要制约条件，因为它限制了那些贫困人口对于某些资本的可获得性（例如严格的等级系统或者由国家主导的市场体系中）。在这样的情况下，人们所选择的生计策略可能是"消极的"选择，或者他们根本就是别无选择。

（4）"生计资本"与框架的关系："生计资本"位于可持续生计分析的核心位置。通过注重资产的多样性,SL方法提供了一种关于"什么资源或者说资源的组合对于穷人来说很重要"的整体性视角[1]。综合国内外对可持续生计理论及应用研究,可以发现"生计资本"位于可持续生计分析的核心位置,"生计资本"的剖析往往占据了很大篇幅。如图5-7所示,"生计资本"是农民的内在属性,它在初始阶段决定了人们的"生计策略",影响了人们的"生计结果"。"风险环境/脆弱性环境"作用于"生计资本",改变了人们的生计资本,"转变的结构、过程"(通俗来说可以解释为"政府政策、制度或法律等的干预过程")对"生计策略"的影响从根源上来分析,往往也作用于人们所拥有的"生计资本",比如说"征地补偿政策"改变了"自然资本""经济资本"等,进而人们在改变了的"生计资本"的基础上做出最终的"生计策略",人们对策略的选择在很大程度上是基于对自己所拥有的生计资本的评估,而策略的不同影响了"生计结果"。

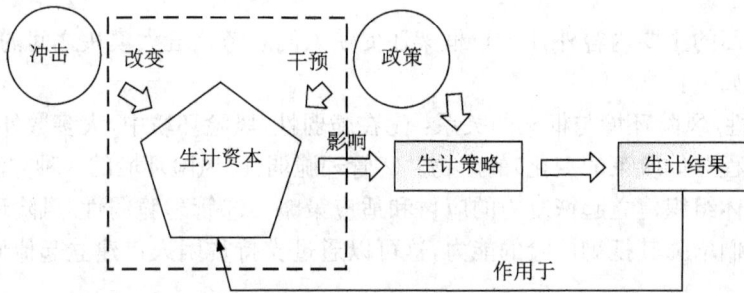

图5-7 可持续生计框架下资本与其他要素的关系图

各要素之间的影响关系、交互作用是复杂的,在这样的复杂关系下,DFID可持续生计分析框架阐明了这样一个主过程,即设想"冲击""趋势""季节性"作用于人,改变人所拥有的五项资本,人依赖于所拥有的五项资本来抵御这样的变化;这些资本同时受到转变的结构、过程的影响,当然影响可能是有利的,也可能是不利的,在这样的影响下,人们结合资本状况,选择适应性或应对性的生计策略;在一定的生计策略下,呈现与之对应的生计结果,这样的结果可能是良好的,也可能是不好的,但所预期的可持续性的生计结果,应当是良好的。当与所期望的可持续性的生计目标相偏离时,"转变的结构、过程"往往是干预点,借以形成新的生计循环。

2）DFID框架应用的国际与国内经验

（1）国际经验

国际上,DFID框架已被用于许多的实践,使用对象可归为三类:一是新项目、计划及后续项目的设计;二是已有项目的后评估;三是政策或者说政府、机构作用的强化。自然资源管理会议（NRAC 99）上报道了11个国家案例,表明了可持续生计方法使用的多样性（表5.2）。在赞比亚和印度,通过DFID,人们重新评估并改善了已有的基础设施和流域项

---

① Krantz L. The sustainable livelihood approach to poverty reduction: An Introduction[J]. IEEE Transactions on Ultrasonics Ferroelectrics & Frequency Control, 2001, 49: 39-46.

目提案;在肯尼亚和巴基斯坦,通过进行多部门范围的研究确定了政府干预措施的一个合适的入口点;尼泊尔的社区森林研究和印度尼西亚的牲畜研究使用了先于实际日期的可持续生计方法,进行了一项长期的分部门项目,同时实现了可持续生计的许多关键原则;在南非和津巴布韦,可持续生计方法被用来指导政策和制度方面的研究。在一些案例中(例如,拉丁美洲,俄罗斯),可持续生计原则已经明确地被用在项目设计中。在拉丁美洲,可持续生计同样也被暗含在国家策略和项目中用以控制正在进行的活动。

表 5.2　NRAC 99 所报道的 DFID 应用案例情况①

地区	用途	发挥的作用	不足之处
印度	新项目以及后续项目的设计	组织现有部门的　种方式;强调了权力关系和冲突的重要性	有失技术方面的专家;对于优选没什么帮助
巴基斯坦	计划识别	促进了多学科的工作;扩展了分析的范围并且防止遗漏	耗费了很长时间;提出了一个巨大的议程;权力关系不充分
尼泊尔	再聚焦已有项目	帮助理解项目环境;强调了宏、微观之间的联系;帮助了解项目的重点	需要其他工具来辅助;政府可能会落在后面
肯尼亚	识别新的计划活动	提供了利用机会的框架	风险,很难说服其他部门;因为政策环境的影响,效用影响有限
赞比亚	再聚焦计划了的项目	为团队工作提供了共通的语言;被迫对社会和权力结构进行了分析	可能有太过多面的风险;需要减少花费;部门间不清不楚的关系
俄罗斯	新项目的设计	思考了当地民间社会和组织;识别了工作的创新领域	很难带动政府发展;顾问知识不全面
印度尼西亚	强化政策改革项目	将宏观和微观相联系;将 SL 方法在政府层面主流化获得了大量的回馈	很难让全部参与者了解——何时应当停止
南非	政府角色研究	强调制度分析的重要性	很难在政府内推广整体性方法
玻利维亚	新项目的设计和已有项目的评估	发现了新机会;迫使对假设进行质疑;强调了农村和城市间的联系	对分析 TS&P(转变结构和过程)来说没用
巴西	在评估和重新设计方面的宽松使用	对于动态的系统性描述;项目间进行了对比	太过宽泛——什么都有;低估了历史性;DFID 议程未共享
墨西哥和美国中心	运用一般的框架来设计国家计划	帮助评估准入点;对于控制产出很有帮助;可理解且易于交流	没有清晰的回复机制;要素权重方面没有作用

① Ashley C, Carney D, Ashley C, et al. Sustainable livelihoods: lessons from early experience[R]. Department for International Development UK, 1999: 226-227.

此外,可持续生计方法还被用于开发和评估非政府组织(NGO)项目(例如 Oxfam,CARE,非洲野生基金),指导特别的计划过程以及优选人类发展项目(如 UNDP),分析部门项目(例如,旅游开发、野生生物管理),进行深入的实地调研以及开发其他新兴的 DFID 方案(如哥伦比亚)。

国际实践案例证明了可持续生计方法已经得以被灵活运用,同时也包含一定的共性元素:

① 将某些形式的穷人生计分析纳入这一过程。可持续生计框架一般被作为值得探索的问题清单。人们有自己的发展倾向,SL 通过参与性方法探索这样的发展倾向。然后,基于生计的深入分析来理解人们是怎么选择"适应活动"或"政策"来"适应(匹配)"这样的生计倾向。

② 都提出了生计问题。发展活动和对人们生活的影响这两者的关联很明确,在许多案例中,分析的目的就在于改善生计。

③ 都包含了跨部门合作的参与。虽然可持续生计的一系列方法是由自然资源部门员工主导,但他们都包含整体分析的一系列科目。在一些案例中,不同部门之间的活动间建立起了联系。

④ 都思考了一些宏观上和微观上的问题,并探究它们之间的联系。基层部门的从业者辨别"政策、结构和过程"影响生计和现实活动的方式,一些从政策层面出发的工作者通常利用生计分析来了解对政策和制度变化的迫切需要。

(2)国内经验

DFID 框架得到了国内研究者的普遍接受,主要应用于四个方面的研究:一是失地农民或农民工生存现状及政策分析[1][2][3][4][5][6][7];二是退耕还林政策对农户生计的影响[8][9][10];三是工程(集中于水库项目)建设下移民的可持续生计发展研究[11][12][13];四是基于 DFID 框架下的

---

① 丁士军,张银银,马志雄. 被征地农户生计能力变化研究——基于可持续生计框架的改进[J]. 农业经济问题,2016(6):25-34.

② 黄建伟,刘典文,喻洁. 失地农民可持续生计的理论模型研究[J]. 农村经济,2009(10):104-107.

③ 刘家强,罗蓉,石建昌. 可持续生计视野下的失地农民社会保障制度研究——基于成都市的调查与思考[J]. 人口研究,2007(4):27-34.

④ 成得礼. 对中国城中村发展问题的再思考——基于失地农民可持续生计的角度[J]. 城市发展研究,2008,15(3):68-76.

⑤ 靳小怡,李成华,杜海峰,等. 可持续生计分析框架应用的新领域:农民工生计研究[J]. 当代经济科学,2011,33(3):103-109.

⑥ 孙绪民,周森林. 论我国失地农民的可持续生计[J]. 理论探讨,2007(5):90-92.

⑦ 刘猛,袁斌,贾丽静,等. 失地农民可持续生计研究——以大连市为例[J]. 城市发展研究,2009,16(1):30-36.

⑧ 黎洁,李亚莉,邰秀军,等. 可持续生计分析框架下西部贫困退耕山区农户生计状况分析[J]. 中国农村观察,2009(5):29-38,96.

⑨ 李树苗,梁义成,Marcus W Feldman,等. 退耕还林政策对农户生计的影响研究——基于家庭结构视角的可持续生计分析[J]. 公共管理学报,2010,7(2):1-10,122.

⑩ 谢旭轩,张世秋,朱山涛. 退耕还林对农户可持续生计的影响[J]. 北京大学学报(自然科学版),2010,46(3):457-464.

⑪ 杨云彦,赵锋. 可持续生计分析框架下农户生计资本的调查与分析——以南水北调(中线)工程库区为例[J]. 农业经济问题,2009(3):58-65,111.

⑫ 杨涛,李向阳. 工程建设被征地移民可持续生计研究[J]. 人民黄河,2006,28(5):8-9.

⑬ 赵锋. 水库移民可持续生计发展研究:以南水北调中线工程库区为例[M]. 北京:经济科学出版社,2015.

贫困地区（主要集中于西部地区）可持续生计评估[1][2][3][4][5][6][7]。但是，以 DFID 可持续生计框架为蓝本，分析研究可持续生计实现途径的工作才刚刚起步。部分学者在 DFID 框架的基础上做了一定的变形，形成了适合自身研究方向的可持续生计分析框架，较有代表性的如下：

① 用以分析贫困。谢东梅在 DFID 模型基础上，提出了中国低收入农户生计困境改变分析框架。借此框架准确瞄准低收入农户[8]（图 5-8）。

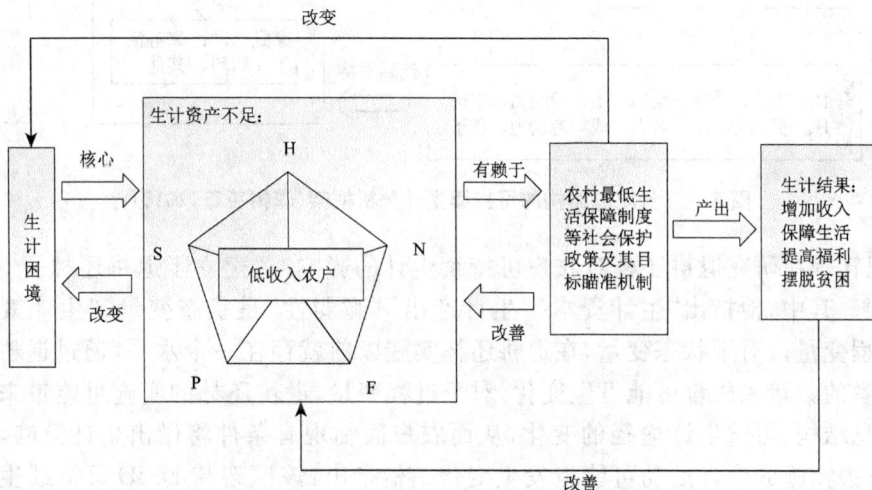

图 5-8　中国低收入农户生计困境改变分析框架图（谢东梅，2009）

② 用以分析政策影响。汤青等借鉴了 DFID 可持续分析框架思路，对黄土高原实施生态退耕政策后的可持续生计问题进行了研究，通过构建可持续生计效益评价模型，对农户可持续生计效益进行了分级评价，并分析了不同类型农户的可持续生计效益差异[9]。李树苗等在 DFID 框架下引入农户的家庭结构，并基于此框架使用农户模型具体分析了退耕还林政策对农户生计的影响[10]（图 5-9）。

---

① 汤青，徐勇，李扬. 黄土高原农户可持续生计评估及未来生计策略——基于陕西延安市和宁夏固原市 1076 户农户调查[J]. 地理科学进展，2013，32(2)：161-169.

② 徐鹏，徐明凯，杜漪. 农户可持续生计资产的整合与应用研究——基于西部 10 县(区)农户可持续生计资产状况的实证分析[J]. 农村经济，2008(12)：89-93.

③ 关云龙，付少平. 可持续生计框架下的农户生计资产分析——基于四省五县的调查[J]. 广东农业科学，2009(12)：269-272.

④ 谢东梅. 农户生计资产量化分析方法的应用与验证——基于福建省农村最低生活保障目标家庭瞄准效率的调研数据[J]. 技术经济，2009，28(9)：43-49.

⑤ 蒙吉军，艾木入拉，刘洋，等. 农牧户可持续生计资产与生计策略的关系研究——以鄂尔多斯市乌审旗为例[J]. 北京大学学报(自然科学版)，2013，49(2)：321-328.

⑥ 李小云，董强，饶小龙，等. 农户脆弱性分析方法及其本土化应用[J]. 中国农村经济，2007(4)：32-39.

⑦ 李金香，冯利盈. 移民搬迁与可持续生计研究：来自宁夏的数据[M]. 北京：经济科学出版社，2016.

⑧ 同④44.

⑨ 同①.

⑩ 李树苗，梁义成，Marcus W Feldman，等. 退耕还林政策对农户生计的影响研究——基于家庭结构视角的可持续生计分析[J]. 公共管理学报，2010，7(2)：3.

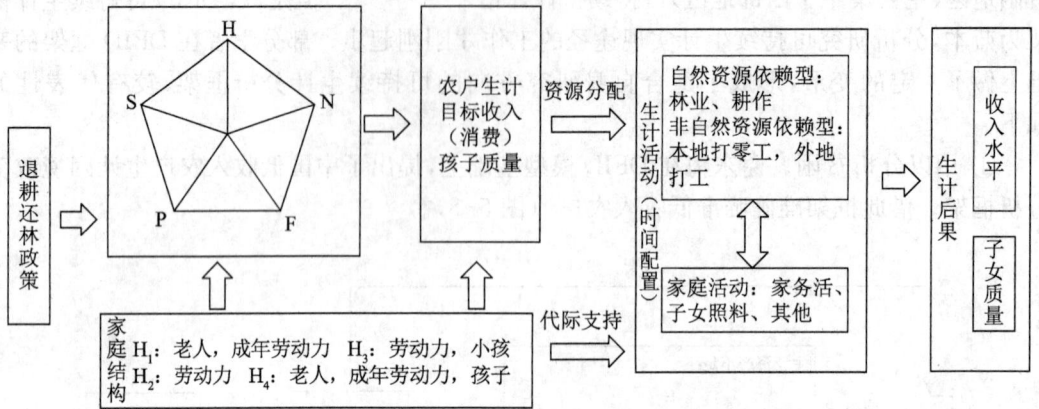

图 5-9　含家庭结构的可持续生计分析框架(李树茁等,2010)

谢旭轩等在研究退耕还林对农户可持续生计的影响时,建立了退耕还林——可持续生计框架。其中,他指出"生计资本""生计产出""脆弱性"是状态变量,"生计策略""活动"是过程变量。对于状态变量,在退耕还林实施以前就存在一个水平,通过退耕还林的实施,三者的数量和质量可能发生变化;对于过程变量,退耕还林的实施可能带来农户的观念、信息结构、可选生计途径的变化,从而农户面临现有条件将做出生计策略,并根据这些策略去实施的生计活动可能也发生变化。他指出,该框架与 DFID 可持续生计框架的不同之处在于:①作为"转化结构与过程"中重点考察的政策指标,"退耕还林"因素已被突出出来;②"生计策略和活动"不只是"转化结构与过程"产生的结果,而是联系"资产""生计结果"和对外部环境适应能力("脆弱性")的生计过程,并且与"转化结构与过程"存在互动关系,所以在分析框架中位于椭圆位置;③"资产"对"生计产出",乃至整个生计状况影响重大①(图 5-10)。③用以研究弱势群体——失地农民。针对失地农民可持续生计的研究,成得礼、黄建伟、刘猛等学者对可持续生计框架做了一定的修改,形成了针对失地农民的可持续生计分析框架。

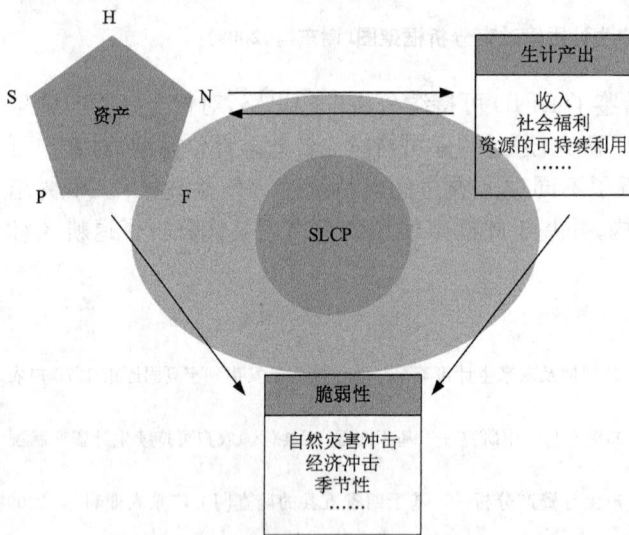

图 5-10　退耕还林-可持续生计框架示意图
(谢旭轩,2010)

成得礼在研究中国城中村发展问题时,对 DFID 模型略作修改,将脆弱性背景、"转变的

---

① 谢旭轩,张世秋,朱山涛.退耕还林对农户可持续生计的影响[J].北京大学学报(自然科学版),2010,46(3):459.

结构和过程"更加具体化,以之作为失地农民可持续生计问题的逻辑框架[①](图 5-11)。

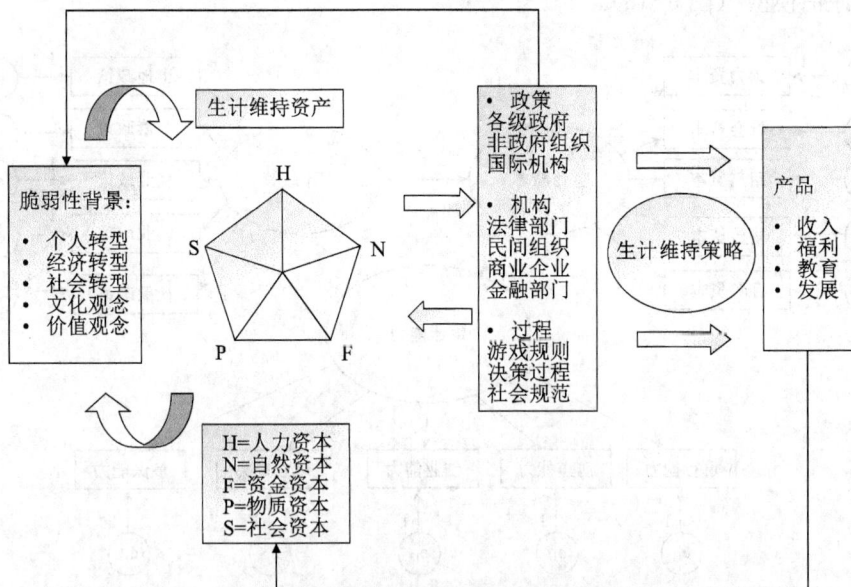

图 5-11　可持续生计框架在城中村的运用(成得礼,2008)

黄建伟等在成得礼研究的基础上,对 DFID 模型进行了修正,基于失地农民的脆弱性背景(即失地、失业、失保、失权、失身份)建立了反映失地农民生计要素即生计资本、生计政策和生计能力之间关系的分析框架[②](图 5-12)。

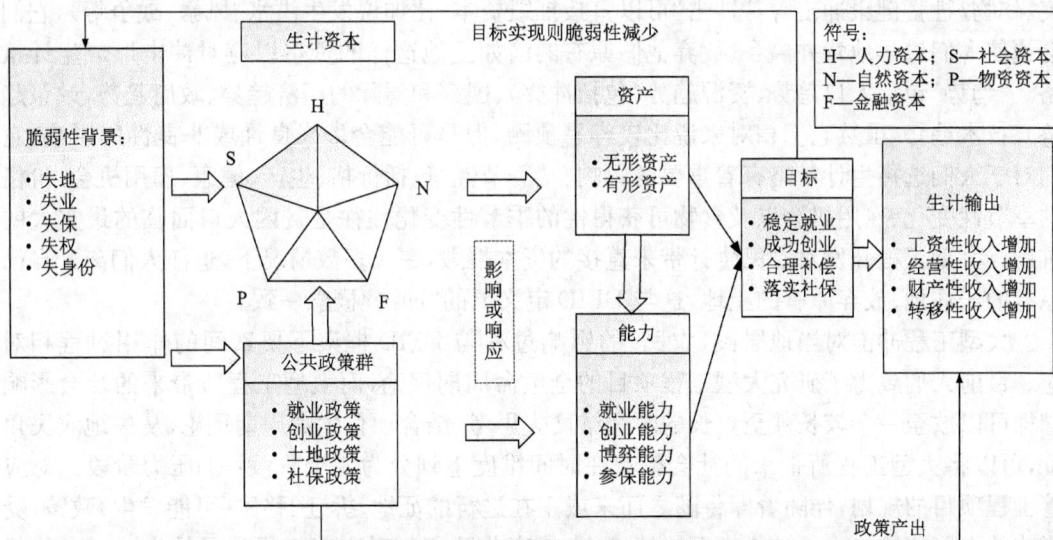

图 5-12　可持续生计框架示意图(黄建伟,2009)

① 成得礼.对中国城中村发展问题的再思考——基于失地农民可持续生计的角度[J].城市发展研究,2008(3):70.

② 黄建伟,刘典文,喻洁.失地农民可持续生计的理论模型研究[J].农村经济,2009(10):106.

此外,黄建伟在失地农民可持续生计问题研究综述中提出了失地农民可持续生计问题结构方程评估模型[①](图 5-13)。

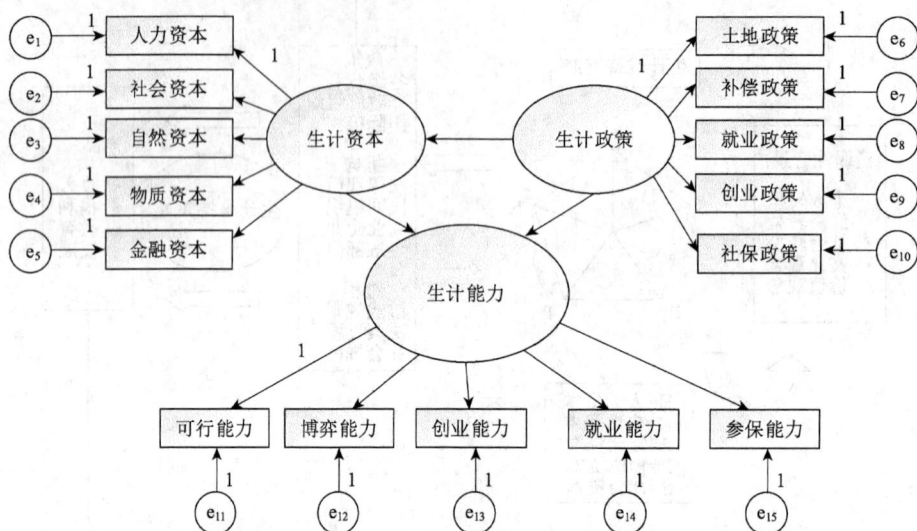

图 5-13 失地农民可持续生计问题的结构方程模型(黄建伟,2011)

3) DFID 框架的适用性

在 DFID 定义的可持续生计分析框架下,风险环境包含三个方面,"冲击"(Shocks)、"趋势"(Trends)、"季节性"(Seasonality)。"冲击"包括人类健康冲击、自然冲击、经济冲击、冲突、作物/牲畜健康冲击等,"冲击"可以直接摧毁资本(比如说发生洪水、风暴、战争等),它们会迫使人们过早地背井离乡、放弃他们原有的诸如土地这样的资本以应对冲击形成生计策略。"趋势"包括人口趋势、资源趋势(包括冲突)、国家和国际的经济趋势、政府趋势(政策趋势)、技术趋势,虽然它们相对来说比较容易预测,但是可能会带来良性或非良性的影响,它们对于人们选择生计策略有着重要的影响。"季节性"包括价格、生产、健康、雇用机会,价格的季节性变化、雇用机会以及食物可获得性的季节性变化往往是贫困人口面临的最重大的难题。大型工程开发对农民生计带来直接的资本摧毁,在大多数情况下,迫使人们离开自己原有的居住地、放弃原有的土地,这与 DFID 定义下的"冲击"概念一致。

大型工程冲击对当地居民(农民)的影响过程与 DFID 框架下要素间的作用过程相对应。目前人们致力于研究大型工程项目的全生命周期理论,而大型工程所带来的社会影响同样可以放至一个较长甚至更长的时间维度去思考,结合项目生命周期理论,从失地农民角度,可以将大型工程所带来的社会影响在时间维度上划分为 4 个阶段:①压力阶段。对应着工程项目的规划,伴随着即将随之而来或正在进行的征地、拆迁、移民(可能发生)政策,受影响的农民往往陷入一种焦虑压迫情绪中;②变化阶段。对应着工程项目的启动、执行,伴随着工程建设,农民此时经历了征地、拆迁、移民(可能发生),生活状态发生巨大变化;③干预和应对阶段。对应着工程的执行、结束,伴随着一系列的拆迁安置补偿等政策的落实,失地农民进行生计策略的调整,以适应生活状态的巨变;④效应阶段。伴随着工程建设的结

① 黄建伟.失地农民可持续生计问题研究综述[J].中国土地科学,2011(6):95.

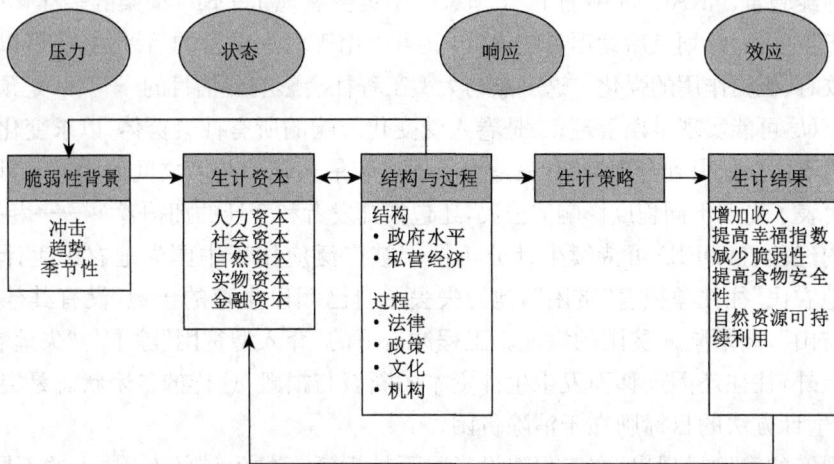

图 5-14　农户生计可持续性评价的"压力-状态-响应-效应"模型（代富强，2015）

束，生计策略调整所带来的结果逐渐显现。这与代富强提出的"压力-状态-响应-效应"生计评估模型（图 5-14）相类似，该模型将 DFID 框架与由经济合作与发展组织（OECD）与联合国环境规划署（UNEP）共同提出的 PSR 模型相糅合，在 PSR 模型的基础上，增加效应指标，监测和评价农户生计可持续性，其中："压力"对应"冲击"，"状态"对应"生计资本"，"响应"对应"转变的结构、过程"和"生计策略"，"效应"对应"生计结果"[①]。这里，将上述的大型工程社会影响阶段嵌入模型中，显现出对应关系（图 5-15）。

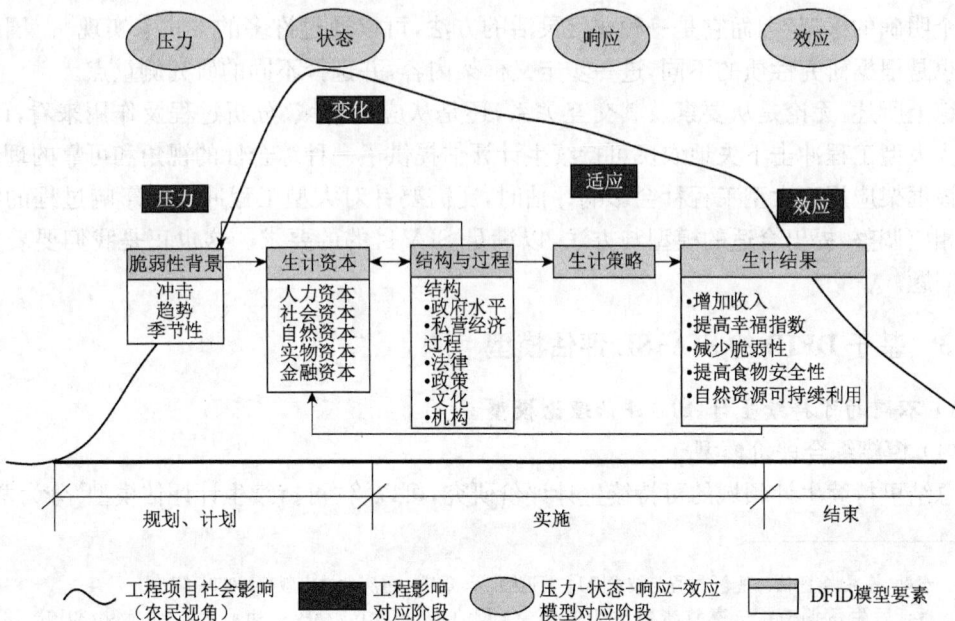

图 5-15　含工程项目影响阶段的"压力-状态-响应-效应"模型

---

① 代富强. 农户生计可持续性评价理论解析及指标体系构建[J]. 湖北农业科学，2015，54(2)：499.

从国际经验看,NRAC 99 中的 11 个国家应用案例展现了 DFID 框架的多样化用法,即既可以应用于新项目、计划及后续项目的设计,又可以用于已有项目的后评估,还可以作用于政策或者说政府、机构作用的强化。这一点与大型工程社会影响评估目的——"一是预期变化的社会效应,以尽可能实现早期管理;二是卷入受变化影响的所有社会群体,以求变化导致的成本和收益的不同分配得到合理控制;三是为了促进和最大化参与者之间的沟通、协调和合作,因为他们代表了受到不同程度影响的公民,还包括开发者和变迁的拥护者"①——相一致。

从国内经验看,DFID 可持续生计分析框架被广泛应用于中国失地农民生计研究。在中国,"失地农民"往往象征着"贫困",他们失去了自己赖以生存的土地,没有其他的就业技能,"坐吃空山",渐渐陷入贫困的境地。工程冲击下的"介入型贫困"除了与"失地农民"有着相似的特点外,往往还因迁移而发生生计资本的断裂与损毁,这样的贫困状态是突发而深刻的,可持续生计方法的目标则在于消除贫困。

一些现实的案例显现出,在工程建设影响下被拆迁者的生计状态因"人的不同"而存在差异性。北京人老赵因在北京国贸桥燃放鞭炮"自焚"而一夜走红,这个因拆迁成为百万富翁的普通人,在"坐吃山空"后,欲以"自焚"的极端方式再求补偿,却将自己送上了审判席②。而在北京回龙观的东村家园的老张,历经拆迁后的 8 年岁月,幸福依旧。他们同样历经相似的变化,但却出现迥异的结果③。深究原因,可以认为这些差异的背后折射着个人所拥有的生计禀赋的差异,或者说生计资本的差异。DFID 框架对于生计资本的聚焦提供了分析这种差异性的思路。

国际国内的经验均体现了 DFID 应用过程拥有着很大的灵活性。Morse 等指出,因为可持续生计这一方法并没有明确的详细的操作图表、模板或简明的方法,到目前来说,仅存在一个明确的框架,因而它是一种非常灵活的方法,可以通过许多的方式来实现④。国内学者们也是根据研究性质的不同,进一步定义框架内容,并选择不同的研究侧重点。

综上所述,无论是从要素及其交互关系,还是从应用领域、分析过程及作用来看,DFID 框架为大型工程冲击下失地农民可持续生计评估提供了一种综合性的视角和可靠的理论支撑。该框架应用于大型工程社会影响评估时,还需要针对大型工程冲击及影响过程的特点进行相应调整,提出合适的模型与方法,以满足 SIA 目的的要求。这也正是我们要着力解决的问题。

5.2.3 基于 DFID 的 SIA-SL 评估模型

1) 不同的可持续生计(SL)评估理论模型

(1) 模糊综合评价模型

总结可持续生计领域的可持续生计评价研究,可以将"可持续生计评估模型"分为两类。

---

① 泰勒,等.社会评估:理论、过程与技术[M].葛道顺,译.重庆:重庆大学出版社,2009:67.

② 拆迁后生活调查:一夜致富之后坐吃山空[EB/OL]. http://news. sina. com. cn/c/sd/2010 - 12 - 03/121021577767. shtml? qq-pf-to=pcqq. c2c

③ 北京东村拆迁后生活调查:一度迷失方向[EB/OL]. http://news. sina. com. cn/c/sd/2010 - 12 - 03/121021577767_2. shtml

④ Morse S, Mcnamara N, Acholo M. Sustainable livelihood approach: A critique of theory and practice[J]. Springer, 2013, 189: 14.

一类致力于通过一定的评估模型得出生计是否可持续的结论,或者说确定"可持续生计水平"。陈军、齐永新等学者在研究中都涉及"可持续生计水平"这一概念。周洁等运用模糊物元模型,通过与"生计维持目标——原有生活水平不降低"、"生计可持续目标——长远生计有保障"的对比,从两个层次来评价失地农民的生计情况[①],代富强提出模糊综合评价方法对农户进行生计可持续性评价[②],这种评价多采用模糊综合评价法,故我们将其归纳为模糊综合评价模型。

周洁等学者在失地农民可持续生计研究中从风险抵抗、环境保障、社会适应3个方面来评估南京市失地农民可持续生计状况,并选取了"家庭人均纯收入""家庭存款""劳动力就业率""三大劳动保险覆盖率""人均住房面积""环境满意度""交通满意度""社会治安满意度""人均受教育年限""参加就业培训率""务农外谋生技能掌握情况""人际关系融合度"这12个指标借由模糊物元模型实现了这样的评价,得出了所研究的三个方面分别与生计可持续目标的差距[③]。

代富强在农户生计评价中从脆弱性背景(压力)、生计资产(状态)、结构与过程和生计策略(响应)和生计结果(效应)四个方面着手构建了指标体系,提出了"旱灾受灾面积""洪涝灾害受灾面积""森林火灾面积""人口增长率""耕地面积变化率""居民消费价格指数""农产品生产价格指数""劳动力数量""人均耕地面积""人均住房面积""工资性收入"等35个评价指标,采用模糊数学方法进行指标的可持续性评价。

黄兴等学者在基于模糊物元的新疆伊犁河谷水库移民可持续生计评价研究中,从经济基础、生活保障、政策保障3个方面选取了"年人均收入""土地产出率""恩格尔系数"等15个指标基于模糊物元模型实现了这样的评价,得出了所研究的三个方面分别与生计可持续目标的差距[④]。

"模糊综合评价"模型思考可持续生计框架五要素的内涵,认可五要素均对农户的可持续生计状态有影响,并选取各自所认为的直接作用于可持续生计状态的指标,致力于得出"生计是否可持续"或"生计与预期所设的可持续生计目标的差距"这样的结论。通过模糊综合评价、模糊物元等方式并不强调五要素之间的逻辑关系、先后顺序。

(2) 回归分析模型

另一类是致力于探究 DFID 框架下各要素之间的相互作用关系的模型,探究要素之间的相互影响关系,对预判生计状况的变化具有指导意义。这一类模型多采用回归分析方法,故我们将其称作回归分析模型。回归分析是确定两种或两种以上变量间相互依赖的定量关系的一种统计分析方法。可持续生计研究领域,学者多用它来探索生计策略与生计资本之间的关系。

苏芳等以张掖市甘州区为例,揭示了生计资本和生计策略之间的关系,在研究过程中,

① 周洁,姚萍,黄贤金,等.基于模糊物元模型的南京市失地农民可持续生计评价[J].中国土地科学,2013,27(11):72-79.
② 代富强.农户生计可持续性评价理论解析及指标体系构建[J].湖北农业科学,2015,54(2):499.
③ 周洁,姚萍,黄贤金,等.基于模糊物元模型的南京市失地农民可持续生计评价[J].中国土地科学,2013,27(11):74-75.
④ 黄兴,蒲春玲,马旭,等.基于模糊物元的新疆伊犁河谷水库移民可持续生计评价研究[J].浙江农业学报,2015,27(3):477-483.

她将生计策略分为以农业为主、以非农为主两种类型,运用二元 Logistic 回归模型在 SPSS 中分析了生计策略和生计资本之间的联系,得出拥有较多自然资本的农户往往更倾向于依靠农业收入作为其主要生计策略,拥有较多金融资本的农户往往更愿意从事非农产业获取更多的收入的结论[①]。

蒙吉军等以鄂尔多斯市乌审旗为例,揭示了生计资本和生计策略之间的关系,在研究过程中,他将农牧户划分为四种生计活动类型,纯农型、半农半牧型、多样型、非农型,运用二元 Logistic 回归模型在 SPSS 中分析了生计策略和生计资本之间的联系,得出人力资本、金融(经济)资本和社会资本丰富的农户往往倾向于非农活动,而物质和自然资本丰富的农户往往更愿意从事农业活动,人力资产的增加能显著提高非农活动[②]。

赵文娟等同样基于 Logistic 回归模型分析了云南新平县干热河谷傣族地区生计资本和生计策略之间的关系[③],她将农牧户划分为三种生计活动类型,纯农型、农兼型、兼农型,得出了自然资本和物质资本对纯农型农户生计策略选择的影响最为显著,社会资本和物质资本对农兼型的影响最为显著,而金融资本对兼农型的影响最为显著。

伍艳基于四川省平武县和南江县的调查数据运用二元 Logistic 回归模型分析了贫困山区农户生计资本对生计策略的影响,得出了经济作物种植面积和牲畜数量的增加与农业专业性生计策略的选择显著正相关、获得信贷的情况和家庭是否有干部与非农单一化生计策略的选择显著正相关的结论[④]。

李慧玲等基于新疆玛纳斯县和阿瓦提县的调查数据运用二值 logit 模型(Logistic 回归)分析了棉花主产区棉农生计资本对生计策略的影响,得出了家庭劳动能力、人均种植面积、浇水情况、信贷情况、住房质量、固定资产对棉农的农业型生计策略具有显著影响,而户主文化程度、家庭年收入、直系亲属有无干部则对棉农的多样化生计策略影响显著的结论。

除此之外,李丹等[⑤]、郝文渊等[⑥]、刘恩来等[⑦](还有很多其他学者)多名学者探究了生计资本与生计策略的关系。我们认为,类似地借助于回归分析,还可以探究生计策略与生计结果之间的关系。通过这样的模型,可以量化"资本与策略""策略与结果"这些不同要素之间的关联性,进一步预测某要素变化所带来的影响,比如说当知道策略是如何随资本变化时,便可提出干预性的政策,这样的政策作用于资本,带来资本的改变,资本改变进一步引起策略的变化,策略的变化预期带来结果的变化。

① 苏芳,蒲欣冬,徐中民,等.生计资本与生计策略关系研究——以张掖市甘州区为例[J].中国人口·资源与环境,2009,19(6):119-125.

② 蒙吉军,艾木入拉,刘洋,等.农牧户可持续生计资产与生计策略的关系研究——以鄂尔多斯市乌审旗为例[J].北京大学学报(自然科学版),2013,49(2):321-328.

③ 赵文娟,杨世龙,王潇.基于 Logistic 回归模型的生计资本与生计策略研究——以云南新平县干热河谷傣族地区为例[J].资源科学,2016,38(1):136-143.

④ 伍艳.贫困山区农户生计资本对生计策略的影响研究——基于四川省平武县和南江县的调查数据[J].农业经济问题,2016,37(3):88-94,112.

⑤ 李丹,许娟,付静.民族地区水库移民可持续生计资本及其生计策略关系研究[J].中国地质大学学报(社会科学版),2015,15(1):51-57.

⑥ 郝文渊,杨东升,张杰,等.农牧民可持续生计资本与生计策略关系研究——以西藏林芝地区为例[J].干旱区资源与环境,2014,28(10):37-41.

⑦ 刘恩来,徐定德,谢方婷,等.基于农户生计策略选择影响因素的生计资本度量——以四川省 402 户农户为例[J].西南师范大学学报(自然科学版),2015,40(12):59-65.

当然,回归分析的方法有时需要借助于聚类分析的方法,将特定的群体或要素(如不同的安置区①、生计策略)进行聚类。

(3) 结构方程模型

结构方程模型也是一种用以探究 DFID 框架下各要素之间的相互作用关系的模型。为了探索可持续生计框架下生计资本、生计政策、生计能力三者之间的联系,黄建伟提出可以建立失地农民可持续生计问题的结构方程模型,在模型中,生计资本、生计政策、生计能力为潜在变量;人力资本、社会资本、自然资本、物质资本、金融资本、土地政策、补偿政策、就业政策、创业政策、社保政策、可行能力、博弈能力、创业能力、就业能力、参保能力为观察变量,并引入一定的误差变量,探索这三者之间的关系②。尽管没有实施,但我们认为该模型是一种值得探索的模型框架用以探索生计政策、生计资本因素对人们的生计能力的影响。不过与此同时,生计能力的测量不是易事,能力的分类是否合理有待考证,比如说"参保能力"在中国国情下对于农民来说往往并不体现为一种能力,而是"经济条件"和"政策制度"共同作用下的一种结果,是失地农民在自身经济实力基础上根据"政策"进行"选择"的结果,比如说农村地区统一推行"农村养老保险""农村合作医疗保险",那么有一定经济实力的农民往往有的就是养老保险、合作医疗保险,这会体现在经济资本的变化中,作为经济(金融)资本评估的一部分内容,即部分生计能力可以在生计资本中度量。

2) 基于评估逻辑的 SIA-SL 评估模型选择

在确定评估模型之前,需要厘清评估思路。"评估"一词,意思为"评价、品评""评价估量",例如在房地产研究中,常常涉及房地产评估这一概念,运用"成本法、市场比较法、剩余法"等方法得出待估房地产价值,即房地产评估的目的在于得出房地产价值。那么"大型工程冲击下失地农民可持续生计评估"在理论评估模型构建之前,首先需要明确评估期望实现什么。

上文介绍了三种评估模型,其中模糊综合评价模型和回归分析模型是为较多学者所运用的主要模型,深入思考两者差异,可以发现模糊综合评价模型在一定程度上偏向"静态",回归分析模型偏向于"动态"。模糊综合评价模型致力于得到在某个时点下的生计状态,尽管这种状态将"风险/压力"考虑在内,但是它并没有真正地发生"风险",也不去考虑资本可能的变化,是用一种静态时点的良好状态来判定可持续或不可持续,只聚焦于某一社会剖面的状况,它不聚焦于变化。回归分析模型剖析要素之间的关联性,致力于得到两个或多个要素之间的关系,这样的关联性客观存在并可以用于预判,预判某一要素变化下另一要素的变化。它是基于"接下来会发生变化"这样的预期,所以认为它是动态的。

大型工程冲击下的失地农民可持续生计评价过程并不致力于进行可持续生计水平的判断,这样的观点基于以下两点论断:①大型工程冲击前,我们总是认为农民生计是可持续的,无需再进行可持续生计水平评价,之所以认为生计总是可持续的是因为如果在大型工程冲击前生计不可持续,那么农民会一直处在贫困状态,应当已有政策对其进行干预,这是"扶贫"工作所应聚焦的关键点,而我们的大型工程冲击下的可持续生计研究不侧重于这一点。所以,大型工程冲击下的失地农民可持续生计研究,基于这样的前提即受影响的居民生计已经过扶贫政策的作用,他们的生计在冲击前是可持续的,所以进行可持续生计水平评价并不

---

① 李金香,冯利盈.移民搬迁与可持续生计研究:来自宁夏的数据[M].北京:经济科学出版社,2016:103-119.
② 黄建伟,刘典文,喻洁.失地农民可持续生计的理论模型研究[J].农村经济,2009(10):104-107.

具有太大意义。②在 2.2 小节中已分析了大型工程对农民生计的影响,可以看出大型工程
必然引起农民生计的变化,这样的变化将是"巨大的""深刻的",因而研究强调变化,并希望
能对变化进行预判。综合以上两点论断,我们认为大型工程冲击下的失地农民可持续生计
评价更适合于建立回归分析模型。

为了进一步确定合适的分析模型,需要结合 DFID 框架要素的关系和大型工程对失地
农民影响的特点。基于上文对 DFID 框架的介绍,可以知道 DFID 框架下五个要素是相互
关联、互相影响的。在这复杂的相互作用中,有几点结论值得强调:①生计资本位于分析核
心;②生计资本影响生计策略,生计策略影响生计结果;③转变的过程、结构对资本和策略可
以发生直接作用,对策略的直接作用往往体现为影响"可获取度",仍然关乎资本,可以通过
有无此项资本来评估,因而可以视转变的过程、结构的影响直接作用于生计资本。在大型工
程冲击下的失地农民可持续生计评价中这几点结论依然成立。

同时,国内的许多可持续生计研究,都视生计策略为研究的一大重点,我们认同生计策
略的重要性。但是在大型工程冲击下的失地农民可持续生计评估过程中,并不致力于给农
户直接的生计策略建议,而在于上文也已经有所提及的"厘清资本和策略的联系、策略和生
计结果的联系",这对于制定合理的政策具有指导意义。此观点基于以下两点论断:

(1) Scoones 指出,实现不同的生计策略的能力依赖于个人拥有的物质资本、社会资本
和其他资本①。Ellis 以农户为研究对象,将生计活动归纳为两类:一类建立在自然资源基
础上;另一类是非自然资源基础上的生计活动②。由此可见,自然和非自然的生计资源是农
村人口从事生计活动所依赖的最主要的基础,个人或家庭实施不同生计策略的能力取决于
所拥有的资产状况,生计资产被认为是构建生计的基础和平台③。概括来说,策略在很大程
度上取决于资本。

(2) 我们认为大型工程冲击下的失地农民生计策略的选择存在一定的特殊性,是一种
"介入型"的"生计策略",是短时间内因"生计资本"和"转变结构和过程"作用下的一种应急
反应,根据 DFID 可持续生计指南的介绍,生计策略体现的是资本组合和应用的能力,当人
们的"生计资本"结构良好,"政策"合理时,人们往往能够进行更好的资本组合。因而从项目
兴办者角度出发,帮助人们——选择合理的"生计策略"并非目的,目的应当在于"制定合理
的政策、制度"使得人们拥有更好的"生计资本"结构,方便或能够促进人们自主地选择更好
的"生计策略",实现更好的"生计结果"。因而,厘清生计策略和生计资本、生计结果的关系,
比进行直接的策略指导更有意义。举例来说,在生计策略研究中发现部分农户采取"纯农型
生计策略",全部收入都依靠种田,发现这样的生计策略未来风险很大,此时,"干预"措施不
应当在于告诉农户"应当采取兼业型生计策略",而应当在于思考"为什么农户要选择纯农型
生计策略",是否是因为资本上的制约,比如说可能因为劳动力不足,老龄人口居多,无法外
出打工,据此,提出合理的政策补救措施。概括来说,生计策略研究可以拆分为对于"生计资
本的分析"和"政策的研究"。当然,持不同意见者可能会提出策略中含有人的主观能动作
用,受人的能力影响,不等同于资本和政策研究。对此,我们认为,首先,能力不是一朝一夕

① Scoones I. Sustainable rural livelihoods: a framework for analysis[J]. IDS Working Paper 72, 1998: 8.
② Ellis F. Rural livelihoods and diversity in developing countries[M]. New York: Oxford University Press, 2000.
③ 赵锋. 水库移民可持续生计发展研究:以南水北调中线工程库区为例[M]. 北京:经济科学出版社,2015:131.

能够改变的,所以如果能力没有改变,即使给予一定的生计策略指导,也并非长久之计,因为缺乏能力支撑,生计策略指导"治标不治本"(用俗语来说)。其次,能力在一定程度上,为资本所度量,比如人力资本所度量的教育、技能等均影响了能力。

除此之外,在总结前人研究过程中发现,可持续生计研究鲜有对生计结果的关注。但是,我们认为,生计结果是人们生存状态的最直观的反映,是不同生计策略的直接作用对象。在 DFID 框架下,生计结果是多方面的,在研究过程中将有助于人们全方面地理解大型工程带来的变化,DFID 框架下的生计结果测度包含"收入""食品安全""幸福感""满意度"和"资源的可持续利用"这五个方面。"食品安全"问题在中国是涉及多方的因素,且已基本跨过担忧"温饱"的时代,所以我们不视其为测度点。幸福感和满意度是生计状况良好的一种映射,而生计资本中常常未包罗这样的测量指标,幸福感、满意度强烈的人往往是那些生活状况良好,生计水平较高的人群,因而在可持续生计评价体系中也应当包含对于幸福感、满意度的评估。"资源的可持续利用"往往是从"社会层面"来思考,而我们聚焦于"家庭""个人"层面,以"失地农民生计利益"为可持续生计结果评估的视角,因而在测度中,不视"资源的可持续利用"为测度点。在大型工程冲击下的失地农民评估中,结果是变化的,此时需要明确"什么样的生计结果变化对大型工程冲击下的失地农民所追求的可持续的生计状态来说是良好的"。现有文献将失地农民可持续生计的特征概括为"三性"。一是延续性,可持续的内在要求是在时间上的永续性,即当前的状态能够延伸到未来,并且在未来有能够发展变化的能力。二是发展性,可持续仅有延续性是不够的,这种机械的延续只能是时间的拖延,因此,发展性才是最重要的特性。三是正义性,可持续生计使失地农民能够在现有状况下继续生存并随着城镇化的发展而发展,在未来的生存上能够持续发展,这是对社会不公平的一种纠正,是社会正义的体现①②③。那么基于此,可以认为大型工程冲击下的良好的生计结果应当是"预期的生计结果比拆迁安置之前更好"。

最后,大型工程冲击下的失地农民可持续生计评估还强调一点,这一点也是上文选取回归分析模型的一大原因:大型工程冲击下的失地农民可持续生计评估应当是"动态评价,动态跟踪"的,应当带有前瞻性,能够预判变化,而这样的变化部分是工程带来的,部分将是政策带来的,大型工程冲击通常伴随着大量的政策、制度的产生,预判"政策、制度"即将带来的变化很重要。

Morse 在文章中指出可持续生计框架实际上是一种"用以实现以证据为基础的干预"的实用框架,它始于对重要的生计资本的识别,了解他们随时间、空间、自然环境的变化,识别冲击压力(包括环境、经济、社会)对资本的影响。随后,基于对宏观环境(政治、法律、经济、制度、基础设施等)的认知,提出一些提升生计水平、减缓脆弱性的干预措施,比如说促进收入来源多样性④。根据 Morse 的论述,可以认为"生计资本识别"和"干预措施"是可持续生计研究的核心要素。我们的评估思想与之大致吻合,但同时存在一定的差异,差异在于:大型工程冲击下的失地农民生计研究侧重于对"大型工程引起的资本变化"的识别,而不侧重于"随时间、空间、自然环境的变化而资本变化"的识别,它关注于预判工程带来的变化,解决

---

① 王明英. 论城市化进程中失地农民的可持续生计[J]. 商场现代化,2006(21):312-313.
② 刘润彩. 可持续生计视野下失地农民存在的问题与路径选择[J]. 濮阳职业技术学院学报,2008(4):60-61.
③ 黄建伟. 失地农民可持续生计问题研究综述[J]. 中国土地科学,2011,25(6):89-95.
④ Morse S, Mcnamara N, Acholo M. Sustainable livelihood approach: A critique of theory and practice[J]. Springer, 2013, 189:4.

工程项目带来的影响,而不关注或者说不太关注于人们所面临的固有的变化(如随时间、空间、自然环境的变化,随固有的宏观环境的变化)。

基于此,在大型工程冲击下的失地农民可持续生计评估中,借鉴 DFID 框架"生计资本""转变的结构和过程"(我们理解为项目兴办者制定的原住民利益补偿、移民安置方式、生计安排(如就业)等项目政策方案)"生计策略""生计结果"的概念,来评估大型工程冲击下的失地农民可持续生计。SIA 可持续生计分析的评估逻辑为:

(1) 首先,度量大型工程冲击下的失地农民生计资本变化;

(2) 随后,探究生计策略和生计资本、生计结果之间的联系;

(3) 其次,对现有的政策的剖析并对其效果进行判断;

(4) 再次,提出新的能够带来良好的"生计结果"的原住民利益补偿、移民安置方式、生计安排(如就业)等项目政策方案(转变的结构、过程);

(5) 最后,长期动态地跟踪失地农民的生计状况。

基于这样的逻辑关系,在回归分析模型的基础上构建大型工程冲击下的失地农民可持续生计(SL)评估理论模型。

3) SIA-SL 评估理论模型的构建

在梳理了 DFID 五大要素之间的关系,理清评估思路的基础上,基于 DFID 框架,我们构建了 SIA 可持续生计评估理论模型,理论模型阐释了项目冲击下的"生计小循环"。

该模型视大型工程冲击为脆弱性背景,并参照黄建伟的归类,将其带来的风险归纳为失地、失业、失权、失保、失身份,并视脆弱性背景为整个研究的大背景。视生计资本为评估核心,生计政策、生计策略、生计结果为三个环绕部分,形成"生计小循环"。

具体模型如图 5-16 所示:

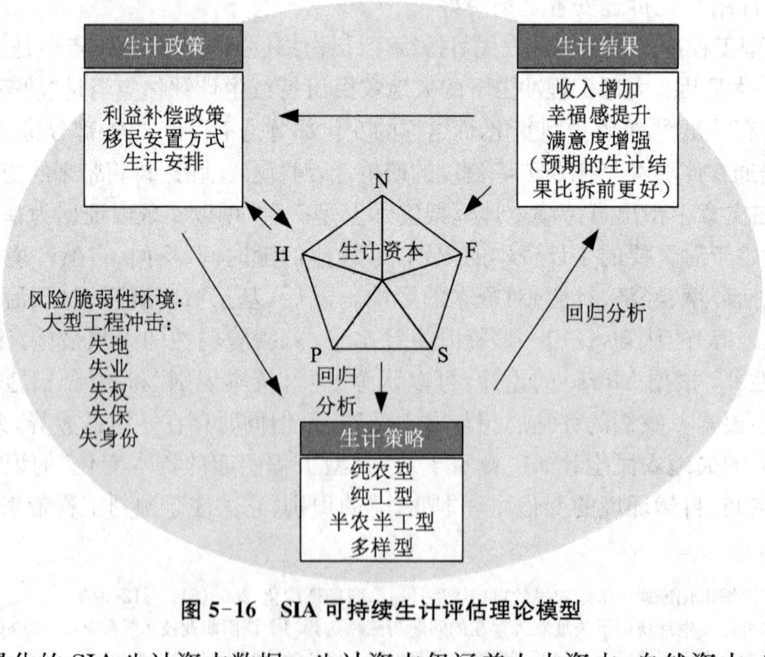

图 5-16　SIA 可持续生计评估理论模型

(1) 可量化的 SIA 生计资本数据。生计资本仍涵盖人力资本、自然资本、物质资本、经济资本、社会资本这五部分内容,具体的生计资本变量及测度指数选取已在第 4 章详细阐述,数据处理方法将在这一章详细阐述。

(2) 归类的 SIA 生计策略数据。SIA 生计策略分类借鉴蒙吉军、李金香、赵锋等在生计策略研究中对于生计策略的分类具体分为四类:纯农型、纯工型、半农半工型、多样型生计策略。生计资本与生计策略的关系可以通过回归分析方式实现。生计策略类型见表 5.3 所示:

表 5.3　生计策略类型表

类型	种植	养殖	打工	工资性工作	经商	家庭副业	其他
纯农型	+	+					
纯工型			+	+			
半农半工型	+	+	+				
多样型	+	+	+	−	+	−	−

(3) SIA 生计政策。Carney 等指出,DFID 强调促进可持续生计的要素之二在于支持更有效的"转变的结构和过程"(比如政策、政府的或个人的组织、市场、社会关系等)[①]。SIA 生计政策参考常见的大型工程所伴随的一系列政策,具体包括利益补偿政策、移民安置方式、生计(就业)安排。

(4) 评估分析首先借由主成分分析(测算资本值)、Logistic 回归分析(确定资本和生计策略之间的关系)等数据处理方法来实现量化,其次定性解读政策对于资本的作用,预估生计资本未来的走势,基于生计资本和生计策略、生计策略和生计结果之间的关系,预测生计结果的变化,最终判断生计结果与理想结果的偏差,提出作用于资本的生计政策建议。

4) 理论模型的实践困境

虽然从 SIA 评估逻辑上来看,SIA-SL 评估理论模型是可行的,但我们还需要进一步论证它在 SIA 实践中是否具有实用性和可操作性。

从国际国内的可持续生计评估应用实例来看,成功的应用需要具备以下的一些条件:

(1) 采集数据的时间跨度大。Ansoms 指出生计方法将一个动态维度插入到对幸福和贫困的理解中,事实上,资本和策略之间的连接和相互作用关系可能会随着时间而变化[②]。因而,要想深入地理解当地居民所拥有的生计资本和所选择的生计策略之间的关系,需要经过一个较长的时间跨度。Ansoms 在贫困人口聚类以及建立资本和生计策略的联系的过程中,在卢旺达地区进行了调研,卢旺达"家庭条件调查"在 2000 年 7 月至 2001 年 6 月之间进行,并选取了 5 280 个农村家庭案例作为代表性样本进行调查;除此之外,还结合了"食物安全研究项目"在 2000 年至 2002 年这三年里所收集的 1 584 个家庭的农业生产和土地利用的数据(这 1 584 个家庭是"家庭条件调查"样本的一个子样本)。最终选取了"家庭条件调查"和"食物安全研究项目"所共同覆盖的 1 433 个案例,并通过马氏距离检验和信息完整度检验剔除了 213 个案例,最终保留了 1 220 个案例[③]。

① Carney D, Drinkwater M, Rusinow T, et al. Livelihood approaches compared: a brief comparison of the livelihoods approaches of the UK Department for International Development (DFID), CARE, Oxfam and the UNDP[R]. DFID Technical Report, 1999: 9.

② Ansoms A, Mckay A. A quantitative analysis of poverty and livelihood profiles: the case of rural Rwanda.[J]. Food Policy, 2010, 35(6): 585.

③ 同②。

（2）需包含基于社区历史渐变的过程数据。Sharp 在贫困研究中指出家庭调研需要理清家庭生计的变化情况，不止是现时的状况，同时还应该包括一年前、两年前、十年前，应当包含历史渐变的过程数据[①]。谢旭轩在退耕还林政策对农户生计的影响中，包含退耕前后两个剖面的数据[②]，蒙吉军在退耕禁牧政策对农牧户生计的影响中，包含了退耕禁牧前后两个剖面的策略状况，都折射出资本和策略的作用关系、可持续生计的研究需在社区历史渐变的背景下思考[③]，回归需要置放于较长的社区历史渐变背景下进行。

（3）调研数据往往通过长期的参与式观察搜集或来自官方的统计资料。Nelson 在农村生计分析过程中，依托于澳大利亚统计局（ABS）和澳大利亚农业和资源经济局（ABARE）数据库进行了数据分析。具体选取了农业普查数据（《农业普查和调查》数据，目录编号 7121.0）作为核心数据，除此以外，包括了《人口和住房普查》数据（目录编号 2914.0）、《综合社会调查》数据（目录编号 4159.0）、《自然资源管理调查》数据（目录编号 4620.0）、《全国健康调查》数据（目录编号 4364.0）[④]。澳大利亚较为完善的数据统计系统为研究提供了很大的帮助。

（4）研究所花费的时间较长。Ansoms、Sharp 等的研究都经历了超过 3 年时间，历时较长。

（5）样本数量要求较大。Ansoms 选取了 1 220 个案例样本，Sharp 选取了 1 150 个案例样本，蒙吉军在研究退耕禁牧政策对农牧户生计影响过程中对 200 户居民进行了实地调研，李慧玲在资本和策略调研中对 273 户居民进行了实地调研，总体来说要厘清资本与策略、策略与结果之间规律性的作用关系需求的样本数量较大。

再对比 SIA 实践，为了实现预期变化的目的，需要在工程项目决策前期完成对受影响的农民的生计调查，因而数据收集过程往往需要在短时期内完成。与此同时，SIA 所评估的社区、家庭数据与统计年鉴资料的口径上也不可能相同，若干所需要的数据也在年鉴统计数据中很难获得，短时间内通过访谈或问卷的方式实现大样本的获得是较难的。SIA 是在有限的时间、人力和资金条件需要完成的一项工作，被社会影响评估学者们称之为参与式乡村快速评估（Participatory Rural Appraisal，PRA）[⑤]。因而理论模型在 SIA 实践中应用的可行性较低。

我们还试图利用试点应用的明湖工程（详情参见第 9 章）调查数据对理论模型进行试点应用。对受明湖工程影响而拆迁安置的东陈、法华、柯湖村民组进行了结构式访谈问卷调查（问卷参见附录），对获得 78 份有效问卷数据进行了生计资本与生计策略的回归分析，以探究两者之间的关联性。在由主成分分析方法确定权重合成对五项资本数值（详见第 9 章）后，在 SPSS 22.0 中完成了生计资本（人力资本、自然资本、经济资本、物质资本、社会资本）与生计策略（进一步将纯农型、半农半工型生计策略归为农业型生计策略，Y＝"0"；纯工型、多样型生计策略归为非农型生计策略 Y＝"1"）的二元 Logistic 回归。最终，生计资本与生计策略的关系见表 5.4，回归结果显示：自然资本与社会资本对农户做出农业或非农型生计策略有显著影响，

① Sharp K. Measuring destitution: Integrating qualitative and quantitative approaches in the analysis of survey data[R]. IDS Working Paper 217, 2003: 50.

② 谢旭轩，张世秋，朱山涛. 退耕还林对农户可持续生计的影响[J]. 北京大学学报（自然科学版），2010，46(3)：459.

③ 蒙吉军，艾木入拉，刘洋，等. 农牧户可持续生计资产与生计策略的关系研究——以鄂尔多斯市乌审旗为例[J]. 北京大学学报（自然科学版），2013，49(2)：321-328.

④ Nelson R, Brown P R, Darbas T, et al. The potential to map the adaptive capacity of Australian land managers for NRM policy using ABS data[J]. Natural Heritage, 2007: 2.

⑤ 周大鸣，秦红增. 参与式社会评估：在倾听中求得决策[M]. 广州：中山大学出版社，2005：序 5.

拥有较多自然资本和社会资本的农户更倾向于选择农业型生计策略。自然资本与农业型生计策略有关系容易解释,但是进一步探究下社会资本与农业型生计策略的关系则颇为费解,同时也并没有获得其他研究者所获得的"农业型生计策略与人力资本显著关联"等结论。

表 5.4 生计资本与生计策略的关系

		B	S. E.	Wald	df	显著性	Exp(B)
		\multicolumn{7}{l}{方程式中的变量}					
步骤 1a	人力资本	7.203	3.654	3.887	1	0.049	1 344.104
	自然资本	−8.958	2.147	17.400	1	0.000	0.000
	物质资本	3.255	4.903	0.441	1	0.507	25.926
	经济资本	4.442	4.091	1.179	1	0.278	84.908
	社会资本	−9.067	4.405	4.238	1	0.040	0.000
	常数	1.621	1.895	0.732	1	0.392	5.060

这一结果也不排除是我们通过向居民访谈调查获得历史数据等所产生的记忆性误差以及样本量较少等原因。但有一点是能够肯定的:作为一个课题研究,我们对明湖工程受影响居民的调查采用了入户的面对面访谈方式,这样的方式是非常艰难且费时费力,SIA 实践中的社会社区调查可能达不到这样的调查深入程度。所以,这也恰恰表明了理论模型在SIA 实践中可能遭遇的另一种困境,即在一定的时间、人力资源和资金条件限制下,是否能保证所获得的数据准确性及足够的样本量。

我们试图换一种思路:寻找工程所在地区一个或多个历史上曾受项目冲击而有类似生计资本变化的社区作为对照样本,通过研究对照社区的失地农民可持续生计框架来预测所评估的社区。但是,对照社区运用理论模型的研究同样面临着上述的各个困境。

因此,我们认为理论模型可适用于长期动态地跟踪评估大型工程冲击下失地农民的生计状况及设计后期的扶持政策,但用于预测性地评估大型工程冲击后失地农民未来生计状况、设计相关拆迁安置政策和改进项目方案上有着较大的操作难度,而后者正是 SIA 的先决性评估任务。

5) 适合 SIA-SL 评估的经验模型提出

上述的理论模型所遭遇的实践困境是否意味着 DFID 框架在 SIA 应用中存在着局限性呢? 国际国内的经验表明,DFID 可持续生计框架是一种非常灵活的方法,强调"以人为中心"及"参与性和响应性",而这也正是 SIA 所遵从的宗旨。SIA 中经典的"历时比较研究"方法给了我们新的启发。

社会评估学研究要求得到的是由项目或者政策变化得到的"净影响"而不是社会变化产生的影响[1]。为获得"净影响",社会影响评估实践中评估者常采用伯基所称的"历时比较模型"[2],即用对照社区历时数据预估拟评估社区的未来社会变迁状况和发展趋势,我们在 3.5 节中曾对它做过阐述。

借鉴历时比较研究模型,我们提出一个基于 DFID 框架的 SIA-SL 评估经验模型

---

① Asselin J, Parkins J R. Comparative Case Study as Social Impact Assessment: Possibilities and Limitations for Anticipating Social Change in the Far North [J]. Social Indicators Research, 2009, 94(3): 483-497.

② Burdge R J. The concepts, process and methods of social impact assessment[J]. Community Development, 2006, 44(3): 329-330.

(图 5-17)。SIA-SL 评估经验模型核心是将 DFID 框架中研究同一社区要素关系扩展到拟评估社区与对照社区之间的"生计大循环"关系,即新建的大型工程对于原住民生计的影响可根据对照社区的生计状况对比来评估,根据对比结果采用"逆推法",确定要获得预期的生计策略与生计结果需要什么样的政策与制度(结构转变)。

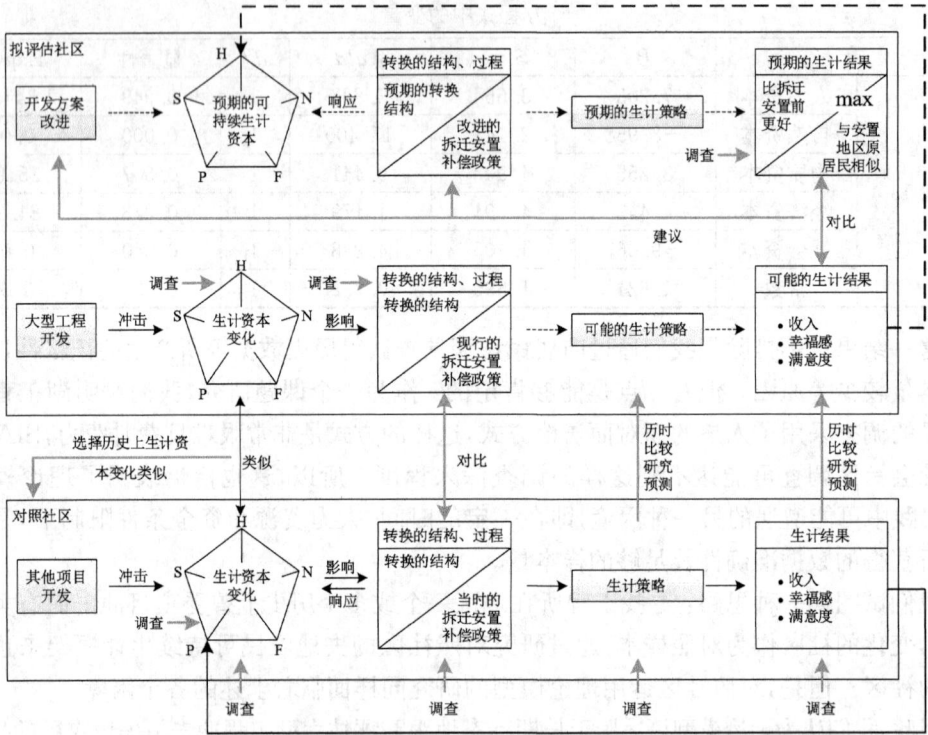

图 5-17 可持续生计评估经验模型

SIA-SL 评估经验模型基于这样的一个假设,即受影响社区在项目冲击前原住民的生计是可持续的。模型中对照社区的选择对实践应用的成效具有重要意义,其选择要满足以下条件:

(1) 与拟评估社区在同一个行政区域内,如县(市)、市或省;

(2) 受项目开发及运营影响在 5~10 年的社区;

(3) 受影响前社区及居民与拟评估社区目前社区生计资本构成类似,例如,均以农业为主要生计来源的社区;

(4) 受项目开发冲击时,社区生计资本的变化基本类似,例如,均完全失地或者失地程度基本类似;

(5) 移民安置方式相同,例如,均是安置在同一的城市地区或者安置在同一的农村地区;

(6) 在满足上述 5 个条件的社区中,尽量选择移民拆迁安置补偿政策基本相同或相似度最高的社区。

按 SIA-SL 评估经验模型，评估的基本过程如下：

第一步，识别拟评估社区的生计资本原始状态及在拟建大型工程冲击下生计资本可能发生的变化，评估者介入厘清这样的资本变化。该过程中，还需要进一步对拟评估的各社区之间的生计资本差异进行分析，为研究差异化的移民拆迁安置补偿政策提供依据。

第二步，根据生计资本变化的情况，选择对照社区。

第三步，调查拟评估社区的移民拆迁安置补偿政策与制度及对照社区当时的相关政策和制度，并进行对比。

第四步，调查对照社区拆迁后居民选取的生计策略，结合政策差异，预测拟评估社区可能的生计策略，并进行对比分析。

第五步，调查对照社区拆迁后居民生计结果，结合生计策略差异，预测拟评估社区可能的生计结果。

第六步，确定预期的生计结果。预期的生计结果应当比拟评估社区的目前生计结果更好，或者达到所安置地原住民的生计结果水平，两者中取大者。

第七步，比较预测的拟评估社区可能的生计结果与预期的生计结果，确定它们之间的差异。

第八步，根据生计结果差异性，提出移民拆迁安置补偿政策、社区结构转换的改进建议及项目开发的改进方案，以实现拟评估社区未来能处于可持续的生计资本状态，按预期的可持续生计策略，达到预期的生计结果。这一步骤可能是一个反复考量的过程，它也需要居民的参与，并就改进的政策、制度、结构和项目方案达成一致的共识。第 6 章的社区协议方法及第 7 章的面向过程评估模式将主要研究这一过程。

SIA-SL 评估经验模型定量研究与定性分析结合，只需要获得社区生计资本、生计策略和生计资本的调查数据，通过拟评估社区与对照社区的数据对比进行评估，并不需要分析实际过程机理，具有可操作性和方便实用性。

5.3 SIA-SL 评估变量及其测度指数的构成

5.3.1 生计资本评估变量

SIA-SL 评估模型应用需要对生计资本进行量化以得到生计资本五边形，此时需要进一步细化评估变量的范围，用以计算分析五项生计资本状况。我们通过文献法，确定资本五边形模型中的五项资本的初始评估变量所应当包含的内容。

1）人力资本评估变量

关于人力资本的评估变量，学者们的意见是相对统一的。

Schultz 指出了人力资本的五个组成部分[1]：①健康，广义程度上包含影响预期寿命、力量以及体力，影响一个人生机与活力的所有支出；②在职培训，包括公司组织的旧式学徒制；③小学、初中以及更高水平的正式教育；④非公司组织的成人的学习程序，包括与农业相关的扩展程序；⑤个人或家庭为了获得更好的工作机会而发生的迁移。Carney 认为技能、知

---

① Schultz T W. Investment in Human Capital[J]. Economic Journal，1961，82(326)：787.

识、劳动能力和良好的健康对人们追求不同的生计策略来说很重要，因而人力资本应具体包括技能、知识、劳动能力和健康四方面[1]。Carney 关于五项资本的定义是目前最广为接受的版本。Sharp[2]、Osman 等[3]等均在 Carney 定义的基础上选取指标来评估人力资本。DFID指出人力资本代表技能、知识、劳动的能力以及好的健康状况等因素共同构成保证人们从事不同的生计策略、实现他们的生计目标的基础[4]。Osman 等在 Carney 定义的基础上提出人力资本由可获得的劳动力数量和质量构成。在家庭层级上来说，它由家庭规模（住户人数），以及教育、技能和家庭成员的健康水平决定，特别是对于那些边际群体来说，教育、培训和推广服务的可获得度对他们的生计活动影响很大[5]。Allison、Horemans 在研究中通过五个方面来评估人力资本：健康、劳动力、教育水平、知识、技能[6]；Nelson 等提出个人的技能、健康以及受教育程度决定了劳动力以及管理土地的能力，他将人力资本归为四个方面：①人及其健康；②教育和训练；③保留的年轻人；④职业和产业[7]。Sheng 等将人力资本概括为有助于劳动生产力和管理土地能力提升的个人的技能、健康和教育[8]。人力资本评估变量总结见表 5.5：

表 5.5　人力资本评估变量

参考文献	人力资本评估变量
Schultz(1961)	健康、培训、教育、学习程序（生产相关的）、个人或家庭为了获得更好的工作机会而发生的迁移
Carney(1998)；DFID(1999)；Sharp(2003)	技能、知识、劳动能力、健康
Osman 等(2005)	家庭规模（住户人数）、教育、技能、健康水平
Allison 和 Horemans(2006)	健康、劳动力、教育水平、知识、技能
Nelson 等(2007)	人及其健康、教育和训练、保留的年轻人、职业和产业
Sheng 等(2008)	技能、健康、教育

综上所述，可以认为人力资本大致涵盖五点内容：健康、劳动力、教育水平、知识和技能。但是，这五点内容是存在交叠重复（或者说互相影响）的，例如，对于家庭来说，一个人的健康程度以及年龄往往决定了这个人所能代表的劳动力水平，即劳动力涵盖了健康指标所要表述的内容，而分开来的年龄和健康两个数据可能并无意义，比如说一个重病的 20 岁小

① Carney D. Sustainable rural livelihoods：what contribution can we make? ［J］. International Development，1998，10(7)：213.

② Sharp K. Measuring destitution：Integrating qualitative and quantitative approaches in the analysis of survey data［R］. IDS Working Paper 217，2003：50-69.

③ Osman B，Elhassan N G，Ahmed H，et al. Sustainable Livelihood approach for assessing community resilience to climate change：case studies from Sudan［R］. Assessments of Impacts and Adaptations to Climate Change (AIACC) working paper，2005：12-13.

④ DFID U K. Sustainable livelihoods guidance sheets［R］. London：DFID，1999：4-5.

⑤ 同③.

⑥ Allison E H，Horemans B. Putting the principles of the Sustainable Livelihoods Approach into fisheries development policy and practice［J］. Marine Policy，2006，30(6)：757-766.

⑦ Nelson R，Brown P R，Darbas T，et al. The potential to map the adaptive capacity of Australian land managers for NRM policy using ABS data［J］. Natural Heritage，2007：15-17.

⑧ Sheng E，Nossal K，Zhao S，et al. Exploring the feasibility of an adaptive capacity index using ABS Data［R］. ABARE and CSIRO Report for the National Land and Water Resources Audit，Canberra，2008.

伙的劳动力事实上并不如一位身体健康的 50 岁大爷,故可只选取劳动力作为评估指标,只是在劳动力这一评估指标下,需要将健康和年龄这两个相关变量结合起来考虑。同时,因为教育水平在很大程度上决定了知识水平,而知识水平较难直观量化和评估,所以在本书研究中选取教育水平为评判变量。最终,将人力资本归结为三个方面:劳动力、教育水平和技能。

2) 自然资本评估变量

Carney 指出自然资本包括土地、水、生物资源(如树木、牧场)和生物多样性。这些资源的生产力可能会因人类管理而降低或改善[①]。Sharp、Osman 等[②]采用同样的定义。DFID 定义中自然资本包括土地、树木、水、空气质量等人们用以维持生计的自然资源。自然资本的范围很广,从无形的空气到有形的直接用于生产生活的生物(如树木、土地等)[③]。Allison、Horemans 在其针对渔业的文章中指出自然资本应包括鱼的储量、地区的海床租赁或访问许可证、拥有的土地等[④]。Nelson 等指出自然资本具体包括土地生产力、持续的生产力以及生态资产的保护[⑤]。Sheng 等认为自然资本包括土地目前的生产力以及维持生产力的进一步行动,同时还应包括水和生物资源等农村生计的起源[⑥]。自然资本评估变量总结见表 5.6:

表 5.6 自然资本评估变量

参考文献	自然资本评估变量
Carney (1998);Osman 等 (2005);Sharp (2003)	土地、水、生物资源(如树木,牧场)和生物多样性
DFID(1999)	土地、树木、水、空气等自然资源
Allison 和 Horemans(2006)	鱼的储量、地区的海床租赁或访问许可证、拥有的土地
Nelson 等(2007)	土地生产力、持续的生产力以及生态资产的保护
Sheng 等(2008)	土地目前的生产力、维持生产力的进一步行动、水、生物资源

这里值得一提的是,不同类型的农户所拥有的自然资本可能是大不相同的。比如说对以种植业、林业为主的农民来说,他们所拥有的一项很重要的自然资本是耕地、林地;但是对于以渔业为生的农民来说,他们所拥有的重要的自然资本却往往是鱼塘、鱼储量;对于以畜牧业为生的农民来说,他们所拥有的重要的自然资本却往往是牧场、牲畜。所以此时的指标选取没有更好的方法,只能回归到自然资本最本源的定义"从无形的空气到有形的直接用于生产生活的生物(如树木、土地等),一般定义里,包含土地生产力、维持(支撑)生产力的行为

---

① Carney D. Sustainable rural livelihoods: what contribution can we make? [J]. International Development, 1998, 10(7): 213.

② Osman B, Elhassan N G, Ahmed H, et al. Sustainable Livelihood approach for assessing community resilience to climate change: case studies from Sudan[R]. Assessments of Impacts and Adaptations to Climate Change (AIACC) working paper, 2005: 12-13.

③ DFID U K. Sustainable livelihoods guidance sheets[R]. London: DFID, 1999: 4-5.

④ Allison E H, Horemans B. Putting the principles of the Sustainable Livelihoods Approach into fisheries development policy and practice[J]. Marine Policy, 2006, 30(6): 757-766.

⑤ Nelson R, Brown P R, Darbas T, et al. The potential to map the adaptive capacity of Australian land managers for NRM policy using ABS data[J]. Natural Heritage, 2007: 22-24.

⑥ Sheng E, Nossal K, Zhao S, et al. Exploring the feasibility of an adaptive capacity index using ABS Data[R]. ABARE and CSIRO Report for the National Land and Water Resources Audit, Canberra, 2008.

以及水、生态资源(农村生计由此衍生)"①。

综合不同学者的观点来看,自然资本变量大致也可以分为三个方面:土地、水、生物资源,同时也体现了不同领域在自然资本这一要素上体现出来的指标差异性是较大的,但是都并不偏离定义所包含的核心内容。

3) 物质资本评估变量

Carney 认为物质资本包括基础设施(运输、住房、水、能源和通信)以及使人们能够追求生计的生产设备和手段②。DFID 认为物质资本包括基础设施和支持生计所需要的生产资料。而至关重要的基础设施包括:交通、住房、水供给、能源以及信息(方便的信息获取),生产资料则包括用以提升生产力的工具和设备。没有这些基础设施,人们的生产生活将无法得到保障③。Osman 等则认为物质资本是指由经济生产所创造出的东西。它包括基础设施,比如说道路、灌溉工作、电力、网络设备以及住房④。Allison、Horemans 在研究中通过五个方面来评估指出物质资本从家庭层面应包含船、房屋、自行车、灯等生活物品,从社区和居民层面,包含基础设施的可接触度,例如说港口、道路网、诊所、学校等⑤。Nelson 等认为物质资本是指利用其他资本进行的经济活动所产生的核心物品,具体包括:基础设施、设备、遗传资源的提升(庄稼、牲畜)⑥。Sheng 等认为物质资本指的是通过其他类型资本的经济活动产生的资本项目,包括基础设施、设备和遗传资源(作物,牲畜)的改良⑦。物质资本评估变量总结见表 5.7:

表 5.7 物质资本评估变量

参考文献	物质资本评估变量
Carney(1998);Sharp(2003)	基础设施、生产设备和手段
DFID(1999)	基础设施、生产资料
Osman 等(2005)	基础设施、住房
Allison 和 Horemans(2006)	生活物品、基础设施
Nelson 等(2007)	基础设施、设备、遗传资源的提升(庄稼、牲畜)
Sheng 等(2008)	基础设施、设备和遗传资源(作物,牲畜)的改良

综合不同学者的观点来看,物质资本变量可以归为三个方面:生活资本、生产资本、基础设施。物质资本在某些程度上,是其他资本的一种保障,与其他资本间存在较多的交互。例如,学校、诊所一方面可以视为基础设施,另一方面也可以视为人力资本的一部分,因为学

---

① DFID U K. Sustainable livelihoods guidance sheets[R]. London:DFID, 1999:4.

② Carney D. Sustainable rural livelihoods:what contribution can we make? [J]. International Development, 1998, 10(7):213.

③ 同①5.

④ Osman B, Elhassan N G, Ahmed H, et al. Sustainable Livelihood approach for assessing community resilience to climate change:case studies from Sudan[R]. Assessments of Impacts and Adaptations to Climate Change (AIACC) working paper, 2005:12-13.

⑤ Allison E H, Horemans B. Putting the principles of the Sustainable Livelihoods Approach into fisheries development policy and practice[J]. Marine Policy, 2006, 30(6):757-766.

⑥ Nelson R, Brown P R, Darbas T, et al. The potential to map the adaptive capacity of Australian land managers for NRM policy using ABS data[J]. Natural Heritage, 2007:26-27.

⑦ Sheng E, Nossal K, Zhao S, et al. Exploring the feasibility of an adaptive capacity index using ABS Data[R]. ABARE and CSIRO Report for the National Land and Water Resources Audit, Canberra, 2008.

校可以改善人们的教育水平、诊所为人们的健康提供保障；耐用消费品在作为生活资本的同时，也可视为待转化的一种经济资本。但为了避免重复计量评估，只可将其归在某一种资本之类。本书视人力资本为评估变量直接相关的内容，而不包括可能对健康、教育水平产生影响的保障性资本，故将学校、诊所等归为物质资本，同样，也将耐用消费品视为物质资本。同时，需要关注的是，Osman、Nelson、Sharp 等在文中将牲畜视作一种畜力，对于农村来说，虽然可能很多地方并不用牲畜来耕种，但它确实是畜力的一种象征。

4）经济资本评估变量

Carney 认为经济资本是人们可获得的经济资源（无论是储蓄、信贷供应还是正常汇款或养老金），这些经济资本为他们提供了不同的生计选择[1]。DFID 认为经济资本包含可获得的储蓄以及常规的资金流动（收入等）[2]。Osman 等指出经济资本应当包含储蓄（股票）或其他流动资产（收入）。在这个意义上，它不仅仅包括金融资产同时还应包括易变现（可任意处理的）资产，比如说牲畜（在其他意义上可能被归为自然资产）。它包括收入水平、随着时间的可变性以及财政储蓄在社会中的分布，贷款的可获得程度以及负债程度[3]。Allison、Horemans 定义经济资本为储蓄、信用贷款、保险[4]。Nelson 等认为经济资本是指财富，具体包括收入来源的水平、可变性以及多样性，其他经济资源（信贷、储蓄）的可获得程度[5]。Sheng 等认为经济资本包括收入来源的水平、变化性和多样性以及共同促进财富的其他财政资源（信贷和储蓄）的获取[6]。经济资本评估变量总结见表 5.8：

表 5.8 经济资本评估变量

参考文献	经济资本评估变量
Carney(1998)；Sharp(2003)	储蓄、信贷、正常汇款或养老金
DFID(1999)	储蓄、常规的资金流动（收入）
Osman 等(2005)	储蓄、其他流动资产（收入）
Allison 和 Horemans(2006)	储蓄、信用贷款、保险
Nelson 等(2007)	收入来源的水平、可变性以及多样性；其他经济资源（信贷、储蓄）的可获得程度
Sheng 等(2008)	收入来源的水平，变化性和多样性；共同促进财富的其他财政资源（信贷和储蓄）的获取

关于经济资本变量，需要厘清三点问题。第一，有学者将保险作为人力资本的一部分，

① Carney D. Sustainable rural livelihoods：what contribution can we make？［J］. International Development，1998，10(7)：213.
② DFID U K. Sustainable livelihoods guidance sheets［R］. London：DFID，1999：5-6.
③ Osman B, Elhassan N G, Ahmed H, et al. Sustainable Livelihood approach for assessing community resilience to climate change：case studies from Sudan［R］. Assessments of Impacts and Adaptations to Climate Change (AIACC) working paper，2005：12-13.
④ Allison E H, Horemans B. Putting the principles of the Sustainable Livelihoods Approach into fisheries development policy and practice［J］. Marine Policy，2006，30(6)：757-766.
⑤ Nelson R, Brown P R, Darbas T, et al. The potential to map the adaptive capacity of Australian land managers for NRM policy using ABS data［J］. Natural Heritage，2007：29-31.
⑥ Sheng E, Nossal K, Zhao S, et al. Exploring the feasibility of an adaptive capacity index using ABS Data［R］. ABARE and CSIRO Report for the National Land and Water Resources Audit，Canberra，2008.

认为人在购买保险的情况下,劳动会更积极,会激发出更多的劳动力。我们并不同意这种观点。我们认为,对于购买保险的家庭来说,保险就是意味着一笔财富,当保险行为发生时,往往就意味着人力资本的减少,经济资本的增加(或者至少不减少),故而,我们将保险(包括保障)作为经济资本的一部分。第二,Osman、Nelson 等、Sharp 概念中提及的牲畜等,考虑调查设计的方便性与连贯性,我们认为它是一种生产性的资本,作为一种畜力而存在,故将其归入物质资本。第三,耐用消费品,在某种程度上也转化为经济资本,属于易变现(可任意处理的)资本,但是它不是绝对易变现,例如说,很多消费性物品也可能较难在短时间内卖出去,所以将其归为物质资本(上文也有所提及)。同时,通过先期实地调研发现,对于失地农民来说,他们鲜有家庭储蓄(或者说有储蓄也不愿意透露),所以依此来看,储蓄并不能很好地刻画失地农民家庭状况,结合此点,综上所述,本书所提及的经济资本包括三个部分收入、信贷或借款、保险(包括保障)。

5)社会资本评估变量

Nelson 等指出社会资本是通过社会关系的优势而形成的互惠声明(纽带)、促使合作行为的社会桥接(桥接)以及获取想法和资源所通过的连接(连接)[①]。即他将社会资本分为三种组成:纽带、桥接和连接。纽带是指以"个人信任、在同质的社会网络中互惠"为特征的交流。高水平的纽带显示了社会的融合,包含亲属关系、同社区等社会网络形式。很高的信任等级以及互惠原则形成了一种黏合剂,这种黏合剂可以通过减少交易成本维持合作行为。包含亲属、朋友之类的社交网络,指标可以选取与家庭或朋友联系的频繁程度、在危机时获得及时帮助的赞助来源、获得小型赞助的能力。桥接是指以"超越同质社交网络范围的异质社交网络成员间的信任和互惠"为特征交流。桥接是指不同的社交网络之间的交流。例如,土地所有者参与政府 NRM(自然资源管理)项目表明与 NRM 的适应能力相关的桥接资本的存在。连接包含了广义化的信任和互惠,能够促进社会经济的发展。纽带式社会关系有助于合作,桥接式社会关系有利于人们交流想法,连接式的社会关系则可以帮助人们获得可以用以实现这些想法的一些资源。近年来国内外研究发现,社会资本的三种组成部分在应对环境/经济变化时都是不可或缺的。通过"纽带""连接""桥接"这三个词直观形象地表述了社会资本关系中由近及远的三种层面的关系。社会资本评估变量总结见表 5.9:

表 5.9 社会资本评估变量

参考文献	社会资本评估变量
Nelson 等(2007) Osman 等(2005)	纽带(S_1)(亲密关系):家庭关系,如夫妻关系、上下辈关系、邻里关系、亲戚关系
	桥接(S_2):协会、组织、伙伴关系
	连接(S_3):网络的使用、与外界沟通交流频繁程度

5.3.2 本土化的生计资本测度指数析出

为了能反映在大型工程冲击下原住民(失地农民)对生计资本的诉求及满足 SIA-SL 评

[①] Nelson R, Brown P R, Darbas T, et al. The potential to map the adaptive capacity of Australian land managers for NRM policy using ABS data[J]. Natural Heritage, 2007:18-20.

估模型的数据要求,我们需要对生计资本变量具体化,即需要采用合适的测度指数(或称为指标)评估原住民的生计资本。我们试图构建一个测度指数体系,为评估实践提供可资借鉴的参考模板。测度指数体系的建立考虑两个原则,一是能够最大限度反映(或预测)工程前后生计资本变化情况,二是能够包含国内的大型工程开发影响社区的生计资本基本特征。为此,下文中我们分别从两个角度析出生计资本的测度指数。

1)国内相关研究文献的生计资本测度指数析出

国内学者在进行"贫困""生计"相关研究过程中,进行了大量的生计资本量化工作。在变量设定方面,广泛参照了 Sharp 在贫困研究过程中所选取的变量[1]以及 Nelson 在脆弱性研究中所选取的生计资本变量[2]。在对国内生计资本变量归类和测度指数析出时,将这两位学者选取的变量内容一并罗列了进来,以便对照。国内相关文献析出的生计资本测度指数见表 5.10:

表 5.10 生计资本实际测度指数

变量属性	评估变量	测度指数	内涵和原理阐述	来源
人力资本 H	劳动力	家庭整体劳动能力 H_1	即处于不同年龄层次和健康状况的家庭成员所拥有的劳动能力综合。家庭整体劳动力水平,是性别、年龄、健康综合合成的指标	Sharp;李小云等;蒙吉军等;杨云彦、赵锋;谢东梅;丁士军
		家庭成员/户主的身体健康状况 H_2	户内成员健康水平平均值/户主健康状况赋值	丁士军;黎洁等;成得礼
		男性成员占比/家庭是否有男性成年劳动力 H_3	即家庭中男性成员数量占比或 0—1 变量,有无劳动力值。它影响了家庭的生计能力	Sharp;李小云等
		劳动力比/劳动力数量/保留的年轻人 H_4	16~59 岁人口占比/家庭劳动力数量/区域人口中年轻人的比例,用于现在以及未来的自然资源管理的天资	丁士军;李树苗等;Nelson 等
	教育水平	家庭整体/平均受教育年限 H_5	家庭里劳动力成员受教育年限总和或平均受教育年限,土地管理者所拥有的知识用以管理自然资源	李小云等;蒙吉军等;徐鹏等;黎洁等;丁士军;李树苗等
		家庭最高受教育水平/家庭主要成员以学历教育为特征的生计活动能力赋值 H_6	家庭里劳动力成员最高受教育年限,土地管理者所拥有的知识用以管理自然资源	Nelson 等;李树苗等;杨云彦、赵锋;谢东梅
		家庭成员教育程度(教育程度总和)H_7	家庭所有成员受教育程度总和,土地管理者所拥有的知识用以管理自然资源	蒙吉军等
	技能	培训数量 H_8	家庭成员参加的培训数量,土地管理者所拥有的技能将影响到他们管理自然资源的能力	Nelson 等;徐鹏等;黎洁等;谢东梅
		技能掌握度 H_9	家庭成员劳动力掌握技能人数	徐鹏等;黎洁等

---

① Sharp K. Measuring destitution: Integrating qualitative and quantitative approaches in the analysis of survey data[R]. IDS Working Paper 217, 2003.

② Nelson R, Brown P R, Darbas T, et al. The potential to map the adaptive capacity of Australian land managers for NRM policy using ABS data[J]. Natural Heritage, 2007: 18-20.

（续表）

变量属性	评估变量	测度指数	内涵和原理阐述	来源
自然资本 N	土地	耕地面积 N_1	家庭拥有的耕地面积，决定了人们所拥有的自然资本中土地要素的总量	Sharp；李小云等；杨云彦、赵锋；黎洁等；谢东梅；李树苗等；丁士军等；蒙吉军等；徐鹏等
		林地面积 N_2	家庭拥有的林地面积，决定了人们所拥有的自然资本中土地要素的总量	李树苗等；丁士军等；黎洁等；谢东梅
		坑塘面积 N_3	家庭拥有的坑塘面积，决定了人们所拥有的自然资本中土地要素的总量	丁士军等
		园地面积 N_4	包括果园、茶园面积	丁士军等；谢东梅
		水面面积 N_5	农户承包的堰塘面积	丁士军等
		耕作土地面积 N_6	家庭人均实际耕作土地面积，它可以从侧面反映很多信息，如家庭劳动力状况、土地状况等	Sharp；李小云等
		种植作物种类 N_7	种植农作物种类的具体数值，影响人们生计的可持续性	Sharp
		土壤品质 N_8	土地质量是土地生产力的一大决定性因素	Nelson 等；杨云彦、赵锋；蒙吉军等
	水	灌溉用水方便度 N_9	灌溉用水的方便度影响了人们的生产力	Nelson 等
	生物资源	本土植被的区域 N_{10}	生物多样性支撑了农业用地的未来的适应能力	Nelson 等
		对环境问题的关注 N_{11}	对环境问题、田园风光、洁净的空气和水的关注度，土地管理者用以保护农业用地的未来适应力	Nelson 等；成得礼
物质资本 P	生活资本	房屋质量好坏 P_1	住宅质量好坏影响农民的生活状况	Nelson 等；谢东梅
		住房类型 P_2	对不同类型的住房进行赋值，混凝土房/砖混房、砖瓦房、砖木房、土木房、草房	李小云等；杨云彦、赵锋；黎洁等；蒙吉军等
		住房面积 P_3	一间、两间、三间、四间、五间或对应的面积	李小云等；李树苗，丁士军等；杨云彦、赵锋
		拥有的住房套数 P_4	住房套数等是一种生活保障性资本，往往贫困人口的这些资本较非贫困人口来说落后	丁士军等
		房屋价值 P_5	房屋估价多少钱	李树苗等
		地面材料 P_6	区分土砖、石料、水泥赋值0，水磨、瓷砖、木地板赋值1	丁士军等

（续表）

变量属性	评估变量	测度指数	内涵和原理阐述	来源
物质资本 P	生活资本	家庭固定资产指标/自由物质资产 P_7	被调查农户所拥有资产的选项数占所有选项的比例，设定一定的资产选项	李小云等；杨云彦、赵锋
		家庭所拥有的耐用消费品 P_8	家庭所拥有的耐用消费品的数量，耐用消费品一方面改善了人们的生活状况，另一方面可作为一种在特殊条件下可变现的资本帮助人们改善生计	关云龙、付少平；谢东梅；李树苗、梁义成；丁士军等；黎洁等；蒙吉军等
	生产资本	拥有的大型生产性物品的数量 P_9	家庭所拥有的大型生产性物品的数量，其可以帮助提高居民的土地生产力，提高土地生产力的设备同样如此；同时，在部分农村地区，畜力也对生产力有重要影响	徐鹏等；成得礼；关云龙、付少平；李树苗、梁义成；蒙吉军等；黎洁等
		牲畜资产 P_{10}	按一定方法折算的牲畜资产值	Sharp；蒙吉军等
	基础设施	道路 P_{11}	道路状况好坏	徐鹏等；成得礼；杨云彦、赵锋；关云龙、付少平
		主要能源 P_{12}	能源使用状况	丁士军等
		学校 P_{13}	居住地周边学校数量	杨云彦、赵锋；关云龙、付少平
		医疗 P_{14}	医疗服务水平、医疗卫生设施条件	杨云彦、赵锋；关云龙、付少平
		饮用水来源 P_{15}	井水等赋值 0，自来水、纯净水赋值 1	丁士军等
		厕所类型 P_{16}	旱厕、无厕所赋值 0，水冲式厕所赋值 1	丁士军等
		地区偏僻指数 P_{17}	区域基础设施对于农村社区能力的相关影响	Nelson 等
经济资本 F	收入	自身现金收入 F_1	家庭收入/家庭年收入范围，历来作为经济资本的直接体现	Nelson 等；李小云等；徐鹏等；杨云彦、赵锋；关云龙、付少平；谢东梅；蒙吉军等；丁士军等
		收入来源的多样性 F_2	收入来源的多样性，体现农民收入中通过不同可选资源的转换的能力	Nelson 等
		非农收入 F_3	家庭除去种地以外一年的其他收入，往往体现了农民的一种创收能力	Takahashi
		征地补偿金 F_4	征地补偿金数额	成得礼
		工资收入 F_5	家庭年工资收入金额	成得礼

（续表）

变量属性	评估变量	测度指数	内涵和原理阐述	来源
经济资本 F	收入	非工资报酬以及养老金 F_6	家庭非工资性报酬以及养老金数额	成得礼
		家庭存款 F_7	家庭存款大致数额，很直观地区分贫富	徐鹏等；关云龙、付少平；丁士军等
		就业难易性 F_8	家庭成员在当地找工作的难易程度	Nelson 等
	信贷或借款	金融可及性 F_9	是否从正式机构贷过款或受过资助	李树苗等
		借款来源多样性/资金支持户数 F_{10}	借款或贷款来源的多样性，在遇突发事件时，能否信贷借款来源的多样性体现了一种经济的弹性/若家庭发生经济困难可获得资金支持（户）	Sharp；杨云彦、赵锋；黎洁等；关云龙、付少平、谢东梅；李树苗、梁义成；蒙吉军等；丁士军等
		借贷出金额 F_{11}	借出和贷出资金	丁士军等
	保险（保障）	保险、保障数量/政府救助和补贴 F_{12}	保险保障的种类多少或者政府救助和补贴额度，也是另一种经济的弹性	Sharp；蒙吉军等
		劳动力支持户数 F_{13}	若家庭成员生病可获得劳动力支持（户）	丁士军等
		拜年户数 F_{14}	春节期间相互串门、打电话等拜年方式（户）	丁士军等
		特殊经历 F_{15}	拥有特殊经历的家庭成员数量	李树苗等
社会资本 S	纽带	夫妻关系 S_1	夫妻关系，用以支撑自然资源管理的家庭网络能力	Nelson 等
		上下辈关系 S_2	与子女（父母）关系，用以支撑自然资源管理的家庭网络能力	Nelson 等
		邻里关系 S_3	与邻居的关系，用以支撑自然资源管理的家庭邻里网络能力	Nelson 等；杨云彦、赵锋；成得礼；关云龙、付少平；蒙吉军等
		亲戚关系 S_4	与亲友的关系，用以支撑自然资源管理的家庭亲友网络能力	Nelson 等；杨云彦、赵锋；成得礼
		亲朋网络 S_5	亲朋是否有做村干部、在机关事业单位工作、担任企业单位老板或高管，这样的外部社交网络往往很重要	丁士军等；蒙吉军等；谢东梅；黎洁等
	桥接	求助状况 S_6	有困难时（如寻找非农工作时）的求助对象	蒙吉军等；谢东梅；黎洁等
		村企业数量 S_7	村均企业数量	徐鹏等

（续表）

变量属性	评估变量	测度指数	内涵和原理阐述	来源
社会资本 S	桥接	参与的社会活动和组织（如会议、文体宣传活动、社区公益活动等）的数量 S_8	参与的社会活动和组织的数量,这对居民来说是一种社交网络,居民接触更多的人与组织机构等往往倾向于获得更多的机会与信息,增加在困难情况下获得帮助的能力,是一种"人脉"的累积	Nelson 等;李小云等;丁士军等;黎洁等;成得礼;蒙吉军等;关云龙、付少平
		参加的专业性合作经济组织的数量 S_9	家庭所参加的专业性合作经济组织的数量	谢东梅
	连接	网络使用 S_{10}	网络使用频繁程度,网络的使用、通信技术的应用更广义上拓宽了居民的社交网络,增加了居民获取自然资源管理信息和危机时的帮助的潜在可能性	Nelson 等;黎洁等

2）案例工程调研的生计资本评估测度指数析出

课题组针对港口湾水库项目、田湾核电站项目、中国医药城项目进行了长期的社会调研,从失地农民生存方式与生存状态、家庭、社区体系、社区基础设施四个方面,运用单因素方差(one-way ANOVA)等方法,完成了一系列评估变量假设验证(详见第 3 章)。三个大型工程均为建成在运营案例,从可持续生计方法的应用视角来看,属于已有项目的后评估,我们希望通过这样的后评估形成一定的指导性结论,来预判大型工程冲击下失地农民可持续生计的变化,这是我们设计大型工程冲击下失地农民可持续生计评价方法的主要出发点。结合五大生计资本的定义,对经 3 个案例工程假设检验的本土化社会影响评估变量(表3.17),从生计资本视角将社会影响评估测度指数重新分类,见表 5.11。我们认为验证结果中 3 个案例工程均显示为"显著"的指标在生计资本研究中可将其纳入,因为它突出表明了工程所带来的变化之所在,具有预判意义。

表 5.11 本土化社会影响评估变量按生计资本的分类

变量属性	评估变量	测度指数	评估变量验证结果			从生计资本视角重新归类
			港口湾水库	田湾核电站	中国医药城	
原住民生活生存状态	就业情况	就业率增加	后靠显著负向;外迁不显著	显著负向	显著负向	经济资本
		就业结构多样化	后靠居民显著正向;外迁居民不显著	显著正向	显著正向	经济资本
	收入情况	收入水平增长	后靠显著负向;外迁不显著	不显著	显著负向	经济资本
		来源结构多样化	后靠显著负向;外迁不显著	显著正向	不显著	经济资本

（续表）

变量属性	评估变量	测度指数	评估变量验证结果			从生计资本视角重新归类
			港口湾水库	田湾核电站	中国医药城	
原住民生活生存状态	消费行为	消费水平提高	不显著	不显著	不显著	经济资本
		消费观念节俭化	不显著	不显著	显著正向	经济资本
		消费结构多样化	不显著	显著正向	不显著	经济资本
	休闲行为	闲暇时间增加	不显著	显著负向	显著正向	
		休闲方式丰富化	不显著	不显著	不显著	社会资本
	居住方式	居住格局变化	后靠显著正向；外迁不显著	不显著	显著	社会资本
		人均居住面积增加	不显著	不显著	不显著	物质资本
	社会保障	促进社会保险	后靠不显著；外迁显著正向	显著正向	显著正向	经济资本
		生活改善满意度	后靠显著负向；外迁不满意度较低	显著负向	显著负向	
原住民家庭	家庭结构	促进小型化	后靠显著正向；外迁不显著	不显著	不显著	人力资本
		促进核心化	显著正向	不显著	不显著	人力资本
		促进空巢化	显著正向	不显著	显著正向	人力资本
	家庭关系	夫妻关系平等化	不显著	不显著	不显著	社会资本
		亲子关系平等化	不显著	不显著	不显著	社会资本
	家庭功能	生产功能社会化	显著正向	显著正向	显著负向	
		生育功能重要性	不显著	不显著	不显著	
		赡养功能社会化	显著正向	不显著	不显著	社会资本
		教育功能重要性	不显著	不显著	不显著	人力资本
	家庭社会关系网络	亲戚关系疏远化	不显著	不显著	显著负向	社会资本
		邻里关系淡漠化	不显著	不显著	显著正向	社会资本
		业缘、学缘等关系扩大	显著正向	显著正向	不显著	社会资本
社区体系	社区人口	人口规模增加	后靠显著正向；外迁不显著	显著正向	显著正向	人力资本
		人口素质提高	后靠显著负向；外迁不显著	不显著	不显著	人力资本
		外来投资者增加	后靠显著负向；外迁不显著	显著正向	显著正向	
		外来务工者增加	后靠显著负向；外迁不显著	显著正向	显著正向	

（续表）

变量属性	评估变量	测度指数	评估变量验证结果			从生计资本视角重新归类
			港口湾水库	田湾核电站	中国医药城	
社区体系	社会组织	外来定居者增加	后靠显著正向；外迁不显著	显著正向	显著正向	
		旅游者增加	后靠显著正向；外迁不显著	不显著	不显著	
		社区企业组织增多	后靠显著负向；外迁不显著	不显著	显著正向	社会资本
		社区民间组织增多	后靠显著负向；外迁不显著	不显著	不显著	社会资本
		居委会政务能力适应性	后靠显著正向；外迁不显著	显著正向	显著正向	社会资本
	社区社会阶层与群体	促进社会阶层分化	后靠显著负向；外迁不显著	显著正向	显著正向	
		促进利益群体分化	后靠显著正向；外迁不显著	显著正向	显著负向	
		社交群体多样化	不显著	显著正向	显著负向	社会资本
	社区文化	社区传统文化淡化	后靠显著负向；外迁不显著	不显著	不显著	社会资本
		社区精神文明状况	后靠显著负向；外迁不显著	不显著	显著负向	社会资本
		社区认同感增强	显著负向	未检验	未检验	社会资本
社区基础设施	日常生活类设施	水电设施完善	显著正向	显著正向	显著正向	物质资本
		交通便捷度提高	显著负向	显著正向	显著正向	物质资本
	社会服务类设施	商业服务满足需求	不显著	显著正向	显著正向	物质资本
		医疗设施满足需求	不显著	显著正向	不显著	物质资本
		文化娱乐设施多样化	显著正向	显著正向	显著正向	物质资本
		体育健身满足需求	显著正向	显著正向	显著正向	物质资本
		养老福利设施满足需求	显著正向	显著正向	显著正向	物质资本
	环境及生态保护设施	环境保护完善	显著正向	显著负向	显著正向	自然资本
		卫生设施健全	显著正向	显著正向	显著正向	物质资本
		生态与绿化完好	显著正向	显著负向	显著正向	自然资本
		自然遗产受保护	未检验	未检验	未检验	
	自然与文化遗产保护措施	历史与宗教建筑物妥善保护	显著负向	未检验	未检验	
		艺术与文化遗址被保留	显著负向	未检验	未检验	

5.3.3 SIA-SL 测度指数构成

对上述析出的测度指数进行比较综合,确定了 SIA-SL 测度指数体系(表 5.12)。评估实践中,评估者可根据所评估社区的生计资本基本特征选用,选用的基本原则是最合适的、最能反映或预测原住民生计资本变化情况的指标。以人力资本中的教育为例,我们可以通过受教育年限来评估,也可以通过受教育水平来评估,甚至可以通过家庭最高受教育水平来评估,实践中评估者可视社区的情况选择一个或多个测度指数。虽然表5.12 提供了根据学者们理论研究和已有的实践经验所获得的一个可选的指标范围集,但是我们认为评估过程更应当注重与原住民自身经验的结合,只有原住民自己才最了解自身的生计禀赋与生计困境。可持续生计理论也强调研究者在研究过程中应注重以"参与性"的思维去思考农民生计问题。所以,评估实践应当从评估目的出发,在可选指标范围的基础上,采用合适的原住民参与方式(将在第 7 章研究),共同确定能最大限度反映他们生计变化的测度指数。

表 5.12　SIA 生计资本测度指数体系

变量属性	评估变量	测度指数	内涵和原理阐述
人力资本 H	劳动力	家庭整体劳动能力 H_1	即处于不同年龄层次和健康状况的家庭成员所拥有的劳动能力综合。家庭整体劳动力水平,是性别、年龄、健康综合形成的指标
		家庭成员/户主的身体健康状况 H_2	户内成员健康水平平均值/户主健康状况赋值
		男性成员占比/家庭是否有男性成年劳动力 H_3	即家庭中男性成员数量占比或 0—1 变量,有无劳动力值。它影响了家庭的生计能力
		劳动力比/劳动力数量/保留的年轻人 H_4	16~59 岁人口占比/家庭劳动力数量/区域人口中年轻人的比例,用于现在以及未来的自然资源管理的天资
		家庭人口规模 H_5	家庭人口数量
	教育水平	家庭整体/平均受教育年限 H_6	家庭里劳动力成员受教育年限总和或平均受教育年限,土地管理者所拥有的知识用以管理自然资源
		家庭最高受教育水平/家庭主要成员以学历教育为特征的生计活动能力赋值 H_7	家庭里劳动力成员最高受教育年限,土地管理者所拥有的知识用以管理自然资源
		家庭成员教育程度(教育程度总和)H_8	家庭所有成员受教育程度总和,土地管理者所拥有的知识用以管理自然资源
	技能	培训数量 H_9	家庭成员参加的培训数量,土地管理者所拥有的技能将影响到他们管理自然资源的能力
		技能掌握度 H_{10}	家庭成员劳动力掌握技能人数

(续表)

变量属性	评估变量	测度指数	内涵和原理阐述
自然资本 N	土地	耕地面积 N_1	家庭人均拥有的耕地面积,决定了人们所拥有的自然资本中土地要素的总量
		林地面积 N_2	家庭拥有的林地面积,决定了人们所拥有的自然资本中土地要素的总量
		坑塘面积 N_3	家庭拥有的坑塘面积,决定了人们所拥有的自然资本中土地要素的总量
		园地面积 N_4	包括果园、茶园面积
		水面面积 N_5	农户承包的堰塘面积
		耕作土地面积 N_6	家庭人均实际耕作土地面积,它可以从侧面反映很多信息,如家庭劳动力状况、土地状况等
		种植作物种类 N_7	种植农作物种类的具体数值,影响人们生计的可持续性
		土壤品质 N_8	土地质量也是土地生产力的一大决定性因素
	水	灌溉用水方便度 N_9	灌溉用水的方便度影响了人们的生产力
	生物资源	本土植被的区域 N_{10}	生物多样性支撑了农业用地的未来的适应能力
		对环境问题的关注 N_{11}	对环境问题、田园风光、洁净的空气和水的关注度,土地管理者用以保护农业用地的未来适应力
物质资本 P	生活资本	房屋质量好坏 P_1	住宅质量好坏影响农民的生活状况
		住房类型 P_2	对不同类型的住房进行赋值,混凝土房/砖混房、砖瓦房、砖木房、土木房、草房
		住房面积 P_3	一间、两间、三间、四间、五间或对应的面积
		拥有的住房套数 P_4	住房套数等是一种生活保障性资本,往往贫困人口的这些资本较非贫困人口来说落后
		房屋价值 P_5	房屋估价多少钱
		地面材料 P_6	区分土砖、石料、水泥赋值 0,水磨、瓷砖、木地板赋值 1
		家庭固定资产指标/自由物质资产 P_7	被调查农户所拥有资产的选项数占所有选项的比例,设定一定的资产选项
		家庭所拥有的耐用消费品 P_8	家庭所拥有的耐用消费品的数量,耐用消费品一方面改善了人们的生活状况,另一方面可作为一种在特殊条件下可变现的资本帮助人们改善生计
	生产资本	拥有的大型生产性物品的数量 P_9	家庭所拥有的大型生产性物品的数量,工具可以帮助提高居民的土地生产力,提高土地生产力的设备同样如此;同时,在部分农村地区,畜力也对生产力有重要影响
		牲畜资产 P_{10}	按一定方法折算的牲畜资产值

（续表）

变量属性	评估变量	测度指数	内涵和原理阐述
物质资本 P	基础设施	道路 P_{11}	道路状况好坏
		主要能源 P_{12}	能源使用状况
		学校 P_{13}	居住地周边学校数量
		医疗 P_{14}	医疗服务水平、医疗卫生设施条件
		饮用水来源 P_{15}	井水等赋值0，自来水、纯净水赋值1
		厕所类型 P_{16}	旱厕、无厕所赋值0，水冲式厕所赋值1
		地区偏僻指数 P_{17}	区域基础设施对于农村社区能力的相关影响
经济资本 F	收入	自身现金收入 F_1	家庭收入/家庭年收入档次，历来作为经济资本的直接体现
		收入来源的多样性 F_2	收入来源的多样性，体现农民收入中通过不同可选资源的转换的能力
		非农收入 F_3	家庭除去种地以外一年的其他收入，往往体现了农民的一种创收能力
		征地补偿金 F_4	征地补偿金数额
		工资收入 F_5	家庭年工资收入金额
		非工资报酬以及养老金 F_6	家庭非工资性报酬以及养老金数额
		家庭存款 F_7	家庭存款大致数额，很直观地区分贫富
		就业难易性 F_8	家庭成员在当地找工作的难易程度
		就业率（家庭就业人数）F_9	家庭成员中就业人口数量（务农以外）
		就业结构多样性 F_{10}	家庭不同类别的就业形式的数量
	信贷或借款	金融可及性 F_{11}	是否从正式机构贷过款或受过资助
		借款来源多样性/资金支持户数 F_{12}	借款或贷款来源的多样性，在遇突发事件时，能否信贷借款来源的多样性体现了一种经济的弹性/若家庭发生经济困难可获得资金支持（户）
		借贷出金额 F_{13}	借出和贷出资金
	保险（保障）	保险、保障数量/政府救助和补贴 F_{14}	保险保障的种类多少或者政府救助和补贴额度，也是另一种经济的弹性
		劳动力支持户数 F_{15}	若家庭成员生病可获得劳动力支持（户）
		拜年户数 F_{16}	春节期间相互串门、打电话等拜年方式（户）
		特殊经历 F_{17}	拥有特殊经历的家庭成员数量

变量属性	评估变量	测度指数	内涵和原理阐述
社会资本 S	纽带	夫妻关系 S_1	夫妻关系，用以支撑自然资源管理的家庭网络能力
		上下辈关系 S_2	与子女（父母）关系，用以支撑自然资源管理的家庭网络能力
		邻里关系 S_3	与邻居的关系，用以支撑自然资源管理的家庭邻里网络能力
		亲戚关系 S_4	与亲友的关系，用以支撑自然资源管理的家庭亲友网络能力
		亲朋网络 S_5	亲朋是否有做村干部、在机关事业单位工作、担任企业单位老板或高管，这样的外部社交网络往往很重要
	桥接	居住格局 S_6	家庭是大家庭一起住还是分开居住，父母与子女同住，还是各自单独居住
		求助状况 S_7	有困难时（如寻找非农工作时）的求助对象
		村企业数量 S_8	村均企业数量
		参与的社会活动和组织（如会议、文体宣传活动、社区公益活动等）的数量 S_9	参与的社会活动和组织的数量，这对居民来说是一种社交网络，居民接触更多的人与组织机构等往往倾向于获得更多的机会与信息，增加在困难情况下获得帮助的能力，是一种"人脉"的累积
		参加的专业性合作经济组织的数量 S_{10}	家庭所参加的专业性合作经济组织的数量
		居委会政务能力 S_{11}	居委会的政务能力，通过对居委会政务能力的认可度来测量
		社交群体多样化 S_{12}	通过居民社交群体来源的数量来度量
	连接	网络使用 S_{13}	网络使用频繁程度，网络的使用、通信技术的应用更广义上拓宽了居民的社交网络，增加了居民获取自然资源管理信息和危机时的帮助的潜在可能性

5.4　评估数据的获取、处理与分析方法

5.4.1　数据获取方法

参与式农村评估法（participatory rural appraisal，PRA）现已广泛应用于生计研究[1][2][3]。在可持续生计的研究中，其数据收集往往采用 PRA 方法。PRA 方法通常包含观

---

[1]　Robert Chambers. The origins and practice of participatory rural appraisal [J]. World Development，1994，22 (7)：953.

[2]　Cramb R A，Purcell T，Ho T C S. Participatory assessment of rural livelihoods in the Central Highlands of Vietnam[J]. Agricultural Systems，2004，81(3)：255.

[3]　朱利凯，蒙吉军，刘洋，等. 农牧交错区农牧户生计与土地利用——以内蒙古鄂尔多斯市乌审旗为例[J]. 北京大学学报（自然科学版），2011，47(1)：133.

察法、半结构访谈法、问卷调查法、季节历、大事记、小型座谈会、知情人深入访谈、资料回顾和分析等方法。其中,较为常见且广为采用的是观察法、半结构访谈法、问卷调查法以及资料回顾和分析法,具体如下:

(1) 观察法。观察法是指研究者根据一定的研究目的、研究提纲或观察表,用自己的感官和辅助工具去直接观察被研究对象,从而获得资料的一种方法。在对社区的实地调查,收集第一手资料的过程中,为了研究各项资本的现实状况,需要对研究对象的各项资本(例如房屋、机械、设备等)进行观察,用于辅助探索大型工程对居民所拥有的资本的影响。观察法一直是社会学研究中的一项重要方法,被广泛应用于社会学问题的研究中。它适用于对特定对象进行详细深入的研究,很适合探索家庭的五项资本受到的影响。

(2) 半结构访谈法。半结构访谈是指按照一个粗线条式的访谈提纲而进行的非正式的访谈。该方法对访谈对象的条件、所要询问的问题等只有一个粗略的基本要求,访谈者可以根据访谈时的实际情况灵活地做出必要的调整,至于提问的方式和顺序、访谈对象回答的方式、访谈记录的方式和访谈的时间、地点等没有具体的要求,由访谈者根据情况灵活处理。在可持续生计相关的个案分析中,通过半结构访谈法可以得到大量的信息资料。对所调研失地农民进行结构式和半结构式访谈是可持续生计相关数据收集的主要方法。

(3) 问卷调查法。问卷调查法也称为"书面调查法",或称"填表法"。用书面形式间接搜集研究材料的一种调查手段。通过向调查者发出简明扼要的征询单(表),请其填写对有关问题的意见和建议来间接获得材料和信息的一种方法。在研究的过程中,需选取符合研究要求的大型工程作为研究对象,依据调查对象的研究范围设置合理的问卷,进行问卷的发放以及数据的收集。

问卷的设计需从自然资本、人力资本、社会资本、物质资本、经济资本五个角度,通过文献的阅读与归纳演绎进行指标的设计与问卷的设计。

在实际调研过程中,依据测算指标的确定,研究中的调查问卷设计在原有的社会影响问卷的基础上通过资料的收集与整理、问卷的初步设计、课题组内讨论和专家学者评价、试调查等过程(图 5-18),经过反复修订,最后确定最终的调查问卷。

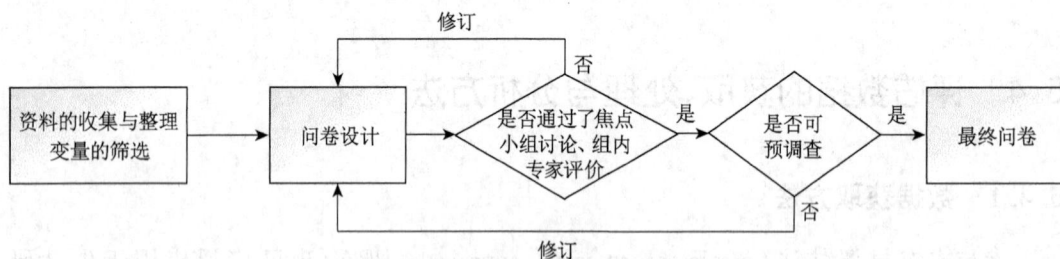

图 5-18　问卷形成过程图

(4) 资料回顾和分析法。历史资料的获取是可持续生计研究过程中非常重要的一环,通过查阅相关的历史资料、统计年鉴等,来获取研究社区的相关历史基础数据和统计年鉴等二手资料,有利于后期对于政府政策等内容的具体分析。

除了上述常见的参与式农村评估法外,部分学者在可持续生计研究过程中采用了一些较为新颖的方法,包括 H 图法、资本映射图法等。

(1) H 图法。在南非纳塔尔的马普特兰案例中,调研者运用了 H 图法进行了社区调研。H 图法是 Guy 和 Inglis(1999)所提出的"H—Form"的一种变形。这种方法是在一张纸的中部区域画上大"H",在 H 的顶部中央写着一个简单易懂并聚焦于一个主题的问题。比如说在南非纳塔尔的马普特兰案例中,运用 H 图法来探讨的一个问题是"你认为 Rocktail Bay 旅馆怎么样"。然后,在 H 的"一横"处,左端写着"不好"或画着一个"悲伤的表情",右端写着"非常好"或画着一个"开心的表情",紧贴着 H 的横线下方写着 1～10 分。这张 H 图纸随后被分发给不同的小组成员,由他们来勾选最能代表他们对于旅馆的印象的得分。同时,人们在"粉色小纸条"上写下"旅馆"给他们带来的"好的变化"并放在 H 的右边,在"蓝色小纸条"上写下"不好的变化"并放在 H 的左边。最后,有参与者写下他们"最希望改变的事情"放在"H"的横线的下方[①]。这样的方法很容易地将人们的倾向性分类,同样适用于其他问题,并且有助于增加调研过程的趣味性,促使被调研者更积极地参与到调研过程中。但是,被调研者需要有一定的文化,能够读懂问题,并做出判断,确保纸条放在合适的位置。另外,该方法适合研究社区(被调研群体)所面临的共性问题,如政策满意度等,不适合有区分的家庭(个人)数据的生成。在失地农民可持续生计经验评估模型中,可以借由 H 图法确定初始的生计资本测度指数。

(2) 资本映射图法。顾名思义,是对于资本的描绘。参与者绘制这样的关于社区的不同资本的结构和位置的图像,这样的图有助于研究者对于人们的社会关系、财富等内容的定性理解。在南非纳塔尔的马普特兰案例中,调研者运用以上方法手动绘制了社区和资本图,如图 5-19 所示。而在现在的调研中,可以更多地利用先进的电子设备形成这样的社区映射图(图 5-20),如利用无人机航拍、手机拍照等。

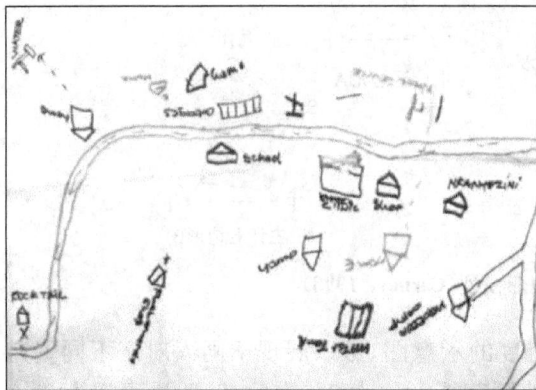

图 5-19　资本映射图

图 5-20　社区映射图

我们将在第 8 章研究基于凯利方格技术的社区调查方法,它是以当地原住民视角对社区和生计的理解与观察,可以快速地、方便地获得不同社区生计资本的独有特征。

在经验模型下,需要获得一系列的分析数据(表 5.13),具体包括生计资本数据、转换的结构过程数据、生计策略数据、生计结果数据。

---

① Simpson M C. An integrated approach to assess the impacts of tourism on community development and sustainable livelihoods[J]. Community Development Journal, 2009, 44(2): 201-202.

表 5.13　评估经验模型所需数据及数据收集方法

所需数据	获取方式
1. 实验社区、对照社区生计资本	问卷调研法、资本映射图法
2. 实验社区现行的拆迁安置补偿政策	资料回顾(二手资料)法、半结构化访谈法
3. 对照社区的拆迁安置补偿政策	资料回顾法
4. 对照社区的生计结果	问卷调研法、半结构化访谈法
5. 实验社区预期的生计结果	资料回顾(二手资料)法、半结构化访谈法

5.4.2　数据处理技术

1) 生计资本五边形概念

借由生计资本数据,预期生成 SIA 生计资本五边形,这样的五边形展现了人们对于各项资本的可获得的程度。生计资产的量化分析对于研究农户生计策略以及了解农户的生计现状都具有重要意义,不同的资产组合可以达到不同的生计结果[1],所以对于大型工程冲击下失地农民的生计资本的量化是研究的重要方法之一。在 Carney 笔下,资本五边形模型又可叫做蜘蛛网图[2](图 5-21)。

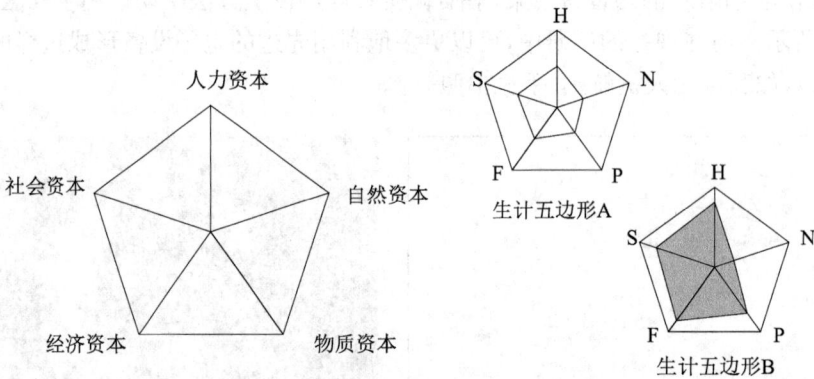

图 5-21　生计资本五边形模型(Carney, 1998)

五边形的形状可以用作人们对资产可获得度的示意图,可以展现不同人对于不同资产的可获得度。五边形的中心点代表五类资本的可获得度均为 0。在此基础上,可以通过不同形状的五边形展示不同社区或社区内不同社会群体对资本的不同可获得度。

需要注意的是,某一种资本可以带来多种好处。比如说,如果某个人拥有土地这一资本(自然资本的一种),它可能同时带来一定的经济资本,因为他们可以利用土地进行直接的生

① Gilman, Lundin. Minimizing Bycatch of Sensitive Species Groups in Marine Capture Fisheries: Lessons from Commercial Tuna Fisheries [M]// R Quentin Grafton, et al. Handbook of Marine Fisheries Conservation and Management. New York: Oxford University Press, 2010: 150-164.

② Carney D. Sustainable rural livelihoods: what contribution can we make? [J]. International Development, 1998, 10(7): 213.

产活动或者用土地作抵押获得贷款。同样的,牲畜作为一种自然资本来讲,同时可以为主人带来社会资本(比如某地的养殖大户可以因此产生很多社会关系,带来一定的声望),除此以外,它还可以作为一种生产性的物质资本(作为畜力)。为了厘清这些资本之间的复杂的关系,则需要超越资本本身层面去思考,思考文化、制度等多方面影响生计结果的原因。

如何在不同的社会群体需求和不同的社会资本之间权衡,五边形模型提供了一个合适的切入点。不过,使用五边形模型需要具有代表性。一般来说,目前尚无定论说我们能够或应当量化所有的资本,更不用说开发出某一共通的值用以直接对比不同的资本。但是,这并不是否定开发一些特别的、可具体量化的资本指标的重要性[1]。

不同人所拥有的资本是不同的,因而所作出的五边形模型也是不同的。同时,同一个人所拥有的资本在不同时段也是不同的,因而五边形图也是变化的。那么对于这样的生计资本五边形,什么样的状态才是代表着更好的生计状态? 可以通过对比两种生计状态来剖析这一问题。

生计五边形 A 展现出五项资本的一种较为均衡状态,但同时每一项的资本值不太高。生计五边形 B 展现的是一种受支持的状态,在这样的支持下,人们对社会、物质、金融资本的接触有增无减。从农村生计分析的角度来说,独立的某一项资本的数值的高低固然重要,同时,五项资本之间的平衡虽说不比某一项资本值的高低更重要,但也可以说是同样重要的[2]。因为在形成生计的过程中,五项资本是依赖且互补的。所以我们最终追求的是一种高指标且很均衡的状态。

不过,虽说资本五边形图是一种很有用的描述性工具,但是它所确定的数据事实上并不代表实际含义。正如 Carney 初始提出的一样,一条轴代表了各地区某一种资本的排名,可是不同轴交互下的排名并没有得以校准。资本之间视觉上的平衡并不能用以确定实际的资本储量之间的平衡。例如,一个地区社会资本储量与其他地区相比相对较低,它同时还应当跟这个地区的其他资本一起加以比较。然而,蜘蛛网图的存在仍然是非常有意义的,它可以用以比较一个地区的优势和劣势同时还可以比较不同地区之间资本的多少。

2) 生计资本五边形数据的处理过程

对于生计资本五边形,我们通过对五项资本的深入理解,划分了一系列的评估变量(5.3节),并在数据收集过程中将其进一步细化。通过问卷调研法收集到的调研数据,是相互联系且零散的,我们期望得到的是一个综合性的指标,一目了然地看出各项资本的优劣,此时,需要一定的数据合成方法。Sharp 在对埃塞俄比亚东北部高原的贫困问题研究过程中,选取了一些"影响村民生活状况、决定居民贫困与富裕"的测量指标,Sharp 将数据处理分三步[3]:

(1) 第一步,赋值。在实际量化过程中为了调查研究的方便,问卷设计往往是从更易于受访者作答的角度来设计的,此时就面临着某些问题(如住宅质量很好、好、一般、差、很差)并不可以被直接量化,这种情况下,需要一定的赋值方法,赋予"很好、好、一般、差、很差"这样的变量实际的值。即数据处理的第一步为赋予某些非数值型变量一定的、合理的值。

① Ellis F. Rural development and diversity in developing countries[M]. Oxford University Press, 2000: 33.
② 同①38.
③ Sharp K. Measuring destitution: Integrating qualitative and quantitative approaches in the analysis of survey data[R]. IDS Working Paper 217, 2003.

（2）第二步，数据标准化。通过调查问卷收集来的数据存在不同的取值范围，对应不同的单位，如何使这样的数据可以用以对比，此时就需要一定的方法将数据标准化到同一个区间。

（3）第三步，合成所需的人力资本指数、自然资本指数、物质资本指数、经济资本指数、社会资本指数。这一步对应着通常意义上所说的"数据处理方法"。

我们沿用这一步骤划分，并列出适用的常见数据处理方法，见图 5-22。其中，"合成"步骤中的赋权方法对比见表 5.14，据此确定各赋权方法的适用性。

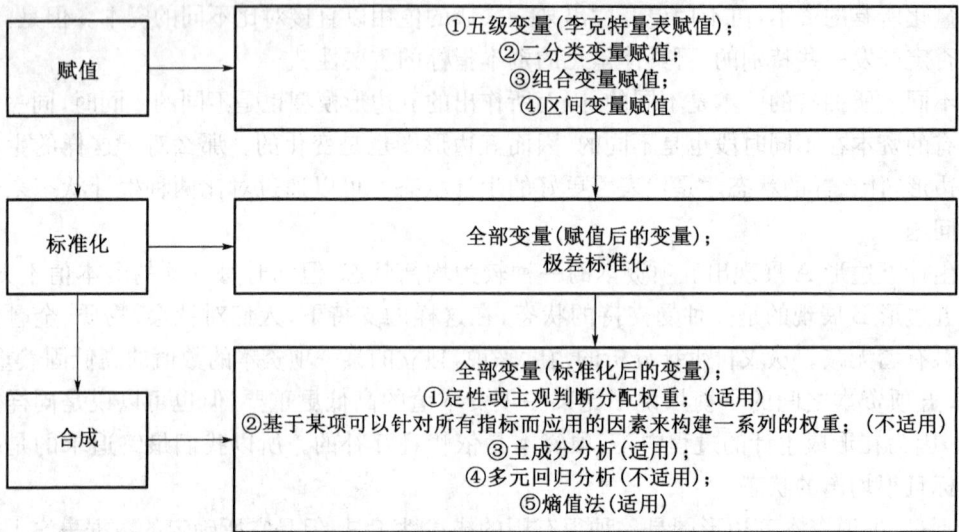

图 5-22　生计五边形数据处理过程及适用方法

表 5.14　图 5-22 的"合成"步骤中赋权方法对比

方法序号		优势	劣势
主观赋权	①	方法容易理解、灵活机动相同权重赋值可应用到结构类似的群体中去，对比方便	精确性不够、主观性太强
客观赋权	②	采用数理统计方法和技术，更加客观	在本研究中不切实际，因为并没有发现常见的因素可以关联起所有我们希望使用的指标
	③	采用数理统计方法和技术，更加客观，相对主观赋权具有较高的可信度和精确度；展示出数据内部（自身）的差异性	直观上较难理解；不便于不同项目的对比；比较依赖数据，而缺乏一定的倾向性（有的指标在现实生活中出于某些特殊原因可能会在经验基础上予以调整使数据更加准确，而用此方法时往往无视这样的调整）
	④	采用数理统计方法和技术，更加客观	本研究所包含的变量之间并不是相互独立的，由此产生的多重共线性会对回归系数产生误导
	⑤	能够深刻反映出指标的区分能力，进而确定权重；是一种客观赋权法，有理论依据，相对主观赋权法来说具有较高的可信度和精确度	直观上较难理解；与主成分分析和多元回归等统计方法不同，它不能考虑指标与指标间横向的影响（如相关性），更不能确定指标对目标/得分的影响方向；同主成分分析等客观赋权法一样，若无经验的指导，权重可能失真；对样本的依赖性比较大

3）变量赋值与标准化

首先,需要明确的是,并非所有的问卷变量都需要赋值,因为很多变量在问卷调研时其自身即为数值型变量。需要赋值的变量包括四类:

(1)自身单独存在并无实际意义,需要几个变量组合起来分析才有实际效用的变量类型或者说自身代表了超越其字面意思的(代表另一层含义)变量类型。如人力资本中的"家庭整体劳动力",在评估时涉及"年龄""健康"这两个变量,而在最终分析时,这两个变量分开来看并无实际意义,此时需要将两个变量结合赋值。物质资本中的"家禽牲畜",它作为一种畜力而存在,此时"鸡"和"牛"的只数并无可比性,需将其统一作为畜力来赋值度量。

(2)五级非数值型变量。社区居民对土壤质量好坏、灌溉用水方便度、住宅质量好坏、医务室医疗水平、医务室看病费用、就业的难易性、夫妻关系、上下辈关系、邻里关系、亲戚关系等的感知度属于非数值型变量,在调查过程中采用五级分量,"很好、好、一般、差、很差",这样的分量无法直接度量,因而在量化过程中需要对其进行赋值。

(3)二分变量。与五级非数值型变量类似,在调研过程中还会涉及很多需要的答案为"是、否"或"有、没有"这样的二分变量,这样的变量同样无法直接度量,因而在量化过程中也需要对其进行赋值。

(4)需要划分区间的变量。比如说收入状况,在采访村民时,访员很难获得一个精确的数值,一般情况下,受访者会给出大致的范围,如一两千元。对于这样的数据值,在实际上,收入1 500元和1 600元并不会产生实质性的影响,因而在操作过程中对于这样的变量进行区间划分往往对度量来说更有效。此时,这样的区间则无法按标准化公式统一到特定的"0—1"区间,因而需要对这样的区间变量进行赋值。

为了能将不同的变量指标(可能单位、层级、标准等都不相同,比如说人力资本和土地所有量相对比)予以对比,兼容性的测量尺度是必不可少的。对于单个指标分析来说,当然很适合使用不同测量范围的原始数据(比如说按公顷计的土地、按元计量的开支等)。但是,当指标需要进行相互比较和联系的时候,它们需要统一到0—1范围内。

将变量范围统一到0—1的基本公式是:

$$\frac{X_i - X_{min}}{X_{max} - X_{min}} \quad 即 \quad \frac{实际值 - 最小值}{最大值 - 最小值}$$

对于一些"值"越高反而越不利的指标来说,公式则变为:

$$\frac{X_{max} - X_i}{X_{max} - X_{min}}$$

其中,最大值或最小值的选取可以通过实际的数据范围,也可以通过之前自行收集的统计数据,或国家统计数据,比如说一般农村家庭所拥有土地面积的最大值可以通过查阅国家统计局相关数据来获得。

(1)人力资本数据的处理

① 家庭整体劳动力水平。人力资本评估的第一项指标应该是家庭整体劳动力水平。家庭整体劳动力水平需要通过家庭人口数、劳动能力、年龄等因素评估而得出。对于农村家庭来说,劳动力水平是决定生计好坏的一个很重要的因素。一般关于劳动力的探索集中于"劳动年龄"的判别。但是这样的评估存在一定的缺陷,因为"劳动年龄"的概念并不是很明

确，在中国，老人可能一直工作直至他们死亡，同时，劳动年龄来区分的劳动力分类方法还忽略了疾病或残疾等对人的影响。于是，Destitution Study 采用了一种创新性的评估真实的家庭劳动力水平的方法，将年龄与健康状况相结合，同时将年龄细分为不同档次，进而进行赋值。我们依据这样的创新的方法，参考国内劳动能力研究文献[1]，具体赋值结果见表5.15。这些评估价值是根据 Yarded Amare 在 North Shewa 和 South Wollo 的人类学研究工作经验得出的，同时结合了贫困研究中的定性实地观察和案例。Yarded 博士的原始的年龄基础的权重为：小孩子（小于6岁的）以及"退休的人"（大于60）＝0；能够完成一定的工作的孩子（6～10）＝1；成年人的小助手（10～13）＝2；成人（超过13岁）＝3。本研究采用小比率，就是将其都缩小至0～1范围内，即为：1代表强壮的成人劳动力。

表 5.15　单个家庭成员劳动能力赋值

类别	解释	赋值（劳动单位）
0～6岁儿童	年纪太小不能参加劳动	0.00
7～15岁健康的儿童	可以做一些简单的家务和农活，但可能因为要上学等原因，并不能产生较高的劳动力	0.30
16～54岁（女性）或16～59岁（男性）的健康的家庭成员	能够从事全部的成人劳动	1.00
55～65岁（女性）或60～70岁（男性）及以上的健康的家庭成员	只能从事部分的成人劳动，例如可以做一些强度较轻的农活	0.50
患有慢性疾病的成年家庭成员	仍能从事一般性劳动	0.50
患有重大疾病或残疾或年迈（女性65岁以上，男性70岁以上）	无法参加劳动	0.00

② 教育水平。教育水平是影响自然资源管理者管理自然资源的一个重要因素，对居民的可持续生计也有很大影响。"最大化水平变量"，作为衡量家庭受教育水平的一种方法，已被证实是用以评估家庭整体受教育水平的最佳选择。对此，参照 Sharp[2] 指标赋值法，可以针对家庭成员受教育水平予以赋值。具体赋值如表5.16所示：

表 5.16　受教育程度最高的家庭成员的学历指标赋值及标准化

类别	赋值（受教育程度单位）	标准化值（度量值）
大学及以上	5.00	1.00
高中或中专	4.00	0.75
初中	3.00	0.50
小学	2.00	0.25
文盲	1.00	0.00

① 谢东梅.农户生计资产量化分析方法的应用与验证——基于福建省农村最低生活保障目标家庭瞄准效率的调研数据[J].技术经济，2009,28(9)：45.

② Sharp K. Measuring destitution: Integrating qualitative and quantitative approaches in the analysis of survey data[R]. IDS Working Paper 217, 2003: 11-13.

（2）自然资本数据的处理

① 土地。土地包括土地面积（耕地、园地、林地）、土壤品质，土地面积对于以农业为主的居民来说很重要，土地面积为数值型，可直接测量。土壤质量好坏是影响农作物产量的一个重要因素。在具体调查中，可按土壤质量区分等级来评估。按照李克特量表赋值如表5.17所示：

表 5.17　土壤质量好坏赋值

土壤质量好坏	赋值	标准化值
好	5.00	1.00
较好	4.00	0.75
一般	3.00	0.50
较差	2.00	0.25
差	1.00	0.00

毋庸置疑，自然资源对农民来说极其重要。除了土地面积、土壤品质外，作物种类也预期对农民生计产生较大影响，作物种类是用以反映人们在不同的作物品种之间自由转换的能力，假如遇到灾害，往往是作物种类丰富的家庭更有利于抵抗灾害，实现生计可持续。

② 水资源。水资源对居民生产生活都有很大影响，比较简便易行的水资源评估方法是采用五级分量，即按居民对灌溉用水的方便度进行换算，具体换算值见表5.18所示：

表 5.18　水资源状况换算值

方便度	赋值	标准化值
很方便	5.00	1.00
方便	4.00	0.75
一般	3.00	0.50
较不方便	2.00	0.25
不方便	1.00	0.00

（3）物质资本数据的处理

① 住宅和耐用消费品。住宅面积为数值型，可以直接度量；住宅质量可以采用五级分量，通过调研者对受访者的房屋质量的观察予以评估，根据房屋质量好坏进行换算，具体换算值见表5.19所示：

表 5.19　住宅状况换算值

房屋质量	赋值	标准化值
很好	5.00	1.00
好	4.00	0.75
一般	3.00	0.50
较差	2.00	0.25
差	1.00	0.00

耐用消费品是居民生活水平的一种体现，在遇到经济困难时，它也有可能通过买卖、租赁等形式转换为货币资产。在耐用消费品评估时，选取常见的十种耐用消费品，设定二分变

量,拥有取值1,没有取值0。因为它是二分变量,所以并不需要通过范围公式将其换算。

② 生产资本。农民种田除了依赖土地以外,还依赖于工具和设备,对于工具和设备,采用简单的二分变量来评估,每一项工具和设备按有和没有来打分,有为1分,没有为0分,最后取平均。因为它是二分变量,所以并不需要通过范围公式将其换算。一般常见的生产性物品包括拖拉机、三轮车、收割机、抽水机、鼓风机、谷物磨粉机、经营性店面。

③ 基础设施。基础设施为人们的生产、生活活动奠定基础,也折射出该地区的经济状况。基础设施主要包括道路、能源、学校、诊所条件。道路、能源状况决定了人们生产生活所展开活动的方便度,如由家连接至村落主干道的路是土路,则家庭不富裕,主干道是土路,则村落不富裕,因而通过这两方面来衡量道路状况,通过两个二分变量(水泥路取1,土路取0)求取平均值得到最终的道路状况变量值;同时存在这样的共识,使用作物秸秆为主能源的家庭较使用电力、液化气为主能源的家庭来说贫困;因而在能源方面设立二分变量,使用作物秸秆取0,使用其他能源取1;学校在一定程度上影响了人力资本中的教育水平,有什么样的学校可以反映出当地的教育设施状况;诊所影响了当地人们的健康状况,是提高人们劳动生产力、改善人们生活的一种物质保障,在诊所评估时,主要通过医务室服务水平、卫生设施条件这两个五级分量得到。道路、诊所均设立五级分量,以诊所为例,评估换算值见表5.20所示。学校以所感知的质量来度量。

表 5.20 诊所状况换算值

医务所综合评价	赋值	标准化值
很高	5.00	1.00
较高	4.00	0.75
一般	3.00	0.50
较差	2.00	0.25
很差	1.00	0.00

(4) 经济资本数据的处理

通过上文对经济资本的综述,同时考虑实际操作的可行性,已知我们选取了三个具有代表性的指标评估经济资本:收入或就业,信贷或借款,保险或保障。

① 收入或就业。国家统计局数据显示,2015年中国农村居民人均纯收入为13 432元,按平均家庭规模3.56人计算,平均的家庭纯收入水平约为4.78万元,结合实地调研经验与农村实际情况,我们将家庭收入水平划分为7个层级,最大值取10万元及其以上,最小值为0~5 000元,具体划分和换算值见表5.21。就业依据难易程度,采用五级分量,根据受访者的实际感知程度进行换算,具体换算值见表5.22。

表 5.21 家庭年收入水平换算值

收入水平(万元)	赋值
最大值(缩减了的/截断了的)10+	1.00
5~10	0.77
3~5	0.41
2~3	0.26
1~2	0.15
0.5~1	0.08
最小值 0~0.5(实际上的)	0.00

表 5.22　就业难易度换算值

就业的难易性	赋值	标准化值
很容易	5.00	1.00
容易	4.00	0.75
一般	3.00	0.50
难	2.00	0.25
很难	1.00	0.00

② 信贷或借款。信贷或借款代表了居民在遇到特殊困难或状况时获得帮助的能力,主要从来源广泛性和借款额度这两方面来评估。来源采用二分变量,可获得为1,不可获得为0。而借款额度采用五级分量,具体换算值见表5.23所示:

表 5.23　借款额度换算值

借款额度(万元)	赋值	标准化值
10+	5.00	1.00
5~10	4.00	0.75
3~5	3.00	0.50
1~3	2.00	0.25
0~1	1.00	0.00

③ 保险或保障。保险行为的发生,有利于居民抵御风险、挑战和冲击;而保障可以保证居民维持基本生计的需要,所以保险或保障就进一步细分为保险、保障两方面来评估。不过同时值得注意的是,当一个家庭领取了最低生活保障,这往往意味着这个家庭比较贫困,所以说拥有最低生活保障应当对应换算值为0,而没有最低生活保障对应换算值为1,农村保障包括农村低保、五保户,城镇保障包括城市低保,根据《农村五保供养工作条例》城镇里没有五保户。在调研过程中还发现,可能存在部分家庭隐瞒他们所获的最低生活保障,导致数据的准确性有待考证。保险保障情况的评估通过被调查户拥有的保险保障种类占所罗列的所有保险保障种类的比例。保险指标设为二分变量,有赋值为1,否则赋值为0,农村保险具体包括农村养老保险、农村合作医疗保险、商业保险,城镇保险具体包括城镇职工养老保险、城镇职工医疗保险、城镇职工失业保险、商业保险。

(5) 社会资本数据的处理

通过上文对社会资本的综述,同时考虑实际操作的可行性,已知我们选取了三个具有代表性的指标评估社会资本:纽带,桥接,连接。

① 纽带。纽带关系包括家庭关系、邻里/亲戚关系,家庭关系、邻里亲戚关系设定五级分量,具体换算见表5.24~表5.27,家庭关系又进一步通过夫妻关系、上下辈关系来评估,而邻里/亲戚则进一步细分为邻里关系和亲戚关系。

表 5.24 夫妻关系的换算值

夫妻关系	赋值	标准化值
非常好	5.00	1.00
比较好	4.00	0.75
一般	3.00	0.50
不太好	2.00	0.25
不好	1.00	0.00

表 5.25 上下辈关系的换算值

上下辈关系	赋值	标准化值
很亲密	5	1.00
较亲密	4	0.75
一般	3	0.50
较疏远	2	0.25
很疏远	1	0.00

表 5.26 邻里关系的换算值

邻里关系	赋值	标准化值
很亲密	5	1.00
较亲密	4	0.75
一般	3	0.50
较疏远	2	0.25
很疏远	1	0.00

表 5.27 亲戚关系的换算值

亲戚关系	赋值	标准化值
很亲密	5	1.00
较亲密	4	0.75
一般	3	0.50
较疏远	2	0.25
很疏远	1	0.00

② 桥接。桥接是更广义化的信任,也就是超出家庭、邻里、亲戚层面的互动,这样的互动反映了居民更广泛的关系网络情况。主要从社区组织的数量,居民参与社区组织的会议,参与社区的文、体、宣传活动,参与社区组织的公益活动的程度这四个方面来评估。关于社区组织的数量,推测为积极参与社区组织的人或者说提供较多组织的社区更有利于在受冲

击时刻获得更多的资源和帮助。社会活动水平本身也反映了一个家庭的物质繁荣、社会地位和可利用时间和劳动力。具体的评估换算值见表5.28～表5.30。

表5.28 社区组织的范围的换算值

社区组织的会议	赋值	标准化值
很多	5	1.00
较多	4	0.75
有一些	3	0.50
较少	2	0.25
很少	1	0.00

表5.29 社区组织的文、体、宣传活动的换算值

社区组织的文、体、宣传活动	赋值	标准化值
很多	5	1.00
较多	4	0.75
有一些	3	0.50
较少	2	0.25
很少	1	0.00

表5.30 社区组织的公益活动的换算值

社区组织的公益活动	赋值	标准化值
很多	5	1.00
较多	4	0.75
有一些	3	0.50
较少	2	0.25
很少	1	0.00

③ 连接。连接是比桥接更为广义化的信任,具体指网络的使用。网络的使用评估时简易化,采用五级分量来度量使用网络的频繁程度。

4）权重确定方法

在上文讨论了很多五项资本相关的指标,这些指标在初步的定量分析中都是分开讨论的,但是实际上贫困问题或者说可持续生计问题从一开始就被视作是一个多维的复合的问题,需要把单独的指标集合起来看待,于是如何将这些单独的指标组合成一个更加复杂的复合型指标是所面临的一个很重要的问题,而合成的这个复杂性的指标此时就反映了人们的生计状况。这一小节列出了几种用以构建这样一个复合指标的可供选择的方法。

在将这些单一指标标准化后,就可以将这些指标进行加和,但是此时面临的问题就是不

同指标如何合理地分配权重。White[①] 以及 Filmer、Pritchett[②] 等指出,有四种可能的方法用以解决此问题:

① 基于定性或主观判断分配权重。具体包括加和或平均"未分配权重"指标,事实上给予所有指标相等的权重作为一种决定也是很有效的。

② 基于某项可以针对所有指标而应用的因素来构建一系列的权重(例如说市场或影子价格)。

③ 通过数学方法确定权重,使用主成分分析(或称作 PCA),一种计算机化的统计程序。

④ 不需要权重,只简单地将所有的指标作为无约束变量进行一个多元回归分析。

第二种方法在本研究中不切实际,因为并没有发现常见的因素可以应用于所有我们希望使用的指标:考虑到在中国市场中大多数商品和服务是高度不完美和不健全的,同时像社会资本这样的要素在本质上是非货币性的,影子价格并不合适。

第四种方法,多元回归,出于本研究目的来说并不合适,因为研究所包含的变量之间并不是相互独立的,它们预计将高度相关,对彼此产生间接影响。由此产生的多重共线性会对回归系数产生误导。使用回归分析也会限制分析的类型:例如说不可能产生交叉表。

于是,剩下两种可供选择的方法,一种为定性权重,另一种为主成分分析权重,在此探讨两者的一些细节。每一种都有各自的优势和劣势,对于不同的研究目的有不同的适用性。定性方法适用于有事实根据的判断,需要在环境实地调查以及在对调查问卷数据初步分析的基础上进行,以此来确定各指标对家庭总体生活状况的重要性。它是透明的而且具有直观的吸引力(很容易理解)。出于不同的分析目的,它给出结合或分离框架中不同维度(例如说五项资本)的范围。它还允许分析师出于不同的研究调整任意指标的权重。相同的权重和范围可以被应用到其他生活结构类似的人群中去,得出类似的家庭分数。但是它的主要的劣势当然是它的权重带有很强的主观性。

客观权重(使用主成分分析,简称 PCA)则拥有相反的优势和劣势。因为这些权重是通过数学方法来确定的,因而没有对于这些变量相对重要性的先决判断(当然除了要决定应当包含哪些指标,这需要分析者来选择)。事实上,PCA 分析生成了一个客观的指标排名。但是,不好的方面是该方法在直观上较难理解。在使用这种方法时,必须同时考虑该方法是否能够用来对比不同的人群。

除了上述四种方法外,我国国内学者在可持续问题研究中还运用了熵值法确定权重。熵值法是一种客观赋权方法,它通过计算指标的信息熵,根据指标的相对变化程度对系统整体的影响来决定指标的权重,相对变化程度大的指标具有较大的权重[③]。熵值法和上述四种方法一样,有着它自身的优势与劣势。熵值法能深刻反映出指标的区分能力,进而确定权重。它是一种客观赋权法,有理论依据,相对主观赋权具有较高的可信度和精确度。但是,

① White H. A Reality Check for Data Snooping[J]. Econometrica, 2000, 68(5): 1120-1126.

② Filmer D, Pritchett L. The Effect of Household Wealth on Educational Attainment: Demographic and Health Survey Evidence[J]. Policy Research Working Paper, 1998, 25(1): 95-100.

③ 苏洁,沈文成. 改进熵值法问题的初探[J]. 江苏商论,2007(26): 187-188.

不好的方面是熵值法智能程度不够高，与主成分分析和多元回归等统计方法不同，它不能考虑指标与指标间横向的影响（如相关性），更不能确定指标对目标/得分的影响方向；同时，同主成分分析等客观赋权法一样，若无经验的指导，权重可能失真；除此之外，熵值法在应用过程中对样本的依赖性比较大，随着建模样本变化，权重会有一定波动。

综上所述，在生计资本量化中，有三种可行的且较为广泛使用的权重确定方法：

① 基于定性或主观判断分配权重。谢东梅在农村最低生活保障制度目标家庭准确瞄准过程中，对农户生计资产进行了量化分析，在量化过程中她参考了 Sharp 的生计资产定量研究以及李小云等对农户脆弱性定量分析方法的探索，并基于经验分析，对各指标进行了主观赋权[①]。杨云彦等在南水北调（中线）工程库区生计资本测量时，同样采用主观赋权法，测算出五项生计资本的得分[②]。主观权重法在运用过程中，可根据个人研究经验，可参考相关文献，一般情况下，研究者在使用过程中会较多依赖于专家打分。但我们认为可持续生计方法强调"以人为中心"和"参与性"，因而更加合理的主观权重确定方式应该包含"村民参与确定权重"这一过程，由村民自身选择对他们影响较大的资本指标，由他们来赋予其权重，在此过程中，可通过"焦点小组"方法，选取受项目影响的各村落中文化水平较高的村民代表，来完成此项工作，借此，得出的指标和权重是更加合适和合理的。当然，该方法的一个较大的制约因素即在于它受村民的文化水平和对研究主题的认知程度影响较大，因而存在一定的操作难度。

② 主成分分析（或称作 PCA）。Sharp 在生计资产定量研究过程中，在运用主观判断分配权重的同时，运用了主成分分析法计算了生计资本值[③]。Nelson 在脆弱性研究过程中，运用了两次主成分分析计算了五项生计资本值以及生计脆弱性指数[④]。

③ 熵值法。蒙吉军等在研究农牧户可持续生计资产与生计策略的关系时，采用熵值法初步确定生计资本各指标的权重，并结合农牧户对各指标的重视程度进行了适度的调整[⑤]。何仁伟在山区聚落农户可持续生计发展水平及空间差异分析过程中，以四川省凉山州为例，进行了生计分析，同样通过熵值法确定可持续生计评价指标权重[⑥]。

5.4.3 分析过程

Simpson 指出生计的本质特征及影响因素导致了我们在思考怎样评估生计影响时会从一种折中主义的视角出发来选择研究方法[⑦]。一种结合性的方法（定量与定性相结合）将会

① 谢东梅.农户生计资产量化分析方法的应用与验证——基于福建省农村最低生活保障目标家庭瞄准效率的调研数据[J].技术经济，2009,28(9)：45-47.

② 杨云彦，赵锋.可持续生计分析框架下农户生计资本的调查与分析——以南水北调（中线）工程库区为例[J].农业经济问题，2009(3)：62.

③ Sharp K. Measuring destitution: Integrating qualitative and quantitative approaches in the analysis of survey data [R]. IDS Working Paper 217, 2003.

④ Nelson R, Brown P R, Darbas T, et al. The potential to map the adaptive capacity of Australian land managers for NRM policy using ABS data [J]. Natural Heritage, 2007.

⑤ 蒙吉军，艾木人拉，刘洋，等.农牧户可持续生计资产与生计策略的关系研究——以鄂尔多斯市乌审旗为例[J].北京大学学报自然科学版，2013,49(2)：324-325.

⑥ 何仁伟.山区聚落农户可持续生计发展水平及空间差异分析——以四川省凉山州为例[J].中国科学院大学学报，2014,31(2)：221-230.

⑦ Simpson M C. An integrated approach to assess the impacts of tourism on community development and sustainable livelihoods [J]. Community Development Journal, 2009, 44(2): 188.

有助于人们读懂不同的家庭或社区经济及资产①②。调研和定量分析与定性研究方法在农民生计研究过程中都不可忽视,各自发挥着其重要的作用。定性方法可能更容易为人们所理解,并且并不是所有指标、变量都可以很容易的定量描述。相对而言,人们行为习惯的变化、社会权利结构等更容易通过定性的方法来分析③。生计影响分析固有的复杂性要求人们将定量与定性方法相结合,定性和定量信息相结合能够帮助调研者更深入地理解评估过程中所收集的数据。定性和定量信息可以相互补充,并以此能够解释更多非预期的或者说更复杂的信息。但此时,如何将定量数据和定性研究相结合则成为需要思考的新问题,可持续生计方法是将定量分析和定性分析数据相结合的一种较好的方式。

对应于 SIA-SL 经验模型,为了得到改进的拆迁安置补偿政策、实现开发方案改进,在实践过程中,需要包含一系列的分析过程。分析过程具体包括"选择历史上生计资本变化类似的社区""对比拆迁安置补偿等政策""历时比较研究预测生计策略""历时比较法预测可能的生计结果""对比预测的生计结果和预期的生计结果之间的差异"。SIA-SL 经验模型提供了一种将"五要素"之间的交互关系和影响作用借由"对照社区"已发生的变化来判断的思路。

在"选择历史上生计资本变化类似的社区"时,需要明确的是选择两个完全一样的社区是不可能的,基于"历时比较方法"的 SIA-SL 评估经验模型在应用过程中的关键点和难点在于"对照社区的选取",选取原则应当符合在 5.2.3 节中提出的条件。但在选择社区时,资本不是直观暴露的,需要通过调研的方式来获取,因而在初始对照社区选取过程中就需要"在网上查阅资料获得大量的二手数据""去工程影响地进行半结构化访谈",以了解是否存在这样的群体,他们受到类似的工程的影响,同样经历了由农村社区变更为城镇社区的变化,以此作为初筛依据。在初步确定了对照社区,进行资本分析过程中,生计资本五边形模型就发挥出很大的作用。生计资本五边形模型可以帮助人们快速地理解社区的资本结构,五边形的变化可以直观地看出资本的变化。当然,在相同地域(视作同质网络中),如果能选取符合初筛条件的社区,一般情况下,资本变化情况无疑是和拟评估社区相似的。

在"对比拆迁安置补偿等政策"过程中,二手数据的搜集和半结构化访谈很重要。分析过程在于对比拟评估社区和对照社区拆迁安置补偿政策的差异,理解这些拆迁安置补偿政策对资本和策略所产生的影响,如果拆迁安置补偿政策相同,那么可以认为政策带来的影响是相似的;当拆迁安置补偿政策不同时,分析这样的不同会带来怎样的差异性变化。

在"历时比较研究预测生计策略"过程中,首先分析对照社区生计策略在"资本变动""政策作用"影响下的生计策略的变化,这样的生计策略的变化体现在"各项收入占比"变化、"收入来源结构"变化以及由"纯农"向"纯工"或"多样型"生计策略的转变。

在"历时比较法预测可能的生计结果"过程中,分析过程与策略分析相类似,生计结果从收入、幸福感、满意度这几个维度去预估。

---

① Nicol A. Adopting a Sustainable Livelihoods Approach to Water Projects: Implications for Policy and Practice [R]. Odi Working Paper, 2000: 133.

② Turton C. The sustainable livelihoods approach and programme development in Cambodia [R]. Odi Working Paper, 2000.

③ Jenny Phillimore, Lisa Goodson, et al. Qualitative research in tourism: Ontologies, epistemologies and methodologies[M]. London: Routledge, 2004: 4.

在对比"预测的生计结果和预期的生计结果之间的差异"过程中,除了上一过程所分析出的预测的生计结果外,还需了解预期的生计结果,预期的生计结果通过查阅项目兴办者所发布的文件来了解,同时可以认为预期的生计结果应该是在"比拆迁安置前更好"和"与安置地原住民相似"的两种状况中的优选状况。

最后,基于"预测的生计结果"和"预期的生计结果"之间的差异,结合"资本""策略"分析结果,提出改进的拆迁安置补偿政策和开发方案改进意见。

在上述分析过程中,需要糅合对代表性案例的访谈数据进行对比。在第9章,我们将以试点工程应用呈现分析过程。

本章小结

文献研究和一些案例工程的调查,我们发现许多大型工程开发使得原住民(多为农民)因失地或非自愿移民而面临着生计能力受损、生计资本恶化和生计活动失效等生计难以为继的状况。可持续生计方法提供了一种解读"风险环境""生计资本""政策与制度""生计策略""生计结果"等多重问题的综合性视角,过往的相关研究用其分析失地农民生计问题和政府补救措施,但很少去思考从源头上解决的方案。我们试图在社会影响评估中引入这一方法,对原住民(失地农民等弱势群体)受项目冲击后的未来生计状态进行预判与评估,调整和优化项目决策中的移民、安置及救助政策与方案,以促进受项目影响的原住民能获得可持续的生计策略和满意的生计结果。

对UNDP、CARE、IDS及DFID等四种主流的可持续生计分析框架比较发现,从用途、层面、要素构成与关系、分析方法及国内外应用经验来看,DFID框架可刻画出大型工程开发冲击下原住民的生计变化过程和要素关系,最为适合社会影响评估中对原住民的可持续生计研究。国内学者应用DFID框架研究移民、农户、贫困人口、失地农民的可持续生计时采用结构方程、模糊综合评价和回归分析等模型,基于根据社会影响评估目的所确立的可持续生计评估逻辑——"生计资本变化、要素关系、政策效果预判、改进建议、长期跟踪",我们选择回归分析模型构建社会影响评估的可持续生计评估理论模型。根据国内外应用经验,我们归纳出理论模型应用需要具备"反映社区历史渐变过程的数据""长期的参与式观察搜集数据或官方多年的统计数据""研究样本数量大"等条件,而社会影响评估作为一种快速评估技术很难能满足这些条件。试点工程应用也显现出理论模式实践操作的困境,如所需要的社区(通常是村或自然村)数据无法从官方统计数据中获得、调查数据时的艰难和费时、受访者的记忆性误差、一些自然村社区很难有足够多的样本等,试点工程应用所获得的部分结论也难以解释。实践中,理论模型可用于受影响社区居民生计的长期跟踪监测,但之于项目决策阶段生计预测的效度并不可靠。鉴于此,我们借鉴社会影响评估中的"历时比较研究"这一经典方法,提出了一个评估经验模型,主要方法是以对照社区的生计状况调查数据来预测拟评估社区居民的未来生计状况,以对比研究方法获得改进建议。评估模型的核心要素是生计资本数据,为此我们采用文献法获得了人力资本、自然资本、物质资本、经济资本和社会资本等生计资本五边形的评估变量,从国内相关研究、我们所调查的案例工程及所形成本土化评估变量中析出适合本土化应用的各类资本测度指数,讨论数据获取的方法及变量赋值与标准化的数据处理技术,并认为在合成生计资本五边形数据时,主观权重法、主成分分析法、熵值法是可选的权重确定方法，为保持数据的客观性，建议采用主成分分析法。同时，我们也提出基于生计资本五边形数据的定性分析和提出改进建议的基本过程，并将在第9章中结合试点应用中再详细展开。

在理论意义上，本章研究揭示了大型工程影响下原住民（主要为失地农民）生计变化的过程，丰富了社会影响评估的内涵，增进了社会影响评估技术。在实践意义上，社会影响评估中引入原住民可持续生计评估，可预判项目对原住民的影响结果，为项目兴办者和政府相关部门制定或改进原住民利益补偿、移民安置方式、生计安排（如就业）等政策和项目方案提供依据，实现对社会影响早期管理的目标。本章提出的评估经验模型，不需要分析机理，限制条件易满足，为生计评估提供了一个操作简便、实用易行的评估技术。

6 社区协议方法

6.1 社区协议方法框架及其有效性讨论

6.1.1 社区协议产生与发展

大型工程开发时,为了顾及地方或者社会的整体效益,受影响社区相关者的利益时常得不到相应的保障。很多例子表明政府有时为了促进地区经济发展,往往将赋予社区参与的权利排除在工程的决策程序外,而且尤其是在开发项目会对社区产生不利影响的情况,其目的主要是为了加速项目开发的进程,同时也为避免面对社区的反对[1]。而这样却忽略了社区公众的参与,没有以社区群体的一致价值观作为观察、调查和分析的视角,会让政府看不到特定社区的社会和环境需求,损害社区居民的利益,因此开发项目遭到社区居民的反对,迫使项目搁置[2]。

20 世纪 90 年代末期,美国出现了一种新型的公私合作发展协议,即社区协议(Community Benefit Agreements)[3]。有的学者也称其为"影响收益协议""利益共享协议"或"社区参与协议"[4][5]。社区协议的主要内容是开发商对所要开发区域的社区居民做出书面承诺,满足受影响居民的利益诉求,是一个被纳入项目规划过程的,关于社区团体联盟和开发商之间的协议[6]。进入 21 世纪,加拿大、澳大利亚、南非以及西欧等国家在项目的开发过程中大都引入了社区协议,用于解决大型工程开发和社区居民的冲突。

社区协议是一个赋权的过程。Hitch 认为在项目开发中,涉及社区未来的决定,都应有社区居民实质性的、持续性的参与[7]。Wolsink 认为社区居民觉得社区协议具有吸引力,是

---

① Camacho A E. Mustering the Missing Voices: A Collaborative Model for Fostering Equality, Community Involvement and Adaptive Planning in Land Use Decisions-Installment One [J]. Stan. Envtl. LJ, 2005, 24: 3.

② Gross J, Gross J, LeRoy G, et al. Community benefits agreements: Making development projects accountable [M]. Good Jobs First, 2002: 76.

③ Wolf-Powers L. Community benefits agreements and local government: A review of recent evidence [J]. Journal of the American Planning Association, 2010, 76(2): 143.

④ Cummings S L. The emergence of community benefits agreements [J]. J. Affordable Hous. & Cmty. Dev. L., 2008, 17: 5.

⑤ Salkin P E, Lavine A. Negotiating for social justice and the promise of community benefits agreements: Case studies of current and developing agreements [J]. Journal of Affordable Housing & Community Development Law, 2007: 113.

⑥ Gross J, LeRoy G, et al. Community benefits agreements: Making development projects accountable [M]. Good Jobs First, 2002: 40.

⑦ Hitch M. Impact and benefit agreements and the political ecology of mineral development in Nunavut [J]. Transactions of the Institute of British Geographers, 2013, 30(6): 57-58.

因为协议过程赋权给社区居民,尊重社区居民的自决权利①。学者 Sosa 和 Keenan 从广义上提出社区协议的达成是基于项目开发商和原住居民多轮协商谈判的结果②。近几年国内外大型工程实例显示社区的反对或者支持往往决定了项目是否能够成功兴办,社区居民的认知和接受态度对开发项目的影响是深远的,而改变社区居民的心理认知建构需要让社区居民参与到项目中,赋予社区居民更多的权利。

针对不同的社区和特定的项目,开发商和社区居民达成的社区协议条款是不一样的。Sagalyn 认为社区协议提供了一个动态的回应机制,以进行有效管理开发③。Shanks 对社区和开发项目的集体身份和利益进行重新定义,通过相互激励,不仅补偿受项目带来的负面影响,同时也分享项目产生的收益,确保更持久的"经营许可证"④。在加拿大,社区协议是一揽子补偿受影响社区居民的福利条款⑤。一般的协议条款包括经济补偿、给当地社区居民提供就业机会和就业培训、经济发展和商业机会、使用本地建筑材料、为工程中雇用的员工提供维持最低生活工资、环境保护和文化资源、设施和基础设施的利用和配置、社区协议条款的实施和执行等⑥。Smith 认为签署社区协议时,社区团体按惯例,提供土地或其他资源,以支持项目开发。作为回报,他们分享开发商带来的一系列利益,包括经济补偿和福利补偿等方面⑦。学者 Wolf-Powers 总结出社区协议常见的承诺,发现不同的协议条款却有惊人的相似,包括雇用当地居民作为项目所需的劳动力、保证中低等收入的工人满足住房需求、支付项目工人工资(或提供其他利益)、以环境友好的方式实施开发设计和建造、改善环境问题等。作为回报,社区团体联盟承诺一定程度上配合投资者使其能够尽快地通过政府审批流程⑧。

最终达成的协议是开发商和社区组织联盟或社区个人组织之间的协议,并被纳入项目规划过程⑨。Sosa 认为社区协议不在政府权限范围内,因此属于无争议的法律灰色地带,通常称之为"准合法的",又被称为双边的保密协议⑩。Hitch 认为社区协议不同于其他私有协

---

① Wolsink M. Entanglement of interests and motives: Assumptions behind the NIMBY-theory on facility siting [J]. Urban Studies, 2014, 31(6): 863.

② Sosa I, Keenan K. Impact benefit agreements between aboriginal communities and mining companies: Their use in Canada [R]. Ottawa: Canadian Environmental Law Association, 2001.

③ Sagalyn L B. Public/private development: Lessons from history, research and practice [J]. Journal of the American Planning Association, 2007, 73(1): 16.

④ Shanks G. Sharing in the Benefits of Resource Developments: A Study of First Nations-industry Impact Benefits Agreements [C]. Public Policy Forum, 2006.

⑤ Caine K J, Krogman N. Powerful or just plain power-full? A power analysis of impact and benefit agreements in Canada's north [J]. Organization & Environment, 2010, 23(1): 96.

⑥ Marcello D A. Community benefits agreements: New vehicle for investing in America's neighborhoods [J]. Urban Lawyer, 2015, 39(3): 666-667.

⑦ Smith A. Community impact agreements, mechanisms for change management: The Niagara experience [J]. Project Appraisal, 2013, 10(5): 192.

⑧ Wolf-Powers L. Community benefits agreements in a value capture context [J]. Journal of the American Planning Association, 2012, 34(6): 107.

⑨ Been V. Community Benefits Agreements: A New Local Government Tool or Another Variation on the Exactions Theme? [J]. The University of Chicago Law Review, 2010: 7-8.

⑩ 同②。

议,它是一个项目开发商(投资者)和社区团体联盟之间的多元利益的协议①。Gibson 等学者指出尽管部分由于协议的情境特殊性,以及不断发展的特质,缺少对社区协议的确切解释,但这些协议旨在建立签署各方之间的正式关系,分享项目开发成果,以增进受影响社区对项目的认同感和支持度②。O'Faircheallaigh 教授指出社区协议旨在寻找一个维持社区和开发商之间的依赖性关系,从而达到"伙伴关系"的境界③。

综上所述,社区协议是大型工程开发商和受影响社区签订的书面协议,它是在自愿原则的基础上协商达成的协议。社区协议不是静止不变的,是一个动态的回应机制,根据多轮的利益相关方的协商达成符合意向的实质性条款。社区协议把社会影响评估作为一种手段而不是目的,是以解决项目与社区冲突问题为目的,从而获得社区层面的"经营许可证",形成长期的"合作伙伴"。

社区协议作为一种先进理论,比传统的社会影响评估内容更为丰富,效果更为突出,在国外应用也更为广泛。例如,2001 年澳大利亚因其一座地下矿可能会延期开采 15 年或更长时间,阿盖尔钻石公司力图恢复与当地社区的关系(1980 年到 2000 年该公司与原住民关系紧张),并进入了一个新的、全面的协商过程;2004 年,来自米瑞旺、格德亚、玛尔格宁、乌拉的原住民联合会与阿盖尔钻石公司、金伯利土地局签订了《阿盖尔参与协议》,满足了各方需求④。同样 2001 年在澳大利亚昆士兰州,力拓集团和当地的 11 个原住民团体签订了《西开普省社区共存协议》,力拓集团正式获得了对韦帕铝氧石矿的开采权⑤。在《戴维克参与协议》中,戴维克钻矿位于加拿大西北,在黄斧镇东北 300 km 处,位于若干原住民部落的领地范围之内。1997 年加拿大涌现出新的社会政治趋势,即开发商必须与当地原住民部落达成直接协议,开发项目方可获得批准。戴维克钻矿认识到这点后,即与当地的原住民部落进行协商,最终戴维克钻矿与附近受影响的五个部落签订了协议,最终公司获得开发权,当地社区也因经济发展带来巨大改观⑥。穆若瓦钻矿公司在津巴布韦的哈拉勒西南约 350 km 的穆若瓦保留区进行小型的开采活动,从一开始就富有远见地将当地社区参与纳入项目决策中,和居民签订了《穆若瓦安置协议》,使得项目顺利开发⑦。

① Hitch M. Impact and benefit agreements and the political ecology of mineral development in Nunavut [J]. Transactions of the Institute of British Geographers, 2013, 30(6): 57.

② Gibson G, Klinck J. Canada's resilient North: The impact of mining on Aboriginal communities [J]. Pimatisiwin, 2005, 3(1): 117.

③ O' Faircheallaigh C. Making social impact assessment count: a negotiation-based approach for indigenous peoples [J]. Society & Natural Resources, 2011, 12(1): 68.

④ Brereton D, Parmenter J. Indigenous employment in the Australian mining industry [J]. Journal of Energy & Natural Resources Law, 2008, 26(1): 68.

⑤ Crooke P, Harvey B, Langton M. Implementing and monitoring indigenous land use agreements in the minerals industry: the Western Cape communities co-existence agreement [M]// Marcia Lanton, et al. Settling with Indigenous People: modern treaty and agreement making. Annandale, N. S. W.: Federation Press, 2006: 97.

⑥ O'Faircheallaigh C. Aboriginal-mining company contractual agreements in Australia and Canada: Implications for political autonomy and community development [J]. Canadian Journal of Development Studies/Revue canadienne d'études du développement, 2010, 30(1/2): 70.

⑦ Erdiaw-Kwasie M O, Ackuayi E D, Abunyewah M, et al. Theoretical and practical motives for participation obstacles in resettlement programs: Review from the mining perspective [J]. Journal of Economics and Sustainable Development, 2014, 5(14): 120.

目前国内还未有学者对该理论进行研究。通过知网、谷歌学术、独秀学术、百度学术,分别以"社区协议""社区共享协议""项目开发利益共享协议"等为关键词搜索,尚未发现国内目前对此领域的研究与实践报道。但在实践层面出现了社区协议的影子,比如失地农民的"土地银行"[①]、旅游开发的股份分红、工业园区修建中的直接参与经营[②]。

6.1.2 社区协议方法基本框架

我们对前面提到的《阿盖尔参与协议》《西开普省社区共存协议》《戴维克参与协议》《穆若瓦安置协议》等国外几个成功的社区协议过程进行文本分析,形成了由四个步骤构成的社区协议基本框架(图 6-1)。

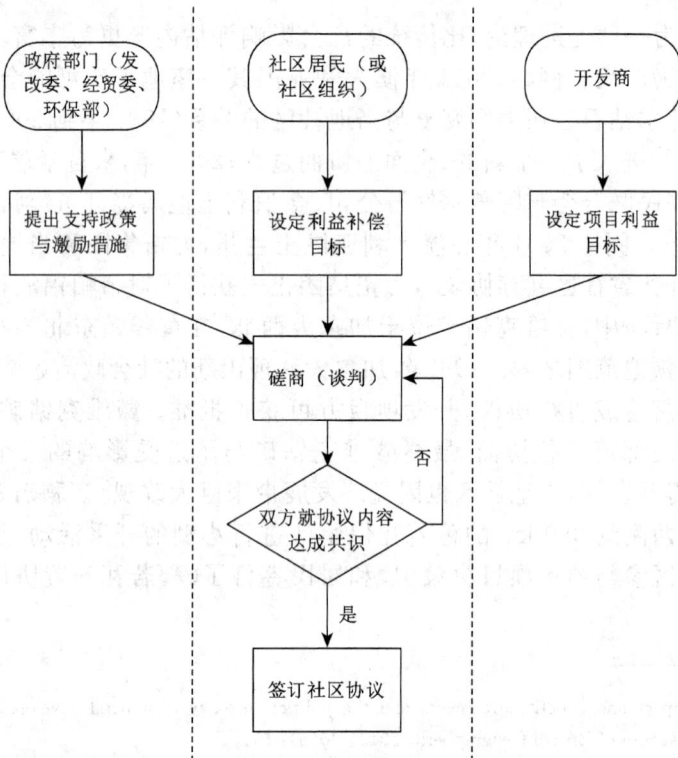

图 6-1 社区协议方法基本框架

1) 社区协议谈判团体的构建

形成公平正义的社区协议谈判团体是协议达成的根基。谈判团体以社区代表为主体,并嵌入咨询顾问或者中立第三方评估组织。社区协议强调的是项目开发商和社区居民代表的谈判协商过程,由于邀请成员的代表性,社区协议也可以理解为社区和开发商之间的互动,两者的互动关系促成了建设工程的推进以及实施。因此,社区谈判代表的构成选择至关重要,一方面选出的谈判团体应是由社区居民认可的,全方位站在社区居民和社区整体发展

---

① 丁蔚文.江苏探索保障失地农民利益:土地银行受到欢迎[N].扬子晚报,2004-10-21.

② 王作安.中国城市近郊失地农民生存问题研究[M].北京:经济科学出版社,2007:100.

的角度来和开发商谈判,以确保开发商不是通过买通进行暗箱操作,切切实实维护社区利益;另一方面,谈判团体应是与项目开发商处在同等地位,谈判地位不存在孰弱孰强的情况,这样才能确保后期达成的社区协议是在公平语境下达成的。此外,谈判团体的构成还应嵌入咨询顾问或者中立第三方评估组织,来解决开发商和社区代表团体二者在谈判过程时,因开发商具备更多的一手资料及社区谈判者可能存在的文化水平限制,使得两者的信息存在不对称性的问题。因此引入咨询顾问或者中立第三方评估组织的参与,保证谈判内容的公平合理性,让协议具备更高的执行性。

不同社区协议组成的谈判团体成员都不尽相同,但出发点和核心概念是一样的:社区参与和社区咨询、尊重本土知识、承认原住民社区的权利并尊重其自身发展意愿。《阿盖尔参与协议》,在原住民联合会的坚持下,原住民社区组成了一个 26 人的谈判团队,以代表他们的利益。谈判团队的构成包括直接利益家庭和间接利益家庭。在咨询顾问的支持下,这一谈判团队确认他们优先关注的利益,保证了原住民能够对协议过程施加影响。此外,原住民还可以获得一系列与金融、经济、法律、环境、考古等社会经济学相关数据和建议,这使他们能够独立对阿盖尔钻石公司所提供的信息进行评价和建议,并积极参与决策①。《西开普省社区共存协议》成立了"西开普省社区协调委员会",其代表所有协议方并由社区居民联合会管理,负责协议的签订和实施②。协调委员会下设不同的小组委员会,其中一个由社区居民和开发商员工组成的小组委员会,成为对扩大开发项目的新协议进行协商的平台。在这个小组中,从研究范围到信息收集、评估过程以及影响管理策略都是小组委员共同制定的。《穆若瓦安置协议》中,穆若瓦公司从一开始就决定,只有当地社区积极参与规划的细节,安置标准符合或超过国际标准(如世界银行关于搬迁安置的指导原则),而不是依赖于当地政府部门的监察,才能顺利进行项目开发③。在国际会计师事务所普华永道的指导下,双方于 2000 年开始进行协议制定,随后与每户搬迁安置家庭签订了补偿协议。美国学者 Wolf-Powers 总结了近几年 27 个社区协议案例,指出谈判团体大都由劳动工会、新经济联盟、环境保护主义、当地社区居民代表、宗教教会等两个或两个以上组成,来和项目开发商谈判④。

2）谈判团体和开发商多轮次沟通协商

协商的含义是具有显然不同观点的人们,在一个互相理解和信任的环境中一起讨论,努力理解其他人观点背后的理由,设计出不同选择,然后根据被认可的理由对这些不同的选择进行权衡,最终作出参与人员广泛同意的合法决定⑤。

---

① Harvey B, Nish S. Rio Tinto and indigenous community agreement making in Australia [J]. Journal of Energy & Natural Resources Law, 2005, 23(4): 500.

② Crooke P, Harvey B, Langton M. Implementing and monitoring indigenous land use agreements in the minerals industry: An Australian Case Study, the Western Cape communities co-existence agreement [C]. The Remote Regions/Northern Development Session of the 43rd Annual Meeting of the Western Region Science Association, 2003.

③ Nish S, Bice S. Community-based agreement making with land-connected peoples [A]. New directions in social impact assessment: conceptual and methodological advances. Cheltenham: Edward Elgar, 2011: 76.

④ Wolf-Powers L. Community benefits agreements and local government: A review of recent evidence [J]. Journal of the American Planning Association, 2010, 76(2): 144

⑤ Gastil J. A comprehensive approach to evaluating deliberative public engagement [R]. Engaging with Impact: Targets and Indicators For Successful Community Engagement by Ontario's Local Health Integration Networks, 2009: 15.

多轮次的协商方法,将超越对于社会问题、经济问题和环境问题的人为区分,从一个更整体、更关注于可持续性的角度,来理解将要作出的决定对他们可能带来的影响。Sarkissian 等学者指出在信任和平等的环境中进行对话和协商,可以极大地提高传统的"信息收集"型的社会影响评估实践水平[①]。参与者可以畅所欲言说出他们的观点、关切和希望,这样的交流不会取代专家的观点,但专家的声音也不应该盖过社区公众的声音,避免传统的社会影响评估所带来的"筒仓"思维。Webler 等学者认为公共协商的动机是为了进行相互的能力建设[②]。它所带来的社会学习和变化过程是合作的,也是"智慧共享的",即通过不同观点的内在整合所产生的集体智慧,比分别获得的智慧更为可取。

社区协议的制定是一个多轮次协商的过程,具有周期长、参与广度深等特点。众多案例表明社区协议的制定是一个循环的过程,随着项目方案的改进可能出现新的焦点问题,需要对新方案重新进行影响评估。戴维克钻矿公司与当地的原住民部落进行协商,谈判过程持续了三年,最终戴维克钻矿与附近受影响的五个部落签订了参与协议,并订立了如何进行制定社区协议的有关条款。开发商和社区特意用了"参与协议"而不是更为常用的"影响收益协议",以表明双方合作意愿[③]。与《戴维克参与协议》相比,《西开普省社区共存协议》的谈判期更长。经过为期 5 年的协商谈判后,11 个原住民团体、4 个地方政府部门、力拓集团、昆士兰州政府以及约克角城土地委员会达成了协议共识[④]。社区协议制定过程本身是紧凑的,多轮次谈判增强了社区居民对开发过程的参与主体感。《阿盖尔参与协议》总共举行了74 次会议,其中很多会议为期超过两天,参会者包括原住民、原住民的咨询顾问以及阿盖尔钻石公司员工[⑤]。在达成最终协议之前,曾经达成了五个临时协议。突出的一点是,原住民将社区协议制定和原住民的参与贯穿于整个过程之中。例如,他们在提出一个具体的数字之前,会花足够长的时间达成有关利益分配的原则。在中国也有类似的事件:一大群随机抽选的公民的观点,在经过协商后改变了当地政府部门决策结果[⑥]。例如,泽国镇政府难以对镇上所提出的基础设施项目进行预算分配,而使用了该方法来让更多的人参与作出决定。协商可更多地包括和代表社区的观点,并更致力于相互理解和共同解决问题。

3)关键议题解决过程

社区协议的基础是社区知情的权衡交易,而不是立场性的讨价还价或者规则性的指令。社区居民和项目开发商都会预先起草自身对项目的预期度,而后进入多轮次的协商谈判;就有些关键议题僵持不下的,则需要双方妥协退让,若双方妥协到了最大限度,则会失去建设该项目应有的价值。如果双方的协商和妥协到了无法继续的程度,此时,中立的第三方评估

① Sarkissian W, Shore Y, Vajda S, et al. Kitchen table sustainability: Practical recipes for community engagement with sustainability [M]. New York: Routledge, 2012: 54.

② Webler T, Kastenholz H, Renn O. Public participation in impact assessment: a social learning perspective [J]. Environmental Impact Assessment Review, 1995, 15(5): 443.

③ Gibson G, Klinck J. Canada's resilient north: the impact of mining on aboriginal communities [J]. Pimatisiwin, 2005, 3(1): 117.

④ Crooke P, Harvey B, Langton M. Implementing and monitoring indigenous land use agreements in the minerals industry: An Australian Case Study, the Western Cape communities co-existence agreement [C]. The Remote Regions/Northern Development Session of the 43rd Annual Meeting of the Western Region Science Association, 2003.

⑤ Harvey B, Nish S. Rio Tinto and indigenous community agreement making in Australia [J]. Journal of Energy & Natural Resources Law, 2005, 23(4): 502.

⑥ Fishkin J S, He B, Siu A. Public consultation through deliberation in China: The first Chinese deliberative poll [M]//The research for deliberative democracy in China. Cham, Switzerland: Palgrave Macmillan, 2006: 230.

者开始介入,展开调节工作。

社区协议的制定使得关键问题得到解决。《阿盖尔参与协议》中原住民提出应该解决阿盖尔钻石公司和州、联邦政府过去对社区造成的不良影响的遗留问题,最后阿盖尔钻石公司同意对过往给社区带来的损害发表一份正式的道歉[①]。《穆若瓦安置协议》中的原住民担心失去土地会被边缘化和高通胀(通货膨胀率超过130%),因此,协议商定的赔偿方式为以土地换土地和以资产换资产,而非现金补偿[②]。在安置社区的积极参与下,公司根据"自愿买卖"的原则在60 km外的沙设选购了6个农场。当地政府部门与公司签订了为搬迁安置地提供学校、医疗设施、道路和安全用水等公共基础设施的协议。一个特别的细节是,公司还与社区签订了关于迁移家族坟墓的协议,根据协议,在当地原住民的直接监督下,265个坟墓被搬迁到两处指定地点。《戴维克参与协议》中当地原住民积极参与,要求矿业公司尽量采取措施推动该地区的经济发展。此外,原住民部落还确定了他们参与矿区就业的百分比(如40%的长途运输作业)。对就业进行明确的划分,使之与早先的开采协议形成了迥异的差别[③]。从前原住民部落对模糊的就业说明深感不满。而在戴维克钻矿参与协议中,在衡量了哪些是原住民部落感兴趣并且能够胜任的工作之后,工作范围是与原住民社区共同确定的。工作绩效与报酬标准也经过双方协商。只有将当地人关心的问题而不是规则关心的问题,提到协议制定过程的优先地位时,才可能产生有益的成效。《西开普省社区共存协议》确认了两个关键议题:一是确认原住民对于土地的所有权,以及他们对开采行为的许可;二是加强了当地的制度建设,各方得以通过包括影响评估的目标和方法在内的合作机制来处理开采项目和地区的经济发展问题[④]。

4)达成和签订社区协议

社区协议主张在项目决策过程中应该赋予社区更多的权利。在这个过程中,应当完成当地社区自我整合(制度建立),并确定评估的范围与规模。双方谈判过程有助于受影响居民根据已知的项目开发代价,权衡其应分享的项目开发收益。因此,O'Faircheallaigh认为通过社区协议有助于社区:①理解并获取更长期的项目收益;②获得学习、培训与商机;③参与到对社会、文化、环境影响的管理中[⑤]。

不同的社区协议达成的条款不尽相同,但双方都以尊重原住民决策权力为基础,满足了各自的需求。《西开普省社区共存协议》最终达成的条款包括:获得土地使用管理及转让的审批权、就业与培训的机会、文化遗产的保护、助学金、税收分享、管理以及分配等[⑥]。《穆若瓦安置协议》并没有因协议文件的制定而终结;根据协议,在搬迁安置后的至少10年内,穆

① Harvey B. Rio Tinto's agreement making in Australia in a context of globalization [M]// Honour Among Nations?: Treaties and Agreements with Indigenous People. Carlton, Vic: Melbourne University Press, 2004: 237.

② Nish S, Bice S. Community-based agreement making with land-connected peoples [M]// New directions in social impact assessment: conceptual and methodological advances. Cheltenham: Edward Elgar, 2011: 78.

③ Missens R, Paul Dana L, Anderson R. Aboriginal partnerships in Canada: focus on the Diavik Diamond Mine [J]. Journal of Enterprising Communities: People and Places in the Global Economy, 2007, 1(1): 55.

④ Solomon F, Katz E, Lovel R. Social dimensions of mining: Research, policy and practice challenges for the minerals industry in Australia [J]. Resources Policy, 2008, 33(3): 142.

⑤ O'Faircheallaigh C. Understanding corporate-Aboriginal agreements on mineral development: a conceptual framework [M]// Earth Matters: Indigenous Peoples, the Extractive Industry and Corporate Social Responsibility. Sheffield: Greenleaf Publishing, 2008: 78.

⑥ 同④144.

若瓦钻矿公司有义务参与当地农业和社区基础设施的改进项目①。学校与医疗设施的改进还吸引了一些住户自发搬迁到沙设。这令人意想不到的改变,说明用于识别和回应社会影响的方法必须是持续性的,并包括真正的社区参与。否则,如果处理不当,可能会威胁到搬迁安置的延续性。社区与公司之间达成协议的灵活性与持续性,使得它们能够处理意外情况。《阿盖尔参与协议》成立了两个信托基金,用于管理和分配从协议中所获得的经济收益。由一个专设的受益信托基金的原住民董事会,对分配作出决定,并确保当地社区社会和经济发展优先的原则②。社区协议最终达成的共识包括:

(1) 原住民遗址的保护,以及在保护遗址的基础上,确定清理矿区的办法;

(2) 帮助原住民参与矿区工作的就业与培训方案;

(3) 与矿区相关的商业发展机会;

(4) 对矿区员工和承包商进行文化培训,以增加对当地习俗的认识;

(5) 原住民将参与最终的项目终结规划;

(6) 对税收的分享管理与分配。

本节案例表明了社区协议如何弥补了传统社会影响评估的不足。大型工程开发过程中所使用的技术经济范式或被动式参与的社会影响评估,忽略了社区居民的参与、社区经济收益和当地的商业发展。在当前可持续发展背景下,传统社会影响评估难以提供对大型工程开发的备选方案加以权衡、评估的方法。澳大利亚西部的《阿盖尔参与协议》,列举了如何与社区达成一个责任与收益分配的协议,同时又调解了当地社区和开发商之间长期的紧张关系。澳大利亚北部昆士兰州的《西开普省社区共存协议》体现了同样的原则,表明了社区协议如何为有效完成社会影响评估提供框架。同样,加拿大的《戴维克参与协议》,说明了资源开发如何支持当地社区的经济发展。在津巴布韦的穆若瓦,根据商定采取一户一协议对142户原住民进行了搬迁安置,其所依据的原则和传统的社区协议影响评价原则有本质的区别。这四个协议从概念、协商到实施,都体现了社区协议制定的精神,并反映了受影响社区的优先议题和当地状况,而不是政府部门所设想的达成议题。

6.1.3 相关理论视角下有效性讨论

1) 社区为本视角

社区为本,即大型工程开发决策需从当地社区的实际状况出发,并依靠社区居民,使项目开发做到社区参与、社区支持、社区收益。"社区为本"策略与中央所确定的"党委领导、政府负责、社会协同、公众参与的社会管理格局"相一致。社区协议需以社区为本体现在两个方面:

(1) 以社区实际情况为出发点和落脚点是社区协议条款制定的依据。每个开发项目所面临社区的实际情况都不相同,例如学者陈姝宏指出每个社区都有其独特的历史渊源和文化基础③。滕尼斯把社区看成是一个和社会相对立的概念(把它看成是血缘关系、地缘关系

① Nish S, Bice S. Community-based agreement making with land-connected peoples [M]// New directions in social impact assessment: conceptual and methodological advances. Cheltenham: Edward Elgar, 2011: 66-67.

② Harvey B, Nish S. Rio Tinto and indigenous community agreement making in Australia [J]. Journal of Energy & Natural Resources Law, 2005, 23(4): 506.

③ 陈姝宏. 社区矫正对象再社会化研究[D]. 长春: 吉林大学, 2014, 16.

和心缘关系的综合体)①。再者,社区具备动态性特征,社区发展是经济和社会并重的动态过程,其整体和各个部分彼此的关系都不是一成不变的②。因此,每个社区历史渊源的独特性和社区发展的动态性,意味着社区的利益诉求不是一成不变的,而是需要灵活变通。这也质疑传统社会影响评估一味地关注项目经济指标而忽视社区居民的感受的可行性,造成了同一种评价方法在一个地区可以开发成功并顺利运营,而在另一个地区爆发群体性抗争事件。正如 Desimone 指出只有社区居民内心最清楚自己想要什么,只有将当地人所关心的问题纳入决策中,项目决策才可能产生成效③。

(2) 社区为本是社区协议方法的主要部分。赵定东等认为社区是由具有共同的目标和共同利益的人所组成的社会共同体,强调社区对共同体内人们的作用④。因此,社区为本让评估人员更好地理解当地社会联系的基础,诸如邻近、性别、工作、种族、血缘、年龄、居住时间的长短等,在此条件之后,探索各种分离或者重叠的社区利益相关者。在社区层面,当评估人员分享工程信息时,社区群体也得到了增权。Tosun 强调评估过程应关注于独立社区层面的影响,从社区参与入手可以确定公众关心的关键问题,进而确定评估框架,为社会影响评估工作提供客观依据,避免了评估工作者主观臆断⑤。社区协议旨在遵从以社区或社区居民为本的评估价值观,是一个知情、理解及自决的决策过程,从而创造"双赢"结果。

"社区为本"策略的意义在一些国家或地区的邻避设施兴建和运营的实践经验中也得到验证。例如,在日本,20 世纪 90 年代以后由于垃圾焚烧厂所产生的危害虽然已大幅降低,选址问题不再是垃圾焚烧的关键问题,但垃圾焚烧远离居民聚集区仍然是选址的基本要求。在武藏野市,政府公开焚烧厂选址方案并引导有关市民参加选址工作,通过调整双方利害关系并取得双方的同意,最后选址定在刚落成的市政府办公楼附近⑥。再如,在我国台湾地区,20 世纪 90 年代兴建了 21 座焚化厂,但导致了大规模邻避抗争。因而政府实施严格的垃圾分类和回收制度将焚烧垃圾污染降至最低,并赋予居民直接监督和检查的权利。这一系列举措使得 16 座焚化炉得以运营⑦。

2) 新公共参与理论视角

公众参与诞生于政治领域,最早源自美国,是"民主思想"的产物。公众参与是一种有效的民主形式,公众由过去的被动接受者转变为主动参与者。早期的公众参与主要体现在环境评价领域。国际文献中关于公众参与的定义,概括起来主要有以下几种(表 6.1):

---

① Bond N. Understanding Ferdinand Tönnies' community and society: social theory and political philosophy between enlighted liberal individualism and transfigured community [M]. Zürich: Lit, 2013: 82.

② 钟坛坛. 城乡一体化进程中乡村社区治理研究[D]. 苏州: 苏州大学, 2014: 27.

③ Desimone L M. Improving impact studies of teachers' professional development: Toward better conceptualizations and measures [J]. Educational Researcher, 2009, 38(3): 181.

④ 赵定东, 杨政. 社区理论的研究理路与"中国局限"[J]. 江海学刊, 2010(2): 133.

⑤ Tosun C. Limits to community participation in the tourism development process in developing countries [J]. Tourism Management, 2000, 21(6): 613.

⑥ 关注中国污染: 垃圾焚烧 我们该向日本学习什么? [EB/OL]. (2009-12-02). http://env. people. com. cn/GB/10494656. html.

⑦ 丘昌泰. 台湾的邻避现象与环保运动[EB/OL]. (2008-09-26). http://ceprm. grm. cuhk. edu. hk/LULU/Seminars/080411_PPT_CTC.

表 6.1　国外公众参与研究综述

研究学者	研究内容
Chambers①	公众参与是对权力的再分配
Wilcox②	公众参与是通过一系列的正规及非正规的机制直接使公众介入决策
Cooke③	公众参与包括人们在各阶段（决策、评估、实施）介入决策过程
Pretty④	公众参与是受影响利益者积极主动参与发展项目的过程
World Bank⑤	公众参与是一个过程，通过这一过程，相关者共同影响和控制发展的导向、决策权和影响到他们的资源

　　综合国际上关于公众参与的理解，主要包括以下几个方面：①公众参与不仅看重结果，也注重过程，从而促进相关群体的能力建设和机制建设；②参与过程是一个自下而上的赋权过程，不仅注重利益群体的参与，强调跟利益群体互动学习，而且保障了社区、弱势群体在过程中的发言权和决策权，以此扩大利益群体在发展中的参与性、主动性和创造力；③强调建立伙伴关系，各方的利益诉求和主张观点都能得到充分的尊重，特别是弱势人群和边缘群体的呼声，从而保障其权利的主张，促成社区居民和项目开发商之间形成一种平等参与的合作伙伴关系。

　　民众全面广泛地参与到工程建设项目的决策中，体现了公共行政管理中运用的"无知公众模型"向"精明公众模型"的转变⑥。在工程建设项目的公众参与模式下，民众的利益需求不是靠专家决策来获取，而是通过合理合法地自我表达诉求的方式来争取。公众参与完善了不同利益群体间的信息交流机制，从而遏制了初始偏见促使的污名扩大化；阳光透明的决策机制提高了政府的公信力，防止权力带来的腐败问题。由此可见，公众参与和传统的社会影响评估使用的社区咨询方法（听证会或座谈等）有很大区别。侯璐璐和刘云刚指出社区公众应被赋予有效的公众参与，且参与的价值需要通过相应的过程和工具来实现，即公众参与模式⑦。公众参与模式中包含若干个公众参与过程，从公众的角度来看，公众参与过程包括通知公众、倾听公众、参与问题解决和达成共识四个部分，如图 6-2 所示。

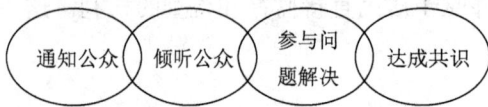

图 6-2　公众参与的连续过程

　　社区协议通过赋权于社区公众，有效解决项目开发和社区居民的冲突。Meur 等学者指出社区协议采用以代表制代表不同的群

　　① Chambers, Robert. Rural Development：Putting the First Last［M］. London：Intermediate Technology Publications，1997：189.
　　② Wilcox D. The guide to effective participation［M］. New York：Joseph Rowntree Foundation，1994：38.
　　③ Cooke，Bill & Uma Kothari. Participation：the New Tyranny?［M］. New York：Zed Books，2001：221.
　　④ Pretty，Jules. Participatory Learning for Sustainable Agriculture［J］. World Development，2005，23(8)：74.
　　⑤ The World Bank. Public Involvement in Environmental Assessment：Requirements, Opportunities and Issue［M］// Environmental Assessment Source Book Update. Washington D. C, the World Bank，1993.
　　⑥ Freudenburg W R, Pastor S K. NIMBYS and LULUS：Staking the Syndromes［J］. Journal of Social Issues. 1992，48(4)：40.
　　⑦ 侯璐璐,刘云刚. 公共设施选址的邻避效应及其公众参与模式研究——以广州市番禺区垃圾焚烧厂选址事件为例［J］. 城市规划学刊,2014(5)：114.

体,更为包容性的参与方式,共同考虑决策、建立信任、尽量缩小分化和自利(图 6-3)[①]。通过赋权给当地社区,使他们在其他利益相关者的帮助下有效地管理自己的资源,外来利益相关者的进入需要和社区居民谈判协商,获得社区层面的"准入许可证"。王思斌认为"社区赋权"实质上是培育多元互动、共享共治的治理模式,改变传统自上而下的"精英主义"模式下被动型和低层次的参与方式,意味着社区协议为不同的人群提供参与空间和机会,使他们能够在平等的背景下对公共议题进行思考、商讨[②]。在此过程中,照顾到各种不同的观点和信息,通过尊重彼此的对话,理解不同的观点,参与者能够创造性地解决问题,找到反映最广泛公共利益的共识。张雷和张平指出"赋权"促进了居民追求共同利益和寻求自身价值认同的情感满足,是居民参与的真实动力[③]。赋权给社区公众的社区协议能够求同存异,达成一个知情的、有凝聚力的协议。例如,针对某个拟建开发项目或某一事件如自然灾害,可以由社区自己发起一个社会影响评估,以期找到一条对社会有益的途径。这样,受影响社区可以保留决策权,并将社会影响评估与决策过程有效融合[④]。总的来说,只有赋予当地社区以力量,使他们能够自己运作,他们才会信任社会影响评估的过程与结果。

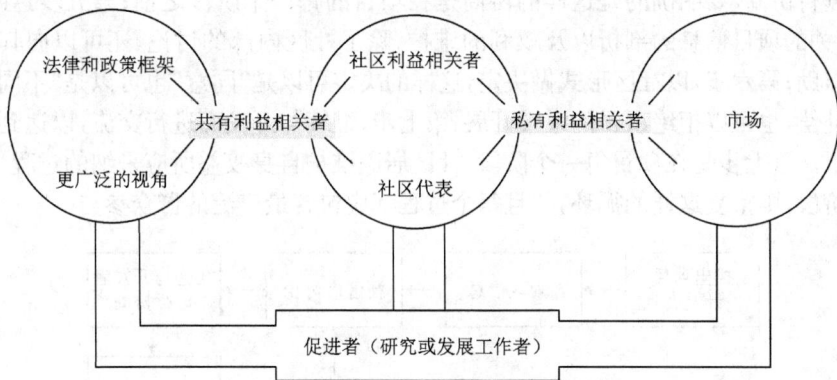

图 6-3 "赋权管理"模式

3) FPIC 理论视角

在国际上,正在确立的一个重要概念是"自由的事先、知情、同意权",国外简称 FPIC[⑤]。其强调在管理的决策中,应当以受影响人群的利益为本,社区有被政府和开发商尊重的权利。FPIC 包含四个不同元素"F""P""I""C",一般解释为"自由""事先""知情""同意",每一个元素都有其自己的含义、原则和实现过程或方法,AIPP[⑥] 认为每个元素的原则和本质是相互关联的,共同构成"自由的事先、知情、同意权"。"F"即为"free",代表自由。自由的含义是没有武力,没有胁迫,没有恐吓,没有操纵,也没有来自政府或开发商的强迫或压力,它

---

① Meur P Y L, Horowitz L S, Mennesson T. "Horizontal" and "vertical" diffusion: The cumulative influence of Impact and Benefit Agreements (IBAs) on mining policy-production in New Caledonia [J]. Resources Policy, 2013, 38(4): 648.

② 王思斌. 体制改革中的城市社区建设的理论分析[J]. 北京大学学报,2000(5):6.

③ 张雷,张平. 提升社区治理中居民参与自治的动力研究[J]. 天津行政学院学报,2015,17(3):61.

④ Frank Vanclay. International Principles For Social Impact Assessment [J]. Project Appraisal, 2003, 21(1): 6.

⑤ Colchester M. Free, Prior and Informed Consent-Making FPIC work for Forests and Peoples[R]. The Forests Dialogue, 2010: 7.

⑥ AIPP. Training Manual on the Free Prior and Informed Consent (FPIC) in REDD [M]. Asia Indigenous Peoples Pact (AIPP), 2012: 24.

意味着独立的决策过程。"P"即为"prior",代表事先。事先意味着在政府将土地分配做特殊用途之前以及在政府批准具体项目之前,应当给予社区足够的时间,考虑所提供的信息并做出决定。"I"即为"informed",代表知情。知情是指在决策相关的事情上有获得准确、方便、充分友好型信息的权利。"C"解释为"consent",代表同意,即原住民有进行同意和不同意的独立决策的权利[1]。Sherpa 指出 FPIC 是关于原住民行使他们对于自然资源集体权利的一条原则,为《联合国原住民人权宣言》(以下简称《宣言》)以及《国际劳工组织土著和部落人民公约》所认可[2]。《宣言》中这样规定:"在任何可能影响其土地、领土或其他资源,特别是涉及发展和利用矿产、水或其他资源的开发项目审批前,国家应当通过原住民自己认可的形式,与其进行充分的协商和合作,取得他们自由的事先、知情、同意权"[3]。

Hill 等学者从社区居民角度出发,提出了行使 FPIC 权利的七个主要过程[4]。经总结归纳,具体见图 6-4 所示。第一步,找出项目开发者,开发者可能是本地公司、国际公司、政府组织等;第二步,向开发商索取信息,这样的信息是全方面的,包含项目的情况及项目影响社区的全部情况;第三步,社区内讨论,社区讨论关乎社区和社区居民利益的关键问题;第四步,社区与开发商进行协商,要明确的是这样的协商是在项目的每一个阶段之前;第五步,寻找独立帮助,对于相关的项目信息的剖析以及权利的维护,除了社区内部的讨论,还可以向其他机构寻找独立的帮助;第六步,以社区形式做决定,这样的决定可以是"同意"也可以是"不同意",可以寻求利益补偿,也可以拒绝项目的继续开展;第七步,继续与开发商进行交流,以达到双方共同满意的结果。这七步是在项目每一个阶段,社区居民维护自身权益所应采纳的过程,如若项目包含多个阶段,则重复这样的循环,并且每个过程都应包含最广泛的群众参与。

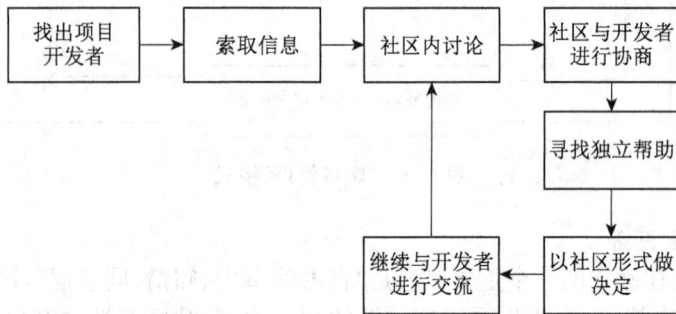

图 6-4 社区居民行使 FPIC 权利过程

在居民行使 FPIC 权益过程中,开发商或政府所做的事情应该是尊重、引导和协助。Lewis 在文章中指出 FPIC 应包含一些核心要点,具体归纳为以下 9 点[5]:①开发商或政府

① MacKay F. Indigenous peoples' rights to free, prior and informed consent and the World Bank's Extractive Industries Review[J]. Sustainable Dev. L. & Pol'y, 2004, 4(2): 20.

② Sherpa P D, Rai T B. Experience of Nepali Indigenous Peoples on Free, Prior and Informed Consent (FPIC) [J]. Journal of Forest & Livelihood, 2013, 11(2): 84.

③ United Nations General Assembly. United Nations declaration on the rights of Indigenous peoples [M]. United Nations Department of Public Information, 2007: 26.

④ Hill C, Lilywhite S, Simon M. Guide to Free Prior and Informed Consent[R]. Oxfam Australia, 2010: 30.

⑤ Lewis J. How to implement free, prior informed consent (FPIC)[J]. PLA, Biodiversity and Culture: Exploring Community Protocols, Rights and Consent, 2012(65): 175.

应当明确 FPIC 应当包括的是反复(迭代)参与而不是一次性的决定,应当允许社区有一定的谈判时间;②开发商或政府应当强化机构职能,这样的机构是与社区居民进行沟通交流的机构;③开发适当的交流方法和信息策略;④创造参与式的合作伙伴关系并告知社区;⑤确保社区有聘请独立顾问的自由和资源;⑥确定保护环境的原则并协商赔偿对其任何的损害;⑦同意利益共享,给予足够的时间让全体社区成员广泛参与;⑧记录并正式化获得同意的过程,维持达成共识所基于的关系基础;⑨明确允许社区在谈判中的任何时刻说"不"。

FPIC 和目前对社区协议的理解有着很多的共同之处。一方面,社会协议主张参与社会影响评估的过程应建立在知情同意的基础上倡导 FPIC 原则。FPIC 是关于社区权利和项目开发商社会责任的强有力的伦理表达,和《社会影响评估国际原则》强烈提倡尊重人权相呼应[1]。社区协议理论强调公平、平等、参与、透明、问责,以及对于弱势群体的特别关注。社会协议与人权之间更多地关联,提高其合法性与合理性。另一方面,一些关于 FPIC 的手册尤其是 Hill 等学者所提出的一系列步骤和社会影响评估的一些基本步骤之间有着惊人的相似之处[2]。社会协议是为了保护受项目影响人群的利益,因此协议制定过程强调赋权给社区居民,通过多轮协商互动达成协议,这和 FPIC 的知情同意权有着异曲同工之处。创造一个共同参与的过程和协商空间,有助于社区就未来期望、可能产生的影响与效益以及社区对社区协议过程将提供的帮助等议题进行讨论,使社区能够在自由的、事前的和知情同意的基础上与项目开发商达成协议。

6.1.4 项目与社区合作关系视角下有效性论证

1)项目与社区之间矛盾和冲突的化解

第 2 章分析表明,目前采用的以结果为导向、专家知识经验为基础的技术评估范式和流于形式的公众被动参与式评估,并不能有效解决项目开发和社区冲突的焦点和矛盾。由于人类认知的局限性,占用资源和负外部性工程技术所存在固有缺陷在一定时间内是难于移除的。正是由于工程建设项目具有的固有缺陷难于移除,一些项目的兴办者为避免社区冲突,更倾向于采用"回避缺陷,宣传利好"等手段,以求项目得以建造,造成既成事实。从项目真实信息公开角度,许多工程群体性事件中信息偏差或失真是一个原因,甚至有些群体性事件是直接因为这个问题而引发的,尤其是一些具有负外部性的项目。即使一时通过"瞒天过海"手法让项目建成或者投入运营,但潜在社会冲突并没有消除,未来的任何一个"触发器"事件都有可能促发社会稳定风险发生,并且由于先期信息不透明可能产生不满情绪的"弹簧"效应,使事件升级为群体性事件,如大连福佳大化群体性事件[3]就是一个典型的案例。

---

① Vanclay F. Principles for social impact assessment: a critical comparison between the international and US documents [J]. Environmental Impact Assessment Review, 2006, 26(1): 6-7.

② Hill C, Lilywhite S, Simon M. Guide to Free Prior and Informed Consent[R]. Oxfam Australia, 2010: 30.

③ 据《社会观察》杂志主办的《观察者》网报道(http://www.guancha.cn/Industry/2012_10_29_106450.shtml; http://www.guancha.cn/local/2012_12_27_116915.shtml):2011 年 8 月 8 日上午,受台风"梅花"影响,海水冲击使大连福佳大化 PX 工厂码头配套工程后方陆域护岸胸墙发生倒塌事故后,抢险指挥部提出了包括一旦发生泄漏立即组织社区和企业人群疏散的预案。这一消息在当地引发了恐慌,8 月 14 日大连市民自发组织到人民广场进行游行集会,要求政府下令让这家化工厂搬出大连。大连市委、市政府于 8 月 14 日下午做出决定,福佳大化 PX 工厂立即停产并正式决定该项目将尽快被搬迁。2012 年 7 月,《搬迁规划方案》通过了国家权威咨询机构——中国国际工程咨询有限公司的评估论证,后续工作正在按程序推进中。

社区协议理论评估不同于传统的技术经济范式中面向结果的评估,其核心是赋权式社区参与决策,是以大型工程对社区冲击问题为导向,面向社区的社会变迁过程、面向利益相关方达成共识过程的评估技术。社区协议的特性让它具备了评估过程实现干预性和建议方案具有预防性。通过社区协议,能让各类利益相关者或其选出的代表都直接参与决策,在互动过程中各利益相关者提出各自的观点和主张,如政府让社区公众了解项目的社会整体价值、兴办者让社区公众了解项目能提供的社会服务、社区公众让各利益相关者了解他们对项目的焦虑和主张及利益诉求、技术专家让利益相关者了解项目可能产生的负外部性及采取的技术措施、国内外技术标准等,并进行争议、解释、回应或赞同等,寻求各方争议的焦点。对于焦点问题,开展下一轮的协商过程,力求在每个有争议的问题上达到共识。这个过程将可能是一个多次循环、耗时较长的程序,但从认识论角度来看,这个过程中各利益相关者关于项目认知的相互作用和学习,使各方的建构潜移默化,变得更加准确和成熟,有利于发展为共同建构,并可能最终达成在工程选址、规划和设计参数与边界条件上的共识。显然,这一机制实施的过程就是放权给社区群众,让利益公众参与到项目建设决策中,尊重社区的自决权和决策权,以使项目得到社区居民的支持和理解,获得项目的"社区经营许可证"。

实践中的经验也使赋权式社区参与决策的可行性得到验证。例如,日本武藏野市垃圾焚烧厂在规划选址阶段将选址的方法进行公开并积极引导民众参与到选址工作中来。当地政府将政府拟定的用地方案包括拟选址的四处地址向全市民众做了详细的说明。市长委托拟选址的四处居民代表和全市其他居民代表、议会代表和具有相关经验的专家学者组成选址委员会。委员会选址的期限为期一年,若一年内没有确定选址,由市长在上述四处选址处选择一地。通过调整各方利害关系及取得各方同意的情况下,最后公布的选址与市里最初的候选地址完全不一样,选择了刚刚建成不久的市政府办公楼旁。① 这样,该垃圾焚烧厂得以正常建设运营。再如,印度的喀拉拉邦实行了一个富有创见的方案,让公民对开发进行讨论以决定开发优先次序,然后选举开发委员会,提出总体计划。开发委员会通过研究问题提出建议,再选举任务小组来设计项目,每年有几百万普通的民众参与其中②。

2)项目与社区的共同发展

在"主流的"社会影响评估中,开发项目常常被期望给国家经济财富带来显著增长。但从原住民的视角情况并非如此,甚者正好相反。例如:如果社会影响评估过程使受影响的原住民进一步边缘化,而强化了政治权力结构的不平衡,无论评价过程发现什么实质情况,都可能面临批评。过往的评价经常采用技术经济范式评估,而忽略居民主动参与过程。以至于在征地拆迁中,规划者错误地认为补偿政策就可以防止贫困化,并恢复生活水平,而不需要补偿与发展措施相平衡③;在负外部性设施建设中,专家错误地认为只要满足技术标准(安全距离、技术工艺等)就可以兴建项目,而忽略居民对项目的内心感受,使得居民对项目产生抵触情绪。

---

① 关注中国污染:垃圾焚烧我们该向日本学习什么?[EB/OL]. (2009-12-02). http://env.people.com.cn/GB/10494656.html.

② Heller P. Moving the State: The Politics of Democratic Decentralization in Kerala, South Africa, and Porto Alegre[J]. Politics & Society, 2001, 29(1): 163.

③ Cernea M M, Mathur H M. Can Compensation Prevent Impoverishment?: Reforming Resettlement Through Investments[M]. New York: Oxford University Press, 2007.

2003 年世界银行的一份报告,讨论了大型项目开发中社区公众参与的成本和效益[①]。其成本是方案评估耗时并增加了最初的财政成本。在这份报告中,一个由全利益相关者参与,并充分实施的战略方案评估可能会长达两年,耗资 200 万美元,并且有高达 900 万美元的建设会在这段时间被推迟。但如何考虑这样的评估所带来的效益呢? 不充分的方案评估可能会导致争端,导致在其他时段项目建设的推迟。报告估计,社区对印度 Sardar Sarova 项目的抵制造成了超过 10 亿美元的成本,在阿根廷-巴拉圭的 Yacyreta 项目,每年由于社区对项目的抵制造成的成本超过 2 亿美元。反观国内很多大型项目,在过分追求高速发展的背景下,很多工程建设项目都没有论证彻底便上马。投资者出于投资回报考虑,当地政府出于政绩考虑,往往会采用各种手段,例如专家知识经验论,来保证项目顺利开工。而受影响公众的参与权被阻断或流于形式,往往易导致工程建设群体性事件的发生,项目最终被迫停建或迁址,造成重大损失。

乌拉圭提供了较好的社区协议实践案例。在乌拉圭,Ita 水坝和原住民当成的社区协议中,原住民作为管理者参与项目,划拨专项资金给原住民,用以参与规划和实施社区基础设施项目[②]。另一个案例中,双方达成 Hydro-Quebec 公司有 49.9% 的分红而本土社区 50.1% 的分红的协议约定,形成了有限合作关系[③]。自 2000 年,在河流上安装了一个 10 MW 的发电设备,它由一个当地人控股的公司所有。在 20 年之内,他们将所发的电卖给 Hydro-Quebec 公司,并且这一期限还可延长 20 年。除了分享利润,参与分红也让当地社区根据他们的意愿来设计项目,促进了双方的长期合作。

3) 反事实分析: 两个案例对比论证

反事实分析就是把情景规划反过来用,采用情景分析的方法分析过去的事情[④]。我们试图通过两个具有对比性的案例,用反事实分析的方法来进一步论证社区协议的有效性。所选案例一个是苏州吴江垃圾焚烧发电厂项目(现在全称是"吴江绿洲环保热电有限公司"),另一个是苏州木渎垃圾焚烧发电厂项目(现在全称是"光大环保能源(苏州)有限公司")。两案例极具对比性体现在: 一是设施类型相同;二是地点接近,分别在苏州市的两个县市,直线距离 30 km 左右;三是结果相反,前者在 2009 年接近完工时,因周边居民进行了规模较大的群体性抗议行为,未能投入使用而闲置至今(媒体多有报道);后者于 2006 年投资运营后一直运营到今,后又进行了二期工程建设并投入运营,现正在进行三期工程的建设。2012 年我们对两案例周边社区进行实地调查和居民结构性访谈(3 km 范围内社区的受访者人数分别为 66 人和 53 人)。

问卷调查结果显现,"吴江垃圾焚烧发电厂"群体性事件的致因可归纳为五点:第一,受影响公众参与程度低。政府曾经在垃圾焚烧发电厂动工之前召集了镇上的一些单位的领导进行座谈,告知他们要建一个厂,但并没有告诉这个厂是用来做什么的,然后就让单位的领

① Blok K, Haas L, Davis J R. Stakeholder involvement in options assessment: promoting dialogue in meeting water and energy needs[R]. A Sourcebook. ESMAP Paper, ESM264, 2003.

② Dominique E, Roquet V, Durocher C. Benefit Sharing from Dam Projects Phase1: Desk Study[M]. Montreal: Vincent Roquet & Associates Inc, 2002.

③ Jackson S, Tan P L, Mooney C, et al. Principles and guidelines for good practice in Indigenous engagement in water planning[J]. Journal of Hydrology, 2012, 474: 58.

④ 胡安宁. 社会科学因果推断的理论基础[M]. 北京: 社会科学文献出版社, 2015: 115.

导在同意书上签字。很多受影响居民并不知道在自己"家门口"要建垃圾焚烧厂,调查中,平望镇受访者中有78%在该厂动工后或在该厂建成后才知道该厂。第二,政府公信力缺失。由于吴江垃圾焚烧发电厂的选址存在很大问题,当初进行规划的时候,有严重的造假和隐瞒问题,原本该地是一半的农田和一半的居民区,但进行规划审批的时候,将图纸上的居民区修改成了荒地,从而通过了审批。导致平西村居民对政府充满了敌意,政府基本没有公信力可言。第三,拆迁安置不合理。在拆迁安置问题上,吴江垃圾焚烧发电厂只是对工厂所在地所涉及的居民进行安置补偿,并没有对工厂垃圾的味道和释放出的有毒气体所影响到的周边居民进行安置,严重威胁到周边居民身体健康。第四,没有对拆迁户提供就业保障。统计结果表明,有75%的人没有听说政府有安排拆迁户到厂里上班,或者用其他办法解决拆迁户的就业问题。从中可以看出,拆迁户的工作问题没有得到高度的重视,也没有很好的解决。第五,基础设施和生态环境没有得到改善。吴江厂的受访者中有90%认为该厂建成并没有改善当地的交通情况,也未有人表示该厂建设较大地改善了周边环境,只有56%的人认为"比过去稍好一些",另有25%的人认为"环境更差了"。

相比于"吴江垃圾焚烧发电厂","木渎垃圾焚烧发电厂"虽然没有完整的社区协议过程,但兴办方的运作过程体现了社区协议的一些精神。首先,政府部门在项目动工前就对当地居民进行广泛宣传,"木渎项目"调查中,两个拆迁区域的居民在还没有动工之前就知道该项目,距离木渎厂较近的社区受访者中有70%的人能回忆出当初有过"宣传动员会"或"座谈会"。其次,在拆迁安置问题上,木渎光大环保垃圾厂对工厂所在地所涉及的居民和对工厂垃圾的味道和释放出的有毒气体所影响到的周边居民进行安置补偿。再次,政府承诺就地招工,缓解当地就业压力,木渎厂受访者有90%的人表示能感受到该厂给他们带来收入的增加。此外,木渎厂的受访者中几乎所有人都认为交通状况得到很大改善,有约40%的人反映周边环境"比过去好多了",另有40%的人认为"比过去稍好一些"。实地考察中还发现,木渎厂厂区是一个花园式的工厂,满眼花草树木、流水潺潺,三期工程还将扩大园区绿化、水系、湿地面积。厂区大门外竖立着一个实时电子显示屏,公布前一天该厂的各种数据,包括焚烧垃圾量、上网发电量以及一些环保监测数据。三期工程包括渗沥液处理在内的全面的提标改造,渗沥液排放达到一级A标准,烟气排放指标全面贯彻欧盟2000标准。从2011年开始,苏州市市政府每年委托权威机构对焚烧厂水、气等排放指标不定时抽检、监控,排放指标与环保部门在线联网并挂牌公示,主动接受公众监督。

"木渎垃圾焚烧发电厂"的成功运营,也让我们深思倘若"吴江垃圾焚烧发电厂"在项目决策、建设过程中也借鉴"木渎项目"的模式或者运用社区协议,那结果是否能够改变呢?在此,运用反事实分析论证"吴江垃圾焚烧发电厂"采用社区协议的有效性。根据社区协议模式的分析如下(图6-5):首先,起始条件充分,政府要规划和实施垃圾焚烧发电项目,公众不愿意与该设施为邻,矛盾之下双方均有很强的参与动机[1]。政府赋权给社区居民,带动社区公众主动参与,和居民协商沟通识别焦点矛盾。其次,赋权谈判的过程旨在通过多轮协商以形成对垃圾处理方式的共识,表现在以下四方面:①确立政府公信力,政府表现出在民生事件中一定会以民意为重的态度,尊重社区的自决权利和知情同意权。②各方互动的前提基于对过程的认可。通过各方共同参与解决焦点议题,如处理垃圾技术工艺、选址在哪等。

① 罗小龙,沈建法,顾朝林. 中国城市区域管治重构:国家·市场·社会[M].南京:东南大学出版社,2015:48.

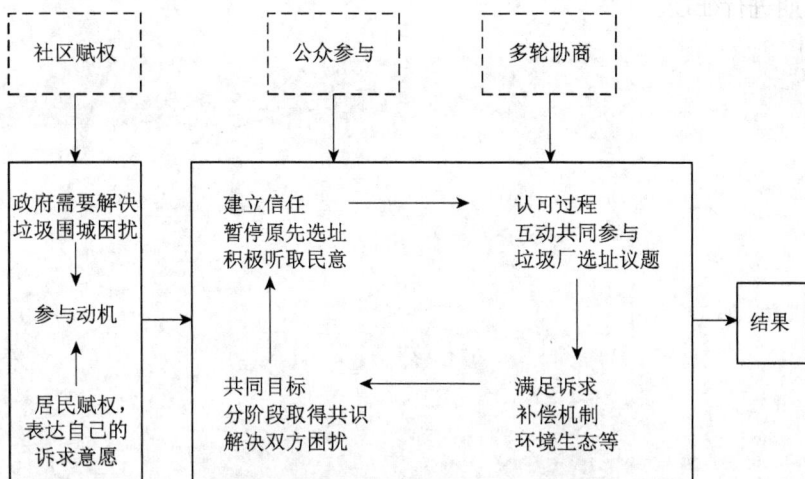

图 6-5　两个对比案例反事实分析所获得的社区协议过程

③满足社区居民的利益诉求,比如对拆迁安置居民提供经济补偿和就业保障,建立生活垃圾处理设施生态补偿机制,力求平衡垃圾产生区与处理区之间的利益关系等。④设立共同的目标。政府希望解决垃圾围城和居民不希望与垃圾为邻在长远目标上取得一致。可见,若能够在项目过程中实施社区协议,相关部门也不至于为了通过项目审批而进行造假隐瞒,而失去政府的公信力;若能够很好地倾听居民的利益诉求,切实地增加民众福利和优化生活环境的设施,保障受损居民的利益来让他们的内心获得平衡,定不会出现集体反对所谓的"民心工程"的群体性事件。央视网关于番禺事件曾风趣指出"垃圾面前,民意是黄金"[①],公众的必要介入,政府的积极应对,让公众和政府开始重拾对彼此的信任。该理念符合党的十八大报告把"人民的政治、经济、文化权益得到切实尊重和保障"规定为全面建设小康社会的重要目标,即社区公众的知情权、表达意见权应当得到切实的尊重和保障。

6.2　案例剖析:一个本土社区协议雏形

6.2.1　案例事件始末

1)工程背景分析

北京新国际机场,又称北京首都第二机场,是建设在北京市大兴区礼贤镇、榆垡镇与河北廊坊市广阳区的一个国际机场,远期建设 7 条跑道和约 140 万 m^2 的航站楼。如图 6-6 所示,广阳区作为北京新机场建设的主战场,承担着机场红线区、回迁安置区、配套迁改项目共计 1 462 hm^2 的土地征收任务,共涉及 31 个村街,其中机场红线区 10 个村街、噪音区 5 个村街、回迁区 4 个村街需整体搬迁,共计 2 980 户,11 745 人[②]。按照计划,机场红线区 10

---

①　垃圾面前:民意是黄金[EB/OL].(2010-04-01).http://news.cntv.cn/program/xinwen1jia1/20100401/106581.shtml.

②　北京新机场最详细数据曝光,全球最大![EB/OL].(2016-02-24).http://www.sohu.com/a/60286045_348498,2016-02-24.

个村街分三期进行征迁。

图 6-6　首都新机场拆迁规划区

新机场拆迁的一期工程中涉及 13 个村,其中有 11 个村位于榆垡镇,在 11 个村中最复杂的为南各庄村,该位置是原南各庄乡政府的所在地,宅基地面积普遍比较小,但人数又比较多,有近 700 户村民,户数占到此次拆迁户数的四分之一。人数多、宅基地面积小成了南各庄村的独有特点[①]。

2）风险感知：南各庄村村民的焦虑

（1）焦点一：利益受损,人口多,宅基地面积小

补偿政策的出台让南各庄村的村民感到自己的利益严重受损。由于补偿金额主要是依据宅基地面积决定的：按照确权面积选房,宅基地面积小于等于 0.4 亩的,以宅基地面积75% 确定选房指标；宅基地面积大于 0.4 亩的,以 0.4 亩宅基地 75% 确定选房指标。而南各庄村地理位置特殊,位于南各庄乡政府的所在地,居于乡里的中心位置,宅基地面积小,大多数人只有"四分地",而外围其他村庄的居民的宅基地面积大多大于 0.4 亩,因此村民们觉得这种赔偿标准十分不公平。

"总不能用一个方向去看这个事情,也不知道是谁造成了一把尺子量到底,但是这个问题的矛盾太突出了。"（村民 A1）[②]

南各庄村近二十年人口增加不少,而政府基本上没有新批过宅基地,相比于其他村而言,该村村民越发觉得自身利益受到损害和遭受不公平待遇。"不患寡患不均"群体病态心

---

① 北京新机场征地拆迁记：村民自发集会,博弈拆迁政策[EB/OL]. (2016-04-26). http://news. sina. com. cn/o/2015-12-13/doc-ifxmpnqi6395534. shtml.

② 新机场拆迁记[EB/OL]. (2016-04-23). http://tv. cctv. com/2016/04/23/VIDEZJyGmO5g5dnP65IHfQqU16 0423. shtml.

理在南各庄村村民熊熊燃起。

（2）焦点二："拆迁补偿协议"的曲解

当南各庄村村民为自身遭到不公平待遇而感到愤慨时，村民对《北京大兴国际机场项目住宅房屋拆迁补偿实施方案》出台政策的曲解更是浇了一把油。村民对于补偿条款第十条和第十七条的不理解，造成了对补偿政策的曲解：补偿太少，农民种一辈子地不容易，"四分地"内 1 m² 补偿 3 055 元，购置房屋 1 m² 4 500 元，不符合 2011 年国务院总理发布 590 令条，令条有明文规定被拆迁人房屋不得低于公告发布之日类似市场价格的国家政策[①]。

第十条　货币补偿计算公式[②]

房屋拆迁补偿价＝宅基地区位补偿价×宅基地面积＋被拆迁房屋重置成新价＋装修及附属物补偿

其中：宅基地区位补偿价为 3 055 元/m²。

第十七条　定向安置房产权性质及价格

本项目定向安置房产权性质为定向安置住房。价格为 5 200 元/建筑平方米（不含楼层差价）。

选房指标内，定向安置房价格按照优惠价 4 500 元/建筑平方米计算（不含楼层差价）。

对政策的不理解，不正确的解读，让村民们民怨四起，怨念埋于心中，纷纷在自发组建的贴吧、天涯论坛、QQ 群、微信群发泄不满。

"咱们这宅子可是祖祖辈辈传下来的，没有产权限制，永远属于自己，不要为拆迁补偿苦恼，要我说，这个政策就不用考虑了，谁先签字谁就离乞讨更进一步，不指望拆迁发财，但是更不希望以后连基本的生活都难以维持，挺住就赢了！"（网名：超级宅男）[③]

"我是觉得给得太少，这是几年前的文件，这几年社会没发展吗？咋还倒退了，再给多点都同意，毕竟是新机遇，政府工作也要好做得多。"（网名：小河的水）[④]

"本还以为拆迁就可以成大款了，看来不是那么回事，还是不拆的好。"（网名：春华秋）[⑤]

集体"散步"的成效鼓舞了南各庄村村民的斗志，网络上开始讨论如何"进一步闹大的行动"，来吸引政府和媒体关注。

（3）焦点三：对未来城市生活的焦虑

拆迁户们从农民向市民的转变，是被动城市化的结果，失去土地后，谋生手段不能建立起来，缺乏融入城市社会生活的社会支持系统，容易被都市生活边缘化。许多村民对于未来生活表示了深深担忧。

"我家那块地都传多少辈了，旧了可以翻新，没人收任何费用。搬进新楼房，什么物业

[①]　中华人民共和国中央人民政府. 中华人民共和国国务院令（第 590 号）[EB/OL].（2011-01-20）. http://www.gov.cn/flfg/2011-01/21/content_1791480.htm.

[②]　北京大兴国际机场项目住宅房屋拆迁补偿实施方案[EB/OL].（2015-05-19）. http://bbs.25dx.com/thread-950852-1-1.html.

[③]　北京新机场吧[EB/OL].（2015-05-24）. https://tieba.baidu.com/.

[④]　同③.

[⑤]　同③.

费、管理费等都得支付,我一点儿劳动力都没有了,哪来的钱来支付这些费用?"(村民 A2)①

"物业费、取暖费、垃圾清运费、卫生费,水资源处理费、住房大修维修基金、住房中小维修基金、绿化费、停车费、保安费、绿化养护费。还有公摊面积的确定、适用、管理、维修费、停车管理押金,这些住平房院子都是没有的,一住进新房,得交到什么时候是个头?"(村民 A3)②

对许多拆迁农民而言,拆迁后如何适应城市新生活已成一道新的魔咒。对于文化水平不高,求职时又容易碰壁的拆迁农民来说,是一件很迷茫困惑的事情。因能力的限制,政府为他们提供的只能是一些清洁、保安之类对技能要求较低的岗位。本来兢兢业业、每日劳作,经营着一份小康生活的农民,面对突如其来的转变,很多人迷失了自己,甚至因刚刚到手的财富断送了正常的生活。多少年了,习惯于稼穑耕耘;而今,搬进新的小区后,春种秋收的生活都成了过去。分配到一两套房子,手中攥着仅有的补偿金额,面对农转居产生的养老保险、医疗保险及搬迁后就医、就学、物业费等问题,成了大多数人的困境。尤其是中老年的农民在离开他们熟悉的土地后,长期养成的生活习惯也很难转变,所以他们都面临着身份转变的阵痛。

3)风险累积:政府部门行动的失效

第一,冷处理。在 5 月 18 日《北京大兴国际机场项目住宅房屋拆迁补偿实施方案》出台不到两三天内,北京市大兴区社区网的市民互动版块已有近四五百条的意见留言。从帖子内容看,发帖人对拆迁补偿条款等方面表达了深深的不满。村民在怀疑自身社会经济权利受到侵犯的时候,选择上访期待能有个满意的答复,但是信访机构迟迟没有给出令人信服的答案或者意见石沉大海、没有音信。政府管理机构的回应基本使用下述模板,公众话语权的缺失及长时间得不到有效回应,激起民众的强烈反感。

"我们已经收到您的反映情况。感谢您对北京新机场拆迁工作的关注,据了解,拆迁政策是政府和首都机场集团公司共同制定,建议您把意见同时向首都机场集团公司部门反映"。

冷处理一方面使政府的公信力逐渐丧失,另一方面加剧了利益相关者对政府的敌对心里。政府部门间形成了"各扫门前雪""多头管理"却"相互推诿"的局面,颜陈认为地方政府这种罔顾民意应对舆情的"鸵鸟"心态已不可避免地给政府形象和公信力造成了损害③。多次信访均不能及时有效地解决公众的问题,虽然公众选择的方式是忍气吞声,但是与此同时,公众对政府部门的敌对意识不断加剧,这也积聚了公众的不满情绪。在蓬莱溢油事件中,当地渔民就在路易岛的东部、东北部以及西南部附近海滩发现了油污,他们随即将情况上报镇政府。由于之前一直遭受着政府的"冷处理",他们此次想直接通过媒体的放大效应来表达利益诉求。于是,他们不再像以前那样等待政府的信息反馈,而是直接通过律师联系到了中央电视台记者,并想通过社会影响促进索赔问题的解决④。张百顺总结了群体性的过程特点,指出群众开始时采取的行动是上访、投诉,但在长期上访无果、投诉无决的情况下,最后导致了群体性事件⑤。由此,对利益群众采取"冷处理",仍囿于传统封闭式而非全面充分的论证模式,其结果是科学的方案难以出台。

① 北京新机场吧[EB/OL]. (2015-05-24). https://tieba.baidu.com/.
② 同①.
③ 颜陈.网络舆情理论与实务研究[M].武汉:湖北教育出版社,2015:200.
④ 崔凤.中国海洋社会学研究[M].北京:社会科学文献出版社,2013:183.
⑤ 张百顺.农民有序政治参与研究:实践发展与理论创新[M].武汉:华中科技大学出版社,2015:129.

第二,软暴力。5月下旬之后,村民利用网络途径(如百度贴吧、天涯社区、QQ群、微信群等手段)来相互间传达信息、表达不满。其中,以呼声最大的村民老马形成小组牵头去挨家挨户游说。政府一方面拉黑关闭了相关的贴吧、社区讨论群等,"北京新机场征地拆迁""首都新机场拆迁""大兴新机场拆迁维权"等相关字眼都被政府部门和谐屏蔽;另一方面部分村民在深夜12点前后被请去公安部门"喝茶",还包括其亲朋好友被"做工作"等。软暴力使得部分前期的热心村民有所顾虑并退出,但却使得村民对政府就征地拆迁补偿方案愈发质疑和不满,与此同时,部分村民更加坚定政府决策的不公正和不公开透明。政府行为的缺陷导致政府在处理邻避群体事件的过程中话语权的失灵、公信力的缺失。村民开始积极参与进一步的抵制行动并扮演信息发布、意见汇集、集体行动倡导的角色,并最终导致了群体性事件的发生。

4)村民自发形成维权小组,博弈拆迁政策

2015年7月初,新机场的拆迁工作即将开始,南各庄村三队的100名村民聚集在一起商讨如何在拆迁中维权。村民希望形成维权小组和政府部门的谈判,为自己争取到最大的利益。

"拆迁工作组是专业干这个的,他们的办法比我们多,套路比我们娴熟,咱们大家团结起来,跟政府要政策。"(村民代表刘某)[1]

注:刘某曾是教师,知识文化水平较高。

在一番激情演说后,利益受损的村民感同身受,情绪高涨,刘某等被三队村民推选作为代表和政府谈判。

"感谢大伙儿信任我,保证不负众望。我代表我们这几个代表跟大家说几句,我们的职责是维护大家的利益。你们回家后把你们的利益诉求写在纸上,要多少面积,要多少钱合适,把你们的底价说出来,这样好让政府跟我们谈价。"(村民代表刘某)[2]

三队村民的维权小组成立第二天后,二队村民也开始筹划进行选举。二队牵头的蔡某曾是南各庄乡土地所的副所长,后来下海经商,拆迁政策村民不清楚,因此把蔡某被当成自己心中的能人,指望他代表村民和政府谈条件。二队在现场征集统计了村民的加入意愿,并在白纸上签字按手印,全队村民集体加入,二队以蔡某为首村民维权代表小组迅速成立。等拆迁变成真金白银的时候,引发群体心理问题,大家会有利益损害带来的情绪躁动,互相之间希望能借助力量来获得自己的利益,大众的情绪形同干柴烈火。

7月10号,新机场的拆迁工作正式开始,南各庄村民没有一个人前来签约,反而自发形成维权小组和政府争取自己满意的政策,集体抵制和政府博弈,让政府人员始料未及。隔天,政府单位开始意识到事态的严重性,紧急召开大兴区区政府拆迁推进会议,制定相关政策措施。首先由对当地风土人情非常熟悉的南各庄村拆迁包村干部张某挨家挨户和村民沟通,了解村民内心的利益诉求;其次,政府人员多次召开全体村民大会,给村民当面解读政策;最后,根据村民的焦点诉求出台新政策,满足村民的利益诉求,化解双方矛盾。

① 北京新机场征地拆迁记:村民自发集会,博弈拆迁政策[EB/OL].[2016-04-26]. http://news.sina.com.cn/o/2015-12-13/doc-ifxmpnqi6395534.shtml.

② 同①.

6.2.2　案例折射的社区协议特征

1) 参与机制的转变：村民推选维权谈判小组代表

南各庄村民自发形成了维权小组，与传统维权类群体性事件不同的是，一切的维权活动都是以维权组织为主体进行的。首先，村民集体保持着高度的理性，通过选出代表方式来和政府理性的协商谈判。村民团体自始至终遵循和平博弈、理性谈判的原则。没有采取任何极端的暴力的行动，没有提出任何"坚决反对……""滚出……"的口号。这是和过往公民非理性维权引发的群体性事件，尤其是恶劣的群体性事件，甚至发展到堵塞交通，冲击政府，打砸抢烧等极端的行为的最大区别[①]。村民选举了知识文化水平较高、对拆迁政策较为了解的权威人士作为牵头代表，如二队的蔡某曾是南各庄乡土地所的副所长、三队的刘某曾是教师。拆迁政策村民自己不清楚，因此把选出的代表当成自己心中的能人，指望他们代表村民和政府谈条件。

"我们不闹事，我们告诉大家，我们选出的村民代表绝对是代表村民的利益，并且符合村民组织法。我们是在法律之下进行选举，我们不违法，不是非法集会……我们静等，静静地等候，唱唱歌，跳跳舞，相信我们这个团体能把这点事为大家办好。"（村民代表蔡某）[②]

注：蔡某曾是南各庄乡土地所的副所长，村民心中的大能人。

其次，在维权谈判小组带领下村民集体保持着高度的统一和一致性。高度的统一和一致性意味着所有参与者都是直接利益受损者，避免了类似过往非理性维权群体性事件中参与者多为非直接利益受损者而造成群体无意识局面。二队的维权小组在现场征集统计了村民的加入意愿，并在白纸上签字按手印，全队村民集体加入。隔天，蔡某再次召开村民小组会议进行商讨，在短短两个小时内，一百多户村民以书面委托书的形式委托村民维权小组全权代理本人的房产与政府洽谈，例如，委托书上有的写"希望以每平方米 1.5 万元、1.8 万元、2 万元等价格卖出自己的宅基地"，并在委托书后面按上了手印，以表合同授权真实有效。

委托书[③]

田××委托蔡××全权代理本人的房产以每平方米 2 万的价格和买方进行洽谈。

委托人：田××

2015 年 7 月 15 日

第四天，蔡某再次召集二队的村民，进一步笼络村民凝聚力，全队同意维权小组提出的意见。在群众一片欢呼声达成了"统一行动，统一指挥，随时沟通信息"的共识。村民代表甲："咱们有一个考虑时间，咱们在这段考虑时间内可以随时退出，但过了考虑时间后，如果再没有经过维权小组允许的情况下私自签字，就会带着二队的所有人上你家声讨去。"由此，形成了以社区为基础、利益为纽带的牢固联盟体，坚定村民"坚决不退出维权小组""希望谈

---

① 彭小兵,朱沁怡.邻避效应向环境群体性事件转化的机理研究——以四川什邡事件为例[J].上海行政学院学报,2014,15(6)：79.

② 北京新机场征地拆迁记：村民自发集会,博弈拆迁政策[EB/OL].[2016-04-26].http://news.sina.com.cn/o/2015-12-13/doc-ifxmpnqi6395534.shtml.

③ 新机场拆迁记[EB/OL].(2016-04-23).http://tv.cctv.com/2016/04/23/VIDEZJyGmO5g5dnP65IHfQqU160423.shtml.

判给更多的利益补偿""坚决不签约""耗到最后"的信念。村民集体的团结一致无形中也增加和政府博弈中谈判的筹码。

现行搬迁制度的缺失,让南各庄村民在自身利益受损,多次上访、投诉无果后自发形成维权小组,推选维权代表和政府主动协商谈判,在互动过程中提出自身的观点和诉求。

2)回应机制的转变:多轮次的沟通协商

村民维权小组的成立,让政府单位开始意识到事态的严重性。政府改变从"当时自认为想得很细的一刀切政策"到"随着整个征地拆迁工作的铺开,还是要随着老百姓反映的不同诉求,出现的不同情况,来临时的调整我们(政府)工作的方式方法"的态度。政府人员开始深入利益受损群众,多次召开村民大会,相互学习和交流,了解村民的诉求和矛盾焦点。

首先,下发拆迁政策手册,让村民更好地了解拆迁政策;并设置拆迁工作组,方便为村民随时解答。并派对当地风土人情非常熟悉的南各庄村拆迁包村干部张某挨家挨户和村民沟通,了解村民的利益诉求和内心疑虑,记录汇总群众诉求的问题,以文本方式反映出来,针对性地开展工作。

"第一感受是压力,群体集会是我未曾想到的,当时脑子嗡了,拆迁工作的难度更大了……老百姓对政策不是很了解,旁边有人来忽悠,思想就会变。因此,有必要去挨家挨户走访,了解村民内心的真实想法,并作出相关反馈,给老百姓吃一颗定心丸。"(南各庄村拆迁包村干部张某)[1]

注:张某,军人出身,南各庄村隔壁村村民,了解当地风土人情。

其次,政府人员多次召开全体村民大会,给村民当面解读政策。榆垡镇镇长刘某和宣传部部长王某多次来南各庄村和村民沟通交流。每一个村民都有受日常经验和自身背景影响建构的对社区独特的理解,以及对于可能发生影响如何应对的不同看法。一方面政府人员听从村民意见,不同村民对于相同的问题会有不同的视角,另一方面村民跟政府人员平等、自主、理性地表达自己的利益诉求,提出初步的应对方案和应对措施。通过多轮次的信息共享、相互学习,充分了解村民诉求之后,政府人员针对这些诉求对原先的拆迁政策进行调整,寻求能够使得村民利益提升或者满足的各种可能的解决方案,致力得到一个双赢的结果。这种模式打破过去以政府机构或者开发商为中心的"单边化"决策模式,而转变为以社区为中心共同参与的"多边化"决策机制。

再次,多次解释沟通来消除对政策的曲解。村民由于知识水平受限,对拆迁政策文件解读停留于表面上,造成了对补偿政策的误解,内心充斥不满。例如村民对补偿政策"宅基地 $1 m^2$ 补偿 3 055 元,而回迁房 $1 m^2$ 4 500 元"的曲解,政府人员多次召开村民会议和大家解释。细致了解政策后,补偿包括:区位补偿价、房屋重置成新价、房屋装修及附属物补偿、未建房奖励、周转费等各种补偿加在一起,平均每平方米达到六七千元,符合村民原先内心的预期补偿价位。政府部门人员逐条逐一政策的解释,村民才了解到补偿有哪些项目:有租房钱、周转费、分户钱(一人 10 万元)。形成村民维权小组之前,单纯误以为补偿只有 3 055 元/m^2,并不知道包含这些奖励政策,因此心里形成巨大落差和对政策的不满。此次大兴区征地拆迁执行低开低走的政策,即宅基地补偿低和政府回迁房价格低的政策。村民

---

① 新机场征地拆迁记:相信群众[EB/OL]. (2016-04-17). https://www.wasu.cn/Play/show/id/7373825.

新安置的榆垡村榆兴家园的房子市场价 1 m² 一万多元，而政府对拆迁户只收 4 500 元/m²，且未来两三年会持续增长。因而，从整体去考虑，把所有的利益捆在一起给拆迁户，拆迁户并不吃亏。无论转卖还是政府回购，村民都能获得更多的利益。

"举例子，这院子可能赔我 200 万，但我买房买 400 m²，可能就得花去一大部分钱，甚至有的人家有 12 口人，可以买 600 m²，但家里只有四分地，赔这些钱，买不起那么大的房，可以把多余的转手卖了，政府回收，回迁房的市场价格涨了两倍（由 4 500 元涨到一万多）"。（榆垡镇宣传部部长王某）[①]

最后，在征迁现场开辟了绿色法律通道，设置了巡回法庭，为群众提供法律援助。为每个征迁村街选配三名律师，接受群众咨询，由此方便村民和政府部门沟通和对话，共同寻求解决问题的办法。省去非制度性参与过程，赋予村民直接参与过程，有利于公众了解项目的真正意义和对社区利益贡献，并有利于他们直接表达利益诉求。

对于焦点问题，通过多轮次的协商过程，力求在每个有争议的问题上达到共识。多次的解释沟通协商，让村民对政策的曲解和不了解转向理解，从而支持拆迁工作。在采访大兴区区委书记谈某时谈道："发生这样的事情挺高兴的。这样的事情正是提供了一次干部做工作的平台。甚至还希望这种方式多一点，这样才可以让群众的表达诉求更真实。老百姓是非常讲情讲理的，所以基于此点来讲要相信老百姓，相信群众的整体判断，一旦公开了就有公理在，有公理就能解决问题"[②]。这个过程将可能是一个多次循环、耗时较长的程序，但从认识论角度来看，这个过程中各利益相关者关于项目认知的相互作用和学习，使各方的建构潜移默化，变得更加准确和成熟，有利于发展为共同建构，并可能在最终达成在工程选址、规划和设计参数与边界条件上的共识。听从民意，尊重民意，决策才能更加透明公正。

3）决策机制的转变：对村民意见的尊重

出台新政策保障村民的利益。通过多轮次的互动对话，在了解村民表达的关键问题之后，政府人员针对村民的焦点诉求调整原先的拆迁政策，改变了以往"一刀切"的决策模式，突破已往工程决策惯有的"精英主义"决策模式，采取了利益相关者"契约"行为[③]。因为每家每户的情况不一样，单一的标准会损害一部分人的利益，所以需要从不同的角度，从人口、从房产、从土地的大小各个方面去衡量利益群体的权益，使得很细致很复杂的单个政策在组合的时候显示出灵活性，而这样的政策恰好能够体现老百姓千差万别的利益诉求。其主要有两大方面：

第一，出台"回迁房的面积可以按照宅基地面积选，也可以按家里人口来选"新政策，解决人多宅基地少的焦点矛盾。举例子说，某村民家宅基地面积小，但家有八口人，可选择按人口来选房，能购得 400 m² 回迁房，解决宅基地小的心病。在选择购买回迁房，人口多、宅基地小的人家可以选择按人口来购买宅基地，获得更多的回迁房面积，相比于其他村宅基地面积多，按照宅基地购房的策略，所获得的利益并没有吃亏。每家每户都不一样，在符合政策的情况下，怎么有利就怎么选。该政策出台和解释解决了南各庄村民一开始认为"受到利益损害和不公平待遇"而产生"患寡不患均"的群体心理问题。

---

① 新机场征地拆迁记：相信群众[EB/OL].（2016-04-17）. https://www.wasu.cn/Play/show/id/7373825.
② 七年等待 政府面对新考验[EB/OL].（2016-04-20）. http://news.cntv.cn/special/jujiao/2015/136/.
③ 成婧.精英主义对民主决策的"解救"——从民主决策到精英决策[J].甘肃理论学刊,2008(5)：35.

"知道你家的实际情况了,知道你家有几口人,几个户口本,几个孩子,什么情况都摸透了,才能给你出一个最佳的方案。"(榆垡镇宣传部部长王某)[1]

第二,启动整个拆迁村的转非安置。由于长期实行的城乡隔离政策和二元社会结构导致农民的素质较为低下,在离开土地后,村民缺乏一项谋生的技能,住进小区后,各种费用成为负担。对城市的陌生感、恐惧感,使失地农民很难在短时间内融入城市生活,拆迁村农转居产生了养老保险、医疗保险及搬迁后就医、就学等问题。政府人员一方面给予百姓承诺,另一方面逐一制定具体政策,防止村民拆迁后被边缘化,全方位解除群众的后顾之忧。比如,在解决就业方面,政府多次举办了就业培训会,根据每位村民的不同需求,制定了"菜单式培训"。

"从侧面了解到村民主要关注的问题有三个:老百姓拆完迁后的养老问题、医疗保障的问题和就业问题,今天我明确告诉我们各位百姓,今年要启动整个拆迁村的转非安置。"(南各庄村拆迁包村干部张某)[2]

村民被赋予的有效参与让政府部门转变了决策机制,使得群体性矛盾的对立终于化解。要真正地化解工程建设引发的社会稳定风险,必须变革传统的工程决策程序,不仅公众风险感知及利益需求应被纳入决策机制,而且应提供社区公众直接参与决策的途径。这就需要一个机制,它能让各利益相关者或其选出的代表都直接参与决策,在互动过程中各利益相关者提出各自的观点和主张,如政府让社区公众了解项目的社会整体价值;开发商让社区公众了解项目能提供的社会服务;社区公众让各利益相关者了解他们对项目的焦虑和主张及利益诉求;技术专家让利益相关者了解项目可能产生的负外部性及采取的技术措施、国内外技术标准等,并进行争议、解释、回应或赞同等。通过赋权于社区公众,可以更好地理解受项目影响的社区,包括对利益相关方的深入分析,从而理解社区各个层面的不同需求与利益,从而使制定的决策更加的科学化、民主化。

4) 合作机制的实现:协议让拆迁关系正式化

新政策的出台保障了村民利益,村民从反对走向支持。政府部门与公众长达十多天的信息沟通、参与互动、利益协商后,充分采纳村民的意见,转变决策机制,并与村民达成共识,出台了新的拆迁政策协议满足利益群众。此次与以往不同,选择房屋安置的居民可以有两种选房方式。一是按人均 50 m² 选房,要求为被拆迁人直系血亲(含配偶)人数为基数;设立"分户"政策,即出嫁的女儿能回来分户。回迁房的面积可以按照宅基地面积选,也可以按家里人口来选,符合政策的情况下,怎么有利就怎么选。被拆迁人所选购的一套或多套定向安置房总面积仍小于定向安置房选房指标的,可以再选一套与剩余选房面积接近的定向安置房。二是按照确权面积选房,宅基地面积小于等于 0.4 亩的,以宅基地面积 75% 确定选房指标;宅基地面积大于 0.4 亩的,以 0.4 亩宅基地 75% 确定选房指标。回迁房面积选择是按宅基地还是人口;补偿方式是房子还是货币,村民可以灵活选择。政策不仅考虑到当前住在这的人,还会考虑依法条件人和利益相关人,比如,出嫁的女儿也可以回来参与拆迁,这也是前所未有的。

这个政策是对制度体制的创新,让村民的利益诉求得到了强有力的回应和保障。在村

---

[1] 政府说话句句算话 村民开始签约[EB/OL].(2016-04-20).http://news.cntv.cn/special/jujiao/2015/136/.

[2] 新机场征地拆迁记:相信群众[EB/OL].(2016-04-17).https://www.wasu.cn/Play/show/id/7373825.

民自发组织、选举代表、理性抗争博弈过程中,政府改变了传统惯有的按宅基地面积来获得补偿的方式。采访中,大兴区委书记谈绪祥:起初觉得政策很完美,但随着整个征地拆迁工作的展开,总体上来讲还是要随着群众出现不同的利益呼声,出现的不同情况来调整我们的工作方式和方法。我们希望拆迁顺利,并不是希望一谈就走,恰恰保障利益的事情,本身就很复杂。此次,我们(政府)也是自加压力,把很复杂的解释宣传工作放在真正征地拆迁过程中去。这种复杂是以保障老百姓利益为前提的,是以顺应老百姓的诉求为前提的,这种复杂,干部多做一点,还是值得的[①]。

至此,南各庄村的拆迁正式走上了轨道。2015年7月至9月正式拆迁签约,大兴13个拆迁村累计签约7005户,搬迁村民近两万人,签约率达100%,没有一起上访。一期拆迁工程的圆满结束,为政府一贯坚持"从一而终,公平公正公开"的政策打造了良好形象。二期征迁工作启动后,仅用18天完成房屋征收663户,刷新了一期征收的速度纪录;仅用14天完成了1031座坟墓的全部迁移任务。三期征迁启动首日,完成房屋征收签约216户;启动仅12天完成605户,呈现了征迁工作中难得一见的井喷效应。更具代表性的是拆迁对象是首都的农村地区,如同"触媒效应",对全国而言具有典型示范意义。

虽然最终政府并未和村民维权小组有真正意义上的谈判,维权小组最终被瓦解,但从民主决策,遵从民意,真正赋权社区层面,最终达成一致协议共识的角度来说,此次新机场拆迁过程中,村民自发形成维权小组为追求自身利益诉求的角度来说是相当成功的。其主要体现在以下几个方面:

(1)开启了大型工程决策中真正赋权于社区居民的范例。社区居民团体从走形式的被动式参与转变为主动式参与,居民在工程决策的话语权得到落实,将工程决策权力下放到真正的受益群众,使其评判选择,尊重社区团体的民意决策,获得社区层面的"经营许可证"。

(2)项目决策中,尊重村民民意。政府虽未和维权小组真正形式上的谈判,但政府人员挨家挨户上门沟通、多次召开村民大会互动沟通,了解利益群众的利益诉求,并出台了新的政策来回应村民的诉求。决策一定程度上尊重民意,让村民主动参与拆迁过程,维护了老百姓的利益,改变利益群众和政府的对立态势,使得拆迁工作顺利进行。

(3)形成双方共赢局面。过往大型工程中形成无意识的群体性运动和政府抗争,最终导致两败俱伤,项目被迫取消或者迁移,整体社会福祉下降。而此次村民小组理性维权,不仅为自身争取合法权益,也使得项目顺利开展,增加社会整体效益。

6.2.3 社区协议情境下重塑案例工程拆迁工作

大型工程项目开发对社区协议的正确运用至关重要。社区协议是被征地者实现权益保护的工具和手段,它将被征地者的权益保护实现于征地制度制定和运行过程之中,也是改变征地博弈格局不可或缺的工具和手段。此次村民形成维权小组理性维权,经过多轮次协商,最终达成了双边认同的协议。虽然最终拆迁工作顺利进行,但却大大延后了拆迁进度,给项目带来了重大损失。倘若能够在新机场工程决策中就介入社区协议,双方就项目达成协议共识,就能够有效地避免类似出现村民集会甚至群体性抗争事件的发生。

---

① 七年等待 政府面对新考验[EB/OL]. (2016-04-20). http://news.cntv.cn/special/jujiao/2015/136/, 2016-4-20.

1）社区协议前置性介入

当前我国对社会评估重视程度不够,而且往往是事后评估的评估模式,这给北京新机场项目带来了很多问题。其主要有三方面:①从2008年开始,新机场建设的消息就传遍了大兴区,从那个时候开始,村民为了获得更多的补偿,开始疯狂私搭乱建和种植经济作物(例如蝴蝶兰等),造成大量的资源浪费①;②多数人很早就把农器具卖掉,而慢慢地,村里的田地撂荒了,拆迁却始终没来,静等7年,中间无收入,守着这些盖好的房子,靠着打麻将打发时间,自家的日子却过得越来越紧巴;③在新机场的拆迁工作即将开始时,南各庄村的村民由于不满拆迁政策,自发形成的群体性集会抵制拆迁,和政府僵持了半个多月,严重影响了拆迁进度。

社区协议是一种事前评估,应在项目决策中开始介入。此次政府和村民达成的社区协议雏形是在项目实施阶段过程中被迫采取的一种情况。如果政府或者委托第三方评估组织将社会评估工作提前去做,早期介入评估工作,让社区代表直接参与到社会影响评估,双方进行互动协商达成社区协议,那么会使得机场的拆迁工作变得更加顺利。周慧珍认为项目社会评估是在系统调查和预测拟建项目的建设、生产、运营的社会影响与社会效益的基础上,分析评估项目所在地区的社会环境条件对项目的适应性和可接受程度②。通过分析项目涉及的各种社会因素评估项目的社会可行性,其目的是促进其利益相关者对项目投资与实施活动的有效参与。社区协议的开展是项目正式实施前的社会影响评估环节,即政府部门在项目财务分析和费用效益分析充分论证了必要性和可行性之后,如何获得社区的许可问题。新机场项目用大量篇幅论证了财务评估、费用效益评估和环境评估的可行性,而对于社会评估仅是寥寥几笔带过,这也值得让我们对当前的评估模式进行重新审视。

社区协议的制定过程与FPIC相一致。FPIC要求充分尊重村民的价值和尊严,让村民真正了解具体情况,然后与村民一起召开小组讨论互相交换意见,并鼓励村民自我做主和自我决定。新机场拆迁案例中,政府若能先获得村民自由的事先、知情、同意权的追认:首先,在与村民互动中识别南各庄村村民的焦点矛盾,充分完善拆迁补偿政策,让政策具备更合理性和公平性。其次,将"多盖不多得"和"少盖不少得"和"不让老实人吃亏"的理念政策从项目的选址阶段开始宣传,将具体实施的"资源节约奖"和"垃圾减量奖"两个奖项的补偿细则公告解释说明③,以期家喻户晓公认这个政策。通过FPIC的现行确认,一方面,以此有效的防止出现跟风抢盖违章建筑物和经济作物的现象;另一方面,也能避免自发形成维权小组来和政府博弈,置双方剑拔弩张、群体性对抗一触即发的境地,降低拆迁的工作难度,使得拆迁进度大大地提前。

社区协议的核心要点是自由的事先、知情、同意权(FPIC)对社区居民的赋予。FPIC应当作为一种权利而存在,保护相关群体的权益,避免单方面的信息造成利益相关方的损害④。FPIC承认村民对其土地和资源的固有的、事前的权利,并尊重他们具有第三方知情同意的原则,与其共建相互平等、尊重的关系权利。政府不得强迫和威胁他们接受对自身发展有意义的选择。开展项目之前,政府应寻求并获得该社区的同意,与其进行充分的协商并达成合作,取得他们自由的事先、知情、同意权。其能够有效地防止在拆迁前期村民跟风抢盖、私搭乱建的

---

① 管控:与违建斗智斗勇[EB/OL]. (2016-04-20). http://news.cntv.cn/special/jujiao/2015/136/.

② 周慧珍. 投资项目评估[M]. 大连:东北财经大学出版社,2013:209.

③ 政府说话句句算话 村民开始签约[EB/OL]. (2016-04-20). http://news.cntv.cn/special/jujiao/2015/136/.

④ Lehr A K, Smith G A. Implementing a corporate free, prior, and informed consent policy: Benefits and challenges[M]. Foley Hoag, 2010:132.

现象,不仅节约人力、财力、物力的投入,还能减少后期拆迁界定不明确各方面问题。

2) 赋权于社区层面：尊重村民自决权利

赋权于利益相关者是识别和解决项目开发冲突的重要途径。赋权于村民,让村民以实际行动参与到社区问题和需要的界定中去,这样根据村民自身和社区本身的具体情况提出来的解决问题和需要的途径就会更贴近实际。"如人饮水,冷暖自知",只有居民才清楚社区最基本的问题和需要,而外界人士可能对此并没有深刻的理解和体会。[1] 南各庄村村民清楚自身宅基地面积小,而大兴区政府在规划出台拆迁政策时并没有将南各庄村的特殊情况进行考虑,而采用了"一刀切"的政策,严重损害了村民的利益,由此引发村民集会,通过理性和政府对抗,为自身争取了更多合法利益。北京新机场拆迁并没有赋权于公众,仍旧停留在咨询告知的象征性参与阶段,村民并未能实质性参与到建设中来(图 6-7)[2],为了维护自身利益,村民自发形成集会和政府对抗,使得拆迁过程中阻力重重。项目开发过程中,社区总是受损的一方,只有当社区认识到他们能分享开发所带来的效益时,才会主动承担起自身的角色,才会给予开发商以运营的"社会许可"。

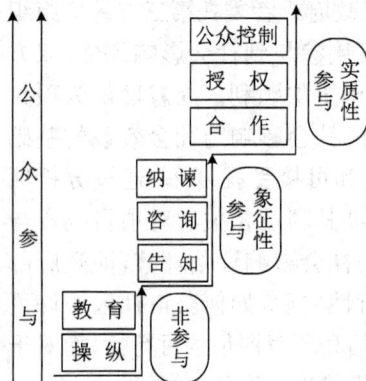

图 6-7 公众参与"阶梯"模型

赋权于社区,可选举社区代表进行社区协议谈判,构建以问题为导向的多元互动参与方式。社区协议谈判是各利益相关方之间协商的评估,参与体现在评估过程的每个阶段。它主要强调评估作为一个协商的过程,使各利益相关者结合到评估过程中。社区协议能够反映各利益相关者的意愿,考虑各方不同的主张、顾虑和争议,社区谈判赋权于参与者有别于传统评估[3]。通过利益相关者积极的参与,可以引出新的问题或提出更好的处理措施。社区协议谈判化解利益相关者利益冲突和社会矛盾主要体现如下几个方面：①通过和社区代表的协商谈判,使项目决策者获得更加充分完整的信息,有助于减少项目决策失误;②使原住民的知识得到充分尊重,有利于帮助原住民树立信心,使项目的积极影响得到进一步的发挥;③通过原住民的参与,获得他们对项目的理解和支持是项目成功的基础,使得以项目为依托的发展干预活动更适合社区和项目实际使用者的需求。社区协议谈判有利于提高项目方案的透明度和决策民主化,有助于取得项目所在地公众的理解、支持与合作。社区获得赋能使得社区在决策过程中被当作一个有价值的合作伙伴。Potapchuk 等学者认为协商不再是一个"事件",而是成为更深刻的治理改革和更强的社区公共事务基本设施的一部分[4]。

社区协议的内容条款可根据每个项目每个社区的不同情况来灵活调整,满足利益方的诉求,其是达成"双边协议"长期合作的基石。以往的拆迁补偿政策只注重物质的补偿,拆迁

① 刀妮. 参与式方法(PRA)在社区发展项目设计中的运用[D]. 苏州：苏州大学,2013：13.

② Sherry R. Arnstein. A Ladder of Citizen Participation [J]. Journal of the American Planning Association, 1969, 35(4)：218.

③ 王晓军,孙拖焕. 参与式监测评估理论与实践[M]. 北京：中国林业出版社,2007,56.

④ Potapchuk W R, Carlson C, Kennedy J. Growing governance deliberatively：Lessons and inspiration from Hampton, Virginia [M]// John Gastil, Peter Levine. The deliberative democracy handbook：Strategies for effective civic engagement in the twenty-first century. San Francisco, CA：Jossey-Bass, 2005：255.

补偿标准较高,都采用一次性支付的方式。这种"一锤子买卖",容易使农民产生金钱无限的错觉,缺乏保障拆迁户的长远生存权、发展权。着力破除"拆迁暴富魔咒",把拆迁农民的短期富裕变成长期富裕,让他们并非只"富裕一阵子",而是"幸福一辈子"。

3）多方和多轮评估：公平公正公开平台搭建

社区协议的可调控性能考察各种因素在公众参与的作用。信息公开、专家支持、NGO组织参与、媒体报道等因素在其中发挥了积极的作用,同样,这些元素也都可以被引入到社区协议的设计框架中来,通过对这些元素所发挥作用的考察,有助于设计出有效的社区利益维护的公众参与模式。北京新机场拆迁过程中,村民对于《北京大兴国际机场项目住宅房屋拆迁补偿实施方案》的不理解,以及前期信息的缺乏形成思维定式,产生对工程建设项目持"污名化"偏见[①]。多方参与可避免信息不对称造成谈判方显失公平和对信息不理解造成偏差的问题。政府与公民社会多元主体参与的社区治理模式最根本的是要化解社区治理主体单一所带来的种种问题,通过增加建设主体力量,汲取各方丰富的资源,提升社区建设的活力。构建多元主体参与的社区治理模式的关键在于明确各治理主体的角色分工,尤其是要做好相互间的协调配合工作。这就需要政府在其中发挥主导作用,建立政府与开发商、社区居民以及NGO组织的制度化的沟通渠道和社区治理参与平台(图6-8)。政府应总揽全局,充分尊重其他治理主体的价值以及各自的运行规律,发挥各主体的优势,形成政府主导、社会协同的良性治理机制,从而实现城市社区的健康发展。

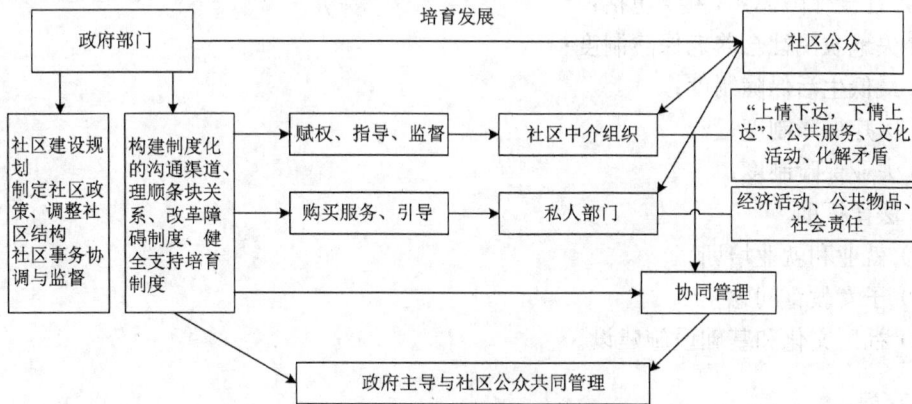

图6-8 多方参与治理机制

社区协议是一个循环的过程,随着项目方案的改进,可能出现新的焦点问题,需要对新方案重新进行影响评估。"我们希望拆迁顺利,并不是希望一谈就走,而是把关乎老百姓的利益去真切做好。"[②]北京新机场拆拆过程中,对于村民的博弈,先出台新政策解决最本质问题(人多宅基地小),而后又陆续修改拆迁补偿条款和解决转非安置问题。达成的协议共识并非一蹴而就,而是多次深入发现问题,而后解决问题。

4）灵活调整协议补偿：长远保障机制

北京新机场拆迁后,拆迁户们从农民向市民的转变,是被动城市化的结果,大多数村民

---

① 黄有亮,张鸿,张涛. 工程污名研究的若干问题[J]. 学术论坛,2012(10):177.
② 七年等待 政府面对新考验[EB/OL]. (2016-04-20). http://news.cntv.cn/special/jujiao/2015/136/.

都对未来生活表示担忧。原有的地缘、亲缘关系被割裂,新的业缘关系尚不能经有效途径建立起来,缺乏融入城市社会生活的社会支持系统,尚无足够的时间过渡和适应。失去了土地的使用权,村民受到的冲击有三点:第一,农民面临着基本生产资源丧失的风险,同时也面临着缺少持续、稳定、有保障的收入来源的风险[①];第二,农民不仅面临缺乏适应新环境、形成新的发展能力的风险,也面临着缺乏充分利用农地非农化带来的发展机遇的制度环境的风险[②];第三,土地被征后,农民的养老保障、医疗保障随之缺失[③]。为了生存,他们必须进入劳动力市场。但是因为种种原因,能找到的工作岗位是有限的,变成了一种不稳定的状态。

社区协议在赋权过程中,有助于根据已知的社区代价,权衡其分享的项目开发效益。这样的协议是根据当地社区的背景和开发方案订立的,有助于村民理解并获取更长期的项目收益,并参与到对项目、社区的管理中[④]。新机场拆迁后,村民担心未来生活会被边缘化,若村民能够用社区协议和政府谈判,达成实质性条款,就能够有效解决村民焦虑问题。此次拆迁,村民担心的实质性条款有:

(1) 经济补偿,包括补偿费用和回迁房面积。补偿费用可依农民对征地补偿费的意愿,提供多种征地补偿的方式,例如:

① 一次性、分期和终身的货币补偿安置方式;

② 替代地补偿方式(以土地换土地);

③ 征地补偿费入股安置方式。

(2) 社会保障体系,主要包括:

① 失地农民社会养老保险制度;

② 最低生活保障制度;

③ 医疗保障制度;

④ 失业保险制度;

⑤ 法律援助。

(3) 就业和就业培训。

(4) 子女教育问题。

(5) 社区文化和基础设施建设。

6.3 社区协议本土化讨论

6.3.1 应用的前提条件

1) 树立赋权式社区参与的指导思想

缓解、消除工程群体性事件的一个有效途径就是加大社区居民在决策中的参与力度。

---

① 钟水映,李魁.中国工业化和城市化过程中的农地非农化[M].济南:山东人民出版社,2009:23.

② 同①65.

③ 李国健.中国被征地农民补偿安置研究[M].青岛:中国海洋大学出版社,2008:102.

④ O'Faircheallaigh C. Understanding corporate-Aboriginal agreements on mineral development: a conceptual framework[M]// Earth Matters: Indigenous Peoples, the Extractive Industry and Corporate Social Responsibility. Sheffield: Greenleaf Publishing, 2008:69.

从前面反垃圾焚烧案例中,我们发现,传统独断式的决策模式,垄断了决策的过程,民众没有实质性的有意义的参与机会,而政府只以保障城市显性的环境卫生和发展经济为目标,而该不该、在何处兴建垃圾焚烧厂,以及兴建后是否真正存在风险危害等,却不能与民众进行实质性的沟通。社区参与是一种表达对政府政策的意见的方式。基于对自身权利安危的考虑,公民有权利也有义务参与公共事务,表达个人合理意见和正当而合法的诉求。政府应以积极坦然的心态,提供公开和公平的渠道,给予公民实际参与政策过程,并理性阐发合理意见的机会。同时,政府应公开风险设施的潜在危害的资讯,让群众真正了解决策可能导致的负面影响。否则,居民一旦了解事实真相,将不可遏制地爆发抗争运动。民众反对吴江垃圾焚烧厂兴建的抗议运动,已足以证实这一点。当时有关官员向《南方周末》记者抱怨正是由于相关媒体的"误导"的报道点燃了民众的愤怒,这显然没有认识到政府工作本身的原因①。通过公众参与的形式,为与项目冲突有关的各方包括民众、政府官员及专业人员等提供了解、沟通的机会,通过自下而上的决策过程及政治对话的强化有助于"邻避"困境的化解。

首先,树立社区居民参与为主体的指导思想。对于开发项目而言,只有身在其中的社区居民能清楚感知到自身需要的利益,没有他们的参与,政府和项目兴办者的决策和管理应当归于无效。目前普遍存在的现象是以获得项目立项为第一目标,是一种面向结果,同时也是以技术经济范式为主的评估指导思想,这样的思想不能从根本上起到预防和化解社会稳定风险的作用,存在诸多的缺陷和不足。应该以经济、社会等多方面的考虑作为评估目标,改变当前社会影响评估活动由项目建设强势方(政府或者投资者)主导的模式,赋予公众、社区居民参与评估决策的权利;改变传统的以"技术经济范式"主导的社会影响评估模式,而应以"社会学范式"开展;改变以往评估模式中由专家和政府人员组成的评估团队,应该在评估团队中加入社区居民的角色。

其次,在参与方式上,应当构建政府与社区公众间强有力合作关系的方法,包括:①充分保障相关公众的知情权,即把相关政府决策计划和公共管理活动提前告知社区居民,让他们有一个合理的期限来思考这些事情;②津贴帮助、技术上支持,即对参与政府决策和管理的公众提供一定的经济津贴并提供技术上的帮助等;③永久性专门机构的建立,专门负责联络与政府决策和公共管理有关的公众,做好沟通上下的工作,尤其是在受损补偿、环境保护、发展机会等方面,更需要建立独立的专门性机构来进行指导、规划和管理;④律师的引进,律师是法律工作者,其具有民意力量的性质,不具有公权力背景和性质②。在政府与民众之间,律师属于第三方,如果在政府决策和管理中,引进律师力量,各利益方更容易达成共识。

2)搭建体现民主精神的评估平台

(1)社区协议应促进各方平等。欧美等国家的社会团体、组织化程度非常高,实施社区协议过程中各利益相关方都能较平等地接触专家、学者等提供技术和专业支持的人员,不存在一方占据压倒性优势的局面。而我国引进社区协议方法时,针对政府部门往往处于强势地位的特点,应着重平衡各方能力和地位,大体可通过以下几个方面进行改进:①社区协议

① 中国人权研究会.科技、环境与人权[M].北京:五洲传播出版社,2013:343.
② 何富杰.律师服务与社会矛盾化解、法治政府建设[C]//律师参与化解社会矛盾的理论与实践研讨会论文集,中华全国律师协会宪法与人权专业委员会,2010:4.

在启用阶段即识别利益相关者、确定各方代表时,应当增强相对弱势方代表出席的人数和决定权;②协议事项必须征得各方全部赞同、签字后才能生效,若有不同意见则要实事求是地进行备注而不能采取少数服从多数的决议方式;③在谈判阶段,各方拥有平等地接触专家的权利,专家面对公众询问专业问题时不得推诿、敷衍,或为组织化、专业化程度较低的利益相关方配备专门的专家支持,这可通过协调者作用加以监督和实现;④专家学者在分析、处理复杂的技术性问题时必须综合考虑普通群众的意见和建议,与各方进行充分的交流和论证,并且保证所出具的报告尽量使用大众所能接受的词语和表达形式,在大众能够理解相关信息的基础上得出结果和报告,缩小专家认为的合理性和公众能够理解的合理性之间的距离①。弱化彼此间的隔阂,避免专家因其专业性而与公众产生知识地位不平等以及在此基础上形成的“专家垄断”。

(2) 构建信息开放性平台。信息在解决涉及科学技术复杂性问题的公共冲突中的作用显而易见,并且在社区协议过程中,沟通和交流是推进程序的关键因素。规则制定、谈判结果呈现及评估以及最后达成协议等需要各方协商讨论。我国单一的信息渠道和沟通机制根本无法保证这些过程所要求的信息全面和及时性,更无法推进程序进展和问题的解决。因此,应用社区协议方法时,我国应着重针对信息公开问题进行改进和完善。主要措施有:①启用社区协议过程时,各阶段都应及时公开阶段总结、征集意见的通知、公告和意见征集后的反馈信息等,同时要注明哪些意见被采纳、哪些未被采纳、未被采纳的原因何在,以明确公众意见已传达到各方并被认真考虑,确保信息传递渠道的通畅和各方关系的持续性;②鉴于我国政务信息传递渠道多为官方通知公告的情况,应在社区协议过程中邀请媒体参与或者成立论坛等网络沟通方式,最大限度地拓宽沟通渠道以确保信息的透明度、准确性和及时性。当然,并不是所有信息都应当进行公示,其公示的内容、程度、受众范围等均应本着不泄露机密、不影响各方利益和解决进程的原则下经各方讨论后作出决定。

(3) 组建客观公正的第三方评估团队。目前关于重大工程的社会稳定风险评估团队,主要是评估机构成员、政府部门成员、项目兴办者代表和一些工程技术专家,而公众只是被动接受调查,其调查的可信度和有效性还一直饱受争议。因此应该组建体现民主精神的评估团队,这也是实现我们所提方法论与程序的前提条件。更加民主的评估团队除了上述人员之外,还应包含评估促进员、技术权威、社会学和法律方面专家、媒体与宣传专业人士、谈判与协调专业人士、专业社会调查人员、基层社区管理人员、社区居民代表等非政府组织成员。由于第三方评估团队的组成,使其具有了评估的独立性、权威性、专业性,因此成为公共政策制定和项目决策评估的重要力量。第三方参与可以解决现有评估模式中评估机构自闭性问题,使评估工作更具民主性,其组建工作应由第三方评估机构负责。本着“程序中立”原则,第三评估方居于客观立场上,排除利益的干扰,避免评估责任主体与被评估的项目之间存在特殊的利益关系或者由于信息不对称问题造成结果的显失公平。

3) 配备充足的评估资源条件

评估资源的充足性跟评估结果的准确性和合理性息息相关。但是目前各类项目评审中社会影响评估的资源严重不足,这在很大程度上影响了“公众参与”这一社会学领域工作开展的广度、深度和成效。资源是人们从事任何一项工作必备的条件,其配置的合理性和充足

---

① 李亚.创造性地解决公共冲突[M].北京:人民出版社,2015:146.

性直接关系到工作的成败。项目评审的主要资源条件包括人力、资金和时间等。在人力资源方面,前文提到项目行政许可各环节的评审均涉及社会影响评估内容,而社会评估的"科学家共同体主要是社会学家和人类学家"①,但是我国项目评估实践中,环境评估主要由环境工程专家组成、项目经济评价和可行性研究主要由工程技术专家、经济专家、财务专家等组成,极少见到人类学家和社会学家的身影。在资金和时间资源方面,社会评估需要较多时间和资金资源进行田野调查,而目前项目各类评审费用标准和时间的安排远不能满足深度的社会评估要求,也不可能指望评估机构开展广泛的、深入的社会调查和公众参与工作。从编制可研性研究报告收费标准来看,目前适用的带有国家规定性质的标准是《国家计委关于印发建设项目前期工作咨询收费暂行规定的通知》(计价格〔1999〕1283 号),按项目投资估算额(亿元)分为 0.3~1、1~5、5~10、10~50、50 以上等五档,编制可行性研究报告收费标准(万元)分别为 12~28、28~75、75~110、110~200、200~250。但是,各地方政府规定的标准低于这一水平,如浙江省 2013 年的规定标准就比国家标准平均降低了 20%②。即使如此,由于激烈的市场竞争,评估咨询的实际收费远比政府规定的标准低得多,一些甲级资质的评估企业在企业网站公开其收费为政府标准的 50%。从评估的时间来看,政府并未对评估周期做出明确的要求,显然也无法考核评估机构是否花费了足够的时间去完成评估任务,有许多评估企业在企业网站上宣称其用于政府立项许可的可行性研究报告的编制的时间只有 1~2 周时间。当然,这可能是适应委托方的需要,但也说明在项目评审中社会评估与公众参与是肯定不可能到位的,甚至根本没有开展公众参与工作。公众参与式的社会评估涉及大量的田野调查和观察任务,需要足够多的时间,中山大学周大鸣教授所主持的一些世界银行中国发展项目的参与社会评估,几乎每个项目社会调查(包括访谈、问卷调查、座谈会、入户访问等)时间短则 2~3 个星期,长则 1~2 个月③。本课题组对江苏苏州市吴江垃圾焚烧发电项目和木渎垃圾焚烧发电厂两个项目的周边居民访谈调查(项目影响社区范围较小,居民居住较密集),12 名调查员两天调查时间完成了 100 多份的调查问卷;对安徽宁国市港口湾水库居民访谈调查(项目影响社区范围较大,居民居住较分散),14 人调查组 5 天时间也只是完成了 120 多份的调查问卷。

4)明确社区协议法律后果,完善法律救济制度④

社区协议的基本原则是受开发项目影响的人群应参与到影响评价中来。社区协议理论的最终目的是促成双方达成共识,签订协议。因此,在社区协议的制定和实行过程中,各参与方的行为应该受法律的约束,并建立和完善救济制度来保障权利。

(1)社区协议的订立和实施应当有其法律后果,否则任何社区协议都将会失去保障。法律必须对达成的社区协议文件的法律效力有明确的规定,行政机关须保存谈判和答复的相关记录。社区协议的法律后果,是政府、项目兴办者和社区居民之间信息沟通的保证,是准确反映参与人及其群体的价值观、利益诉求的保障,特别在能否照顾到弱势群体的利益方面有着重大的意义。最终达成的协议实质性条款应当作为政府决策和管理的重要依据,只

① 陈阿江. 范式视角下的项目社会评价[J]. 江苏社会科学,2003(5):92-96.
② 浙江省物价局关于公布降低后的编制和评估可行性研究报告等建设项目前期咨询收费的通知(浙价服〔2013〕252 号)http://www.zjpi.gov.cn/main/html/2013/CT10041/e7a344f6af804f18b69be79085458511.html.2013-10-08.
③ 周大鸣,秦红增. 参与式社会评估:在倾听中求得发展[M]. 广州:中山大学出版社,2005:72,217,259.
④ 侯海军. 公共参与社会稳定风险评估机制研究[M]. 南京:河海大学出版社,2017.

有这样,决策和管理才能民主化和科学化,才能赢取更多的民心。

(2) 建立公众参与的救济制度。"无救济即无权利",救济的设定是现代法制一个很重要的方面,没有救济就没有权利[1]。要是救济制度不设置的话,所有的权利都可能落空,所有的制度都可能被搁置。针对社区协议权利的侵犯,可以通过以下几种途径实现救济:

第一种途径是行政救济,所谓行政救济指的是当社区协议协商谈判权利受到来自他人或者国家机关的侵害时,公众可以请求相关的国家机关,依照法律法规的规定的权限和程序给予保护和救济。来自他人或者国家司法机关侵犯的情形,大致有:人为设置障碍阻止协商谈判,在协商谈判过程中阻挠公众或者限制公众发表意见等。发生以上侵犯权利的情形,社区居民应当有权通过行政救济的方式来实现救济。具体而言,行政救济可以向具有行政职权的法定机关和行政机构进行行政申诉、控告、举报等,如若不能纠正,可提起行政复议、信访和法律援助等,由有关机关按照法定程序分别受理。另外,可以设置行政监察专员制度,赋予其监督社区协议执行过程,如发现有侵犯权利的情况,可以及时纠正,进而充分保障社区协议的有效运行。

第二种途径是司法救济,指的是通过司法机关按照司法的程序对参与权行使中发生的纠纷或权利侵害行使救济。在我国,公民权利受到侵犯的司法救济途径主要通过民事诉讼、行政诉讼和刑事诉讼三大诉讼来进行,这也是一个对公众参与权利侵犯的权利救济的框架体系。

第三种途径是社会救济,主要指媒体监督和社会舆论等方式。媒体应公正客观地报道项目对社区产生的负面的和正面的影响,如实报道项目开发商忽视受影响居民的权益诉求,通过社会舆论力量限制公权力对私权力的侵害,保护社区参与项目决策的权力。

6.3.2 社区协议条款讨论

根据学者在社区协议条款方面的研究,社区协议条款主要包括受损补偿、发展机会、环境保护、基础设施、社区文化、教育、医疗、最低生活保障、争议解决方式等[2][3]。条款中的受损补偿、发展机会、环境保护最受社区居民关注,本研究将这三项细化讨论,另外的归类到其他条款类别作简要讨论。

1) 受损补偿条款

大型工程建设项目若涉及征地或拆迁,必然会关乎群众的切身利益。部分工程具备负外部性特点,不仅涉及资源占用问题,而且会对周边居民带来负面效应,具体表现为损害周边居民身体健康以及引起的周围房价下跌。因此,常见的受损补偿通常包括:占用资源的补偿、环境污染补偿、不动产价格贬值补偿。

(1) 占用资源的补偿条款

社区协议对占用资源的补偿应是按照居民的诉求来达成,是一个有效化解焦点矛盾的

① 汤圣栋. 无救济即无权利[J]. 法制与社会,2008(15):274.
② Sosa I, Keenan K. Impact benefit agreements between aboriginal communities and mining companies:Their use in Canada[M]. Ottawa:Canadian Environmental Law Association,2001:3.
③ Gibson G, O'Faircheallaigh C. IBA Community Toolkit[R]. Negotiation and Implantation of Impact and Benefit Agreements. Walter & Duncan Gordon Foundation,Toronto,2010:26.

动态的回应机制①。例如在《穆若瓦安置协议》中,因当地土地缺乏和高通胀(通货膨胀率超过130%),协议商定的赔偿方式为以土地换土地和以资产换资产,而非现金补偿;《阿盖尔参与协议》成立了两个信托基金,确保当地社区社会和经济发展。近年来,我国各级地方政府在解决失地农民安置问题的实践中,已经摸索出许多有效的方法,形成了一些成功的模式。比如失地农民的"土地银行"、旅游开发的股份分红、工业园区修建中的直接参与经营②。我们借鉴国内外相关成功模式经验,对于占用土地类型提出几种可行的社区协议条款方式:①"土地入股型"的协议模式。指通过被征地农村集体组织与用地单位的协商,将土地使用权或者土地补偿费,以股份的形式参与到土地的开发中去,按股权比例分红,获取收益。②"直接参与项目经营"的协议模式。让被征地农民直接参与经营项目,将开发项目提供配套产品和服务给失地农民经营,用以获得长期收益。③"集中开发型"的协议模式。是指农民将土地征收补偿款交由村集体统一管理和使用,村集体通过创办企业、进行投资等,实现资本的保值和增值。④"土地换土地、资产换资产"的协议方式。在另外安置点上同等或超额补偿农民受损的土地和固有资产。⑤"土地换保障型"协议模式。指被征地农民一次性地将自己所有的土地使用权流转给政府,政府部门通过协商,并根据当地的生活水平等已有的信息,制定各方都能接受的、公平合理的社会标准,统一为失地农民办理各项社会保险。因此,对于失地农民土地资源的占用问题,不应简单地去适用哪一个模式或不适用哪一个模式,应该因地制宜,尊重原住民社区的权利,在决策中考量原住民利益诉求,灵活回应处理③。

(2) 环境污染补偿

负外部性设施因客观事实已存在二次污染,在运行过程中,需建立和完善对环境补偿的机制,给予适当的物质、精神或者两者皆有的补偿措施④。例如,可在协议中达成:①根据污染源的远近来制定出对利益群体的补偿额度;②达成补偿健康损失的问题共识,比如可以要求开发商建立社保基金,当居民发生与邻避设施相关的疾病时,无须进行因果关系的认定,直接可以报销一定比例的医疗费用与住院费用;③受影响居民享有邻避设施带来的利益的优先权,例如,提供相关岗位、设施的配套服务由当地居民承包等。通过更多的利益补偿对社区进行回馈,来平衡他们的利益失衡,获得居民的支持。

(3) 不动产价格贬值补偿

房产贬值是指社区居民的房产因邻避设施而贬值。番禺反对垃圾焚烧厂事件中,很多业主担心环境污染对身体健康损害问题实则是更担心垃圾焚烧发电厂一旦开建,周边的房价将受影响。不难理解,居民穷其一生换得的房屋将面临房价大幅缩水,直接影响到他们的利益⑤。

在解决不动产贬值的公共补偿制度中,政府在提出该方案的同时,必须对邻避居民的不动产进行价格保证,即如果在推行邻避设施项目后,邻避居民的不动产出现贬值,则政府需要以不动产的预期价格无条件买入不动产。具体做法是,在一个基准期限内,如果不动产的

①　Vanclay F. International principles for social impact assessment[J]. Impact Assessment and Project Appraisal, 2003, 21(1): 11.
②　侯海军. 公共参与社会稳定风险评估机制研究[M]. 南京: 河海大学出版社, 2017.
③　周其仁. 农地产权与征地制度——中国城市化面临的重大选择[J]. 经济学, 2004, 4(1): 194.
④　邓可祝. 邻避设施选址立法问题研究——以邻避冲突的预防与解决为视角[J]. 法治研究, 2014(7): 41.
⑤　谢思佳. 调查显示广东番禺97%居民反对建垃圾焚烧厂[N]. 南方日报, 2009-11-05.

价值增长幅度低于推行项目前,那么邻避居民有权行使强制收购请求权,请求政府按预期价值增长幅度的价格收购其不动产,并且政府无权拒绝。该机制有效保证了受影响居民的利益。如果政府希望节省财政开支、建立质量一般或功能不完善的公共设施、使邻避居民不动产价值得不到充分补偿的话,则受影响居民有权行使强制收购请求权,让政府对这部分损失"买单"。因此,该措施将不动产贬值的最终风险转移给政府,激励政府努力做好邻避设施的管理与邻避居民的补偿工作,这样便可以充分弥补邻避居民在不动产价值上的损失。①

2）发展机会条款

国外的社区协议都制定了支持当地经济发展的计划或者社区建设计划等,如支持小企业建设、优先向当地企业采购。例如,Hamerslety 铁矿公司在西澳大利亚开发杨迪库吉那铁矿时,与当地社区签订了一份社区协议②。协议规定,Hamerslety 将通过社区发展、培训、雇用和商业机会等形式,在 20 年内,向本地的土著居民提供 6 000 万澳元的利益。开发商将开发项目的税前百分之一的利润用来维持和发展当地的社区建设项目,其项目包括用于当地员工的安全防护和健康改善,并建立社区指导协议,赋予土著居民的自由事先知情权,矿区与土著民族共同发展,建立检查清单,用于定期掌握社区管理和治理情况和协议所建立的利益分配状况。通过社区协议,保障社区发展,发展的条款一般包括就业(就业培训)和社区发展商机这两个部分。

（1）就业和就业培训

社区协议条款应对社区居民就业和就业培训达成较为具体的规定,就业与就业培训内容包括:目标、就业目标、初期招聘、培训、招聘、就业、就业支持系统、对人力资源的任务评估③。每个内容又可细分几个小点,例如,就业条款方面又可细分工作场所标准、工作时间、裁员、辞职、开发商与雇员的联络等。限于篇幅,本研究在此只罗列相关重要点:

① 优先雇用当地社区居民,并设定当地居民录用目标或配额;

② 最大限度地增加当地居民的就业机会,并开展培训;

③ 确保裁员时,当地居民下岗最少的原则;

④ 帮助当地居民在工作领域消除文化障碍的规定;

⑤ 为防止对当地居民的歧视,公司须提供明确的员工考核、升职、员工准则等程序或文件;

⑥ 对当地居民工作参与度提供必要的信息;

⑦ 组织对当地居民进行培训,提升雇员技能并提供更多的实践机会。

（2）当地社区的发展商机④

社区协议应要求开发商尽量采取措施,推动受影响社区的经济发展。为了促进当地企业的发展,社区居民可以通过社区协议要求开发商在需求商品和服务时优先考虑当地居民企业,例如,使用当地建筑材料,应以与当地居民企业合作为主,协议还可能设置当地企业提

---

① 于国靖. 邻避冲突的法律解决机制研究[D]. 重庆:西南政法大学,2013:30-31.

② Humphreys D. A business perspective on community relations in mining[J]. Resources Policy, 2000, 26(3):127.

③ Sosa I, Keenan K. Impact benefit agreements between aboriginal communities and mining companies: Their use in Canada[M]. Ottawa: Canadian Environmental Law Association, 2001, 6.

④ 王联军,王史堂. 和谐矿区建设理论与实践[M]. 北京:地质出版社,2014:41-63.

供商品或服务的比例。若确实没有合适的当地企业可签约时,签约的非当地企业须为当地居民提供尽可能多的就业机会。通常情况下,当地企业技术、体制、经济能力和专业知识相对落后,没有能力为开发商提供商品服务,或无法在规定时间内成功投标。为解决这一问题,社区协议应要求开发商提供有关投标程序信息、帮助当地企业准备投标、协助当地企业获得融资、允许当地企业使用公司的基础设施服务,以及给予当地企业预付货款以帮其履行合同、拆分合同等优惠规定,以获得收益。

3) 社区的环境保护条款

环境方面的规定可能会直接出现在社区协议中,也可能以计划表的形式出现,这部分内容也可以与协议分开单独进行谈判。环境方面规定会对环境法律法规进行补充,其制定一是为了对司法规定中被忽视或模棱两可的地方进行补充解释,二是防止企业不需要通过环境影响评估而使得开发项目没有环境保障措施的情况。环境影响评估的主要内容,也可以以附件的形式将项目预期影响、处理方式等附在协议中。若社区协议在环境影响评估进行前签署,协议可能要求保证受影响社区居民参与评估活动。[①]

除了要求开发商提交环境影响评估报告外,一般社区协议会对其他要求做出一些说明,主要包括:预见的影响、影响程度、保护措施、检测措施、额外或其他保护措施、技术改进等。具体内容如下:

(1)预见影响。对开发项目的预见影响、造成原因以及保护措施实施之后残余影响的显著性,以附件形式附于协议后。

(2)影响显著程度。协议声明,尽管专家们对多数残余影响显著程度做出了评估,但是对显著程度所做出这样的评估以及所采用的评估标准实际上是主观的。需对由于对环境影响研究未能进行更加深度的分析,所造成的实施之后残余的影响以其他预见影响及影响显著程度需要做出说明,以附件形式总结在环境影响研究报告中,报告要基于专家们根据开发商的标准所做评估而确定。

(3)保护措施。社区居民在谈判过程中,要求开发商或者委托第三方制定环境治理标准,标准应贯穿整个项目的开发过程中,包括在开发前结合环境影响评价对可能造成的环境影响做出一般性的技术规定,在开发过程中要具体规定采取哪些措施、采取的措施要将生态影响和居民生活影响降低到尽可能小的程度。

(4)检测措施。开发商用于执行的保护措施的有效性以及保护措施实施之后残余影响的显著程度的评估方面,所实施的特别检测工作,其结果应当及时向社区居民代表或者双方成立的社区委员会做出汇报。如果开发项目的活动出现暂时中断,开发商应当按照既定的检测范围和频度,对环境实施检测。应当按照环保要求在开发项目及其周围继续进行废料处理活动以及现场检测。

(5)额外或其他保护措施。如果开发项目对环境产生了附件中没有提到的影响,那么开发商应当实施额外保护措施,消除和减少这种意外影响到一定程度,达到能够被协议各方共同接受的程度。如果没有合适的保护措施,降低和减少这样的影响到一定程度,达到能够被协议各方共同接受的程度(视具体情况而定),那么协议各方将磋商其他令各方满意的措施,包括环境污染补偿措施在内。如果协议各方无法就保护措施或者其他措施达成一致,那

① 王联军,王史堂.和谐矿区建设理论与实践[M].北京:地质出版社,2014:41-63.

么将采取仲裁程序解决争议①。

(6) 技术改进。如果将来开发出了更好或更加有效但功能相当的保护和检测措施,那么开发商在与社区居民代表或者双方成立的社区委员会磋商之后,可更换采用更好的措施。

4) 其他条款

(1) 基础设施。开发商应以促进他人共享使用并为其所在地区社会和经济可持续发展做贡献的方式,尽力规划并发展各种形式的基础设施,包括电力能源、水处理、饮用水、通信、娱乐设施、老人儿童设施、道路和交通基础设施。开发商还应尽力确保当地社区群众能使用协议项目的基础设施和服务,且其在使用时不需签署"使用者协议",通过基础设施改善社区群众的生活质量。

(2) 社区协议应注重对社区居民精神文化的保护,尤其是开发项目涉及少数民族地区。项目开发通常会带来大量的外来工作者,这些外来者中不乏歧视当地居民的人士。另外,有些项目活动还可能会与当地风俗习惯产生冲突等,这些行为都可能对当地精神文化传统造成损害。为此,社区协议应专门规定一些条款对其文化进行保护。例如,禁止外来者进入原住民的某些土地,开展帮助当地居民减压的咨询服务,为当地的社区工程或者娱乐设施提供资金或设施支持,保护社区妇女和儿童风险的特殊规定等。

(3) 子女教育问题。社区协议将失地农民家庭子女的教育问题纳入条款,与政府和开发商谈判协商,使他们能够与城镇居民的子女同等待遇,有利于社会公平和代际公平的实现。

(4) 医疗问题。一方面,应为受项目影响的社区筹建社区医疗中心或建立社区医疗诊所,来提供专业医疗诊治服务;另一方面,建立多形式、多层次的医疗保障制度,比如,为失地农民建立相应的社会医疗救助制度、建立新型合作医疗保障制度、确立失地农民医疗保障工作机制等。

(5) 最低生活保障。项目开发占用了大量田地,使部分农村成了失地农民,谷军和宋恩平认为"失地农民既有别于农民,又不同于市民,成为一个边缘群体"②。因此,不仅可依托政府提供的保障,社区居民也可要求开发商对失地农民提供最低生活保障制度,例如,规定开发商为社区居民专门成立信托基金、开发商需缴纳相应利润来作为资金筹集等方式。

(6) 争议解决方式。建立纠纷解决机制,以最小成本处理双方矛盾,一般可先自行解决,解决不了的再请求仲裁。社区协议需将具体解决方式列出,应规定如果无法通过协商友善解决争议,协议各方同意在任何一方寻求其他可行的补救措施之前,进入争议解决程序。社区协议还可规定强制性的仲裁,并列出具体解决程序。

(7) 法律援助。在社区协议实施过程中,应引入 NGO 组织、咨询顾问、律师等其中的一方或者多方,来解决信息不对称问题以及有效提供法律层面的援助。

(8) 解释说明。对于社区协议,可标准化或可量化的规定需尽量量化,对于根据日后项目情况进行调整的具有灵活性的条款,需对其定期盘点及责任等情况进行充分说明。社区

---

① Keeping J M. Thinking about benefits agreements: an analytical framework [M]. Northern Minerals Programme Working Paper No. 4, 1998: 162.

② 谷军,宋恩平. 北京农村土地问题调查分析与研究[M]. 北京:首都经济贸易大学出版社,2015:162.

协议可在各方当事人同意的情况下重新谈判或修改等,提供一个动态的回应机制解决开发项目带来的动态性问题。

6.3.3 社区协议的多样性形式

1) 单边参与/多边参与社区协议

社区协议的第一种分类分法:根据实质性参与方的数量将社区协议分为单边协议和多边协议。仅有一个参与方的称为单边协议,通常是政府采取公开信息的方式对社区居民作出的承诺。有两个或两个以上参与方的称为多边协议,例如社区协议的参与包括政府部门、开发商、社区公众、第三方组织机构两方及两方以上的参与。

单边协议:政府采取公开信息的方式对社区居民予以承诺,保证社区协议的有效实施。政府承诺作为最重要的信息资源,既是公众了解政府行为的直接途径,也是公众监督政府行为和参与政府决策的重要依据。居民一旦得到政府的权威公信承诺,能够避免理性人过早的亮明底牌这种想法而采取消极的等待策略使协议的订立陷入僵局。政府承诺的渠道可以通过政府网站、政府出版物、大众传播媒介、政务服务中心、新闻发布会、政务听证会和咨询会等方式。政府承诺的公开和透明可以最大限度地提高公民执行制度与政策的自觉性与有效性,减少了政府和公众双方存在的信息不对称问题,拉近政府与公民的距离,减少摩擦和误会,最大限度地增加政府与公民之间的相互信任,提升公民对政府的认同程度。但由于我国长期以来形成的"强政府弱社会"的国家状态,会使受影响居民担心政府承诺最终会是一张"空头支票",协议没法真正落实;另一方面,媒体的分化也会给政府带来很大的舆论压力。

多边协议:在最终的社区协议上有两个或两个以上的参与方签字的协议称为多边协议。通常在多边协议中,开发商和社区公众是两个最直接的利益相关方,其最终都会在达成的协议上签署,有的部分协议签署方还包括政府部门和第三方组织。在国外,有多种机制已经被确定为社区协议的潜在基础,包括合作管理安排以及合作战略,同时多数国家的法律明确了相关机制。尽管协议的条款是完全向谈判方开放的,但必须注意的是原住民,甚至是社区代表将由于其经验的缺乏而可能遭受损失,也许需要恰当的政府或公正客观的第三方帮助,来指导协议制定过程的处理方法和加强社区的谈判能力,以保证磋商和谈判的平衡和公正。

在多边协议中,政府和第三方组织机构发挥了重要作用。在社区协议制定和实施过程中,政府作为一只无形的推手,扮演着核心角色。首先,解决土地利用问题困扰。地方政府在审查时,应对社区协议关于土地使用进行严格把控,对开发商提出能给当地社区带来发展的可行方案;其次,确保最终形成的协议条款具有有效性和可行性,对于协议中模糊不清或模棱两可的条款,需由政府部门裁定;最后,政府应为谈判搭建一个透明化的公正平台,政府作为监督的角色来确保协议谈判过程的公平公正,应充分发挥"裁判者"作用,保证谈判内容的公平合理性,让协议具备更高的执行性。第三方非营利组织的参与并且最终会在社区协议上签署的一般是环保组织。这些机构组织代表社区公众的利益,它们参与该协议的协商和实施过程,可以在一定程度上避免因开发商左右政府部门以及蒙骗社区公众,而制定出对开发商有利的非常有限的协议目标,"吃掉"了相关环境法规规定而造成对受影响社区公众的损害。第三方(环保组织)参与到社区协议的谈判的实施过程对开发商起到了监督督促的作用,利于项目开发对环境的正向演化。

2）个体/团体社区协议[①]

根据参与主体的不同,将社区协议分为个体协议和团体协议。个体协议,又可称作一户一协议,指的是开发商和每户居民签订社区协议,每户签订的协议不尽相同。团体协议,或称为集体协议,是指开发商和社区代表团体签订社区协议,该协议对社区每一户都适用。

个体协议满足了不同被拆迁人的个性化需求。虽然在开发商看来,受影响居民是一个整体,但每间房屋背后所承载的是不同利益诉求的利益者,如果贸然采取统一的格式合同,将无法公正评估每个被拆迁人的合理要求[②]。比如,房屋因朝向、地理位置等不同因素其价值必然大大不同,而以团体协议签订将使一部分被拆迁人的利益得不到充分的保障,由此带来的社会不稳定因素将大大增加房屋拆迁征收的难度和成本。一方面以户为单位制定协议虽然加大了合同订立的成本,但能够带来比较好的协议履行效果。例如,在《穆若瓦安置协议》中,穆若瓦钻矿公司就与每户搬迁安置家庭签订了不同的补偿协议,使项目顺利进行[③]。协议的目的当然不仅仅是将双方协商的内容落实到纸面上,更重要的是在落实协议的履行阶段。前期以户为单位制定合同的行为尊重并保障了利益主体的合理要求,为后期的履行奠定了良好的基础。但个性化地制定个体协议的方式将耗费大量精力和成本,而过分强调个体协议的合同自由将造成权力的滥用和利益诉求的高涨,很有可能导致开发项目根本无法实现。

团体协议的好处在于能够为双方节省大量的财力、人力和物力,而且一份公平公正的协议能够使居民信服,从而推进项目开发。国外的社区协议实施方式通常是由社区居民遴选出威望者来作为社区代表,代表社区和开发商谈判,签署统一的社区协议。团体社区协议虽然充分发挥了格式合同便捷高效的优点,但对每一个利益者的差异化的需求缺乏尊重,如果利益者对此并无异议,可视为对自己权利的自由处分,其效果当然无可比拟。但如果有任一被拆迁人认为统一格式协议对自己权利的保护不够充分,则很有可能在后期的协议履行阶段多有刁难,则前期费力达成的协议内容将失去其作用。

个体协议和团体协议各有优缺点(表6.2)。本研究认为个体协议满足不同利益群体的个性化需求将是拆迁协议订立的基本形式,但对于针对每一户都制定新协议所带来的较大缔约成本的问题也应当正视,据此,可以针对不同的情况和诉求制定统一的标准,在标准之下灵活处置。在实际工程中,可根据预先调研,根据工程语境,选择适合的社区协议履行方式。

表 6.2　个体/团体协议优缺点

协议形式	优点	缺点
个体协议	充分表达利益诉求	耗精力和成本
团体协议	高效便捷、节约成本	缺乏个体利益诉求

①　王轲轩. 房屋拆迁补偿安置协议规范配置研究[D]. 兰州：甘肃政法学院,2014：23-26.

②　Gross J. Community benefits agreements：Definitions, values, and legal enforceability[J]. Journal of Affordable Housing & Community Development Law, 2007, 17(1/2)：37.

③　Missens R, Paul Dana L, Anderson R. Aboriginal partnerships in Canada：focus on the Diavik Diamond Mine [J]. Journal of Enterprising Communities：People and Places in the Global Economy, 2007, 1(1)：58.

3）单个/多重社区协议

根据最终签订协议的数量来将社区协议分为单个协议和多重协议。其各有优缺点，单个协议的优点在于制定成本低、耗时短，缺点在于不完备；多重协议的优点在于形成完善的协议体系，但协议的制定过程需要投入大量的人力和时间。

单个协议，是指开发商和受影响居民之间只签订一份社区协议。单个协议的优点在于能够节省大量的人力和时间，利于推进双方的协商进度，而且最终的形式较为简单明了、易于理解。目前国内开发项目涉及的拆迁协议大多属于单个协议，即让被拆迁者搬到足够远的地方，并予以足够多的现金补偿。《穆若瓦安置协议》里，开发商和原住民达成以土地换土地和以资产换资产的单个补偿协议，在新的搬迁安置点，所有的家庭所获得的宅地资产与土地比以前有显著的增加，在其后的收获季节，所有的农户都表示收成良好，相比未搬迁的住户有根本的改进，包括更好的土地、更多的降雨以及更完善的农业服务设施[1]。但单个协议缺点在于协议可能存在的不完善和不完整，会恶化后期双方关系。《阿盖尔参与协议》，1980年开发商与当地原住民达成了一个有限协议，当地原住民同意开发白拉木迪山口，但必须作出一定的补偿[2]。但不久便有人提出该协议中有关规定不完善，当地的原住民社区获益不充分。这造成了此后二十多年中，该社区与政府以及公司的持续紧张关系。

多重社区协议是指开发商和受影响居民签订多个社区协议。多重协议的优点在于能够形成一个较为健全完善的协议体系，前一次达成协议存在不足的地方可通过后一次协议签订补充完善，多轮次的完善保障了各签署方之间的利益。例如，2001年原住民和开发商重新协商《阿盖尔参与协议》，在达成最终协议之前，曾经达成了五个临时协议，并最终签订了多个协议共识、多种补偿协议、成立信托基金协议等，有效保障原住民利益，使双方关系正式化。《西开普省社区共存协议》除了确定原住民对于土地的所有权，以及他们对开采行为的许可的核心协议外，还达成其他协议，例如"获得土地使用管理及转让的审批权""管理以及分配""文化遗产保护"等[3]。多重协议利于确保社区所有的关切得到倾听，使社区获得更大范围的补偿收益。但多重协议的缺点在于耗费成本高、周期长。要达成新的一项协议需要耗费大量的人力，需要社区居民代表、评估促进员、技术权威、工程开发专家、社会学和法律方面专家、谈判与协调专业人士、专业社会调查人员等众多人员的参与；同时，协议的协商过程需要耗费很长的时间成本，一个新的协议通常是通过多次的会议协商谈判后达成的，很多会议的时长多达两天甚至更长。

本章小结

近十多年来，西方一些国家开始引入社区协议解决项目开发与社区之间的冲突问题，在若干项目上取得了成功经验。社区协议方法也成为社会影响评估实践的一种新趋势，并被

① Nish S, Bice S. Community-based agreement making with land-connected peoples[M]// New directions in social impact assessment: conceptual and methodological advances. Cheltenham: Edward Elgar, 2011: 76-78.

② Harvey B. Rio Tinto's agreement making in Australia in a context of globalisation[M]// Honour Among Nations?: Treaties and Agreements with Indigenous People, the National Native Title Conference, Adelaide 2004: 237.

③ Solomon F, Katz E, Lovel R. Social dimensions of mining: Research, policy and practice challenges for the minerals industry in Australia[J]. Resources Policy, 2008, 33(3): 142-149.

认为是对着重于负面影响预测的、合规式的传统社会影响评估方法的一种替代。从评估目的认知出发,我们认为社区协议方法应作为社会影响评估的重要组成部分之一,因为它使得社会影响评估能够影响项目决策,而不是只起到泰勒所批评的那种"橡皮图章"作用。为此,我们试图将社区协议方法本土化移植到国内的社会影响评估领域。

目前,社区协议方法还只是一些经验做法。我们选取了国外多个成功的社区协议案例,采用文本分析方法,获得具有共性的社区协议方法过程框架。对这一方法框架,我们从社区为本的社会影响评估价值观、新公共参与理论、《联合国原住民人权宣言》强调的"自由的事先、知情、同意权"(FPIC)主张等视角讨论其有效性,从项目与社区之间的冲突化解及两者的共同发展视角下论证其有效性,采用反事实分析方法对所调查的两个极具对比性案例对比研究以验证结论。我们观察到,近年来国内也出现了一些社区协议雏形。根据媒体和相关研究者报道的二手资料,我们还原了北京新机场拆迁工程群体性事件案例始末,从中揭示出该案例所折射出的社区协议主要特征,再将社区协议前置重塑该工程拆迁工作。该案例剖析,显现出社区协议方法本土化应用的可行性和必要性。结合国情的进一步研究结论认为,社区协议本土化应用的前提条件包括确立赋权式社区参与指导思想、搭建具有民主精神的评估平台、配备充足的评估资源、完善法律救济制度等,本土化的社区协议框架应包括受损补偿、发展机会、社区环境保护等条款及社区设施、教育和医疗等与居民生活密切相关的条款。在本土情境下,社区协议应该具有灵活性,可以以单边或多边协议、个体或团体协议、单个或多重协议等多样化的形式存在。

在理论意义上,社区协议方法引入社会影响评估领域,是对传统评估方法框架的跨越,是以社区为本评估价值观、建构主义评估方法论和原住民的"自由的事先、知情、同意权"等的体现。在实践意义上,社区协议方法应用可使得社会影响评估成果真正成为转变项目决策和政策的手段,能有效解决项目与社区之间的冲突问题,促进项目和社区共同发展。

7 面向过程的评估模式：社区互动论坛

7.1 评估模式讨论与选择

7.1.1 评估模式的核心：公众参与

评估模式是指导评估工作实施的参照性方略，是由评估理念、评估内容、评估方法和评估程序等组成的体系，是评估价值观、评估思维方式和评估方法论的具体体现。一个好的评估模式有助于按照既定思路和方法实施评估工作，高效完成评估任务，并找到社会影响问题解决的最佳方案，实现评估的目标。

根据评估过程控制、利益相关者的选择和参与深度等三个维度，人们将社会评估分为不同的评估模式，代表性的模式[①]主要有：

(1) 参与式评价(Participatory evaluation)。参与式评价要求评估者与在被评价的项目或工程中拥有利害关系的个人、团体或社区以某种方式合作，利益相关者参与评估。参与式评估又分为实践型参与式评价(P-PE, Practical participatory evaluation)和转变型参与式评价(T-PE, Transformative participatory evaluation)。[②] P-PE强调促进评价结果和过程的利用，认为利益相关者参与评价会增加评估的相关性、针对性，强化参与者的主人翁意识，从而提高评估过程和结论的利用率。T-PE强调在评估中赋予个人和组织权力，利益相关者通过参与项目评估的过程来理解技能、权力及控制之间联系，并自己决定何时开始评价，应该评价什么，应该怎样评价以及如何利用评价结果。

(2) 基于利益相关者的评价(Stakeholder-based evaluation)。基于利益相关者的评价与P-PE方法类似。当项目各方利益相关者对项目评估目标有分歧，意见不一致时，需要利益群体共同协商，加以引导以使评价者们对项目评估目标达成共识[③]。因此，基于利益相关者的评价模型适合用于决策导向，问题解决，或总结性评价[④]。

(3) 民主评估(Democratic evaluation)。民主评估通过在项目的评价者和参与者之间协同完成评估过程和共享决策权来提高评估的使用价值[⑤]。因为所有评估参与者共同控制评估过程，而且评估过程中得到的数据和评估结论必须及时公布，所以评估是在民主的环境

---

① 也有人称这些模式为评估方法，但我们认为它们主要是说明评估的行为方式，称为模式更为恰当。

② Cousins J B, Whitmore E. Framing participatory evaluation[M]. San Francisco：Jossey Bass, 1998：89-105.

③ Cousins J B, Earl L M. The case for participatory evaluation[J]. Educational Evaluation and Policy Analysis, 1992, 14(3), 397-418.

④ Weaver L, Cousins J B. Unpacking the Participatory Process[J]. Journal of MultiDisciplinary Evaluation, 2004, 36(4)：19-40.

⑤ MacDonald B. Evaluation and control of education[M]. London：Macmillan, 1996：27-84.

下进行的[①]。在民主评估中,来自不同的利益相关者群体代表是民主评估的一个至关重要的因素。

(4)赋权评价(Empowerment evaluation)。赋权评价与 T-PE 方法相类似,通过赋予评估者和参与者权力来促进评估过程中的自我决策。赋权评价具有较强的灵活性,强调相互协作,在评估过程中会随时根据评估进展情况来改进评估计划。它的主要目标是通过对个人和组织进行培训、提供便利、授权来拥护和阐明自身的关切[②]。

也有学者并不认为不同的模式是完全不同或对立的,例如,Pollitt 认为参与式评估涵盖了赋权评价、第四代评估(Fourth Generation Evaluation)、临界评估(Critical Evaluation)、使用导向评估(Utilization-focused Evaluation)、多元评估(Pluralist Evaluation)和民主评估等[③];Jacob 则统称之为协同式评估模式,并指出在过去的 15 年中,在世界范围内协同式评估在世界银行投资项目、大型工程项目、社会民生项目等评估中得到广泛应用[④]。尽管学者们对评估模式有不同的观点,但是它们有一共同的核心——利益相关者参与。

在国内,官方的《投资项目社会评价指南》在引入西方社会评价理念时就讨论了参与问题,指出"参与不仅是社会发展的一个目标,而且是促进社会发展和项目成功的一种手段,因为在项目的立项、准备及实施阶段,各利益集团的参与,可以改进项目的实施,获得当地人民的支持与合作,加强人们对项目的所有感,帮助处于不利条件下的群体"[⑤]。中国权威的项目评估机构——中国国际工程咨询公司出版的《中国投资项目社会评价指南》则把利益相关者参与称为"社会评价中的公众参与",认为"这种方法的应用对于改进项目设计方案、取得项目各有关利益相关者的理解、支持、合作与有效参与,都起到了积极的促进作用,并有利于提高项目参与各方的社会责任感,减少社会矛盾和纠纷,降低项目建设和运营的社会风险",可以"使当地人(农村的和城市的)和外来者(专家、政府工作人员等)一起对当地的社会、经济、文化、自然资源进行分析评价,对所面临的问题和机遇进行分析,从而做出计划、制定行动方案并使方案付诸实施,对计划和行动做出监测评价,最终使当地人从项目的实施中得到收益。"[⑥]

国家相关的政策与法规也为公众参与实施提供了有力支撑。2005 年后,在各级人大、政府立法中普遍引入了听证制,在公共决策和政府治理中也越来越平常地推行公开征求意见、听证、座谈会等公众参与方式。党的十八大报告指出:"加强社会建设,必须加快推进社会体制改革。要围绕构建有中国特色社会主义社会管理体系,加快形成党委领导、政府负责、社会协同、公众参与、法制保障的社会管理体制。"2002 年颁布的《环境影响评价法》中总

① MacDonald B. Evaluation and control of education[M]. London: Macmillan, 1996: 27-84.

② Fetterman D M, Kafterian S J, Wandersman A. Empowerment evaluation: Knowledge and tools for self-assessment and accountability[M]. Thousand Oaks, CA: Sage, 1999: 12-45.

③ Pollitt C. Stunted by stakeholders? Limits to collaborative evaluation[J]. Public Policy Adm, 1999, 14(2): 77-90.

④ Jacob S. Participatory evaluation and process use within a social aid organization for at-risk families and youth [J]. Evaluation and Program Planning, 2011, 34(2): 113-123.

⑤ 国家计委投资研究所与建设部标准定额研究所社会评价课题组. 投资项目社会评价指南[M]. 北京:经济管理出版社,1997: 45.

⑥ 中国国际工程咨询公司. 中国投资项目社会评价指南:世界银行亚洲开发银行资助项目[M]. 北京:中国计划出版社,2004: 30.

则第五条强调，"国家鼓励有关单位、专家和公众以适当方式参与环境影响评价"。2008 年实行的《城乡规划法》首次确立了"政府组织、专家领衔、部门合作、公众参与"的规划程序。2011 年颁布的《国民经济和社会发展十二五规划纲要》明确提出"建立重大工程项目建设和重大决策制定的社会稳定风险评估机制"，"建立健全公众参与、专家咨询、风险评估合法性审查和集体讨论决定的决策机制"。2012 年试行的关于《建立健全重大决策社会稳定风险评估机制的指导意见》在评估形式上提出了"通过网络、报刊、问卷调查、听证会等渠道向社会公开征求意见"。

7.1.2　社会影响评估的公众参与方式：社区互动论坛

1) 公众参与应落实在社区参与

社会影响评估是以利益相关者(公众)参与作为核心的运行模式，而公众参与则应落实在社区参与。第一方面，社区作为社会最基本的单元，在公众参与中可发挥更重要的作用。第二方面，大型工程对社会总体层面而言通常是积极的、正面的影响，而消极的、负面的影响一般在受影响的社区层面，这也正是我们在 2.2.3 节中所阐述的一些具有较大负面影响工程出现"邻避现象"的原因。第三方面，正如我们在 2.1 节和 4.2 节所分析的那样，大型工程社会影响在空间维度上呈现范围广、在时间上呈现从建设到运营的项目全寿命期，且涉及社区资本、资源禀赋相异的社区及处于不同社会阶层和社会群体的人群。如果统一采用听证会、论证会、问卷调查等公众参与方式，获取的多为整个社会层面的数据，而难以获取不同社区和群体的意见、观点及他们的焦虑和担心。以我们调查的港口湾水库为例，当时政策只是按照实际淹没山地和田地面积进行补偿，未淹没的山地和土地仍归原权利人，不予补偿。该政策对于就地后靠的居民，因仍可以进行劳作获得收益，影响并不显著，但对于一些异地安置、外迁安置的村民，因离得太远，原有的未淹没土地和山林只得荒废，为此在青龙乡、军天湖等几个乡镇移民中发生了几次较大规模群众上访事件。由于不同社区关注的焦点问题各不相同，项目建设方提出的措施可能满足了部分公众的需求，而忽视了另一些公众的利益诉求，从而导致公众的不满，进而引发一些群体性事件。

社会影响评估中将公众参与落实在社区参与，至少有以下几个方面的积极意义：①保证社会影响评估的公正性。社区参与到社会影响评估过程中，受项目影响的社区居民从自身利益和社区认同感出发，行使自己作为社区成员的权利，可以有效监督评估过程的合法性，防止权力部门在评估过程中公权力的泛滥，使评估过程和评估结果的公正性得到保证。②提高社会影响评估的科学性。如在前文阐述的那样，大型工程社会影响是一个复杂的社区社会问题，涉及的社会维度包含社会构成(人口、人口结构、家庭结构等)、经济(贫富水平、工资、社区经济基础等)、社区特征(当地消费水平、基础设施、地区意识等)、组织和领导方式(社区组织、社区活动水平、社区凝聚力等)。这些维度的测量，仅凭二手资料或者简单的问卷调查等往往是不能详细准确描述的，它们离不开社区居民的参与。从社区参与入手可以确定社区所关心的关键问题，进而确定评估框架，为社会影响评估者提供了真实的、客观的依据，避免评估者只关注项目的一些所谓的社会效益指标而忽视社区居民的切实感受等，提高了评估的科学性。③促进项目决策的民主化。项目的决策涉及与居民密切相关的个人利益和社区公共利益，本质是项目效益和成本在项目举办方、社会总体与受影响的社区、群体及个体等之间的合理分配问题。所以,项目决策过程必须在一个民主的框架内进行,而社区参与构成了实施民主议程的平台。

因此,社会影响评估应以社区作为评估单元,强调受影响社区及居民的参与,预计项目对不同社区所产生的特定影响,才能针对性提出缓解措施,实现化解项目开发与社区冲突和矛盾的目标。事实上,在前文各章中我们从社会影响评估概念界定到社会影响分析、评估价值观确立、评估主题聚焦及评估方法的讨论,包括后续章节对社区调查技术增进研究,均是围绕社区这一话题。这里也是对我们这一持续观点的进一步阐释。

此外,社区参与也是社会管理中社区治理理论的一种实践。近年来,党和国家政府以城乡社区作为社会治理的基本单元,推进社区自治模式等社会管理社会化改革,也为社会影响评估工作奠定了一些社区参与的群众基础,使得社区参与具有一定的可操作性。早在 2000 年国务院发布的《关于转发〈民政部关于在全国推进城市社区建设的意见〉的通知》中就指出要在党和政府的领导下,依靠社区力量,利用社区资源,强化社区功能,解决社区问题,促进社区政治、经济、文化、环境协调和健康发展,不断提高社区成员生活水平和生活质量。2017 年发布的《中共中央国务院关于加强和完善城乡社区治理的意见》中关于城乡社区治理的基本原则之一是,"坚持以人为本,服务居民。坚持以人民为中心的发展思想,把服务居民、造福居民作为城乡社区治理的出发点和落脚点,坚持依靠居民、依法有序组织居民群众参与社区治理,实现人人参与、人人尽力、人人共享"。目前,我国的社区自治模式得到了很好的发展,比较有代表性的有青岛的"六型社区"、南京的"小政府大社区"、深圳的"社区委员会与社区工作站并行"的管理模

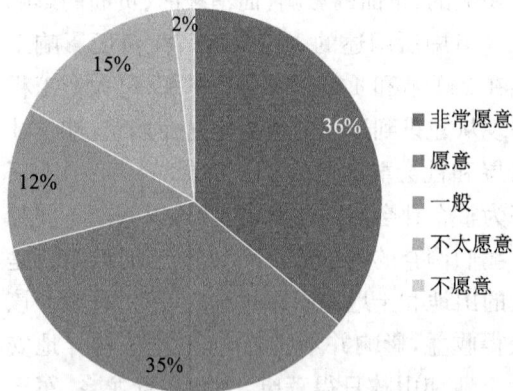

图 7-1 居民参与社区公共事务的愿意程度

式,这些模式反映了社区基层管理中居民自治意识的提升,更多地参与到社区的管理事务中来。① 我们在港口湾水库案例工程社区调查问卷中与此相关的一个问题是:"您是否乐意与您的街坊邻居聊天中会经常议论社区(村、街道)发生的一些公共事务(如新开工厂、新修道路、修建学校等)?"统计结果是受访居民中有 36% 表示"非常愿意"、有 35% 的受访居民表示"愿意"(图 7-1),显现出居民对社区公共事务的关切和参与程度较高。

2)不同社区参与方式与类型的比较

徐铭鸿指出,我国基层社区参与形式主要有:①听证会、协调会、评议会"三会"制度;②居民公决;③制定社区居民公约和社区自治章程;④开设议事园;⑤民主评议机制;⑥"社区人民联络员"制度;⑦居民门栋自治;⑧民情收集站;⑨信访接待室;⑩组织聊天台②。王敏婕将农村征地补偿的农民参与模式总结为座谈会、听证会、村民代表大会和通告公示等四种③。这里,我们对我国现阶段常见的社区参与形式从参与主体、持续时间和特征上做一个

① 王艳丽.城市社区协同治理动力机制研究[D].长春:吉林大学,2012.
② 徐铭鸿.城市居民社区参与的有效性研究[D].上海:上海交通大学,2013.
③ 王敏婕.征地补偿过程中农民参与模式的研究[D].兰州:兰州大学,2011.

比较(表 7.1)。

表 7.1　我国社区参与方式的比较

参与方式	参与的主体	持续时间	特征与机制
听证会	听证会的人员由居委会组织成立听证小组,居委会主任担任组长。小组成员由相关政府部门或居委会在社区实施项目或重大事项涉及的有关居民群众代表、居民会议代表、社区单位代表等组成	多为一次性的	政府有关部门或居委会在社区实施的项目或涉及居民群众切身利益的重大事项,在作出决策前,由居委会组织部分社区成员代表召开会议,广泛讨论,并提出具体意见的会议制度
协调会	协调会由有关当事人、居委会主任、居委会人民调解委员会主任及有关社区工作人员组成。必要时,可邀请居民区党组织负责人、社区民警、街道办事处(镇政府)的司法助理等相关人员参加	针对单一事件	涉及社区成员公共利益的有关矛盾;社区成员间的民事纠纷、利益冲突;当事人请求协商解决的其他矛盾
评议会	社区各类组织包括公安、工商、卫生、物业公司等居民社区服务组织	一般采取综合评议的形式,在每年的年底进行	居委会组织社区成员代表对被评议的机构、事件、对象的工作进行考核评议的会议制度
业主大会(城市社区)	物业管理区域所有业主或代表参加	根据物业管理需要召开,每年几次	维护物业管理区域内全体业主的合法权利,讨论物业相关事宜
座谈会	集中调查对象对社区某一议题进行讨论	通常6～10人,大约1～2小时	针对社区建设和社区服务的热点问题,讨论获取居民信息
居民会议(村民代表会议)	由社区居民代表(村民代表参加)	由居民代表(村民)2/3以上参加	反馈全区居民(村民)意见和建议,会议成员对议案进行审议,投票表决
社区论坛	社区政府机构和居民共同参与	持续的定期或不定期的会议形式,在当今城镇社区更多借助网络BBS、QQ群、微信群等手段	社区建设和社区事务讨论协商
居民议事会	通过选举产生的议事会成员	居民会议闭会期间	在广泛听取居民意见的基础上对社区公共事务进行讨论和决策

公众参与国际协会(International association for public participation,IAP2)根据公众参与的影响力水平,将公众参与分为告知(Inform)、咨询(Consult)、参与(Involve)、合作(Collaborate)、授权(Empower)五种类型[1]。按照这一类型划分,结合我国的社区参与形

① 徐中振,卢汉龙,马伊里.社区发展与现代文明:上海城市社区发展研究报告[M].上海:上海远东出版社,1996:160.

式,形成公众参与光谱(表 7.2)。可见,随着类型的发展,公众参与深度与赋权程度明显增强。

表 7.2　公众参与的光谱

类型	公众参与目标	参与深度	我国社区参与形式
告知	为公众提供客观的信息以帮助他们理解问题、选项、机会或解决方案	持续为公众提供信息	通告公示
咨询	获取公众反馈	为公众提供信息,倾听和关注公众的忧虑和愿望,就公众参与如何影响决策提供反馈	听证会座谈会
参与	直接与公众一起讨论,确保公众的忧虑和愿望一直被理解和考虑	确保公众的忧虑和愿望得到反映,就公众参与如何影响决策提供反馈	业主大会社区论坛居民会议(村民会)居民议事会
合作	关于决策的各个方面,都与公众合作	在制定解决方案时,会寻求公众的意见和想法,最大限度地将公众的建议考虑到决策中	—
授权	将最终决策权交给公众	执行公众的决定	—

3) 现阶段我国社会影响评估中社区参与所面临的困境

目前,我国的工程建设中社区参与面临着一些困境,这些困境也是社会影响评估必须面对的。以北京六里屯垃圾焚烧发电厂项目为例,据《京华时报》报道[1],该项目《环境影响报告书》第八章"公众参与"部分写道:项目评价期间共发放调查表 100 份,收回 85 份,同意焚烧项目的占 71%……据记者调查,同属该报告书评价范围内的大多数居民却表示,对这样的调查一无所知。附近的颐和山庄居民代表通过小区论坛以及不断走访询问发现,没有一个人承认填写过环评部门的调查表。该报道称,国家环保总局工作人员解释,如果一个项目在"公众参与"环评阶段,公众反对人数比例达到 30% 到 40%,该项目肯定无法通过环保评估,更不会立项开建。该案例让我们思考的是,且不说,项目周边 3 km 范围内居民达到 2 万多人,只发放 100 份问卷是否保证调查结果的信度和效度,就说 71% 表示同意的受访者之外的其他 29% 的受访者,他们有什么意见? 他们的意见是否值得了解和重视?

我们在港口湾水库案例工程的社区调查设置的一个相关问题是,"您认为社区居民参与社区公共事务中参与程度较差的原因?"。统计结果显示,有 31% 的受访者认为"政府没有提供合适的参与机会",23% 的受访者认为"政府对居民意见的不重视,没能及时做出反馈",还有 14% 受访者将其归结于"政府引导居民参与时间较迟"。访谈所获得的一些受访者口述资料也深刻表现出社区参与的现状:

港口村一受访者:我们村民很少知晓村里的重要决定,都是到了要开始实行时,才有大队干部挨家挨户进行通知,特别是港口湾水库建设时,建设前期我们并不知情,当通知水库

---

① 马晋勇.六里屯垃圾焚烧厂引争议[N].京华时报,2007-04-18(003-004)

建设时,已经差不多到了快搬迁的时候了。

青龙乡一受访者：水库建设时,我们也参加了村里的座谈会,移民工作人员大都宣传水库建设的好处,会上也听取了我们的意见,但是在后来的实施过程中履行的很少。座谈会开了好几次,但是作用效果不大,最后还引发了村里的集体抗议。

方塘乡一受访者：大家都很想参与到水库的讨论中来,但是开展的座谈会都是形式主义,最后还是采取了一些强制措施要求居民搬迁,并且其补偿措施是非常低的。最终的搬迁补偿方案都是由政府制定的,我们只能遵循。

甲路村一受访者：水库建设方并不理会我们村民的意见,现在住的地方田地和山都比以前少,当年由于搬迁问题,我们村集体拦停了火车,但是最终的解决方案还是不能让大家满意。

根据表7.2的社区参与光谱分析,现阶段我国工程建设中社区参与面临的主要困境可归纳为以下几个方面：

第一,参与深度和赋权程度不足,社区参与停留在告知、咨询和参与几个较低层次之上,居民的社区活动集中在低层次的非政治性参与,如：社区治安、卫生绿化、娱乐问题等。而在社区经济分配领域和政治权利领域中则很少看到居民的身影,反映出社区参与的赋权程度低。

第二,参与形式少,多为动员式参与,居民被动地参与到社区事务的管理中。居民会议、座谈会、听证会、业主大会都是由社区政府机构组织开展的,政府决定着召开会议的时间和地点,使居民很难主动地参与到社区事务管理中。而居民没有合适的参与途径,因而常常出现示威、抗议、游行等非制度性参与。

第三,参与的效果很差,关于项目建设的听证会、座谈会、论证会等大都以政府官员、技术专家对项目的可行性进行论证,而对于居民反馈的意见和建议往往并没有反馈到项目的规划之中,使会议流于形式。

第四,参与活动时间短、时机滞后。听证会、论证会等会议往往是一次性的会议,并没有引起广泛的参与讨论,不能就居民的建议通过多轮的协商,进行方案的修改或提供缓解措施。同时很多项目往往在即将开工阶段才进行社会通告,当社区居民觉得自身利益受损后常会阻挠项目建设导致项目停止,此时再召开居民座谈会可以说是耗时费力,而且往往很难与居民达成共识。

4）社区互动论坛参与方式的提出

产生上述社区参与困境的原因可能是多方面的。程子君、李志强将我国环境保护中公众参与不足的原因归纳为观念和环保意识、经济发展不均衡、政府主导、政策法规缺位、参与成本等[1];李东泉、韩光辉认为我国城市规划公众参与缺失的历史原因是政府干预思想突出、法制建设落后和市民社会一直没有形成[2];姜晓萍、衡霞将社区治理中公民参与的障碍和原因归为公民参与的内在动力机制(积极性、观念转变、社区认同归属感、对居委会信任度、参与理性)不足和外在动力机制(法律法规、参与配套性机制)及其他体制性障碍(街居制、公民社会组织发育不良)等。我们也可以去研究包括社会影响评估在内的工程建设中社区参与困境的原因,也许或者说也一定能找到类似上述的各种缘由。但是,它们大多数可能是理念的、社会的、体制或者法制等宏观的因素,它们在短期内甚至在一个较长时期内可能

---

[1] 程子君,李志强. 中国公众参与环境保护的不足及其原因探析[J]. 环境科学与管理,2009,34(9)：18-19.

[2] 李东泉,韩光辉. 我国城市规划公众参与缺失的历史原因[J]. 规划师,2005,21(11)：12.

都不会彻底转变,从社会影响评估这样一个微观领域问题研究来说,也是无法解决的。从另一个角度,即使宏观因素转变了,也未必能有助于真正地走出这个困境。以公民社会、社区自治来说,西方国家远比中国成熟和发达,但是西方国家一样也有因工程建设和运营引发的居民集体行动(或称为邻避事件,我国也称为群体性事件)。

我们需要换一种思路,从微观角度寻求解决的方案。从表 7.2 的公众参与光谱来看,我国的社区参与深度和赋权程度处于初级层次,项目环境评价和社会评价实践中参与方式多为"告知""咨询"类型层次,"参与"类型层次已不多见,"合作"类型层次极为少见,而"授权"类型层次则几乎是非常不现实的想法。在评估实践中,评估者如果自觉地将社区参与向更高层次推进,即扩大"参与"类型层次的社区参与,拓展"合作"类型层次的社区参与,是非常有利于走出社区参与的困境。从表 7.1 的社区参与方式的比较来看,可持续开展的"社区论坛"参与方式是实现这一思路的较好途径。学者们有关社区论坛的观点,也显现采用这一参与方式的有效性,例如,李海金认为社区论坛是一个新公共空间,是居民利用社区内部、外部资源搭建的,是社区成员讨论关乎居民各种需求和采取必要相关行为的公共领域[1];梁莹认为社区论坛在制度层面上是基于协商民主的面对面地协商对话的一种机制[2];姚亮认为社区论坛不仅是一种空间属性,而应更加注重其制度层面的含义,它是社区居民、企业、各种组织、政府之间自愿平等建立起来的社区公共事务讨论的协商对话机制[3]。在城市和经济发达的农村地区,互联网提供的电子公告(或称为论坛、BBS)、门户、问答、微博、博客及基于 QQ或微信的群组等电子社区形式,也为社区论坛参与方式实施提供了更为便捷和灵活的平台,并促进参与广度和交流互动性。

西方社会影响评估理论倡导的以问题为导向、利益相关者互动学习、共同协商及赋权参与等评估模式,也给了我们新的启发。我们认为,社区论坛参与方式可以进行增进,不再仅是作为一种社区参与形式,而且可以扩展为一种以其为核心的面向过程的社会影响评估模式。为区别起见,我们称这种参与方式为"社区互动论坛",称以这种参与方式为核心的评估模式为"社区互动论坛评估模式"。其中,"互动"一词赋予了丰富的含义。社区互动论坛不再是一个简单的由社区居民参加的投票、发表个人意见或建议或个人利益诉求的会议论坛或网络社区论坛,而是一个可由社区居民代表、社区组织机构人员、NGO 组织代表、项目兴办者、政府机构及其他利益相关者共同参与评估的平台,它可以以多轮次的座谈会、讨论会、评议会、协商会等各种形式出现。利益相关方在这一平台上交流各方对项目的观点、意见和看法并互相学习,就项目开发和运营引发的社区影响、各方之间的矛盾和利益冲突焦点进行平等对话、公平协商,以合作的关系探讨问题的解决方案,以期实现项目与社区共同发展的目标。

7.1.3 基于社区互动论坛的 SIA 模式基本框架

1)社区互动论坛的社区参与互动过程

在 2.2 节中的研究显现,任何一项工程只要对社区产生冲击,利益相关者之间,特别

---

① 李海金. 公共参与中的社区生长[D]. 武汉:华中师范大学,2005.
② 梁莹. 社区论坛:一种非均衡的博弈——以长三角地区三城市调查为例[J]. 社会科学,2012(6):36.
③ 姚亮. 从社区论坛看各行为主体的利益博弈——理论假设与经验研究[J]. 理论与改革,2005(4):19.

是项目兴办者与社区居民之间的矛盾和冲突是难以避免的。化解这样的冲突和矛盾是社会影响评估的一项重要目标，在7.1.1节中提到的各类评估模式均是在强调通过利益相关者参与评估，协调分歧，解决问题，达成共识，以提高评估的使用价值。在我们提出的以社区互动论坛为核心的评估模式中，互动过程是实现这个的手段。这个互动过程如何设计呢？

古贝等在研究教育领域社会评估时，提出的一种基于解释学辩证过程来控制评估，引导利益相关者进行信息收集并协商，所有的利益相关者代表和评估者共同解决出现的问题，力求对有争议的问题达到共同性建构。[①]杜瑛对第四代评估的解释辩证循环过程方法做了进一步解释，认为这一方法体现了一种各种分歧观点的比较与对比，以期获得一种互动和融合。目的在于允许各参与者共同研究，在互相建构的过程中达成共识。解释辩证过程的目标是，如有可能即取得一致意见，达成共识；如果不可能，该过程至少能展现并澄清几种不同的观点，并允许建立协商议程。[②]解释学辩证循环方法对于我们设计社区互动论坛中的互动过程很有启发。

解释学辩证又叫辩证解释学（Dialectical Hermeneutics），是解释学与辩证法结合在一起的一种研究方法。关于这个术语，说解释是因为它在性质上是解释性的，它具有两层含义，一方面，解释学可以理解为是正确理解的艺术；另一方面，这种艺术旨在达到非误解的理解，并且后一个的意义更深刻、更丰富。说辩证是因为它体现了一种各种歧异观点的比较与对比，理解和误解既是不可分的，同时也是不断转化的。误解既是消极的，又是积极的，说其消极是指它应被克服，说其积极是指虽然它不可能最终被克服，但却可以对这种克服起不断引导和推动的作用。解释学辩证循环是解释学辩证最典型、最集中的体现，其一般过程都包含了部分与部分之间构成的循环以及整体与部分之间的循环，其中后者属于解释学辩证循环过程中最基本和关键的思想，即整体的理解要通过部分，部分的理解要通过整体，反过来看，离开了部分，整体不可能得到理解；离开了整体，部分也不可能得到理解，这种表述反映了理解的实质。同时，作为对立面的双方甚至是多方，整体不是部分，部分也不是整体，它们之间的贯通或统一，需要通过一种反复、持续地相互作用，任何理解和认识总表现为这一循环的关系，并且这种循环是多层次、多维度的，由内向外、由浅入深的，通过不断前进和深化，最后会达到质的"飞跃"，从而实现整体和部分同时被理解的目的，这种表述则无疑是对辩证的一种概括。[③]

解释学辩证强调的是局部内的关系、整体与局部关系，在社会影响评估中可以将局部内的关系理解为各利益群体内部的相互关系，如开发商、受项目影响区内的居民、政府机构等内部之间的相互关系，整体与局部的关系理解为不同利益群体在项目整体水平上的相互关系。在社会影响评估中可以将个体学习（认知）理解为不同利益群体对项目的认知，个体间的相互学习（认知）理解为项目利益群体通过协商和沟通后达成的对项目的共识。我们将个体的学习定义为各利益群体的本位建构过程，将不同利益群体的共同学习过程定义为共同性建构过程。据此，我们设计出由上述两个过程构成的社区互动论坛参与方式的互动过程

①　古贝，林肯.第四代评估[M].秦霖，等译.北京：中国人民大学出版社，2008：104-109.
②　杜瑛.高等教育评价范式转换研究[M].上海：上海教育出版社，2013：53.
③　何卫平.辩证解释学：施莱尔马赫与伽达默尔的初步比较[J].山东大学学报(哲学社会科学版)，2008(5)：1-14.

（图 7-2）。

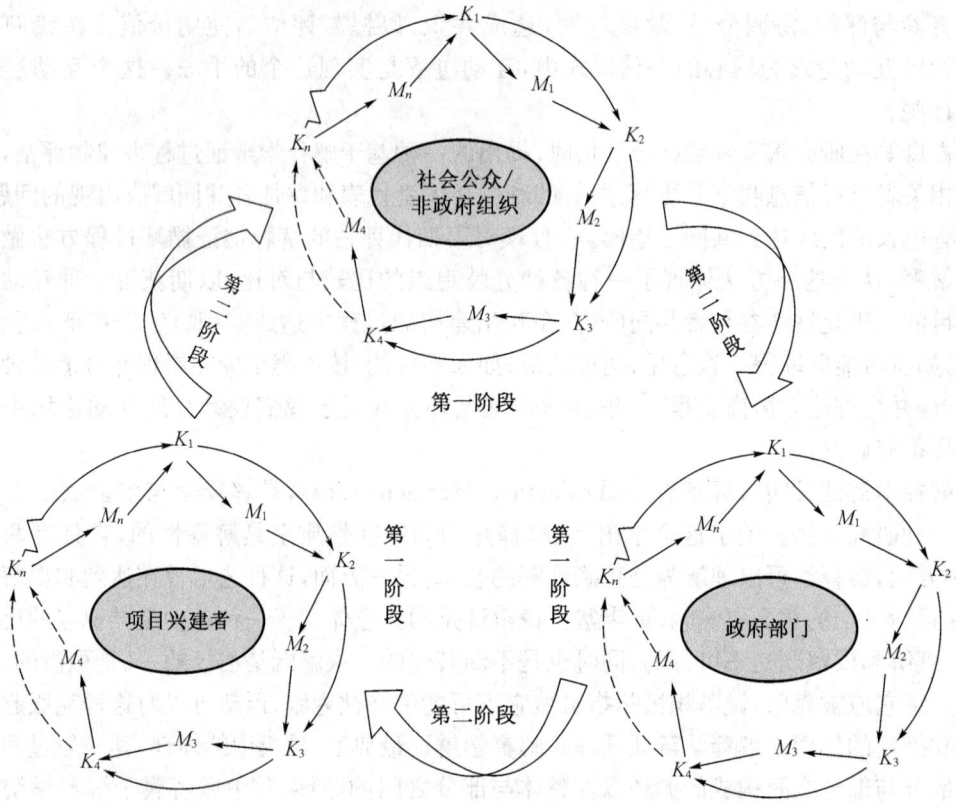

图 7-2　社区互动论坛的社区参与互动过程

在图 7-2 中，第一阶段是各利益群体内部的本位建构过程，其中 K_n 表示各利益群体内的成员，M_n 表示成员的互动关系（学习），这个过程主要为了了解各利益群体内部对拟建项目的共同关注焦点、观点和意见。从社会影响评估价值观出发，在后面的研究中，我们不打算讨论项目兴办者和政府部门的本位建构过程，实际上也不需要我们讨论，因为它们是有组织的机构，有特定的决策程序实现这一过程。研究重心主要是在社会公众（主要是社区居民）和非政府组织，因为他们就社会影响评估过程而言大多是无组织的，需要评估者去组织这样一个过程。当然，我们也发现一些案例中社区精英们在组织这个过程（如 6.2 节中的案例），评估者也可以或者非常有必要借助社区精英去组织这个过程。

在图 7-2 中，第二阶段为各利益群体间的共同性建构过程。这一过程强调各利益群体之间的沟通、学习和协商过程，通过沟通和相互学习，正确认识项目带来的社会影响，制定相应应对措施，在各利益群体间达成共识，并形成最终的项目社会影响报告。不同利益群体在共同性建构过程中可能存在冲突，因此第二阶段过程可能是多次的循环过程。

2）评估模式基本框架

以社区互动论坛为核心，我们提出由四个阶段构成的面向过程评估模式的基本框架（图 7-3）。

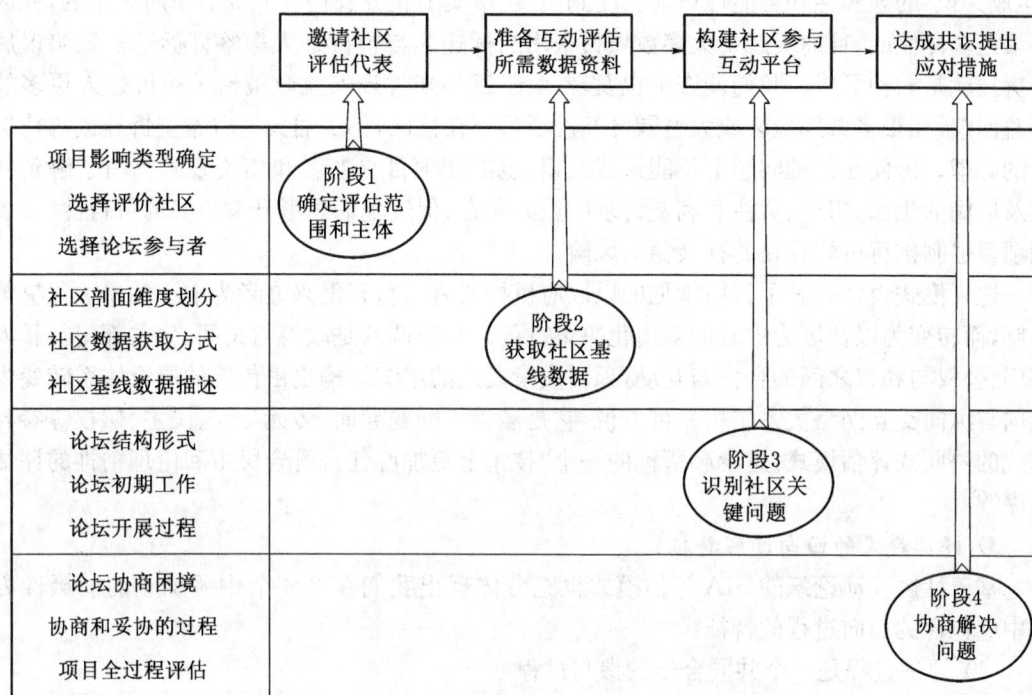

图 7-3　基于社区论坛社区参与的评估模式基本框架

第一阶段：社会影响评估范围和评估主体确定。确定受项目影响的区域，包括直接影响和间接影响的区域。进一步，确定受影响的社区，一般可镇（街道、乡）、社区（村）等行政区域划分。如果影响区域很大，可把同质的多个行政区域归为同一个评估社区。在评估社区样本内，由社区居民推选各类群体的代表加入论坛。那些过往参与社区事务的积极分子和社区精英人士应被邀请加入论坛。

第二阶段：获取社区基线数据。在社会影响评估的过程中必须厘清社区正在发生的影响和受项目建设带来的影响，从而准确预测项目的社会影响。了解社区基线数据必须对社区的剖面进行完整的描述，我们将社区剖面分为四个维度即社区结构、社区经济、社区特征和社区活力，并从二手和一手数据介绍了社区剖面的描述方法。这一阶段评估机构同时搜集社区脆弱性评估和原住民可持续生计评估所需要的数据。

第三阶段：识别社区关键问题。采用半结构小组技术来识别社区关注的焦点问题，小组互动重点放在促进公开对话上，从而促进相互学习，提高个人的判断质量。小组作为一种技术用来揭露社会成员的思想多样性和模拟影响的情景，通过结构化小组内信息的共享和辩论，将有助于判断水平的提高，这是由于成员认知的合成和对拟采取的行动更好理解的后果。在半结构性小组工作开展中主要包括了提供补充信息、社区问题初始评估、小组讨论和社区问题最终评估等几个程序。在这一阶段，评估机构可完成社区脆弱性评估和原住民可持续生计评估。

第四阶段：协商解决问题。评估机构组织论坛成员对项目与社区之间的矛盾和冲突焦点进行多轮次对话、协商和谈判，讨论可能的备选方案或者缓解措施，以期达成共识。这一阶段,也就是我们在第 6 章讨论的社区协议方法实施,达成的共识可以社区协议形式体现。"达成共识"的现实性和可能性可能会受到质疑,事实上正如我们在 6.3 节中所讨论的,社区协议是多样性的,目前实践中大多数项目采用的拆迁人与被拆迁人等签订拆迁安置协议后再拆迁就是一种形式。我们调查中也发现,由于近年来拆迁安置政策给予被拆迁人更多的利益回馈,在很多城郊地区或大型园区开发项目所在社区,不少居民抱着希望拆迁或等待拆迁的心理。即使在关键问题上不能达成共识,也能使项目兴办者和相关政府部门了解到社区及居民的焦虑、担忧、关注和利益诉求的重心所在,促进他们思考开发方案的可行性,意识到项目强制推行可能存在的社会稳定风险。

这一模式设计打破了目前常见的以政府机构或者项目开发兴办者为中心的单边化决策机制,而转变为以社区为中心的多边化决策过程。它强调的是政府与民间、公共部门与私人部门、公权与私权之间的合作与互动,项目决策模式的组织结构也由传统的层级体系转变为横向与纵向交互网络关系结构。可以说,它是涵盖了问题导向、多元参与、民主、赋权等参与方式的协同式评估模式,是泰勒所称的一个"技术上更加胜任且符合民主和伦理精神的评估程序"[①]。

3) 评估模式的面向过程特征

基于社区互动论坛的 SIA 评估模式也充分体现出我们在 2.4 节中所确立的前摄性方法中应包含的面向过程的特征:

(1) 评估过程是一个共同合作的参与过程

社区互动论坛强调的是论坛内部的互动,由于邀请成员的代表性,论坛也可以理解为社区居民、开发商、政府机构、社区组织之间的互动。这个过程必须以合作的方式来执行,没有合作很难就项目建设目标达成共识。合作是进行评价工作的必要条件,充分的合作并不一定能够带来一致的结果,可能在整个评估或其中某一方面出现难以协调的问题,但是缺失了合作,将会重新回到偏技术经济范式的评估中,而忽视可能产生的重大社会问题。

(2) 评估过程是一个以问题为导向的过程

社区互动论坛的第一个主要任务就是通过最初接触小组识别社区居民关心的问题,是对二手资料数据来分析问题的补充。同时,通过论坛识别的关键问题,可以作为评估工作者研究和观察的重要问题,从而避免了一些无用工作。

(3) 评估过程是一个信息共享、不断学习的过程

每一个参与者受到日常经验和背景所塑造,给出他们对社区的独特理解,以及对于可能发生影响如何应对的看法。社区管理者可能关注项目建设过程中社区的治安情况,关心教育的社区参与者可能关注社区内儿童的安全问题。每一位参与者都会提供基于自身知识水平和社区认知的判断,通过信息共享、相互学习,达成更高质量的判断。

(4) 评估是一个循环的过程

评估结果可能由于后期增加的新信息,例如:政府的新政策、一个新的"反对"群体的出现,或者项目由于市场需求而引起的计划进展的变化或变形,都可能为评估带来新挑战。评估过程被认为没有终点,它是一个迭代和适应的过程,在获得更有用的新信息时或在更复杂

---

① 泰勒,等.社会评估:理论、过程与技术[M].葛道顺,译.重庆:重庆大学出版社,2009:170.

的情形中暂停一下，重新经历概念化新问题、影响评估、方案改进。在实践中，由于评估工作在项目建设前期，时间上存在终止点。

7.2　论坛第一阶段：确定评估范围和社区参与者

社区互动论坛的顺利开展与评估工作者的前期策划工作有着很大的关系。第一个要素是，确定社会影响的评估范围，即项目影响区和评估社区；第二个要素是策划论坛的参与者，确保社区互动论坛具有代表性；其他策划要素包括场地和日程等论坛准备工作。

7.2.1　评估社区的选择

1）项目影响区确定

需要进行社会影响评估的项目，一般都具有一定的规模和影响面，从项目建设前期、项目建设期到项目建设运营阶段都隐藏着巨大的社会风险，项目周边的居民常因为项目与自身的冲突而阻挠项目，因此有必要对社会影响评估的影响区域进行确定，这也是选择受影响社区的必要工作。

重大工程的项目影响区域是指在该领域里居住的人群受到工程项目的影响或可能影响项目进展的区域[1]。目前的相似的研究有王海云等利用遥感和分形理论确定水利工程的生态环境影响评价范围，其中的生态系统的分维指标依赖于测算的方法和尺度[2]；周尚意等通过社会调查的方法和格林分割点法确定了北京市四个广场的辐射范围[3]；谢顺平等利用网络加权的 Voronoi 图分析了南京市商业中心的辐射范围，其主要方法是通过经济指标确定各商圈的辐射断裂点，从而确定影响的范围，其中依然包含指标权重问题[4]。这些方法都为项目影响区的确定提供了很好的借鉴意义。但是，这些研究都依赖于已发生事项的后期数据，进而确定指标体系，建立模型得到影响范围。然而，由于社会影响是随机离散、非连续的复杂系统，社会中的人、生态系统中的生物与它们生存环境之间的关系错综复杂，社会指标难以量化，无法建立一个项目与社会、自然之间的准确的函数关系从而确定影响边界，因此，项目的社会影响区域的范围无法通过科学定量的方法进行确定，只能通过项目类型的不同进行划分确定大致边界。

城市规划设计中的"触媒效应"为项目影响区范围确定提供了很好的视角。"触媒"原来指的是化学反应中的催化剂，使得某些化学反应得到快速发生而自己却不被消耗。项目可以看作是社会变迁中的"触媒"，加速了社会的变迁过程，"触媒"对其周围环境或事物的影响程度称之为"触媒效应"，即项目的社会影响。

常见的触媒类型有三种：点触媒、线触媒和面触媒，如表 7.3 所示：

---

①　胡建一，杨敏，黄玮．公共项目社会稳定风险分析与评估概论［M］．上海：上海社会科学院出版社，2011.

②　王海云，王振华．遥感与分形理论在确定水利工程生态环境影响评价范围中的应用［J］．水利水电科技进展，2011，31（6）：62-64.

③　周尚意，吴莉萍，张庆业．北京城区广场分布、辐射及其文化生产空间差异浅析［J］．地域研究与开发，2006，25（6）：19-23.

④　谢顺平，冯学智，等．基于网络加权 Voronoi 图分析的南京市商业中心辐射域研究［J］．地理学报，2009，64（12）：1467-1476.

表 7.3 触媒类型

触媒类型	表现形式	项目常见类型	作用特点
点触媒		垃圾处理厂、发电厂、核电站等建设项目	这类项目往往引起群众关于环境和健康的担忧,有一定的影响半径
线触媒		公路、铁路、城市地铁建设等项目	这类项目涉及土地征用和拆迁问题,受项目特征影响一般以线性形式对社会产生影响
面触媒		城市新区建设、大型产业园区建设、大范围保障房片区建设等项目	设计大范围土地征拆迁和征用,牵扯范围广,利益主体复杂,边缘效应强

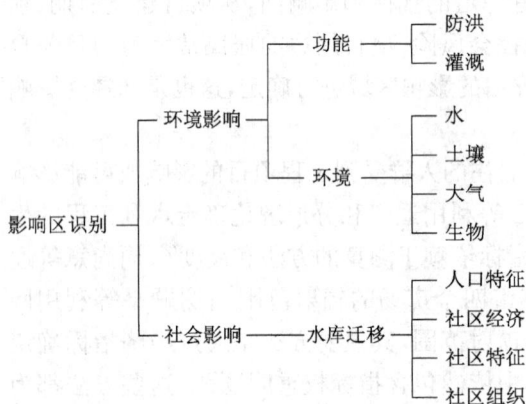

图 7-4 影响区识别指标

但是,现实中"触媒效应"的大小和方向都是变化的,由于项目自身的功能效用、周边环境(地形、地貌、资源)、人工环境(社区文化、历史人文)、交通等影响,项目影响的辐射范围往往是不同的。这就要求社会工作者在社会影响调查前期,要充分考虑项目自身特点和项目周边社会自然环境确定。

以港口湾水库为例,水库的建设影响可以分为两个部分,一是大坝建设的点状影响,即水库建设的建设期影响;另外一个是库区上下游河段的线性影响以及土地的淹没影响,由此确定了水库的影响区类型。然而,项目的影响包含了环境和社会两个方面,在社会方面的影响,包括了移民安置带来的社会人口(个体和家庭)变化、社会行政划分和组织变化、社区(村)资源改变等。在识别水库影响区上确立了如图 7-4 的指标。

2)样本社区的选择方法

由于影响区域内存在大量的村镇,一般难以在社会影响评估的时间框架获得足够的社区信息。在评估的过程中,当地社区的特点以及项目相关问题会被考虑,例如,用于经济的多样性,影响区的范围距离,居住状态,人口规模,关键的经济依赖关系(农业、木材生产、旅游业),最近的社会变革,项目预期带来的运输方式、能源生产、建设、娱乐等相关变化。重要的是,对不同类型的社区和居民的评估,必须确保全方位的社会影响。

选择不同社区的目的是为了研究不同社区在遇到外界干扰时社区的应对、适应能力,可以称之为社区的弹性。目前关于社区弹性的研究最主要集中在社区恢复力的研究上,社区恢复理论研究的是社区系统适应外界干扰和变化的能力,为社区周边环境和资源管理提供了新视角。郭永锐等认为,面对不确定的未来,社区恢复力思想可能是增强社区生计、推动可持续性发展的最优方式[①]。

---

① 郭永锐,张捷.社区恢复力研究进展及其地理学研究议题[J].地理科学进展,2015,34(1):33-35.

综合影响社区恢复力的因素研究，可以把社区恢复力的影响因素大致分为三个类别，即社区经济因素、社区管理因素和社会因素。经济因素主要包括社区经济活动的多样性、经济水平、替代性生计等，社区管理因素主要包括社区的集体效能、社区领导力和社区参与能力，社会因素主要包括社会资本、地方依恋和社会网络。然而蔡运龙等提出恢复理论最初的研究是基于地理学视角的，以综合性和空间关联的地理学视角可以洞察人类与环境的相互作用、复杂世界与不同类型现象间的关联。郭永锐同样认同这个观点，认为社区恢复力的形成具有明显的地域特质，必须考虑人地关系①。

同蔡运龙和郭永锐观点一样，我们认为社区对即将发生的影响的反应具有明显的地理特征，处于不同地理位置的社区对于外界干扰的反应是不同的。因此，在社会影响评估中社区的选择必须包含社区地理因素、经济因素、管理因素和社会因素。然而对于社区互动论坛这种先进性的探索研究，很难深入了解每个社区的管理因素和社会因素，因此初步的社区选择应该主要考虑社区的地理特征和社区经济。这是由于社区的地理位置和社区经济情况都可以通过前期的二手数据的分析获取，在横向上具有比较的可行性。两个选择标准如下所述：

（1）地理位置。如上文项目影响的触媒类型所述，项目的类型决定了社区选择的地理特征，可以将项目影响区划分为三个层次。第一个为项目的安全距离，这个层次内，社区可能会发生项目征地拆迁、资源占用等，居民可以明显感知到风险和社会影响；第二个层次为环境影响范围，虽然没有发生直接影响但是会在环境、交通等造成潜在的影响；第三个层次是社会影响范围之外的区域，由于社会公民对风险感知的加强，项目的建设可能会造成居民的担忧。社区影响类型如图7-5所示。

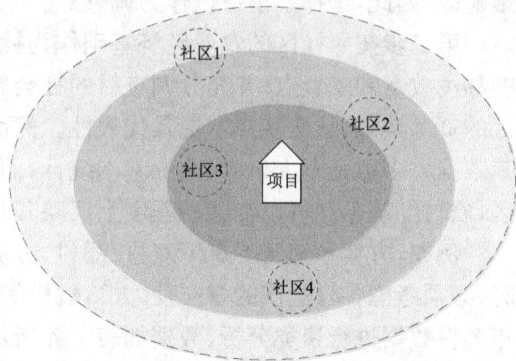

图7-5 社区影响示意图

（2）社区经济。社区经济是社区恢复力的重要指标，陈万灵指出社区的经济情况影响社区居民的集体选择，个人利益和社区共同利益决定了个人的理性和社区的集体选择②。因此，确定社区经济作为社区选择标准很有必要。具体包括社区主要的经济基础、社区经济多样性、个人收入水平和就业情况。

3）项目影响社区样本确定——以港口湾为例

港口湾水库项目的影响区域广阔、调查地点的范围较广、调查地点单位多、情况比较复杂。港口湾水库淹没区涉及宁国市5个乡镇、21个行政村、138个村民组（1998年行政区划），项目影响区包括9个乡镇街道、48个行政村（2001年行政区划），评估工作很难完成对所有行政村评估。为了减少评估社区，抽样方法的理论可以用来选择取样预定标准类型的社区。

常用的抽样方法可以分为两大类，即概率抽样和非概率抽样。水库工程在空间上具有点状（大坝和发电站），线状（库周、引洪道、公路），从而形成了不同的影响方式，在地理位置上具有上、中、下游的分层特征。我们采用非概率抽样中的配额抽样方法选择社区，采用非

① 蔡运龙，陈彦光，阙维民，等. 地理学：科学地位与社会功能[M]. 北京：科学出版社，2012.
② 陈万灵. 社区研究的经济学模型[J]. 经济研究，2002(9)：57-66.

概率抽样的方法,应该尽量减少抽选偏倚。在对调查社区进行配额抽样过程中,为了减少抽样误差,应加强对水库周边的地理环境、交通状况、社会和经济现状等情况有深入的了解,找到主要控制指标,通过分类把同质性较大的抽样单位集合为一类,把异质性较大的抽样单位区分为不同的类,提高样本的代表性,最终选出总体的"代表"社区。

第一步按照地理位置进行配额分组。按乡镇(街道)划分为水库上游、库区周边、水库下游乡镇和军天湖农场进行分层。水库上游有胡乐镇(9 个行政村),库区周边有竹峰街道(9 个行政村)、青龙乡(8 个行政村)、方塘乡(10 个行政村)、甲路镇(8 个行政村),库区下游包含河沥溪镇(12 个行政村)、中溪镇(7 个行政村)、港口镇(9 个行政村)。此外,由于部分移民前往军天湖农场,军天湖农场属于项目的影响区范围。其次,在配额组内选择调查乡镇。库区上游和移民外迁安置点都只有一个,因此被选入调查地点。对于库区周边的 4 个乡镇,方塘乡、青龙乡和甲路镇、竹峰乡,分别位于水库东西两侧,而水库西侧多为山区,道路交通十分不方便,水库东、西侧有着十分大的差别,因此水库周边 4 个乡镇都列入配额分组。对于水库下游的 3 个乡镇,河沥溪镇、中溪镇、港口镇均位于水库下游,其中港口镇为水库直接影响区,因此,选择了港口镇作为调查点。

第二步按照社区的农业经济基础作为社区选择标准。在选择行政村时必须考虑行政村的移民数量和安置点,并充分调查村的社会、经济状况,找出不同类型的村进行调研,考虑社区的资源禀赋,从而使样本更具代表性。然而,最初获取的社区数据大多是官方统计数据,其数据大多数是对人口、农业的基本统计,而在以第一产业作为社区主要收入来源的农村地区,农村经济基础可以在某种程度上反映其自然禀赋。

例如,方塘乡辖区下有下双村、潘村、方塘村、上坦村、葛村等十个行政村。选择行政村时,必须考虑各村经济的多样性,人口规模等自然禀赋、关键经济依赖关系等。我们以 1998 年各村数据进行聚类分析,数据如表 7.4 所示。

表 7.4　各村数据

村名	乡村人口(人)	实际劳动力(人)	耕地总资源(亩)	粮食产量(t)	经济作物(油料、t)	生猪饲养量(头)
葛村	1 815	1 604	1 495	752	41	1 634
石岭	1 241	890	1 237	519	37	1 015
方塘村	1 217	807	1 332	557	43	1 017
汪村	1 345	859	1 353	625	32	1 052
马村	1 058	700	1 176	522	39	906
潘村	864	601	84	49	6	725
上坦村	796	355	783	322	9	799
中坦村	778	408	970	433	23	572
孚坑	544	294	410	190	5	509
李村	562	303	527	209	19	508

第一步,对数据进行"R 型聚类","R 型聚类"主要是找出各个变量的相关性指数,从而达到降维处理,在得到的变量近似矩阵(表 7.5)中可以看出乡村人口、实际劳动力和生猪饲

养量的近似值接近"1"，耕地总资源和粮食产量的近似值接近"1"，因此我们选择乡村人口、耕地总资源、经济作物作为变量对村进行分类。

表7.5 近似矩阵

案例	矩阵文件输入					
	乡村人口	实际劳动力	耕地总资源	粮食产量	经济作物	生猪饲养量
乡村人口	1.000	0.973	0.799	0.854	0.772	0.978
实际劳动力	0.973	1.000	0.699	0.774	0.714	0.971
耕地总资源	0.799	0.699	1.000	0.987	0.907	0.750
粮食产量	0.854	0.774	0.987	1.000	0.885	0.811
经济作物	0.772	0.714	0.907	0.885	1.000	0.704
生猪饲养量	0.978	0.971	0.750	0.811	0.704	1.000

第二步，对数据进行"Q型聚类"，选择2~3类进行划分，聚类结果如图7-6所示。采用三类划分可以看出组距之间是相近的，因此三类划分比较准确，最终选取了葛村、上坦村、方塘村。分类的目的是选择具有代表性的社区，每个乡镇中的行政村具体分为几类可以视具体情况而定，如果存在特殊情况必须单独考虑。

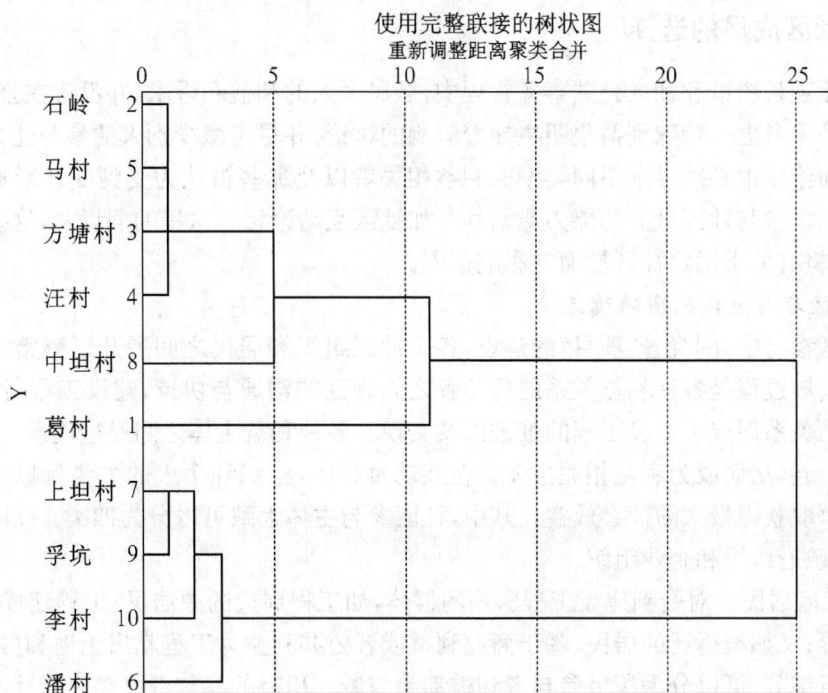

图7-6 各村聚类树状图

根据以上步骤，我们对港口湾水库需要开展社会影响评估工作的社区进行了划分和选择，具体见表7.6。

表7.6 社区样本确定

项目影响区	上游社区	胡乐镇	胡乐村、竹川、霞乡
	库周社区	方塘乡	葛村、上坦村、方塘村
		青龙乡	龙阁村、济坑村、青龙村
		竹峰乡	竹峰村、桥头铺、蟠龙村
		甲路镇	甲路村、枫山村、锦林村
	下游社区	港口镇	乌石村、蔬菜村、流村
	移民社区	军天湖农场（天湖街道）	军天湖农场

我们选择配额抽样的两个指标可能是有缺陷的，对于地理位置，资源的改变和社区的行动并不是某个特定地理位置社区所独有的，同时库区东西两岸的地形地貌条件并不十分一致，东西两岸选择相等的社区也许并不能真实反映水库的情况。对于以社区的农业情况作为社区自然禀赋的代表，农业经济指标只是反映社区弹性的一个指标，可以粗略地看做经济影响的指标，但它并不能反映社区社会和文化的变化。

7.2.2 社区成员的选择

在实际项目决策和社区公共事务管理中，居民个人的利益和诉求，并没有在公开的参与形式中被平等考虑。特殊利益集团主导着影响的讨论，并尽量减少别人的参与能力。因此，在社区互动论坛中必须寻求不同类型的利益相关者以及那些被认为受到变迁影响的居民，根据他们积极参与社区事务的能力邀请其参加社区互动论坛。这里的假设是，这些"积极参与"的居民将有助于确定社区层面的影响范围。

1）社区参与主体范围的确定

在社区参与中，围绕着"项目"的建设，各个社区组织和居民之间展开了频繁的互动，建设工程的进展过程是各种利益关系的行动者之间相互的沟通与协调，建设工程行动者之间的这些互动关系促成了建设工程的推进以及实现。各种利益主体之间通过建设工程相关资源维系在一起，从而成为利益相关主体。在互动过程中，组织和个人的主要目标极为相似，都表现为争取获得最大的社会效益。其中，社区参与主体大致可以分为四类：社区居民、非政府组织、政府组织和企业组织。

（1）社区居民。对受到建设工程影响的群体，如工程周边的原居民、工程建成后最终服务的用户等；又如被拆迁的居民，基于商业利益或者公共利益为工程献出土地和房屋。对参与主体进行细分，可以分为积极参与者和被动参与者。积极的参与者可能包括社区精英、直接利益相关者、社区服务人员等，而被动的参与者可能是那些认为参与"毫无用处"或"浪费时间"的人员、贫困人口等弱势群体。

（2）政府组织。宏观层面的政府组织是项目的审批、监督方，政府代表社会各方，从法律的角度保证工程的顺利实施，为工程提供服务，监督工程实施，并保护各方利益。社区基层政府一般设立文教、卫生、民政、劳动、计生、司法、行政等办事机构，掌握着社区的人、财、物、场地、政策等多种资源。社区层面的政府组织是社区参与的倡导和指导者，政府组织主要是以一种行政动员主导型的模式参与主导社区行动。例如通过居民座谈会、家庭走访等形式宣传拟建项目的内容、焦点问题。但不能否认的是政府组织中的人员，对社区的了解程度往往是全面而细致的。

（3）非政府组织。非政府组织也称为"社会组织""第三部门""非营利组织"，相对于村委会等正式组织，它们属于行政体制之外，这类社会组织，主要包括业主委员会、中介组织、社会团体、基金会、慈善组织、公会、妇联组织等。通常以社会公益为目的，起着维护弱势群体的权利、舆论监督市场的作用，虽然不掌握公权力，但可在社群协调、沟通、整合等方面发挥积极作用。

（4）企业组织。指以营利为目的，从事商业经营活动而成立的组织。主要分为生产型和服务型。生产型企业往往以社区的资源为开发对象，常见于农村社区的主要有木材加工厂、农业生产基地、食品加工厂等；服务型企业主要是商户，常见的有便利店、饭店、服装店等服务社区居民的组织。企业组织对社区有很强的经济依赖关系，对研究社区的经济有很大的帮助。

在前文的社会影响框架中可以看出社会影响评估包含社会影响分析、互适性分析和社会风险分析，这都是建立在对社区的全面了解和认识的基础上的。因此，社会影响评估参与的主体应能代表社区的各个方面，包括文化、经济、教育、历史、社区服务等。因此，选择的社区角色应该能够具有代表性和包容性，从而确认社会影响和问题的范围。

积极参与社会不同领域的人可以给予对他们社区的独特理解，以及提供他们关于如何应对社区变迁的看法。这些社会角色受到日常经验和背景所塑造。例如，一个活跃的企业老板可能会提供一个看问题的角度，重点放在他们主要街道企业如何会受拟建行动的影响。另外，活跃在教育领域的居民可能有不同的角度，重点关注家庭人口下降和学生减少的影响。为了确保在社区互动论坛中的想法和观点的多样性，多个社会角色的确定必须考虑受影响社区的跨度和社会组织结构。充分考虑贫困人群、妇女、少数民族，基于其不同的社会地位、基本需求，弱势群体会提供不同的看法和认识。

社区互动论坛的参与人员主要从以下几个社区层面选取：

① 基层政府部门——社区委员会委员或村委委员；

② 社区公共事务——社区服务组织或部门；

③ 社区经济发展——商业业主或企业主；

④ 教育——学校人员、老师和家长；

⑤ 医疗健康——社区医疗机构；

⑥ 历史、环境保护——历史学家、生态环境保护组织；

⑦ 土地资源拥有者——农民、伐木工人；

⑧ 宗教——各宗教代表；

⑨ 民族——少数民族利益；

⑩ 外来者——居住时间较短的外来人员；

⑪ 老人——60岁以上；

⑫ 社区积极居民——居民个人。

以上12个层面的代表基本上可以涵盖广阔的社区参与层面,进而完成社区剖面的初步描述和确定基本问题。并不是要求上述所有领域的人都参加到社区互动论坛中来,而是强调参与的主体具有代表性,具体的参与人员应结合项目和所在地特征决定。

2)社区参与主体的选择方法

上文将社区成员大致分为了12个类别,如果想要准确地描述社区剖面和预测社区层面的影响,可以采取分层抽样的方法。评估工作者需要对社区人群进行分层,然后采取随机抽样的方式,可以确保样本的代表性。然而对于最初的探索性研究,评估工作者很难具体地了解社区每个成员的详细信息,同时,这种方法将会耗费大量的人力和时间。其次,抽样的成员可能对社区基本情况并不十分了解或者没有参与的热情,从而导致识别的关键问题不全面、预测的结果失去真实性。同样简单的随机抽样和系统抽样的一个潜在的缺点是,选定的个人只能代表社区的某一方面,同时选择的样本与社区人口不能成比例,从而反映的结果不具有代表性。

我们认为最好的方式是采用滚雪球抽样方法,由于社会评估工作者最先接触的人群往往是社区的管理者,通过他们可以初步了解部分积极从事社区工作的成员,这些初步的接触应该是不同的,逐渐接触不同领域的代表,然后通过他们进行滚雪球抽样,进而挑选出每个领域被认为是最积极的社区参与者。

滚雪球抽样的好处是当研究者很难找到需要的样本时,通过最初接触的人群可以快速地在社区中找到所需的人群,使得调查的费用和时间大大缩小。当然,滚雪球抽样的方法可能不能很好的代表总体,从而产生较大的误差。然而,通过滚雪球得到的积极参与社区事务的成员在各自的领域以及对社区的认识上比那些通过概率抽样方法得到的成员具有更加全面而独特的见解,特别是在识别可能发生的影响和提出缓解措施时。同时,在社区互动论坛的形式中,通过小组内部的相互学习,相比于独立的调查、访谈,可以有效地减少对社区的认知偏差,提高预测的准确性。

3)社区互动论坛结构复制

最初接触的成员,应该是社区不同社区群体(圈子)中人脉资源较为丰富的人。例如,可以选择社区委员(村委委员)、社区服务机构成员、社区代表、学校管理者、非政府组织成员等。每一次初步的接触,可以要求他们提供各自领域的3个成员。这种初步的接触必须能够代表社区不同的领域,确保通过滚雪球抽样后能够代表广泛的社区层面的参与。最后每个领域最被认可为积极参与社区的人将被正式邀请参与到社区互动论坛。倘若此人不能参加或不希望参与,则有必要继续滚雪球抽样,直到一个合适的居民被确定并邀请。正式邀请的成员可以在小组内互动、学习,进而预测影响。

除了正式邀请积极参与的成员,其他社区成员寻求"自我选择"的参与者是基于他们在各自领域显著的作用和强烈的自我认同感。基于其自我认定的参与者,都放置在额外的工作组内。自我选择工作组可以是一个也可以是多个,这些小组可以确保每个小组的观点和社会知识的最大扩展,从而反映整个社区成员各种各样的看法和不同的观点。与正式邀请组一样,自我选择小组成员也将组内互动、共同努力找出社区一级的社会影响(图7-7)。

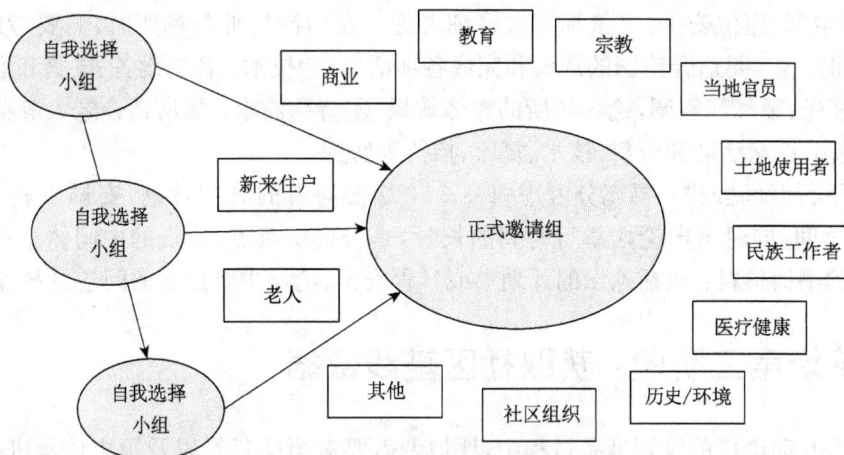

图7-7 社区论坛小组结构

最后，应努力采取邀请被边缘化的人口群体，以及妇女和年轻人，也可以是受影响地区的其他少数民族和低收入群体。不同社区成员全面纳入在社区互动论坛中工作组范围内，可以丰富社会观点的多样性，扩大社会影响评估考虑的范围。

4）社区论坛的规模

Bertcher 和 Maple 指出，一般来讲，3～15 人是一个很好的规模[1]。Ronald W. Toseland 在 *An introduction to group work practice* 一书中指出，小组的规模取决于小组的目标和组员的特点，小组不要太大，也不能太小，这样才有利于实现自己的目标[2]。Klein 指出 5～7 人一般比较理想，发展性小组中 15 人比较合适[3]。

上文大致将社区群众分为了 12 个方面，为了保证完整的社区剖面描述，每一个层面的角色都应被选入社区互动论坛之中，然而由于参与者可能发生的时间冲突和一些社区中不存在的角色，社区互动论坛小组大致成员数量应该控制在 8～12 人。

7.2.3 论坛其他准备活动

论坛信息发布和宣传：在选择正式邀请组成员的同时，要做好建设工程信息的公开工作，尽可能扩大宣传的范围，确保在宣传范围内绝大多数人了解工程建设的意图。同时，应将社区互动论坛活动的具体时间、场所、主要联系人联系方式公布，保证那些"自我选择"的参与者能够参与到社区互动论坛中来，从而确保获得全面的影响信息，并提前安排自我选择小组的人员组成、活动时间和场所。

论坛的场所安排：论坛场所的安排必须考虑论坛参与者的方方面面，过小的房间可能使得成员间感到彼此没有空间，从而导致组员不安、易躁、焦虑和具有攻击性的特点。座位的安排同样不能具有偏向性，区分领导和社区居民，会使论坛被部分参与者主导。因此，房

---

① Bertcher H J, Maple F. Elements and issues in group composition[M]// Individual change through small groups. New York: Free Press, 1974: 186-208.

② Toseland R W, Rivas R F. An introduction to group work practice[M]. Boston: Pearson/Allyn and Bacon, 2005.

③ Klein J D, Doran M S. Implementing individual and small group learning structures with a computer simulation[J]. Educational Technology Research and Development, 1999, 47(1): 97-109.

间的规模、空间、座位安排、气氛都要被仔细考虑。在为论坛准备场所时,需要考虑以下因素:①房间大小:要适合论坛的规模和完成各项活动;②技术:音响设备、电脑和通信工具;③气氛:灯光、暖气和空调,论坛场所的整体效果;④特殊需求:场所适合老人等特殊群体;⑤经费支持:论坛活动和资料、技术、复印、招待等费用。

论坛举行时间安排:要充分考虑每一个论坛参与者的时间计划,安排出利于全体成员参与的时间,同时考虑论坛举行时间的长短,是否提供茶点、论坛的中间休息环节等。

论坛的书面材料:包括论坛的计划书或日程安排、论坛中要进行的问卷材料等。

7.3　论坛第二阶段:获取社区基线数据

在社区互动论坛的策划准备过程中,评估者需要对当前背景以及历史传承进行分析和评述,通过二手资料的收集和简单的一手数据调查,形成对社会问题的概观,包括对社会问题和趋势数据的解释,并在影响评估和比较之前为决策制定提供信息来源。评估实践中,在条件的允许下应开展社区脆弱性和原住民可持续生计的评估,基线数据可根据第 3 章所提出的本土化社会影响评估变量及在第 4 章、第 5 章所确立的评估指标及测度指数进行基线数据的搜集和调查。附录中也给出了可参考的调查问卷设计样板。如客观条件限制,也可按下文提出的社会剖面维度和方法获取社区基线数据。

7.3.1　社会剖面描述

社会剖面是前文提到的基准路线研究法中的重要方法,旨在详细地了解社会各方面的变迁,往往存在着没有主要焦点的问题。然而,初步的社会剖面分析工作为识别主要焦点问题及论题的主要议题等提供了很好的参考作用。Taylor 等指出初步的社会剖面的分析应该包括以下问题[①]:①社会传统及其现状描述,对当地典型社会和文化及其和社会变迁关系的分析;②对当地和区域的经济状况、变迁和被评估地区潜在经济链接的描述;③图示受影响区的公共机构,如地方政府及其管辖范围、村落边界,并加上文字描述;④社会影响的评估计划,包括发挥作用的社会因素,关键变量的定义、解释和来源;⑤数据资料文件及其分析与预期假设的讨论;⑥数据可靠性的讨论,包括数据的偏差和缺口。Burdge 利用社会宇宙的方法(social universe)的方法对社会变量进行了描述,主要包括了人口特征和土地使用,社会组织,态度、信仰和价值观,生活方式,健康和安全,经济六个类别,并对六个类别中的变量进行了详细的描述[②]。这里从社区结构、社区经济、社区特征和社区活力等四个维度对社会剖面进行描述。

1)社区结构

社区结构也可称为社区人口维度,其专注于人和家庭的特点。这个维度的特征可能包括但不局限于传统的人口指标,如人口规模、年龄、种族和移民。它们还可能包括社会关系水平、家庭结构、各类人群的价值观和态度以及普遍的习俗和生活方式。其他特性还包括入学率、家庭的稳

① Taylor C N, Bryan C H, Goodrich C. Social Assessment:Theory, Process, and Techniques[M]. Centre for Resource Management, 1990.

② Burdge R J. A Conceptual Approach to Social Impact Assessment[M]. Middleton:Social Ecology Press, 1998:43.

定、夫妻关系、自置居所、公共援助和社区居民的年轻程度。在社会影响评估的指导方针和原则(ICGP)跨组织委员会提出的建议，人际关系的变化被确定为社会制度的关键要素。

2）社区经济

社区的经济维度是通过"就业机会"和"财富"两个指标表现的。这个维度是指主要的企业和组织在社区提供的就业岗位和收入。它还关注经济的特点，如行业（农业、林业和政府），以及用于支持社区服务和多样性活动的资本或财富的数额。社区生活的经济方面，重要的是要了解对社区个体的经济影响，特别是那些定义的负面的经济变化。只关注地区经济系统，可能会掩盖项目所在社区特有的经济状况和问题。因此，这一维度的特点专注于本地经济方面，包括就业机会、工作的强度、上班通勤率、失业率、占主导地位的经济基础、收入乘数和再投资、财富、贫穷、生活费用和财产值。

3）社区特征

社区特征被称之为"地点维度"。这个维度是指一个社会的人类建筑和自然环境的特点。人造环境的特征可能包括有吸引力的社区中心，基础设施的质量和提供的社会服务的水平。当地社区的自然环境特征包括公园、田野、河流、环绕风光和该地区的自然环境的质量和吸引力。居民彼此之间以及与周围的自然环境的关系是社区特征的重要组成部分。具体的特点可能还包括当地的购物消费程度、店面空置率、学校和医疗服务的充足性、安全性和犯罪、运输、土地使用权和所有权、公园和开放空间、空气和水的质量、地方感和社区归属感。

4）社区活力

这里的社区活力主要指社区领导能力和社会组织。一个社区的领导能力和社会组织被称为社区活力维度。这一维度包括那些社区社会组织的特点和社会政府的效率和活力。它也反映了一个社会的愿景、为实现未来愿景的渴望程度和准备工作、社区凝聚力或社区认同感、社区奉献程度以及共同合作等。社区活力已被广泛地认为是决定社区适应能力和应对变化的关键因素。高度的社会能力指社会成员的相互信任和共同完成任务的工作能力。具体特点，可能还包括民间组织的数量、质量、公共部门和公民的领导、地方政府支出、征费、财政资源和税收、经济发展计划、对有影响力的事件和外部势力的控制权、应付变化的能力。

按照这四个维度给出社会影响评估可能需要评估的问题（表7.7），这些问题主要对第3章从案例工程所获得的本土化社会影响评估变量整理而成。

表7.7　社区相关问题列表

问题类型	社区相关问题
社区结构	社区人口增加和减少的规模？ 社区人口老龄化了吗？增加的老人居住在你的社区吗？ 退休的人居住在社区吗？还是搬出去了？ 社区民族观念到了什么程度？民族的多样性增加了还是减少了？ 入学率上升了还是下降了？ 居住在社区的家庭延续了多久？你的亲属或孩子搬出去了吗？ 居民都有他们自己的房产吗？这些改变了吗？ 社会对个人和家庭的援助到了什么程度？ 你们社区最普遍的价值观是什么（消费、信仰）？你所在社区的风俗和生活方式是怎样的？ 社区的家庭稳定吗（离婚问题）？邻里间的纠纷多吗？

（续表）

问题类型	社区相关问题
社区经济	你怎样获得岗位机会？多吗？工资怎么样？ 居民去其他地方工作的程度？社区有多少人被雇用了？ 社区的经济基础是什么？行业或企业的捐助？ 社区中公共部门工作的比例？很多人被城市、乡镇等部门雇用了吗？ 社区的钱流向哪里了？收入投资到本地，还是投资到其他的地区？ 社区人员的富裕程度？社区贫困家庭的比例？ 居住在社区的花费是多少？ 房产价值变高还是变低了？
社区特征	社区中心和居民区的外貌怎么样？ 多少店铺是空置的？增加还是减少了？ 社区居民消费在本社区还是其他地方？ 娱乐实施、老年公寓等充足吗？ 社区安全和犯罪问题怎么样？ 人和运货的首选交通设施是什么？ 地区和社区的高速路和道路水平怎么样？得到维护了吗？ 社区道路拥挤吗？道路安全怎么样？ 农业土地产权和所有权的变化？ 社区农民的规模会怎样变化？ 社区对公园、开放空间和河流的拥有情况？ 社区区位环境的吸引力程度？ 对社区特征的感觉？社区对人的吸引力怎么样？
社区活力	社区活跃的组织有多少？政治和公民领导力水平如何？ 社区的预算和政府的支出？ 社区财务水平和税收收入水平如何？ 社区拥有经济发展计划吗？你的社区如何使用政府补贴？ 社区对有影响力的事件和外部势力的控制能力？ 社区对未来的准备如何？你的社区讨论过未来的蓝图以及如何实现这一目标的办法吗？ 你的社区是友好和有趣的吗？ 人们怎样应对变化的？社区如何应对未来的变化？ 社区的凝聚力、奉献精神、共同努力做事的水平？

7.3.2 社会剖面数据的获取

在社会影响评估中，从各种信息源收集数据的目的不是为了获取尽可能多的资料而是尽可能少的取得必须的资料。按照前文的观点，社会影响评估应该是问题驱动的，聚焦于特别问题或者具有潜在社会意义的变迁。在识别地区关键人物、公共机构或者其他行动者的联络中，同时进行部分数据的收集是明智之举。收集信息有助于确定分析边界，建立变迁的基线情况。适合社会剖面分析数据的来源包括现有的统计资料、书面的社会数据（地方志）、观察和访问、其他咨询方式获取的资料，下面将从二手资料和一手资料的收集，讨论如何获取社会剖面数据。

1）二手数据的收集

二手数据不是研究者亲自采集的数据，但它却是社会评估的重要信息。二手数据一般分为统计性数据（官方统计资料）和描述性数据（文字材料、图片），这些数据较为容易获取，可以节省大量时间。一般的二手数据都是官方数据，具有很高的可靠性。因此，二手数据具有重要的研究价值,关于项目社会评价的信息主要分为项目建设信息和项目所在地的社会资料。

(1) 项目建设信息

项目的信息包括了项目的名称、项目选址、项目性质、项目规模和投资、项目建设周期和进度安排,主要施工和生产安排以及建成后的功能描述。这些资料可以从项目的立项审批信息中获取,如项目建议书、规划选址意见书、可行性研究报告、环境影响报告、初步设计方案等项目审批信息中获取。在信息的收集过程中,提取各相关的社区的影响信息,如社区内的征地拆迁范围、环境影响范围、征地补偿标准、移民安置方案、项目对于社区的配套建设、建设期长短、社区道路交通的影响等。

(2) 项目所在地的社会资料

社会资料主要包括居民土地分布和土地使用情况,社区组织情况、居民的思想意识(态度、信念和价值观)、居民的生活习惯、居民健康状况、社区经济等,表7.8展示部分统计性和描述性数据的获取来源。

表7.8 二手数据获取来源

数据类型	数据名称	数据来源
统计性	人口	人口普查资料、统计年鉴、地方公安局(常住、流动人口登记)
	就业	地区就业服务办公室、社区服务中心
	土地使用和农业资料	农经站、村委会
	教育	教育局、学校办公室
	犯罪	公安局、司法机构
	健康	卫生局、社区医疗机构
	住房	住房管理机构、房产经纪
	土地使用分区	地区和当地的土地规划
	交通、道路	交通局、车辆登记
	社区商业	工商局
描述性	社区服务和组织	社区服务中心、社区服务理事会
	娱乐方式	社区休闲中心、旅游指南
	社区活力	报纸、当地电台、公告牌
	社区文化、历史	社区民族志、地方志
	社区问题和需求	社区服务中心、社区教育卫生部门、民间组织

上述内容提供了获取社会影响评估信息的一些途径,这些数据的收集可以为评估地区的历史背景和社会趋势提供很好的支持,可能还有其他更多的获取社区二手信息的途径,都可以作为信息收集的方式。

2) 一手数据的获取

这里的一手数据的获取,指的是研究初期为了初步了解社区的基本情况,进行的电话调查、问卷试调查、初期接触社区人员的访谈或几个人的座谈。多种社会调查方法的结合有助于评估者界定问题和发现数据需求。在前文中提到,评估者最初接触的成员,应该是社区不同社区群体(圈子)中人脉资源较为丰富的人,在实际的调查中,这些人往往是社区行政工作人员或者村委会工作人员。一般来说,他们比较了解社区的基本情况,是识别重要问题的一手数据的主要来源;同时他们掌握着社区中大多数资料,是获取二手数据很好的途径。对于这部分人员,评估者可以对其进行深度访谈。其次,要对社区其他成员进行初步的调研,包括个人访谈和问卷试调研工作,可以从居民的角度了解影响的焦点问题,并对后期的正式调研进行修正。最后,评估者可以通过实地观察的方法,对社区进行感官上的了解。具体方法如下:

(1)深度访谈法:Hakim认为深度访谈指的是半结构性访谈,它并不像结构性问题那样按照标准化的问卷采用一问一答的形式[1]。杨善华等认为半结构性访谈的一个重要特征是,它的问题是事先准备的,要通过访谈而进行修改,访谈的问题必须具有开放性。因此,访谈的过程中评估者并不能确定每一个具体问题,只需要确定问题的主要框架。在评估过程中,访谈者应尽可能把对话引导到受访者熟悉和感兴趣的问题上,这样可以获得对问题的深入了解[2]。在港口湾水库的调查中,调查组设计了一份社区问卷,旨在获取社区层面的数据,主要包括社区人口和劳动力、财政情况、社区组织机构、社区企业、社区产业、基础设施和生物物理变量几个方面。

例如:在港口镇的调查中,调查组选择了港口村委会的罗书记和龚主任进行了初步的访谈,调查组在访谈问卷中设计了如下关于社区道路条件的问题,在访谈过程中,我们发现目前社区道路的修建资金的来源包括政府财政投资(户户通)、美好乡村建设专项资金、移民专项资金和村财政自筹。访谈结果和问卷设计的原因有出入,因此初步的访谈可以帮助研究者确定问题设置的合理性。同时,在访谈的过程中调查组获得了该村人口和劳动力的二手数据,对于问卷中的一些生物物理变量,访谈者也提供了可能获取二手数据的来源。如耕地与林地面积,我们被告知该资料可以在农林水局获取。

(2)问卷调查法:问卷调查假定研究者已经确定所要问的问题。研究者通过前期二手和一手资料编制问卷,并由被调查者填写来收集数据。由于社区居民对于项目的社会影响的看法有着不同的角度,他们更多的是基于自身经验和个人利益考虑社会影响,问卷的预测调查(试调查)可以选择社区的一些典型对象包括:社区教育、卫生等社会服务提供者、居民协会代表、商业业主、妇女组织、社区长辈等,从这些被调查者检验问卷变量指标设置的效度等问题。

(3)实地观察法:到达项目社区开展一系列访谈等研究活动之前,评估者可以针对项目社区的资源进行实地观察。评估者可以直观地观察到土地资源的分布,基础设施的布局以及商业、居民区分布等情况。通过实地观察,研究人员对项目社区情况以及项目在该社区的计划活动会有很好的理解,这对接下来要开展的其他访谈等社会调查活动有很大帮助。实地观察的过程中可以绘制社区的资源图,图7-8给出了龙阁村社区的资源图。

7.3.3 社会基线数据处理

1)数据的处理和使用

初步获取的资料可以更好地确认和定义问题,并确定拟定问题的研究方法,阐述恰当的研究设计,检验一些最初的假设。因此,分析初步收集的资料具有很大的参考价值,不适当

---

① Hakim C. Research design[M]. London:Allen Unwin, 1987.

② 杨善华,孙飞宇. 作为意义探究的深度访谈[J]. 社会学研究,2005(5):53-68.

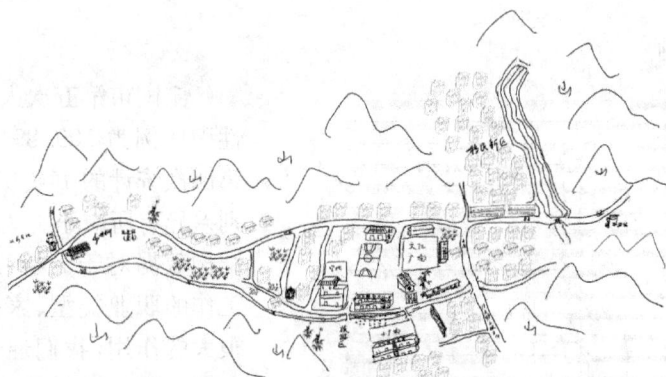

图 7-8　龙阁村社区资源图

的使用可能会增加后续的工作量，给引用社会影响评估报告的决策者带来误导。总体上数据的使用有两种途径：①绝对使用法，即不使用其他数据或资料作为对比；②比较使用法，一些从官方统计资料中获取的资料如人口年龄数据、抚养系数、住宅拥有率等只有和参照资料如人口总量、区域人口、农村人口等比较才有意义。

2）社区结构维度数据处理

社区人口组成反映了社区最基本的剖面，人口数据的获取较为容易便捷，人口的二手数据的来源包括了国家的人口普查资料、经济规划部门和社会等机构的各种报告之中。人口普查数据对社会评估最直接的帮助就是形成人口和历史剖面，提供关于人力资源和社区生活水平或者特别人口群体的多种基础资料，并展现其随时间的变化。根据人口普查变量，我们给出了下述的人口剖面变量指标，这里以港口湾水库案例工程为例阐述。

（1）人口规模

宁国市于 1997 年撤县设市，具体的人口普查资料来源于宁国市 1999 年统计年鉴，宁国市常住总人口数由 1990 年的 37.28 万人增长至 38.18 万人，增长率为 2.41%，年均增长 0.27%。

我们统计了 1990 年—1999 年宁国市人口数据，资料如表 7.9 所示：

表 7.9　宁国市 1990—1999 年人口数统计　　　　　（单位：万人）

年份	1990	1991	1992	1993	1994	1995	1996	1997	1998	1999
总人口	37.28	37.83	37.70	37.76	37.88	37.98	38.08	38.10	38.08	38.18
农业人口	31.72	32.19	31.37	31.42	31.5	31.57	31.63	31.62	31.52	31.49

对数据进行时间序列分析，采用线性趋势预测方法得到宁国市的人口趋势线性方程为：

$$y = -0.010\,3x^2 + 0.186\,7x + 37.248$$

趋势预测方程表现出宁国市的人口呈现出正增长的趋势，但增长速度放缓，并且有可能出现负增长即人口规模下降（图 7-9）。其中，农业人口数量逐年减少，进一步的关注点就是人口增速或减速的原因，包括农村户口变化、农村人

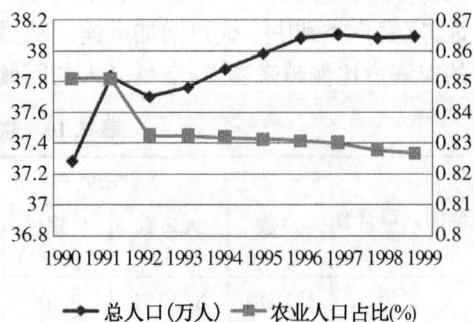

图 7-9　宁国市人口趋势图

口外迁等原因。

（2）性别比例

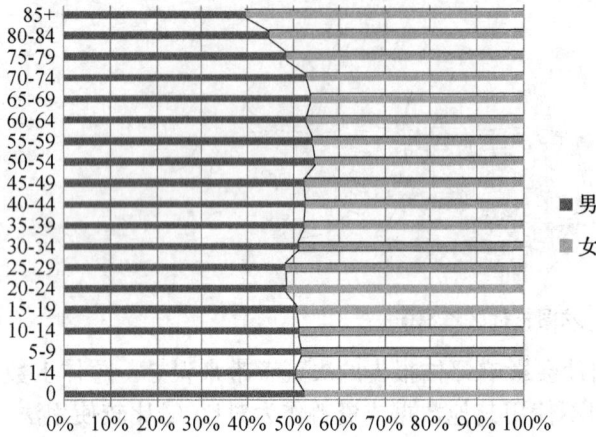

图 7-10　宁国市人口年龄—性别剖面图

宁国市第五次人口普查总体人口性别比例为 109.89（女性为 100），较第四次统计的 110.57 的比例，人口性别差异有所减小。人口的年龄—性别结构数据对于分析社区的发育能力、工作的职业类型、家庭和社区活力有很大的作用，我们通过第五次人口普查资料绘制了宁国市地区年龄—性别剖面图（图 7-10）。

性别分析有助于理解男性与女性从事的有酬工作的种类（工作性质、技能要求、就业水平、薪金水平）、无酬工作类型（子女抚养、照顾病属、家务管理）、教育、休闲和娱乐活动。如劳动适龄人口分析，从第四次和第五次的人口普查数据中看，女性占比分别为 44.9%、45.4%，近 20 年的女性适龄劳动人口在提升，但并不明显。性别进一步的分析关注点应集中在使用和控制资源的权利上，包括食品、衣物等家庭资源的控制权、家庭收入的使用权和控制权、接受教育的权利、享受自由时间和休闲的权利、社区参与权利等。

（3）总抚养系数

总抚养比又称总抚养系数，是指在人口当中，非劳动年龄人口与劳动年龄人口数（15~64 岁）之比。抚养比既反映了不同人口群体之间的抚养关系，也反映了人口老龄化的程度。抚养比越大，表明劳动力人均承担的抚养人数就越多，即意味着劳动力的抚养负担就越严重。第五次人口普查数据反映出，宁国市 1999 年总抚养比为 37.2%，比第四次人口普查下降 3.1 个百分点，其中：老年抚养比 10.5%，比第四次人口普查上升 1.4 个百分点，从发展看，老年抚养比增加，说明宁国人口老龄化程度在加剧，这种人口发展趋势将在一定时期和一定阶段内加重社会所承受的负担。

（4）家庭规模

家庭的规模可以从家庭户和家庭户类别上反映，表 7.10 为"五普"和"四普"时的数据。从以下数据可以看出家庭户的规模从 4.01 人/户减少到 3.33 人/户表现出家庭小型化特征，家庭户类别中一代户增加迅速。从另一个侧面上看，传统意义上"三代同堂""四世同堂"的家庭户比例越来越少，空巢老人的问题也日益凸显。

表 7.10　家庭户和家庭户类别统计

全国人口普查	家庭户				家庭户类别（户）			
	户数（户）	人口数（人）	户规模（人/户）	其中：一人户（户）	一代户	二代户	三代户	四代以上户
五普	111 831	372 191	3.33	9 670	22 944	66 002	22 119	766
四普	91 524	366 693	4.01	4 178	8 943	60 866	15 473	538

（5）婚姻情况

1999 年,宁国市 15 岁及以上人口中,未婚人口所占比重为 18.40%,已婚人口所占比重为 74.79%,离婚人口所占比重为 0.79%,丧偶人口所占比重为 6.01%。1999 年与 1990 年相比,未婚人口比重下降 9.25 个百分点,已婚人口所占比重上升 9.12 个百分点,离婚人口所占比重上升 0.27 个百分点,丧偶人口所占比重上升 0.15 个百分点。

（6）人口的变迁

根据《1995 年安徽省 1‰ 人口抽样调查》资料,反映宁国市户口在本乡、镇、街道,离开本乡、镇、街道半年以上的人口约为 7 600 人,占全市户籍人口总数的 2%。而 2000 年"五普"数据显示,宁国市人口变迁数已达到了 32 346 人,占全市人口比例的 8.47%。从上可以看出,宁国市的人口变迁速度变快。

（7）少数民族

1999 年统计显示宁国共有 20 个民族。全市常住人口中,汉族人口 379 970 人,占 99.51%,少数民族人口 1 871 人,占 0.49%,其中,畲族 902 人,占少数民族人口的48.21%,是宁国市人数最多的少数民族,主要居住在云梯、仙霞一带。十年来,少数民族人口增长 21.5%。

（8）居住条件

居民家庭住房间数和人均住房面积是体现人口居住质量的重要指标。根据《1995 年安徽 1‰ 人口抽查数据》资料,宁国居民家庭住房户均住房 1.91 间,人均住房建筑面积 19.41 m²。与 2000 年（第五次人口普查资料）相比,五年来,宁国平均每个家庭户增加 0.4 间住房,人均住房建筑面积增加 4.99 m²。

3）识别社区主要趋势变化

从上面的数据分析可以看出,目前宁国市社会人口维度的变化存在以下几个重要的趋势:

（1）人口规模总体呈现增长放缓,农业人口比例下降。

（2）女性作用突显。在年龄—性别图中可以看出性别的波动幅度随着年龄的减小而趋于平稳,反映出对性别认知的变化。同时,在适龄劳动者中,女性的比例也维持在较高的水平。

（3）家庭结构小型化。从统计数据上看一代户和二代户占据着家庭户的主要类型,家庭户的规模也降至 3.33 人/户,家庭结构小型化的趋势十分明显。

（4）人口老龄化加剧。65 岁以上人口从总人口的 5.97%（1990）增加到 7.81%（1999）,老年抚养系数增大,结合上述家庭结构的小型化来看,空巢老人的问题也日益凸显。

（5）人口变迁加速。宁国市 1999 年人口变迁占全市户籍人口总数的 8.47%,体现了人口流动性很大,主要原因在于工作就业问题,从另一个角度反映出居民从事行业和职业的变化。

因此,在社区人口维度方面可以确定人口规模增长放缓、女性作用突显、家庭结构小型化、人口老龄化加剧和人口外迁加速五个主要问题。

7.4　论坛第三阶段：以本位建构识别社区关键问题

经过论坛的前期策划和资料准备后，就将进入社区论坛的正式阶段。本位建构在建构主义中是站在个体角度对其进行界定的，是指个体在不受外界群体的干扰下，通过结合周围情境、自己有的知识和经验对信息进行加工处理，并最终形成自我认知建构。社区互动论坛是以社区整体作为评估的客体，本位建构的建构主体不再泛指个体，而是被赋予了确切的对象，即工程项目影响的社区，即社区整体对于项目和周围环境的自我认知建构。社区互动论坛是以问题为导向的方法，论坛的初次开展是为了识别社区层面的关键问题。

7.4.1　识别方法：半结构小组技术

社区互动论坛参与方式本质上是一种小组技术。常见的小组技术有面对面会议、头脑风暴和具名小组等三种，从组员互动的程度上三者的主要差别如下：

（1）面对面会议（unstructured face-to-face meetings，FTF）。面对面会议允许组员之间的相互讨论，这种会议常见于机构组织内的小组决策，由于小组没有固定的结构，在实践中显露出明显的缺陷。例如：它趋向于达成某种快速决定并不考虑问题的所有方面，因此它的讨论常聚焦于问题的个别方面；成员往往处于较低的阶层，出于小组压力和小组取向的一致性要求，成员常出于沉默状态；小组常具有支配性特点。Armstrong 指出很少有证据认为 FTF 对于预测问题和决策有好的帮助，然而人们喜欢成员之间的互动和共同工作，因此 FTF 会给成员带来很高水平的满足[①]。

（2）头脑风暴（brainstorming groups）。头脑风暴法是获取大家想法最常用的一种技术，成员对提出的问题进行预测并提出自己的见解，鼓励成员提出尽可能多的观点。头脑风暴提倡集思广益的原则，提倡小组内的自由漫谈，不进行组内评价，采用"搭便车"的方法对不同观点进行综合、重组和改进。头脑风暴方法在观点的收集和观点的质量上都比 FTF 方法有所提高，小组成员也更加满意，减少了对专家权威人士的依赖。

（3）具名小组（nominal groups）。具名小组为了克服传统会议的缺点而增加了结构化的互动方式。小组活动的开展主要有三个步骤，首先小组内成员独自对问题进行评估；然后，评估者引导小组进行系列讨论；最后组员对问题进行重新评估和重要性排序。具名小组的评估方法可以使小组成员认识到自己的提议对解决问题的重要作用。具名小组的结构化过程可能会使得组员怀疑自己受到了操纵，同时具名小组的开展需要大量时间。

上述介绍可以看出面对面会议实际上是一种限制互动的小组形式，问题讨论方向在组内已被主导；头脑风暴的方法是一种完全互动的形式，但它不对产生的观点进行分析；具名小组是一种高度结构化的小组形式，会限制组员的参与热情。限制小组互动的因素除了上述小组的结构性的原因之外，还包括小组内存在主导或健谈的组员、组员依赖于其他组员的观点人云亦云、小组服从的压力认为只有和其他人能力相当时才会参与、对评估问题没有足

---

① Armstrong J S. How to make better forecasts and decisions：Avoid face-to-face meetings[J]. Foresight：The International Journal of Applied Forecasting，2006（5）：3-15.

够的认识等。

社区互动论坛的小组技术借鉴具名小组的优势,但又不完全相同。论坛促进者设置评估的主要框架和维度,同时鼓励组员讨论自己关注的问题,鼓励组员间的互动过程,对评价框架和内容进行改进和补充,我们称之为半结构小组。半结构小组技术利用社区互动论坛的互动特点,激发成员的想法和解决问题的不同路径,每个成员均有平等的机会来阐述自己的观点,参与决策的过程。小组的互动提供了一定结构,因此也就减少了少数组员主导的可能性,从而充分利用全体组员的创造性和思维方式。半结构形式是对头脑风暴和具名小组技术的综合运用,提高了小组的创造性和效率,它使得社区互动论坛具有如下优点:①鼓励组员在其他成员面前表达自己的看法,允许少数人的观点得到表达;②给组员整理自己思维的过程;③一旦问题的范围和领域界定之后,避免了其他评论;④避免让个性强的组员来主导小组;⑤包容那些相互冲突的观点;⑥取得组员的配合来得出解决的办法;⑦运用初期判断的反馈来进行最后的评级。

半结构小组开展过程可分为以下五个步骤(图 7-11):

第一步是分享项目信息和社区知识。在分享成员观点之前,给论坛成员传递项目信息和社区知识,建立成员的初步认知,使其从社区代表的角色成为更加了解社区和项目关系的社区"专家"。

第二步论坛参与者的初始评分。提供了补充信息之后,工作者向成员发放提前设计好的问题量表,要求成员在短时间内完成,在此期间不要与其他组员有任何的语言和非语言的沟通。本次问卷量表包括两个部分,第一个部分是对当前阶段社区基本情况的评估,第二个部分是预测拟建项目将会带来社区四个维度的变化。本次评估的目的是评估现阶段参与者对社区认识的基线数据。

图 7-11　半结构小组技术的开展过程

第三步论坛参与者的互动讨论。给每一个小组成员发表他们对于自己初始评分的意见,并结合自己的领域、职业和社区经验对每一个维度列出的问题列表进行补充或提出质疑。鼓励组员听取、考虑和质疑他人的建议,对每一个维度进行讨论,识别出该维度中的关键问题,给出自己的见解。

第四步论坛参与者的最终评分。通过上述互动讨论,结合识别的关键问题,重新评定项目对四个维度带来的变化,并附上改变评分的理由。

第五步提出应对措施。针对每个维度识别的关键问题,采用头脑风暴的方法提出处理和缓解消极影响的措施。

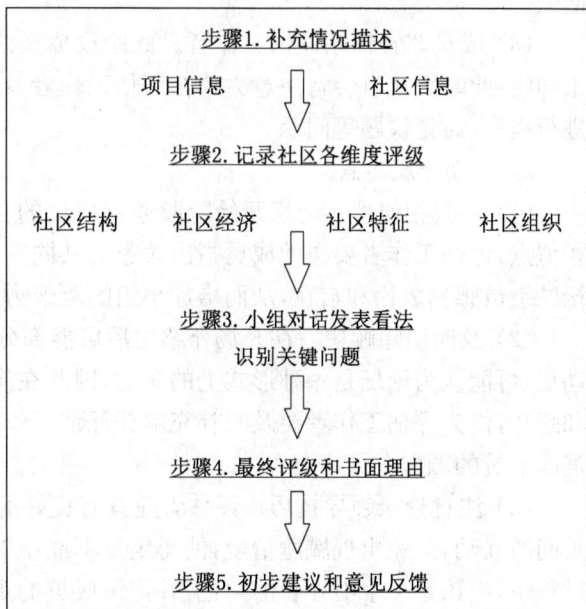

7.4.2　识别的初期工作

1）初期特点

论坛的成员可能参加过类似的小组形式,会对小组产生很多期望,此外,他们可能在论坛开始之前与评估工作者见过面,或通过其他成员或方式对小组的目的有所了解。然而,论坛开始期,参与者都是小心谨慎和踌躇不定的,对论坛能否达到预期的目标存有疑心[①]。论坛初期主要表现出如下特征:

(1)成员充满两极情感。论坛刚开始,无论成员对于预期的讨论做了多么充分的准备,他们还是会处于内心充满兴奋和焦虑的两难境地。第一次接触开始,组员们通常通过一些非语言暗示,例如着装和长相,来了解对方。

(2)出现趋求—回避的心理矛盾。部分成员试图接近他人,但他们可以避免走得太近,因为他们对这种环境中建立的紧密关系还是比较害怕的。在这个阶段大家往往对自己、对论坛的期望以及自己在论坛中的表现能力心中没有底,因此彼此间的表现都很谨慎。

(3)成员非常依赖评估工作者。此阶段成员之间彼此尚未熟悉,对论坛的具体工作尚未知晓,此时的成员会将注意力放在评估工作者身上。此时,成员可能会考虑论坛的限制、进行程序、讨论议题等问题。

2）初期开展要点

(1)寻找相似性。论坛开始阶段通过成员的自我介绍来促进相互间的了解,通过寻找相似点,评估工作者要协助成员指出大家的共同点和关心的问题,这种相似性的总结会使论坛的组员感到放松和自在,从而增加小组的凝聚力。

(2)及时消除顾虑。在开场介绍之后可能部分小组成员不能真实地了解论坛的目标和动机,可能认为论坛是一种形式上的参与,因此在沟通中不能真实和准确地表达自己的顾虑和想法,作为评估工作者要及时补充解释评估工作的立场、目的,以及评估结果的作用,及时消除成员的顾虑。

(3)注意论坛领导技巧。评估者应具有良好的表达技巧,活跃论坛参与者气氛,提升成员间的互动,避免出现尴尬情境,使得组员不能积极地进行互动沟通。评估者在论坛的进行过程中,应该是一个引导者的角色,并记录成员的观点,而不能把自己看问题的思维和方式带入论坛,过多地干预论坛开展。

3）初期工作内容

论坛开始阶段可能是工作开展最艰难的阶段,此时的成员都在寻找论坛的发展方向,但是又对所有的建议表现出矛盾心理。成员一方面要适应论坛组织,与其他成员和平共处,另一方面又要确保自己的自主性。评估工作者的最初目标就是协助成员走到一起,以合作的、有效的方式来参加论坛,同时还能够让成员感受到自己对小组的特殊贡献,能够得到其他组员的尊重和肯定。要完成这些目标必须做到以下工作:

(1)协助成员进行自我介绍。论坛成员的自我介绍给组员之间的互动提供了一个起

---

① Toseland R W, Rivas R F. An introduction to group work practice[M]. Boston: Pearson/Allyn and Bacon, 2005.

点，自我介绍能够帮助组员一起分享各自的担心和兴趣，由此发展成彼此的信任。评估工作者可以告诉组员在自我介绍中主要介绍哪些内容，比如，除了介绍自己的名字之外，成员可以介绍自己的职业或领域，在社区中居住的时间，最关心的问题等。

（2）界定论坛的目标。在成员自我介绍完成后，评估工作者需要对论坛的目的和工作者在论坛中的作用进行简单说明。如果成员不清楚论坛的目的或工作者的动机，他们的不安情绪就会加强，参与论坛的热情就会下降。通常评估工作者可以事先准备一段开场介绍，包括论坛目标，评估工作与论坛任务的关系、论坛成果的使用，以及成员意见能在多大程度上推动和改进将要发生的社会变迁。

以港口湾水库为例，可列出如下目标：

① 论坛将给组员提供讨论港口湾水库工程影响的机会，我们鼓励每一个组员结合自己职业和社区生活经验提出自己感觉最会受到影响的方面，并对这些问题提出自己的反馈意见。

② 论坛将讨论水库的社会影响问题，每一个组员都要参与到打分的过程，并讨论如何处理这些问题。

③ 论坛将评估社区提出的问题和缓解措施，并提出评估报告。

（3）确定论坛原则。论坛原则可能包括：坚持参加论坛全部内容；认真倾听其他组员发言，不轻易打断；不主导论坛讨论；真诚、诚实表达自己的想法和感受；在回应其他成员的评论时，本着积极、合作、有益和信任的态度。论坛原则的建立可以避免出现讨论偏离论坛目标、出现早期冲突和组员关系破裂的状况。

（4）说明论坛日程。论坛日程包括论坛的开展方式、论坛的持续时间，日程的介绍可以使参与者对论坛的开展形式和时间有初步认识，逐渐消除开始阶段的焦虑。

7.4.3 关键问题判断过程

1）提供补充信息

Laird 指出参与者信息的缺乏会影响最终决策效果，参与者的有效参与必须建立在参与者拥有充足信息的基础上[①]。Stocks 和 Harrell 做了一个关于不同水平信息个人和小组判断质量的探讨，其研究结果显示，随着提供信息的增加，个人和小组的判断质量和准确性都在提高，信息量与判断质量存在着正相关的关系[②]。Diduck 指出，相关知识的缺乏抑制了有效参与，参与者仅仅接受新的事实是不够的，在某种程度上参与者必须能够熟悉这些事实并处理相关问题[③]。Scholten 等在研究信息分享在决策中的作用时，指出提供信息有助于决策形成，提高决策质量，提供的信息可以在小组的互动过程中一定程度上消除个人的偏见[④]。

---

① Laird F N. Participatory analysis, democracy, and technological decision-making[J]. Sci Technol Human Values 1993, 18(3): 341-61.

② Stocks M H, Harrell A. The impact of an increase in accounting information level on the judgment quality of individuals and groups[J]. Accounting, Organizations and Society, 1995, 20(7): 685-700.

③ Diduck A. Critical education in resource and environmental management: learning and empowerment for a sustainable future[J]. J Environ Manag, 1999, 57: 85-97.

④ Scholten L, Van Knippenberg D, Nijstad B A, et al. Motivated information processing and group decision-making: Effects of process accountability on information processing and decision quality[J]. Journal of Experimental Social Psychology, 2007, 43(4): 539-552.

因此我们认为补充信息十分重要,其重要性体现在以下几点:

第一,补充信息协助参与者对拟建项目有更加全面和准确的认识;

第二,补充信息可以在某种程度上纠正参与者的认知偏差,改变由于信息不对称造成的偏见;

第三,可以使参与者建立对项目的相同认知水平,从而在接下来的讨论中具有对称的信息。

与此同时,项目的补充信息应该保持客观公正,不要夸大项目的经济等效益而忽略缩小不利影响面,也不要在提供的信息中夹杂个人看法,从而影响正确判断的形成。补充的信息主要包括了项目建设基本信息和社区基本情况。

项目建设信息:提供项目信息可以使论坛参与者直观地感受到拟建项目在地理位置、规模等方面的概况信息。详细的项目信息还应该包括项目的建设方案、资源开发及综合利用分析、建设土地利用合理性分析、生态环境影响分析等。详细信息可见图 7-12 所示。对于项目信息的传递可以采用多种方式,包括 PPT 展示、视频展示、制作项目概念图、项目审批文件副本等表现形式,力求真实、准确地传达项目信息,补充信息的目的是增强个人的判断,在这个过程中不要添加主观意见,从而支配其他人的观点。通过项目信息的传递,是参与者建立起一个与项目相关,知识水平相一致的认知,提高成员的判断质量。

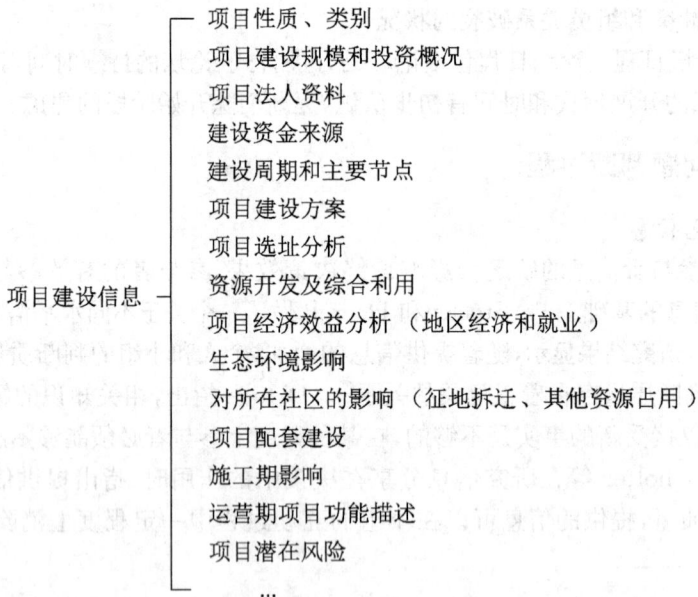

图 7-12 项目建设信息

社区基本情况:社区互动论坛的参与者是评估工作者通过滚雪球抽样找出的拥有独特社区知识和生活经验的居民代表,他们对于社区都有自己的认知,对于社区情况的了解往往比评估工作者还要清楚。评估工作者提供社区基本情况的内容主要包括两个方面,第一个是了解评估工作者对于社区剖面的划分,即上文提出的四个维度,理解每个维度可能包含哪些变量；第二个是给出所在社区的基线数据，以利于参与者在对社区目前状况和拟建项目将带来的影响作出准确判断。社区基本情况如图 7-13 所示：

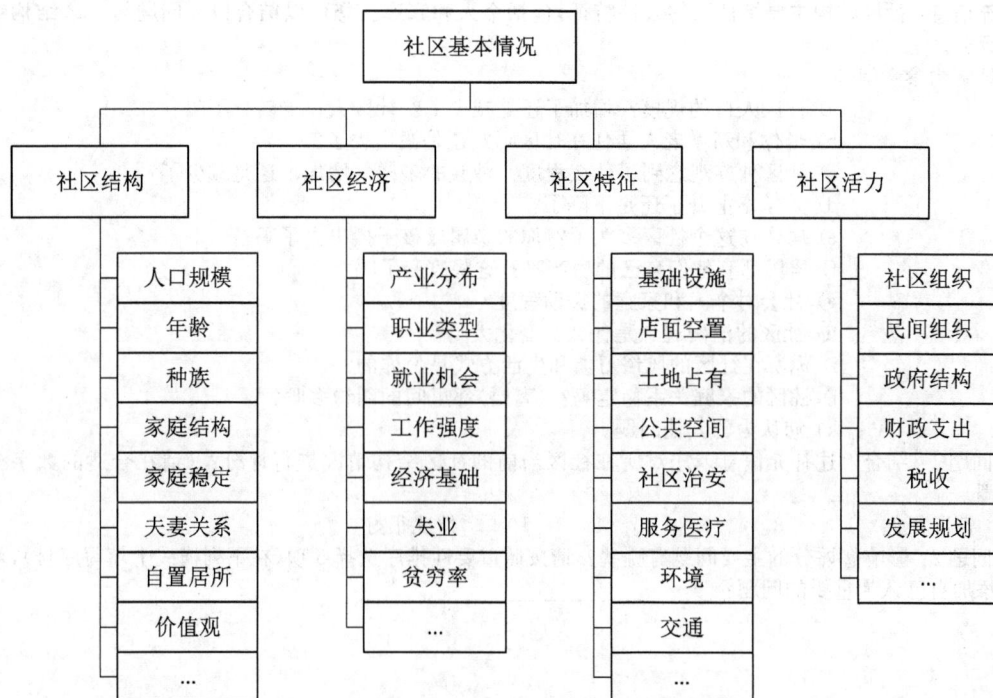

图 7-13 社区基本情况

2）社区维度初始评级

按照前面社会剖面的划分方法，将社会影响评估仍然按照社区结构、社区经济、社区特征和社区活力四个维度，测量表对四个大的维度进行评估，而不具体细分下去，在每个评估维度的样表中加入前文识别的社区维度相关问题。维度的评估可采用"1～10"的十级划分，"1"表示情况十分差（糟糕），"10"表示情况十分好。通过对国内外研究的综述得出随着等级划分的提高，对问题的辨识度会有提升，当等级超过 10 级以后，这种影响效果将会减小，结果统计显示"10"级量表的内部一致性水平较高，但是不同级别划分的结果差别并不具备统计学意义[①]。项目引发的影响通常包括正面和负面的影响，因此采用了−5～+5 的等级设计，其中负向表示不利影响的加深，正向表示有利影响加强，中间点"0"表示参与者的基线评分，即没有多少影响。同样项目影响量表的评价需要参考社区维度的相关问题，从而得到参与者在项目最初印象和自己知识经验下的评分。具体见表 7.11 所示：

---

① 吴永泽，王文娟. 不同应答等级对 Likert 式量表特性的影响[J]. 中国慢性病预防与控制，2010(2)：215-217.

表 7.11 社区维度表

社区情况（初始评分）

维度一——社区结构

补充信息：社区结构主要指社区的人口特征，包括个人和家庭。您可以结合以下问题给社区结构维度评分。

社区结构参考问题

       a) 社区人口的规模？增加了还是减少了？社区人口老龄化了吗？

       b) 退休和新增老人居住在社区吗？还是搬出去了？

       c) 社区种族观念到了什么程度？种族的多样性增加了还是减少了？

       d) 入学率上升了还是下降了？

       e) 居住在这个社区多久了？你的亲属或孩子搬出去了吗？

       f) 居民都有他们自己的房产吗？这些改变了吗？

       g) 社会对个人和家庭的援助程度？

       h) 社区的消费观念是什么？变化大吗？

       i) 你所在社区的风俗习惯和生活方式是怎样的？

       j) 社区的家庭关系稳定吗？（离婚）邻里间的纠纷多吗？

       k) 您认为的其他问题。

➤ 问题1：结合上述补充信息请您对所在社区当前的社区结构情况进行评分？（请在合适的数字上画圈）

    情况很差　1　2　3　4　5　6　7　8　9　10　　情况很好

➤ 问题2：影响您评分的主要问题有哪些？请按照重要性排序选择5项（在下列横线上填写序号），可以添加自己认为重要的问题？＿＿＿＿＿＿＿＿＿＿＿

1.

2.

3.

➤ 问题3：和当前情况相比，您觉得项目的建设将会对您所在社区的社区结构带来怎样的变化？（请在合适的数字上画圈）

    变得很差　　　　　　　没有变化　　　　变得很好

      －5　－4　－3　－2　－1　0　1　2　3　4　5

➤ 问题4：影响您评分的主要问题有哪些？请按照重要性排序选择5项（在下列横线上填写序号），可以添加自己认为重要的问题？＿＿＿＿＿＿＿＿＿＿＿

1.

2.

3.

初始评估的目的是了解参与者对所在社区各维度情况的基本认识，在这个阶段，评估工作者需要了解的是参与者个体的独特见解，因此初始评估不希望参与者间进行过多交流，这需要建立在参与者对评估内容和过程熟悉的基础之上，初始评估应该做好以下几点：

（1）简明扼要地展示小组工作步骤；

（2）口头上读出要评估的问题；

（3）对补充问题可以进行实例说明；

（4）避免更多的解释和说明；

（5）让成员用简短的时间和语言写出自己的观点；

（6）要求组员之间不要互相讨论；

（7）鼓励成员表达真实看法。

3）小组对话

小组对话是论坛互动的重要程序。Echabe 和 Castro 指出小组互动的重点应该放在促进公开对话上，促进组员的相互学习，提高个人的判断质量。小组技术用在社会影响评估中是用来揭露社会成员的思想多样性和模拟真实情景的，通过结构化小组内信息的共享和辩论，将会有助于判断水平的提高，这是因为成员认知的合成和对将要发生的社会变迁后果的更好理解[①]。当一个组的成员拥有不同的信息，通过相互汇集，基于此共享信息和共享小组对话形成的判断比任何成员用自己有限的知识产生的判断质量更高。小组成员不仅识别更多不同的想法，他们识别的问题也反映了一个更广泛的视角和更大的认知合成，通过鼓励结构内冲突，会激发更广泛的思路，进而提高判断的质量。

（1）小组轮流发言

要表达对参与者观点的重视最好的办法就是征求组员的意见，确保他们的观点能够得到其他人的倾听和关注。如果无法清楚地了解组员的看法和期望，常常会使后面的评估程序的进展步履艰难。对于单个组员的观点，要认真对待，采用小组轮流发言的形式来公平对待每一位参与者。当然，这并不意味着每个人提出的每个想法和信息，都要当作正确的、重要的信息来逐一处理。公开的讨论会协助组员修正自己的看法和期望，并逐渐形成一个大家都能接受的目标。

小组轮流发言的内容主要包括他们对社区维度评分的主要依据，即他们认为重要的社区维度问题，这些问题既可以是测量表中给出的参考问题也可以是参与者自身提出的问题，注意在这个过程中记录下小组成员的独特见解。评估者应提醒每一位参与者言简意赅地表述自己关心的问题，注意发言时间不要过长，要求其他参与者安静认真地倾听每一个参与者的发言。

在小组参与者一轮发言结束之后，小组可以进行简短的休息。在此期间，评估工作者将参与者初次评估的测量表收集起来，记录小组成员评分、主要问题排序和个人添加关注的问题，过程中注意测量表的编号，以保证评估者前后使用相同的编号。之后，快速对测量表的评分进行计算，对重要问题进行排序，记录参与者添加的观点，这些信息最终要罗列在一个事前准备的黑板上或挂图板上，以保证每位参与者都能清晰地看到初次评分的情况。挂图板上要记录所有问题，按参与者识别的重要性进行排序。

（2）小组系列讨论

引导小组按照社区维度进行系列讨论，来阐述对小组平均分和主要问题的看法，可以根据挂图板上的问题逐一进行讨论，组员可以表达自己是同意还是反对这个观点，并讨论其相关性和重要性。小组成员可以提出自己关注问题的独特见解，但要将观点背后的依据和逻辑说清楚。尽管欢迎评论性的点评，但小组还是不应在某个观点上花费太长时间，或是对某个观点的优点进行长时间的争论。

① 发掘信息。小组的互动过程就是协助组员寻找项目可能带来的社会变迁信息，组员的反馈有利于小组发掘信息、产生建设性的解决办法。一般来说，所有的反馈都是有价值的，因为他们可以协助小组在信息处理过程中检查和纠正错误，但在发掘信息的早期，点评

---

① Echabe A E, Castro J G. Group discussion and changes in attitudes and representations[J]. The Journal of Social Psychology, 1999, 139: 29-43.

式意见反馈会压制其他建议和想法的出现。组员担心的是自己的想法会被他人负面评价，影响自己的能力，产生小组压力，在这样的情况下，大部分组员都不会冒险提出建议、发表观点，或主动提供信息。因此，在早期不鼓励过多的点评，而是引导大家进行提出创新性想法，当问题汇集起来后，可以对问题进行整合，引导成员考虑其他方面的问题。

② 界定问题。如何确定和界定问题是解决问题的关键所在。在界定问题时，工作者遇到的第一个问题是，如何处理那些由若干相互关联的部分所组成的复杂问题，最好的办法就是将这个问题进行分解，问题分解时要清楚地界定问题的界限，协助提出问题的人找到重点，澄清他们对某个问题的想法和建议。

例如，水库工程常常涉及移民问题，对于这个问题可以引导组员从社区结构中的人口规模、自置居所、人际关系、生活方式方面，社区经济维度中的就业机会、家庭主要收入来源、生活费用方面，社区特征维度中的社区自然资源改变、社区基础设施改变、社区环境变化、社区土地所有权变化、社区治安变化等方面，社区活力中的移民财政资金补贴，移民专项补贴，移民权利等方面进行引导。问题界定时要有一定的灵活性，一方面工作者不希望压制组员考虑问题的创造性，另一方面评估者可能比参与者更加了解问题的本质，知道从哪个角度来划分问题。

小组问题具体化之后，工作者需要用简明的语言来总结问题。最理想的情况是，界定问题时需要用客观的术语，简明的客观术语可以协助组员明确认识自己的处境。小组通常需要有一个令人信服的理念来界定问题的范围和解决问题的方法，这就要求工作者在前期对收集的资料和社会评估有着足够的理解，从而有效地领导小组工作的开展。

(3) 处理小组内冲突

刘梦将小组冲突划分为"理性与秩序性"冲突（即小组成员围绕小组目标的达成而在表达上演变成理性冲突）、"心理及情感式"冲突（即由组员性格差别或行动不协调产生的摩擦、不快进而演变成冲突）、"权利及控制式"冲突（主要指争夺小组的权利或影响力而产生的冲突）[1]。

消除"心理及情感式""权利及控制式"的冲突。这类冲突主要指情感性的、社会性的关系冲突，一般认为关系性冲突是基于组员彼此在组内外的情感和人际关系层面的交往而出现的，或者是出于小组成员的社会地位和专业知识，在互动过程中体现出很强的控制欲并且不尊重他人的意见造成小组内的不和谐。这种冲突对小组的发展是不利的，而且很难用理性说服的方式来解决这类冲突。因此，评估工作者应该尽早发现冲突的苗头，及时制止冲突的爆发，防止将冲突变成人身攻击。消除此类冲突应该建立以下原则：①提前了解参与者的社会人际关系；②开展过程强调对事不对人；③要关注兴趣和问题的成因分析，而不要关注组员对问题的看法；④专注于问题本身，鼓励组员用"我"开头的表达方式，而不要用"你"开头的表达方式。

鼓励"理性与秩序性"式冲突。这类冲突是基于问题真实性和表达秩序的冲突，Schulz对小组内成员意见的同质性进行了分析，实验结果表明异质性小组成员内的观点冲突可以一定程度上消除组员个人主观偏见，提高判断的质量和决策制定[2]。因此，在小组的互动讨

① 刘梦. 小组工作[M]. 北京：高等教育出版社，2003.

② Schulz-Hardt S, Jochims M, Frey D. Productive conflict in group decision making：Genuine and contrived dissent as strategies to counteract biased information seeking[J]. Organizational Behavior and Human Decision Processes，2002，88(2)：563-586.

论过程中可以引导此类冲突,例如当两位参与者出现明显的判断偏差时,可以鼓励两位成员各自重新发表自己的看法和见解,并可以借此在小组内产生一轮互动探讨。对于此类冲突,评估工作者要引导组员超越他们自己所处的位置来倾听别人的期望,具体的建议如下:①将冲突视为论坛发展过程中的自然和有益的部分;②协助论坛成员认识冲突;③鼓励建立一种开放式的、尊重他人观点的小组规范;④鼓励论坛成员在听完整个讨论之后再做出评价;⑤鼓励论坛成员从新的角度或其他成员的立场来理解不同的情境;⑥重视论坛中那些可以推动达成共识的因素;⑦发掘信息和事实,寻求专家的意见来解决冲突;⑧在冲突时保持中立,在必要时,要提问并不断澄清问题。

评估工作者要实时掌握论坛的开展动态,及时引导小组朝着论坛的目标前进,处理好"心理及情感式""权利及控制式"式冲突,鼓励"理性与秩序性"式冲突,从而达到建设性、创造性的小组互动过程。

（4）整合小组观点

小组讨论的最终目的就是识别社会影响各个维度的重要问题,讨论获得了足够多的观点之后,必须对所有观点进行审视,合并重复的观点,归纳类似的看法,用简短的客观性术语进行总结,这个过程可以和参与者一起进行,从而明确在整合过程中没有信息遗漏。最终,将形成一个论坛观点的清单作为论坛系列讨论的阶段性成果。

4）社区维度最终评级

经过上述小组讨论过后,评估工作者将识别的重要问题列在提前准备的黑板或挂图板上,编上序号,重新按照设计的测量表对社会影响进行评分,同样这个过程要求组员独立完成,并结合讨论结果,把各自认为的重要问题进行排序,可附上自己的理由。评分结束后,评估者收集评分,并对评分和重要性排序进行统计。

经过最终评分,评估工作者将每个维度参与者最关心的问题按小组成员的排序罗列出来,借助小组成员的头脑风暴对关键问题提出应对措施或方案修改意见。头脑风暴的方法适用于小组中的问题已经明确的情况,当社区关键问题被识别后,作为社区的参与主体,成员会树立起建立在社区认同基础上的社区责任意识。因此他们提出的应对措施和修改方案往往是十分有效的,提出的应对措施将被记录下来作为对项目兴办者的反馈。

论坛设置评分的目的在于以下方面:

（1）初次的评分是让组员独立做出判断并从数学的角度来排序和打分的手段,提高对定性问题的判断准确性。

（2）初次的打分可以检查成员是否有效地理解了设置的问题,或者成员是否存在重大偏见。当出现比较极端的打分时,如果没有附上恰当合理的解释,可以初步判断出成员是否有能力或者有意愿参与论坛的评估。

（3）最终的打分可以检查小组讨论的有效性和小组成员的多样性。按上文提取的Schulz观点,即小组的判断质量与小组的异质性水平有关,并假设前后比分的变化程度与小组成员的多样性程度成正比。当然这种假设是需要在后期的实践中进行验证的。

（4）正式邀请组和居民自我选择小组打分的比较可以检验小组成员的代表性。我们的假设是正式邀请小组反馈的问题更加全面,包含自我选择小组的关注问题;正式邀请小组打分更加客观,自我选择小组打分更加偏向负面,常抱有搭便车的心理而夸大负面的社会影响。

7.5 论坛第四阶段：以共同性建构协商解决问题

社会影响评估的最终目标是从项目的社会影响层面探讨项目与社区的适应关系，寻求项目的前期管理，提出消除或缓解不利社会影响措施。论坛初次开展识别了基于社区主体的关键问题和利益诉求，而一个项目最终的实施，是基于各方利益的权衡。论坛的共同性建构，就是通过论坛的协商过程，化解项目与社区、项目兴办者和社区居民的冲突焦点。

7.5.1 论坛共同性建构困境及解决

1) 论坛共同性建构下的困境

不同于本位建构的社区互动论坛开展过程，共同性建构下论坛开展会产生很多问题。初次论坛的成员异质性是建立在生活经验和个人专业知识之上，但其仍然具有共同的社区属性，包括共同的社区生活、共同的社区认同感和共同的社区利益取向。而共同性建构论坛是由一些异质性成员构成的，包括社区居民、项目兴办者和政府代表，其异质性突出的表现在各方的利益诉求之上，有时往往处于两个极端的对立面之上，其主要矛盾主要表现在三个方面①，如图 7-14 所示：

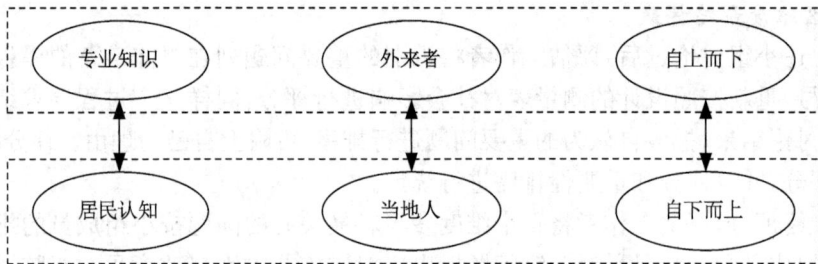

图 7-14　论坛共同性建构下的冲突

(1) 专业知识和居民认知的矛盾。论坛协商过程中由于居民受限于专业知识，在接受项目兴办者关于项目修改方案和建议时，可能并不能理解项目兴办者的意图。或者是出于生活中某类项目的刻板印象，对项目产生偏见，而不顾项目可能采用的新技术、新科技。

(2) "自上而下"和"自下而上"两种管理方式的矛盾。我们提出的项目泛指大型工程项目，项目的发起者多为政府部门，在以往的项目建设模式下，有着比较浓厚的行政干预色彩，体现在一种"自上而下"的管理体制。而共同性建构强调的是一种"自下而上"的体制，要求决策权和社会资源的重新配置，并最终尽可能多地满足群众的利益诉求。

(3) "当地人"和"外来者"的角色冲突。参与式项目决策过程中的外来者与传统项目决策模式下的外来者所行使的功能具有很大的差异，在传统的项目决策中，外来者的地位是策划者、管理者乃至决策者，而参与式项目中，外来者的功能转化为协助者、催化者和推动者。过分强调"当地人"的决策参与可能使外来者处于一种较为尴尬的境地，会使外来者感到自己的权利、专业优势没有得到发挥。因此，需要在外来者和当地人的决策

---

① 马立强,安森东,等.公众参与建设工程决策的影响因素及动力提升对策[M].西安：西安交通大学出版社,2014.

间找到平衡。

2）协调者的角色

基于上述分析，论坛的协商过程必须添加协调者的功能角色，架起社区和项目兴办者之间的沟通桥梁，协调者包含社区的协调者和项目兴建方协调者。

（1）社区协调者——社区代表

社区论坛的协商对话过程必然会出现意见分歧和冲突的焦点，如果没有合适的论坛协调者，论坛的开展必然会不欢而散，使前期的工作变得毫无意义，反而会增加社区对项目的排斥。

社区的协调者可能是社区的官员或者较有威信的村民代表，在我国开展的世行贷款和英国政府混合贷款贫困农村社区发展项目（简称 PRCDP）中，来自各社区的协调者帮助协调政府和社区之间的关系，平衡社区和政府之间的利益诉求。PRCDP 参与式实践显示，来自社区中的协调者可以提升社区的参与能力，解决各种矛盾冲突。在 PRCDP 的三江研讨会总结指出基层社区的协调员在项目实践中的巨大作用，主要体现在以下方面：

① 他们是社区的一分子，也和其他村民拥有相同的发展需求。村民们愿意听从和信任村级协调员，他们对项目的主体感也因此加倍了。

② 他们有相对强的组织能力。长期在农村工作让他们积累了丰富的经验，而这些经验有些是县、乡协调员所不具备的。

③ 他们特别熟悉村子的情况，非常利于开展工作。

④ 他们在当地的权威使得他们更容易去协调各种矛盾。

另外一个例子也同样说明，社区中的官员和社区领袖在处理社区与政府利益冲突时的重要作用。1998 年"米奇"飓风后洪都拉斯南部利蒙和马塞利诺两地住房重建的工作中，由于两个社区中社区代表的不同水平的协调能力，导致了原本相同生活水平的社区在几年的重建工作中出现了巨大的差异，利蒙社区的房子每层只有一个 25 m² 的单间，然而面对几代人居住的移民来说是不够的，这也导致了利蒙社区内暴力犯罪情况时常发生，反观马塞利诺社区，在社区代表的协调下马塞利诺的房屋层面积大概是利蒙的 2 倍，并且准时完成了社区的用电工程，社区居民的生活也逐渐恢复正常化[①]。

（2）第三方组织

第三方常指的是非政府组织（NGO）和以维护公共利益为目标的临时性民间独立组织。第三方组织从事着第一部门（政府）和第二部门（市场）无法或不愿意做的社会公益事业，服务社会公众，包括教育、环保、医疗等众多领域。第三方组织中立的立场可以取得"对立"双方的信任，可以起到沟通"桥梁"的作用。

在我国的实践中，第三方也发挥着重要作用，2006 年恩宁路街区改造项目引起了公众的反对，在政府和社区居民发生意见分歧和冲突时，恩宁路学术关注组作为第三方加入了恩宁路街区改造项目的研究中。小组通过社区走访、政府规划部门走访，规划专家访谈等形式了解居民和政府的关注焦点。小组在专家访谈和社区居民访谈的基础上整合各方利益诉求，通过第三方组织的专业视角对恩宁路原有的规划进行了反思，并最终形成了《恩宁路更新改造项目社会评估报告》和《恩宁路地块更新改造规划意见书》，在此后小组还发起了保护恩宁路麻石的活动，在第三方和居民的共同推动下，政府最终承诺内街 1 700 m 长的麻石街

---

① 高朋，张巧运."在这里，我生活得并不舒服"：人类学视野下的社区恢复能力[J]. 思想战线，2015(2)：21-30.

巷将会保持原风貌,并成立了有人大代表、社区居委会委员、大学教授、规划专家等组成的顾问小组。最终顾问小组提出了"居民自主更新"的新模式,得到了恩宁路街区居民的广泛支持。从恩宁路改造项目可以看出,第三方组织的介入可以提升公众参与的能力和意识,维护社会公共利益,在政府、居民之间起到了良好的沟通作用[①]。

目前,第三方组织的协调作用已被广泛认可,在项目兴办者和居民在项目建设出现重大分歧时,可以引入第三方组织对项目进行审视。第三方组织有利于引导群众合法的、理性的表达自身诉求,有利于站在专业的、公正的角度维护公共利益,是解决项目社会矛盾的重要力量。

3) 共同性建构困境解决:组建合作性评估团队

解决项目与社区冲突的矛盾焦点,达成共同性建构,需要在这一阶段组建一个合作性的评估团队。评估团队的构成应该包含评估机构人员、相关领域专家权威、工程技术专家、社区代表、第三方代表等(表7.12)。相关领域专家可能包含项目社会学、法律方面专家、项目技术方面专家、环境保护专家等。社区代表和第三方代表可来自参与论坛的社区成员和NPO组织成员。合作性评估团队可实现社区赋权,提升评估团队和评估工作的公正性、专业性和民主化,有助于在论坛的协商过程中调解双方的利益冲突和矛盾问题、讨论消除和缓解不利影响措施和商讨项目的改进方案。

表 7.12　专业评估团队

成员	主要工作
评估机构成员	评估促进者,组织评估团队的运作,引导各方表达利益诉求,促进整个评估团队的沟通合作
相关领域专家权威	从专业、公正角度解读项目带来的社会、生态环境、健康方面的知识,消除群众由于缺乏专业知识而带来的认知偏差
工程技术专家	从设计、施工方面评判项目设计方案,对方案的修改提出专业意见和建议
社区代表	建立社区和评估团队的联系,代表社区及所代表的群体表达和维护社区的共同利益,代表社区与项目兴办者进行对话、商讨和谈判
第三方组织代表	提供公正、专业的视角,建立政府、项目兴办者和居民沟通桥梁,维护公共利益

7.5.2　共同性建构的达成

1) 论坛评估过程的循环

社区互动论坛是一个循环的过程,随着项目方案的改进,可能出现新的焦点问题,需要对新方案重新进行影响评估。社区互动论坛的初次结束只是代表其作为影响评估工作的阶段性结束,随着方案的修改,可能会出现新的社会问题,正如前文所述,评估过程被认为没有终点,在获得更有用的新信息和更复杂的情形时暂停一下,重新经历概念化新问题、影响评估、方案改进,再实践的过程(图7-15)。

2) 关键问题的协商和妥协过程

(1) 接受社区反馈修改方案

社会影响评估工作可以看作是在国家法律政策下项目建设强势方所做出的一种妥协,

---

① 吴祖泉. 解析第三方在城市规划公众参与的作用——以广州市恩宁路事件为例[J]. 城市规划,2014(2):62-68.

社区互动论坛的初步评估结果应该迅速和准确地提交给项目兴办者和政府机构,社区互动论坛的初次开展为后续共同性建构提供了解决问题的方向和思路。

在了解社区表达的关键问题之后,项目建设方应根据社区意见对原来的建设方案进行修改调整,或者针对社区的特定情况提出某些缓解措施,这个过程就是项目建设方权衡项目收益和成本的阶段,项目兴办者对方案的修改常出于对项目收益的考虑,可能并不能解决社区居民的需求。这就要求项目兴办者和社区进行进一步的协商。

（2）社区互动论坛的沟通

修改的方案可以再一次经过社区论坛模式的评估。后续的社区论坛的开展应加入项

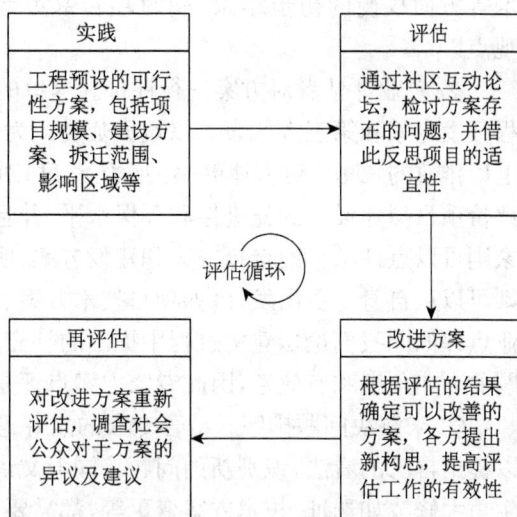

图 7-15　评估的循环过程

目兴办者,这样项目兴办者和社区居民可以通过直接的沟通和对话,共同寻求解决问题的办法。沟通的主要作用在于参与者表达各自的利益诉求,做到直接意义上的交流。尤其是对于公众来说,选取出社区居民代表,将其关于社区居住环境改变、生活方式、就业机会、征地补偿、社区文化传承等方面的诉求直接告知评估团队,省去了通过信访、市长热线等非制度性参与过程,赋予了社区居民直接参与项目评估与决策过程,有利于公众了解项目的真正意义和对社区的利益贡献,并有利于他们直接表达利益诉求。

同我们建构的论坛开展过程相似,共同性建构的初次开展过程,同样需要注意小组初期工作特点,慎重开展,特别是共同性建构小组存在着直接的利益冲突。需要注意的是,论坛初期的自我介绍应该重点介绍评估团队的技术权威、工程开发专家和第三方代表等。其他的开展步骤如图 7-16 所示：

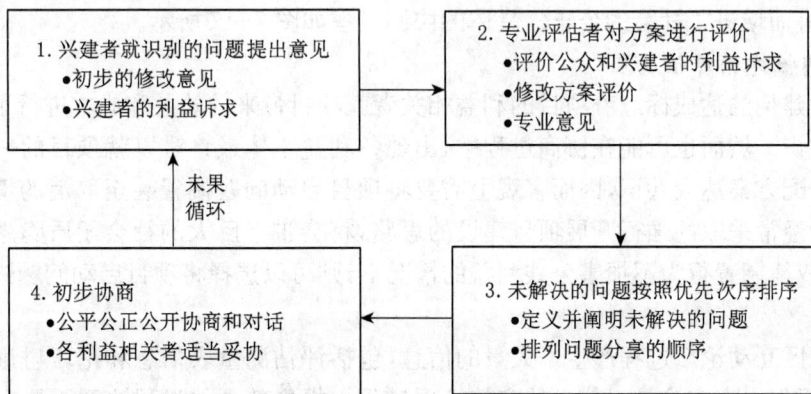

图 7-16　论坛的沟通过程

① 项目兴办者对识别的社会问题提出意见。不同利益相关者对于相同的问题会有着不同的视角,项目兴办者更多的是从项目技术和经济的平衡看待引发的问题。项目兴办者首先提出自己初步的修改意见或是初步的应对措施,这可以看作是项目兴办者自身经济技

术等方面权衡的初步结果,同时项目兴办者对于未解决的问题表达自身的利益诉求和观点。

②专业评估者对方案进行评价。这里的专业评估者指的是评估团队中的技术权威、工程开发专家和第三方代表。以垃圾焚烧厂为例,技术权威可以从专业角度解读垃圾焚烧发电厂排放的二噁英对人体健康的危害程度,对专业领域内的技术指标做出客观的科学解释,评价项目拟建设备的先进性和环保水平,并且客观科学地分析项目的安全距离;工程开发专家则可以点评项目的选择方案和建设方案,明确项目的建设期的拆迁影响范围;第三方代表则可以从自身专业出发,诸如项目技术方案、土地征收补偿、环境污染等方面提出看法。专业点评如同我们论坛建构过程中提出的补充正式信息的步骤一样,旨在提高参与者观察问题的专业角度和有效性,因此专家方案点评是十分重要的论坛评估步骤。

③未解决问题排序。结合专家的点评意见,对于项目兴办者提出的措施,社区居民可以提出自己的看法,识别新的问题。同上文讲述的评估是个循环的过程,我们认为当方案发生重大修改如选址、技术方案变更等,都需要重新对修改方案进行评估。进而定义和阐明新问题,并对未解决的问题进行排序。

④初步协商。对于未解决的问题和识别的新问题,在评估工作者的协调下,社区居民和项目兴办者平等、自由、理性地表达自己的利益诉求,提出初步的应对方案和应对措施。初步协商的双方不要急于就各自预想的方案进行讨价还价,而是在弄清问题的实质后,在双方的各自预想方案之外,寻求能够使得双方利益提升或者满足的各种可能的解决方案,寻求得到一个双赢的结果。

(3) 第三方协调

社区互动论坛的沟通常常很难解决一些牵涉到双方利益的问题,正如丁杰所述,沟通和协调可以解决消除由于目标不一致和信息不对称所产生的冲突,而对于有利益不平衡所导致的冲突,往往是无法消除的[①]。这是由于项目兴办者和社区代表都站在自己的立场来看问题,因此需要以非政府组织为代表的第三方团体来进行协调。第三方可以将这种碎片化的工程价值诉求进行整合,弥补了政府和市场的不足,提高了就工程建设项目协商的有效性和主动性,进而增进了社会的公正。具体的协调过程如图 7-17 所示。

3) 共同性建构评估成果

共同性建构的达成标志着项目的利益相关者就项目带来的效益和成本进行了合理的分摊并达成共识。然而也可能在协商过程中,出现各利益主体最终难以就项目的一些重大问题和利益分配方案达成共识,因而客观上需要将项目启动问题搁置甚至取消的情况。依靠现实中政府经常采取的强行开展项目建设的思路,将会带来巨大的社会矛盾隐患。在这种情况下,应权衡搁置行为不损害公共利益的情况下,则可以选择将项目启动问题进行搁置的处理办法[②]。

由于社区互动论坛过程产生了大量的信息,包括评估测量表信息和论坛讨论过程文字信息,评估报告内容应该是对信息的完整梳理过程。报告整理的过程注意不要有太多的信息损失,真实地反映出社区的公众利益诉求和客观条件。报告的正文应该包含以下信息。

---

① 丁杰. 建设工程项目冲突管理机制研究[J]. 项目管理,2012(1):57-59.
② 刘玉民. 城市建设管理中利益协调的制度平台设计探索[D]. 北京:清华大学,2008.

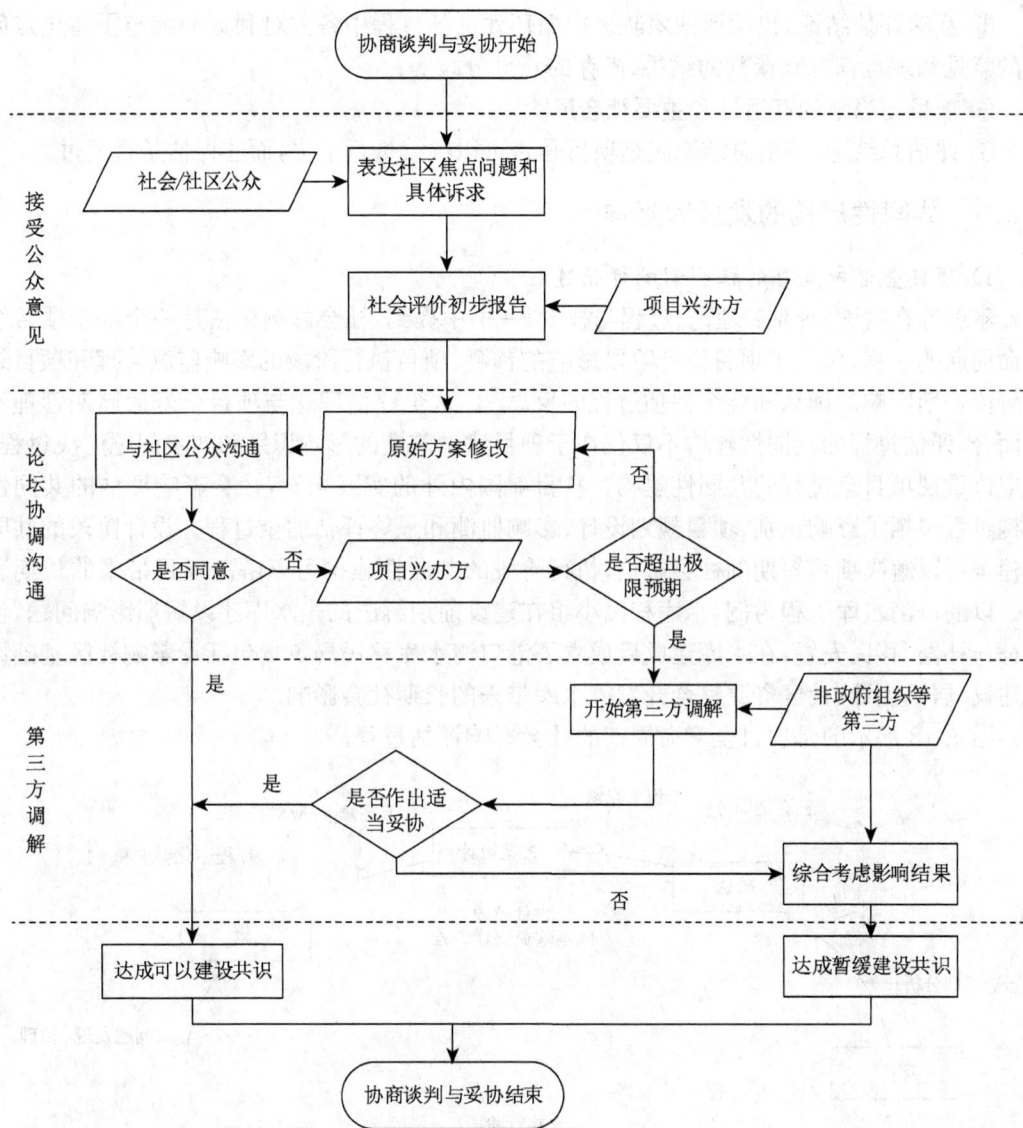

图 7-17 关键问题的协商过程

（1）编制依据

① 相关法律、法规、规章、规范性文件以及其他政策性文件；

② 项目单位提供的拟建项目基本情况和社会影响分析所需的必要资料；

③ 国务院及有关部门批准的相关规划；

④ 其他依据。

（2）基本内容

① 工程项目概况；

② 评估团队的组成；

③ 调查的方式方法；

④ 识别的关键问题，包括潜在的利益冲突与矛盾焦点问题和相关预案；

⑤ 互动评估结论,包括评估团队多次循环评估各过程中各方对利益冲突与矛盾焦点问题的意见和观点,磋商、谈判的结果,尚存的意见分歧等;

⑥ 项目与当地的互适性和主要社会风险;

⑦ 评估总结论,评估总结论应是项目是否可以继续进行下去,而非评估是否通过。

7.5.3 共同性建构的发展和延伸

1) 项目全寿命周期的社会影响评估过程

泰勒等在《社会评估:理论、过程与技术》一书中提到,社会影响评估是一个基于项目全寿命周期的过程,包括了项目设计阶段影响的预测、项目执行阶段的影响监测管理和项目结束阶段长期影响的确认和整个评估过程的反思[①]。这个评估理念与项目全寿命周期管理不谋而合,评估过程的共同性建构不仅仅在于项目建设前期的影响识别和初步问题解决过程,还应该重视项目全过程的共同性建构。从目前国内外的实践来看,社会影响评估的共同性建构过程包括了影响识别、项目规划设计、影响监测和最终评估的全过程。设计阶段的共同性建构可以解决项目短期的社会影响,执行阶段的共同性建构可以解决项目带来的长期影响。以港口湾水库工程为例,水库移民小组在建设前期解决的是水库建设短期影响问题,包括征迁补偿、移民安置,在水库建成后成立了港口湾水库移民局负责包括受影响社区基础设施建设、居民生计、社区资源整合开发等水库带来的长期社会影响。

图 7.18 展示的是项目全寿命周期的社会影响评估过程。

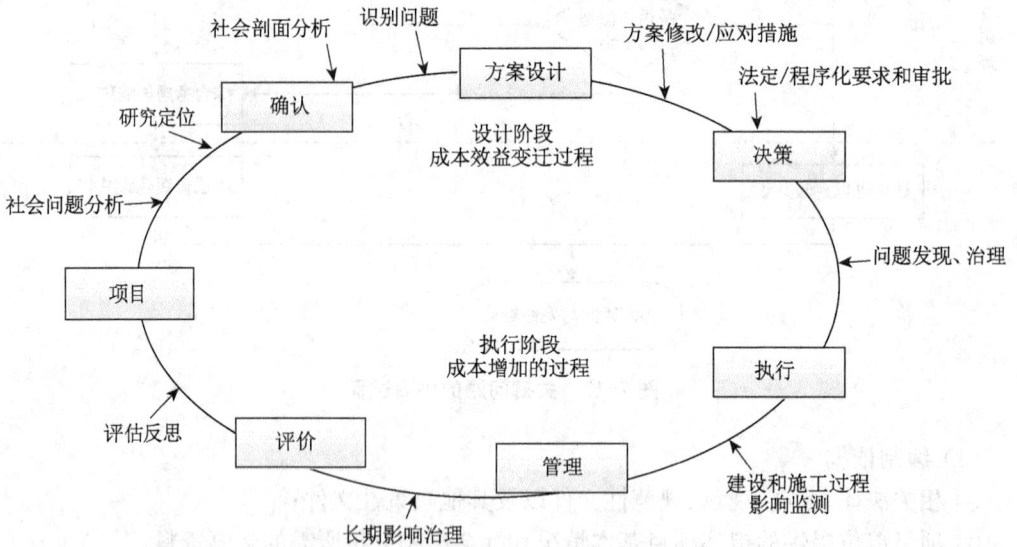

图 7.18 项目全寿命周期的社会影响评估过程

2) 共同性建构策略——国内外的经验

上文讲述的就是一种以社区互动论坛形式进行的共同性建构策略,社区论坛模式建立起项目兴办者和社区居民的互动沟通的平台,通过论坛的参与形式识别并解决项目建设前

---

① 泰勒,等.社会评估:理论、过程与技术[M].葛道顺,译.重庆:重庆大学出版社,2009.

期的社会影响,化解社区和项目兴办者间的利益冲突。社区互动论坛评估模式是一种前摄性预测和管理社会影响的共同性建构方法,更深远层面的建构方法包括了参与式社区规划、参与式项目实施和监督。

(1) 参与式社区规划

参与式社区规划是借鉴了台湾社区营造的过程中社区规划师的概念,台湾的社区营造是采用一种自下而上的管理方式,组织各领域专家和学术团队为社区提供规划咨询服务,其中社区规划师必须具有服务性、公共性和当地性。服务性质必须具有服务社区的精神,公共性指其角色定位于政府和居民之间,当地规划师必须对当地环境和社会有相当的理解程度和深厚的地域情感。社区营造强调居民的参与权和决策权,在社区项目建设前期,通过和社区的互动沟通,建设由"居民规划"的项目。社区营造通过社区工作站的形式,邀请和接受社区居民加入和讨论社区项目规划,提升居民的参与度和决策权,从根本问题上解决居民和项目兴办者之间的矛盾冲突,是一种从项目设计开始的深度共同性建构方法。

(2) 参与式项目实施和监督

参与式项目实施是一种吸引接纳当地居民参与项目建设的过程,利用参与实施者和社区的关系,缓和项目与当地的冲突。比较典型的例子如英国的 Sizewell B 核电站项目,项目在建设过程中吸收当地居民进入项目工作,与社区分享项目的效益,采用了提供工作岗位、失业人员培训,帮助社区建设基础设施(医院、道路),帮助社区治安管理等系列举措从而内化项目与当地的矛盾,有效地完成了项目建设。

参与式项目监督就是让社区居民作为项目的监督方,跟踪项目的建设过程,及时发现和解决建设和运营过程中出现的和已达成共识之间的偏差。以四川省屏山县楼东乡西村PRCDP 项目为例,该村在项目实施过程前成立了项目实施管理小组,小组成立的目的就是负责项目的日常监管,村民在日常的生活中发现项目问题都可以向小组汇报。许多村民由此对工程的质量显示出很大的关心,在施工期间经常发现建设问题,通过村民的日常反馈,项目最终顺利建成。

(3) 全过程参与式管理

全过程参与指从项目规划、建设到运营阶段全程参与。新西兰怀西联络论坛(Liaison Forum)就提供了这样一个很好的案例。这个论坛是由新西兰地区玛莎希尔工程的开发商发起的,该公司和其合作者发觉有必要举行这种联系论坛,由此得到工程建设的反馈信息,及时弄清和解决工程的社会后果。论坛一直贯穿工程建设的全过程,最终证明论坛的开展是有效的,论坛的方法及时抓住了社区的动态性特征,识别了工程建设过程的动态变迁过程。联系论坛对公众开放,项目计划期间每两个月召开一次,会议邀请地区外的发言人/专家,采用一般的会议形式,识别和解决项目对社区的影响。

7.6 社区互动论坛的适用性讨论

我们采用项目社会工作者组成的焦点小组讨论,探讨社区互动论坛参与方式的适用性和应用中可能存在的限制因素。鉴于焦点小组参与需要对社会影响评估具有比较好的理解,焦点小组的成员邀请在项目评价领域的社会评价者或社会稳定性风险评估的评估工作者及课题组相关有经验的人员构成。焦点小组采用了半结构小组讨论的方法,讨论了社会影响评估的社会调查方法优劣、与传统评估模式的比较以及社区互动论坛动力限制和提升因素。

7.6.1　社区互动论坛适用性探讨

1）社区互动论坛和现有参与方式的比较

焦点小组对于社区互动论坛方式给予了肯定,也提出自己对这种方式和传统参与方式的看法。

小组 TAH：现在国家对于公众参与的法规制度正处于稳步发展的阶段,对公众参与的具体形式有很多规定,如环境影响评价中提到的项目公示、公众意见调查、座谈会、听证会等,但是没有具体详细的规定规范公众参与的实体性和程序性内容,使得很多的公众参与流于形式,社区互动论坛如果能够顺利的实施,可能会得到更加真实和详细的信息。

小组 LZ：社区互动论坛是对现有的问卷调查、座谈会、听证会等参与形式的补充,更加关注于社区居民的建议,是以后开展公众参与很好的形式,面对面的开展能够更好地了解群众的意见。问卷调查形式最为简单,但是信息准确性不够、座谈会的漫谈形式不利于形成统一意见,听证会群众的话语权受到限制,社区互动论坛可能在操作层面要求更高。

焦点小组互动过程中,成员讨论比较了传统参与方式和社区互动论坛开展的优劣。以问卷调查方法为例：

小组 YLY：问卷调查中,被调查者可能存在认知偏差或者认为这种形式没有效力,问卷的信息质量可能不高。

小组 CC：社会影响评估涉及一些敏感性问题,如夫妻关系,在问卷调查中需要对此类问题进行必要的解释。

小组 MQW：问卷调查可能并不能涵盖全部的社会影响,如果问题设置过多也会影响被调查者的参与积极程度和结果的真实性。

小组 NY：论坛互动形式最大的劣势可能在于小组成员的判断质量上,论坛参与者可能出于要求更多的收益而夸大社区的负面影响。其次是小组的半结构化程度,即论坛互动中的技巧设置。

小组 FSM：论坛讨论的是社区成员最关心的问题,而问卷的调查过程中被调查者很难理解问题设置的目的,问题并不是他们所关注的。

焦点小组对社区互动论坛与其他参与方式的优劣比较结论见表 7.13 所示：

表 7.13　公众参与形式优缺点比较

技术	优点	缺点
问卷调查	调查覆盖人群广；节省人力、物力、财力和时间；隐蔽性；减轻研究对象的思想顾虑；标准化和规范化；便于进行定量处理和分析	问卷包容问题多,设计专业化要求高；被调查者不能一致的理解问卷内容
个人访谈	调查者和被调查者面对面互动,获取定性数据；数据的可靠性和有效性有保障	选择的调查对象必须具有代表性；人力、物力、时间要求相应提高

（续表）

技术	优点	缺点
座谈会	了解情况快,效率高；通过被调查者的相互交流获得更多的信息	易受到被访者心理因素和环境因素影响；比较费时；自由漫谈难以控制
听证会	有比较强的行政效力,具有准司法的性质；选择代表性人群参与,提出问题解决方案	听证会召开前项目方案或影响预测已经落实,反馈意见很难实施；居民参与困难,一般参与者为专家代表等
社区互动论坛	提倡社区居民的互动过程；促进不同主体间的良性互动；聚焦于社区的关注点和不同反应	操作程序困难,费时费力；参与者可能不具有代表性,加剧权利结构的不平衡；参与者搭便车心理影响评估的准确性

可见,社区互动论坛采用以社区为本的咨询技术,承认社区和其成员参与有关影响社区发展决策的权利,同时还充分的尊重社区成员在参与过程中的积极作用,促进决策制定过程和结构的去神秘化,并因此可以激发有效的参与,这种方法是对传统意义的公众参与能力和深度的有益补充和提升。

2）以社区互动论坛为核心的评估模式和传统评估模式的比较

以社区互动论坛为核心的社会影响评估模式与传统的偏向于技术经济范式的社会影响评估模式有着很大的不同,主要的区别在于社会影响指标（变量）的选择上、后续结果的可靠性和决策的实用性上。

小组 TAH：传统指标的选择（例如环境影响评价）多是由社会评价的专家或者从业者制定的,结合类似的工程案例和国家对于此类工程的评价要求确定影响评价指标,当环评初稿完成后进行公示吸纳公众意见,编制最终报告。专家的经验在识别影响指标时,具有更好的深度和广度,结果更可信更客观,由居民识别影响指标可能存在专业性不足,认识问题深度不够,视角过于狭隘多注重于个人利益的得失,但是也不能忽视社区的意见,应批判吸收。

小组 LZ：最好的方式还是采用专家识别的影响指标,但是公众的建议可以作为一种辅助手段,专家一般都较为谨慎,思考问题较为全面,采用社区互动论坛的形式识别指标,可能会识别意想不到的指标。

上述两位来自实践单位的焦点小组成员的意见更倾向于采用传统的方式来识别项目的影响指标,主要是出于专业性、结果客观性角度,但也认同社区互动论坛的构想,认为其对评估结果的丰富程度和真实性上有很好的支持。我们再次从评估的范围、数据的收集、指标选择等方面,比较两者之间的区别（表 7.14）。

表 7.14　社区互动论坛与传统评估方法的比较

类型	传统模式	社区互动论坛模式
方法	技术性	参与性
分析步骤	推断和规定	归纳和表意
参与者	专家	社区居民以及专家
评估范围	地区、区域、项目整体	社区、个人

类型	传统模式	社区互动论坛模式
数据源	二手文献； 社会普查资料（经济、人口、产业）； 社会调查； 类似工程案例	政府普查资料； 历史文献，地方政府记录； 二手资料； 不同社区居民； 类似工程案例
指标选择	从二手资料选择； 专家选择	设置社会影响四维度； 居民根据自己的知识水平选择
社会影响 预测过程	社会影响模型预测； 专家评分预测； 小范围公众抽样	社区成员和专家互动评分
结果 可靠性	基于客观数据；数据反映相关社区的影响程度是未知的	数据受到社区居民的偏见和他们的既得利益影响
决策的 实用性	提供的列表，便于组织、综合和决定影响的发展；提供区域层面或项目层面的整体影响，缺乏考虑的影响的广度；不提供查明对社区的独特影响的机会	提供了深入细致的信息；由于详细程度，难以综合和理解；考虑不同类型社区，对整体有一定的代表性；提供一个论坛，带来不同的想法，可用于不同社区规划； 概念化居民对社区的影响独特的看法

3）社区互动论坛与传统评估方法的互补关系

从焦点小组讨论的结果来看，社区互动论坛模式和传统的模式都有着各自的优势所在，社区互动论坛和传统社会评估工作存在着明显的互补关系，主要表现在评价范围、评价结果和评价阶段三个方面：

（1）评价范围的互补

从上面的区别分析可以看到，传统的分析报告提供了一个标准化的影响列表，决策者可以很容易地综合分析区域或项目整体层面的影响，制定明智的宏观决策，然而其缺乏社会影响的评估深度，使得很难解决更细致级别的影响。而社区互动论坛更倾向于细节的评估，让居民表达他们的关注，参与影响的辩论，共同合理推测社区层面的影响。与传统方法的结合可以提供更广泛层面的影响评估。

（2）评价结果的互补

社会评估的两种方法，传统的社会影响报告是通过理论框架下建立的社会量化指标来预测社会影响的，而社区互动论坛是由居民和专家共同识别指标并预测影响的，两种方法的结合可以提供多种数据的来源，综合指标选择类别，补充影响的预测方法，两者的相互比较可以识别可能存在的评估差异，消除社会影响评估的偏差，增加预测的可信度。

（3）评价阶段的互补

传统的社会影响报告在分析二手数据、政府数据和初步的社会调查后能够为社区论坛的评估者提供整体的社会影响概况、需要关注的社会指标；而社区互动论坛的开展可以验证和识别传统社会影响设置指标的重要程度，避免更大范围的影响评价工作，指导后期社会影响评估工作的开展和解决问题的方向。

正是鉴于这样的互补关系，在我们所提出的前摄性评估方法框架考虑了传统模式的评估,一是第 4 章研究的社区脆弱性评估,二是第 5 章研究的原住民可持续生计评估基本属于传统评估模式。它们采用的是实证方法论,是根据获得的数据资料采用相应的社会影响模型进行评估预测,并且是评估者根据其所具有的专家知识、技能和经验进行判断。当然,它们对传统模式进行了突破,反映在不再仅仅是反映社会总体的影响,同时也区分了社区影响的差异性和特殊性。

7.6.2 社区互动论坛的限制因素

1) 论坛的外部限制要素

(1) 公众参与重大工程决策制度的不完善

我国的宪法、法律和行政规章中都设立了相关公众参与立法、行政决策和公共事务管理的规定,如《中华人民共和国环境影响评价法》《中华人民共和国城乡规划法》等都对公众参与进行了规定,鼓励公众参与到各种决策、公共事务管理中去,但关于公众参与的具体内容、方式和途径都没有予以明确规定。2006 年环保部第 28 号文《环境影响评价公众参与暂行办法》对需要进行公众参与的项目类型、公众参与的组织形式和公众参与内容等都做出了具体的规定,2012 年实行的《建立健全重大决策社会稳定风险评估机制的指导意见》也提出了"通过网络、报刊、问卷调查、听证会等渠道向社会公开征求意见"。从以上可以看出我国关于公众参与的制度正在逐步完善,但目前关于深层次的公众参与重大工程决策的制度尚未建立,多以征求意见的被动参与形式为主,因此急需制定系统完整的法律体系明确公众参与建设工程决策和管理的法律地位。

小组 TAH:我国公众参与的法律体系正在完善,然而最主要的障碍可能还是推行层面,环境影响评价中公众参与的组织者是建设单位或者其委托的评估机构,建设单位作为评估者违背了回避原则,公众参与无法保证客观和公正,建设单位委托的评估机构服务于建设单位,往往处于利益诉求,处于被建设单位支配的地位,因此在推行中会遇到很大难题,最好的方法是由第三方组织来独立进行。在实践中常出现项目已经上马,然后补交环评报告、可行性研究报告的情况,将其作为一种补交的程序。公众参与更多的视为一种形式,弄虚作假的情况很多。

社区互动论坛作为一种以社区为中心的识别影响的评价方法,提倡将决策权力赋予社区,这种方式基于目前的国情来看是很难获得政府和项目兴办者的支持的。一些实施较好的公共参与项目,往往是利用了境外资金如世界银行贷款项目,其有系统的条文明确要求广泛层面的公众参与,正是这种强制性要求才促成了有效的参与。

(2) 评估实施者的自闭性

以项目的社会稳定风险评估为例,目前的稳评一般由建设单位和政府牵头部门作为评估的主体进行,很少引进第三方机构进行。南开大学的一个课题组收集了 47 个实施社会稳定风险评估机制的文件,这 47 个文件对评估的主体进行了统计,其中 45 个规定了社会稳定风险评估主体是政策起草部门、改革牵头部门、决策提出部门、项目报建部门、主管部门、政府决定的牵头部门或重大活动举办单位,只有 3 个明确提到可委托第三方机构评估,占总数的 6.4%。在以政府为评估主体的情形下,要求身处行政机构内部的"局内人"超脱于部门利益的牵扯之外,特别是在强大的外在压力之下不服从机构的自利行为,实在是强人所难。

以项目兴办者或政府为主导的社会影响评估往往处于某种利益需求，或者为项目建设加速社会影响评估过程，从而常常限制公众参与的深度和广度，而社区互动论坛作为一种深度的预测评估工具并不能受到评估主体的青睐，更多的是采用听证会、报纸、问卷等方式进行公众参与。

（3）参与的组织问题和时间限制

参与的组织问题可能是社区互动论坛的一个重大问题，如何选择社区成员，并成功邀请他们进入论坛的讨论，而且其可能是一个多轮的讨论。在焦点小组的讨论过程中，组员指出参与者可能会被认为不具代表性，这种形式可能会被社区居民认为是加剧了权利的不平衡或者追逐私利。另一个原因可能是参与者的组织困难，很难组织起大家在确定的时间进行多次的开会，成员的变化性可能会很大，而且参与者可能多为社区的老人。

社区论坛的时间限制包括了论坛开展的时间长短、论坛开展的频率和社会影响评估的时间限制。由于评估工作人员数量有限，而项目影响区范围过大，评估社区数量很多，就需要评估工作者花费大量的评估时间和精力，加之当拟建项目和调查社区有着紧密的利益关联时可能需要增加多轮评估，使评估工作者往往对论坛的开展会比较仓促，评估的效果会大打折扣。

2）论坛的内部限制要素

（1）评估工作者领导技巧缺乏

小组工作者必须具备专业的知识和技巧，其在整个评估的过程中处于动态可变的角色中，在论坛开始的早期，应处于中心位置。而在论坛程序正式形成、发生冲突、论坛维持时处于催化、中心和边缘位置。当论坛开展过程可能发生冲突时，采取过于强制的措施或者视而不见的回避冲突的方式都不会在论坛中建立令人满意的、有意义的对话，参与者可能会得到这样的信息，即他们不应该表达自己真实的看法。当评估工作者带有主观的评判意识时，也会使得小组的讨论带有一定的偏向性。焦点小组的讨论中认为论坛组织者是决定论坛开展有效性的重要制约因素。

小组 LHX：社区互动论坛作为一个小组讨论技术，必须拥有专业的支持者、进程促进者的专业小组工作者，同时社区论坛工作者必须对社会评估工作有熟悉的了解。

小组 HYL：可以参照价值工程小组的例子，由于价值工程工作是一个跨领域合作的过程，小组成员的构成必须具有针对性，同时小组内必须具有促进员的角色，推动整个过程的发展。

（2）参与成员的能力

参与者的能力也是限制论坛有效开展的制约因素之一。参与者如果很难理解评估的工作内容，或者带有比较大的偏见都会影响评估的效果。论坛过程中，会出现不发言、不表态的沉默者。沉默的原因有很多，有的是性格被动、内向，有的可能并没有理解论坛的开展目的、有的可能是迫于论坛内部的压力，这种沉默就会给论坛开展带来破坏，给评估者的工作带来困难，同样也会给其他成员造成压力。在论坛工作期间，可能会有参与者对工作者提出质疑，以消极的态度参与论坛，这可能是由于他们对项目的抵抗情绪，由此获取的信息可能存在很大的偏差。

（3）论坛的开展形式结构化明显

社区互动论坛采用的是一种半结构式的小组形式，然而出于时间限制，仓促的按照论坛的议程进行评估工作,参与者会感到一种被操控的感觉,参与者会认为只要完成这个过程就好,从而在某种程度上会抑制参与者的热情和真实的意愿表达。过于结构化的过程同样给参与者提出了更高的要求,包括理解能力、表述能力等。

7.6.3 社区互动论坛的动力提升

1) 项目真实信息公开

真实的信息是项目建设各方沟通和互动的基础,而以往爆发的群体性事件显示出社区居民对于项目信息的了解往往是具有偏差的,项目信息的公开是对公众知情权的落实。社区互动论坛的一个内部制约因素就是社区参与者的沉默,做好信息公开工作可以有助于其快速进入小组工作,更好地理解小组的工作目标。

(1) 项目信息公开原则

① 公开的信息应帮助公众了解社区互动论坛讨论的议题;②公开的信息应帮助公众了解项目的影响范围和程度;③公开信息应让公众了解项目的安全性、经济性和潜在的社会影响概况;④公开的信息应让公众了解具体的参与形式和渠道。

(2) 项目信息公开渠道

项目真实信息的有效公开,除了完整的信息之外,还要有好的宣传手段。有效的信息宣传可以采取多种手段包括电视、报纸、社区宣传专栏、村委会/街道公告、宣传手册、网络等多种方式开展。特别需要提到的是网络参与的形式,目前网络已经成为左右项目社会舆论的一个重要力量,如南京地铁三号线建设期间对梧桐树的砍伐工作,最早在西祠胡同、微博、微信公众号上公布,并引起了南京市民的普遍关注,最终修改了原先的建设方案。因此,当一个项目处于较为发达的地区时,可以通过地区热门的门户网站对项目的信息进行公示,同时可以将社区互动论坛每次评估的成果进行公示,让居民了解项目的决策过程,透明决策程序。具体方式如图7-19 所示。

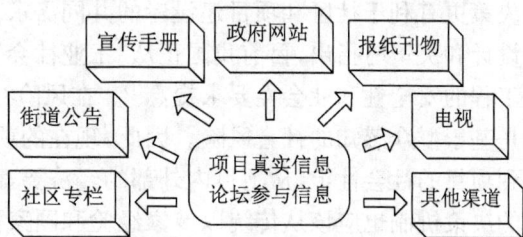

图 7-19　项目真实信息公开

(3) 信息公开制度化

和环境影响评价信息公开要求一样,社会影响评估的信息公开必须选好公示的时机,注意信息公开的时效性。初次评估之前必须将项目信息和论坛参与信息采用适当的渠道在选择的社区内进行公示;每次评估的成果都要在论坛开展后及时进行公示;整个评估结束后将评估成果进行公示,可以借鉴环境影响评价编制社会影响评估简本。每次信息的公开应确保信息公布的时效,提高从获取、整理到公开的效率,保证评价社区第一时间获悉论坛讨论结果。

(4) 异议和建议的反馈处理

由于社区互动论坛采用的是居民代表来评估社区变迁的影响,并不能代表社区的全体居民,因此公示信息之后,必须做好异议和建议的反馈处理,这是扩大公众参与的一种方式。之后必须采取相应的措施解决存在争议的地方,解释评估结果,引导社区居民正确的认识舆论导向。

2）评估工作者的能力建设

评估工作者在社区互动论坛的工作过程中处于协助者、促进者和推动者的位置，而非实际意义上的领导者，其在评估的不同阶段地位和角色是变化的，小组评估工作者必须掌握小组工作技巧，提高论坛的效果。具体可能包括以下几点：

① 协调各种关系的能力。评估工作者与组员、机构和其他组织建立良好的互动关系：首先是让论坛成员能接受评估工作者，并与他们建立良好的支持关系，同时使论坛参与者建立畅通的沟通互动关系。

② 分析小组情况的能力。对论坛的发展过程、阶段和速度等情况及时了解和掌控，保证论坛朝着设立的目标前进。

③ 处理小组冲突的能力。对论坛产生的冲突，采用灵活的富有建设性的方法解决，不要听任或直接制止冲突，而是将其化解为论坛的工作动力。

④ 问题的分析能力。及时分析归纳论坛难以解决的问题，通过分解、问题概念化的过程使问题继续讨论下去。

⑤ 调节小组氛围的能力。善于调节论坛开展过程中的气氛，保持论坛开展的积极气氛，不要让论坛开展过程过于压抑。

3）嵌入项目的决策程序

提升社区互动论坛的最直接的方法，就是将社区论坛等公众参与形式嵌入到项目的决策过程中。让项目影响社区内的居民参与到决策之中，不仅可以使项目决策者识别更加完整的决策信息，还有利于帮助居民树立信心，尽早获得他们对于项目的理解和支持，使项目决策更有利于社区和项目建设者的共同需求。黄有亮等在研究邻避困局下的大型项目规划设计和决策时指出，目前我国正从"工业社会"向"风险社会"转变，个人风险意识的增强，对工程的安全性和社会性要求提高[①]。在风险社会中，风险不仅仅是项目的技术风险，更多的是基于群众感知的社会风险。因此，现在的项目决策已经从项目的物质性、商品性行为拓展到项目的社会性上，从项目内外部的经济要素考量发展到人类生活的价值评价。大型工程的决策机制也应该从传统以专家经验和国家标准为基础的技术决策，向公众参与、利益相关者参与的互动式、响应式决策。

我国的投资项目审批流程包括了立项审批、用地审批、方案审批等行政审批程序，旨在提高规划项目与所在区域内的经济、环境、社会等各方面有着良好的互适性，减少项目风险的发生。社区互动论坛作为一种公众参与的形式、社会影响预测的有效工具可以有效地收集群众的利益诉求，了解不同社区居民的焦虑和主张，如果能应用到各个审批关键节点上，将会带来很好的项目反馈。基于社区互动论坛在社区和个人层面对项目社会影响有着很好的预测效果，将其嵌入项目选址、方案设计和环境评价的关键环节可以识别群众的关键诉求。社区互动论坛评估过程嵌入项目决策程序如图7-20所示。

（1）项目选址阶段

项目选址阶段主要考察的是项目的用地规模、交通、能源、供水、工业"三废"的排放、项目设施配套等具体内容。项目的选址会涉及影响区域内项目的征地拆迁问题、与周边居民区的安全距离问题、噪声污染问题等和居民生产生活息息相关的各类问题。在项目选址阶

---

① 黄有亮,张涛,陈伟等."邻避"困局下的大型工程规划设计决策审视[J].现代管理科学,2012(10)：64-66.

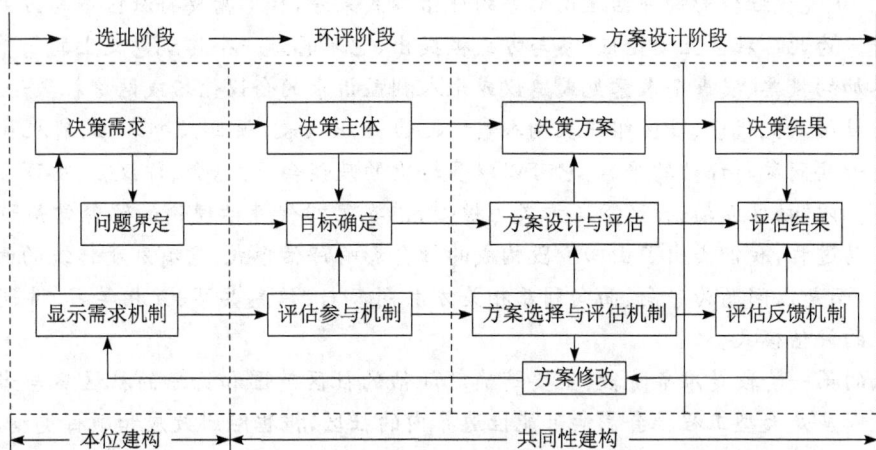

图 7-20 社会评估的嵌入时点设置

段,采用社区互动论坛模式收集项目所在社区关注的焦点问题,让公众早期介入项目选址,将社会意见作为项目选址的重要依据。

(2) 环境影响评价阶段

环境影响评价是对拟建项目在选址设计、特别是运营和生产阶段可能带来的生态环境影响进行预测和分析,并提出相应的防治措施。诸如垃圾焚烧厂、核电站等邻避设施,其在环境、居民健康安全方面有着重大的隐患,也是居民最为担心的地方。我国的《环境影响评价法》明确鼓励公众参与评价的过程中,由于项目最终影响的是周边的居民,吸纳他们的意见,提前做好应对防范措施,可以有效地化解项目与群众的矛盾。

(3) 方案设计阶段

由于特殊的项目类型,如邻避设施项目可能会带来群众不利的风险感知,其中的主要原因可能有群众对项目的技术方案的了解等信息偏差,由信息不对称产生的偏见会导致公众对建设项目的抵制。在方案设计阶段,让公众参与到方案的编制过程中,采用合理化措施、先进的技术方法,或者是其他可以解决群众利益诉求的方法,解决群众和项目的利益冲突。

本章小结

评估模式是评估工作的参照性指导方略,是评估方法实施的基础。在现代社会影响评估领域,公众参与式评估是公认的模式。但是,我国项目评估实践面临着公众参与流于形式、参与深度浅、参与效果差等困境。有研究者指出其原因是理念的、社会的、体制的或者法制的等,但是这些宏观因素已超出我们研究范围。从另一个角度,宏观因素转变也未必能有助于真正地走出这个困境,在公民社会、社区自治等成熟和发达的西方国家,工程建设运营引发的邻避事件也屡见不鲜。我们试图从微观领域研究问题的解决方案,寻求一种合适的社区参与方式构建评估模式,以期达到社区赋权参与、利益相关方共同商讨利益冲突的卷入项目决策的程度。

我们比较了不同的社区参与方式,根据公众参与光谱分析发现,常见的参与方式在参与程度上多属于"告知"或"咨询"层次,而少见"参与"层次,难见"合作"层次,更无从谈及"授权"层次。从现代社会影响评估理论倡导的评估模式来看,我们需要将社区参与方式向更高层次推进。为此,"社区互动论坛"参与方式被提出,它不再是一个传统意义上的简单的由社区居民参加的投票、发表个人意见或建议或个人利益诉求的会议论坛或网络社区论坛,而是一个可由社区居民代表、社区组织机构人员、NGO 组织代表、项目兴办者、政府机构及其他利益相关者共同参与评估的平台,它可以以多轮次的座谈会、讨论会、评议会、协商会等各种形式出现。以"社区互动论坛"参与方式为核心,借鉴第四代评估理论的解释学辩证循环方法设计互动过程,我们提出了由四阶段构成的社会影响评估模式,它有别于传统的面向结果评估模式,而是以问题为导向、面向利益相关方共同参与、信息共享、互相学习、共同合作等多维过程的评估模式。

论坛的第一阶段是准备阶段,主要是确定评估的社区范围和论坛的社区参与者。评估的社区范围应是大型工程社会影响可能性边界内的社区,根据触媒效应和项目类型,可能性边界可分为点状、线状和面状等。在影响区域较大的情况下,可根据生计资本等为控制指标确定同质性的社区,以配额抽样方法选取样本社区。社区参与成员应来自社区的一般居民群体、基层政府组织、企业组织、社会团体等,可采用"自我选择"与"邀请参与"结合的方法确定。论坛第二阶段是获取社区基线数据,它可使得评估能快速聚焦于关键问题。基线数据应反映社会评估变量,可采用前几章所提出的本土化变量体系和测度指数,本章给出了一个更为简洁的四维社会剖面描述及相关调查问题的设计。基线数据获取可采用常见的二手资料搜集方法及问卷法、访谈法等。论坛第三阶段是通过本位建构识别社区关键问题。本位建构是社区居民对社区及项目的自我认知,即他们面临项目冲击下的焦虑、担心、主张和建议等。我们设计的社区互动论坛参与方式本质上是一种小组技术,比较了常见的小组技术组员互动程度,针对大型工程开发受影响群体的特征,我们提出了一种半结构化小组技术及实施过程,它综合了具名小组、头脑风暴法小组技术的优点,可利用社区互动论坛的互动特点,激发成员的想法和解决问题的不同路径,每个成员有平等的机会来阐述自己的观点,参与决策的过程。论坛第四阶段是以共同性建构协商项目与社会之间的矛盾与冲突。共同性建构是参与者之间的相互学习、共同讨论,并达成一致共识的过程。共同性建构的困境主要来自专业知识与居民认知、外来者与当地人、"自上而下"的传统决策过程与"自下而上"的共同性建构过程的矛盾,我们提出组建一个由评估人员、相关领域专家权威、工程技术专家、社区代表、第三方代表等组成的合作性评估团队以走出这一困境。其中,由 NGO 组织成员或者为当地所认可和信任的临时性专家小组作为第三方代表,可发挥非常重要的协调者作用,国内实践中也不乏成功的经验。据此,我们提出了合作者评估团队对于关键问题的沟通、协商、谈判、妥协并达成共识的过程。在第 8 章中,我们还将研究适用于第二阶段和第三阶段的社区调查方法。

采用焦点小组研究方法,我们探讨了社区互动论坛模式的适用性。小组成员基本肯定了这一模式所具有的参与性、互动性和矛盾解决的充分性等优势,但也指出这一模式可能存在费时费力、操作难度较高、社区参与者代表性程度等问题,一些成员更倾向于采用传统模式的专业性和结果客观性的优势。从目前的国情出发,社区互动论坛模式与传统评估模式在评估范围、评估结果和评估阶段具有明显的互补关系,这也进一步论证我们所提出的"大型工程社会影响评估既需要实证主义的分析工具,也需要建构主义的程序与步骤,评估过程应是方法论之间的'对话'"的观点。针对焦点小组所提出的社区互动论坛模式存在的内外部限制因素,我们从项目的微观领域提出了项目真实信息公开、评估工作者能力提升及嵌入决策程序等提升论坛动力的途径。

在理论意义上,社区互动论坛参与方式是现代社会影响评估理论推崇的赋权式参与、协同式评估在本土情境下的评估模式,是一种更加公正、科学和民主的评估程序。在实践意义上,基于社区互动论坛的评估模式构筑了社区脆弱性评估、原住民可持续生计评估和社区协议等共同的操作平台,创建了项目利益相关者之间协调矛盾与冲突、讨论不利影响缓解措施等的合作机制。

8 社区调查方法的增进：凯利方格技术

问卷、访谈、实地观察等调查方法是社会影响评估中常用的收集第一手数据资料的方法，相关文献对此多有研究和介绍。起源于心理学研究，用于挖掘个体对外界事件的认知（建构）的凯利方格技术在澳大利亚等地被应用在政府林业、自然保护等政策的社会影响评估中。本章将探讨这一技术如何应用于大型工程的社会影响评估领域，以增进和丰富社区调查方法。

8.1 凯利方格技术及其在 SIA 中应用的方法框架

8.1.1 凯利方格技术的起源与发展

凯利方格技术起源于美国著名的人格心理学家乔治·凯利（Gorge Kelly）1955 年提出的个人建构理论（personal construct theory）[①]，该方法最初是应用于治疗有心理疾病的患者，凯利在临床心理诊断中十分注重对于个人认知的建构。他发现不同患者对于同一事物解析所生成的建构完全不同或者只有部分相同，这是由于各自的建构系统并不是十分全面。因此可以通过患者的建构系统了解他们内心深处的心理问题，从而在最大的程度上帮助治疗[②]。在凯利实施心理诊断的过程中，建构是最重要的一环，它承担了联系患者内心感受和外界真实存在的责任，如同一一对应的映射[③]。随后这种方法被 Bannister 等人加以改造，推广到其他领域并加以运用[④]。

个人建构理论不同于传统的认识论，它认为我们身处的世界是一个深度隐藏且永不终结的多维结构。我们通过搜集研究对象的基础信息和他们对外界的理解，可以逐步揭示真相。凯利认为，人人都是科学家，都能从各自的理论中提出相应的假设，而这个就是建构，人们通过自己的行为对这些假设进行检验，进一步修改他们的理论，在不断提出假设，不断修改校正的过程中，他们就能发现一些事物之间的相似性和另外一些事物之间的差异性。凯利方格技术是一种现象学技术，建立在个人建构的基础上，同时它也是一种可以将定量和定性方法相结合的技术。凯利方格技术首先要求参与者根据自身情况选择特定的元素，其次根据这些元素之间的关系生成一定数量的建构，再基于建构的描述，对这些元素进行评估，最后进行数据结果分析，得出一个潜在的建构框架来描述一个特定个体的社会世界。

---

① Carver C S, Scheier M F, Weintraub J K. Assessing coping strategies：a theoretically based approach[J]. Journal of Personality and Social Psychology, 1989, 56(2)：267.

② 赫根汉. 人格心理学导论[M]. 何瑾，冯增俊，译. 海口：海南人民出版社,1986：358.

③ Pratt D D. Conceptions of teaching[J]. Adult Education Quarterly, 1992(42)：203 .

④ Fransella F，Bell R，Bannister D. A manual for repertory grid technique[M]. Chichester：John Wiley & Sons, 2004.

　　凯利方格技术广泛应用于心理学、临床医学、辅导教育、医学教育学等环境，近年来，也被部分应用于土地利用、土地评估、地理测绘、海岸环境评估等方面。从本质上来说，凯利方格技术也属于一种参与式、合作式、协同式的评价方法。Daigneault 等学者的研究发现，合作已成为当前一个公众和绝大多数社会影响评估人员普遍接受的价值观[1]，西班牙学者 Rodriguez-Campos 编写的《协同式评估：一个循序渐进的模型》也为基于合作而设计的新型评估方法进行推广宣传[2]，Garmendia[3] 和 Brussoni[4] 等人同样有类似研究。正是在这些学者的大力推广下，合作式评估方法才在业界初步确立地位，并在林业和渔业等领域有初步成功应用。在这种理论成熟并且实际应用效果明显的背景下，如果能够将凯利方格技术引入到我国社会影响评估领域，吸收国外理论和应用上的先进经验，对我国大型项目社会影响评估将大有裨益。

　　凯利方格技术最初由杨永明、蒋一斌[5]等人于 1986 年率先在全国第六届心理学学术会议进行介绍，杨永明等学者主要对凯利方格技术中的个人建构主义理论进行了阐述和解释，但对凯利方格技术的具体实施篇幅甚少；刘国权也是国内率先介绍个人建构主义理论的学者[6]，通过对凯利原著的翻译和解释，对个人建构主义理论有了全面的介绍和理解。而后肖川[7]、丁邦平[8]等人逐渐将个人建构主义和实际应用相结合，将其首先应用于教育学领域，形成了凯利方格技术的雏形。2005 年以后，在国内个人建构理论成熟发展的基础上，凯利方格技术被广泛应用于心理学、企业文化研究、传统文化研究、高校成果转化等方面，但是在社会影响评估领域却鲜有涉及。从权威期刊发表数字平台中国知网的统计数据来看，虽然"建构主义"和"个人建构"关注度较高，但是明确提及凯利方格技术的应用实施的文献数量仍然有限，并且领域多集中在上述几个方面，在社会影响评估领域的应用潜力仍待挖掘。

　　相较于国内，国外学者对凯利方格技术的发散性研究开展较早。自 1955 年 Gorge Kelly 提出个人建构主义理论，后来的学者在把握其核心结构的基础上，将其应用于不同的领域。1993 年，Walmsley D J 等人将凯利方格技术应用于旅游地区的印象评价，首次实现了将抽象的个人建构主义理论具化为可实施的凯利方格技术，并对元素的选择提出明确的限制要求；而后 1994 年 Mansfield Y. 等人将其应用于以色列地区的旅游开发调查研究，基本也延续了对元素的具体要求，实现了凯利方格技术的可操作性并且很好地体现了"人人都是科学家"的自我建构自我认知的行为，这也表明了凯利方格技术在除心理学领域外也得到了初步的成功应用；后来 1999 年 Coakes S、Schweinsberg S C 等学者对凯利方格技术的完

　　① Daigneault P M, Jacob S, Tremblay J. Measuring Stakeholder Participation in Evaluation An Empirical Validation of the Participatory Evaluation Measurement Instrument (PEMI) [J]. Evaluation Review, 2012, 36(4): 243.

　　② Rodriguez-Campos L. Advances in collaborative evaluation [J]. Evaluation and Program Planning, 2012, 35(4): 523.

　　③ Garmendia E, Gamboa G. Weighting social preferences in participatory multi criteria evaluations: A case study on sustainable natural resource management [J]. Ecological Economics, 2012, 84: 110.

　　④ Brussoni M, OlsenL L, Joshi P. Aboriginal Community-Centered Injury Surveillance: A Community-Based Participatory Process Evaluation [J]. Prevention Science, 2012, 13(2): 107.

　　⑤ 杨永明,蒋一斌. 一种认知的个性理论——凯利的个人建构论评介[C]//全国心理学学术会议文摘选集, 1986: 2.

　　⑥ 刘国权. 凯利建构人格理论述评[J]. 松辽学刊(社会科学版),1989(4): 95.

　　⑦ 肖川. 从建构主义学习观论学生的主体性发展[J]. 教育研究与实验,1998(4): 1.

　　⑧ 丁邦平. 建构主义与面向 21 世纪的科学教育改革[J]. 比较教育研究,2001(8): 6.

善,使得凯利方格技术在公众参与社会影响评估领域取得巨大突破,凯利方格技术调查的充分性帮助弥补了由于专家打分或者集中座谈所带来的样本覆盖面的缺陷,同时也很好地识别了每个地区和其他地区之间的关联性和差异性,是社会影响评估领域一种全新的参与式调查方法。国外对凯利方格技术的拓展应用相较于国内更加充分。2003 年 Tan F B 等学者将其应用到网页设计中来调查上网人群对网页设计必备元素的倾向;2007 年 McDonald H 将其应用于历史遗迹的调查研究,探究澳大利亚遗迹保护的工作进展;2014 年 Vasileiadou E 等学者甚至将其应用于极端天气的研究,探索人们在面对极端天气时的心态变化,以及潜意识中想要做出的改变。

8.1.2 凯利方格技术的核心结构

凯利方格技术的核心是强调个人参与,通过建构表达个人完整真实的观点。尽管凯利方格技术应用中,人们提出了不尽相同的过程,但总的来说,它有个核心框架结构(图 8-1)。首先是以调查的目标或目标附着物为元素选取来源,然后让公众参与选择,对元素之间进行比较,得出相应的建构,并且进行有效的评价或者赋值,最后由组织者对得到的数据进行收集整理与分析,得出相应结论。从国外实践经验来看,凯利方格技术在形式上也灵活多变,操作者可根据评估项目的具体情况而定。

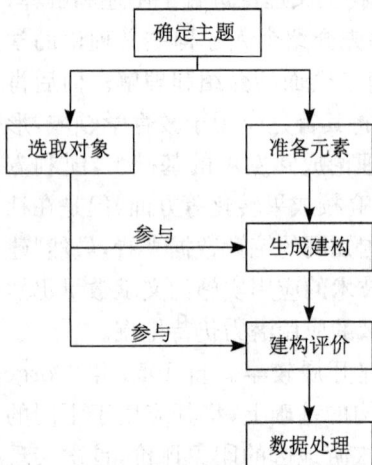

图 8-1　凯利方格法的核心结构框架

1) 访谈元素的选择和表达形式

凯利方格技术中对元素的数量和选择并没有明确的规定,但是凯利指出,一个相对较小的样本即可满足特定研究所需要的建构数目。在国外的社会影响评估研究中,对元素选择数量和范围的确定也是一个不断摸索总结的过程。

一开始是以主题为依据选择相应的元素,例如 Mansfield Y 等人在研究以色列地区的旅游开发时提出,将调查区域内的小镇进行旅游发展程度分类,每一类取一个小镇作为研究对象得到四个元素[①]。Naoi T 等人在研究游客对历史街区看法中,针对研究主题,选择历史街区作为元素参与到研究中[②]。后来发现,按照这样选取的元素过于模糊和宽泛,并不能提高公众参与的效度,然后慢慢发展到对于元素的选取加以条件限制,例如 Walmsley D J 等人在民众对旅游地区印象评价中提出了用于生成个人建构总体规则的元素应该是:特定的、均匀的及具有代表性的,因此他对元素的选择进行了基本的条件设置[③]。Coakes S 等人在林业变化敏感性评估中也根据研究指标相应设定了选择元素的一系列标准:研究区域

---

① Mansfield Y, Ginosar O. Evaluation of the repertory grid method in studies of locals' attitude towards tourism development processes[J]. Environment and Planning A, 1994, 26(6): 957.

② Naoi T, Airey D, Iijima S, et al. Visitors' evaluation of an historical district: Repertory Grid Analysis and Laddering Analysis with photographs[J]. Tourism Management, 2006, 27(3): 420.

③ Walmsley D J, Jenkins J M. Appraisive images of tourist areas: application of personal constructs[J]. The Australian Geographer, 1993, 24(2): 1.

（元素）基于林业的联系以及研究区域（元素）的人口特征①。

在元素满足了基本的研究要求后，研究学者对受访者和元素之间的熟悉度以及元素之间的对比性思考。如 Tan F B 等人研究网页设计师视角的网页设计时，很重视元素和受访者之间的熟悉程度，对受访者进行专业背景调查，同时受访者必须按照要求对所涉及网站（元素）有足够的了解②。Canning C 等人则在博物馆项目社会影响评估中对于元素之间的对比度有所涉及③，他对受访者提出要求，在活动（元素）的选择上，要分别选出受访者参与过以及没参与过的活动各 4 个作为方格中的元素纳入评价。而 Schweinsberg S C 等人在研究当地林业转变为自然旅游业的社会影响评估中则将元素对比加以完善，在设计元素时，将丛林徒步旅行、4×4 轮驱动和露营等活动归为与自然旅游有关一组，将人工林、木浆业和奶牛养殖归入和林业有关一组，此外还设置了未开发地区作为单独参照组，加强了不同类元素之间的对比，有利于建构的生成提取④。

近些年来，研究学者发现参与民众对设置的元素囿于知识水平层次参差不齐，有的时候并不能很好理解。因此 Vasileiadou E 等人参考 Buys L⑤ 等人对澳大利亚极端天气的应对与反应研究基础上，采用 Cuppen E 对受影响居民之间分类和联系的理论⑥，在研究荷兰民众对极端天气的个人观点时，对元素的表现形式有了进一步改进，他采用照片来表现城市环境、乡村环境以及发生的问题或可能产生的机会，以满足不同文化水平民众识别元素的基本要求。而 Schweinsberg S C 等人在研究当地林业转变为自然旅游业的社会影响评估中也尝试用七张新南威尔士州东南部不同的林地利用图像来代替前文所说的自然旅游活动和林业活动等，均取得较好反响。

综合上述学者的研究来看，元素选择是基础，类型各异，可以因地制宜，但需满足以下几个方面：首先，元素的基本数量必须满足受试要求。从之前学者的研究来看 6 个以上的数量基本都是可以满足试验需要的。其次，对于元素的表现方式必须充分结合受试者的情况，如若遇到的是类似网页调查中的专业人士，则可以采用内容优先，若为其他方案中的一般民众，则可以考虑根据受访民众知识层次的跨度，采用卡片式、图像式等形象的表现方式，在采用卡片或者图像的时候，对内容的泛度和呈现的质量需要有一定要求。再者，对于受访者与元素之间的关联度或者熟悉度也是调查顺利开展的必要条件，总之，一切都是为了建构的顺利生成而服务。

2）访谈建构的生成和提取

建构的生成和提取是凯利方格技术中最为关键的一环，对后续数据的分析处理影响很

① Coakes S, Fenton M, Gabriel M. Application of repertory grid analysis in assessing community sensitivity to change in the forest sector[J]. Impact Assessment and Project Appraisal, 1999, 17(3): 193.

② Tan F B, Tung L. Exploring website evaluation criteria using the repertory grid technique: A web designers' perspective[C]. AIS, 2003.

③ Canning C, Holmes K. Community consultation in developing museum projects: A case study using the repertory grid technique[J]. Cultural Trends, 2006, 15(4): 275.

④ Schweinsberg S C, Wearing S L, Darcy S. Understanding communities' views of nature in rural industry renewal: the transition from forestry to nature-based tourism in Eden, Australia[J]. Journal of Sustainable Tourism, 2012, 20(2): 195.

⑤ Buys L, Miller E, van Megen K. Conceptualising climate change in rural Australia: community perceptions, attitudes and (in) actions[J]. Regional Environmental Change, 2012, 12(1): 237.

⑥ Cuppen E. Diversity and constructive conflict in stakeholder dialogue: considerations for design and methods[J]. Policy Sciences, 2012, 45(1): 23.

大,也是受访者个人独立观点的最佳体现。例如,对同样一个三元组(火车、铁轨、汽车)不同的人会将它们归为不同的两组[①],这并不能说明分类方法存在问题,而恰恰是个人生活经历和不同环境影响所赋予的独立看法。这正是建构的意义所在——依据不同的建构,挖掘每个人提出不同建构的理由,从而反映建构背后隐含个人意志的真实表达。因此在建构中,受访者也是重要的一环,对于受访者身份的选取也至关重要。

受访者身份的筛选以及建构的生成和评价上,针对不同类型的社会影响评估也不尽相同。最初研究学者对建构处理尽量保持客观,主要考虑的也是环境变化对受访者行为的影响[②],因此对于受访者未多加干扰,对受访者身份要求也无特别强调,例如 Mansfield Y 等人在研究以色列旅游开发时,受访者是四个镇内随机选取的村民。受访者不仅提出了在镇内的旅游活动,还提出了旅游业的发展对他们环境影响的建构,虽然这和研究主题关联不大,但是所有的建构都是基于受访者自发提出,研究者并未有任何干扰。Naoi T 等人在研究游客对历史街区看法中,也同样做到了这一点,在将图片展示给受访者时,同一个历史文化街区提供了多张不同角度的照片,以期最大限度减少由于拍摄者的主观性给受访者带来的影响。Kellens W 等研究学者后来发现[③],受访者的职业属性和年龄分布对建构结果也会产生一定的影响,因此 Walmsley D J 等人在民众对旅游地区印象评价中选择了一个简单的按比例抽样样本:20 名女性和 20 名男性,每一类被平均分为 40 岁以下和超过 40 岁的人群。在这些样本内他还试图选择一个宽截面的人群,职业包括:教师、秘书、护士、电脑程序员、制图员、图书管理员、失业、退休、建筑师、学生、销售代表、酒吧工作人员、房地产经纪人、畜牧业者、园艺师等。Coakes S 等人在林业变化敏感性评估中也对受访者的来源做了相应规定,保证不同社会角色的人都能参与到公众调查中来。

对建构的生成各个学者的观点基本一致,采用的观点基本都是凯利提出来的三元组法,即将三个元素按照一定要求或者随机分到一组,让受试者接触该组元素,并对该组元素进行识别,提出一个问题让受试者回答:"这三个元素中,哪两个较为相近,为什么? 他们不同于第三个元素的原因是(或者第三个元素不同于他们的原因是)?"根据问题的回答,生成相应的建构,建构的数量依据后续分析需求而定。建构生成后,研究者可以进行初步筛选,剔除和研究主题关联度不高的建构,对其余建构进行进一步评价。

但是对建构的评价研究各个学者则有所不同。Tan F B 等人研究网页设计师视角的网页设计时,采用的是每个元素独立进行 1~7 评价打分,其中 1 表示建构一极,7 表示建构的另外一极。通过使用评价量表,在对建构进行排序时,受访者被给予更大的自由,因此他们不必被迫对于建构的任何一极选择站边。Canning C 等人则在博物馆项目社会影响评估中则采用的 1~5 打分,分数越高,表征受访者对该项活动的参与难度越低,也能较为明显地反映参与者的真实想法。但是在实际操作过程中,有学者发现,大范围的打分,并不能使受访者明显区分不同建构之间的差异,因此 Coakes S 等人在林业变化敏感性评估中采用

① Talhelm T, Zhang X, Oishi S, et al. Large-scale psychological differences within China explained by rice versus wheat agriculture[J]. Science, 2014, 344(6184): 603.

② Eakin H C, Patt A. Are adaptation studies effective, and what can enhance their practical impact? [J]. Wiley Interdisciplinary Reviews: Climate Change, 2011, 2(2): 141.

③ Kellens W, Terpstra T, De Maeyer P. Perception and communication of flood risks: a systematic review of empirical research[J]. Risk Analysis, 2013, 33(1): 24.

的是 0～1 打分,参与者被给定一个网格评级表,竖列列出元素,然后在顶部列出建构,并要求对每个元素(镇)用一个二进制的回复格式(0,1)。例如,如果一个城市拥有被识别的新兴建筑的建构则评 1 分,而评级为 0 会分配给一个没有相应新兴建筑的城镇。如表8.1 所示。

表 8.1　建构评分表不同分数级范例

	城镇 A	城镇 B	城镇 C	
拥有新兴建筑(1)	1	0	0	没有新兴建筑(0)
基础设施完善(3)	3	2	0	没有基础设施(0)

综合上述学者的研究看来,在建构的提取中,通常采用三元组法来进行比较,对建构的打分范围若给得过宽,会失去比较意义,但也不宜过窄,因为容易出现是否判断,结果差异性过于明显。虽然凯利方格技术并没有对生成的建构数量明确规定,但是需要根据实际情况进行区分;如果后期用于定性分析归纳总结,可以考虑穷尽所有的建构,保证归纳总结的全面性,如果后期需要采用定量数据统计方法进行分析预测,那么可以根据需要调整建构规模,满足实验基本数据量。此外,受访者的身份信息和分布情况,对建构生成的影响很大,因此对信息的采集不可以仅仅限于建构提取打分,还应在前期对受访者进行按比例按社会角色抽样,在后期设置问题来提取受访者信息和甄别受访者倾向。

3) 数据处理技术与方法

凯利方格技术对建构得出的数据处理主要可以分为定性处理和定量处理两个大致方向,针对不同社会影响评估的需要,采用不同的数据分析方法。

一部分学者比较注重定性处理的方法,例如 Mansfield Y 等人在研究以色列地区的旅游开发时,采用的就是将建构进行大致归纳,每一个分组代表一个特定的旅游主题,每个分组下面有 2～8 个建构来充分反映该主题,从而对旅游环境的本质有定性的描述[①]。McDonald H 等人在关于公众参与文化遗产保护的调查中,也将建构所描述的不同领域归纳出来,这些广泛的领域密切反映一般性讨论产生的问题。他将确定的广泛领域命名为:持久性、重要性、产地、类型和脆弱性[②],这也体现了建构自身具有的特性。Canning C 等人在博物馆项目社会影响评估中,对得到的建构按照特定的"主题"分组来分析和审查,得到包含一个总体主题的 10 个类别[③]。然后将所有的建构按照其特征分到各自的主题中,进而对落在每个主题中的建构数目统计,来表明哪个主题被受访者提及次数最多。而 Tan F B 等人研究网页设计师视角的网页设计时,则将这种定性的归纳分析做得比较完善,为了便于分类结构的概念化,他将建构分类提炼为概念化分类。最后他根据扎根理论采用一个三层分类方案对收集的数据进行分类,即建构级、概念级和元级,并且依据网站评估的相关文献分

---

① Mansfield Y, Ginosar O. Evaluation of the repertory grid method in studies of locals' attitude towards tourism development processes[J]. Environment and Planning A, 1994, 26(6): 957.

② McDonald H. Understanding public involvement with Australian heritage: a qualitative study using repertory grid analysis[C]//AM 2007: Marketing theory into practice: 2007 Academy of Marketing Conference. Kingston Business School, 2007: 5.

③ Canning C, Holmes K. Community consultation in developing museum projects: A case study using the repertory grid technique[J]. Cultural Trends, 2006, 15(4): 275.

配给每一个层次相应的解释和标签①。这种三层分类方案对于梳理建构关系以及对后续框架的搭建有巨大帮助。

而另一部分学者则注重定量处理建构所得数据。学者大多采用主成分分析来探寻建构背后的信息。例如 Coakes S 等人在林业变化敏感性评估中为了确定每个工作坊根本的描述或者观点,分析了工作坊填写的网格。采用最大方差旋转主成分因素分析,在每个工作坊内产生了三到四个主要因素,以及每个工作坊获得的因子载荷范围②。这能够较明显地显示出受访者潜意识中每个区域内的主要影响因素。Vasileiadou E 等人在研究荷兰民众对于极端天气的个人观点时也采用的是主成分分析,针对所述十五幅照片的排名,构建关于优化后建构的因子分析(主成分分析)。而 Schweinsberg S C 等人在研究当地林业转变为自然旅游业的社会影响评估中融合了 Adams J L 等人关于旅游遗迹规划的技术手段,尝试采用网格计算机程序来解释所得建构,在该网格程序中进行个别建构汇编网格数据,采用双向聚类分析,以确定基于选定特定情况或变量的同质群体。该网格程序基本上是由分类建构和元素组成的焦点网格。焦点网格按照能够最大限度说明如何构建分组并且网格元件可以经历最少可能变化的要求布置。每个聚焦网格的独立元素树和独立建构树都采用图形的方式表示相邻的元素和结构之间的关系和匹配比例。

除了对建构进行数据处理外,还有研究学者对受访者的性别、年龄对建构的影响进行了定量研究。Walmsley D J 等人在民众对于旅游地区印象评价中,对受访者进行若干数量的 t 检验,用来查看统一样本中的各种群体(男性组、女性组、年轻组、老年组)是否存在差异。结果表明,男性倾向于使用更大数量的不同建构($X=19$),甚于女性($X=15$)。同样的,老年受试者(40 岁以上)比年轻受试者($X=14$)采用更多不同的建构($X=20$)。所有这些差异的显著性 $P<0.05$(我们说 A、B 两数据在 0.05 水平上具备显著性差异,这是说两组数据具备显著性差异的可能性为 95%。两个数据所代表的样本还有 5% 的可能性是没有差异的)。鉴于这些差异,对样本中的四组之间的方差分析产生类似的显著差异也是不奇怪的。因此在主成分分析中,就能及时排除这些差异带来的结果干扰。

综合上述研究学者的研究内容,数据分析是比较重要的一块,能够体现凯利网格的解释性和预测性,对于定量分析,在各位研究学者的运用中,主成分分析更具有优势,能够明显识别影响的主要因素,近来研究学者尝试的网格程序树状匹配元素和建构之间吻合度的关系也是值得考虑的一个拓展方向,但是在采用主成分分析的同时也要注意利用其他数据加以辅助分析,应该充分考虑受试者的个体差异带来的结果误差,在后期数据处理上能够结合 t 检验等手段加以剔除。作为定性分析,综合来看,依托于扎根理论(扎根理论是 Strauss 等人在 1987 年提出的一种质性分析的理论,它是一种自下而上的建立实质理论的方法。扎根理论的核心是在不断比较中,对原始的资料进行概念化、范畴化和理论抽象化)建立的三层分类方案相较于传统的归纳提炼更加全面、更加科学,并且便于后期理论框架的建立。

---

① Tan F B, Tung L. Exploring website evaluation criteria using the repertory grid technique: A web designers' perspective[C]. AIS, 2003.

② Coakes S, Fenton M, Gabriel M. Application of repertory grid analysis in assessing community sensitivity to change in the forest sector[J]. Impact Assessment and Project Appraisal, 1999, 17(3): 193.

4) 结论反馈与拓展

凯利方格技术在国外各类项目的社会评估中也属于探索性应用,对所得结果的用途不一,但是总体反馈很好,能够较为准确地反映民众的真实想法和观点,以及得出对未来发展的预测性建议。例如 Vasileiadou E 等人在研究荷兰民众对极端天气的个人观点时,利用凯利方格技术识别出受访者优先考虑适应极端天气事件中 6 种较为普遍的观点:非常惨重,我们需要更多的帮助、这是新的极端天气和老的极端天气之间的 PK、我们需要为伤害(或应对材料)做准备、需要人参与、极端天气是超乎想象的、我们需要对自然资源进行管理。在 Schweinsberg S C 等人在研究当地林业转变为自然旅游业的社会影响评估中最后得到的结论与前人 Choi H C 的发现有所区别,Schweinsberg S C 的结论是立足于个人的,作者的研究目的是介绍在一个探索性案例研究中,利用凯利方格技术揭示农村居民的个人价值观念,挖掘他们支持或反对在伊甸园地区进行以森林为基础的自然旅游发展提议背后的潜在原因,通过凯利方格对比,顺利地归纳出原因。

而除了反映民众真实想法、探究个人建构、体现个人观点表现方式外,还有一部分学者利用凯利方格来进行预测性研究。例如 Coakes S 等人在林业变化敏感性评估的研究中,利用凯利方格感知框架结合最大方差旋转主成分因素分析的数据结果,帮助工作坊成员更好地理解了他们的环境,提供了关于一个特定社区未来走势的明显征兆说明,来指示一个特定的社区可能如何变化,并且应该如何应对变化。如表 8.2 所示即为部分工作坊社区发展主因素分析。

表 8.2 部分工作坊社区发展主因素分析

工作坊	因素顺序	因素名称	方差(%)	累计方差(%)	因子载荷
Beechworth	1	更大的城市中心	29.8	29.8	0.827 31～0.725 51
	2	城镇氛围	22.6	52.4	0.765 51～0.551 08
	3	民族混合	13.8	66.2	0.940 57
Benalla	1	畜牧业竞争	23.0	23.0	0.901 01～0.909 15
	2	人口流动	18.5	41.5	0.839 42～0.791 71
	3	外向型产业	15.7	57.2	0.808 49～0.587 81
	4	灌溉	13.6	70.8	0.831 88～0.783 84

Canning C 等人最后在博物馆项目社会影响评估中提到,凯利方格技术是建立在应用"需求"和"认知"的基础上,并且凭借这个优点,它的试验过程可以作为博物馆项目前端评估的一部分技术,能够在社会影响评估中发挥潜力。该项研究结果表明,凯利方格技术确实使受访者用自己的话坦诚表达他们的意见,从而产生高品质的、详细的和有见地的数据。

综合上述学者的研究内容,凯利方格技术一般有两个用途:一是对个人观点的形成和来源进行解释性说明或者深层次探究;二是对地区未来的发展进行预测性判断。通过相关论述结合项目社会影响评估的需要,我们认为对一个完整项目的社会影响评估,在一定条件下可以将两个研究方向结合起来,采用定量和定性相结合的手段,首先对个人观点的形成来源进行解释性说明或者深层次探究,再对地区未来的发展进行判断,并结合受访者背景的分析或者个人倾向性和信息掌握程度的百分比分布数据,剔除偏颇的个人观点引起的错误或者失误。

8.1.3　项目本位建构调查方法框架

1）应用凯利方格法的必要性和可行性

自 Guba 等人提出第四代评估的建构主义方法论,凯利方格技术作为其实际应用中的技术载体,迅速风靡心理学、教育学等领域。同时随着凯利方格技术的理论完善和实践积累,Palmer 等学者在 1975 年将成熟的凯利方格技术应用于旅游领域,用于探寻旅游者对旅游目的地的感知①。而后 Coakes S 等学者将凯利方格技术进一步改造应用于社会影响评估领域并取得成功。这说明国外的凯利方格技术应用趋于成熟,凯利方格技术能够作为第四代评估的一种技术载体。

同时,国内的相关研究起步较晚,情况也同国外类似,第四代评估方法首先应用于教育学领域,凯利方格技术也随之在国内得到初步介绍推广。肖川等学者首先将凯利方格技术应用于教育学领域,而后其他学者在心理学、企业文化等领域也进行初步应用。这说明凯利方格技术本土化改造并无明显阻碍,凯利方格技术具备本土化的能力。

国内的社会影响评估随着 2005 年在四川遂宁建设项目上的落地实施以来,逐渐成为我国应对社会风险的重要举措。我国的社会影响评估目前还是以借鉴国外成熟的理论为主,早期较为普遍的是第三代评估方法,即分析式评估模式,这种理论首先是由 Burdge J 提出的,以实证主义为基础,看重专家经验知识和科学技术在社会影响评估中的作用②。这种方法的好处在于,可以量化风险,并且由于专家对于风险的独特认知可以借助科学技术迅速识别、判断、评估、应对风险,具有很强的操作性,但是由于缺乏公众参与、对于风险的认识缺乏全面性,结果不够准确或者产生公众的信任危机,这也是分析式评估模式本身的专家、科学模型的局限性以及评估的单向性造成的固有缺陷。随着社会经济发展,群体性事件的成因受到进一步关注,人们开始反思,并把目光投向了另外一种评估方式:基于建构主义的参与式评估,对于参与式的定义,学界众说纷纭,Audrey 认为重点是从受影响群体的角度进行影响评估。而林杨认为应该对行动的有效参与者而不能是受到行动涉及的人群进行评估③。虽然各个学者关注的实施重点不同,但是能够看出,参与式评估的最大改变在于,充分考虑了受项目影响个体或者群体的认知和风险的看法。参与式评估还具有提高评估的全面性和准确性,成为受影响居民之间沟通的有效途径,提升民众对风险的承受能力等优点,并且国外对于参与式方法在社会影响评估领域的应用也是比较成功④。因此凯利方格技术作为参与式评估的一种具体实施方法,应用于我国社会影响评估领域从理论上和实践上都具有必要性和可行性。

2）应用凯利方格法的优势

将凯利方格技术应用于社会影响评估具有以下优势:

(1)降低公众参与的成本,提高评估的全面性和准确度。目前我国的参与式评估并没有明确的方法制度来明确规定参与主体、参与注意事项、参与流程、参与方式方法等内容。社会影响评估在我国是一个较为敏感的话题,普通调研手段在搜集信息初期成本较高,获取

---

①　Riley S, Pulmer J. Of Attitude and Latitude: A Repertory Grid Study of Perceptions [J]. Journal of Marketing Research Society, 1975, 17(2): 1.

②　伯基. 社会影响评价的概念、过程和方法[M]. 北京:中国环境科学出版社,2011: 88.

③　同②, 83, 267.

④　高山,王京京. 社会稳定风险评估的两种模式及其融合[J]. 湖南师范大学社会科学学报,2015(2): 44.

信息难度较大,因此公众参与成本较高。但是将凯利方格技术访谈方法应用于社会影响评估中,不仅能够赋予公众极大的自主参与权,还能让公众拥有一定的话语权,保证了收集公众参与所能提供的信息资源。同时,凯利方格技术属于深入访谈技术,减少了普通调研手段通过已有价值尺度对公众进行测量所带来的限制,使得拥有更多当地知识的民众能够有效地辅助项目建构的提出,识别风险源,同时也提供了他们关于项目的态度,能够在一定程度上保证评估结果是民众自主提供的接近事实的解释,提高了评估的全面性和准确度。

（2）降低公众参与的门槛,搭建受影响居民之间的沟通途径。凯利方格技术在实施时可以采用多样化的参与方式,例如学习式小组访谈、焦点小组访谈、个案深入访谈等方式充分弥补公众在参与上的能力不足或者条件限制。在访谈形式上可以采用文字或者图片式访谈,满足不同层次公众参与的需求,借助于凯利方格技术的灵活性从多方面降低公众参与的门槛。与此同时,凯利方格技术所提供的充分民众参与也能够实现信息的双向流动,从而搭建不同受影响居民之间的沟通途径,在不断地认知、学习、再建构中生成共同性建构。

（3）减少公众的从众心理,减少外界评估的干扰。从整体上来看,在我国公民参与意识仍然存在不足,部分没有参与热情的公众在进行参与式评估时易产生从众心理,这对最后评估的准确性产生了影响,甚至有可能掩盖了原本应该被识别的风险。而凯利方格技术一开始通过个人涉入度调查量表,减少缺乏参与能力和参与热情的公众的数量,过程中鼓励各自提出项目建构,有效地增加参与公众从众的难度,减少参与公众的从众心理。同时凯利方格技术注重的是公众对个人建构的理解和解释,和项目并没有表面上的直接关联度,也能减少外部舆论或者各方面利益博弈所带来的干扰,最大限度上保证公众提供的基于本地认知的信息资源的可靠性。

3）项目本位建构调查方法框架

建构作为建构者基于自我价值观对外部环境或者自我理解的具体呈现,是第四代建构主义评估的核心内容。Guba 等学者在实施评估中主要采用开放式的提问进行建构的提取,例如他们曾经对教育问题进行一项评估活动,在生成利益相关者内部建构时采用以下问法:"我知道你儿子参加了我们正在观察的五年级的数学项目,你能谈谈这个活动吗？你的儿子认为它怎样呢？你又怎样认为呢？"在了解利益相关者共同性建构时又采用的是以下问法:"我发现,你们的父母吸引我注意的那些主张、焦虑和争议,非常有趣,但是我通过和其他组的交流,发现他们提出来的东西在我这里也没有听说过,我想知道你是否能对他们发表一些看法,比如说,老师似乎认为……"[1]而众多应用凯利方格法进行建构提取的学者,多采用的是三元组法提问,不同的建构者对于同一个三元组会产生不同的分类情况,从而生成自己独特的建构,这正是基于对生活环境独立的解释。相比较开放式的提问方式与对比性较强的三元组提问方式,虽然前者描述内容较为通俗,建构者初次理解程度高,但是后者在建构的提取难易程度上明显低于前者。

在我国项目社会评价和社会稳定风险评估实践来看,普遍存在公众参与主动性不强、缺乏话语权、从众性思维、受外界干扰程度高等问题,所以在社会影响评估中选择三元组法进行项目建构的提取,不仅可以降低建构者的参与难度,而且也因为调查目标的隐晦性而减少建构者的戒备心理。

---

① 古贝,林肯.第四代评估[M].秦霖,等译.北京:中国人民大学出版社,2008:24.

前面各章的研究显现出,大型工程开发对社区及居民的影响聚焦在物质、人力、经济、社会和自然等五项生计资本维度上分析,但是由于受影响居民生活环境的差异和自身认知的差异,在对元素进行识别时会自然地产生侧重于不同维度的倾向,从而生成高区分度不同元素特征。这种特征有助于预测元素项目对元素未来可能会产生哪些影响,判别缓解或消除措施的可行方向。

鉴于上述分析,我们提出了项目本位建构的调查方法框架(图 8-2)。该框架中,尽管我们将大型工程开发对居民的影响概括为五个方面,但是作为参与方的受影响居民在进行项目建构生成时,可能只会侧重其中一个或多个方面,而这正是元素独有的特征,对于后期预测和管理都具有指导作用。

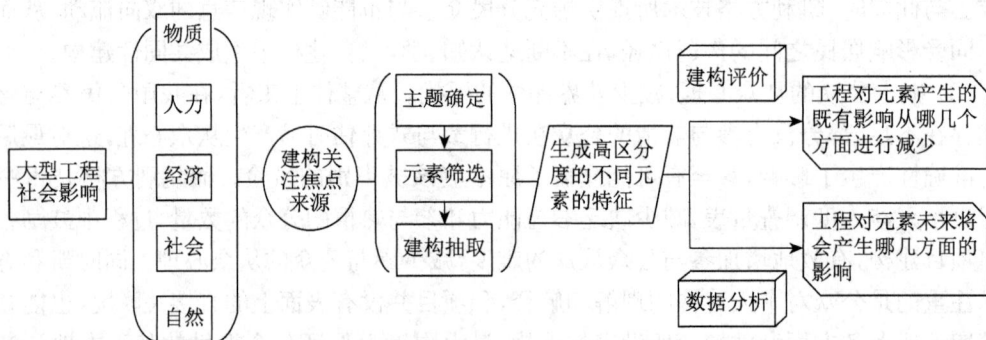

图 8-2　本位建构调查方法框架

8.2　主题的确定与访谈元素筛选

8.2.1　主题的确定

在 20 世纪 70 年代早期,社会影响评估主要采用科学主义方法,就是通过经验主义和客观主义,寻求一个合理科学的解释,但是由于实际操作的复杂性和预测反应的难度巨大,逐渐变为依靠专家和技术人员的支持,这产生了很大的局限性,往往与实际脱离。于是从 20世纪 80 年代中期,社会影响评估逐渐向公众参与方法转变,考虑项目的各个参与方,运用定性方法,认可各个参与方在项目社会评估中的价值存在。因此这也成了目前社会影响评估的主流指导精神,即将定性与定量相结合,综合科学主义方法和公众参与方法,既贴近现实,又能指导决策。[①] 目前进行该方面研究的学者在主题确定中也符合这一精神,例如谢振民在水库工程的调研中将家庭结构、功能等四个维度的影响作为调查的主题;马秋雯从影响社区居民对大型工程支持态度的变量出发,在假设变量的基础上提出检验社区居民对大型工程支持态度的既得利益模型;刘梦洁从居民就业、收入、居住等方面进行测量,研究水库对于原住民产生的实际影响。从不同学者的研究主题我们可以看出,一般性的社会影响评估总

---

① 李强,史玲玲."社会影响评估"及其在我国的应用[J].学术界,2011(5):19.

是以一定的社会影响评估指标为参考，测量居住人群、社区和社会关系中的变化[①]。

凯利方格技术在其他领域的应用中主题大多是以个人态度为出发点，以实际问题为研究目标，这与凯利方格技术本身的特点也有关系，凯利方格技术原本就是通过对个人建构的理解，探寻藏于内心深处的永不终结的多维结构。例如 Tan F B 就从网页设计师的个人视角去探究评价一个网页的好坏标准；Schweinsberg S C 则从当地居民的角度研究了对于从传统林业到旅游观光的产业更新的态度；Vasileiadou E 从不同荷兰居民的视角去探究他们对于极端天气的不同反应；McDonald H 则从公众视角出发进行调查，理解他们对于参与保护澳大利亚遗迹的看法；Mansfield Y 则将对于凯利方格技术的应用研究建立在当地人对自然资源旅游开发的态度之上；Naoi T 在了解历史街区的相关背景时也是以旅游者的看法为主要参考依据。从以上例子可以看出，凯利方格技术在实际应用中，特别强调对不同个人看法的保留与拓展研究，强调从个人建构中去探索描述外部环境的结构。

目前社会影响评估的方法更加注重参与式评估，这也与凯利方格技术在指导精神上不谋而合。更加重视对个人看法的挖掘，综合国内学者对项目社会影响评估指标的研究，目前社会影响评估主题上应该更加注重工程项目的利益群体和个人诉求，进行持续性评价，加强公众参与以及对弱势群体关注[②]。也有很多学者提出了更为细致的社会影响评估指标[③④]，综合看来，这些指标都是集中反映受影响居民受到项目实施的具体影响以及利益重新分配的均衡性。根据 Woolcock M 等人的研究，对一个社区进行全面的社会影响评估，应当考虑影响社区可持续生计的五大资本要素[⑤]。因此应用凯利方格技术进行社会影响评估时，它的主题应该借鉴凯利方格技术对于个人视角的解读，从一个或者多个受影响居民的角度，采用传统社会影响评估的指标体系，完整全面地评估项目实施对于当地原住民的人力资本、自然资本、物质资本、社会资本、经济资本五大方面的影响。社区可持续生计五项资本要素如表 8.3 所示。

表 8.3　社区可持续生计五大资本要素表[⑥]

资本要素	资本组成	指标内涵
人力资本	家庭整体劳动能力	每个家庭成员的劳动能力，分为非劳动力(0～9 岁儿童、70 岁以上老人、完全不能劳动的病人)，半劳动力(10～14 岁儿童、60～70 岁老人、能参加部分劳动的病人)，全劳力(其余年龄段)
	受教育程度	可以用家庭成员受教育年限来代替测量
	家庭成员职业技能	家庭成员的职业技能，分为非劳动者，家庭经营农业劳动者，家庭经营非农业劳动者，受雇劳动者，个体合伙工商劳动经营者，其他形式就业者
		过去 12 个月内家庭成员参加专业技能培训的情况

① 陈琳，谭建辉. 建设项目社会评估研究：理论与实践[J]. 北京：中国建筑工业出版社，2009.
② 李强，史玲玲等. 探索适合中国国情的"社会影响评估指标体系"[J]. 河北学刊，2010，30(1)：106.
③ 黄有亮，张涛，等. "邻避"困局下的大型工程规划设计决策审计[J]. 现代科学管理，2012(10)：64.
④ 夏立明，陈树平，等. 高速公路项目社会影响后评价指标体系构建研究[J]. 建筑经济，2010(3)：92.
⑤ Woolcock M. Social capital and economic development：Toward a theoretical synthesis and policy framework[J]. Theory and Society，1998，27(2)：151-208.
⑥ Helliwell J. The Contribution of Human and Social Capital to Sustained Economic Growth and Well-Being[M]. Quebec：Human Resources Development Canada，2001.

（续表）

资本要素	资本组成	指标内涵		
自然资本	耕地面积	农户家庭正在经营的耕地,不论种植何种农作物,包括自家承包及租用、转包其他农户的耕地		
	园地面积	农户家庭正在经营的园地;用于种植蔬菜养殖家禽		
	林地面积	农户家庭正在经营的林地,不论种植何种果树,包括经济林和观光林		
	坑塘面积	农户家庭经营的坑塘		
	闲置土地	农户家庭所拥有但未经营的土地面积		
物质资本	住房资产	一般分为住房质量好、较好、一般、较差、危房		
	生产资产	农户家庭生产性工具,例如三轮车、经营店面、抽水机、收割机、打米机,家庭生产性工具		
	生活资产	家庭所需的耐用消费品		
	其他资产	道路	可以用道路交通通达度来测量道路的具体情况	
		供水	主要针对经营地块用水的方便度	
		能源	调查区农户家庭燃料来源为太阳能、液化气、沼气、电力、作物秸秆	
经济资本	自身现金收入	农户家庭年均收入		
	能否贷款	是否能从银行或信用社获得贷款		
	能否借款	是否能从亲戚朋友邻居处借款		
	社会保障和保险情况	社会保障和保险覆盖情况		
社会资本	纽带（亲密关系）	主要包括:家庭、邻里、亲戚关系、亲朋网络等		
	桥接	例如参与社区组织、参与村里组织的会议、参与村里的文、体、宣传活动、参与村里组织的公益活动		
	连接	包括:网络的使用、通信技术的应用		

我们以明湖工程(关于明湖工程的案例背景介绍详见本书第9章)为例,应用凯利方格技术进行社会影响评估,拟从社会影响评估生计指标体系出发,从民众的角度深入挖掘个人建构,对明湖工程所涉及的社区进行全面的分析调研,以研究明湖工程项目相关社区民众可持续生计的状态以及未来影响。

8.2.2 基于主题的访谈元素范围划分

在传统的社会影响调查中,研究者更加倾向于通过设置实验组和对照组来保证数据的区分度,而实验组和对照组内元素的设置往往是参考现有的地域划分或者具有明显的物理指标区分(名称、地理位置、大小、组织归属等),这一点在凯利方格技术的调查中并不适用。

在凯利方格技术中,访谈元素一般都是对主题的示例,例如我们如果讨论"朋友"这个主题,我们会生成以下的访谈元素:Mary,Lucy 和 John。这些从主题延伸出来的例子,即是我们所指的访谈元素。可以从表 8.4 中看出访谈元素和主题之间的关联①。

表 8.4　访谈元素示例（Jankowicz，2004）

研究主题	访谈元素
教授	上过课的教授的名字
我的同事	在职的同事名字
我想买的车	在考虑范围内的不同车的牌子
高效的管理者	我所熟知的高效管理者的名字
政府教育政策文件	相关的政策文件名称
香水	一系列香水品牌

根据前文的介绍，在国外其他领域应用凯利方格技术时，对于访谈元素的范围划分主要有以下两方面的重点考虑因素：

第一，Mansfield Y 等早期学者对于访谈元素的范围划分主要是依据调查的主题。例如 Naoi T 等学者在研究游客对于历史街区看法时，就是针对研究主题，直接选择历史街区作为访谈元素。而后有学者发现，这种直接性的访谈元素范围划分由于对元素的描述过于宽泛和模糊，会给参与调查的民众带来困惑。因此 Coakes S 对此进行改进，他们在研究林业变化敏感性评估中就根据研究指标相应设定了选择元素的一系列标准：研究区域（元素）基于林业的联系以及研究区域（元素）的人口特征，但是以上学者对于访谈元素的范围划分始终是围绕着调查的主题进行不断细化和缩小的。

第二，Canning C 等学者在研究中发现，访谈元素之间的区分度以及受访者对于访谈元素的熟悉度至关重要，它们决定着访谈过程的顺利与否，也决定着访谈结果的质量，因此在这些学者的研究中，不仅让受访者积极参与前期访谈元素的范围划分中，同时也有相关学者将对比调查的思路加入到访谈元素的范围划分中来，设置实验组和参照组（对比组）。

因此在应用凯利方格技术开展的社会影响评估中，应当考虑访谈元素和主题的关联度、访谈元素之间的区分度以及受访者对于访谈元素的熟悉度。这三个方面的因素，对于访谈元素的范围划分不应局限于现有的地域划分或者物理指标区分，而应该从访谈元素涉及的最小有效单位出发，依据关联度、区分度和熟悉度指标，充分发挥受访者的参与性，让受访者帮助建立起访谈元素的组成单位，从而划分出不同的访谈元素。

8.2.3　访谈元素的筛选方法

在传统的社会影响评估调查中，实验组和对照组内元素的筛选方法基本和其他类型的统计调查一致，主要取决于被调查元素受到大型工程建设的影响程度，一般会选取受影响较大的元素组成实验组，选取在与实验无关因素方面一致并且几乎不受工程影响的元素组成对照组②。

但是国外在应用凯利方格技术参与调查时，对访谈元素的筛选却是另外一种思路。早

① Jankowicz D. The Easy Guide To Repertory Grids[M]. Chichester：John Wiley & Sons, 2005：13-14.
② 杨树勤. 中国医学百科全书：医学统计学[M]. 上海：上海科学技术出版社，1992：32.

期学者以访谈主题作为访谈元素划分依据时,大多是由实验人员讨论敲定与主题相关访谈元素,然后通过访谈过程中受访者对于访谈元素的不同看法自然形成访谈元素的主次排序,从而进行筛选;后来学者意识到这种做法的局限性在于,实验人员对于访谈元素的罗列全面性无法得到保证,这也成为了对受访者的局限,同时实验人员理解的访谈元素并不一定是受访者理解的元素,Coakes S 等学者对此加以改进,他们让受访者在访谈元素的确定环节就参与进来,凭借自身的经验和知识,选取自己认为与主题有关的合适元素,最后实验人员再进行综合总结。

在应用凯利方格技术进行社会影响评价调查时,访谈元素的筛选应该综合传统调查思路和凯利方格技术调查思路,应该综合实验人员和受访者的意见,由实验人员依据访谈元素受大型工程的影响程度进行初步筛选,然后根据受访者对于访谈元素和主题之间的个人理解进行二次选择,按照社会影响评价指标将各方面情况一致的最小有效单位归到一起作为访谈元素的组成部分,这样生成的访谈元素不仅能够增强自身的区分度,而且也保证了后续研究中受访者对访谈元素的熟悉度,便于进行深入建构。

下面以明湖工程为例,阐述主题确定和访谈元素范围划分与筛选的基本过程。

第一步,确定主题。根据前文的分析描述,凯利方格技术的应用更注重对个人建构的深入挖掘,同时明湖工程属于大型公共建设项目,因此与社会影响评估密切相关,主题拟为在明湖工程建设的背景下,通过对民众个人建构的挖掘,绘制明湖工程所涉及村落或社区的发展画像,以研究和研判明湖工程项目相关村落或社区发展状态及未来影响。

第二步,划分访谈元素范围。根据第一步中的主题,可以看出研究的目标载体是明湖工程所涉及的村落或社区,因此访谈元素即为明湖工程所涉及的村落或社区;在进行初步划分访谈元素范围时,需要将明湖工程涉及的所有村落或社区进行罗列作为初步划分访谈元素范围的依据。从上文的项目介绍中可知,明湖工程一期、二期共涉及约 2 个乡镇、5 个行政村(社区)、18 个村民组,如表 8.5 所示。

表 8.5 明湖工程涉及村落

涉及乡镇	涉及村落或社区	涉及村民组
腰铺镇	东陈村	罗郢、山桥、大盛楼、小盛楼、花徐岗、马家湖、前糟坊
	万桥社区	万桥、王万郢、方向
	担子社区	担子
乌衣镇	法华村	前蒋、后蒋、范刘、刘小郢
	柯湖村	小刘、庙(前)岗、堰塘

第三步,筛选访谈元素。组成访谈元素的最小有效单位本应为包含不同受访者的最小集合即为生产小组,但由于明湖工程的涉及范围较广,各个行政村与明湖工程影响区域多有交叉,加之行政村覆盖面大,内部不同地区情况也有不同,因此我们这里初步筛选受到明湖工程影响的自然村作为组成访谈元素的最小有效单位。在第二步罗列的五个村落或社区中,由于万桥社区和担子社区在地理位置上较其他三个村落较为疏远,且与明湖工程拆迁影响相关的村民组样本数量较少,同时开展三元组比较和实地调研有一定困难,不能满足调研要求,因此将其他三个村落作为明湖工程的访谈元素。主要涉及的是东陈村的罗郢、山桥、

盛楼、花徐岗等村落；柯湖村的小刘、庙(前)岗等村落；法华村(明湖工程涉及的村落原属于双桥村，后双桥村与法华村合并，因此相应归入法华村管辖范围)的前蒋、后蒋等村落，拆迁涉及的主要自然村如图 8-3 所示。

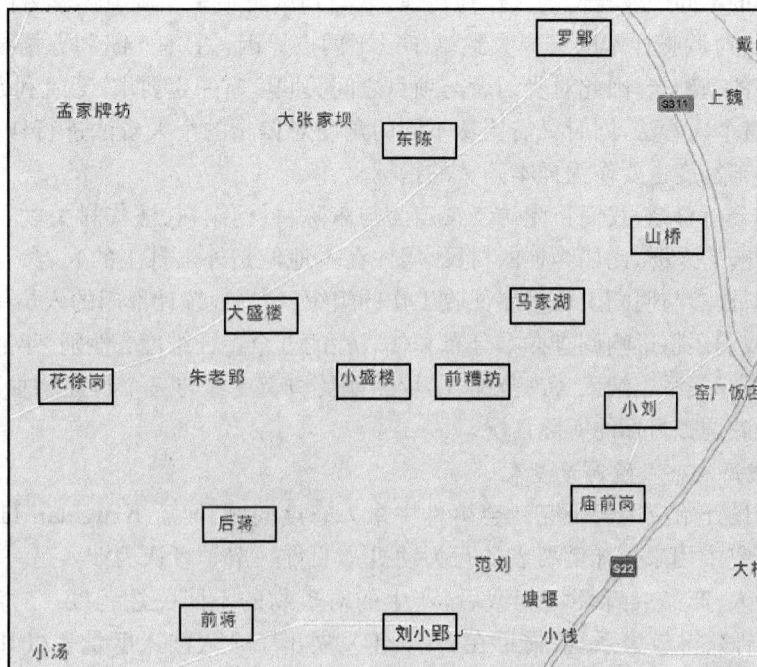

图 8-3 明湖工程涉及的主要自然村

8.3 建构抽取

8.3.1 访谈样本的确定

1）访谈样本的选择

根据谢振民等人的研究，在传统的社会调查问卷设计中由于考虑到目标人群和调查项目的契合度，一般会以 30～60 周岁人群为主要调查样本，因为他们不仅经历了自身的家庭变化，也见证了项目带来的变迁，同时又有自己较为成熟的判断和看法，能够对调研提供科学合理的基础数据。

而凯利方格技术中调查样本的选择，根据 Ginsberg A、Dunn W N 等学者的研究[1][2]，每一个特定的调查主题，一个相对较小的样本数量(15～25 名受访者)基本可以满足调查需要。国外学者在受访者样本选择中采用了各自不同的方式，Canning C 等人对项目所在地

① Ginsberg A, Abrahamson E. Champions of change and strategic shifts: The role of internal and external change advocates [J]. Journal of Management Studies, 1991, 28(2): 173.

② Dunn W N, Dukes M J, Cahill A G. Designing utilization research [J]. Science Communication, 1984, 5(3): 387.

附近的村落进行分类,选取不同种族背景、不同职务的比较熟悉该项目的原住民参与调研;Tan F B 等人由于研究的是网页设计,因此对象种类较为单一,但是他们也采用了系统随机抽样程序进行样本的选取;而 Coakes S 等人在林业调查中则是按照不同行业的划分,邀请受到项目影响的不同职业身份的人作为代表,参与到调研中来。从上述学者的调研样本选择中可以看出,对调查样本的选择大致基于以下两点原因:①基于凯利方格技术主要是建立在深入访谈的基础上,因此对受访者与项目之间关联度有一定要求;②凯利方格技术注重个人建构,尊重个人看法,同时又需要从不同的角度对偏颇的个人看法进行纠正或者剔除,因此样本种类丰富度也要作为样本筛选的指标。

基于上述分析总结,我们将受访者锁定为与东陈村、柯湖村、法华村关联程度较高并且受明湖工程影响的人群,比如当地的村民、居住在本地但是外出打工的人、参与明湖工程规划的水利局官员、参与明湖工程房屋征收工作的组织者、当地统计部门的人员等。为了确保研究的效度,我们还将影响调查样本分布和代表性的五个特征维度:性别、年龄、职业、教育程度、与调查目标关系也纳入考虑范围,尽量保证受访者在参与三个村建构抽取的过程中,能够全面地反映调查目标的实际情况。

2）涉入理论及个人涉入度量表

涉入理论最开始应用于研究社会事件中个人态度问题,而后 Krugman H E 等学者将其在广告学研究中用来探知消费者的行为动机[1],目前一般学者认为涉入是一种心理状态,是受到外界个人、产品或者环境刺激后,产生的对事物的不同关注程度。对涉入的衡量,Zaichkowsky 研究得较为系统,最早在 1985 年发展出了个人涉入度量表(PII),主要由 20 组两级化的形容词构成,语义上符合涉入主题的要求。经过近 10 年的研究,又在 1994 年成功地将量表精简为 10 个题项[2]。凯利方格技术调查开展时由于会伴随着深入访谈的过程,在前期就需要受访者满足自身与访谈主题之间关联度的要求,避免出现由于自身对访谈主题的认知水平的不足导致访谈过程中建构生成困难或者建构生成有误。而个人涉入度量表却能够很好地解决这一问题,我们通过引进原本用于广告学方面的个人涉入度量表,提前对受访者的认知程度进行排查,筛选出高涉入度的人群作为主要受访对象,这样可以大大提高后期建构生成过程的顺利度。

本次调查研究开始前,要求每个受访者接受涉入度测试,我们根据前人社会调查的相关经验并且综合 Zaichkowsky 提出的个人涉入度量表[3]进行修正,作为评价受访者和调查目标之间的关联度的判断依据。根据 Zaichkowsky 的研究,个人涉入度量表应该由 10 道两级问题组成,受访者可以对每道题做出从"非常赞成—基本赞成—比较赞成——一般—比较不赞成—基本不赞成—非常不赞成"的七级评价,通过受访者对调查目标感知的"重要性""熟悉程度""价值"等方面的判断,利用具有强烈对比的 10 组不同的形容词或者句子来测量受访者对于调查目标的整体感受或者是整体关联度。但是我们在前期的预调研中发现,由于受访人群构成的复杂性,部分受访者并不能很好地理解"基本"和"比较"之间的程度差异,因此

① Krugman H E. The measurement of advertising involvement [J]. Public Opinion Quarterly, 1966, 30(4): 583.
② 陈国龙. 涉入理论及其衡量[J]. 商业时代, 2007(3): 69.
③ Zaichkowsky J L. The personal involvement inventory: Reduction, revision, and application to advertising [J]. Journal of Advertising, 1994, 23(4): 59.

我们根据 Zaichkowsky 以及之前学者的研究,将个人涉入度量表进行了简化,简化后的个人涉入度量表改为问答型五级评价量表(个人涉入度 RPII 量表问卷见附录 E),总分范围为 10~50 分,其中 37~50 分为高涉入度人群。从理论上来说,高涉入度受访者往往拥有更多的与调查目标相关的信息,能够比较完整地反映出自己对于调查目标的独立观点,同时也对调查目标拥有更多兴趣,因此他们往往能够提供一些有价值并且足具代表性的信息。

根据凯利方格技术试验精神的指导并综合 Ginsberg A 等学者的研究结论总结得到:学者在开展调查时,对于每一个特定的调查目标,一个相对较小的样本数量,大概 15~25 名受访者,就可以生成满足研究所需要的建构的数量[①]。因此我们在焦点小组设计阶段,对三个访谈元素一共选取了 24 名得分在 37 分以上的关联度较高的不同职业受访者,其中包含医生、农户、计生专干、水利员、村委主任、外出务工人员等。各村入选人数和得分如表 8.6 所示:

表 8.6 各村焦点小组高涉入度人数和得分表

村名	初选人数	入选人数	得分
东陈村	15	8	40、45、46、49、50、50、50、50
柯湖村	15	9	39、46、47、49、50、50、50、50、50
法华村	15	7	37、38、39、42、45、46、49

8.3.2 访谈组织与优化

1) 访谈整体组织方式

凯利方格技术虽然以访谈为主,内容根据访谈主题变化不一,没有统一的问卷格式作为参考,但是考虑到数据收集的一致性和访谈的效度,在参考 Tan F B 等人的研究后,我们设计出标准化的凯利方格技术访谈整体流程框架作为实际访谈过程中的技术指导。

基于凯利方格技术的实施流程和收集信息的需要,我们将适用于本项目的凯利方格技术访谈结构框架——列举出来,并针对实施过程中的优缺点进行分别的讨论。

第一种是高综合度的建构打分访谈结构框架。首先通过研究小组进行研究小组建构的生成,其次展开焦点小组讨论,生成焦点小组建构,将研究小组建构和焦点小组建构综合生成基本建构。然后根据生成的基本建构对焦点小组的成员进行访谈,邀请他们打分。同时在流动社会调研中,以基本建构为基础,综合受访民众个人生成的民众建构,形成基础建构。

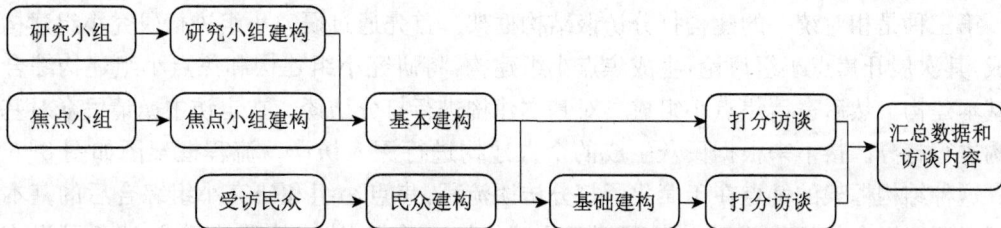

图 8-4 高综合度的建构打分访谈结构框架

---

① Dunn W. Using the method of context validation to mitigate Type III errors in environmental policy analysis [M]// Hisschemoller M, Hoppe R, Dunn W, et al. Knowledge, power and participation in environmental policy analysis. New Jersey: Transaction Publishers, 2001: 417.

接下来依据基础建构,对民众进行深入访谈,邀请受访者打分。流程框架图如图 8-4 所示。这种结构框架的优点在于焦点小组和受访民众的建构均有基本建构作为基础,能够有效地应对焦点小组和受访民众建构数量较少以至于无法保证访谈打分的顺利开展的问题。缺点在于操作过程比较复杂,对于基本建构和基础建构的梳理有一定要求,需要妥善安排好建构生成、汇总整理、打分的流程。此外由于民众的访谈打分是流动式的,对后期的数据统计口径的统一性会带来部分问题,不利于建构打分指标的统一和数据的汇总。这种框架适用于实验团队熟悉凯利方格操作流程,但对当地情况研判不深,调研地点民众文化素质较高,配合程度较高的调研情形。

第二种是一般综合度的建构打分访谈结构框架。首先通过研究小组进行研究小组建构的生成,其次展开焦点小组讨论,生成焦点小组建构,并依据焦点小组建构对焦点小组成员进行访谈,邀请成员进行打分。然后将研究小组建构和焦点小组建构综合生成基本建构。在流动社会调研中,以基本建构为基础,综合受访民众个人生成的民众建构,形成基础建构。接下来依据基础建构,对民众进行深入访谈,邀请受访者打分。流程框架图如图 8-5 所示。这种结构框架的优点在于保证了焦点小组的打分访谈不受基本建构的引导,增加结果的可信度,同时将焦点小组建构和研究小组建构综合后运用到民众的打分访谈中,仍然能够有效应对民众建构生成数量较少的问题。并且操作过程相对于第一种方案,有所简化。缺点是焦点小组的建构生成的数量和质量会在一定程度上影响最后收集的数据和访谈记录。很难应对焦点小组数量过少而导致打分环节出现问题。此外,由于民众的访谈打分是流动式的,会对后期的数据统计口径的统一性带来部分问题,不利于建构打分指标的统一和数据的汇总。这种框架适用于实验团队熟悉凯利方格操作流程,对当地情况有一定程度的研判,调研地点民众文化素质较高,配合程度较高的调研情形。

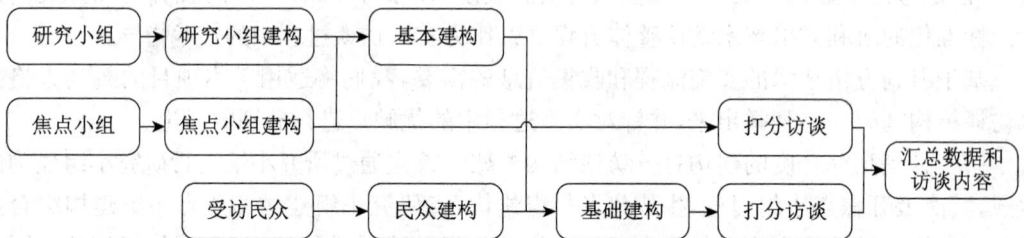

图 8-5 一般综合度的建构打分访谈结构框架

第三种是相对统一的建构打分访谈结构框架。首先通过研究小组进行研究小组建构的生成,其次展开焦点小组讨论,生成焦点小组建构,将研究小组建构和焦点小组建构综合生成基本建构。然后邀请焦点小组成员对基本建构进行打分访谈。在走访中邀请民众对基本建构进行打分。接下来根据民众生成的个人建构进行深入访谈。流程框架图如图 8-6 所示。这种结构框架的优点在于简化了打分访谈流程,焦点小组和研究小组综合后的基本建构可以用于民众的打分评判,减少了对民众建构统一收集、统一整理的要求,降低了操作难度,但同时又将基本建构和民众建构的处理方式区别开来,对具有个人特征的民众建构进行深入访谈,能够最大限度上保留民众建构包含的信息。缺点是民众对基本建构进行打分可能会由于不熟悉情况而造成一定障碍。这种框架适用于对焦点小组建构数量和质量无法研判,同时受访民众文化素质不高的调研情形。

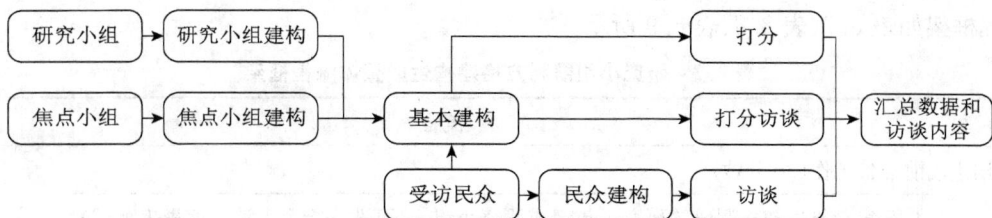

图 8-6　相对统一的建构打分访谈结构框架

第四种是相对独立的建构打分访谈结构框架。首先通过研究小组进行研究小组建构的生成，其次展开焦点小组讨论，生成焦点小组建构，并依据焦点小组建构对焦点小组成员进行访谈，邀请成员进行打分。然后将研究小组建构和焦点小组建构综合生成基本建构。在走访中邀请民众对基本建构进行打分。接下来根据民众生成的个人建构进行深入访谈。流程框架图如图 8-7 所示。这种结构框架的优点在于焦点小组建构几乎不受研究小组建构的影响，焦点小组成员对自己生成的焦点小组建构进行打分访谈，对于操作上有一定的简化效果，同时又将基本建构和民众建构的处理方式区别开来，一方面，对于焦点小组和研究小组综合后的基本建构可以用于民众的打分评判，减少了对民众建构统一收集统一整理的要求，降低了操作难度；另一方面，对具有个人特征的民众建构进行深入访谈，能够最大限度上保留民众建构包含的信息。缺点是无法有效应对焦点小组建构数量较少引起的打分环节建构种类偏少的问题，同时民众对基本建构进行打分可能会由于不熟悉情况而造成一定障碍。这种框架适用于焦点小组建构内容丰富，但是受访民众文化素质不高的调研情形。

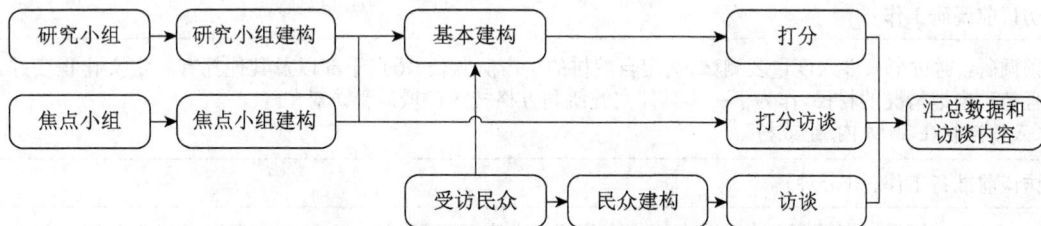

图 8-7　相对独立的建构打分访谈结构框架

综合分析以上四种打分访谈结构框架，其中框架一和框架二不仅对受访民众的组织要求高，在实地调研中建构之间的共享和传递要求高，而且如果依据基础建构对民众进行逐条访谈，单体调研耗时太长，在实际操作中不易开展。本次调研的主要对象是明湖工程，涉及需要征迁的自然村民众。根据前期走访调查，生活水平普遍不高，文化水平整体较低。因此我们重点考虑应用框架三或者框架四。由于在调研前事先无法保证焦点小组建构数量和质量，根据前文分析，本次明湖工程试点应用参考框架三开展调研活动。

凯利方格技术具体实施主要分为三部分：首先召集参与过初次调研的研究人员组成研究小组，根据搜集的资料和自我参与的实际体验进行研究小组建构的生成，然后根据职业分布涉入度的高低确定焦点小组的组成人员进行初步建构的抽取与访谈，然后将焦点小组建构和研究小组建构综合为基本建构，并以此为依据进行个人随机访谈调查。这样就可以将由于调查人员对凯利方格技术访谈的认识不同而对受访者在接受访谈时产生的影响降到最低，保证受访者产生建构的有效性。研究小组、焦点小组以及个人的凯利方格技术访谈整体流程框架如表 8.7、表 8.8、表 8.9 所示：

表 8.7　研究小组凯利方格建构生成整体流程框架

时间	流程
建构生成前准备工作(10 分钟)	
	召集参与过初次调研的研究人员组成研究小组。(可选进行个人涉入度量表测试)
5 分钟	给研究小组成员介绍本次建构的大致情况,给研究小组成员说明基本步骤以及需要配合提供的内容
5 分钟	在正式开始前,提供给研究小组成员调查目标(具体村落)的各方面基本信息,使得研究小组成员对调查目标的认识得到全面补充,同时也提醒他们记起自己了解到有关于调查目标的各方面信息
正式建构过程(10 分钟)	
5 分钟	发放问卷表,研究小组成员独立地生成建构
5 分钟	将生成的建构收集起来,进行集中讨论,确定研究小组建构的初步结果
收集汇总研究小组建构生成结果	

表 8.8　焦点小组凯利方格技术访谈整体流程框架

时间	流程
访谈前调研工作	
预调研:通过个人涉入度量表测试,选定自然村的生产队队长、蹲点干部以及其他拥有一定文化程度并且熟悉当地情况的村民,作为下一步具体实施凯利方格技术访谈的受访对象 (人数控制在 10 人内/组或村)	
访谈前准备工作(10 分钟)	
5 分钟	请受访者填写个人涉入度调查表的部分内容,以便统计个人基本信息以及对于明湖工程项目的了解程度,作为后期综合判断访谈效度的参考指标,同时也可以用于排除特殊值
5 分钟	给受访者介绍本次建构访谈的大致情况,给受访者解释凯利方格技术调研的基本流程以及需要配合提供的内容
5 分钟 备选	在正式开始前,提供给受访者调查目标(具体村落)的各方面基本信息,使得受访者对调查目标的认识得到全面补充,同时也提醒他们记起自己了解到有关于调查目标的各方面信息
正式建构过程(15 分钟)	
5 分钟	发放问卷表,并辅助焦点小组成员顺利地提出相关的建构
5 分钟	收集焦点小组建构,整理综合后制成表格
5 分钟	将整理完成的建构表格,发给焦点小组成员进行打分
正式访谈过程(10 分钟)	
10 分钟	针对焦点小组成员提出的建构进行逐个深入攀梯访谈
收集汇总建构打分和深入访谈结果	

表 8.9　个人凯利方格技术访谈整体流程框架

时间	访谈流程
访谈前调研工作	
预调研：选定受访者居住地点，分组前往不同的地点进行简单随机抽样，邀请受访者填写个人涉入度量表，将个人涉入度量表进行数值化处理，根据评分规则，选取高涉入度人群作为下一步具体实施凯利方格技术访谈的受访对象（人数控制在 10～15 人/组或村）	
访谈前准备工作（20 分钟）	
5 分钟	请受访者填写调查表的部分内容，以便统计个人基本信息以及对于明湖工程项目的了解程度，作为后期综合判断访谈效度的参考指标，同时也可以用于排除特殊值
5 分钟	给受访者介绍本次访谈的大致情况，给受访者解释凯利方格技术访谈的基本流程内容和预期访谈时长以及需要配合提供的内容
10 分钟	在正式开始前，提供给受访者调查目标（具体村落）的各方面基本信息，使受访者对调查目标的认识得到全面补充，同时也提醒他们记起自己了解到有关于调查目标的各方面信息
正式访谈过程（20 分钟）	
5 分钟	根据之前焦点小组生成的建构打分表，邀请受访者进行打分评判
15 分钟	首先要求受访者对调查对象进行三元组划分； 然后采用固定句式："你认为哪一个和其他两个不一样？你认为具体不一样的地方是在哪？"[1]梯式递进，引导受访者生成建构

实地访谈整体组织流程主要分为三大部分：

（1）访谈前调研工作：在焦点小组凯利方格技术访谈整体流程中通过个人涉入度量表测试，选定自然村的生产队队长、蹲点干部以及其他具有一定文化程度并且熟悉当地情况的村民，作为下一步具体实施凯利方格技术访谈的受访对象。在个人凯利方格技术整体访谈中，则根据受明湖工程影响的自然村原住民和调查人员的共同识别，选定受访者居住地点，再分组前往组成一个个独立访谈元素的自然村进行简单随机抽样，同时考虑样本的丰富度，再进行分类抽样。最后邀请所有的受访者填写个人涉入度量表，将个人涉入度量表进行数值化处理，根据评分规则，选取高涉入度人群作为下一步具体实施凯利方格技术访谈的受访对象。

（2）访谈前准备工作：首先，请受访者填写调查表的部分内容，以便统计个人基本信息以及其对明湖工程项目的了解程度，作为后期综合判断访谈效度的参考指标，同时也可以用于排除特殊值；其次，向受访者介绍本次访谈的大致情况，解释凯利方格技术访谈的基本流程内容和预期访谈时长以及需要配合提供的内容；最后是在正式开始前，提供调查目标（具体村落）的各方面基本信息，让他们进行一个全面的回顾，使得受访者对调查目标的认识全面，同时也提醒他们回忆起自己了解到有关于调查目标的各方面信息。

（3）正式访谈过程：①详细地介绍接下来正式访谈的步骤，同时为了增强受访者对于后续建构顺利完成的信心，提供一个示例（如下所示）帮助理解；②进行正式访谈，首先要求受访者对调查对象进行三元组划分帮助生成基础建构（建构调查表见附录 E）；其次邀请受访者按照自己的直观感觉在固定打分范围的表格（调查评分量表见附录 E）中对建构进行打

---

① Fransella F, Bell R, Bannister D. A manual for repertory grid technique[M]. John Wiley & Sons, 2004.

分;最后进行梯式递进访谈,引导受访者说出高级建构。

参考 Fransella F. 等学者对于凯利方格技术提问句式的研究,以及 Marsden D. 等学者对凯利方格技术访谈框架的研究①,示例如下:

现有 A、B 和 C 三款电视机,要从其中抽取建构。

问:A、B、C 三款电视机,您认为哪一款和其他两款不一样?

答:B。

问:您认为具体有什么不一样的地方?

答:B 更加人性化,更加实用。

问:您认为它的人性化和实用性具体体现在什么方面?

答:B 款有指纹开机,而且尺寸更大,分辨率更高。

建构总结:视觉效果好(尺寸更大,分辨率更高)——视觉效果差;

智能(指纹开机)——不智能。

然后受访者按照固定的打分范围(比如1～5分),对 A、B、C 进行评分,评分表格如表 8.10 所示:

表 8.10 建构打分表

特征		非常好	比较好	不好不差	比较差	非常差
电视机视觉效果	A		√			
	B			√		
	C					√

2) 基于攀梯访谈技术的访谈过程优化

攀梯访谈技术最早源于 Jonathan Gutman 提出的手段目的链理论(Means-End Chain Theory),该理论认为手段(means)是物质的,而物质的属性(attribute)产生相应的结果(consequence),结果又能帮助消费者实现想要体现的个人价值(value),从而达成最后的目的(end)②。在手段目的链中,位于不同层级的属性(attribute)、结果(consequence)和价值观(value)就构成了一个链条:从 A 到 C 再到 V。而攀梯技术就是在深度访谈中实现从了解受访者对于 A 的认知到挖掘受访者对于 V 的认知的一个过程。攀梯访谈技术分为软攀梯访谈技术和硬攀梯访谈技术。软攀梯访谈技术指的是深入访谈研究,属于比较具有探索性的一类研究,由于耗时长,工作量大,因此比较适合小样本研究;而硬攀梯访谈技术指问卷调查,在问卷中体现受访者 A 与 V 的关系,让受访者被迫就已有答案进行站队,比较适合大范围的调研③。

攀梯访谈技术主要就是通过不断地深入询问,找到属性、结果和价值观之间的关联,从而梳理出受访者的认知结构。这里以实际访谈中的例子来说明攀梯访谈技术整体流程:

---

① Marsden D, Littler D. Repertory grid technique-An interpretive research framework[J]. European Journal of Marketing, 2000, 34(7): 816.

② Gutman, J. A means-end chain model based on consumer categorization processes [J]. Journal of Marketing, 1982, Spring: 60.

③ Reynolds T J, Gutman J. Laddering theory, method, analysis, and interpretation[J]. Journal of advertising research, 1988, 28(1): 11-35.

问：你为什么提出与政府距离的远近作为你的一点不同之处？

答：位置好很重要。

问：你指的位置好指的是什么？

答：学区好。

问：为什么政府和学区有关？

答：因为学校大多集中在政府附近。

问：那带来什么影响呢？

答：教育资源丰富。

问：为什么这么关心教育资源？

答：我们家有孩子，以后上学多方便，而且又有好多好学校。

问：你对教育的看法？

答：教育十分重要，把书读好能上好大学。

运用攀梯访谈技术得到的就是这样一个手段目的链，如图 8-8 所示：

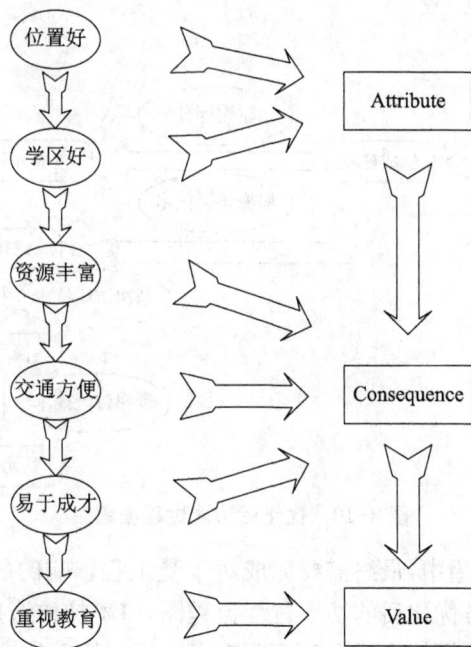

图 8-8　示例的手段目的链

在前文很多外国学者的研究中，凯利方格技术往往被用于生成与主题相关的建构，实验人员更加注重对于建构的定量分析研究。因此对于访谈技术方法比较弱化，大多只做到了在访谈过程中尽量保持不去对建构的产生进行诱导，这样普通的访谈技术并不能完全地挖掘出受访者的个人价值观。而 Tan F. B. 等学者在研究网页设计中，就采用了定性研究方式，注重攀梯访谈技术的应用，研究结果证明对于生成层状框架表有巨大帮助。

在社会调查中应用凯利方格技术，不仅仅需要涉及对建构的定量分析，同时也涉及对建构的定性分析和深层抽象概念的挖掘。因此攀梯访谈技术的应用十分重要，它主要有以下几点优势：①攀梯访谈技术是一种层层深入的访谈技术,是一种从普通的对象属性深入到个人价值观的询问技术,运用该种技术进行访谈能够大大减少受访者的戒备心理,同时可以尽量保证受访者回答的真实性;②攀梯访谈技术是实现从对象属性进行攀梯一直到找到对象所指的价值观,在访谈过程中信息量丰富,不仅能够为生成层状框架表提供丰富信息,而且对补充调查的信息研究帮助很大。具体结合凯利方格技术进行实施时,我们将攀梯技术加入到实际访谈的环节(攀梯访谈记录表见附录E),国外主流学者访谈过程流程图与优化后的访谈流程图对比如图8-9、图8-10所示：

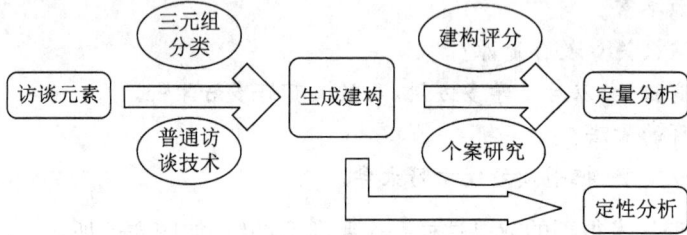

图8-9 国外学者访谈过程流程图

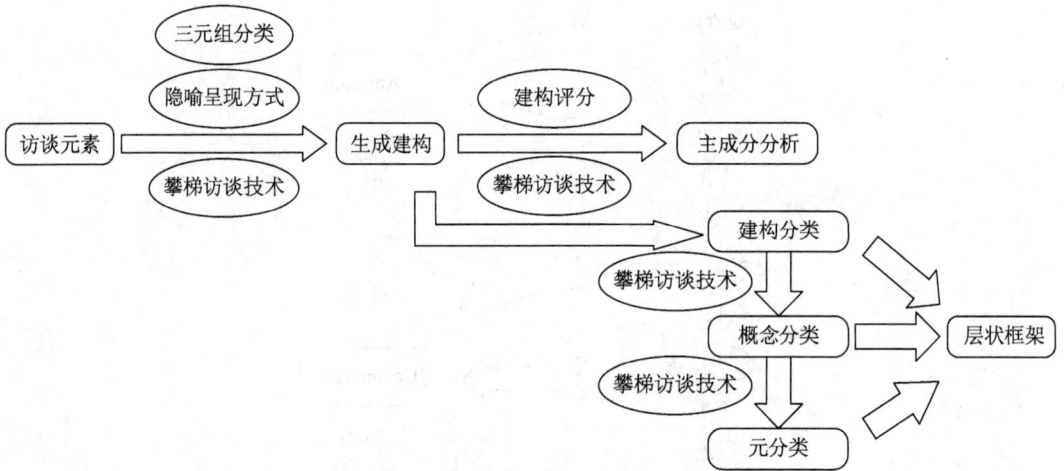

图8-10 优化后访谈过程流程图

在明湖工程的实际应用中,最终需要完成对于受工程影响的研究对象群体的定量分析和定性分析,因此可以参考优化后的访谈过程流程图,将攀梯访谈技术贯穿于凯利方格访谈始终,利用最后生成的层状框架表反向验证原有资本框架体系的准确性和完善度。

8.3.3 建构形成与整合

前文已对建构的来源进行了详细的阐述,建构其实是我们描述、分析事物的基本组成单位。我们通过建构理解事物从而形成对事物独特的理解,发现它的意义[①]。在凯利方格技术中,Kelly对建构的定义：从功能性上解释,建构是用来区分两个或者多个事物相似同时又区别于第三个或者其他事物的鉴定依据;从本身含义来讲,建构是一个超越表面现象的抽象描述,从既有事件中抽取新的抽象概念;从特征上来说,建构具有两极性,同时对于两极建

---

① Jankowicz D. The easy guide to repertory grids[M]. Chichester: John Wiley & Sons, 2005: 10.

构所指代的意义有着清晰准确的描述①。

下面以试点应用的明湖工程为例，阐述建构抽取的基本过程。

第一步，确定访谈样本。前文已经介绍过，基于凯利方格技术着重对个人建构的深入挖掘，在单个访谈样本个体上能够获取充分的建构信息，加之采用的是耗时较长的一对一访谈，因此凯利方格技术访谈样本容量区别于传统问卷调查技术样本容量，一般针对单个访谈元素，访谈样本控制在 25 个人左右即可。在明湖工程的应用中，首先根据前文介绍的选择依据，充分考虑访谈样本（受访者）与访谈元素（村落）的关联度以及样本自身的丰富度是否满足要求后，将受访者锁定为与东陈村、柯湖村、法华村关联程度较高并且受明湖工程影响的人群，同时将影响调查样本分布和代表性的五个特征维度：性别、年龄、职业、教育程度、与调查目标关系也纳入考虑范围，考虑到访谈样本的整体文化水平，在个人访谈样本外，特别增设了焦点小组访谈样本，以保证获得的个人建构的质量和数量。其次采用简化的个人涉入度量表筛选出满足高涉入度要求（一般得分率超过 70％即可认为是满足高涉入度要求，但同时也需要综合考虑样本容纳数量，如果满足条件的样本数量过多，可适当提高得分率，以此提升样本质量）的人群组成访谈样本。最后通过上述步骤，发放 100 份问卷，共获取69 份高涉入度访谈样本（其中焦点小组访谈样本 24 份，以及三个村落的个人访谈样本 45 份，每个村各 15 份）。组成访谈样本的受访者基本信息统计如表 8.11 所示。

表 8.11　受访者基本信息统计

特征项	特征赋值	样本数	百分比
涉入度	37～40 分	11	16％
	40～50 分	58	84％
性别	男	37	54％
	女	32	46％
年龄	30 岁以下	4	6％
	30～39 岁	11	16％
	40～49 岁	21	30％
	50～59 岁	26	38％
	60 岁以上	7	10％
教育程度	文盲	11	16％
	小学	15	22％
	初中	24	35％
	高中(中专)	17	25％
	本科	2	3％
	研究生及以上	0	0

① Fransella F, Bell R, Bannister D. A Manual for Repertory Grid Technique[J]. Marketing, 2004, 34(1): 816.

（续表）

特征项	特征赋值	样本数	百分比
职业	农民	22	32%
	工人	25	36%
	医生	2	3%
	个体户	8	12%
	干部	8	12%
	其他	4	6%

从上述统计结果可以看出，受访者涉入度满足高涉入度得分要求，性别基本均衡，年龄分布基本满足调查样本的组成要求，同时可以看出初中以下教育程度受访者占比超过 7 成，整体受教育度不高，在职业分布方面，农民和工人的占比接近 7 成。

第二步，组织访谈。首先需要确定访谈开展的结构框架，前文已经比较分析了不同访谈结构框架的适用范围，综合分析上文的四种打分访谈结构框架，其中框架一和框架二不仅对受访民众的组织要求高，在实地调研中建构之间的共享和传递要求高，而且如果依据基础建构对民众进行逐条访谈，单体调研耗时太长，在实际操作中不易开展。本次调研的主要对象是明湖工程涉及的需要征迁的自然村民众。根据前期走访调查，生活水平普遍不高，文化水平整体较低。因此我们重点考虑应用框架三或者框架四。由于在调研前事先无法保证焦点小组建构数量和质量，根据前文分析，本次明湖工程试点应用参考框架三开展调研活动。其次根据前文所述的研究小组、焦点小组以及个人的凯利方格技术访谈整体流程框架分别进行访谈。由于凯利方格访谈技术要求在访谈过程中尽量保持不去对建构的产生进行诱导，普通的访谈技术并不能完全地挖掘出受访者的个人价值观。因此对访谈过程结合攀梯访谈技术进行优化，通过不断地深入询问，找到属性、结果和价值观之间的关联，从而梳理出受访者的认知结构，挖掘出受访者的个人建构。

第三步，整合建构。我们对受访对象通过个人涉入度量表的测量筛选，确保他们对于调查主题的熟悉度，同时在受访对象的身份筛选上进行分层筛选，确保受访对象基本覆盖各个阶层的社区居民。在此基础上，邀请受访对象填写调查表，这些富有生活经验的受访者在填写调查表时，会根据提供的三元组进行反复比较，结合自己对生活环境等方面的直观感觉，将自己认为最容易想到的(最敏感的)特征(建构)写下来，这样就形成了基础建构。东陈村收集到 46 组建构，柯湖村收集到 44 组建构，法华村收集到 33 组建构，我们选取各村较有特征的 10 组建构罗列如表 8.12 所示：

表 8.12　三个村落部分代表建构

东陈村	柯湖村	法华村
人均收入高—低	公共交通系统完善程度高—低	距离城市远—近
农作物收入高—低	居住环境舒适程度高—低	经营用地用水便利程度高—低
与外界信息交流程度高—低	水利条件好—坏	地理位置优—劣

（续表）

东陈村	柯湖村	法华村
打工人数比例高—低	人口老龄化程度高—低	村落整体经济水平高—低
村里企业数量多—少	教育资源集中程度高—低	务农人数比例高—低
村内道路路况的好—坏	行政服务便利程度高—低	村落管理难—易
村内医疗配备完善程度高—低	外来人口的多—少	防汛难—易
村落地势高—低	就业环境的好—坏	村落周围交通路网发达程度高—低
村里高附加值经济作物种类多—少	农林业均衡发展程度高—低	青壮劳动力比例高—低
闲置土地数量多—少	村里政策支持力度大—小	耕地面积大—小

为了避免从众心理和群体性思维对建构生成的影响，受访者的建构过程往往是独立的，因此对受访者的建构调查结果进行综合会发现建构很容易出现重复。在这里针对建构重复的整合主要有两种基本方法：文本合并和内容拆分。我们对于只是表述不同带来的建构重复，可以选择先用 Excel 进行简单的文本筛选，然后再有选择地合并。但是我们也会遇到在受访者表达的一组特征中包含了两组建构这种情况，这时我们就需要先进行内容拆分，即对原来的特征组成在不破坏基本意思表达的基础上进行拆分，然后再进行文本合并，这样就能够顺利解决建构重复的问题，确保最大范围地整合受访者的基础建构。下面我们以东陈村和法华村部分建构为例来说明如何进行文本合并与内容拆分。

建构文本合并示例：①东陈村容易受灾；②东陈村地势低，经常被淹；③东陈村自然条件差，易涝。

建构文本合并为：受灾频率高低。

建构内容拆分示例：东陈村离滁州城更近，柯湖村周围都是大路，我们法华就差一点。

建构内容拆分为：①地理位置优劣；②村落周围交通路网发达程度。

8.4 建构评价与数据分析

8.4.1 量表法评价建构

量表作为一种将主观性、抽象性的概念转换为定量测量的测量工具，在心理学和社会调查领域进行广泛的应用和尝试，在众多的量表中有两种代表性的量表——Thurstone 量表和 Likert 量表。Thurstone 量表是 1929 年 Thurstone 等学者提出的，又称为模糊语言量表，Thurstone 量表要求受访者对一组与量表测量主题有关的问题发表自己的看法，然后针对受访者的每一个态度都从正反两个方面进行确认和比较；Likert 量表是美国社会心理学家 Likert R 在 1932 年首次提出，多用于社会调查和心理测验领域，是应用范围广泛的一种态度量表。它一般由一组问题或者陈述组成，用来表明受访者对某一事物的观点、看法或者意向。

两种量表均是要求受访者针对一组与量表测量主题相关的问题进行评价，但是

Thurstone 量表只需要受访者选择自我同意的观点,而 Likert 量表则要求受访者对每一个与态度相关的问题均需表明自己同意或者不同意的程度。因此 Thurstone 量表更被认为是一种表征平均社会意向的量表,而 Likert 量表对特殊的个案反应更为敏感,同时 Likert 量表通过分级态度语言量词对应的不同评分能够明显地反映出群体之间以及群体内部的差别,而 Thurstone 量表的模糊计分方式则很难实现,示例如下:

采用攀梯访谈技术是否能够有效提升问题追问的深度?

Thurstone 量表		Likert 量表
1. 非常反对	0	1. 非常反对
2. 反对	0	2. 反对
3. 不同意也不反对	10%	3. 不同意也不反对
4. 同意	70%	4. 同意 √
5. 非常同意	20%	5. 非常同意

如果将以上五个选项分别标识分值为 1~5 分,则 Thurstone 量表的结果为 $3×10\%+4×70\%+5×20\%=4.1$ 分,而 Likert 量表则直接为 4 分,从上述示例中可以看出,两种量表虽然都作为代表性量表,均有过广泛应用,但是 Likert 量表从操作层面上比 Thurstone 量表更为容易,同时标准化的标识分值对于受访者更容易理解,同时对于后期数据处理也更为容易。明湖工程中受访者多为未受过专业教育或者问卷阅读训练的中低文化程度村民,在量表的选择上应当更多考虑实施的可行性和便利性。因此综合考虑后选择 Likert 量表作为明湖工程凯利方格调查的辅助测量工具。

1）量表设计

Likert 量表是美国社会心理学家 Likert R 在 1932 年首次提出,多用于社会调查和心理测验领域,是应用范围广泛的一种态度量表。它一般由一组问题或者陈述组成,用来表明受访者对某一事物的观点、看法或者意向。Likert 量表的核心在于应答等级,一般的 Likert 量表应答等级为 5 级态度语义量词:"非常同意、同意、不同意也不反对、反对、非常反对"[①]。很多学者在应用 Likert 量表时对态度语义量词的应答等级进行增减,目前并没有明确说明,量表级数最优等级是多少。

有学者研究发现,增加应答等级虽然能够改善量表的描述特性,传达更多的信息,但是这容易造成受访者的疲劳度,拉长了调查时间,使得回答率明显下降。减少应答等级虽然降低了调查难度,缩短了调查时间,但是同时也降低了量表的敏感度,使得不同的态度语义量词的辨别度下降。美国学者 Cox 曾做过研究,他发现并没有一个固定的应答等级适合于所有的调查研究;如果采用 2 级或者 3 级量表,虽然简化了调查过程,但是不足以反映调查对象的足够信息;但是如果超过 9 项,那么对量表的描述特性改善不显著;对于 5~9 级的应答选项可以应用于大多数特定的情况。

不同量表刻度范围在凯利方格技术中的适用性不同,比较而言 5 级应答等级量表更为适合。0~1 评分法是凯利通常使用的评分方法,这种评分方法虽然大大降低了受访者的参与难度,但是由于其要求受访者将所有元素归为建构的两极,从而降低了评价的准确性,减

---

① Likert Rensis. A Technique for the Measurement of Attitudes[J]. Archives of Psychology, 1932, 140: 1.

少了评价产生的信息量。根据汪政等人的研究,虽然量表刻度越高,信度、效度、对称性等方面的水平就越高,但是刻度越大,受访者在判断上的花的时间就越多[①],不利于调研的大范围开展。因此推荐 5 级或者 7 级量表。而申卫星等人在对 5 级和 7 级量表进行问卷可靠性测试时发现,5 级量表和 7 级量表具有相似的可靠性,而 5 级量表相较于 7 级量表更容易找到对应的分级描述词,因此在研究的开展中更推荐 5 级量表。结合以上学者的研究,并充分考虑本研究的受访者教育程度,在本研究的开展过程中主要依据 Likert 量表的 5 级应答等级进行改进以收集受访者对于不同建构的评价。

2) 凯利方格的形成

根据前文的详细介绍,凯利方格的组成步骤主要为确定主题、筛选元素、抽取建构。在凯利方格中,受访者结合自身的生活经验对于元素的看法通过建构体现出来;受访者对于建构的评价通过对元素的评分体现出来。在实地调研中为了便于受访者识别以及统计的需要,我们将凯利方格简化为评分表,还原后的凯利方格示例如图 8-11 所示:

	1	2	3	4	5	6	7	8	9	10	
人均收入水平很低	5	3	4	4	5	3	4	5	4	4	人均收入水平很高
打工人数比例很低	3	3	4	4	3	3	4	5	4	4	打工人数比例很高
与外界信息交流程度很低	5	4	4	3	4	2	3	3	4	5	与外界信息交流程度很高
村里企业数量很少	2	1	2	4	2	2	1	3	2	3	村里企业数量很多
村内道路路况很差	4	4	4	3	4	3	3	4	3	3	村内道路路况很好
村内医疗卫生配备很不完善	3	3	4	3	4	3	3	4	3	村内医疗卫生配备很完善
村落地势很低	3	3	4	1	2	2	3	4	2	2	村落地势很高
村落地理区位很差	5	4	3	2	4	4	4	5	4	5	村落地理区位很好

```
      1   2   3   4   5   6   7   8   9   10
                                        └---- 10 打工者
                                    └-------- 9 打工者
                                └------------ 8 计生专干
                            └---------------- 7 水利员
                        └-------------------- 6 农民
                    └------------------------ 5 医生
                └---------------------------- 4 企业职工
            └-------------------------------- 3 农民
        └------------------------------------ 2 农民
    └---------------------------------------- 1 村支书
```

图 8-11 还原后的凯利方格示例

主题：社区和个人可持续生计的特征

元素：筛选确定的村落(这里以东陈村为例)

建构：受访者生成的建构内容

评分范围：5 级评分

在标准的凯利方格表中,我们将受访者根据元素之间的比较提出不同组建构的两极分别罗列在评分框的两侧,将表示消极内容或者比较突兀的建构极放到左侧,表示积极内容或

---

① 汪政,水常青. 量表刻度对问卷质量影响的实证研究[C]// Proceedings of 2013 International Conference on Education and Teaching, ICET 2013 Volume 24, Information Engineering Research Institute, USA, 2013: 6.

者趋向于融合的建构极放到右侧①。左侧建构极为 1 分,右侧建构极为 5 分。受访者针对排列在表头的 1~10 种不同的元素,参考两侧的建构极分值,进行打分。趋向于左侧建构极的描述,打分分值为 2 或者 1,趋向于右侧建构极的描述,打分分值为 4 或者 5。如果处于中间状态,打分分值则为 3。由此形成了上述凯利方格。当然在凯利方格中也存在受访者不能很好地判断某一元素在某一特定建构描述下的情况,这时候需要考虑对这些凯利方格中存在的缺失值进行填补或者删除处理。

3) 对缺失值的处理

在采用量表法进行社会问卷调查时,通常由于受访者对于敏感问题的不作答,受访者对于陌生问题的不确定,或者实验人员在进行数据收集或者测量时产生自身操作的问题,造成数据缺失,这在问卷调查中是一个常见的问题。如果数据缺失过多,则会使得调查结果失去研究价值;如果对缺失数据处理方式欠妥,则会造成研究结果产生偏性②。Barzi 等学者研究发现,当数据缺失值少于 10% 时,基本的数据处理方法效果基本相同,但是当缺失值大于 60% 时,所有的处理方法得出来的结果都不能让人满意③。在统计分析研究中,很少有研究提及对数据缺失值的处理,大多数的研究由于样本量丰富,一般采用删除缺失值或者采用均值替代法。但是在样本数量有限的情况下,删除存在缺失值的数据集或者采用均值替代会对研究结果的准确性和客观性造成较大影响。缺失值的处理,一般需要根据缺失值的数据类型、样本量大小、调查方式等因素选择不同的方法进行处理。一般的数据处理方法除了删除法外,多采用数据填补法。数据填补方法有以下几类:均值填补、回归填补、推理填补、末次观测值结转、热平台填补、冷平台填补、最近邻填补等方法。

均值填补法主要有两种:非条件均数填补和条件均数填补。非条件均数填补是用研究变量所有相应单元的均值来填补该变量的缺失值,所有的缺失值的填补都使用相同的数据。条件均数填补是先根据辅助信息将样本分为若干层,使得层内的各单位的主要特征相似,使用层内所有响应单元的均数填补缺失值。均值填补法在操作上难度较低,但是由于缺失值都是被均值替代,造成了最后整体的分布计算中的方差会有所降低,对分布状态的判断会有影响。

回归填补法是指利用辅助变量的信息和目标变量的线性关系建立回归模型。利用已知的辅助变量信息对目标变量的缺失值进行估算。回归填补法相较于均值填补法较为进步,但是对变量的特性有一定要求,当变量非线性相关时会影响对偏差的估计④。

末次观测值结转法多用于需要多次重复观测的研究领域,一般是对调查中出现的缺失值采用前次数据进行替代。

热平台填补法是指在已经收集到的数据集中,筛选出一条与包含缺失值最为相似的相应变量值作为填补数据。因此,首先需要确定与包含缺失值数据集较为相近的数据集作为

① Jankowicz D. The easy guide to repertory grids [M]. Chichester: John Wiley & Sons, 2005: 47-48.

② Abraham W T, Russell D W. Missing data: a review of current methods and application in epidemiological research[J]. Current Opinion in Psychiatry, 2004, 2004(17): 4.

③ Barzi F, Woodward M. Imputation of missing values in practice: results from imputations of serum cholesterol in 28 cohort studies[J]. American Journal of Epidemiology, 2004, 160(1): 34.

④ Bello A L. Imputation techniques in regression analysis: Looking closely at their implementation [J]. Computational Statistics and Data Analysis, 1995, 20: 45.

填补类,然后再在填补类中筛选合适的数据集作为填补数据。热平台法一般分为两类：序贯热平台填补法和随机热平台填补法。序贯热平台填补法是指数据在填补类中是按某种顺序排列进行处理的,填补就是用这个序列缺失数据前面某个有效单元的数据来代替缺失值。

冷平台填补法的操作方法与热平台填补法类似,只是填补类中备选数据集不是来自当前调查,而是来自其他资料,比如以往的调查资料。

最近邻填补法与冷热平台填补法类似,都是基于缺失值变量数据集和其他数据集相似度进行匹配填补。最近邻填补法对填补类的数据集要求没有冷热平台填补法高。它只需要找到一个和缺失值数据集距离最近的值,而不要求高度相似的数据集。这个距离是由其他数据辅助分析得出的。

不同缺失值的处理及操作方法如表 8.13 所示：

表 8.13　不同缺失值的处理及操作方法

缺失值处理方法	操作方法
均值填补	非条件均数填补是用研究变量所有相应单元的均值来填补该变量的缺失值,所有的缺失值的填补都使用相同的数据。条件均数填补是先根据辅助信息将样本分为若干层,然后使得层内的各单位的主要特征相似,然后使用层内所有响应单元的均数填补缺失值
回归填补	利用辅助变量的信息和目标变量的线性关系建立一个回归模型,然后对目标变量的缺失值进行估算
末次观测值结转	在需要多次重复观测的研究领域,对调查中出现的缺失值采用前次的数据进行替代
热平台填补	在已经收集到数据集中,筛选出一条与包含缺失值最为相似的相应变量值作为填补数据
冷平台填补	在以往的调查资料中,筛选出一条与包含缺失值最为相似的相应变量值作为填补数据
最近邻填补	通过辅助计算找到一个和缺失值数据集距离最近的值,作为填补数据

在本次的凯利方格试验中,由于焦点小组评分的建构基本来自自我提出,所以缺失值很少,缺失数据不到 5%,且多为个别数据缺失,因此我们采用的多是热平台填补法。而对于随机访谈,由于我们将个人涉入度筛选前置,因此能够大大减少无效问卷的产生数量,有效问卷的评分值缺失情况也比较理想,基本在 10% 以内,考虑到最后数据分析着重关注的是不同特征背后的聚类因素,而整体方差的波动并不会对此产生太大影响,我们选择采用非条件均数填补的方法进行缺失值的处理。

8.4.2　定性分析

层状框架表的建立是以扎根理论为基础。运用扎根理论对建构进行分析,能够自下而上建立建构要素构成体系,并对前文的目标要素体系进行验证。扎根理论的具体应用体现在不同层级的层状框架表的建立。建构的层状框架表建立步骤主要是：①收集基础的建构描述内容,对内容进行比较分类,形成初步的建构内容分类;②对初步形成的建构内容分类并比较归纳,形成基本的建构概念分类;③对基本形成的建构概念分类和原有学者提出资本要素指标分类进行交叉对比,形成最终的建构元分类;④综合三层分类,形成层状框架表,建立建构的基本要素体系框架。

在本次的凯利方格试验中我们首先将各个村的焦点小组建构生成表和个人随机建构生成表的建构描述进行梳理,然后结合攀梯访谈得到的信息辅助总结出建构两极内容,再参考Woolcock M等人研究的五大资本要素生计指标体系对建构两极内容进行比对分类,将已有的资本细分指标和能够解释的建构两极内容进行匹配,将不能够解释的建构两极内容单独列出,寻求其他文献指标的参考和解释。

东陈村的层状框架分析如表8.14所示。可以看出凯利方格建构结合扎根理论应用得出的原有指标能够很好地与之前学者提出的资本要素指标吻合,同时这种基于受访者自我挖掘的层状框架分析能够很好地体现出村落的独特性,在指标的概念分类的丰富度上体现了一定的差异,同时也发现在这个逆向归纳的过程中产生了一些新增指标,例如东陈村产生了关于"生产水平""基层自治""地理区位"的指标;这些新增指标的产生得益于受访者的建构提出并不是依赖于原有的资本要素指标框架,更多的是在进行三元对比中他们对不同访谈元素所形成的价值判断和认知。这些新增指标无法用原有指标体系进行解释,但同时是对东陈村产生影响的重要因素。东陈村虽然自然资本较为落后,但是村落整体经济水平却处于领先,这得益于村落整体生产水平较高;合理的基层自治,灵活的民主集中制,是拉动东陈村整体生产水平上升的重要手段;同时东陈村借助更接近城区的地理区位,实现整体快速发展,第一产业和第三产业并重,摆脱单一的农业经济发展模式。

表8.14　东陈村层状框架分析表

建构内容	建构极	概念分类	原有指标	新增指标	元分类
村里通过种植苗圃等其他作物拉动经济	村落整体经济水平高—低	村落整体经济水平	—	生产水平	
村里的人基本有房有车	村民富裕程度高—低	家庭年收入			经济
村内农田经常受灾	农作物经济收入高—低	农业收入	收入		
村里人挣钱挣得多、村里种草坪收入高	人均收入高—低	人均收入			
村里打工的人多	存款数量高—低	存款			
村里有政府补贴	政府补贴力度高—低	政府补贴	政府保障		
村里种植草坪为主	政策支持力度高—低	政府支持			
村里人打工收入高于种植收入	打工人数比例高—低	家庭成员职业分布	技能		
村内流动人口多、耕地收益差、经常受涝	务农人数比例高—低	受教育程度	教育水平		人力
村里孩子基本都上大学	适龄青年受教育程度比例				
村内在外地打工人多	留守人数比例高—低	劳动力比例	整体劳动力水平		

（续表）

建构内容	建构极	概念分类	原有指标	新增指标	元分类
村里企业少	村里企业数量多—少	村企业数量	桥接		社会
村里政治面貌好	党员人数多—少	党员数量			
村里种树形成规模经济	村委发展组织能力强—弱	日常管理能力	—	基层自治	
村里整体经营水平	村委日常管理能力强—弱	发展组织能力			
比其他村里更提前开展丰富的经济作物种植	与外界信息交流程度高—低	信息沟通	连接		
村里人文环境没其他村好	整体精神风气好—坏	亲邻关系	纽带		
村民生活和谐、不吵架	亲邻关系和谐程度高—低				
村靠近城市、村里去上班的交通条件好	距离城市远—近	社区偏僻指数	社区偏僻指数		物质
周围的水泥路比其他村多很多	村外交通便利程度高—低	道路	基础设施		
村内水泥路多、水泥路通到村民组	村内道路基础设施好—坏				
村里靠近滁宁快速通道、村周围大马路多	交通条件优—劣				
村里统一修整水渠、供水方便	供水基础设施好—坏	供水	生活资本		
村内排水能力差	排水基础设施好—坏	排水			
村附近有医务室，附近有医院	村里医疗配备完善度高—低	医疗			
村里住房质量好	房屋质量好—坏	住房			
村里拥有小汽车的人多	小汽车数量多—少	耐用消费品			
村里土地少，被迫种苗圃等高附加值作物	村里高附加值经济作物数量多—少	作物种类	土地		自然
村里有种草的、种树的、养殖的、种粮食的	村里经济作物种类丰富程度高—低				
村里只留了一部分口粮田	粮食种植面积大—小	耕地面积			
东陈村人多地少（人均2亩，其他村5亩）	人均耕地面积多—少				
村里种植劳动力少、村里树木多	闲置土地数量多—少	闲置土地			
村里的地比较难种	村里土壤质量优—劣	地质地理	地理区位		
村里地势低容易受涝	地势高—低				
村里树木多	绿化面积大—小	植被	生物资源		
村内洪水多，多雨	气候环境优—劣	气候环境			

柯湖村的层状框架分析如表8.15所示。柯湖村的原有指标同样能够很好地与之前学者提出的资本要素指标吻合,同时这种基于受访者自我挖掘的层状框架分析能够很好地体现出村落的独特性,也发现在这个逆向归纳的过程中产生了一些新增指标,柯湖村的新增指标为"生产水平""人力结构""基层自治""行政服务""人居环境";这些新增指标和东陈村有所异同,一方面可以看出村落自身有难以摆脱的评价指标,生产水平和基层自治始终是衡量一个村落发展程度的重要因素,同时也是受访者的关心点,但这一点在国外资本要素框架体系中难以寻觅,这也是由于国情差异所决定的;另一方面也可以发现,柯湖村提出了区别于东陈村的"人力结构""行政服务""人居环境",这体现了受访者对村落特点的刻画是"因村而异"的,柯湖村毗邻乌衣镇,靠近南谯政务中心,行政服务的便利性大大超过其他两个村落;同时靠近城镇较为发达地区,外来人口数量的增加也给柯湖村的人力结构带来了一定的变化;柯湖村地势条件理想,作为新农村建设的重点村落,人居环境也和其他两个村落有一定差异,因此在层状框架分析中,这几个被受访者提出的新增指标体现了柯湖村鲜明的特点。

表 8.15 柯湖村层状框架分析表

建构内容	建构极	概念分类	原有指标	新增指标	元分类
柯湖村经济发展各个方面都比较快	经济发展水平高—低	村落整体经济水平	—	生产水平	经济
周围有很多工厂,带动就业、柯湖村周围企业多,可以一边打工一边种田	就业环境好—坏	就业难易程度	收入		
柯湖村收入没有东陈高	人均收入高—低	家庭年收入			
田亩面积减少,打工人数增多,收入增加	打工人数比例高—低	家庭成员职业分布	技能		人力
柯湖村相比法华村人口不多,经济总量不大	劳动力输出比例高—低				
人口数量不多,老年人多	人口老龄化程度高—低	劳动力比例	整体劳动力水平		
柯湖村人口不多,不能很好带动经济发展	劳动力比例高—低				
企业吸引很多外来人口	外来人口的比例高—低	外来人口比例	—	人力结构	
地理条件占优势	出行方便程度高—低	社区偏僻指数	社区偏僻指数		社会
去南京方便,做生意方便	距离南京远—近				
靠近城镇,办事容易	距离集镇远—近				
柯湖村工厂数量多	村企业数量多—少	村企业数量	桥接		
自然环境好,纠纷少	亲邻关系和谐程度高—低	亲邻关系	纽带		
经济作物种类多	村里政策指导多—少	发展组织能力	—	基层自治	
办事情方便,开证明容易	行政服务质量高—低	行政服务质量		行政服务	
柯湖村距离市政府近	距离市政府远—近	行政服务便利性	—		
柯湖村靠近政府,了解政策各方面都很及时、办事情方便,开证明容易	行政服务便利程度高—低				

（续表）

建构内容	建构极	概念分类	原有指标	新增指标	元分类
人均住宅面积多	人均住宅面积大—小	住房	基础设施		物质
周围很多学校（靠近市政府）、有很多小学幼儿园	教育资源集中程度高—低	学校			
交通便利	公共交通完善程度高—低	其他基础设施			
周围有很多公园，规划好	公园数量多—少				
房子、道路质量都很好	生活配套的质量高—低				
村里有蓄水、排水系统	排水基础设施好—坏	排水			
村里有公厕、燃气	村里整体卫生条件好—坏	卫生条件			
排水、引水系统方便	供水基础设施好—坏	供水			
柯湖村人口少土地少，自来水什么的都有					
道路修得好	村内道路基础设施好—坏	道路			
柯湖村交通便利出行方便购物方便、能够把东西顺利卖出去	外出交通便利程度高—低				
周围有公园，住户集中，新农村、环境优美，交通方便，幸福指数高	居住地周边环境好—坏	居住环境	—	人居环境	
村里林业也有发展、柯湖村植被多覆盖率高	经济作物丰富程度高—低	作物种类	土地		自然
柯湖村岗湖相连	受灾频率高—低	受灾频率	生物资源		
柯湖村自然环境好，树木多绿化好	绿化面积大—小	植被			

法华村的层状框架分析如表8.16所示。法华村的新增指标为"生产水平""基层自治""人居环境"，三个村落均出现了"生产水平"和"基层自治"，一方面说明三个村落在发展上存在一定的相同点，基层自治是中国农村基础经济发展的重要手段，同时也能看出法华村缺乏核心竞争力，没有突出的发展优势，在和其他两个村落的整体竞争中处于劣势。

表8.16　法华村层状框架分析表

建构内容	建构极	概念分类	原有指标	新增指标	元分类
法华村整体经济水平和东陈相持	村落整体经济水平高—低	村落整体经济水平	—	生产水平	经济
法华村人口基数较大	经济总量的高—低				
法华村不靠近镇区市区	找工作难度大—小	就业难易性	收入		
法华村不靠近镇区市区	就业环境好—坏				
水利条件好、土地面积大	物质生产收入高—低	农业收入			
主要收入来源是农业	收入来源集中程度高—低	收入多样性			

（续表）

建构内容	建构极	概念分类	原有指标	新增指标	元分类
法华村劳务输出较低	打工人数比例高—低	家庭成员职业技能分布	技能		人力
法华村很多人从事农业	务农人数比例高—低				
法华村老人小孩多	青壮劳动力比例高—低	劳动力比例	整体劳动力水平		
面积大，管理起来难度高	村委日常管理能力强—弱	日常管理能力	—	基层自治	社会
法华村主要以粮食种植为主，村委组织	村委发展组织能力强—弱	发展组织能力			
文化活动数量不足	文化活动数量多—少	文化活动数量	桥接		
法华村地理位置比较偏僻、法华村文化娱乐少	距离城市远—近	社区偏僻指数	社区偏僻指数		
整体经济情况好点	路灯指示牌等基础设施完善程度高—低	其他基础设施	基础设施		物质
水泥路修到了门口	整体道路质量好—坏	道路			
法华村生活质量低	外出交通便利程度高—低				
法华村的道路质量和宽度不如东陈村	通行道路的宽—窄				
法华村依靠完善的周边交通路网拉动经济	村外路网发达程度高—低	道路	基础设施		物质
法华村村落分布较零散，公交布线困难	村内交通通达程度高—低				
整体环境整洁度不高	村里整体卫生条件好—坏	卫生条件			
法华村处于上游	灌溉用水便利程度高—低	供水			
法华村闲置土地少	闲置土地多—少	闲置土地	土地		自然
劳务率低、耕地面积多	耕地面积大—小	耕地面积			
法华村地势高	地势高—低	地质环境	生物资源		
绿化面积比较大	绿化面积大—小	植被			
法华村靠近工业区	居住地周边自然环境受污染程度高—低	居住环境	—	人居环境	
法华村水面面积大	防汛投入高—低	维持生产力所需要采取的措施	维持生产力需要采取的措施		
水面分布比较散	雨期防汛难—易				

根据上述各个村落层状框架表分析，可以看出凯利方格建构结合扎根理论的应用得出的原有指标能够很好地与之前学者提出的生计调查指标吻合，并且不同村落体现出自己独特性，在指标概念分类的丰富度上体现了一定的差异，同时也发现在这个逆向归纳过程中产生了一些新增指标，例如东陈村产生了关于"生产水平""基层自治"和"地理区位"的指标；柯湖村则产生了关于"生产水平""人力结构""基层自治""行政服务"和"人居环境"的指标；法

华村则产生了"生产水平""基层自治"和"人居环境"的指标。一方面看出，各个村落在指标的侧重点上有所不同，有的村落覆盖面较广，五个资本均有涉及；而有的村落集中度高，主要集中于经济、社会以及物质方面。另一方面可以看出，新指标的产生，对未来探索和中国国情相匹配的生计调查指标以及根据实际情况增加指标有很大帮助。

8.4.3 定量分析

建构的描述性分析主要是借助建构评分表的数据结果，录入 Microsoft office 2013 进行变量之间的比较、筛选和分析，利用扇形图、条形图、分类表等易于呈现和理解的数据处理方式进行建构的描述和分析。需要说明的是，由于篇幅有限加之层状框架表具体指标分类详尽，可以看到各个村落涉及的建构内容、概念分类等数据信息，因此以下描述性分析对各个村落的各项资本分析仅为示范性说明，部分具体指标的分析在文中略去。

1）资本总体指标均衡程度分析

我们将焦点小组和个人随机访谈得到的所有收集到的建构参照前文提及学者的资本要素框架，按照资本属性进行归类，分别统计不同资本在各个村落的建构中出现的频数和占比。如表 8.17 所示。

表 8.17 各个村落不同资本建构的频数和占比

村落名称	经济	人力	社会	物质	自然	建构合计
东陈村	8	7	9	10	11	45
柯湖村	4	5	13	12	12	46
法华村	7	3	5	7	9	31

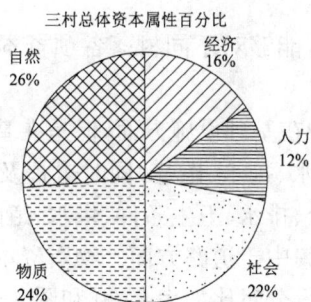

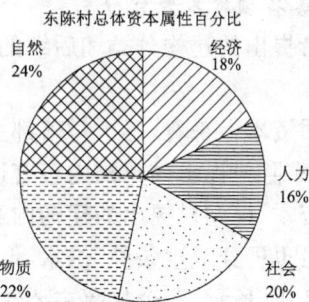

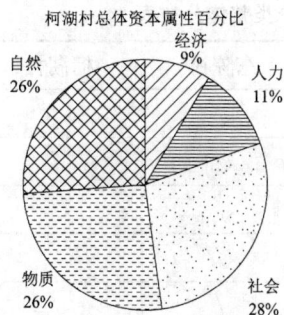

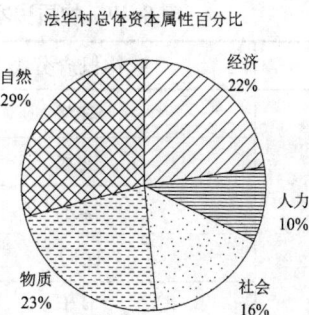

通过三个村落不同资本属性建构数量的横向对比，能够发现在提出的建构中，东陈村五

项资本的建构数量相对均衡,而柯湖村和法华村不均衡程度较高,其中三个村落受访者在自然资本方面提出的建构数量均是各自村落不同资本属性中最多的,这是由于三个村落都拥有一定数量的土地面积以及和土地相关的生物资源,而且在五项资本中自然资本也是三个村落受访者首要关心的资本属性,说明自然资本在日常生活中和受访者联系程度最高。但是村落间不同资本内有细微差别,东陈村、柯湖村、法华村的自然资本占比依次递增;东陈村、柯湖村、法华村的人力资本占比依次递减;东陈村、柯湖村、法华村的社会资本也存在明显差异。根据 Woolcock M 等学者的研究,五项资本的均衡程度越高,该社区的可持续生计指数越高,抵抗脆弱性变化的能力越强。进一步用 ANOVA 分析三个村落各个资本百分比的方差齐次性检验,如表 8.18 所示。

表 8.18　三个村落各个资本百分比的方差齐次性检验

	标准偏差	方差	显著性
东陈村	0.03	0.001	
柯湖村	0.07	0.005	
法华村	0.09	0.008	
			0.019

检验结果显示,三个村落资本占比构成具有明显差异,东城村、柯湖村、法华村各个资本百分比离散程度逐渐增加,因此结合前文学者的研究和原始村落状态,我们初步判断东陈村、柯湖村、法华村的整体可持续生计指数应该是依次递减的,抵抗脆弱性变化的能力是逐渐减弱的。后文会结合普通问卷调查分析的结果加以验证。

2）不同村落各项资本变化分析

结合受访者提出的建构分类和后续的打分表,能够对不同村落各项资本变化进行详细描述性分析。

首先从物质资本上来看,三个村落都主要集中在基础设施方面,但是在基础设施上的侧重点各有不同,东陈村提出的建构内容有道路、供水、排水、医疗,同时也提及到住房和耐用消费品等生活资本,柯湖村提出的建构内容有学校、排水、卫生条件、供水、道路,而法华村提出的建构内容虽也提到卫生条件、供水,但是主要集中于道路方面。物资资本建构概念分类整体分布如表 8.19 所示,三个村落主要物资建构得分对比如表 8.20 和图 8-12 所示。

表 8.19　物质资本建构概念分类整体分布表

指标分类	建构概念分类	东陈村	柯湖村	法华村
基础设施	道路	√	√	√
	供水	√	√	√
	排水	√	√	
	医疗	√		
	卫生	√	√	√
	交通系统		√	

（续表）

指标分类	建构概念分类	东陈村	柯湖村	法华村
基础设施	道路辅助设施（指示牌）			√
	公共休闲场所		√	
生活资本	住房	√		
	耐用消费品	√		

表 8.20 三个村落主要物质建构指标得分对比

主要物质建构指标	东陈	柯湖	法华	样本均值	标准偏差	离散系数
村庄内部道路便利程度	3.90	4.02	3.51	3.81	0.27	7%
村庄外部道路便利程度	3.56	4.56	3.22	3.78	0.52	14%
村庄到城市道路便利程度	4.53	3.85	3.50	3.96	0.70	18%
村庄到集市道路便利程度	4.00	4.56	3.56	4.04	0.62	15%
道路整体交通情况	4.22	4.67	3.44	4.11	0.50	12%
医疗卫生情况	3.13	3.09	3.00	3.07	0.07	2%

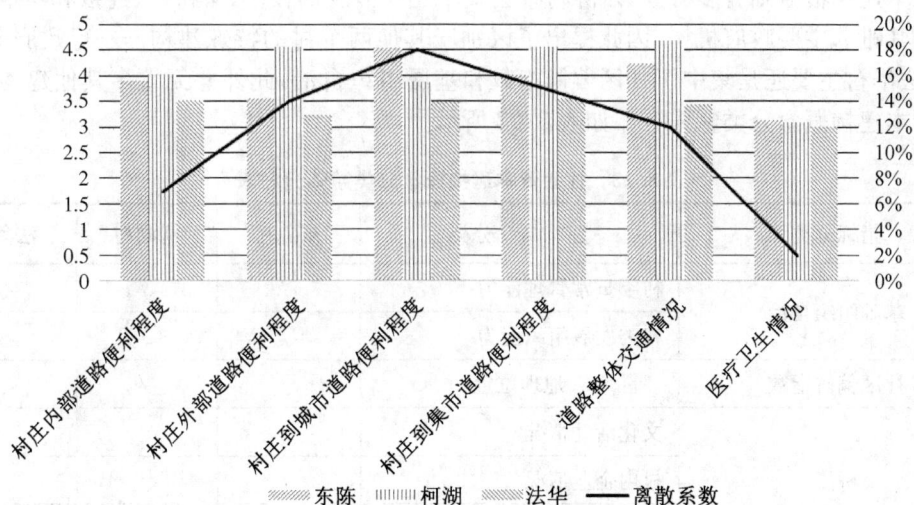

图 8-12 主要物质建构指标得分

根据图 8-12 分析可知，三个村落属于同一个行政区，内部道路整体差异不大，但是由于东陈村的地理位置更靠近市区主干道，因此在村庄到城市道路便利程度上东陈村得分明显高于其他两个村庄；而在村庄到集市便利程度上，由于柯湖和法华更靠近乌衣镇集主路，柯湖更是毗邻乌衣镇集，因此柯湖得分明显高于其他两个村庄。同时也是由于东陈和柯湖更加靠近城镇主干道，所以在外部道路便利程度上明显要高于法华村。正是由于前面这些指标的差异，导致了在道路整体交通状况上，柯湖要略优于东陈，同时两村又明显高于法华村。而在医疗卫生条件方面，三个村之间差别不大，均属于中等水平。

运用 ANOVA 分析三个村落主要物质建构部分指标的差异显著性,如表 8.21 所示。

表 8.21　三个村落主要物质建构的差异显著性

		东陈—柯湖	东陈—法华	柯湖—法华
村庄内部道路便利程度	均值差	−0.120	0.390	0.510
	显著性(*Sig.*)	0.393	0.030	0.010
村庄外部道路便利程度	均值差	−1.000	0.340	1.340
	显著性(*Sig.*)	0.010	0.020	0.000
医疗卫生情况	均值差	0.040	0.130	0.090
	显著性(*Sig.*)	0.712	0.255	0.552

如表 8.20 所示,东陈村和柯湖村在村庄内部道路便利程度上无显著差异,但是东陈、柯湖两个村落和法华村存在明显差异;在村庄外部道路便利程度上三个村存在明显差异;在医疗卫生情况方面,三个村落没有显著差异。综合以上图表,三个村落主要物质建构水平不一,柯湖村整体水平略高于东陈村,而东陈村和柯湖村又明显优于法华村。

其次从社会资本来看,三个村落的建构多集中于社区偏僻指数和基层组织自治,而其他社会资本建构覆盖则有多有少,东陈村社会资本建构涉及面较广,有桥接、连接和纽带,柯湖村由于其毗邻主要政府机构,因此提出了区别于其他两个村的特殊建构——行政服务便利度,而法华村主要还是集中于社区偏僻指数和基层组织自治,此外并无太多其他建构内容。社会资本建构概念分类整体分布如表 8.22 所示。

表 8.22　社会资本建构概念分类整体分布表

指标分类	建构概念分类	东陈村	柯湖村	法华村
基础组织自治	村委日常管理能力	√	√	√
	村委发展组织能力	√	√	√
社区偏僻指数	地理位置	√	√	√
桥接	文化活动情况			√
	村内企业情况	√	√	
	党员组织情况	√		
连接	与外界信息交流	√		√
纽带	邻里关系	√	√	
	精神风气	√		
行政服务	行政服务便利程度		√	

再结合建构打分表的数据统计,检验三个村落在基础组织自治、社区偏僻指数等方面三个村是否存在显著差异。借助李克特量表三个村落主要社会建构指标得分对比如表 8.23 和图 8-13 所示。

表 8.23 三个村落主要社会建构指标得分对比

主要社会建构指标	东陈	柯湖	法华	样本均值	标准偏差	离散系数
村委日常管理能力	4.10	4.13	4.05	4.09	0.03	0.7%
村委发展组织能力	4.23	4.33	4.12	4.22	0.11	3.0%
地理位置	3.93	4.21	3.72	3.95	0.93	23.5%

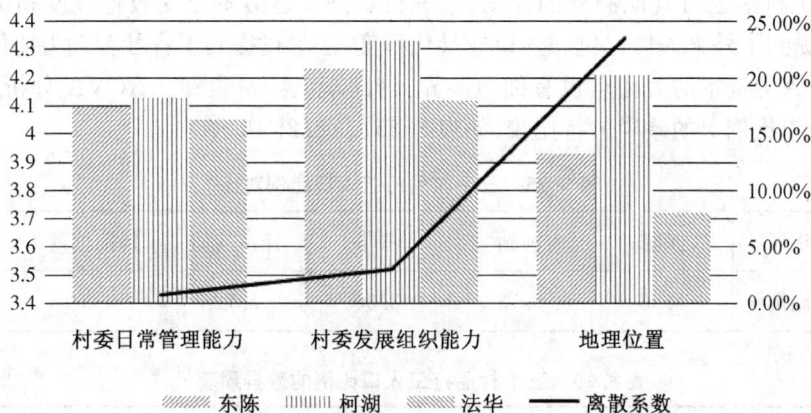

图 8-13 主要社会建构指标得分

根据图 8-13 可知，三个村落虽然都提及村委日常管理能力和村委发展组织能力，但是整体差距不大，均高于 4 分，说明各个村落受访者对于基层组织自治水平还是十分认可的。但是在地理位置上，各个村落的认识则存在较大差距，柯湖村、东陈村、法华村依次降低并存在明显区分，整体打分离散度也较高。这也是由于各个村落地理位置的差异，给不同村落受访者带来的直观印象，柯湖村坐落于城乡接合部，毗邻南谯政务中心和乌衣镇，交通便利，地理优势明显；东陈村紧靠宁滁快速通道和担子社区，能够快速连接城市主要交通网络；法华村地处南谯政务中心西侧，周围多处道路处于规划或者待开发中，出入道路数量有限，到达城镇花费时间较长。下面结合 ANOVA 分析这几项社会建构内各村是否存在显著性差异，如表 8.24 所示。

表 8.24 三个村落主要社会建构的差异显著性

		东陈—柯湖	东陈—法华	柯湖—法华
村委日常管理能力	均值差	−0.030	0.050	0.080
	显著性(*Sig.*)	0.718	0.628	0.586
村委发展组织能力	均值差	−0.100	0.110	0.210
	显著性(*Sig.*)	0.461	0.433	0.304
地理位置	均值差	−0.300	0.200	0.500
	显著性(*Sig.*)	0.208	0.345	0.043

从表 8.23 中可知，三个村落在村委日常管理能力和村委发展组织能力方面并无明显差异，但是在建构中三个村落均有提及，说明受访者对基层组织自治有一定印象或者在日常生

产生活中对其具有较强依赖性;在地理位置上,虽然从条形图中看出三个村落之间有一定差异,但是通过三组数据之间的两两比较,除柯湖村和法华村之间有明显差异,东陈村和柯湖村之间,东陈村和法华村之间均没有表现出显著性差异,这说明三个村落在地理位置上最好的柯湖村和最差的法华村之间存在明显差异,但是相邻两组间内部差距有限。

再看人力资本,三个村落人力建构数量在各自村落整体内占比较少,说明受访者对各个村落人力方面的比较并没有认为具有明显区别。三个村落集中最多的建构内容仍为打工人口比例,各个村落也有其他额外的建构,东陈村提到了适龄青年受教育程度和留守人数比例,柯湖村提到了外来人口比例和人口老龄化程度,法华村提到了青壮劳动力比例。这说明三个村对于人力资本的关注点也有细微差异,借助李克特量表和 ANOVA 分析,对三个村落在打工人口比例上的差异进行比较,如表 8.25、表 8.26 所示。

表 8.25　三个村落打工人口比例对比

人力建构指标	东陈	柯湖	法华	样本均值	标准偏差	离散系数
打工人口比例	3.96	3.73	3.30	3.72	0.87	23%

表 8.26　三个村落打工人口比例的差异显著性

		东陈—柯湖	东陈—法华	柯湖—法华
打工人口比例	均值差	0.220	0.660	0.430
	显著性($Sig.$)	0.388	0.046	0.125

结合以上两个表可知,三个村落在打工人口比例上有一定差异,但是除了得分最高的东陈村和得分最低的法华村之间有明显差异,相邻两村落内部间并无显著差异。结合前面物质建构和社会建构的内容可知,东陈村和柯湖村地理位置占据一定优势,并且村外交通道路畅通,这给村内劳动力在农闲时找工作带来很大的便利,加之东陈村人均耕地面积远少于法华村,从客观上造成了东陈村打工人口比例要高于法华村。

在自然资本方面,三个村落的自然建构多集中于作物种类丰富度和人均耕地面积大小,三个村落其他自然建构侧重点各不相同,东陈村受访者有提及高附加值经济作物数量多少、地质环境、地势、闲置土地等建构,柯湖村则提及整体卫生程度、生态环境、受灾频率等生物资源方面的自然建构,而法华村则提及防汛投入、闲置土地、环境整洁度等自然建构。自然资本建构概念分类分布如表 8.27 所示。

表 8.27　自然资本建构概念分类整体分布表

指标分类	建构概念分类	东陈村	柯湖村	法华村
土地	耕地面积大小	√	√	√
	经济作物种类丰富程度	√	√	√
	闲置土地多少	√		√
	高附加值经济作物数量	√		
生物资源	地质环境	√		

（续表）

指标分类	建构概念分类	东陈村	柯湖村	法华村
生物资源	地势	√	√	
	整体卫生程度		√	√
	受灾频率	√	√	
	生态环境		√	√

再结合建构打分表的数据统计,检验三个村落在作物种类丰富程度和人均耕地面积方面是否存在显著差异。借助李克特量表和ANOVA分析,得出结果如表8.28、表8.29所示。

表8.28 三个村落主要自然建构指标得分对比

主要自然建构指标	东陈	柯湖	法华	样本均值	标准偏差	离散系数
耕地面积大小	3.19	3.67	4.05	3.58	0.91	25.4%
经济作物种类丰富程度	3.59	3.53	3.86	3.63	0.85	23.4%

表8.29 三个村落主要自然建构的差异显著性

		东陈—柯湖	东陈—法华	柯湖—法华
耕地面积大小	均值差	−0.480	0.860	−0.380
	显著性(Sig.)	0.145	0.000	0.031
经济作物种类丰富程度	均值差	0.060	−0.270	0.330
	显著性(Sig.)	0.767	0.261	0.169

从表8.28中看出,东陈村和法华村、柯湖村和法华村在耕地面积上存在显著差异,这一方面是由于本身土地面积上法华是由原法华村和双桥村合并而来,土地面积占优,另一方面东陈村和柯湖村外出打工比例高于法华村,导致村内有一部分闲置土地,造成在耕地面积上呈现显著性差异;而在经济作物种类丰富程度上,虽然法华村得分高于东陈村和柯湖村,但是村落间差异有限,同时也发现虽然在耕地面积上柯湖村优于东陈村,但是在经济作物种类丰富程度上东陈村却稍稍占优,这是由于东陈村地势低洼,容易受涝,很多传统农业地区改为草坪、苗圃等高附加值经济作物,因此在经济作物种类上比起以传统农业为主的柯湖村显得更为丰富。

最后从经济资本上来看,东陈村提出的建构内容有整体经济水平、人均收入、存款、政府补贴与支持等多方面,而柯湖村和法华村的建构内容较为相似,多集中整体经济水平、收入、就业难易程度等方面。这说明一方面受访者对于村落对经济资本多是关心与自身发展相关的指标,另一方面又体现了东陈村和其他两个村的差异,东陈村受访者对政府补贴与支持的举动印象深刻。

再结合建构打分表的数据统计发现,在村落整体水平、人均收入水平、政府补贴与支持、就业难易度等方面三个村存在不同程度的差异,如表8.30和图8-14所示。

表 8.30　三个村落主要经济建构指标得分对比

主要经济建构指标	东陈	柯湖	法华	样本均值	标准偏差	离散系数
村落整体经济水平	3.77	3.89	3.61	3.76	0.14	4%
人均收入水平	3.53	3.92	3.19	3.55	0.37	10%
政策支持力度	3.50	3.62	3.25	3.45	0.19	5%
就业难易度	2.86	3.11	3.42	3.13	0.41	13%

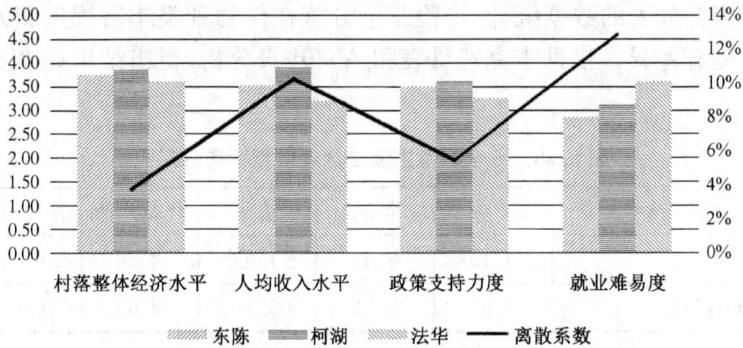

图 8-14　主要经济建构指标得分

通过统计图表分析可知三个村落在整体经济水平和政策支持力度方面，差异不大。三个村落在地理位置上相近，在发展模式上有一定的相似度，且属于同一个行政区，因此在整体经济水平和政策支持力度上差异不明显。但是三个村落在人均收入水平和就业难易度方面，有一定差异，东陈村和柯湖村地理位置略优于法华村，东陈村更靠近滁州市区，柯湖村更靠近乌衣镇集，交通条件上也均优于法华村，结合上面的人力资本建构对比情况，东陈村和柯湖村外出打工比例高于法华村，因此在人均收入上也表现为东陈村和柯湖村高于法华村，而三个村落在就业难易度上的得分趋势和打工人数比例的得分趋势相反，这是由于法华村外出打工人数不多，在主观评估就业难易度时，认为外部就业环境尚好；虽然东陈村外出打工人数多，但是由于东陈村外出打工流向大多是去往城市，所以就业竞争要更加激烈，普遍认为有一定就业难度，因此造成就业难易度得分趋势与打工人数比例得分趋势相反。

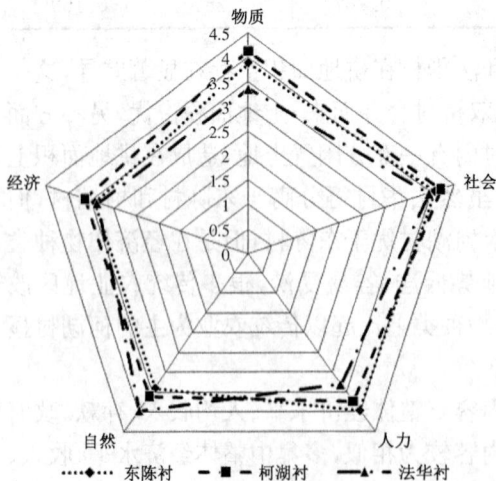

图 8-15　生计资本雷达对比图

根据以上各个资本主要建构的打分分析，综合得出东陈村、柯湖村和法华村的生计资本初始状态雷达图，如图 8-15 所示。

从图中各项资本对比看出，柯湖村总体水平较高，大部分资本均优于其他村落的同类资本，且整体均衡度较高；东陈村除了在人力资本上略优于柯湖村，其他指标基本和柯湖村相近，但是均略低于柯湖村，整体表现也较为均衡；法华村在人力和物质资本方面和东陈和法华村相差较大,自然资本优势突出,整体表现均衡度不如柯湖村和东陈村。

综合各项资本的对比分析和最后的生计资本雷达对比,柯湖村的生计资本得分和均衡度均高于东陈村,法华村的生计资本得分最低同时均衡度也是最差。这与本节开始通过建构数量的占比来推断东陈村、柯湖村、法华村的整体抵抗脆弱性变化的能力是逐渐减弱的略有出入,结合溯源分析,发现通过建构数量的百分比来推断各个村的整体抵抗脆弱变化的能力有一定的误差,其中并不能排除因为受访者考虑的全面程度而导致的不同类的建构数量的失衡,不同种类建构数量的整体分布能够说明一定问题,但是进行绝对值的对比存在以上因素导致的结果差异。

3) 建构的因子分析

因子分析最早在 20 世纪初被心理学家提出,用于心理学和教育学领域。随着科技的发展,结合计算机技术,因子分析得以在其他领域大规模应用,在社会学领域也会经常作为定量分析的一种手段。因子分析,就是把相关性或者联系度高的变量分在一类,使得不同变量类别之间的相关性或者联系度降低,这样就能将每一类变量用一个本质因子表示出来,因子分析就是为了实现寻找这样一个或者多个不能够观测的本质因子而采用的方法。将多个指标简化归纳为少数几个综合度高但是无法观测的指标,从而实现定量归纳。因子分析的前提是变量之间具备强相关性,否则无法找出具有代表性的公因子变量,在因子分析中 KMO 值在 0~1 之间取值,当 KMO 值越接近 1 时,越适合做因子分析。根据 Kaiser 等学者的研究,当 KMO 值大于 0.9 时,非常适合做因子分析;当 KMO 值大于 0.8 时,适合做因子分析;当 KMO 值大于 0.7 时,尚可做因子分析;当 KMO 值大于 0.6 时,勉强能做因子分析;当 KMO 值位于 0.6 以下,不适合做因子分析。

我们对各个村落收集的问卷分开录入,对各个村分别作因子分析,得出三个村的 KMO 和 Bartlett 的检验值如表 8.31 所示,三个村落各自代表性公因子变量如表 8.32 所示。

表 8.31　KMO 和 Bartlett 的检验

村落名称	KMO	Sig.
东陈	0.734	0.00
柯湖	0.776	0.00
法华	0.719	0.00

表 8.32　各个村落代表性公因子变量

村落名称	公因子	公因子标签	方差(%)	累计方差(%)	因子载荷
东陈	1	经济收入较高的	33.48%	33.48%	0.648~0.860
	2	基础设施较好的	16.61%	50.09%	0.709~0.727
	3	交通区位较佳的	14.68%	64.77%	0.675~0.780
	4	就业选择较多的	12.16%	76.93%	0.773~0.850
柯湖	1	政务服务较便利的	47.16%	47.16%	0.580~0.903
	2	基础设施较好的	18.94%	66.09%	0.527~0.705
	3	经济作物较丰富的	10.26%	76.35%	0.586

村落名称	公因子	公因子标签	方差(%)	累计方差(%)	因子载荷
法华	1	基础设施一般的	39.34%	39.34%	0.601～0.917
	2	经济收入一般的	18.39%	57.73%	0.593～0.899
	3	农业依赖较强的	16.28%	74.01%	0.517～0.659

表 8.31 的公因子标签是根据因子分析主成分统计建构得分形成的综合性描述。例如其中东城村第一主成分包含的主要是人均存款、房产车辆情况、村庄经济作物面积和经济收入相关的内容，并且在建构打分上东陈村在这几项得分总体较高，因此命名为"经济收入较高的"，其他命名方式以此类推。从统计结果可以看出，各个村落在代表公因子上有明显差异，这也反映出各个村落的发展情况和细化指标存在一定差异。

8.4.4 结果综合分析与变化趋势预测

运用层状框架分析、描述性分析以及因子分析等定性定量技术分析手段，最后均需要在结果分析中得到反映。Woolcock M 等学者根据要素框架对某个社区进行社会影响评估时，在最后的结果分析中往往更加重视单一要素的变化对社区产生的影响，因此在结果分析中更多地是单独分析各个要素变化对社区带来的影响变化。但是课题组在实际访谈中发现资本要素之间本来就存在密不可分的联系，例如自然资本的基础薄弱，在一定程度上是两个以农业为主的村落之间经济资本差异的决定性的因素，而不同村落人力资本差异的叠加影响则会更加放大在经济资本方面的差异；同时经济资本又会与物质资本相互作用相互影响。在实际中无法实现剔除其他要素影响下的单一要素分析，并且这种单一要素分析对调查社区的了解和感知是不全面不综合的。因此我们在综合定性定量分析的初步结果后，将人力、自然、经济、物质和社会资本进行联系分析，采用"村落综合画像"的方式，将每个访谈元素的特点连贯完整地展示出来，同时根据各个访谈元素之间的差异，结合当地政策给出针对性建议。

下面以明湖工程为例，阐述进行综合分析和提出建议的过程。

第一步，评价建构。首先选择 Likert 量表作为建构评价工具，囿于明湖工程受访对象受教育程度，同时综合之前学者对不同数量应答等级的比较研究，在本研究的开展过程中主要依据 Likert 量表的 5 级应答等级进行改进以收集受访者对于不同建构的评价，其次将研究小组和焦点小组生成的基本建构作为构成量表中的主要评价建构，让不同村落的受访者参与到建构评价中，然后综合不同受访者针对每组建构的评价组成凯利方格。最后根据不同情况下的缺失值处理方法对凯利方格进行修补。

第二步，分析数据。为了丰富数据处理的维度，同时也验证调研过程的合理性，明湖工程中采用层状框架表作为定性分析工具，采用描述性分析和因子分析作为定量分析工具。从结果上看，层状框架表能够多层次地体现不同访谈元素的特征，从建构内容和建构极的描述中可以得到不同访谈元素的各方面基本情况描述及侧重，从概念分类和元分类的描述中可以发现凯利方格自下而上的建构挖掘和传统的国外资本要素体系相吻合，印证了凯利方格技术的理论合理性，同时新增指标又能够充分体现资本要素体系的本土化成果以及很好地区分不同访谈元素之间的特征及发展异同，为最后的结果分析和建议提供内容支撑。

从结果上看,描述性分析和因子分析通过详细对比不同资本总体指标均衡程度和不同村落各项资本变化的情况,为梳理出各个村落现有优势、劣势提供数据支撑,并且因子分析和层状框架分析在不同村落的特征点上得到高度重合,也为最后的结果综合分析以及未来改善方向提供具体的指导和说明。

第三步,分析与建议。在完成建构评价和数据分析后,根据以上步骤说明进行各个村落综合分析并结合现有政策情况给出针对性的村落改善建议。具体分析与建议如下:

东陈村本身地质地势条件较差,并不适宜大面积种植普通粮食作物,从地理位置上来看更加靠近滁州城区,人均占有土地面积少,很多人选择出去打工,留下来的人在村部的统一组织下种植草坪、苗木等特色经济作物,同时由于本身地势地质的条件,村内加强了基础设施建设,统一修整水渠和村内交通道路,医疗卫生警务室等其他基础配套也比较完善。综合前面的雷达图可以看出东陈村整体水平表现较为均衡。生计资本除自然资本外,总体得分较高。在因子分析中,筛选经济收入、基础设施、交通区位、就业选择等主要公因子,这表明东陈村受访者普遍关心以上几点指标,随着明湖项目的实施,东陈村拆迁安置地主要集中于滁州市区的创业苑,对打工人数比例较高,农业经济收入依赖较低的东陈村在经济收入方面不会产生大的冲击;同时搬迁到市区新建小区,东陈村整体居住环境和基础设施配套体验,将会产生大的改善和提升,东陈村的交通区位同样会产生极大的改善和提升。同时由于东陈村外出打工比例较高,务农比例较少,异地安置后在就业选择上不会产生大的问题,但是随着各个村落陆续搬迁到市区,会让市区就业整体竞争升温,这也同样值得注意,但是总体来说,拆迁安置到市区不会对东陈村未来的整体生计产生巨大冲击,自然资本的下降幅度在三个村落间是较小的,同时在物质资本上会有大幅度的提升,在社会资本上则会有一定提升,其余资本的变化则不明显。

柯湖村地理位置较佳,岗湖相连,绿化环境好,并且毗邻南谯区政务中心和乌衣镇,因此在行政服务的便利性上远超其他两个村落,借助于政务中心的发展,柯湖村的基础设施也是十分完善。周边的数家工厂也为柯湖村的就业提供了更多的可能,使得柯湖村的人口来源结构比其他两个村落更加丰富,但是这却在一定程度上掩盖了柯湖村本身存在的人口年龄结构老化,劳动力不足的情况。综合前面的雷达图我们可以看出,柯湖村整体水平很均衡,除自然资本和人力资本外,其余得分均为三个村落最高。在因子分析中,筛选政务服务、基础设施、经济作物为主要公因子,这表明柯湖村受访者普遍关心以上几点指标,随着明湖项目的实施,柯湖村安置地主要集中于滁州市区的创业苑,对于原来毗邻南谯区政务中心和乌衣镇,充分享受到政务服务的便利性和经济发展的便利性的柯湖村来说,会产生一定的冲击;但是随着柯湖村安置到滁州市区,在基础设施和配套上会有小幅提升,对柯湖村村民未来生活配套会有一定改善。同时柯湖村虽然在人口来源结构上比其他村落丰富,但是一部分是外来人口的贡献,柯湖村仍有一定数量的村民依托良好的自然环境和有力的种植条件开展特色经济作物的种植,未来安置到滁州市区,这些特色经济作物的种植也会受到冲击。总体上来说,拆迁安置会对柯湖村产生一定的影响,柯湖村原来充分享受到政务服务便利性以及基层自治的完整性,随着柯湖村涉及房屋征迁村落村民安置到市区而大大降低。这些村民被随机地安置在不同的小区,由于柯湖村并未整体搬迁,因此短期内不会改变安置村民的组织关系,他们仍需要往返于柯湖村和安置地点进行户籍和医保关系维护。这会在一定程度上降低政务服务的便利性,同时也会破坏基层自治的完整性,使得柯湖村村民长期处于脱离组织生活以及基层组织管辖的状态，从而较大地降低村民的归属感和融入度。柯湖村在各个指标上较为均衡，但是搬迁后，除自然资本随搬迁到市区产生较大降幅外，在社会资本和人力资本上会有较大的波动，柯湖村对基层自治的依赖性和人口年龄结构的劣势会有所暴露，同时会对经济资本产生一定影响，但是受益于柯湖村原有的良好的总体经济发展水平以及毗邻乌衣镇和南谯政务中心拥有多样的工作选择，对于经济资本影响有限，同时随着搬迁到市区，生活各项配套设施会有所提升，因此物质资本会有一定提升。

法华村地理位置欠佳，自然状态保留完整，居住环境好，由双桥村和老法华村合并而来，人均占有耕地面积多，因此法华村村民大多以种植粮食作物为主。在农闲时村民会外出打工，受困于欠佳的地址位置和庞大的行政村落管理区域，法华村在基础设施方面的发展相较于其他两个村落较为滞后，且呈现一定的区域不均衡性，有的生产队已经通了水泥路，而有的仍然是泥土路。同时法华村也存在受年龄结构的制约，整体劳动力水平下降的情况。综合前面的雷达图可以看出，法华村各项生计资本和其他两个村相比均衡性较差，虽然经济资本和社会资本与其他两个村相差无几，但是人力资本和物质资本和其他两个村相差较多，随着法华村村民被安置到市区，原有较为单一的人力就业结构会受到较大冲击，在大幅降低自然资本的同时，也会影响到人力资本的变化。原有和农业关联性较强的相关就业情况也会变差，加之法华村人口年龄结构老化以及相当一部分村民和传统农业的高度联系，法华村拆迁安置村民再就业形势严峻，因此法华村的人力资本相较于其他两个村落会有进一步的降低和差距的扩大。但是值得一提的是，随着法华村搬迁到市区，原有物质资本较为薄弱的状况会得到大大的改善。在搬迁到市区后，虽然会受到分布区域不同以及组织关系尚未转移等因素的影响，但是原有法华村面积较大，管理难度大，基层自治联系本身就比较薄弱，同时搬迁到市区会对社区偏僻性有极大的改善，因此总体上对于社会资本的影响较小。但是由于自然资本和人力资本受到较大的冲击，短期内无法得到明显改善，因此会影响经济资本的变化。随着法华村搬迁到市区，相当一部分法华村村民面临着失地又失业的情况，对经济资本也是一个较大的冲击，值得警惕。

本章小结

凯利方格法是由被调查者自己建构对问题的认知，避免了传统调查方法难免的调查者基于自身价值观对问题预设性和基于自身经验的问题设计主观性等缺陷。它起源于心理学领域，并被推广应用到教育学、医学等领域，20世纪90年代末在澳大利亚等国被引入到公众参与的政府林业、自然保护政策评估中。我们试图将这一技术引入到大型工程社会影响评估领域，增进社区调查技术。

在社会影响评估中引入凯利方格技术的目的是获取受项目影响居民中的受访者对于自身的生计、社区及拟建项目的认知，即个人建构，在第7章中我们也称之为本位建构。尽管凯利方格技术在各领域的实施过程有所区别，但具有一些共性的方法过程，我们从相关研究中析出了其核心结构框架。从评估方法论和评估范式来看，凯利方格技术的核心结构框架引入社会影响评估领域有必要性和可行性，并且与其他调查方法相比，它在提高公众参与的互动度、调查数据可靠度及提高调查效率方面有更大优势。基于上述论证和项目对居民的社会影响分析，我们确定了由凯利方格法的核心结构为主体的项目本位建构调查方法框架。

借鉴其他领域的研究与应用经验，根据国内大型工程开发所影响的群体特征，我们对建构主题确定、元素范围划分与筛选方法、访谈组织形式、攀梯访谈技术的应用优化、量表评价、定性和定量分析方法等内容进行研究，结合试点应用工程，阐述了如何在社会影响评估中确定凯利方格技术的主题、如何基于主题确定访谈元素的划分标准、如何在确定访谈样本、如何根据研究对象情况不同选择合适的访谈组织流程、如何对建构进行整合、如何用量表对建构进行评价及以不同方法的数据分析呈现的不同形式等方法与过程，提出以层状框架表的定性方法提取建构和以结合生计资本数据的定量分析技术获得社区之间的建构差异性等关键性技术。这一基于凯利技术的社区调查方法具有如下特征：一是将建构生成的自主权充分交予更加了解居住环境和社区情况的受访者，让他们"自下而上"地生成不同访谈元素的特征画像，再结合拆迁安置各项条件的变化，分析未来的变化会对各个访谈元素产生的影响；二是受项目影响居民有关项目建构的主题定位应从个人视角进行解读；三是基于上述两个特点，个人作为组成社区或者村落的最小单位，与项目产生的影响息息相关，从个人视角进行项目建构的解读促进公众的充分参与，帮助评估者从村落或社区及居民角度深入理解所受的影响，而自下而上的建构挖掘访谈方式所获得数据，有利于评估者能够刻画出不同村落或社区及居民生计状况的独有特征，预见受工程影响的变迁趋势。

　　在理论意义上，基于凯利方格技术的社区调查方法是以社区为本的评估价值观的实现，是实证主义与建构主义方法论的有机结合。它对凯利方格技术在社会评估中的应用方法也有所突破，一是将建构与社区生计资本相融合，并对各类生计资本的建构数据综合进行分析，突破了以往单独分析各个要素的局限性；二是鉴于本土的社区情境和快速评估的要求，增设了小组建构生成环节，突破了以往完全个人建构生成做法。在实践意义上，基于凯利方格技术的社区调查方法提供了与传统调查方法不同的观察受影响社区和人群的视角，使得评估者更能够全面地、深入地获取、分析和理解项目的社会影响，而且该方法融合了深度访谈、座谈会等方法的优点，具有受访者样本量要求低、调查所需的资源（时间、人员与资金等）数量较少、调查高效性等特点，适合社会影响评估所要求的快速评估要求。我们认为，在评估者熟练掌握的条件下，基于凯利技术的调查方法不应仅是传统调查方法的补充，而应成为社会影响评估的主要调查方法。

9 试点应用：明湖工程社会影响评估

本研究选取位于安徽省滁州市明湖工程作为试点应用是基于以下几个方面考虑：

（1）该工程是当地近年来实施的一项规模最大的民生项目，是集城市水利防洪和生态建设等多种功能为一体的大型工程。它作为滁州市建设生态低碳新城的第一步，建成后将成为安徽省最大的大型综合性生态产业园和海绵城市的典范。该工程对城市总体而言有很好的社会效益，对构建该市新的经济增长点有非常重要的意义，是一个有代表性和典型性的公共设施。

（2）该工程于2012年启动，2016年开始一期工程的移民、拆迁和施工，一期挡水泄洪工程于2017年4月底竣工并开始下闸蓄水，后期工程正在进行中。该工程建设的时间周期与本研究的时间进程比较吻合，适合将本研究提出的评估方法进行试点应用。

（3）该工程建设区域总面积21.6 km²，处于琅琊山与清流河之间的东陈圩地区低洼地带，覆盖多个乡镇和社区，涉及较多的拆迁人群，动员征收对象复杂。该工程对所在地社区及居民有明显的冲击性影响，适合作为本研究的试点应用的案例。

本研究第5章、第8章等章节的研究应用了明湖工程相关数据进行了分析论证，为了完整地呈现试点应用过程，本章部分内容与相应章节将有重复。

9.1 明湖工程概况

9.1.1 项目开发规划方案

安徽省滁州市位于江苏和安徽交界处，是一个有着千年历史的山水古城，以琅琊山国家风景名胜区闻名全国。同时，滁州也是南京都市圈核心层城市之一。为了加快建设美好滁州城，滁州市政府规划了"七个一"工程：即一山、一城、一河、一湖、一库、一路、一镇，而明湖工程作为"七个一"工程的重要组成部分，位于规划的新滁州城的南部核心区，是政务新区、高铁站区、南谯新区、苏滁产业园四大组团的生态融合区，同时也是衔接琅琊山风景名胜区与清流河亲水景观带的核心；更是未来滁州城唯一以大型湖面和生态湿地为显著特色的城市"绿肺"[①]，该项目建成后将成为安徽省最大的大型综合性生态产业园和海绵城市的典范，图9-1为明湖工程规划区域范围。

明湖工程位于滁州市南片区，根据《滁州市总体城市规划》以及《滁州市明湖区域概念性规划》，其规划范围为：东到滁宁快速通道，西近儒林路，南至昌盛路连接南谯新区新庄路，北以敬梓路为界，规划建设用地约21.6 km²[②]，其中建设用地面积约4.8 km²（含湖内旅游

---

① 滁州市城乡规划局.滁州市明湖区域概念性规划国际竞赛项目招标文件,2013：1.
② 安徽省水利水电勘测设计院.滁州市城市防洪规划报告,2011：10.

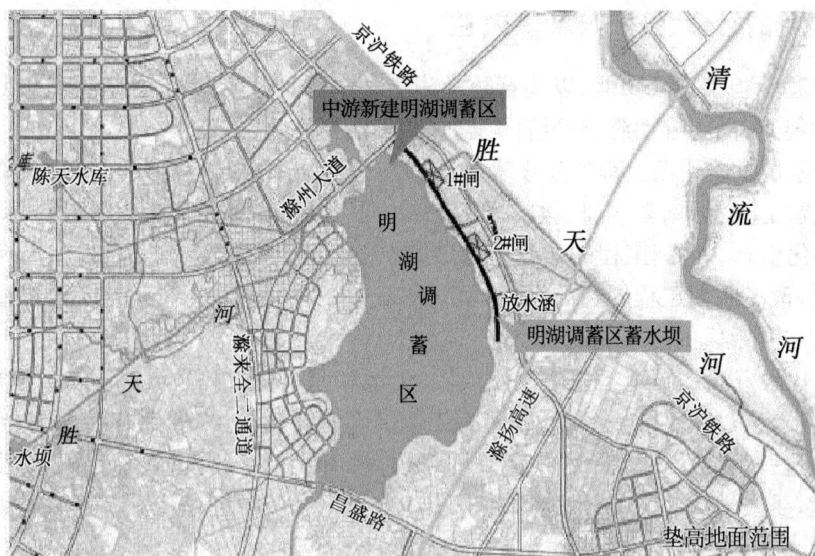

图 9-1　明湖规划区域范围

用地约 0.8 km²），生态绿地面积约 12.1 km²，水域面积约 5.7 km²。此外还有 10 km² 的拓展区域用地，图 9-2 为明湖工程初步布局图。

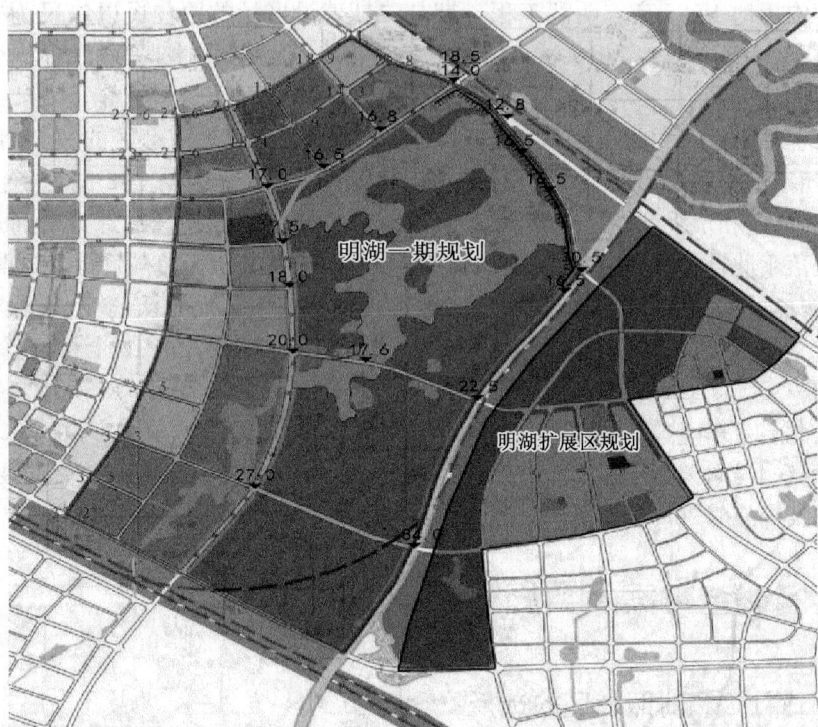

图 9-2　明湖工程初步布局图

9.1.2 项目的社会、经济与环境效益

明湖工程承担了多项功能,以调蓄防洪为主,兼具优化生态景观、净化水资源、调节区域性气候的功能,有助于推动滁州经济的发展和"美丽新滁州"的建设。

(1)调蓄抗洪。明湖工程的建设实施能够在遭遇强降雨时,调蓄上游来水、降低下游洪水位,显著提高上游城南新区、科教园区、高铁站区以及下游铁路和部分关联城镇防洪效益。

(2)优化生态。明湖工程的建设能够改善城区生态和旅游环境,为城市沿河环境美化提供了契机,改变明湖工程周边的绿化,美化脏乱差的局面,而亲水带的设置将增加城市居民和明湖蓄水景观区的生态交流,优化整体生态。

(3)净化水资源。明湖工程建设完成后,土地和原有植被被淹没,但是由于调蓄区的丰富的营养物质,经过恢复期,水质会随着污染物的降低而改善,水生生态系统也会变得完整,水资源得到进一步的净化。同时明湖蓄水区还能回补地下水,提供大容量蓄水,由于其远离居住集聚地,受人类活动影响较小,因此对于地上地下水资源的净化都有巨大帮助。

9.1.3 受项目影响的社区与居民范围

按照设计规划,明湖工程一期和二期房屋征收涉及滁州 2 个乡镇、2 个社区、6 家企业、5个行政村和 18 个村民组,房屋征收面积达 12 万 m^2,需要安置迁移 1 089 户。征收土地除集体土地自建住宅外,还有耕地 1 100 亩,园地 300 亩,林地 800 亩,草地 150 亩,养殖水面 130亩以及其他农用地 1 025 亩。明湖工程一期与二期建设区域的原住民以农民为主,主要生产生活来源于农业用地息息相关的产业,种植业和养殖业以及林业等第一产业具有一定规模。

明湖工程主要涉及滁州南谯区腰铺镇和乌衣镇。腰铺镇是南谯区的一个市级经济强镇,位于滁州市南郊 9 km 处,西傍风景秀丽的琅琊山风景区,南与 312 国道、合宁高速毗邻,北与 104 国道和市级开发区接壤,改造后的丰乐大道和滁宁快速通道穿镇而过,京沪高铁滁州站坐落于此,城南道路网大多在腰铺镇境内,围绕高铁站区和科教园区等重点项目的道路建设初具规模,已形成四横五纵棋盘式道路格局。镇内土地肥沃,矿产资源丰富,具有较好的区位优势、交通优势和资源优势。乌衣镇属副县级建制镇,辖 12 个村,3 个社区居委会。镇域面积 145.5 km^2,其中集镇面积 4.68 km^2,全镇总人口 6.2 万人,其中集镇人口2.8万人。地处滁州市东南,皖苏结合部,北距滁州城区 11 km,南距古都南京市区 30 km,京沪铁路、京沪高铁、马滁扬高速、滁宁快速通道穿镇而过,区位优势明显,水陆交通便利。现为滁州市东向发展战略"桥头堡"和南谯区经济重镇。

9.2 社区调查方案及实施

9.2.1 评估社区和对照社区的选择

根据地理位置、社区拆迁前的基本情况和拆迁后的安置方案,选择一期工程影响范围的东陈村、法华村和柯湖村作为评估社区(图 8-3)。在统计分析时,我们称之为实验组。拆迁后,这三个村的居民将安置到滁州市区的创业中苑、创业南苑和紫薇园等居住区。

对照社区选择考虑以下几个因素：①同一城市曾受工程开发影响而移民拆迁安置的社区；②历史上与评估社区同质（均为农村社区），拆迁安置点的社区情况相类似或地点邻近，即社区资本变化类似；③移民拆迁安置已有若干年。经对滁州市市区的若干社区进行实地考察，确定了拆迁安置时间有 5 年的创业中苑、同乐东苑、同乐西苑、官塘小区和龙蟠北苑等社区作为对照社区，对照社区大多居民来自因该市清流河综合整治项目、公路工程、城市建设异地安置的原农村社区。

9.2.2　调查设计

首先，进行生计资本识别与量化，通过问卷调研及深度访谈方式来实现。测算与评价的基本计量单位为家庭。在调查抽样时，尽可能多地覆盖了有不同人口结构、经济特征的家庭。在问卷调查实施前，进行了预调研，了解被调研区域为以种植业为主的传统农耕村落，结合与各村落村主任及村民的半结构化访谈以及可选指标范围库，最终确定问卷调研指标（表 9.1）。课题组根据确定的指标与测度指数，通过焦点小组法讨论设计了《明湖工程项目原住民个人、家庭和社区情况社会调查问卷》，详见附录 F。

表 9.1　问卷调研选取指标

评估变量	测度指数	指数内涵和原理阐述
人力资本 H	家庭整体劳动力水平 H_1	家庭整体劳动力水平，由性别、年龄、健康综合合成的指标
	男性成员占比 H_2	影响了整体劳动力状况
	劳动力占比 H_3	16～59 岁人口占比等
	家庭整体（平均）受教育年限 H_4	家庭里劳动成员平均受教育年限，土地管理者所拥有的知识用以管理自然资源
	家庭最高受教育水平 H_5	家庭里劳动成员最高受教育年限，土地管理者所拥有的知识用以管理自然资源
自然资本 N	耕地面积 N_1	家庭拥有的耕地面积，决定了人们所拥有的自然资本中土地要素的总量
	草皮面积 N_2	家庭种植的草皮的面积，决定了人们所拥有的自然资本中土地要素的总量
	园地面积 N_3	家庭拥有的园地面积，决定了人们所拥有的自然资本中土地要素的总量
	家庭拥有的牲畜数量 N_4	家庭拥有的牲畜数量，展现畜力
	林地面积 N_5	家庭拥有的林地面积，决定了人们所拥有的自然资本中土地要素的总量
	坑塘面积 N_6	家庭拥有的坑塘面积，决定了人们所拥有的自然资本中土地要素的总量
	闲置土地面积 N_7	农户闲置土地面积可以从侧面反映很多信息，如家庭劳动力状况、土地状况等
	种植作物种类 N_8	种植农作物种类的具体数值，影响人们生计的可持续性
	土壤品质 N_9	土地质量是土地生产力的一大决定性因素
	灌溉用水方便度 N_{10}	灌溉用水的方便度影响了人们的生产力

（续表）

评估变量	测度指数	指数内涵和原理阐述
物质资本 P	房屋质量好坏 P_1	住宅质量好坏影响农民的生活状况
	拥有的住房套数 P_2	住房套数等是一种生活保障性资本,往往贫困人口的这些资本较非贫困人口来说落后
	家庭所拥有的耐用消费品 P_3	家庭所拥有的耐用消费品的数量,耐用消费品一方面改善了人们的生活状况,另一方面可作为一种在特殊条件下可变现的资本帮助人们改善生计
	拥有的大型生产性物品的数量 P_4	家庭所拥有的大型生产性物品的数量,其可以帮助提高居民的土地生产力,提高土地生产力的设备同样如此;同时,在部分农村地区,畜力也对生产力有重要影响
	道路 P_5	道路状况好坏
	能源 P_6	能源使用状况
	学校 P_7	居住地周边可就读的学校数量
	医疗 P_8	医疗服务水平
经济资本 F	家庭收入水平 F_1	家庭收入、家庭年收入范围,历来作为经济资本的直接体现
	收入来源的多样性 F_2	收入来源的多样性,体现农民收入中通过不同可选资源的转换的能力
	非农收入 F_3	家庭除去种地以外一年的其他收入,往往体现了农民的一种创收能力
	征地补偿金数额 F_4	拆迁安置后所能获得的征地补偿金数额,按居民所预期的能够使用的年限进行折算
	家庭存款 F_5	家庭存款大致数额,很直观地区分贫富
	就业难易性 F_6	家庭成员在当地找工作的难易程度
	借款来源多样性 F_7	借款或贷款来源的多样性,在遇突发事件时,信贷借款来源的多样性体现了一种经济的弹性
	保险或保障数量 F_8	保险保障种类的多少,也是另一种经济的弹性
社会资本 S	夫妻关系 S_1	夫妻关系,用以支撑自然资源管理的家庭网络能力
	上下辈关系 S_2	与子女(父母)关系,用以支撑自然资源管理的家庭网络能力
	邻里关系 S_3	与邻居的关系,用以支撑自然资源管理的家庭邻里网络能力
	亲戚关系 S_4	与亲友的关系,用以支撑自然资源管理的家庭亲友网络能力
	参与的社区会议数量 S_6	参与村里组织的会议的数量,这对居民来说是一种社交网络,居民接触更多的人与组织机构等往往倾向于获得更多的机会与信息,增加在困难情况下获得帮助的能力,是一种"人脉"的累积
	参与的社区文体宣传活动数量 S_7	参与村里的文、体、宣传活动的数量,这对居民来说是一种社交网络,居民接触更多的人与组织机构等往往倾向于获得更多的机会与信息,增加在困难情况下获得帮助的能力,是一种"人脉"的累积
	参与的社区公益活动数量 S_8	参与村里的公益活动的数量,这对居民来说是一种社交网络,居民接触更多的人与组织机构等往往倾向于获得更多的机会与信息,增加在困难情况下获得帮助的能力,是一种"人脉"的累积
	网络使用 S_9	网络使用频繁程度,网络的使用、通信技术的应用更广义上拓宽了居民的社交网络,增加了居民获取自然资源管理信息和危机时的帮助的潜在可能性

9.2.3 调查实施过程

课题组组织调查团队，于2016年4月至2017年9月期间进行了7次调研：

2016.4.9 滁州市南谯区东陈村预调研，课题组借此了解了即将拆迁的东陈村的村落现状，与东陈村书记进行了交流，在此之后确定了后期问卷调研的主要对象为"涉及失地的"东陈、柯湖、法华三个村落。

2016.6.28—2016.7.2 问卷调研，课题组对拆迁的东陈、柯湖、法华三个村落的居民进行入户式问卷调研，具体又包括东陈、周郢、魏郢、庙岗、小刘、前蒋、后蒋、范刘、刘小郢这几个队（村落下一级组织），共收回有效调查问卷78份，涉及78户失地农民家庭的生计资本信息。

2017.5.15 滁州市南谯区创业中苑、创业南苑预调研，判断拆迁后原东陈、柯湖、法华村村民调研可接触度，确定拆迁安置后的调研时间及地点选择。

2017.5.21—2017.5.23 滁州市南谯区创业中苑、创业南苑一次调研，因下雨等因素，只找到部分原东陈村居民，回收有效调研问卷25份。

2017.6.19—2017.6.22 滁州市南谯区创业中苑、创业南苑二次调研，在原柯湖村书记的协助下，回收有效调研问卷45份，因部分居民尚未入住于拆迁安置后社区，调研存在较大阻力，基于这种情况，课题组进行了大量的深度访谈，并力争回收的每份问卷准确有效。

2017.9.9—2017.9.12 创业中苑、同乐东苑、同乐西苑、官塘小区、龙蟠北苑社区一次调研，调研对象为同样受工程影响拆迁安置五年左右的社区居民，共回收调研问卷72份，其中有效问卷70份。

2017.9.23—2017.9.25 同乐东苑、同乐西苑、官塘小区、龙蟠北苑、四河路小区、华夏村、竹园村、四合路小区、华谊一村、二中宿舍区、水产公司、水利局大院调研，调研对象为一直居住于此地的城镇居民，共回收调研问卷51份。

通过对实地调研所得78份实验组（拆前）有效问卷进行初步的统计分析，可得到以下统计结果：在受访者性别方面，共有男受访者40人，女受访者38人，数量接近，比例基本均等，可反映出调查结果在性别上无显著差异。在受访者年龄方面，主要集中在40～70周岁之间，总占比84.62%，符合我们之前期待的最理想的调查对象的年龄范围。从受访者教育程度方面来看，受访者的受教育程度普遍在初中及以下，总占比89.74%（表9.2）。

通过对实地调研所得70份实验组（拆后）有效问卷进行初步的统计分析，可得到以下统计结果：在受访者性别方面，共有男受访者36人，女受访者34人，数量接近，比例基本均等，可反映出调查结果在性别上无显著差异。在受访者年龄方面，主要集中在40～70周岁之间，总占比71.43%，符合我们之前期待的理想的调查对象的年龄范围。从受访者教育程度方面来看，受访者的受教育程度普遍在初中及以下，总占比89.74%（表9.2）。

通过对实地调研所得71份对照组有效问卷进行初步的统计分析，可得到以下统计结果：在受访者性别方面，共有男受访者38人，女受访者33人，数量接近，比例相似，可反映出调查结果在性别上无显著差异。在受访者年龄方面，主要集中在30～70周岁之间，总占比74.64%，基本符合我们之前期待的理想的调查对象的年龄范围。从受访者教育程度方面来看，受访者的受教育程度普遍在高中或中专及以下，总占比98.59%（表9.2）。

　　在调研实施之前,调研组经过讨论,提出可以增设对照组2(后文直接称之为城镇社区,所涉及对照社区概念均指"拆迁安置5年社区"),选取拆迁安置地周边的城镇居民(一直是城镇居民,在某种程度上,可以认为城镇原住民视作是拆迁安置无限年的居民),城镇原住民作为对照组2的被调研对象,他们和拆迁安置5年的居民、明湖工程刚刚进行拆迁安置的居民在现时处于同质网络,而调查现时的生计资本差异,可以得出很多结论,如拆迁安置五年的居民和一直是城镇居民的社区对比可以得出拆迁安置居民和城镇原居民生计资本的差异,可以预测明湖工程拆迁居民未来的资本状况同城镇居民的差异(折射出融入度差异),在现时的同一时点比较三者生计资本差异也可以探究工程影响随时间的推移的状况(时间轴拆迁安置1年—拆迁安置5年—拆迁安置无限年)。

表 9.2　受访者的基本情况

特征项	特征赋值	实验组(拆前)		实验组(拆后)		对照组1(拆迁安置5年社区)		对照组2(城镇社区)	
		样本数	百分比	样本数	百分比	样本数	百分比	样本数	百分比
性别	男	40	51.28	36	51.43	38	53.52	21	41.18
	女	38	48.72	34	48.57	33	46.48	30	58.82
年龄	20岁以下	0	0.00	0	0.00	0	0.00	0	0.00
	20~29岁	0	0.00	4	5.71	2	2.82	7	13.73
	30~39岁	4	5.13	7	10.00	7	9.86	10	19.61
	40~49岁	15	19.23	7	10.00	10	14.08	11	21.57
	50~59岁	19	24.36	26	37.14	12	16.90	19	37.25
	60~69岁	32	41.03	17	24.29	24	33.80	4	7.84
	70岁及70岁以上	8	10.26	9	12.86	16	22.54	0	0.00
教育程度	文盲	7	8.97	20	28.57	21	29.58	8	15.69
	小学	34	43.59	26	37.14	12	16.90	10	19.61
	初中	29	37.18	20	28.57	23	32.39	12	23.53
	高中或中专	8	10.26	4	5.71	14	19.72	19	37.25
	大学	0	0.00	0	0.00	1	1.41	2	3.92
	研究生及以上	0	0.00	0	0.00	0	0.00	0	0.00

9.3　基于凯利方格法的建构调查与研究

9.3.1　主题确定与元素筛选

　　首先确定主题。根据前文的分析描述,凯利方格技术的应用更注重对个人建构的深入挖掘,同时明湖工程属于大型公共建设项目,因此与社会影响评估密切相关,主题拟为在明湖工程建设的背景下,通过对民众个人建构的挖掘,绘制明湖工程所涉及村落或社区的发展画像，以研究和研判明湖工程项目相关村落或社区发展状态及未来影响。根据前文学者的研究，在展开明湖工程社会影响评估时，考虑访谈元素和主题的关联度、访谈元素之间的区分度以及受访者对于访谈元素的熟悉度这三个方面的因素，对于访谈元素的范围划分不应局限于现有的地域划分或者物理指标区分，而应该从访谈元素涉及的最小有效单位出发，依据关联度、区分度和熟悉度指标，充分发挥受访者的参与性，让受访者帮助建立起访谈元素的组成单位，从而划分出不同的访谈元素。

其次划分访谈元素范围。本研究的目标载体是明湖工程所涉及的村落或社区，因此访谈元素即为明湖工程所涉及的村落或社区；在进行初步划分访谈元素范围时，需要将明湖工程涉及的所有村落或社区进行罗列作为初步划分访谈元素范围的依据。从上文的项目介绍中可知，明湖工程一期、二期共涉及约 2 个乡镇、5 个行政村（社区）、18 个村民组（表 8.4）。

接下来筛选访谈元素。由于明湖工程的涉及范围较广，各个行政村与明湖工程影响区域多有交叉，加之行政村覆盖面大，内部不同地区情况也有不同，因此我们这里初步筛选受到明湖工程影响的自然村作为组成访谈元素的最小有效单位。在罗列的五个村落或社区中，由于万桥社区和担子社区在地理位置上较其他三个村落较为疏远，且与明湖工程拆迁影响相关的村民组样本数量较少，同时开展三元组比较和实地调研有一定困难，不能满足调研要求，因此将其他三个村落作为明湖工程的访谈元素。主要涉及的是东陈村的罗郢、山桥、盛楼、花徐岗等村落；柯湖村的小刘、庙（前）岗等村落；法华村的前蒋、后蒋等村落。

9.3.2 建构抽取

首先，确定访谈样本。在明湖工程的应用中，首先根据前文介绍的选择依据，充分考虑访谈样本（受访者）与访谈元素（村落）的关联度以及样本自身的丰富度是否满足要求后，将受访者锁定为与东陈村、柯湖村、法华村关联程度较高并且受明湖工程影响的人群，同时将影响调查样本分布和代表性的五个特征维度：性别、年龄、职业、教育程度、与调查目标关系也纳入考虑范围，考虑到访谈样本的整体文化水平，在个人访谈样本外，特别增设了焦点小组访谈样本，以保证获得的个人建构的质量和数量。其次采用简化的个人涉入度量表筛选出满足高涉入度要求（一般得分率超过 70% 即可认为是满足高涉入度要求，但同时也需要综合考虑样本容纳数量，如果满足条件的样本数量过多，可适当提高得分率，以此提升样本质量）的人群组成访谈样本。最后通过上述步骤，发放 100 份问卷，共获取 69 份高涉入度访谈样本。其中：焦点小组访谈样本 24 份，三个村落的个人访谈样本 45 份（每个村各 15 份）（组成访谈样本的受访者基本信息统计见表 8.10）。统计结果显示，受访者涉入度满足高涉入度得分要求，性别基本均衡，年龄分布基本满足调查样本的组成要求，同时可以看出初中以下教育程度受访者占比超过 7 成，整体受教育程度不高，在职业分布方面，农民和工人的占比接近 7 成。

其次，组织访谈。综合分析第 8.3.2 节提出的四种打分访谈结构框架，其中框架一和框架二不仅对受访民众的组织要求高，在实地调研中建构之间的共享和传递要求高，而且如果依据基础建构对民众进行逐条访谈，单体调研耗时太长，在实际操作中不易开展。本次调研的主要对象是明湖工程涉及的需要征迁的自然村民众。根据前期走访调查，生活水平普遍不高,文化水平整体较低。由于在调研前事先无法保证焦点小组建构数量和质量,采用框架四也存在一定难度,因此,本次明湖工程试点应用参考框架三开展调研活动。然后根据8.3.2节所述的研究小组、焦点小组以及个人的凯利方格技术访谈整体流程框架分别进行访谈。

再次,整合建构。对受访对象通过个人涉入度量表的测量筛选,确保他们对于调查主题的熟悉度,同时在受访对象的身份筛选上进行分层筛选,确保受访对象基本覆盖各个阶层的社区居民。在此基础上,邀请受访对象填写调查表,这些富有生活经验的受访者在填写调查表时,会根据提供的三元组进行反复比较,结合自己对生活环境等方面的直观感觉,将自己认为最容易想到的(最敏感的)特征(建构)写下来,这样就形成了基础建构。

最后,对部分建构进行适当的文本拆分和合并。

9.3.3 建构评价与分析

首先,评价建构。选择 Likert 量表作为建构评价工具,囿于明湖工程受访对象受教育程度,同时综合之前学者对不同数量应答等级的比较研究,在本研究的开展过程中主要依据Likert 量表的 5 级应答等级进行改进以收集受访者对于不同建构的评价,其次将研究小组和焦点小组生成的基本建构作为构成量表中的主要评价建构,让不同村落的受访者参与到建构评价中,然后综合不同受访者针对每组建构的评价组成凯利方格。最后根据不同情况下的缺失值处理方法对凯利方格进行修补。

其次,分析数据。为了丰富数据处理的维度,同时也验证调研过程的合理性,明湖工程中采用层状框架表作为定性分析工具,采用描述性分析和因子分析作为定量分析工具。从结果上看,层状框架表能够多层次地体现不同访谈元素的特征,从建构内容和建构极的描述中可以得到不同访谈元素的各方面基本情况描述及侧重,从概念分类和元分类的描述中可以发现凯利方格自下而上的建构挖掘和传统的国外资本要素体系相吻合,印证了凯利方格技术的理论合理性,同时新增指标又能够充分体现资本要素体系的本土化成果以及很好地区分不同访谈元素之间的特征及发展异同,为最后的结果分析和建议提供内容支撑。(分析过程在前文第 8 章已有详细描述)。

9.3.4 评估社区居民的项目建构提取分析

前文已经提及 Woolcock M 等人的研究发现,对一个社区进行全面的社会影响评估,应当考虑社区可持续生计的五大资本要素,并给出相应的指标说明,但是 Woolcock M 等人的研究是基于国外的社会评估具体情况,虽然在要素指标框架上有一定的参考意义,但是如果运用于中国国内的社会影响评估,指标无法做到本土化,之前很多学者针对这个问题也提出了很多解决措施,例如:在进行国内社会影响评估时,根据文献综述结合指标框架,筛选一部分指标进行验证性分析,这样固然能够识别出适用于我国国情的相关本土化指标,但同时此类方法的局限性限制了对本土化指标的进一步挖掘以及对原有资本要素指标体系的完善,而凯利方格技术应用于社会评估领域则很好地解决了这一问题。通过前文的层状框架表可以看出,不仅能够生成各个村落的差异化层状框架表,将各个村落涉及的相关资本要素指标全面概括,同时有一定的新增指标能够在适配 Woolcock M 等人提出资本要素框架的基础上,对现有资本组成进行丰富和完善。各个村落资本要素表如表 9.3~表 9.5 所示。

表 9.3　东陈村资本要素表

资本要素	资本组成		指标内涵
人力资本	整体劳动水平		主要指村落内打工和务农比例
	教育水平		主要指村落整体受教育程度
	家庭成员职业技能		主要指村落职业技能分布情况
自然资本	土地		主要是指与土地相关,如作物、耕地、闲置土地
	地理区位(新增)		主要是指地质情况以及地理地势的情况
	生物资源		主要是指植被情况和气候环境
物质资本	基础设施		主要是指村内道路、供水、排水、医疗设备状况
	生活资本	住房	主要是指住房质量情况
		耐用消费品	主要是指家庭汽车等硬件设备情况
经济资本	收入		主要指家庭年均总收入
	生产水平(新增)		主要指村落整体经济水平
	保障		主要指政府支持和政府补贴情况
社会资本	纽带		主要指村内亲邻之间的关系
	基层自治(新增)		主要指村委日常管理能力和发展组织能力
	桥接		主要指村内企业和党员的情况
	连接		主要指与外部的信息沟通

表 9.4　柯湖村资本要素表

资本要素	资本组成	指标内涵
人力资本	整体劳动水平	主要指村落内打工和务农比例
	人力结构(新增)	主要指村落外来人口比例
	家庭成员职业技能	主要指村落职业技能分布情况
自然资本	土地	主要是指与土地相关,如作物、耕地、闲置土地
	生物资源	主要是指植被情况和受灾频率
物质资本	基础设施	主要是指村内道路、供水、排水、医疗设备状况
	人居环境(新增)	主要是指村落周边居住环境
经济资本	收入	主要指家庭年均总收入
	生产水平(新增)	主要指村落整体经济水平
社会资本	纽带	主要指村内亲邻之间的关系
	社区偏僻指数	主要指村落和主要市集之间的距离
	基层自治(新增)	主要指村委日常发展组织能力
	行政服务(新增)	主要指村落村民日常办理行政手续的便利程度

表 9.5　法华村资本要素表

资本要素	资本组成	指标内涵
人力资本	整体劳动水平	主要指村落内打工和务农比例
	家庭成员职业技能	主要指村落职业技能分布情况
自然资本	土地	主要是指与土地相关,如作物、耕地、闲置土地
	人居环境(新增)	主要是指居住地周围自然环境受污染情况
	维持生产力采取措施	主要是对于防汛的措施
	生物资源	主要是指植被情况和受灾频率
物质资本	基础设施	主要是指村内道路、供水、排水、医疗设备状况
经济资本	收入	主要指家庭收入的多样性、农业收入、就业情况
	生产水平(新增)	主要指村落整体经济水平
社会资本	桥接	主要指村落文化活动的情况
	社区偏僻指数	主要指村落和主要城市之间的距离
	基层自治(新增)	主要指村委日常管理能力和发展组织能力

根据上表可以看出,由各个村落受访村民自主提出的建构指标,经过攀梯访谈归纳梳理后能够很好地与之前学者提出的指标体系吻合,同时每个村落针对不同资本要素产生的资本组成指标数量不同,说明不同的村落受访者的关注点不尽相同,并且随之自然生成了本土化的资本组成指标。

东陈村新增资本组成指标为"生产水平""基层自治""地理区位";柯湖村新增资本组成指标为"生产水平""人力结构""基层自治""行政服务""人居环境"等指标;法华村新增资本组成指标为"生产水平""基层自治""人居环境"。从这些新增指标可以看出:一方面这些指标具有本土化的特点,例如"基层自治"和"行政服务"等,均是我国国情的现实反映,能够在丰富社会资本组成的同时提供与中国国情相匹配的评价指标;另一方面这些指标具有差异化的特点,因村而异,这一点不仅在新增指标中可以看出,从上述三个村落资本要素表的对比中也可以看出,不同村落同一资本组成的指标也不尽相同,这说明每个村落由于其外部环境和内部发展的差异性而产生了因村而异的资本要素构成情况。

从上述分析可以得知,三个村落由层状框架表生成的资本要素指标虽然有所不同,但也有很多资本要素指标在不同村落的资本要素表中重复出现,我们根据三个村调查的结果将其综合,并将资本组成在层状框架分析表中对应的项目建构提取出来,形成普适性的项目建构资本要素框架。其中三个村落均出现的资本要素指标可作为学者对研究类似工程建设涉及村落或社区的重点评估参考指标,其对应的项目建构可以作为重点评估参考建构;在两个村落中出现的资本要素指标可作为学者对研究类似工程建设涉及村落或社区的一般评估参考指标,其对应的项目建构可以作为一般评估参考建构;在某个村落单独出现的资本要素指标,可以作为学者对研究类似工程建设涉及村落或社区的备选评估参考指标,其对应的项目建构可以作为备选评估参考建构。综合提取的普适性项目建构资本要素框架如表 9.6 所示。

表 9.6　项目建构资本要素框架

资本要素	参考资本指标	参考建构极
人力资本	整体劳动水平（重点）	青壮劳动力比例高—低、人口老龄化程度高—低
	家庭成员职业技能（重点）	打工人数比例高—低、务农人数比例高—低
	教育水平（备选）	适龄青年受教育程度比例高—低
	人力结构（备选）	外来人口比例高—低
自然资本	土地（重点）	经济作物丰富程度高—低、耕地面积大—小、闲置土地数量多—少
	生物资源（重点）	绿化面积大—小、受灾频率高—低、气候环境优—劣
	地理区位（一般）	土壤质量优—劣、地势高—低
	人居环境（备选）	居住地周边自然环境受污染程度高—低
	维持生产力采取措施（备选）	防汛投入高—低、雨期防汛难—易
物质资本	基础设施（重点）	村内道路情况好—坏、村外交通便利程度高—低、供水设施好—坏、医疗配备全—不全、公共交通完善程度高—低、公园数量多—少
	生活所需资本（一般）	房屋质量好—坏、人均汽车拥有量高—低、教育资源丰富度高—低
经济资本	收入（重点）	村民富裕程度高—低、存款数量多—少、就业难度高—低
	生产水平（重点）	村落整体发展经济水平高—低、村落经济总量多—少
	保障（备选）	政府补贴力度大—小、政策支持力度高—低
社会资本	基层自治（重点）	村委发展组织能力强—弱、村委日常管理能力强—弱
	社区偏僻指数（一般）	距离市镇中心远—近、出行方便程度高—低
	纽带（一般）	整体精神风气好—坏、亲邻关系和谐程度高—低
	桥接（一般）	村内企业数量多—少、村内文化活动数量多—少
	连接（备选）	与外界信息交流程度高—低
	行政服务（备选）	行政服务便利程度高—低

9.3.5　评估社区的生计状况

1）东陈村

如前文所述，我们对各个村落收集的问卷分开录入，对东陈村进行因子分析，得出代表性公因子变量如表 9.7 所示。

综合第 8 章中层状分析表以及东陈村各项资本描述性分析和因子分析结果结合攀梯访谈收集的信息，可以对东陈村整体生计情况进行详细的梳理分析。

表9.7　东城村代表性公因子变量

村落名称	公因子	公因子标签	方差(%)	累计方差(%)	因子载荷
东陈	1	经济收入较高的	33.48%	33.48%	0.648~0.860
	2	基础设施较好的	16.61%	50.09%	0.709~0.727
	3	交通区位较佳的	14.68%	64.77%	0.675~0.780
	4	就业选择较多的	12.16%	76.93%	0.773~0.850

东陈村的社会资本高于平均水平。东陈村紧邻安徽省道311,靠近担子站,属于滁州市区的外扩影响区域,能够借助便利的省道搭建起和滁州市区以及乌衣镇集的快速信息沟通和实际联系渠道,因此在交通区位上占据了独特的优势,通过三个村落的外部交通便利程度和信息连接指标的对比也可以说明这一点,东陈村占据绝对优势,在村落代表公因子中也有所体现。同时东陈村的发展也源自基层组织的有效管理和经营能力,在访谈中村委的有效管理被多次提及,这一点在三个村落的指标对比中也通过得分有所体现,同时在实地调研中也发现东陈村在村委的指导下形成了一定的规模经济。

东陈村的自然资本在三个村落内部处于最低的水平。东陈村整体地势较低,人均土地面积较少,容易受到洪涝灾害影响,不定期的自然灾害造成土壤质量较差,同时村内也存在一定的闲置土地。

东陈村的人力资本在三个村落间居于首位。正是由于东陈村不利的自然条件以及便利的交通区位,东陈村有相当比例的村民外出打工,这可以从三个村落外出打工者比例对比以及村落代表公因子看出。同时借助于外部信息的沟通,村内适龄青年受教育比例也处于较高水平。

东陈村的物资资本在三个村落间位于中上水平。东陈村位于市区外扩区域,在物质资本方面受毗邻的担子社区影响,同时又基于不利的自然条件,村落内部道路条件较好,防洪排涝的供水排水等基础设施都比较完善,从主要物质资本指标的对比以及东陈村的代表因子中可以看出。

东陈村的经济资本在三个村落间位于中上水平。虽然东陈村有不利的自然条件,但是一方面利用便利的交通区位,一部分东陈村村民选择外出打工;另一方面借助强有力的村委管理,因地制宜,根据地势低洼易涝的情况,减少粮食作物的种植面积,此外还利用政府补贴和政策的支持,大面积种植苗圃草坪等高附加值经济作物,从而提升村落整体经济水平。

2）柯湖村

前文已经介绍过对各个村落收集的问卷分开录入,随后对柯湖村的调研数据进行因子分析,得出代表性公因子变量如表9.8所示。

综合第8章中层状分析表以及柯湖村各项资本描述性分析和因子分析结果结合攀梯访谈收集的信息,可以对柯湖村整体生计情况进行详细的梳理分析。

表9.8　柯湖村代表性公因子变量

村落名称	公因子	公因子标签	方差(%)	累计方差(%)	因子载荷
柯湖	1	政务服务较便利的	47.16%	47.16%	0.580~0.903
	2	基础设施较好的	18.94%	66.09%	0.527~0.705
	3	经济作物较丰富的	10.26%	76.35%	0.586

柯湖村的社会资本在三个村落中最高。柯湖村地理位置优越,位于乌衣镇,毗邻南谯区政务中心,相较于其他村落更加接近南京,同时也可以借助省道311快速抵达滁州市区,能够实现便利的政务服务,这一点无论是从柯湖村代表公因子或是三个村落的主要社会建构指标对比中均能够看出,同时柯湖村丰富的经济作物的种植也是源于高效的村委发展组织能力。

柯湖村的自然资本在三个村落内部处于中等水平。柯湖村拥有丰富的经济作物种植种类,林业发展提升村落的整体指标覆盖率,同时岗湖相连的自然环境让柯湖村在生物资源方面具备一定优势。

柯湖村的人力资本在三个村落间位于中上水平。由于近年来推进新农村建设,柯湖村田亩面积逐渐较少,相当一部分人口借助便利的交通区位优势外出打工或者就近打工。虽然柯湖村毗邻乌衣镇和政务中心,这为周边企业吸引了一定的外来人口,丰富了柯湖村的人口结构,但是由于柯湖村人口基数不大,老年人增多,老龄化问题在访谈过程中也被提及。

柯湖村的物资资本在三个村落间最高。柯湖村受益于地理区位优势和新农村建设的成果,周边道路情况以及村内卫生条件、基础设施条件都较好,同时由于毗邻乌衣镇和南谯区政务中心,因此在公园、公共交通系统、学校教育配套等公共性基础设施方面均处于较高水平。

柯湖村的经济资本在三个村落间最高。柯湖村在高水平的社会、物质等资本的多重作用下,村落整体经济水平发展较快,同时自然资本的优势让柯湖村在和东陈村的对比中更胜一筹。

3）法华村

前文已经介绍过对各个村落收集的问卷分开录入,最后对法华村的调研数据进行因子分析,得出代表性公因子变量如表9.9所示。

综合第8章中层状分析表以及法华村各项资本的描述性分析和因子分析结果结合攀梯访谈收集的信息,可以对法华村整体生计情况进行详细的梳理分析。

表9.9 法华村代表性公因子变量

村落名称	公因子	公因子标签	方差(%)	累计方差(%)	因子载荷
法华	1	基础设施一般的	39.34%	39.34%	0.601~0.917
	2	经济收入一般的	18.39%	57.73%	0.593~0.899
	3	农业依赖较强的	16.28%	74.01%	0.517~0.659

法华村的社会资本在三个村落内最低。法华村的历史成因和其他两个村有所区别,是由原先的法华村和双桥村合并而来,原先法华村和双桥村人均土地面积就比较多,合并以后,统一管理难度较大,因此在村委日常管理和村落整体发展组织上发挥作用有限,同时法华村地理位置和其他两村相比较为偏僻,因此在社会资本上整体较弱。

法华村的自然资本在三个村落内最高。法华由两村合并而来,无论是人均耕地面积还是总体耕地面积都要高于其他村落,同时法华村还有一定的水面面积,能够在汛期实现很好的调蓄功能,由于法华村交通区位并无优势,加之人均耕地面积多,受制于传统种植思维,村内闲置土地较少,总体自然资本较高。

法华村的人力资本在三个村落间最低。法华村由于地理位置和自然条件的约束,更多的村民选择以务农为主,劳务输出比例低,同时村委缺乏有效的指导,大多以种植粮食作物为主,整体收入有限,而法华村内老人和小孩数量较多,则进一步放大了劳动力不足的问题。

法华村的物资资本在三个村落间最低。法华村由于偏僻的地理位置、庞大的管理面积、零散的村落分布,导致基础设施建设进度缓慢,公共交通系统无法深入村落,有相当一部分村落目前还未通自来水。

法华村的经济资本在三个村落间最低。法华村囿于偏僻的地理位置,固守原有的传统种植业,加之村委管理上的弱化,人口结构的两极化趋势,法华村长期处于粗放、松散、单一的原始经济发展状态,整体水平较低。

4) 拆迁安置后的变化预测

从以上三个村落生计情况评估可以看出每个村落在各项资本上的基础薄厚不均,按照明湖工程房屋征收工作部署,涉及明湖工程的三个村落未来将会拆迁安置到滁州市区创业南苑、创业北苑、创业中苑、清流西苑、紫薇园等安置社区,三个村落在拆迁安置房分配中遵循"先拆迁,先安置"的原则,因此安置村民可根据自己的实际情况以及安置房屋存量情况进行自由选择。这些安置小区均位于滁州市区,但不同安置社区由于位置存在一定差异,因此配套上也有一定差别,但是交通、医疗、教育等配套均比较成熟。

东陈村在因子分析中,筛选出了经济收入、基础设施、交通区位、就业选择等主要公因子,这表明东陈村受访者对以上几点指标有更高的关注度,随着明湖项目的实施,东陈村拆迁安置地主要集中于滁州市区的创业苑,对于打工人数比例较高、农业经济收入依赖度较低的东陈村在经济收入方面不会产生大的冲击。同时搬迁到市区新建小区,对于东陈村整体居住环境和基础设施配套体验,将会产生大的改善和提升。搬迁到市区,对于东陈村的交通区位,同样会产生极大的改善和提升。同时由于东陈村外出打工比例较高,务农比例较少,在就业选择上不会产生大的问题,但是随着各个村落陆续搬迁到市区,会让市区就业整体竞争加剧,这也同样值得注意。总体来说,拆迁安置到市区不会对东陈村未来的整体生计产生巨大冲击,自然资本的下降幅度在三个村落间是较小的,同时在物质资本上会有大幅度的提升,在社会资本上则会有一定提升,其余资本的变化则不明显。

综合前面的雷达图我们可以看出,柯湖村整体水平很均衡,除自然资本和人力资本外,其余得分均为三个村落最高。在因子分析中,筛选政务服务、基础设施、经济作物为主要公因子,这表明柯湖村受访者对以上几点指标有更高的关注度,随着明湖项目的实施,柯湖村安置地主要集中于滁州市区的创业苑,对于原来毗邻南谯区政务中心和乌衣镇,充分享受到政务服务便利性和经济发展便利性的柯湖村来说,会产生一定的冲击;但是随着柯湖村安置到滁州市区,在基础设施和配套上会有小幅提升,对柯湖村村民未来生活配套会有一定改善;同时柯湖村虽然在人口来源结构上比其他村落丰富,但一部分是外来人口的贡献,柯湖村仍有一定数量的村民依托良好的自然环境和有力的种植条件开展特色经济作物的种植,未来安置到滁州市区,这些特色经济作物的种植也会受到冲击。总体上来说,拆迁安置会对柯湖村产生一定的影响,柯湖村原来充分享受到政务服务便利性以及基层自治的完整性,但是随着安置到市区,并且随机地分布在不同的小区,而且由于柯湖村并未整体搬迁,因此短期内不会改变安置村民的组织关系,这会在一定程度上降低政务服务的便利性,同时也会破坏基层自治的完整性,使得柯湖村村民长期处于脱离组织生活以及基层组织管辖的状态,会较大地降低村民的归属感和融入度;柯湖村在各个指标上较为均衡,但是搬迁后,除自然资本随搬迁到市区产生较大降幅外,在社会资本和人力资本上会有较大的波动,柯湖村对基层自治的依赖性和人口年龄结构的劣势会有所暴露,同时会对经济资本产生一定影响,但是受益于柯湖村原有的良好的总体经济发展水平以及毗邻乌衣镇和南谯政务中心拥有多样的工作选择,对经济资本影响有限,同时随着搬迁到市区,生活各项配套设施会有所提升,因此物质资本会有一定提升。

法华村各项生计资本和其他两个村相比均衡性较差,虽然经济资本和社会资本与其他两个村相差无几,但是人力资本、物质资本和其他两个村相差较多,随着法华村安置到市区,会对它原有较为单一的人力就业结构产生较大冲击,在大幅降低自然资本的同时,也会影响到人力资本的变化,原有和农业关联性较强的相关就业情况也会变差,加之法华村人口年龄结构也出现老化的情况以及有相当一部分村民常年以种植业为主,再就业形势严峻,因此对于人力资本相较于其他两个村落会有进一步的降低和差距的扩大。但是值得一提的是,法华村原有物质资本较为薄弱,随着搬迁到市区,这一情况会得到大大的改善。在搬迁到市区后,虽然会受到分布区域不同以及组织关系尚未转移等因素的影响,但是原有法华村面积较大,管理难度大,基层自治联系本身就比较薄弱,同时搬迁到市区会对社区偏僻性有极大的改善,因此总体上对于社会资本的影响较小。但是由于自然资本和人力资本受到较大的冲击,短期内无法得到明显改善,因此会影响经济资本的变化,随着搬迁到市区,法华村相当一部分村民面临着失地又失业的情况,对经济资本也是一个较大的冲击,值得警惕。

9.4　明湖工程失地农民可持续生计评估

根据 5.2.3 节中提出的 SIA-SL 评估经验模型,明湖工程失地农民可持续生计评估按图 9-3 所示的过程与方法进行。

9.4.1　评估社区与对照社区的生计资本量化与对比

通过问卷调研收集数据,本案例利用主成分分析进行数据处理,并区分村落计算了五项生计资本值。

以拆迁前的自然资本为例进行计算过程的描述。计算过程运用 SPSS 22.0。

第一步,在 SPSS 中进行变量数据的录入。

第二步,对统计问卷数据进行 KMO 和 Bartlett 检验,关于主成分分析是否需要做 KMO 和 Bartlett 检验,学术界存在一定争议,部分学者认为主成分分析即通过线性变换找出可以近似代替原始指标的少数几个主成分,无需进行 KMO 及 Bartlett 检验,另一部分学者指出对于主成分分析,只有当多变量相关性比较大,才会有信息重叠,才可以降低维数,用较少的主成分来代替较多的原始变量,而 KMO 和 Bartlett 检验都是相关性检验,只有相关性充分,才符降低维数的要求,否则都相互独立,就没有任何可以提取的主成分了。我们较为认可后一种说法,故进行 KMO 和 Bartlett 检验,在杜智敏等编著的抽样调查与 SPSS

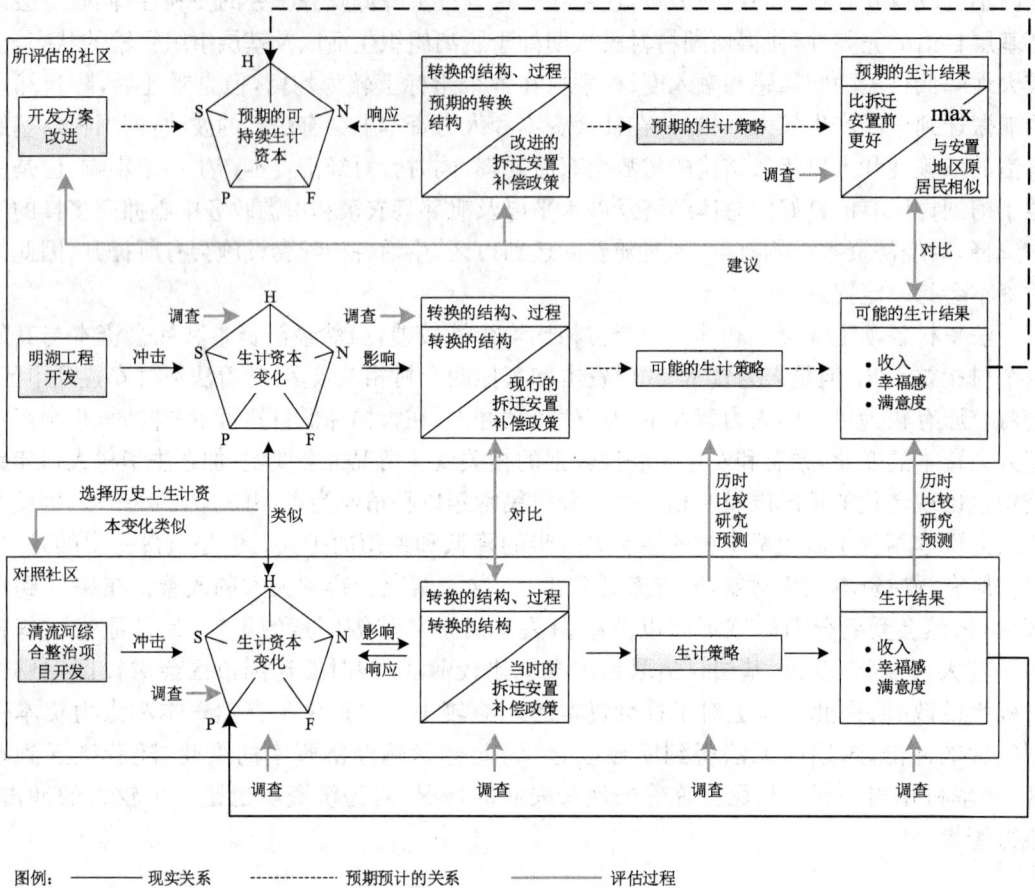

图例：——— 现实关系　------- 预期预计的关系　━━━ 评估过程

图 9-3　明湖工程失地农民可持续生计评估

应用中指出，社科类调查 KMO 值一般情况下偏低，达到 0.6 以上即适合进行因子分析[①]，KMO 具体结果见表 9.10 所示：

表 9.10　KMO 检验结果

KMO 与 Bartlett 检定		
Kaiser-Meyer-Olkin 测量取样适当性		0.655
Bartlett 的球形检定	大约卡方	170.906
	df	10
	显著性	0.000

第三步，对变量进行相关性分析，已将与其他变量相关性均小于 0.3 的林地、闲置土地面积、农作物种类、土壤品质剔除，一般认为当原始数据大部分变量的相关系数都小于 0.3 时，运用主成分分析不会取得很好的效果。相关性检验结果见表 9.11 所示：

---

① 杜智敏.抽样调查与 SPSS 应用[M].北京：电子工业出版社，2010：198.

表 9.11　相关性检验结果

相关性矩阵

		园地	牲畜量	坑塘面积	草皮	耕地
相关	园地	1.000	0.783	0.824	0.142	0.063
	牲畜量	0.783	1.000	0.920	0.185	0.110
	坑塘面积	0.824	0.920	1.000	0.259	−0.052
	草皮	0.142	0.185	0.259	1.000	−0.373
	耕地	0.063	0.110	−0.052	−0.373	1.000

第四步,通过主成分分析得到解释的方差和成分得分矩阵,提取两个主成分 F_1、F_2,特征值大于 1,方差累积贡献率达 82.264%,第一主成分贡献率 55.034%,第二主成分贡献率 27.23%,合计超过 80%,能够较好的代表这组数据。指标累计贡献率见表 9.12 所示:

表 9.12　指标累计贡献率

指标累积贡献率

元件	起始特征值			提取平方和载入		
	总计	变异的%	累加%	总计	变异的%	累加%
1	2.752	55.034	55.034	2.752	55.034	55.034
2	1.362	27.230	82.264	1.362	27.230	82.264
3	0.591	11.828	94.093			
4	0.234	4.688	98.781			
5	0.061	1.219	100.000			

随后关注成分得分矩阵,关于主成分分析运用成分矩阵还是成分得分矩阵存在一定的争议,我们认可成分得分矩阵,首先,初始因子载荷与 SPSS 中文版得出的成分矩阵是一样的,同一个东西,只不过翻译不同;其次,成分矩阵反映的是每个变量 X 与主成分的关系,比如:$X_1 = aF + \varepsilon$,而成分得分系数矩阵则反映的是每个主成分与每个变量之间的关系,在计算各项资本得分时,期待得到的是一个合成性的数据用于综合各项资本下的不同的评估变量,因而寻找的是能够最大限度代表所有变量的主成分值,故选用成分得分矩阵(表 9.13)。

表 9.13　成分得分矩阵

成分得分矩阵	元件	
	1	2
园地	0.328	0.099
牲畜量	0.344	0.103
坑塘面积	0.352	−0.006
草皮	0.115	−0.563
耕地	−0.001	0.630

第五步,计算自然资本分值。

主成分综合得分 $= \sum$(各主成分得分×各主成分所对应的方差贡献率),有别于因子分析的综合得分,因子分析的综合得分 $= \sum$(各因子得分×各因子所对应的方差贡献率) $\div \sum$ 各因子的方差贡献率。自然资本得分 $= 55.034\% \times (0.328 \times N_1 + 0.344 \times N_2 + 0.352 \times N_3 + 0.115 \times N_4 - 0.001 \times N_5) + 27.23\% \times (0.099 \times N_1 + 0.103 \times N_2 - 0.006 \times N_3 - 0.563 \times N_4 + 0.630 \times N_5)$

在调研过程中我们发现三个村落五项资本结构存在一定差异,故在定量化过程中区分三个村落,分别绘制了资本五边形图。拆迁前东陈、法华、柯湖村落生计五边形图见图9-4,拆迁前对照社区生计资本五边形模型见图9-5。评估社区拆迁安置前后生计资本变化趋势见图9-6。对照社区拆迁安置前后生计资本变化趋势见图9-7。从生计资本五边形结构和变化趋势来看,对照社区与评估社区相似。

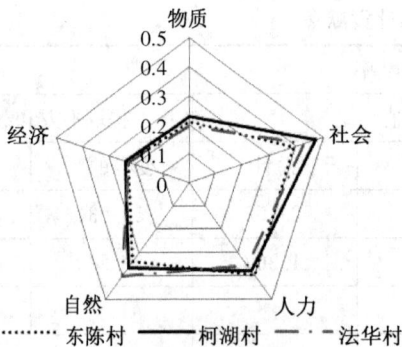

图9-4 拆迁前三村落生计资本五边形图　　图9-5 拆迁前对照社区生计资本五边形图

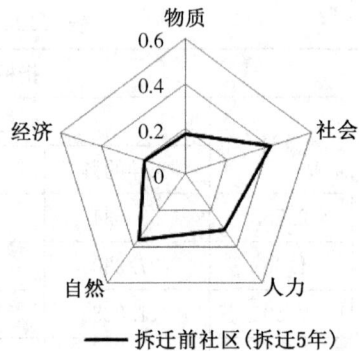

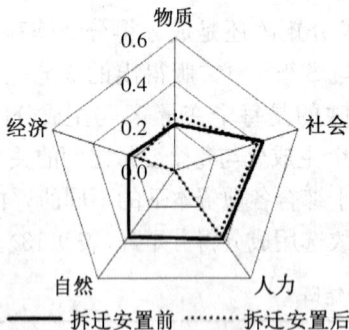

图9-6 拆迁安置前后评估社区生计资本对比　　图9-7 拆迁安置前后对照社区生计资本对比

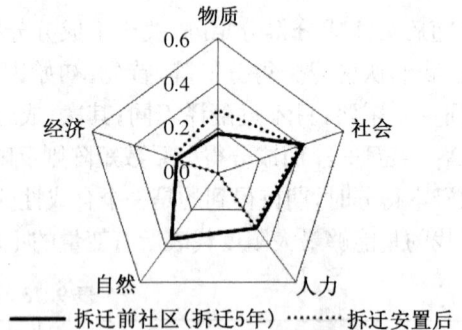

从五边形图,我们可以直观地看出拆迁后,评估社区、对照社区自然资本出现了断崖式下降(事实上自然资本还应当包含一定的环境评估指标,但因为调研过程中居民对环境概念理解的差异,姑且认为自然资本为0)。

1)拆迁前评估社区生计资本状况

从问卷调查结果来看,东陈村的人力资本在三个村落中位于第一位,法华村的自然资本在三个村落中位于第一位,柯湖村的物质、经济、社会资本在三个村落中位于第一位,具体资本值见表 9.14 所示：

表 9.14 拆迁前三个村落生计资本状况

	人力	自然	物质	经济	社会
东陈	0.397	0.337	0.210	0.226	0.391
法华	0.355	0.401	0.196	0.224	0.430
柯湖	0.378	0.361	0.228	0.236	0.474

人力资本是度量劳动力水平、教育和技能培训相关要素的一个指标。被调研的三个村落中人力资本状况如表 9.15 所示。表内数值均为折算后但未标准化数值，部分为 0—1 变量、五级分量。

表 9.15 拆迁安置前评估社区人力资本状况

	户均劳动力值	男性成员占比	劳动力占比	平均受教育年限	受教育水平	培训状况（记接受过培训的为1）
东陈	3.57	0.51	0.67	6.35	4.04（高中或中专）	0.26
法华	3.19	0.61	0.58	6.60	3.56（初中）	0.06
柯湖	2.76	0.61	0.55	6.92	3.5（初中）	0.21

自然资本是度量土地、水资源和生物环境相关要素的一个指标。被调研的三个村落中自然资本状况如表 9.16 所示。表内数值均为折算后但未标准化数值，部分为 0—1 变量、五级分量。

表 9.16 拆迁安置前评估社区自然资本状况

	户均耕地面积（亩）	园地面积（亩）	草皮面积（亩）	林地面积（亩）	坑塘面积（亩）	牲畜量多少
东陈	7.02	0.06	0.61	1.67	0.05	1.00
法华	8.88	0.52	2.63	5.16	0.50	3.00
柯湖	8.52	0.34	2.11	2.45	0.71	5.00

物质资本是度量生活资本、生产资本、基础设施相关要素的一个指标。被调研的三个村落中物质资本状况如表 9.17 所示。表内数值均为折算后但未标准化数值，部分为 0—1 变量、五级分量。

表 9.17 拆迁安置前评估社区物质资本状况

	住宅质量等级评分	户均面积（m²）	户均耐用消费品数量（个）	道路等级评分	能源综合评分	医疗卫生条件综合评分	学校状况综合评分
东陈	3.00	221.96	4.09	2.69	0.61	3.22	1.91
法华	2.81	196.88	3.06	2.44	0.56	3.19	2.01
柯湖	3.32	217.86	4.43	2.86	0.63	3.57	2.10

　　经济资本是评估收入和借贷来源相关要素的一个指标。被调研的三个村落中经济资本状况如表9.18所示。表内数值均为折算后但未标准化数值,部分为0—1变量、五级分量。

表9.18　拆迁安置前评估社区经济资本状况

	户均年收入（万元）	户均非农业收入（万元）	户均收入来源	就业难易性	户均借贷来源	户均保险来源
东陈	5.59	3.24	2.00	2.70	1.87	1.81
法华	5.48	2.44	1.69	2.69	1.75	1.39
柯湖	5.77	2.74	2.07	3.42	1.00	2.21

　　社会资本是评估纽带关系、桥接关系、连接关系相关要素的一个指标。被调研的三个村落中社会资本状况如表9.19所示。表内数值均为折算后但未标准化数值,部分为0—1变量、五级分量。

表9.19　拆迁安置前评估社区社会资本状况

	夫妻关系（满分5分）	上下辈关系	邻里关系	亲戚关系	参与社区会议（频繁度）	文体活动（频繁度）	社区公益（频繁度）
东陈	4.52	4.35	4.14	3.96	2.19	1.68	1.91
法华	4.36	4.29	4.56	4.44	2.22	1.63	1.69
柯湖	4.62	4.38	4.22	4.07	4.00	1.86	3.69

　　从数据调研结果综合来看,东陈村为人力资本依托型村落,法华村是自然资本依托型村落,而柯湖村借助于良好的村落治理实现生计可持续。半结构化访谈与数据分析结果相吻合。通过半结构化访谈了解到,东陈村靠近省道311,交通通达,劳动力充足,地势较低,户均土地面积较少,在周边务工人员较多。法华村土地面积在三个村落中最多,属于传统的较为依赖于土地的村落,交通条件较差,劳动力比较充足,户均土地面积较多,在周边务工人员较少。柯湖村土地面积在三个村落中属于跟东陈村相当的水平,是政区发展规划区,部分土地早年被征用,交通状况与东陈村相当,交通便利,劳动力较东陈村来说少一些,地势较高,很少受水灾,打工人口较多,村委会治理状况较好。

2）拆迁后评估社区生计资本状况

　　工程冲击后,再次调研发现,三个村落人力资本分值均有所下降,东陈村的人力资本在三个村落中位于第一位;三个村落自然资本均出现断崖式下降(本来自然资本中应包含环境要素,但在调研过程中因为调研者对环境概念界定模糊不一致,所以最终姑且认为自然资本为0;同时,在拆迁安置后,调研了解到部分村民还有部分土地未被征收,但因无法继续耕种,作"流转"土地,每年签约"流转协议",获得金钱补偿,故计入经济资本中);三个村落物质资本得分均有所上升,东陈村的物质资本在三个村落中位于第一位;三个村落经济资本分值均有所下降,东陈村的经济资本在三个村落中位于第一位;三个村落社会资本分值均有所下降,拆迁后东陈村的社会资本在三个村落中位于第一位。具体资本值见表9.20～表9.25所示。

表 9.20 拆迁后三个村落生计资本状况

	人力	自然	物质	经济	社会
东陈	0.367	0.000	0.278	0.198	0.412
法华	0.345	0.000	0.209	0.155	0.406
柯湖	0.358	0.000	0.265	0.161	0.377

表 9.21 拆迁后三个村落人力资本状况

	户均劳动力值	男性成员占比	劳动力占比	平均受教育年限	受教育水平	培训状况(记接受过培训的为1)
东陈	3.45	0.53	0.67	6.15	3.94(高中或中专)	0.00
法华	3.03	0.62	0.58	6.05	3.06(初中)	0.00
柯湖	2.76	0.59	0.57	6.71	3.64(初中)	0.00

表 9.22 拆迁后三个村落自然资本状况

	户均耕地面积(亩)	园地面积(亩)	草皮面积(亩)	林地面积(亩)	坑塘面积(亩)	牲畜量多少
东陈	0.00	0.00	0.00	0.00	0.00	0.00
法华	0.00	0.00	0.00	0.00	0.00	0.00
柯湖	0.00	0.00	0.00	0.00	0.00	0.00

表 9.23 拆迁后三个村落物质资本状况

	住宅质量等级评分	户均面积(m²)	户均耐用消费品数量(个)	道路等级评分	能源综合评分	医疗卫生条件综合评分	学校状况综合评分
东陈	3.62	203.95	5.86	3.50	1.00	3.25	3.25
法华	3.00	136.60	4.40	3.40	1.00	2.67	2.67
柯湖	3.40	115.09	6.09	3.45	1.00	3.30	3.30

表 9.24 拆迁后三个村落经济资本状况

	户均年收入(万元)	户均非农业收入(万元)	户均收入来源	就业难易性	户均借贷来源	户均保险来源
东陈	3.79	3.79	2.00	3.40	1.89	1.77
法华	2.65	2.65	1.69	2.20	1.80	1.42
柯湖	3.13	3.13	2.07	2.82	1.12	2.01

表 9.25 拆迁后三个村落社会资本状况

	夫妻关系(满分5分)	上下辈关系	邻里关系	亲戚关系	参与社区会议(频繁度)	文体活动(频繁度)	社区公益(频繁度)
东陈	4.65	4.41	3.78	3.89	1.60	1.35	1.25
法华	4.40	4.20	3.00	3.20	1.45	1.00	1.40
柯湖	4.70	4.52	3.64	3.51	1.10	1.00	1.09

3）对照社区及城镇社区生计资本情况

对照社区和城镇社区生计资本状况如表 9.26 所示,评估社区(拆后)、对照社区(拆后)、城镇社区人力资本状况对比见表 9.27,自然资本对比见表 9.28,物质资本对比见表 9.29,经济资本对比见表 9.30,社会资本对比见表 9.31。

表 9.26　对照社区和城镇社区生计资本状况

	人力	自然	物质	经济	社会
拆迁前社区(拆迁 5 年)	0.304	0.358	0.176	0.195	0.410
拆迁后社区(拆迁 5 年)	0.290	0.000	0.280	0.220	0.392
城镇社区	0.373	0.000	0.233	0.263	0.347

表 9.27　评估社区(拆后)、对照社区(拆后)和城镇社区人力资本状况

	户均劳动力值	男性成员占比	劳动力占比	平均受教育年限	受教育水平
评估社区	3.08	0.58	0.61	6.30	3.55(初中)
对照社区	2.68	0.52	0.56	7.39	3.39(初中)
城镇社区	3.61	0.52	0.67	10.48	4.27(高中及以上)

表 9.28　评估社区(拆后)、对照社区(拆后)和城镇社区自然资本状况

	户均耕地面积(亩)	园地面积(亩)	草皮面积(亩)	林地面积(亩)	坑塘面积(亩)	牲畜量多少
评估社区	0.00	0.00	0.00	0.00	0.00	0.00
对照社区	0.00	0.00	0.00	0.00	0.00	0.00
城镇社区	0.00	0.00	0.00	0.00	0.00	0.00

表 9.29　评估社区(拆后)、对照社区(拆后)和城镇社区物质资本状况

	住宅质量等级评分	户均面积(m²)	户均耐用消费品数量(个)	道路等级评分	能源综合评分	医疗卫生条件综合评分	学校状况综合评分
评估社区	3.24	151.88	5.45	3.45	1.00	3.07	3.07
对照社区	3.02	140.68	5.44	2.85	1.00	3.55	3.79
城镇社区	3.07	118.45	6.64	2.82	1.00	3.44	3.00

表 9.30　评估社区(拆后)、对照社区(拆后)和城镇社区经济资本状况

	户均年收入(万元)	户均非农业收入(万元)	户均收入来源	就业难易性	户均借贷来源	户均保险来源
评估社区	3.19	3.19	1.92	2.81	1.60	1.73
对照社区	5.73	5.73	1.27	3.05	1.17	1.51
城镇社区	8.08	8.08	1.07	3.64	1.27	2.09

表 9.31 评估社区（拆后）、对照社区（拆后）和城镇社区社会资本状况

	夫妻关系（满分5分）	上下辈关系	邻里关系	亲戚关系	参与社区会议（频繁度）	文体活动（频繁度）	社区公益（频繁度）
评估社区	4.58	4.38	3.47	3.53	1.38	1.12	1.25
对照社区	4.11	4.00	3.55	3.49	1.32	1.27	1.29
城镇社区	3.91	4.00	2.55	3.45	1.25	1.18	1.36

结合资本五边形图和半结构化访谈内容可以理解五项资本的变化（图9-8）。

工程建设前后，人力资本所测量的指标略微降低，并未发生显著性变化。深究人力资本降低原因，在于家庭劳动力状况和技能状况的变化，短期内，工程建设不会对居民的教育产生显著性的影响，劳动力的数量和质量决定着农户对其他资本的运用，工程建设带来的住宅分配等政策加速了家庭小型化的进程，引起了小部分被调研家庭劳动力数量的改变。

自然资本伴随着土地被征、流转呈现了断崖式下降，其中，对于土地依赖度最高的法华村下降最为显著。

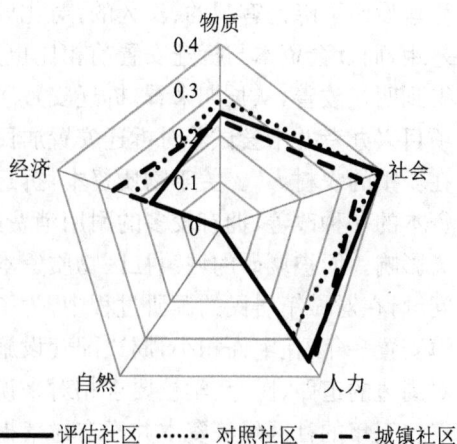

图 9-8 评估（拆后）、对照（拆后）、城镇社区生计资本五边形图

物质资本因拆迁后住房质量的改善以及基础设施的改善而增强。其中，较早进行拆迁安置的东陈村物质资本得分最高，原因在于其较早进行拆迁安置，在拆迁安置过程中，居民可自主选择安置小区，因而呈现出一种满意度较高的状态。拆迁后，耐用消费品数量均呈现上升趋势，这样的变化与经济资本有所关联，原住民在征地拆迁后，获得了一笔征地补偿金和拆迁安置款，往往倾向于在一定程度上去改善物质条件。拆迁安置到城镇后，居民均表示道路状况有所改善，能源及学校状况均得到改善。但是在医疗条件状况相关数据分析过程中却发现法华村、柯湖村医疗条件状况分值均有所下降，没有预期那么高，结合访谈内容深究其原因在一定程度上关系到社会资本，调研过程中发现原法华、柯湖村民反映，拆迁安置到城镇后，他们的医保关系并未转至城镇，为了能够报销部分医疗费，他们仍需要返回原村落去看病就医，小病的时候，他们就近医院就医，但因为不能享受医保，他们需要付出比以前更为高昂的医疗费，因而对医疗条件呈现一种不满的状态。

经济资本拆迁后因收入来源的切断而有所下降。东陈村原为人力资本依托型村落，非农收入较高，打工人口较多，因而相对来说，经济资本维持在一个相对较为良好的水平，但是仍然较征地之前有所下降。

社会资本因拆迁后组织关系的破坏而有所下降。夫妻关系、上下辈关系仍呈现一种相对较好的状态，但是拆迁后邻里关系发生弱化，深究其原因在于入住城镇后，原邻居被打散，居民表示受城镇住宅格局等多方影响，入住城镇后，邻里关系淡化，"串门聊天"少了很多。拆迁后亲戚关系呈弱化状态，深究其原因在于入住城镇后，需要靠打零工来维持生计，闲暇时间减少，同时，拆迁安置后，多数居民表示与经常走动的亲戚之间的距离变远了，走动减少

了。拆迁安置后社区组织关系呈现弱化状态,同时东陈村状况相对较好,而法华、柯湖较差,究其原因在于,东陈村涉及拆迁的村组较多,15个大队,拆了14个,共拆10个村民组,而法华村拆了4个村民组,柯湖村拆了2个村民组。东陈村涉拆村民组较多,安置较为集中,有利于重建社区组织关系;而法华、柯湖涉拆村民组较少,拆迁安置较为分散,因拆迁村民组较少,并未建立新的组织关系,其组织关系仍在原村落,需参加原村落的活动,而因为距离上的问题,居民并不是很愿意继续回原村落参与活动,这样的组织关系也给他们带来了较多的不便,引起了他们一定程度上的不满。

结合与拆迁安置社区、城镇社区的对比,人力资本、自然资本、经济资本、社会资本随工程建设而下降是客观的、长久的,对比城镇社区可知,人力资本、经济资本较城镇社区有较大差距,而社会资本与拆迁安置前相比也呈下降态势。拆迁安置五年社区,人力资本数值并没得到明显改善,从长期来看,拆迁安置居民教育、技能培训往往仍然没有得到实质性的改善,项目兴办者并未尝试着对拆迁安置居民进行技能培训以帮助他们就业,他们仍然属于"居住在城镇的农村人"。关于物质资本,拆迁安置五年的居民处在一个较高水平,伴随着是物质资本的一种改善,拥有较多的耐用消费品,基础设施条件良好,这是工程所带来的良好的社会影响。而被调研的城镇社区物质资本状况不太符合预期,思考其原因在于调查样本选取问题,在对城镇居民的调研过程中,为了寻找真正意义上的城镇居民,选取的样本均已在城镇安置多年,住宅面积小,周边配套设施老旧,同时,城镇居民对基础设施的普遍要求更高,对周边的道路、医疗、学校要求相对来说更高,致使物质资本得分较低。关于经济资本,拆迁安置五年的社区经济资本并没有村落拆迁安置前高,这反映为拆迁安置在城镇的农民居民收入、信贷状况并没有伴随着进入城镇而与城镇保持在同一水平线上,他们可能缺乏相应的知识和技能,因而在城镇中生活得较为艰难。关于社会资本,将拆迁安置五年社区的社会资本值与拆迁安置、未拆迁时对比,发现生计资本值一直处于下降状态,拆迁安置前反而是资本值的最高点,究其原因,我们认为被动的"城镇化"可能带来亲戚关系的疏远,在一些极端案例中,上下辈之间、夫妻之间可能因为工程拆迁后的财产分割而被破坏,变得疏远,与此同时,拆迁安置居民往往并未融入城镇居民行列,他们被排斥在城镇的社交体系之外。

9.4.2 评估社区与对照社区的拆迁安置政策与方案对比

评估社区和对照社区拆迁安置政策对比如表9.32所示。

实验组和对照组所涉及的房屋拆迁补偿征地政策除了"补偿金额略有提升""流转新政"略有差异外(流转新政的存在,相较原有政策,更为完善)、"安置地点不同"外,其他政策基本相同,预期将对失地农民带来相似的影响。值得一提的是,"流转"新政从出发点来说预期能够带来良好的社会效果,蕴涵了帮助农民实现"持续的生计来源"的思想,但是在实际调研过程中发现存在两点问题:其一,流转包含严格的限制条件,对于一般农户家庭来说,只有部分群体的小部分土地可以实现流转,以每户可流转土地2亩计算,可获1 512元/年的补偿,并不能够大幅度改善失地农民生活;其二,存在这样的现象,"可流转农户"羡慕"获得一次性货币补偿的农户"所获得的金额多,"获得一次性货币补偿的农户"羡慕"可流转农户"可有长期稳定的补贴来源,一定程度上滋生不满情绪。流转新政可以在一定程度上进行调整,由农户自行选择接受流转或一次性补偿。

表 9.32　评估社区和对照社区拆迁安置政策对比

		评估社区①	对照社区②
房屋征迁	补偿安置方式	1. 货币补偿； 2. 按认证的安置人口人均 40 m² 面积安置	1.货币补偿；2. 按认证的安置人口人均 40 m² 面积安置
补偿安置方案	补偿安置标准	1. 实行货币补偿的，以予以认可的被征迁房屋面积，按照房屋重置价结合成新给予补偿。 2. 被征迁人住宅人均建筑面积超过 40 m² 的，按应安置人口人均 40 m² 的标准计算其安置面积，并按被征迁房屋重置价结合成新与安置房重置价相互结算差价，超出部分按被征迁房屋重置价结合成新给予货币补偿。 3. 被征迁人住房人均建筑面积在 40 m² 以下的，可按应安置人口人均 40 m² 补齐其安置面积，补足部分由被征迁人按安置房重置价购买；放弃补足部分的，由征迁人按安置房重置价(多层)给予货币奖励。 4. 未被征用的土地实行土地流转(土地流转是伴随着明湖蓄水工程而产生的新政策)：补偿 756 元/(亩·年)(550 斤水稻的市场价，遇降价，执行原价，遇涨价，执行涨后价格，总之执行高价)，流转时需要签订流转协议，土地外包给企业，由村政府牵头统一招商引资，与村政府签订流转协议，自愿性质，同意流转一年签一次协议。同时，对于未被征收土地，政府还给予粮补：180 元/(亩·年)。(受访者口述) 5. 安置补偿具体金额参见《滁州市征收集体土地上房屋、其他附着物和青苗补偿标准》(滁政办〔2015〕37 号)③	1. 被征迁人住宅人均建筑面积超过 40 m² 的，按应安置人口人均 40 m² 的标准给予其安置，并按被征迁房屋重置价结合成新与安置房重置价相互结算差价，超出部分按被征迁房屋重置价结合成新给予货币补偿。 2. 被征迁人住房人均建筑面积在 40 m² 以下的，可按应安置人口人均 40 m² 标准补足其安置面积，与被征迁房屋同面积部分，按被征迁房屋重置价结合成新与安置房重置价相互结算差价，补足部分由被征迁人按安置房重置价购买。 3. 安置补偿具体金额参见《滁州市征收集体土地上房屋、其他附着物和青苗补偿标准》(滁政办〔2012〕115 号)④
	安置地点	定点集中安置，均安置在城镇，对享受人口安置的被征迁人，实行腾空房屋后按抓阄顺序号先后的原则选择安置房号	定点集中安置，均安置在城镇
就业政策	就业方案	未见	未见

9.4.3　评估社区生计策略预测

通过剖析对照社区目前的生计策略状况结合生计政策，可以预测评估社区未来的策略走向(表 9.33)。

---

① 胜天河综合整治项目集体土地上房屋征迁补偿安置方案[EB/OL]. (2016-02-18). http://www.chuzhou.gov.cn/2681503/3596218.html.

② 清流河综合整治二期项目集体土地上房屋征迁补偿安置方案[EB/OL]. (2012-10-09). http://www.chuzhou.gov.cn/2681503/3596046.html.

③ 滁州市人民政府办公室关于调整滁州市征收集体土地上房屋、其他附着物和青苗补偿标准的通知[EB/OL]. (2015-11-16). http://www.chuzhou.gov.cn/2681503/3595404.html.

④ 滁州市人民政府办公室关于调整滁州市征收集体土地上房屋、其他附着物和青苗补偿标准的通知[EB/OL]. (2012-12-20). http://www.chuzhou.gov.cn/public/column/2681503?type=4&action=list.

表 9.33　评估社区和对照社区生计策略对比

	评估社区	对照社区
拆迁安置前	以收入金额判定的生计策略： 1. 43%的收入来源于种田； 2. 41%的收入来源于打零工和工资性收入； 3. 7%的收入来源于商业零售小店、承租商场柜台； 4. 5%的收入来源于畜牧业养殖； 5. 2%的收入来源于渔业养殖。 以生计策略类型判定的生计策略： 1. 54%的农户选择半农半工型生计策略； 2. 23%的农户选择多样型生计策略； 3. 15%的农户选择纯农型生计策略； 4. 9%的农户选择纯工型生计策略	以收入金额判定的生计策略： 1. 65%的收入来源于打零工和工资性收入； 2. 20%的收入来源于种田； 3. 7%的收入来源于商业零售小店、承租商场柜台； 4. 6%的收入来源于畜牧业养殖； 5. 1%的收入来源于渔业养殖。 以生计策略类型判定的生计策略： 1. 51%的农户选择半农半工型生计策略； 2. 25%的农户选择纯农型生计策略； 3. 15%的农户选择多样型生计策略； 4. 9%的农户选择纯工型生计策略
拆迁安置后	以收入金额预测的生计策略： 1. 打零工和工资性收入占比将急剧提升； 2. 商业零售小店、承租商业柜台占比将急剧提升； 3. 生计来源将呈现更加多元化的态势。 以生计策略类型预测的生计策略： 1. 纯工型生计策略将急剧增加，占大多数； 2. 多样型生计策略将急剧增加	以收入金额判定的生计策略： 1. 70%的收入来源于打零工和工资性收入； 2. 23%的收入来源于商业零售小店、承租商场柜台； 3. 4.36%的收入来源于养老金； 4. 1.28%的收入来源于炒股票或其他金融投资收入； 5. 0.43%的收入来源于子女供养和亲朋资助。 以生计策略类型判定的生计策略： 1. 72%的农户选择纯工型生计策略； 2. 28%的农户选择多样型生计策略

生计策略对比图包括对照社区拆迁安置前以各项收入金额占总金额的比例所绘的收入金额占比图（图9-9）、对照社区拆迁安置后以各项收入金额占总金额的比例所绘的收入金额占比图（图9-10）、对照社区拆迁安置前生计策略图（图9-11）、对照社区拆迁安置后生计策略图（图9-12）、评估社区拆迁安置前以各项收入金额占总金额的比例所绘的收入金额占比图（图9-13）、评估社区拆迁安置前生计策略图（图9-14）。

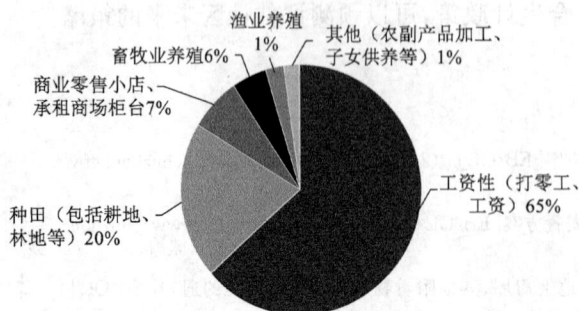

图 9-9　对照社区拆迁安置前收入金额占比

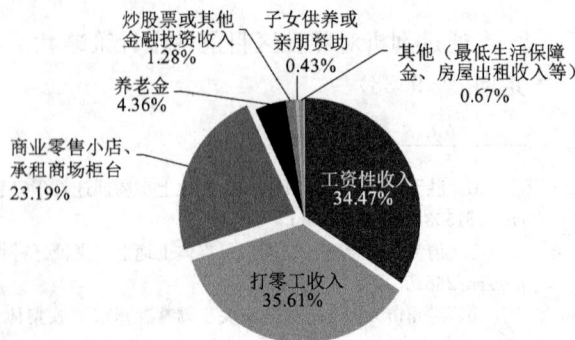

图 9-10　对照社区拆迁安置后收入金额占比

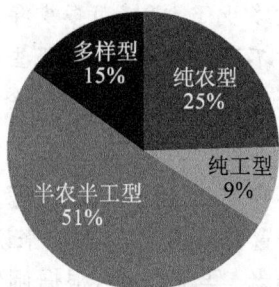

图 9-11　对照社区拆迁安置前生计策略状况　　图 9-12　对照社区拆迁安置后生计策略状况

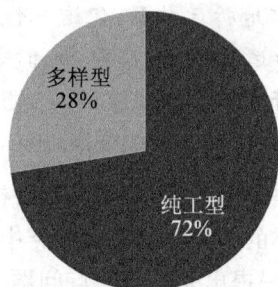

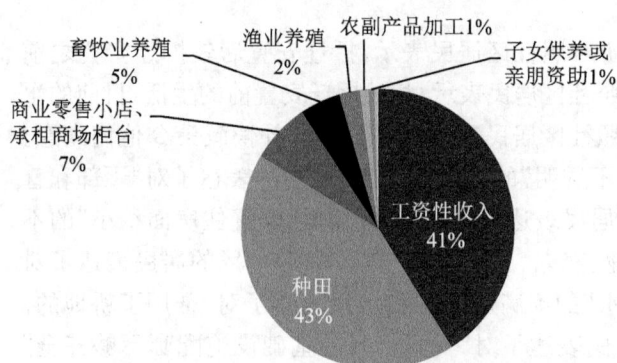

图 9-13　评估社区拆迁安置前收入金额占比　　图 9-14　评估社区拆迁安置前生计策略状况

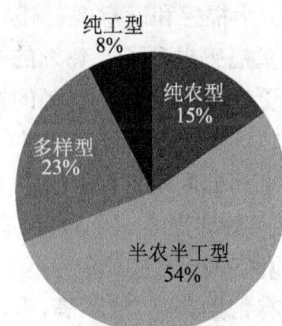

通过剖析对照社区目前的生计策略状况，可以预测评估社区未来：①打零工和工资性收入占比将急剧提升；②商业零售小店、承租商场柜台占比将急剧提升；③纯工型生计策略将急剧增加，占大多数，同时，生计来源将呈现更加多元化的态势。

9.4.4　评估社区生计结果预测

（1）收入。对照社区拆迁安置前，户均收入为 39 261 元，拆迁安置后为 57 320 元，城镇社区户均收入为 80 750 元，48％的居民表示收入水平较拆迁安置前明显提高。随着社会的整体发展，对照社区拆迁安置居民虽然经过 5 年的调整，收入水平较之前有明显提升，但这种提升可能在很大程度上取决于国家宏观经济的整体发展，其收入水平仍与城镇社区存在很大差距，并没有真正意义上与城镇"接轨"。这在调研过程中的半结构化访谈中也有所体现。

受访者口述 1（男，53 岁）：我们之前种地，每年收入大概 2、3 万块钱，种草坪收入每亩 2 000～3 000 元，每年能收入多一点，5、6 万的样子，现在就是打零工。找工作收入不一定，找的好和找的差的时候不一样，好的时候 5 万～10 万，赚的可能比以前高，因为不种地了，一心打工，种地挣不了多少钱，但是就是不稳定，有时候找不到工，现在找工作没以前好找,我们也没啥知识文化,不好找。最希望能够得到政府的帮助啊,就是希望有厂。当时是有一笔征地拆迁补贴,但这笔钱拿来装修,就没剩多少了,哪够用多少年,没有保障。

受访者口述 2(男,51 岁):我们当时拆迁的时候拿不到大房子,只有那些有关系的,才能住到条件好的房子,我们人口多,想要大房子啊。以前在村子的时候,大家会一起唱唱歌、跳跳舞,现在我们一般都去公园逛逛,没有这些组织。

从访谈结果来看,拆迁安置到城镇社区的居民还存在着就业难、缺乏保障、组织关系薄弱等各式各样的生计问题。在问卷中也设置了"拆迁安置在城镇生活,对您来说最大的问题是什么"? 居民提出的主要三点问题是:就业、保障、养老。与此同时,根据调研,对照社区对征地补偿金的平均预期使用年限为 9 年,征地补偿金的存在,并不能保证失地农民生计的长久安全。据此预测,在工程建设后,评估社区失地农民收入将在一定程度上有所提高,但同时还将会面临就业难、保障难等众多问题,征地补偿金所能带来的经济安全感往往持续不超过 10 年。

(2)幸福感和满意度。45%的被调研对照社区居民表示,拆迁安置后较拆迁安置之前生活的幸福感提升了。48%的被调研对照社区居民表示,相较拆迁安置前的生活,目前的生活状况更令他们满意。45%的被调研对照社区居民表示拆迁、安置、补偿政策令他们满意。其中,有 23%的居民表达了对"政策制度不透明"的不满,有 30%的居民表达了对"干部和普通民众之间分配不均"的不满,有 39%的居民表达了对"补贴金额低、安置住房面积小"的不满,有 3%的居民表达了对"没有提供失业、养老、医疗保险"的不满,有 3%的居民表达了对"同一地区的补贴方案前后不一致,不公平"的不满,有 3%的居民表达了对"征用了耕地的,政府没有帮助就业"的不满,有 10%的居民表达了对"安置小区的基础设施配套不够齐全"的不满,有 7%的居民表达了对"安置房质量不好"的不满,有 0%的居民表达了对"老邻居们住得离得很远,无法适应城市生活"的不满,见图 9-15 所示:

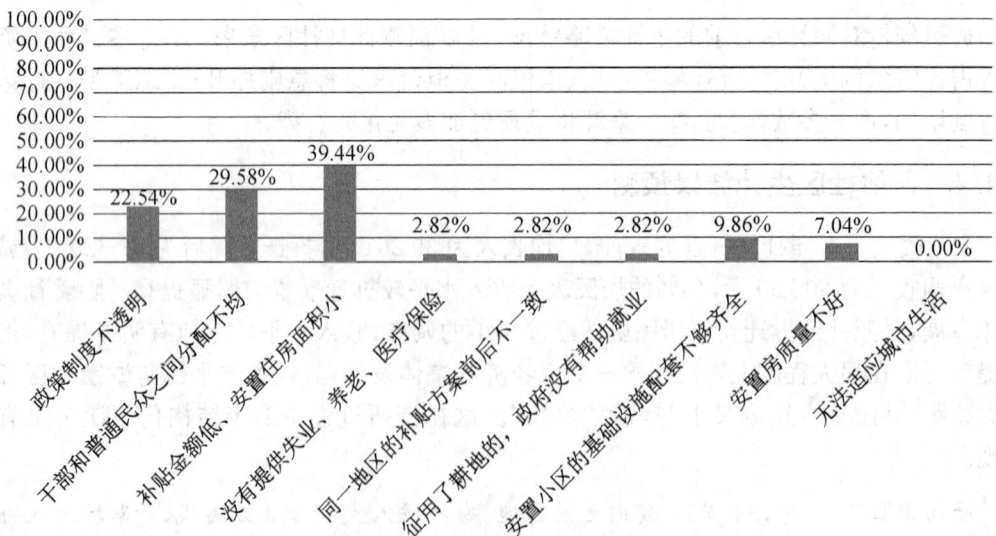

图 9-15 对照社区拆迁、安置、补贴政策不满因素调查

从预测的生计结果来看,明湖工程建设将带来拆迁安置地居民收入的增加,但同时,失地农民将面临就业、保障等诸多问题,与拆迁安置地的城镇居民相比,预计在较长时间内仍存在较大差距。

9.5 明湖工程受影响社区的脆弱性评估

依据9.4节所获得的生计资本数据,根据第5章所提出的社区脆弱性评价尺度,对受明湖工程建设影响而征地拆迁安置的东陈、法华、柯湖等三个村落的脆弱性水平进行评价,对明湖工程建设后社区的状态进行预测,并分析导致脆弱性差异的原因,为相应的政策制定提供相关的建议。所测算的三村落拆迁前的适应力水平如图9-16所示。

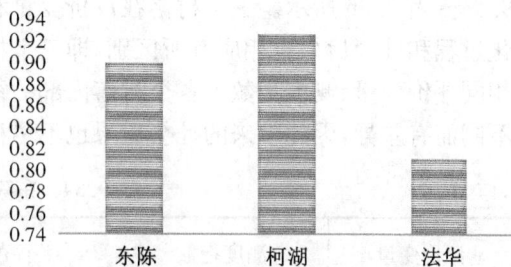

图 9-16 拆迁前社区适应力水平

依据适应力与脆弱性的关系,法华社区的脆弱性水平最高,其次是东陈和柯湖。这一点是与拆迁前社区生计水平以及社区资本水平相切合的。因此随着工程的建设以及后来的运营阶段,法华村将在工程建设的巨大冲击下呈现出较少的适应能力,其本身固有的内部脆弱性得以暴露并导致村落呈现出较高的脆弱性水平。深入研究导致其差异的原因发现:导致三个村落内部脆弱性水平差异的最根本原因在村落的交通、拥有的资本,以及劳动力等决定的村落发展策略的差异。从村落的发展策略的角度来分析,东陈村与其他村相比人力资本呈现出较大的优势,所在区域的交通便利、对外联系便利,劳动力充足并具有较多的外来务工人员,因而周围的居民具有务工的传统且掌握了一定程度的务工技术。法华村则主要依靠村落固有的自然资本并作为主要的发展战略,该村落主要集中在以务农相关的农业生产活动,而其他的务工以及专业就业技术的掌握则很少。同时法华所在的村落交通条件较差,不能很好地与外界沟通,因而村落的居民在生存技术和就业专业水平等方面呈现出一定水平的劣势。柯湖村的发展状态较为综合,村落的生计资本也较为均衡,因而保持着最高的适应能力。柯湖村属于政区发展规划区,靠近乌衣镇,在明湖水库工程规划建设之前很多的土地被征用于城镇规划和新农村建设,基础设施完备,交通便利。村落形成了打工的传统,村落很少依赖传统的农业加工生产。另一方面该社区靠近当地政府、政务服务中心等,村委会治理状况较好。同时,不可忽略的是社区之前具有失去土地的经验,居民对拆迁安置具备一定的心理准备和生存技能。基于以上的分析,预测明湖工程建设后法华村可能面对着巨大的工程冲击,并缺乏一定的应对能力,尤其是村落失去了大量土地等自然资本;东陈村在这个工程中呈现出的脆弱性较低,原因在于其务工传统、专业技能等人力资本呈现出的优势,因而自然资本的丢失未能对其造成巨大的冲击。柯湖作为综合发展较好的社区,在各个方面呈现出一定的优势,并且该村落具有一定的拆迁安置的心理准备和物质准备,因此脆弱性的水平较低。

9.6 评估综合结论与相关建议

9.6.1 社区的社会变迁过程和社会后果预测

根据之前的评估工作和结果分析,结合第3章提出的评估主题聚焦将三个村落分别按照评价变量、测度指数、关注的社会变化过程以及关注的社会后果分别进行梳理,结果如表9.34~表9.36所示。三个村落在评价变量和测度指数方面有一定差异,各自关注的社会变化过程和社会后果也相应有所区别,即三个村落在评价变量和测度指数上有所不同。同时,相同评价变量、测度指数下各个村落内部的社会变化过程也因村落居民所拥有的生计资本不同而有差异,因此带来的社会后果也不尽相同,需要分别讨论。

表 9.34　东陈村评估主题聚焦

评价变量	测度指数	关注的社会变化过程	关注的社会后果
就业情况	就业率	就业区域产生变动,或更激烈	更换就业岗位可能产生波动
社会组织	社区(村)居民委员会	拆迁安置零散化	组织关系破碎、管理关系混乱
社区文化	社区认同与归属	工作地点分散,流动度高	安置自由度影响未来居住感受
社会服务类设施	医疗卫生	医保关系未随住房同步安置	住在安置区,却还得回原籍看病
	养老福利	零散安置并未考虑未来养老设施配备	拆迁后老龄人口居住便利度下降
日常生活类设施	道路交通	原有区位交通较为便利	拆迁安置后可能会降低便利度

表 9.35　柯湖村评估主题聚焦

评价变量	测度指数	关注的社会变化过程	关注的社会后果
就业情况	就业率	就近就业比例较高	异地安置后就业麻烦
社会组织	社区(村)居民委员会	原有政务服务便利,组织联系紧密	异地安置会导致脱节和组织关系破碎
社区文化	社区认同与归属	原有新农村建设卓有成效	异地安置文化融入度低
日常生活类设施	道路交通	原有区位交通较为便利	拆迁安置后可能会降低便利度
社会服务类设施	养老福利	零散安置并未考虑未来养老设施配备	拆迁后老龄人口居住便利度下降
环境及生态保护设施	生态与绿化工程	安置居住环境品质下降	拆迁安置幸福感降低

表 9.36　法华村评估主题聚焦

评价变量	测度指数	关注的社会变化过程	关注的社会后果
就业情况	就业率	从务农向失业转变	失地农民就业困难
	就业结构	从农民向工人转变	没有从事经验，只能低价劳力输出
收入情况	收入水平	短期补偿收入增加	长期难以为继
	收入来源结构	从单一农业向其他转变	以再就业为基础的转变困难
社会组织	社区(村)居民委员会	拆迁安置零散化	组织关系破碎、管理关系混乱
社区文化	社区认同与归属	住房安置和其他安置不同步	住在一起的陌生人
社会服务类设施	医疗卫生	医保关系未随住房同步安置	住在安置区，却还得回原籍看病
	养老福利	零散安置并未考虑未来养老设施配备	拆迁后老龄人口居住便利度下降

9.6.2　明湖工程移民拆迁安置社区生计改善建议

1）结合生计资本

从生计资本角度来看，拆迁后三个村落人力资本、自然资本、经济资本、社会资本均出现了不同程度的下降，因而需要从这四个资本维度来思考实现生计可持续性的政策。

首先，提升人力资本。提升人力资本的直接措施包括提升健康、教育、技能培训相关的基础设施，提升贫困人口知识和技能，间接措施包括改革健康、教育、技能培训相关的政策和培训体系。短期看培训，长期看教育。具体来说，针对明湖工程作用下的失地农民，尤其是以法华村为代表的人力资本严重缺失的村落的失地农民，短期内需加大培训力度，向他们提供就业培训，增强他们的技能，以市场的需求和农民的需求来定制培训项目，以竞争定制培训机构，以补贴促进失地农民参与（对积极参与技能培训的失地农民予以一定的补贴）。充分利用成校、职校和社会力量办学，通过政府组织和引导，对农民进行技能培训和介绍就业服务，使失地农民学得一技之长，增强就业适应能力和竞争力。把失地农民的培训纳入城镇下岗职工再就业培训体系，面向市场，突出重点，因人制宜，提高质量。长期来看，需要保证安置区周边学校的质量良好并对于失地农民子女可获得，让失地农民子女能够获得和城镇同等的优质的教育资源，并对他们进行长期的宣传教育，让他们从思想深处认可教育的重要性。

其次，弥补自然资本。提升自然资本的直接措施包括保护资源以及生态多样性；对于林业、农业等提供服务设施或投入。提升自然资本的间接措施包括改革为农业、林业、渔业发展提供服务的组织，环境立法等。但是对于明湖工程冲击下的东陈、法华、柯湖的失地农民来说，他们失去土地，同时拆迁安置到城镇，于他们而言，自然资本在此背景下，主要体现为与经济资本的一种转换，制定合理的征地补偿政策以及拆迁安置政策尤为重要，具体将在经济资本中予以讨论。

再次，改善经济资本。提升经济资本可以通过直接性地增加收入和间接性地提高信贷的可获得度以及提供储蓄机制来完成。在征地拆迁安置背景下，合理的征地补偿和安置方式尤为重要。在选择补偿及安置方式时，需结合其他资本考虑多重影响因素，差异化对待三个村落。另外，应当促进三个村落失地农民就业，广开就业渠道，把失地农民纳入城镇就业体系,与城镇居民享有同等待遇,需要将安排好社会保障问题前置,作为工程建设前期需要思考的重点问题。

最后,提升社会资本。提升社会资本的措施包括加强社区组织技能、构建信任、提供领导力培训、鼓励被边缘化群体的加入以及支持网络的发展等。对于社会资本出现的下降,基于其形成原因的理解,政府应当致力组织关系的重新构建以及社会关系维系。

针对三个村落的生计资本差异,落实到村的生计改善建议包括:

(1)东陈村:①首先应该提高健康保障水平,发展社区医生和完善安置区周边医院配套,同时完善农村医疗保险制度的全面覆盖和安置前后的定点医保区域转换。②要提高不同年龄段教育配套的完善程度,在安置区周边完善学区配套,同时也要适当地安排中老年人群学习进修的社区图书馆等基础设施。③由于东陈村有一部分人外出到江苏打工,未来拆迁安置可能对他们的就业选择区域产生影响,因此政府需要考虑提供人才交流市场、组织招聘会等措施。④由于外出打工比例较高,未来就会在就业地点上产生不确定性,同时受访者对于经济收入关注度较大,因此建议结合村落本身的情况,采取货币化安置为主,提高东陈村村民安置的自由度。⑤同时建议政府和银行等金融机构联合,采用小额担保和创业指导相结合的形式,鼓励一部分村民把握住明湖工程协同区域发展的机会自主创业。

(2)柯湖村:①首先应该提高健康保障水平,发展社区医生和完善安置区周边医院配套,同时完善农村医疗保险制度的全面覆盖和安置前后的定点医保区域转换。②要提高不同年龄段教育配套的完善程度,在安置区周边完善学区配套,同时也要适当地安排中老年人群学习进修的社区图书馆等基础设施。③柯湖村原有区位优势明显,交通和政务服务都较为便利,并且涉及明湖工程拆迁安置的村落并不是特别多,如果搬迁安置到市区,会导致原有组织关系和现居住地脱节,因此在安置政策上建议采用货币化安置为主,让村民自主选择安置地点,或者集中安置于柯湖村未拆村落周边,以保持原有基层组织关系的完整,同时也避免大幅降低村民在政务服务等方面的直接感受。④柯湖村的人口问题值得注意,一方面,虽然在采访中收集到的信息是柯湖村打工比例较高,但是打工比例较高一部分是来自于柯湖村周边工厂较多贡献了一部分外来人口,但是这不能掩盖柯湖村人口老化的问题。因此政府应当适当考虑柯湖村安置社区养老设施问题。

(3)法华村:①首先应该提高健康保障水平,发展社区医生和完善安置区周边医院配套,同时完善农村医疗保险制度的全面覆盖和安置前后的定点医保区域转换。②要提高不同年龄段教育配套的完善程度,在完善安置区周边完善学区配套,同时也要适当地安排中老年人群学习进修的社区图书馆等基础设施。③由于法华村原有农业人口比例较高,未来拆迁安置后,该部分人口将面临再就业的问题,而在没有职业技能基础的情况下,难以实现,因此政府应当重点为法华村提供再就业集中培训服务,同时可以结合就业安置等措施帮助法华村村民平稳过渡。④法华村物质基础薄弱,且发展模式单一,对农业依赖度大,经济水平在三个村内属于最低水平,村民未来选择动力少,因此建议政府考虑集中安置,不仅有利于后期的就业集中指导,同时也能够保留一部分原有的组织框架,便于后期的社区组织职能恢复。此外建议适当考虑法华村村民的经济承受水平,选择适当的安置区域,能够保证法华村村民在安置后仍能够有一定的经济资金进行生活改善。

2)结合生计策略

为了实现生计策略的良好态势转变,结合对照社区半结构化访谈结果,政府需要:

（1）开展职业技能培训。基于未来状况下打零工和工资性收入将成为家庭收入来源的主体，那么在拆迁安置政策制定过程中就应当包含一定的就业和技能培训政策，比如提供就业岗位、承诺在安置后定期进行技能培训。

（2）合理引导个体经营者。基于商业零售小店、承租商场柜台未来预期占比将急剧提升，为了能够实现良好的商业运作，政府可对个体经营者予以一定的引导，比如创办成人学校，进行一些商业课程的授课。

3）结合生计结果

（1）针对对照社区所提的"补贴金额低，安置住房面积小"，可考虑依据村民自身经济实力水平，进行分级安置，设计不同等级的安置房，失地农民可进行自主选择。同时，目前国内的拆迁安置模式为分配住房模式，拆迁安置房建设在先，在安置房建设过程中，并不研究被拆迁地居民的住房需求，往往导致需求和供应不匹配，为此，应当设立专门的类似地产"客研岗"一样的机构或部门，调研拆迁安置居民的住房倾向和需求。

（2）针对对照社区所提的"政府政策不透明"，增加拆迁、安置、补偿政策的透明度很有必要，虽然滁州市市政府政务公开工作良好，但是，考虑被拆迁地居民往往文化程度较低，对于政务类网站关注度普遍不高，很多政策通过网络形式不能得到很好地宣贯，因而可考虑将拆迁安置补偿政策印成单页，由村委会发放至每一户农民。

（3）针对对照社区所提的"干部和普通民众之间分配不均"，应当加强干部队伍的廉政建设，干部以身作则，应当起带头表率作用。同时，很多"所认为的不均"在事实上并不一定真的不均，很多时候是不知情、信息缺失而带来的不安与猜疑，这一点也凸显了拆迁、安置、补偿政策透明度的重要性。

（4）针对对照社区所提的"没有提供失业、养老、医疗保险"，应当加强就业能力建设，对失地农民进行就业培训或提供就业岗位，这在上文已多次提及，不再赘述。在目前的拆迁安置工作中，缺乏对未来农村人口转移到城市后养老模式改变的应对措施。而在调查中我们发现受访民众村落内部老龄化问题较为严重，劳动力不足、再就业困难等特征也表明确实存在人口结构老化的现象，这也是当代中国正在步入老龄化社会的缩影，农村养老模式和城市养老模式差别巨大，因此在拆迁安置中应适当考虑在社区内嵌入居家养老、社区养老等服务功能，完善相关养老设备设施，同时也能够为拆迁安置中青年人群提供一定的岗位。

9.6.3 明湖工程移民拆迁安置政策和方案的改进建议

明湖工程项目拆迁安置政策是由滁州市政府统一制定的，并且有明确的集体土地及土地附属物征收补偿标准，因此在政策执行时也缺乏相应的灵活度，导致了一些问题，如出现了行政村落部分自然村落拆迁后分散安置带来的户籍关系和医保关系管理混乱，没有考虑不同拆迁安置村落之间的货币化安置承受能力带来的部分拆迁安置村民获得感下降，只考虑短期内的经济补偿忽略了拆迁安置后失业失地村民长期的可持续生计维持。因此：

（1）决策机构应当在目前滁州的拆迁安置政策的精神指导下，因村施策，根据不同村落不同生计资本方面的变化情况，在不损害公平性原则的前提下，采用针对性的措施，更有利于不同村落安置村民未来的生计可持续，针对不同村落的拆迁安置情况，对原有基层组织管理关系进行重新梳理，如东陈村大部分均属于拆迁安置范围，则可以考虑对于基层组织管理关系进行异地重建；如法华和柯湖，涉及拆迁安置户数量不多，则应考虑将基层组织管理关系进行转移和接入安置社区,梳理清楚基层组织管理关系,就能够明确户籍和医保关系归属,对于安置人群享受到安置社区周边教育医疗配套有重大意义。

(2)目前滁州货币化安置的情况是征迁安置房价格普遍均高于集体土地上住宅房屋征迁补偿价格 200~800 元不等,这也导致征迁村民在选择货币化安置后,往往得到的现金补偿寥寥无几,甚至还需要补贴部分差价,这对于整体村落发展经济较低,村民经济承受能力稍弱的法华村征迁村民压力较大,不利于拆迁安置后的过渡期生活,因此建议增加不同档次的征迁安置房,让村落征迁村民根据自己的实际经济水平选择对应档次的安置房,合理安排征迁后的生活发展。

(3)目前滁州的征迁政策中更多提及的是货币化补偿和安置办法,对于部分以农业为生的征迁村民在失地后的再就业情况并无特别安排。在三个村落中,法华村农业人口比例最高,征迁后失地失业村民数量也是最高,因此建议决策机构在除了进行货币化补偿和明确分级安置办法外,在法华村安置地区提供针对性的职业技能集中培训,其他两个村落则可以采用政府和银行等金融机构联合,采用小额担保和创业指导相结合的形式,鼓励一部分村民把握住明湖工程协同区域发展的机会自主创业。

(4)在目前的拆迁政策中,缺乏对未来农村人口转移到城市中以后养老模式改变的应对措施,而在调查中我们发现柯湖村的受访民众已经开始意识到村落内部老龄化趋势的增长,同时其他村落也通过劳动力不足、再就业困难等特征表明确实存在人口结构老化的现象,这也是当代中国正在步入老龄化社会的缩影,农村养老模式和城市养老模式差别巨大,因此在拆迁安置中应适当考虑在社区内嵌入居家养老、社区养老等服务功能,完善相关养老设备设施,同时也能够为拆迁安置中青年人群提供一定的岗位。

本章小结

位于安徽省滁州市的明湖工程,无论从项目类型、开发方案和影响范围和特征,还是从项目建设时间进度来看,是比较适合我们对评估方法进行试点应用。根据初步实地考察所获得的社区基本情况,根据 7.2 节及 5.2.3 节所提出的条件,我们确定以东陈村、法华村和柯湖村作为评估社区,以拆迁安置时间有 5 年的创业中苑、同乐东苑等安置小区为对照社区,以结构性问卷对评估社区和对照社区居民及家庭采用偶遇式抽样方法进行访谈调查,以凯利方格技术从评估社区中筛选出具有高涉入度的村民组成焦点小组和作为深度访谈受访者进行村民对社区和自身的认知建构挖掘。根据调查获得的统计数据,我们采用凯利方格技术确定各评估社区目前的生计策略、生计结果及它们所基于的社区资源,用可持续生计评估方法预测各评估社区在目前的移民拆迁安置政策和方案下未来的生计策略和生计结果,用社区脆弱评估方法确定各评估社区受项目冲击下的脆弱性。据上述分析的结论,我们进行评估主题聚焦,预测各评估社区未来的社会变化过程及后果。最终,根据评估结果,提出了明湖工程移民拆迁安置社区的生计改善建议和明湖工程拆迁安置政策和方案的改进建议。受制于客观条件受制,该应用尚无法开展我们所期望的社区协议过程。同样的情况,评估模式也基本只能做到第三阶段,即与凯利方格技术同步做到社区关键问题的判断阶段,参与者也是课题研究团队成员、社区干部代表、社区精英和居民代表。

附录 A　社区(村)居民委员会访谈问卷

社区(村)居民委员会访谈问卷

调查表编号：_____

访员：_____　　　　　　访谈日期：_____年___月___日

访问地点(镇、社区(村)的地名)：_____

1. 请您介绍一下本社区(村)的总体情况

2. 本社区(村)的社区管理组织机构的目前情况？与拆迁安置(____年)前相比，有哪些变化？

3. 本社区(村)目前有哪些类型企业及数量？与拆迁安置(____年)前相比，有哪些变化？

4. 本社区(村)环境、卫生、治安状况？与拆迁安置(____年)前相比，有哪些变化？

5. 本社区(村)精神文明建设状况？与拆迁安置(____年)前相比，有哪些变化？

6. 本社区(村)居民生活状况？与拆迁安置(____年)前相比，有哪些变化？

7. 本社区(村)基础设施(水、电、交通、文化、休闲、健身、体育)状况？与拆迁安置(____年)前相比，有哪些变化？

8. 本社区(村)各类民间组织(文体活动、社会服务、维权、社会救助等)情况？与拆迁安置(____年)前相比，有哪些变化？

9. 本社区(村)主要有哪些社会矛盾和家庭矛盾？与拆迁安置(____年)前相比，有哪些变化？

10. 本社区(村)外来流动人口情况？他们对社区有哪些方面影响？

11. 本社区(村)居民参与公共事务的积极性情况？与拆迁安置(____年)前相比，有哪些变化？

12. 本社区(村)的社区管理上存在的主要困难有哪些？与拆迁安置(____年)前相比，有哪些变化？

附录 B 社区(村)基础设施实地观察调查表

社区(村)基础设施实地观察调查表

调查表编号:＿＿＿＿＿＿＿

调查记录员:＿＿＿＿＿＿＿ 调查日期:＿＿年＿＿月＿＿日 时间:＿＿＿＿＿＿

访问地点(村、社区地名):＿＿＿＿＿＿＿

1. 道路与交通条件

	宽度	道路条件			
社区(村)干道	米	□混凝土	□砖石	□土路	□路灯
入户道路	米	□混凝土	□砖石	□土路	□路灯
耕地、林地主路	米	□混凝土	□砖石	□土路	□路灯
最近的公交线与站点	□无　　□有:离调查点距离＿＿＿＿＿＿公里				

2. 水、气及强弱电设施情况

□自来水　　　　　　　　　　　　□有线电话
□电　力　　　　　　　　　　　　□有线电视
家用燃料:□罐装液化气　□管道气　　□光纤宽带网

3. 商业设施情况

设施类型	距离		
最近的日用品零售店	□本小区(村)	□本小区(村):距离＿＿＿＿公里或地名＿＿＿	
最近的超市	□本小区(村)	□本小区(村):距离＿＿＿＿公里或地名＿＿＿	
最近的农贸市场(菜场)	□本小区(村)	□本小区(村):距离＿＿＿＿公里或地名＿＿＿	
最近的商业街	□本小区(村)	□本小区(村):距离＿＿＿＿公里或地名＿＿＿	
最近的化肥、农药、农具等供应网点	□本小区(村)	□本小区(村):距离＿＿＿＿公里或地名＿＿＿	
最近的银行网点	□本小区(村)	□本小区(村):距离＿＿＿＿公里或地名＿＿＿	
最近的邮局	□本小区(村)	□本小区(村):距离＿＿＿＿公里或地名＿＿＿	
最近的饭店、餐馆	□本小区(村)	□本小区(村):距离＿＿＿＿公里或地名＿＿＿	
最近的宾馆、招待所	□本小区(村)	□本小区(村):距离＿＿＿＿公里或地名＿＿＿	

4. 社区(村)教育设施

学校类型	距离	校舍及设施
最近的幼儿园	□本小区(村)　　□本小区(村):距离_____公里或地名_____	□很好□较好 □一般□较差 □很差
最近的小学	□本小区(村)　　□本小区(村):距离_____公里或地名_____	□很好□较好 □一般□较差 □很差
最近的初中	□本小区(村)　　□本小区(村):距离_____公里或地名_____	□很好□较好 □一般□较差 □很差
最近的高中	□本小区(村)　　□本小区(村):距离_____公里或地名_____	□很好□较好 □一般□较差 □很差

5. 社区(村)医疗卫生设施

□社区(村)个体诊所　　　□社区(村)医务室　　　□社区(镇)医院:距离_____公里或地名_____

6. 社区(村)治安、安全设施

□岗亭　　　□社区(村)警务室　　　□最近的派出所:距离_____公里或地名_____

7. 社区(村)园林、绿化及环境卫生设施情况

□公园　　　□绿地草坪　　　□沿主干道路花坛、花台　　　□休息凉亭、亭廊
□露天座椅　　　□公共厕所　　　□垃圾箱　　　□垃圾站　　　□垃圾集中点
访员描述和评价社区(村)环境及卫生总体状况:□很好　　　□较好　　　□一般
□较差　　　□很差

8. 文化娱乐、体育健身设施

设施类型	距离
最近的图书馆	□本小区(村)　□本小区(村):距离_____公里或地名_____
最近的文化站	□本小区(村)　□本小区(村):距离_____公里或地名_____
最近的运动场	□本小区(村)　□本小区(村):距离_____公里或地名_____
最近的体育馆	□本小区(村)　□本小区(村):距离_____公里或地名_____
最近的老人活动中心	□本小区(村)　□本小区(村):距离_____公里或地名_____
最近的社区广场	□本小区(村)　□本小区(村):距离_____公里或地名_____
最近的室外健身器械与场所	□本小区(村)　□本小区(村):距离_____公里或地名_____

9. 访员选择拍摄调查社区(村)的各类设施的照片

附录 C 原住民个人、家庭和社区情况调查问卷（实验组）

原住民个人、家庭和社区情况调查问卷

（实验组）

问卷编号：_____

访员：_____ 调查日期：___年___月___日

访问地点（社区名称）：_____ 家庭类型：_____

受访者配合调查程度：□非常配合 □比较配合 □不太配合

0 家庭基本情况

0.1 家庭成员情况

（以所调查家庭为家的成员或户口在所在家庭的成员，如在外地打工的家人，但不包括另选住所分开居住的家人，如兄弟、子女等）

序号	(1) 与本人关系	(2) 性别	(3) 年龄	(4) 婚姻状况	(5) 所在地	(6) 教育程度	(7) 健康状况	(8) 工作情况
1	受访者本人							□工作□无业□上学
2								□工作□无业□上学
3								□工作□无业□上学
4								□工作□无业□上学
5								□工作□无业□上学
6								□工作□无业□上学
7								□工作□无业□上学
8								□工作□无业□上学
9								□工作□无业□上学

注：(1) 与访问者关系：①本人 ②配偶 ③子女 ④父母 ⑤儿媳/女婿 ⑥(外)孙子女 ⑦(外)孙媳妇/女婿 ⑧岳父母/公婆 ⑨(外)祖父母 ⑩其他亲属 ⑪未回答

(2) 性别：①男 ②女

(3) 年龄：周岁

(4) 婚姻状况：①未婚 ②已婚 ③未回答

(5) 工作或生活所在地：①住一起 ②同村/街道 ③同一个乡(镇) ④在省内 ⑤在省外

(6) 教育程度：①文盲 ②小学 ③初中 ④高中或中专 ⑤大学 ⑥研究生及以上 ⑦其他

(7) 健康状况：①健康 ②生活自理 ③需要有人照料 ④需经常住院治病

0.2 家庭户口

□一直是农村户口

□一直是城镇户口
□曾经由农村户口变为城镇户口——续问变化原因：□拆迁/征地时变的
□自行变的

0.3 拆迁/征地前后，您家庭的房屋情况发生了什么变化？
您家是哪年拆迁/征地？_____年

房屋情况	1层瓦房或平房	2~3层小楼房	多层住宅楼	变化的资金来源（可多选）
拆迁/征地前（填写间数或面积）	□（_____）	□（_____）	□（_____）	□拆迁安置 □家庭收入
目前（套数或面积）			套 数_____ 总面积_____	□借钱（银行或个人） □亲友馈赠 □其他：____

0.4 您家庭在拆迁/征地前后的分户居住变化情况？（如前后有变化，调查员进一步询问原因）

拆迁/征地前	目前	前后变化原因（可多选）
家庭常年一起居住人口数量_____？____代人同堂？	家庭常年一起居住人口数量_____？____代人同堂？	□拆迁后住房套数多了或面积大了 □子女孩子大了 □老人希望单独居住 □人多、家庭矛盾多，分开居住好 □拆迁时分家可得到更多的实惠（如房子、补偿金等）
□大家庭，未分家，父母、成年兄弟同住	□大家庭，未分家，父母、成年兄弟同住	
□兄弟分家，父母与一个成年子女同住	□兄弟分家，父母与一个成年子女同住	
□兄弟分家，父母在子女家轮流居住	□兄弟分家，父母在子女家轮流居住	
□兄弟分家，父母单独居住	□兄弟分家，父母单独居住	
□父母育有单子（女），一同居住	□父母育有单子（女），一同居住	
□父母育有单子（女），但分开居住	□父母育有单子（女），但分开居住	
□其他：_____	□其他：_____	

1 家庭功能与关系

1.1 您对家庭功能的看法

家里子女添下一代孩子，您更倾向于要几个小孩？	□1个　　□2个　□3个　　□3个以上　□不想要小孩
您觉得您家庭对孩子教育投入的时间精力多吗？	□很多　□较多　□一般　□较少　□工作太忙，几乎不管
您是否赞成赡养无收入的父母是子女应尽的义务？	□完全赞成　□比较赞成　□视情况而定　　□不太赞成 □完全不赞成
家中老人年纪大了，怎么安排养老生活？	□子女照料　□雇人照料　□进养老院

1.2 家庭夫妻关系情况如何？（注意：受访者为 60 岁以上，问与其共同生活子女的夫妻关系）

双方是怎么认识的？	□媒人介绍 □父母亲戚介绍 □同事朋友介绍 □婚姻介绍所 □媒体征婚 □生活、工作中相互结识 □网络社交平台相互结识（QQ、微信等）
夫妻双方谁管家里的钱？	□丈夫 □妻子 □各人管自己的钱、各人用自己的钱 □夫妻共同管理
家里重大事情（买房、车、电器）谁说了算？	□丈夫 □妻子 □相互商量 □基本上无商量
夫妻之间家务劳动分配情况？	□丈夫承担全部 □丈夫承担大部分 □双方差不多 □妻子承担大部分 □妻子承担全部
夫妻经常一起外出（购物、走亲戚或散步）吗？	□总是 □大多数时候 □有时 □很少 □从来不
夫妻双方交流多吗？	□每天 □经常 □会有一些 □不多 □几乎很少说话
夫妻之间的总体关系怎么样？	□感情非常好 □感情比较好 □关系一般化 □关系不大好，将就着过 □关系很僵了，没感情了

1.3 家庭上下辈关系

家中上下辈之间经常聊天、谈心、交流吗？	□基本每天 □经常 □偶尔 □有事时 □基本不交流——若选前四项，续问交流方式？（多选） □谈心 □电话 □QQ 或微信 □其他：____
长辈是否对晚辈给予钱、物补贴或赠送吗？	□按月给 □每年几次 □每年一次 □有大事时（如买房造屋、结婚等） □过年过节会给些压岁钱等 □基本不给
晚辈是否补贴长辈的生活费用？	□按月给 □每年几次 □每年一次 □需要时给 □基本不给
晚辈常给长辈买礼物吗？	□很多 □经常 □逢年过节 □偶尔 □基本没有过
晚辈记得给长辈过生日？	□每年都过 □有时过，有时忘记了 □只有大生日过（整 10 岁） □基本不过
总体来说，您的家庭长辈和晚辈关系是？	□很亲密 □较亲密 □一般 □较疏远 □很疏远

1.4 家庭社会网络

您与亲戚来往（包括相互走动、电话）频繁吗？	□非常频繁 □频繁 □一般 □较少 □基本不走动
您与邻居来往（包括走动、电话）频繁吗？	□非常频繁 □频繁 □一般 □较少 □基本没来往
目前您交往的人最多是__A__，其次是__B__，再其次是__C__。	□直系亲属（非家庭成员，指叔、舅、弟、妹等） □一般亲戚 □同事 □朋友 □同学 □以前的邻居 □现在的邻居 □其他_____（方框内填写 A、B、C）

(续表)

如果您遇到经济上或生活上(如生病)困难时,您最先想找的人是A,其次是B,再其次是C。	□直系亲属　□一般亲戚　□同事　□同学　□朋友　□以前的邻居　□现在的邻居　□工作单位　□村委/社区干部　□其他_____(方框内填写 A、B、C)
总体来说,您与家里的亲戚关系如何?	□很密切　□较密切　□一般　□较疏远　□很疏远
总体来说,您与邻居关系如何?	□很密切　□较密切　□一般　□较疏远　□很疏远

2　就业与收入

2.1　您及家人的职业发生了什么变化?(如前后有变化,调查员进一步询问原因)

家庭人员	被访者	配偶	子(女)	子(女)的配偶	父亲	母亲	政府有过免费技能培训吗	政府介绍或推荐过工作岗位吗
现在								
拆迁/征地前							□有 □无	□有 □无
前后变化原因								

注:(1) 子(女):同住一起的子女,如都分开居住,选长子。
(2) 职业类型:①行政事业机关科级以上领导干部;②行政事业机关办事人员;③企业经理;④私营业主;⑤专业技术人员;⑥商业服务业营业员或服务员等;⑦建筑业企业工人;⑧其他企业工人;⑨个体工商户;⑩农民;⑪无业或待业;⑫退休;⑬其他。
(3) 前后变化原因:①自己或亲友介绍在本地找的工作;②政府或工程建设单位提供的工作机会;③去外地打工;④发现新的赚钱机会,主动转业。

2.2　您家庭成员在本地找工作的难易程度

就业难易程度	很难	难	一般	容易	很容易
拆迁/征地前	□	□	□	□	□
目前	□	□	□	□	□

2.3　您目前参加或购买的各种社会保障和保险情况(可多选)

保障类型	农村养老保险	农村合作医疗保险	农村低保	五保户	城镇职工养老保险	城镇职工医疗保险	城镇职工失业保险	城市低保	商业保险	没有任何社会保障
目前	□	□	□	□	□	□	□	□	□	□

2.4　您的家庭年收入水平发生了什么变化?

年收入(元)	2 000以下	2 000~5 000	5 000~10 000	1 0000~20 000	20 000~30 000	30 000~50 000	50 000~100 000	100 000以上
拆迁/征地前	□	□	□	□	□	□	□	□
目前	□	□	□	□	□	□	□	□

2.5　目前您家庭经济收入来源主要是A,其次是B,再次是C(访员在对应的格子里填入A、B、C)

收入来源	对应的格子里填入 A、B、C	收入来源	对应的格子里填入 A、B、C
种植粮食作物(水稻、小麦等)		入股分红收入	
种植非粮食作物(蔬菜、大豆等)		房屋出租收入	
畜牧业养殖		炒股票或其他金融投资收入	
渔业养殖		最低生活保障金	
农副产品加工		退休、养老金	
投资开办工厂		子女供养或亲朋资助	
商业零售小店、承租商场柜台		征地补偿金、扶持直补资金	
工资性收入		其他:_____	

3 消费、休闲与居住方式

3.1 您出行较远距离(如邻近乡镇)的主要交通工具是什么?

交通工具	自行车或三轮车	电动车/摩托车(包括搭乘别人的车)	公共汽车	出租车	搭客三轮车或摩托	私家小汽车	其他
目前	☐	☐	☐	☐	☐	☐	____
拆迁/征地前	☐	☐	☐	☐	☐	☐	____

3.2 您或家人到外市或外省旅游过吗?

旅游频次	从来没有	几年1次	每年1次	每年2次及以上
目前	☐	☐	☐	☐
拆迁/征地前	☐	☐	☐	☐

3.3 您家庭购物,一般在哪购买?(多选)

物品类型	日常生活用品	家用电器
购物方式	☐大型超市 ☐大市场 ☐集镇商店 ☐街边(村里)小店 ☐网店	☐大型超市 ☐大型家电商场 ☐专业电器商店 ☐镇(街道)电器店 ☐网店

3.4 您家庭收入最多用在 A,其次用在 B,再其次用在 C?(访员在对应格子内填上 A、B、C 序号)

用途	教育	住房	家用电器、家具	交通	吃饭和食品	服装与鞋帽	日用品	电费、煤气费、水费、电话费等	人际交往(请客、送礼)	医疗与保险	文化、娱乐、旅游	其他
目前	☐	☐	☐	☐	☐	☐	☐	☐	☐	☐	☐	___
拆迁/征地前	☐	☐	☐	☐	☐	☐	☐	☐	☐	☐	☐	___

3.5　您家里是否拥有下列物品（多选）？

物品	电冰箱	洗衣机	微波炉	空调	液晶电视机	电脑	电脑联网	钢琴	私家汽车	宠物
目前	☐	☐	☐	☐	☐	☐	☐	☐	☐	☐

3.6　您觉得下述哪种生活消费（穿衣、吃饭、享受等）的观点更符合您的情况？

消费观点	收入不高，省吃俭用	能省则省，多攒钱，为了子女教育或防病、防老	该花则花，不该花的决不花	当月收入及时消费，不存款	只要需要，借钱也消费
目前	☐	☐	☐	☐	☐
拆迁/征地前	☐	☐	☐	☐	☐

3.7　您家庭的闲钱如何投资？（可多选）

投资项	存银行	买国债	买股票	买彩票	买保险	炒外汇或期货	参股投资	买房子	借给别人（放债）	其他
目前	☐	☐	☐	☐	☐	☐	☐	☐	☐	_____

3.8　您每天的空闲时间平均有多长（除去工作、做家务、睡觉、吃饭等必需时间）？

空闲时间	少于2小时	2～4小时	4～6小时	6～8小时	8小时以上
目前	☐	☐	☐	☐	☐

3.9　您空闲时间通常做什么？（可多选）

序号	休闲活动	目前
1	传统类：打麻将	☐
2	现代类：玩电脑、玩手机	☐
3	娱乐类：看电视、看电影、听收音机、听音乐、KTV、唱歌	☐
4	思考类：下棋、打扑克、拼图	☐
5	学习类：去图书馆、看书、读报	☐
6	栽培饲养类：种花、养盆景、饲养小动物	☐
7	创作类：绘画、书法、小发明	☐
8	体能健身类：打球、跑步、健身房、游泳、登山、跳舞	☐
9	收藏类：集邮、集币、古董	☐
10	交际类：串门、访友、喝茶、聊天、喝酒、下馆子	☐
11	游玩类：逛街、购物、逛公园、去外地旅游	☐
12	家庭类：做家务、带孩子	☐

4　社区人口、群体和社会阶层

4.1　近年来，本社区（本村、本小区）外来人员有哪些？有什么影响？

外来人口类型	影响方面	外来人口对这些方面影响程度		
☐基本没有外来人员 ☐外来买房、租房定居者 ☐外来务工人员 ☐外来投资者(开厂、开店) ☐其他:_____	就业机会	☐增加了	☐减少了	☐没有影响
	消费物价	☐降低了	☐提高了	☐没有影响
	交通状况	☐变好了	☐变差了	☐没有影响
	治安情况	☐变好了	☐变差了	☐没有影响
	卫生环境	☐变好了	☐变差了	☐没有影响

4.2 您感觉您周边居民的宗教信仰有什么变化?

时间	宗教信仰	无	佛教	道教	伊斯兰教	洋教(基督教、天主教、印度教等)	其他
拆迁/征地前	是否有	☐	☐	☐	☐	☐	_____
现在	增加了	☐	☐	☐	☐	☐	☐
	减少了	☐	☐	☐	☐	☐	☐
	差不多	☐	☐	☐	☐	☐	☐

4.3 您所在社区(村、镇)有哪些民间组织?

组织类型	各类组织
文化健身娱乐类组织	☐书画社 ☐歌舞协会 ☐合唱团 ☐读书会 ☐健身晨练队 ☐爬山爱好者组织 ☐其他:_____
社会服务类组织	☐志愿者队伍 ☐免费家电维修 ☐爱心社 ☐社区服务中心 ☐社区学校 ☐医疗义诊 ☐社区治安队
社区维权类组织	☐妇联 ☐残联 ☐老年协会 ☐动物保护协会 ☐环保协会 ☐其他:_____
慈善救助类组织	☐福利院 ☐敬老院 ☐儿童基金会 ☐重大疾病救助基金会 ☐其他:_____

4.4 如果硬要把社区(村里)的人群分为两类人,我分为"男人"和"女人",或者分为"年轻人"和"老年人",您觉得对吗?
☐对
☐不对——您认为怎么分合适? ☐不知道 ☐_____;_____

4.5 您在社会交往中,如逛街聊天、喝茶、平常聚会(吃饭喝酒)、下棋、打牌、打麻将等,经常交往的人有哪些?(可多选)
☐拆迁/征地前所在村的邻居 ☐现在的邻居 ☐居住在本社区(村)的朋友
☐不住在本社区(村)的朋友
☐亲戚 ☐企业老板 ☐社区干部
☐政府机关、事业单位的人

4.6 近几年来,您家庭要操心一些比较烦人的事情,如孩子上学、子女或自己找工作等,依靠什么途径?(可多选)
☐完全凭自己的能力 ☐找社区居委会(村委)、街道(镇)干部
☐凭自己的社会关系(朋友、熟人、亲戚) ☐请客、送礼 ☐其他:_____

4.7　您觉得您及家庭在社会上处于什么地位?

社会地位	社会上层	社会中上层	社会中层	社会中下层	社会下层
拆迁/征地前	☐	☐	☐	☐	☐
目前	☐	☐	☐	☐	☐

5　社区文化与社区功能

5.1　您对节日的看法

和过去相比,现在传统节日(春节、端午、中秋等)气氛	☐非常浓　☐更浓了　☐差不多　☐变淡了 ☐没什么气氛
和传统节日相比,您对现代节日(元旦、五一、国庆节等)	☐很看重　☐更重视　☐差不多重视 ☐不太重视　☐经常忘记
右面一些洋节,您知道哪些?	☐圣诞节　☐母亲节　☐父亲节　☐感恩节 ☐情人节

5.2　您家庭或邻居闲聊时,比较关注哪些新闻事件?

☐国际政治时事　☐我国政治时事　☐金融(股市、投资)　☐综艺、娱乐、体育
☐科学技术　☐社会生活(物价、交通、教育、社会治安)
☐社会问题(家庭纠纷、社会矛盾)

5.3　近几年来,本社区(本村)好人好事多吗?

☐没有(几乎没有)	选择后四者,续问:主要有哪些?
☐很少 ☐有一些 ☐较多 ☐很多	☐主动看望、帮助、救助孤寡老人、失亲儿童、经济困难的家庭、有重症成员的家庭 ☐义务送突发疾病或患重病的邻居、本社区居民去医院 ☐义务接送社区里的儿童上学、放学　☐主动义务打扫街道卫生、扫雪、清理垃圾 ☐主动为受灾地区捐钱、捐物　☐主动义务维持本社区治安 ☐主动帮助过路人、游客　☐其他:_____

5.4　您熟悉或者认识下面的哪些人员?

☐街道主任(镇长)　☐街道(镇)干部　☐社区主任(村主任、村书记)
☐社区(村)干部　☐片区(村镇)警察

5.5　近几年来,社区或街道(镇)政府组织居民参加的会议多吗?

☐没有(几乎没有)	选择后四者,续问:主要有哪些?
☐很少 ☐有一些 ☐较多 ☐很多	☐居委会(村)、街道(镇)选举大会　☐居委会(村)主任和干部选举会 ☐社区(村)卫生环境整治会　☐安全、治安会议 ☐失业、救济、扶贫会议　☐学习政府文件政策会议

5.6　近几年来,社区(村)或街道(镇)政府组织的文、体、宣传活动多吗?

☐没有(几乎没有)	选择后四者,续问:主要有哪些?
☐很少 ☐有一些 ☐较多 ☐很多	☐免费观看电影　☐街道(镇)、社区(村)文艺汇演 ☐体育比赛活动　☐优秀家庭、居民评比活动 ☐治安、卫生宣传活动　☐国家政策宣传活动

5.7 近几年来,社区(村)或街道(镇)政府组织的公益活动多吗?

□没有(几乎没有)	选择后四者,续问:主要有哪些?
□很少 □有一些 □较多 □很多	□看望、帮助、救助孤寡老人、失亲儿童　□打扫街道(村)卫生、扫雪、清理垃圾 □治安巡逻　□为灾区捐款、捐物　□为患重病的、经济困难的居民捐款 □免费义诊　□免费学习、培训活动

5.8 就您所知,近几年来本社区(村)发生过哪些矛盾和纠纷?

□没有(几乎没有)	选择后四者,续问:主要有哪些?
□很少 □有一些 □较多 □很多	□家庭矛盾纠纷(夫妻之间、子女与父母之间) □亲戚之间的矛盾(兄弟、姊妹之间) □本社区(村)与其他社区(村)之间的矛盾 □居民和社区(村)里的企业、店铺(饭店、宾馆)之间的矛盾 □社区(村)干部与居民之间的矛盾 □其他:_____

5.9 您是否还记得,近几年来在本社区(本村)发生的违法犯罪事件多吗?

□没有(几乎没有)	选择后四者,续问:主要有哪些?
□很少 □有一些 □较多 □很多	□偷盗　□抢劫　□诈骗　□聚众斗殴 □故意伤害(投毒、殴打、杀害等)　□吸食或贩卖毒品　□破坏公家财产 □组织、介绍卖淫　□其他:_____

5.10 您家庭、邻居或本社区(本村)的其他居民遇到下面各种问题会寻求哪些机构或人帮助解决?

组织类型	经济纠纷	邻里矛盾	家庭矛盾	生活困难
社区(村)干部	□	□	□	□
街道(镇)政府干部	□	□	□	□
区(县)政府	□	□	□	□
派出所	□	□	□	□
法院	□	□	□	□
社会团体(妇联等)	□	□	□	□
宗教社团	□	□	□	□
社区、居民楼中(村里)有威望的人	□	□	□	□
亲友	□	□	□	□
其他:_____	□	□	□	□

5.11 您认为本社区居委会(村委)或街道(镇)政府做过的实质性工作多吗?

□没有(几乎没有)	选择后四者,续问:主要有哪些?	
□很少 □有一些 □较多 □很多	□解决就业问题 □兴办幼儿园、托儿所、养老院 □帮助解决设置公交站点 □社区(村)治安 □家庭及居民之间的矛盾纠纷的调解	□修建、扩建或翻修街道、道路、路灯 □修建了公共健身、体育设施和场所 □重病居民、失亲儿童、孤寡老人照顾和救济

6 社区基础设施及综合情况

6.1 离您家最近的政府办的医疗机构是?

　　□小区(村)医院所(室)　□社区(镇)医院　□区(县)医院

　　——医疗水平:□很高　□较高　□一般　□较差　□很差

　　——服务态度:□很好　□较好　□一般　□较差　□很差

　　——看病费用:□很高　□较高　□一般　□较低　□很低

6.2 就您所知,附近居民生病大多数去哪儿看病治病?

　　看小病一般去:□个体诊所　□小区(村)医务室　□社区(镇)医院　□区(县)医院

　　看大病一般去:□社区(镇)医院　□区(县)医院　□市医院

　　　　　　　　□省城或其他大城市的大医院

6.3 目前,和您居住在一起的学龄孩子上学一般会选择在哪里的学校上学?

教育类型	幼儿园	小学	初中	高中
学校地点	□最近的幼儿园 □最近的好幼儿园 □区(县)的好幼儿园 □市里的好幼儿园	□最近的学校 □最近的好学校 □区(县)的好学校 □市里的好学校	□最近的学校 □最近的好学校 □区(县)的好学校 □市里或省里的好学校	□最近的学校 □最近的好学校 □区(县)的好学校 □市里或省里的好学校

6.4 您对本社区(本村)的基础设施满意吗?(可对基础设施解释:医院、学校、道路交通、停车场、健身娱乐设施等)

满意度	您认为本社区(本村)基础设施方面有哪些还有待完善或增加的?			
□很满意 □比较满意 □一般 □不太满意 □很不满意	□健身器材和场所 □自行车车棚 □小区公园或广场 □生活便利店(小型超市) □其他:	□儿童游乐场所 □老人活动中心 □小区卫生环境和绿化 □蔬菜水果店	□篮球场等运动场所 □幼儿园 □警务室	□停车场 □公共厕所

6.5 本社区(本村)与拆迁/征地前所在村相比,在下面的这些方面有什么不同?

比较方面	本社区(本村)与拆迁/征地前所在村相比				
经济情况	□好不少	□好一些	□差不多	□差一些	□差很多
政治工作(选举/政策执行等)	□更民主	□民主一些	□差不多	□比较专制	□专制

比较方面	本社区（本村）与拆迁/征地前所在村相比				
学校及教育质量情况	☐好不少	☐好一些	☐差不多	☐差一些	☐差很多
治安状况	☐好不少	☐好一些	☐差不多	☐差一些	☐差很多
道路交通情况	☐好不少	☐好一些	☐差不多	☐差一些	☐差很多
环境、卫生状况	☐好不少	☐好一些	☐差不多	☐差一些	☐差很多
集体文体活动	☐多好多	☐多一些	☐差不多	☐少一些	☐少很多
邻里关系	☐好多了	☐好一些	☐差不多	☐差一些	☐差很多
尊老爱幼、困难家庭帮助等公益活动	☐多好多	☐多一些	☐差不多	☐少一些	☐少很多
家庭纠纷情况	☐少得多	☐少一些	☐差不多	☐多一些	☐多很多
政府的社区服务工作	☐好不少	☐好一些	☐差不多	☐差一些	☐差很多

7 对工程的态度、观点

7.1 当初建____工程时，您担心过它对自己或所在村有影响吗？

☐一点不担心 ☐基本不担心 ☐无所谓	选择后两项，续问：最担心哪三件事？
☐担心 ☐很担心	☐是否会失地 ☐是否有足够的经济补偿或房屋补偿 ☐是否能安排工作 ☐子女上学的学校问题 ☐安置房质量好坏 ☐安置小区的基础设施是否配套齐全 ☐能不能适应城市生活 ☐老邻居们能否居住得很靠近

7.2 您还记得，当初拆迁/征地时，政府宣传、动员的内容有哪些？

宣传、动员内容	您当时认为这些宣传可信吗	后来，这些宣传落实了吗
☐工程建设信息（规模、大小、影响的村镇） ☐提供就业和工作机会 ☐增加收入 ☐发展地方经济 ☐征地范围与面积 ☐拆迁和安置问题 ☐解决子女上学问题 ☐补贴政策 ☐其他：_____	☐政府的宣传当然可信 ☐不可信，目的是让我们配合搬迁 ☐部分可信，但有些过度夸大了 ☐当时有些怀疑，不能判断	☐完全落实 ☐大部分落实 ☐落实了一半 ☐小部分落实 ☐完全没有落实

7.3 您对当时的拆迁、征地、安置、补贴政策满意吗？

☐很满意 ☐较满意	选择后三者，续问：哪些方面不太满意？
☐一般 ☐较不满意 ☐很不满意	☐政策制度不透明 ☐补贴金额太低 ☐没有提供失业、养老、医疗保险 ☐同一地区的补贴方案前后不一致，不公平 ☐征用了耕地的，政府没有帮助就业 ☐干部和普通民众之间分配不均

7.4　在工程建设过程中,是否有村民们因为拆迁、安置、补贴、环境污染,用下列一些方式进行投诉或反映?

部门、方式	主要原因	反映是否有作用
□向村委会/居委会投诉 □向拆迁/征地工作部门、单位投诉 □个人或集体到政府上访 □向新闻媒体求助 □向其他团体求助 □法律诉讼(打官司) □网上发帖 □集体阻扰施工或找相关单位	□拆迁安置问题 □补贴政策 □就业问题 □失地问题 □子女上学问题 □环境影响 □其他:_____	□很有作用,解决了几乎所有问题 □有较大作用,解决了大多数问题 □作用一般,解决了一些问题 □作用很小,只解决了个别问题 □根本没用

7.5　在当时拆迁/征地时,您内心是赞成还是反对这个项目?
　　□非常赞成　　□基本赞成　　□不太赞成　　□反对　　□无所谓,没关心

7.6　如果现在还没有拆迁/征地,让您重新选择,您是什么意见?
　　□非常赞成　　□基本赞成　　□不太赞成　　□反对　　□无所谓,不关心

7.7　想问您最后一个问题。总的来说,与10年前相比,您觉得您个人、家庭及社区情况变得(　　)。
　　□好多了　　□好一些　　□差不多　　□差了　　□很差

再一次感谢您的支持和协助!

卷外问题(其他建议及意见)或个案口述史等(访员在下面空白处记录)。

附录D 原住民个人、家庭和社区情况调查问卷（对照组）

原住民个人、家庭和社区情况调查问卷
（对照组）

问卷编号：＿＿＿＿＿＿＿＿

访员：＿＿＿＿＿＿ 调查日期：＿＿＿年＿＿月＿＿日

访问地点（社区名称）：＿＿＿＿＿＿＿＿＿＿ 家庭类型：＿＿＿＿＿

受访者配合调查程度：□非常配合 □比较配合 □不太配合

0 家庭基本情况

0.1 家庭成员情况

（以所调查家庭为家的成员或户口在所在家庭的成员，如在外地打工的家人，但不包括另选住所分开居住的家人，如兄弟、子女等）

序号	(1) 与本人关系	(2) 性别	(3) 年龄	(4) 婚姻状况	(5) 所在地	(6) 教育程度	(7) 健康状况	(8) 工作情况
1	受访者本人							□工作□无业□上学
2								□工作□无业□上学
3								□工作□无业□上学
4								□工作□无业□上学
5								□工作□无业□上学
6								□工作□无业□上学
7								□工作□无业□上学
8								□工作□无业□上学
9								□工作□无业□上学

注：(1) 与访问者关系：①本人 ②配偶 ③子女 ④父母 ⑤儿媳/女婿 ⑥(外)孙子女 ⑦(外)孙媳妇/女婿 ⑧岳父母/公婆 ⑨(外)祖父母 ⑩其他亲属 ⑪未回答

(2) 性别：①男 ②女

(3) 年龄：周岁

(4) 婚姻状况：①未婚 ②已婚 ③未回答

(5) 工作或生活所在地：①住一起 ②同村/街道 ③同一个乡(镇) ④在省内 ⑤在省外

(6) 教育程度：①文盲 ②小学 ③初中 ④高中或中专 ⑤大学 ⑥研究生及以上 ⑦其他

(7) 健康状况：①健康 ②生活自理 ③需要有人照料 ④需经常住院治病

0.2　您家庭户口目前是?

　　□城镇户口　　　□农村户口

0.3　您家庭房屋的基本情况?

房屋情况	1 层瓦房或平房	2～3 层小楼房	多层住宅楼
(填写间数或面积)	□(_____)	□(_____)	□(_____)
住房质量	□很好　□好　□一般　□较差　□差		

0.4　您大家庭目前的居住情况(指包括成年兄弟的大家庭)?

□大家庭,未分家,父母、成年兄弟同住　　　　□父母育有单子(女),一同居住

□兄弟分家,父母与一个成年子女同住　　　　□父母育有单子(女),但分开居住

□兄弟分家,父母在子女家轮流居住　　　　　□其他:_____

□兄弟分家,父母单独居住

1　家庭功能与关系

1.1　您对家庭功能的看法

家里子女添下一代孩子,您更倾向于要几个小孩?	□1 个　　　□2 个　　　□3 个 □3 个以上　　□不想要小孩
您觉得您家庭对孩子教育投入的时间精力多吗?	□很多　　□较多　　□一般　□较少 □工作太忙,几乎不管
您是否赞成赡养无收入的父母是子女应尽的义务?	□完全赞成　□比较赞成　□视情况而定 □不太赞成　□完全不赞成
家中老人年纪大了,怎么安排养老生活?	□子女照料　□雇人照料　□进养老院

1.2　家庭夫妻关系情况如何?（注意：受访者为 60 岁以上,问与其共同生活子女的夫妻关系）

双方是怎么认识的?	□媒人介绍　□父母亲戚介绍　□同事朋友介绍 □婚姻介绍所　□媒体征婚　□生活、工作中相互结识 □网络社交平台相互结识(QQ、微信等)
夫妻双方谁管家里的钱?	□丈夫　□妻子　□各人管自己的钱、各人用自己的钱 □夫妻共同管理
家里重大事情(买房、车、电器)谁说了算?	□丈夫　□妻子　□相互商量　□基本上无商量
夫妻之间家务劳动分配情况?	□丈夫承担全部　□丈夫承担大部分　□双方差不多 □妻子承担大部分　□妻子承担全部
夫妻经常一起外出(购物、走亲戚或散步)吗?	□总是　□大多数时候　□有时　□很少　□从来不
夫妻双方交流多吗?	□每天　□经常　□会有一些　□不多 □几乎很少说话
夫妻之间的总体关系怎么样?	□感情非常好　□感情比较好　□关系一般化 □关系不大好,将就着过　□关系很僵了,没感情了

1.3 家庭上下辈关系

家中上下辈之间经常聊天、谈心、交流吗？	□基本每天　□经常　□偶尔　□有事时 □基本不交流——若选前四项,续问交流方式?（多选） □谈心　□电话　□QQ或微信　□其他:___
长辈是否对晚辈给予钱、物补贴或赠送吗？	□按月给　□每年几次　□每年一次 □有大事时（如买房造屋、结婚等） □过年过节会给些压岁钱等　□基本不给
晚辈是否补贴长辈的生活费用？	□按月给　□每年几次　□每年一次　□需要时给 □基本不给
晚辈常给长辈买礼物吗？	□很多　□经常　□逢年过节　□偶尔 □基本没有过
晚辈记得给长辈过生日？	□每年都过　　□有时过,有时忘记了 □只有大生日过（整10岁）　　□基本不过
总体来说，您的家庭长辈和晚辈关系是？	□很亲密　□较亲密　□一般　□较疏远 □很疏远

1.4 家庭社会网络

您与亲戚来往（包括相互走动、电话）频繁吗？	□非常频繁　　□频繁　　□一般 □较少　　　　□基本不走动
您与邻居来往（包括走动、电话）频繁吗？	□非常频繁　　□频繁　□一般　□较少 □基本没来往
目前您交往的人最多是___A___,其次是___B___,再其次是___C___	□直系亲属（非家庭成员,指叔、舅、弟、妹等） □一般亲戚　□同事　□朋友　□同学 □邻居　□其他_____（方框内填写A、B、C）
如果您遇到经济上或生活上（如生病）困难时,您最先想找的人是A,其次是B,再其次是C。	□直系亲属　□一般亲戚　□同事　□同学 □朋友　□邻居　□工作单位 □居委会/街道干部　　□其他_____ （方框内填写A、B、C）
总体来说,您与家里的亲戚关系如何？	□很密切　　　□较密切　　　□一般 □较疏远　　　□很疏远
总体来说,您与邻居关系如何？	□很密切　　　□较密切　　　□一般 □较疏远　　　□很疏远

2 就业与收入

2.1 您及家人的职业情况？

家庭人员	被访者	配偶	子(女)	子(女)的配偶	父亲	母亲	政府有过免费技能培训吗	政府介绍或推荐过工作岗位吗
现在							□有　　□无	□有　　□无

注:(1) 子(女):同住一起的子女,如都分开居住,选长子。
　　(2) 职业类型:①行政事业机关科级以上领导干部;②行政事业机关办事人员;③企业经理;④私营业主;⑤专业技术人员;⑥商业服务业营业员或服务员等;⑦建筑业企业工人;⑧其他企业工人;⑨个体工商户;⑩农民;⑪无业或待业;⑫退休;⑬其他。

2.2 您家庭成员在本地找工作的难易程度

就业难易程度	很难	难	一般	容易	很容易
目前	☐	☐	☐	☐	☐

2.3 您目前参加或购买的各种社会保障和保险情况(可多选)

保障类型	农村养老保险	农村合作医疗保险	农村低保	五保户	城镇职工养老保险	城镇职工医疗保险	城镇职工失业保险	城市低保	商业保险	没有任何社会保障
目前	☐	☐	☐	☐	☐	☐	☐	☐	☐	☐

2.4 您的家庭年收入水平?

年收入(元)	2 000以下	2 000～5 000	5 000～10 000	10 000～20 000	20 000～30 000	30 000～50 000	50 000～100 000	100 000以上
目前	☐	☐	☐	☐	☐	☐	☐	☐

2.5 目前您家庭经济收入来源主要是 A,其次是 B,再次是 C(访员在对应的格子里填入 A、B、C)

收入来源	对应的格子里填入 A、B、C	收入来源	对应的格子里填入 A、B、C
种植粮食作物(水稻、小麦等)		入股分红收入	
种植非粮食作物(蔬菜、大豆等)		房屋出租收入	
畜牧业养殖		炒股票或其他金融投资收入	
渔业养殖		最低生活保障金	
农副产品加工		退休、养老金	
投资开办工厂		子女供养或亲朋资助	
商业零售小店、承租商场柜台		征地补偿金、扶持直补资金	
工资性收入		其他:_____	

3 消费、休闲与居住方式

3.1 您出行较远距离的主要交通工具是什么?

交通工具	自行车或三轮车	电动车／摩托车(包括搭乘别人的车)	公共汽车	出租车	搭客三轮车或摩托	私家小汽车	其他
目前	☐	☐	☐	☐		☐	_____

3.2 您或家人到外市或外省旅游过吗?

旅游频次	从来没有	几年 1 次	每年 1 次	每年 2 次及以上
目前	☐	☐	☐	☐

3.3 您家庭购物，一般在哪购买？（多选）

物品类型	日常生活用品			家用电器	
购物方式	□大型超市　　□大市场　　□集镇商店 □街边(村里)小店　□网店			□大型超市　　　　□大型家电商场 □专业电器商店　　□镇(街道)电器店 □网店	

3.4 您家庭收入最多用在 A，其次用在 B，再其次用在 C？（访员在对应格子内填上 A、B、C 序号）

用途	教育	住房	家用电器、家具	交通	吃饭和食品	服装与鞋帽	日用品	水电气费、电话费、物管卫生费等	人际交往(请客、送礼)	医疗与保险	文化、娱乐、旅游	其他
目前	□	□	□	□	□	□	□	□	□	□	□	___

3.5 您家里是否拥有下列物品（多选）？

物品	电冰箱	洗衣机	微波炉	空调	液晶电视机	电脑	电脑联网	钢琴	私家汽车	宠物
目前	□	□	□	□	□	□	□	□	□	□

3.6 您觉得下述哪种生活消费（穿衣、吃饭、享受等）的观点更符合您的情况？

消费观点	收入不高，省吃俭用	能省则省，多攒钱，为了子女教育或防病、防老	该花则花，不该花的决不花	当月收入及时消费，不存款	只要需要，借钱也消费
目前	□	□	□	□	□

3.7 您家庭的闲钱如何投资？（可多选）

投资项	存银行	买国债	买股票	买彩票	买保险	炒外汇或期货	参股投资	买房子	借给别人(放债)	其他
目前	□	□	□	□	□	□	□	□	□	___

3.8 您每天的空闲时间平均有多长（除去工作、做家务、睡觉、吃饭等必需时间）？

空闲时间	少于2小时	2~4小时	4~6小时	6~8小时	8小时以上
目前	□	□	□	□	□

3.9 您空闲时间通常做什么？（可多选）

序号	休闲活动	目前
1	传统类：打麻将	□
2	现代类：玩电脑、玩手机	□
3	娱乐类：看电视、看电影、听收音机、听音乐、KTV、唱歌	□
4	思考类：下棋、打扑克、拼图	□

(续表)

序号	休闲活动	目前
5	学习类:去图书馆、看书、读报	☐
6	栽培饲养类:种花、养盆景、饲养小动物	☐
7	创作类:绘画、书法、小发明	☐
8	体能健身类:打球、跑步、健身房、游泳、登山、跳舞	☐
9	收藏类:集邮、集币、古董	☐
10	交际类:串门、访友、喝茶、聊天、喝酒、下馆子	☐
11	游玩类:逛街、购物、逛公园、去外地旅游	☐
12	家庭类:做家务、带孩子	☐

4　社区人口、群体和社会阶层

4.1　近年来,本社区(本村、本小区)外来人员有哪些? 有什么影响?

外来人口类型	影响方面	外来人口对这些方面影响程度		
☐基本没有外来人员 ☐外来买房、租房定居者 ☐外来务工人员 ☐外来投资者(开厂、开店) ☐其他:_____	就业机会	☐增加了	☐减少了	☐没有影响
	消费物价	☐降低了	☐提高了	☐没有影响
	交通状况	☐变好了	☐变差了	☐没有影响
	治安情况	☐变好了	☐变差了	☐没有影响
	卫生环境	☐变好了	☐变差了	☐没有影响

4.2　您感觉您周边居民的宗教信仰是有哪些?

宗教信仰	无	佛教	道教	伊斯兰教	洋教(基督教、天主教、印度教等)	其他
	☐	☐	☐	☐	☐	_____

4.3　您所在社区(村、镇)有哪些民间组织?

组织类型	各类组织
文化健身娱乐类组织	☐书画社　☐歌舞协会　☐合唱团　☐读书会　☐健身晨练队 ☐爬山爱好者组织　　☐其他:_____
社会服务类组织	☐志愿者队伍　☐免费家电维修　☐爱心社　☐社区服务中心 ☐社区学校　☐医疗义诊　　☐社区治安队
社区维权类组织	☐妇联　☐残联　☐老年协会　☐动物保护协会　☐环保协会 ☐其他:_____
慈善救助类组织	☐福利院　☐敬老院　☐儿童基金会　☐重大疾病救助基金会 ☐其他:_____

4.4 如果硬要把社区(村)里的人群分为两类人,我分为"男人"和"女人",或者分为"年轻人"和"老年人",您觉得对吗?

☐对

☐不对——您认为怎么分合适?　　☐不知道　　☐_____;_____

4.5 您在社会交往中,如逛街聊天、喝茶、平常聚会(吃饭喝酒)、下棋、打牌、打麻将等,经常交往的人有哪些?(可多选)

☐邻居　　　　☐本社区(村)的朋友　　☐外社区(村)的朋友　　　☐亲戚

☐企业老板　　☐社区干部　　　　　　☐政府机关、事业单位的人

4.6 近几年来,您家庭要操心一些比较烦人的事情,如孩子上学、子女或自己找工作等,依靠什么途径?(可多选)

☐完全凭自己的能力　　　　☐凭自己的社会关系(朋友、熟人、亲戚)

☐找社区(村)、街道(镇)干部　☐请客、送礼　　　　☐其他:_____

4.7 您觉得您及家庭在社会上处于什么地位?

社会地位	社会上层	社会中上层	社会中层	社会中下层	社会下层
目前	☐	☐	☐	☐	☐

5 社区文化与社区功能

5.1 您对节日的看法

和过去相比,现在传统节日(春节、端午、中秋等)气氛	☐非常浓　☐更浓了　☐差不多　☐变淡了　☐没什么气氛
和传统节日相比,您对现代节日(元旦、五一、国庆节等)	☐很看重　☐更重视　☐差不多重视　☐不太重视　☐经常忘记
右面一些洋节,您知道哪些?	☐圣诞节　☐母亲节　☐父亲节　☐感恩节　☐情人节

5.2 您家庭或邻居闲聊时,比较关注哪些新闻事件?

☐国际政治时事　☐我国政治时事　　☐金融(股市、投资)　☐综艺、娱乐、体育

☐科学技术　　　☐社会生活(物价、交通、教育、社会治安)

☐社会问题(家庭纠纷、社会矛盾)

5.3 近几年来,本社区(本村)好人好事多吗?

☐没有(几乎没有)	选择后四者,续问: 主要有哪些?
☐很少 ☐有一些 ☐较多 ☐很多	☐主动看望、帮助、救助孤寡老人、失亲儿童、经济困难的家庭、有重症成员的家庭 ☐义务送突发疾病或患重病的邻居、本社区居民去医院 ☐义务接送社区里的儿童上学、放学　☐主动义务打扫街道卫生、扫雪、清理垃圾 ☐主动为受灾地区捐钱、捐物　☐主动义务维持本社区治安 ☐主动帮助过路人、游客　　　☐其他:_____

5.4   您熟悉或者认识下面的哪些人员？

☐街道主任（镇长）　　　☐街道（镇）干部　　　　☐社区主任（村主任、村书记）
☐社区（村）干部　　　　☐片区（村镇）警察

5.5   近几年来，社区（村）或街道（镇）政府组织居民参加的会议多吗？

☐没有（几乎没有）	选择后四者，续问：主要有哪些？
☐很少 ☐有一些 ☐较多 ☐很多	☐居委会（村）、街道（镇）选举大会　　☐居委会（村）主任和干部选举会 ☐社区（村）卫生环境整治会　　　　　☐安全、治安会议 ☐失业、救济、扶贫会议　　　　　　　☐学习政府文件政策会议

5.6   近几年来，社区（村）或街道（镇）政府组织的文、体、宣传活动多吗？

☐没有（几乎没有）	选择后四者，续问：主要有哪些？
☐很少 ☐有一些 ☐较多 ☐很多	☐免费观看电影　　　　　☐街道（镇）、社区（村）文艺汇演 ☐体育比赛活动　　　　　☐优秀家庭、居民评比活动 ☐治安、卫生宣传活动　　☐国家政策宣传活动

5.7   近几年来，社区或街道（镇）政府组织的公益活动多吗？

☐没有（几乎没有）	选择后四者，续问：主要有哪些？
☐很少 ☐有一些 ☐较多 ☐很多	☐看望、帮助、救助孤寡老人、失亲儿童 ☐打扫街道（村）卫生、扫雪、清理垃圾　　☐治安巡逻 ☐为灾区捐款、捐物　　　　　　　　　　☐为患重病的、经济困难的居民捐款 ☐免费义诊　　　　　　　　　　　　　　☐免费学习、培训活动

5.8   就您所知，近几年来本社区发生过哪些矛盾和纠纷？

☐没有（几乎没有）	选择后四者，续问：主要有哪些？
☐很少 ☐有一些 ☐较多 ☐很多	☐家庭矛盾纠纷（夫妻之间、子女与父母之间） ☐亲戚之间的矛盾（兄弟、姊妹之间）　　☐本社区（村）与其他社区（村）之间的矛盾 ☐居民和社区（村）里的企业、店铺（饭店、宾馆）之间的矛盾 ☐社区（村）干部与居民之间的矛盾　　　☐其他：＿＿＿＿＿＿＿＿

5.9   您是否还记得，近几年来在本社区（本村）发生的违法犯罪事件多吗？

☐没有（几乎没有）	选择后四者，续问：主要有哪些？
☐很少 ☐有一些 ☐较多 ☐很多	☐偷盗　　☐抢劫　　☐诈骗　　　☐聚众斗殴 ☐故意伤害（投毒、殴打、杀害等）　　☐吸食或贩卖毒品　　☐破坏公家财产 ☐组织、介绍卖淫　　☐其他：＿＿＿＿＿

5.10 您家庭、邻居或本社区(本村)的其他居民遇到下面各种问题会寻求哪些机构或人帮助解决?

组织类型	经济纠纷	邻里矛盾	家庭矛盾	生活困难
社区(村)干部	☐	☐	☐	☐
街道(镇)政府干部	☐	☐	☐	☐
区政府	☐	☐	☐	☐
派出所	☐	☐	☐	☐
法院	☐	☐	☐	☐
社会团体(妇联等)	☐	☐	☐	☐
宗教社团	☐	☐	☐	☐
社区、居民楼中(村里)有威望的人	☐	☐	☐	☐
亲友	☐	☐	☐	☐
其他:_____	☐	☐	☐	☐

5.11 您认为本社区居委会(村委)或街道(镇)政府做过的实质性工作多吗?

☐没有(几乎没有)	选择后四者,续问: 主要有哪些?
☐很少 ☐有一些 ☐较多 ☐很多	☐解决就业问题　　　　　　　　☐修建、扩建或翻修街道、道路、路灯 ☐兴办幼儿园、托儿所、养老院　☐帮助解决设置公交站点 ☐修建了公共健身、体育设施和场所　☐社区(村)治安 ☐重病居民、失亲儿童、孤寡老人照顾和救济 ☐家庭及居民之间的矛盾纠纷的调解

6 社区基础设施及综合情况

6.1 离您家最近的政府办的医疗机构是?
　　　☐小区(村)医院所(室)　☐社区(镇)医院　☐区(县)医院
　　　——医疗水平:☐很高　☐较高　☐一般　☐较差　☐很差
　　　——服务态度:☐很好　☐较好　☐一般　☐较差　☐很差
　　　——看病费用:☐很高　☐较高　☐一般　☐较低　☐很低
6.2 就您所知,本小区(本村)居民生病大多数去哪儿看病治病?
　　　看小病一般去:☐个体诊所　☐小区(村)医务室　☐社区(镇)医院
　　　　　　　　　　☐区(县)医院
　　　看大病一般去:☐社区(镇)医院　☐区(县)医院　☐市医院
　　　　　　　　　　☐省城或其他大城市的大医院

6.3 目前,和您居住在一起的学龄孩子上学一般会选择在哪里的学校上学?

教育类型	幼儿园	小学	初中	高中
学校地点	☐最近的幼儿园 ☐最近的好幼儿园 ☐区(县)的好幼儿园 ☐市里的好幼儿园	☐最近的学校 ☐最近的好学校 ☐区(县)的好学校 ☐市里的好学校	☐最近的学校 ☐最近的好学校 ☐区(县)的好学校 ☐市里或省里的好学校	☐最近的学校 ☐最近的好学校 ☐区(县)的好学校 ☐市里或省里的好学校

6.4 您对本社区(村)的基础设施满意吗?（可对基础设施解释：医院、学校、道路交通、停车场、健身娱乐设施等)

满意度	您认为本社区(村)基础设施方面有哪些还有待完善或增加的?
☐很满意 ☐比较满意 ☐一般 ☐不太满意 ☐很不满意	☐健身器材和场所　☐儿童游乐场所　☐篮球场等运动场所　☐停车场 ☐自行车车棚　☐老人活动中心　☐幼儿园　☐小区公园或广场 ☐小区卫生环境和绿化　☐生活便利店(小型超市) ☐蔬菜水果店　☐警务室　☐公共厕所　☐其他：_____

6.5 总体说来,您认为本社区(本村)与 10 年前相比,您认为在下面的各个方面有什么变化?

比较方面	与 10 年前相比				
经济情况	☐好不少	☐好一些	☐差不多	☐差一些	☐差很多
政治工作(选举/政策执行等)	☐更民主	☐民主一些	☐差不多	☐比较专制	☐专制
学校及教育质量情况	☐好不少	☐好一些	☐差不多	☐差一些	☐差很多
治安状况	☐好不少	☐好一些	☐差不多	☐差一些	☐差很多
道路交通情况	☐好不少	☐好一些	☐差不多	☐差一些	☐差很多
环境、卫生状况	☐好不少	☐好一些	☐差不多	☐差一些	☐差很多
集体文体活动	☐多好多	☐多一些	☐差不多	☐少一些	☐少很多
邻里关系	☐好多了	☐好一些	☐差不多	☐差一些	☐差很多
尊老爱幼、困难家庭帮助等公益活动	☐多好多	☐多一些	☐差不多	☐少一些	☐少很多
家庭纠纷情况	☐少得多	☐少一些	☐差不多	☐多一些	☐多很多
政府的社区服务工作	☐好不少	☐好一些	☐差不多	☐差一些	☐差很多

7 对工程的态度、观点

7.1 如果在您家附近建一个大工程,您会担心它对自己或本社区(本村)有影响吗?

□一点不担心　□基本不担心　□无所谓	选择后两项,续问:最担心哪三件事?
□担心 □很担心	□是否被拆迁 □是否会失地 □是否有足够的经济补偿或房屋补偿 □是否能安排工作 □子女上学的学校问题 □社区(村)的基础设施是否建得好些 □社区(村)的经济能不能得到发展 □老邻居们能否居住得很靠近 □工程是否会影响居民的健康和安全 □安置房质量好坏 □安置小区的基础设施是否配套齐全 □其他＿＿＿＿＿＿＿＿

7.2 如果在您家附近建一个大工程,政府所采取的下列一些宣传动员方式,您最欢迎的是哪三种?(限三项多选)

□报纸、电视、广播等　　　　　□居委会(村委会)、街道(镇)政府公告

□宣传专栏/海报　　　　　　　□家庭走访

□政府动员大会　　　　　　　　□工程宣传手册

□居民座谈会　　　　　　　　　□组织居民或居民代表参观其他类似工程

7.3 如果在您家附近建一个大工程,您最希望政府的宣传动员工作要说清楚或解决好哪三项问题?(限三项多选)

□工程建设信息(规模、大小、影响的社区、小区)　　□解决子女上学问题

□提供就业和工作机会　　　　　　　　　　　　　　□补贴政策

□增加收入　　　　　　　　　　　　　　　　　　　□环境影响

□发展地方经济　　　　　　　　　　　　　　　　　□其他＿＿＿＿＿＿

□拆迁和迁移问题

7.4 过去几年中,您所在社区(村、街道),是否发生过居民因为利益受损而采取了下列一些集体行动?

□集体到政府上访　　　　　　□网上发帖

□向新闻媒体求助　　　　　　□集体阻扰工程施工

□向社会团体求助　　　　　　□集体到政府、有关单位门前,或在大街上静坐或围堵

7.5 如果在您家附近建一个大工程,假如您家庭遭遇到拆迁、安置、补贴政策或者利益受损等问题,您认为首先应该去(A);如果没有结果,再(B);还没有结果,再(C)。(请访员根据被访者的选择,在选项前的□内,标上 A、B 或 C)

□向村委会/居委会投诉　　　　　　　　　　　□到法院打官司

□个人或集体到政府(街道、乡镇、县、区)上访　□网上发帖

□向新闻媒体求助　　　　　　　　　　　　　　□集体阻扰施工

□向其他社会团体求助　　　　　　　　　　　　□集体上街或到政府门前游行、静坐等

7.6 您是否愿意和街坊邻居讨论社区（村、街道）的一些公共事务（如修路、卫生环境、学校、治安等）吗？

☐非常愿意 ☐比较愿意 ☐一般 ☐不太愿意 ☐不愿意

7.7 就您所知，您所在社区的居民（村民）参与社区公共事务的情况怎么样？

☐参与程度很高 ☐参与程度较高 ☐参与程度一般 ☐参与程度较低
☐参与程度很低

7.8 如果在您家附近建一个大工程，您认为对当地居民和社区来说，好处多于坏处吗？

☐好处远多于坏处 ☐好处多于坏处 ☐好处、坏处差不多
☐坏处多于好处 ☐坏处远多于好处 ☐不确定，看什么工程

7.9 如果在您家附近建一个大工程，政府邀请您参加工程建设决策会议（如投票、讨论该不该建等）（无报酬，但提供免费伙食），您是否愿意参加？

☐不愿意参加——继续问：为什么？（单选） ☐因为没空 ☐因为不太懂
☐相信政府，不用我们参加
☐愿意参加——继续问：您最多只想参加多少次这样的会议？
☐1～2 次 ☐3～5 次 ☐无所谓多少次，只要能参加

7.10 想问您最后一个问题。总的来说，与 10 年前相比，您觉得您个人、家庭及社区情况变得（ ）。

☐好多了 ☐好一些 ☐差不多 ☐差了 ☐很差

再一次感谢您的支持和协助！

卷外问题（其他建议及意见）或个案口述史等（访员在下面空白处记录）。

附录 E 明湖工程凯利方格调查量表

明湖工程个人涉入度 RPII 量表

问卷编号＿＿＿＿＿＿＿

尊敬的先生/女士，您好！

这是一份有关明湖民生工程个人涉入度的问卷，目的在于了解您与明湖工程的关联程度和对它的感受，请您将对明湖工程的整体感受（包括是否受影响、重要性、吸引程度等方面），依据您的直观感受程度，在空格内打钩。本量表进行整理后，会针对涉入度较高的受访者进行凯利方格深入访谈，所有信息仅作学术研究用途，承诺个人资料绝不公开，请安心填写。

基本资料（为方便统计，进行后续研究访谈，请填写完整）。

姓名：	性别：
年龄：	学历：
职业：	居住村队（自然村）：
电话：	周围村落（填写两个即可）：

以下一共十个问题，请您根据对明湖工程的直觉，快速填写。每道题只有一个答案，请在不同程度对应的空格内打钩。

	非常符合	比较符合	一般	比较不符合	非常不符合
明湖工程对我的生活来说是有影响的					
明湖工程是意义重大的					
明湖工程是令我印象深刻的					
明湖工程是涉及我的利益的					
明湖工程是令人激动的（高兴或者愤怒）					
明湖工程是与我有联系的					
明湖工程是吸引众人关注的					
明湖工程（的拆迁补偿）是让我关心的					
明湖工程是具有价值的					
对于自己所在村子周边邻村您是熟悉的					

明湖工程建构调查表

问卷编号_____

尊敬的先生/女士,您好!

请您回忆一下您所在村以及其他两个周围村落(您前面填写的两个)的自然环境、社会环境、经济环境、物质环境以及人力资源环境等方面的特点,然后将您觉得其中一个村落不同于其他两个村落的地方记录在纸上,描述得越详细越好,请记录至少5~10组不同之处,请尽量避免内容重复或相似。

此处提供一个示例,但是同时为了避免对您的印象产生干扰或者引导,我们以电视机为例:我比较熟悉三款不同厂家生产的电视机(类比以上三个村落),其中一款电视机不同于其他两款电视机的地方在于:电视机屏幕很大,其他两款则比较小。这就是它们的不同之处,也就是下面需要填写的内容。

即在以下横线处填写:屏幕大——屏幕小

1. _____
2. _____
3. _____
4. _____
5. _____
6. _____
7. _____
8. _____
9. _____
10. _____

感谢您填写此份问卷,祝您生活愉快,工作顺利!

明湖工程调查评分量表

问卷编号_____

尊敬的先生/女士,您好!

首先感谢您在百忙之中抽出时间来填写本份问卷!我们正在进行关于明湖工程的一项调查研究,主要是想了解您对您原住地所在村以及周围村落整体生活环境的感受。您的观点和意见对于本项研究具有重要的意义,我们会对您填写的内容进行严格保密,仅作为学术研究之用,请放心填写,本问卷总共有6个简短的问题,大约耗时10分钟,为了节约您的宝贵时间,提高效率,请您根据示例和提示完成问卷的填写,对于您的积极配合表示感谢!

示例:

我认为对于三个村落占地面积来说,东陈村占地面积比较大,柯湖村占地面积一般,法华村占地面积很大,那么在针对"占地面积"这一特点进行评分时,应该参照下列提示标准依次在东陈村、柯湖村、法华村对应的所在行找到比较大、一般、非常大的特征并打钩。

特征		非常大	比较大	一般	比较小	非常小
村落占地面积	东陈村		√			
	柯湖村			√		
	法华村	√				

接下来请参考以上示例和特征中的赋值提示进行下列村落特征的打分。

请注意,请对下面您所在自然村以及相邻自然村就某一方面的特征比较进行打钩,同时需要注意的是,每个村落对应的特征应互不相同。若有不清楚的问题,请空缺。

特征(示例)		非常大	比较大	一般	比较小	非常小
村落人均占地面积	村落1					
	村落2					
	村落3					
	村落4					
	村落5					

明湖工程攀梯访谈记录表

攀梯访谈表格				问卷编号:	
建构编号	属性	属性	结果	结果	价值	价值
1						
2						
3						
4						
5						

附录 F 明湖工程项目原住民个人、家庭和社区情况社会调查问卷

明湖工程项目原住民个人、家庭和社区情况社会调查问卷

访员：_____ 调查日期：2017年____月__日 问卷编号：_____
访问地点（社区名称）：_____ 时间：_____
受访者配合调查程度：□非常配合 □比较配合 □不太配合 家庭类型：_____

0 基本情况

0.1 您是否是拆迁安置在本地的居民？
　　□是　　　　□否

0.2 如果是，请问您是何时拆迁的？_____年（填具体年限）

0.3 您因何种原因而拆迁？
　　□工程建设：_____（具体工程）□城市建设异地安置（从其他地方迁过来的）
　　□城市建设回迁（对原居住地建筑改造）

0.4 您拆迁之前居住在农村还是城镇？
　　□农村　　　　□城镇

0.5 家庭户口：□一直是农村户口
　　　　　　　　□一直是城镇户口
　　　　　　　　□曾经由农村户口变为城镇户口——续问变化原因：
　　　　　　　　　　□拆迁/征地时变的　□自行变的
　　　　　　　　　　您的户口类型是哪一年发生变更的？_____年

1 人力资本

1.1 家庭劳动力水平和教育水平

（以所调查家庭为家的成员或户口在所在家庭的成员，如在外地打工的家人，但不包括另选住所分开居住的家人，如兄弟、子女等）

序号	(1)与本人关系	(2)性别	(3)年龄	(4)婚姻状况	(5)所在地	(6)受教育年限	(7)健康状况
1	受访者本人						
2							
3							

（续表）

序号	(1) 与本人关系	(2) 性别	(3) 年龄	(4) 婚姻状况	(5) 所在地	(6) 受教育年限	(7) 健康状况
4							
5							
6							
7							

注：(1) 与访问者关系：①本人　②配偶　③父母　④子女　⑤儿媳/女婿　⑥(外)孙子女　⑦(外)孙媳妇/女婿
　　　⑧岳父母/公婆　⑨(外)祖父母　⑩其他亲属　⑪未回答
　　(2) 性别：①男　②女
　　(3) 婚姻状况：①未婚　②已婚　③未回答
　　(4) 工作或生活所在地：①住一起　②同村/街道　③同一个乡(镇)　④在省内　⑤在省外
　　(5) 教育程度：①文盲　②小学　③初中　④高中或中专　⑤大学　⑥研究生及以上
　　(6) 健康状况：①健康　②生活自理　③需要有人照料　④需经常住院治病

1.2　您大家庭目前的居住情况(指包括成年兄弟的大家庭)？

□父母单独居住　　　　　　　□父母育有单子(女)，一同居住

□父母与一个成年子女同住　　□父母育有单子(女)，但分开居住

□父母在子女家轮流居住　　　□其他：_____

□未分家，父母、成年兄弟同住

1.3　技能培训

您及家人在就业前后是否参加过政府组织的免费技能培训？

□无　　　　　　　　　　□有，_____次

2　自然资本

2.1　土地、水及生物资源状况

		类型	总面积(亩)	种植或养殖作物类型及面积
土地	在经营土地	耕地	———	□水稻，面积：_____(亩) □小麦，面积：_____(亩) □油菜，面积：_____(亩) □棉花，面积：_____(亩) □烤烟，面积：_____(亩) □草皮，面积：_____(亩) □其他，农作物名称：_____ 面积：_____(亩)
		园地(用以种植蔬菜或养殖家禽等)	_____(亩) 是否养殖右栏所示的家禽或牲畜？	□鸡、鸭，_____(只) □猪，_____(头) □牛，_____(头) □羊，_____(只) □其他，_____

（续表）

		类型	总面积（亩）	种植或养殖作物类型及面积
土地	在经营土地	林地	——	□经济林（如樱桃园、葡萄园等） 树木名称：_____ 面积：_____（亩） □观光林（如枫树林、栀子园、玫瑰园等） 树木名称：_____ 面积：_____（亩）
		坑塘		主要养殖物名称：_____
	闲置土地	_____（亩）		是否有农业用地被征转化为工业用地或其他用地？□没有 □有，继续追问：约 _____（亩）
	土壤品质	□很好 □好 □一般 □差 □很差		
水	灌溉用水	□很方便 □方便 □一般 □较不方便 □不方便		
	种田用水来源	□自来水 □就近河流自设抽水机抽水 □村统一的灌溉渠 □其他方式：_____		

2.2 环境

总体上，让您 1～5 分给当地居住环境打分，您觉得可以打几分？

（1 分代表很不满意，5 分代表很满意）

□1 分　□2 分　□3 分　□4 分　□5 分

3 物质资本

3.1 您家庭房屋的基本情况？

房屋情况	1 层瓦房或平房	2～3 层小楼房	多层住宅楼
住房套数	□_____（套）	□_____（套）	□_____（套）
房间数及面积	□(___间)(___平方米)	□(___间)(___平方米)	□(___间)(___平方米)
住房质量	□很好 □好 □一般 □较差 □差		

3.2 您家里是否拥有下列物品？（多选）

物品名称	电冰箱	洗衣机	微波炉	空调	液晶电视机	电脑	电脑联网	钢琴	私家汽车	宠物
是否拥有	□	□	□	□	□	□	□	□	□	□

3.3 您家里是否拥有下列生产性物品？（多选）

物品名称	拖拉机	三轮车	收割机	抽水机	鼓风机	谷物磨粉机	经营性店面
是否拥有	□	□	□	□	□	□	□

3.4 您所在村落的道路状况？

道路类型	水泥路	土路
村落主干道	□	□
家到主干道的次要干道	□	□
出行方便度	□非常方便 □较方便 □一般 □较不方便 □不方便	

3.5 您的家庭燃料主要来源是?

燃料来源	作物秸秆	电力	沼气	液化气	太阳能	其他
有/无	☐	☐	☐	☐	☐	☐

3.6 您所在的村落是否有下列学校?

学校	幼儿园	小学	初中	高中
是否拥有	☐_____所	☐_____所	☐_____所	☐_____所
学校及教育质量情况	☐非常好 ☐较好 ☐一般 ☐较差 ☐差			

3.7 您所在村是否有村(社区)医务所(室)?

☐没有 ☐有——医疗水平:☐很高 ☐较高 ☐一般 ☐较差 ☐很差

——看病费用:☐很高 ☐较高 ☐一般 ☐较低 ☐很低

3.8 总体上,让您1～5分给本社区基础设施打分,您觉得可以打几分?

(1分代表很不满意,5分代表很满意)

☐1分 ☐2分 ☐3分 ☐4分 ☐5分

——续问:您认为本村基础设施有哪些还有待完善或增加的?(可多选)

☐健身器材和场所 ☐儿童游乐场所 ☐篮球场等运动场所 ☐公园或广场

☐卫生环境和绿化 ☐老人活动中心 ☐幼儿园 ☐生活便利店(小型超市)

☐菜市场 ☐警务室 ☐公共厕所 ☐其他:_____

4 经济资本

4.1 您的家庭年收入水平?

年收入(元)	5千以下	5千～1万	1万～2万	2万～3万	3万～5万	5万～10万	10万～20万	20万以上
目前	☐	☐	☐	☐	☐	☐	☐	☐

4.2 目前您的家庭经济收入来源包括哪些?(访员在对应的格子里打√,相应的选项尽可能问出大概金额)

1) 一次性征地补偿金(拆迁居民):_____(元);够用几年:____年。

2) 年均收入(以整个家庭为单位,需问清每一种收入来源及大致金额,金额务必要填!)

收入来源	对应的横线上填上数据	收入来源	对应的横线上填上数据
依靠种地获得的收入	☐(_____元/年)	最低生活保障金	☐(_____元/年)
种植业(非粮食作物)	☐(_____元/年)	子女供养或亲朋资助	☐(_____元/年)
家禽养殖	☐(_____元/年)	农副产品加工	☐(_____元/年)
渔业养殖	☐(_____元/年)	商业零售小店、承租商场柜台	☐(_____元/年)
征地补偿金数额	☐(_____元/年)	投资开办工厂	☐(_____元/年)
工资性/打零工收入	☐(_____元/年)	房屋出租收入	☐(_____元/年)
退休、养老金	☐(_____元/年)	炒股票或其他金融投资收入	☐(_____元/年)

右侧选项者续问:您的开发创收项目是否从相关政府部门或机构获得过支持和帮助?

□否　　　□是——哪些途径?

□行业协会或管理协会　　□村委会　　□镇以上政府部门　　□银行或信用社

□其他:_____

——支助方式?　　□直接投资(相关机构入股方式投入)　　□有息贷款　　□无息贷款　　□无偿的扶贫资金　　□技术咨询和指导

4.3　您的家庭的闲钱如何投资?

投资项	□存银行	_____(元)(金额)							
其他	□买国债	□买股票	□买彩票	□买保险	□炒外汇或期货	□参股投资	□买房子	□借给别人(放债)

4.4　您的家庭成员在本村、本镇找工作难吗?

就业难易程度	很难	难	一般	容易	很容易
目前	□	□	□	□	□

4.5　目前您的家庭支出最多花费在 A,其次在 B,再其次在 C(对应的格子里填入 A、B、C)

支出项目	A、B、C	支出项目	A、B、C	支出项目	A、B、C
教育		文化、娱乐、旅游		电费、煤气费、水费、电话费等	
住房		人际交往(请客、送礼)		服装与鞋帽	
家用电器、家具		交通		日用品	
医疗与保险		吃饭和食品		其他_____	

其中:日常开支(除去住房、购车外)总计:_____元/月;家庭孩子的教育费用_____元/年;吃饭和食品费用_____元/月;电费、煤气费、水费、电话费等_____元/月。

4.6　家庭遇到买房、买车或其他的大事急需用钱,但是自己的钱不够时,从哪些途径获得了资助?

途径(可多选)	金额(元)
□银行/信用社贷款	□<10 000　　□10 000~30 000　　□30 000~50 000 □50 000~100 000　　□100 000 及以上
□亲戚借款	□<10 000　　□10 000~30 000　　□30 000~50 000 □50 000~100 000　　□100 000 及以上
□朋友借款	□<10 000　　□10 000~30 000　　□30 000~50 000 □50 000~100 000　　□100 000 及以上
□邻居借款	□<10 000　　□10 000~30 000　　□30 000~50 000 □50 000~100 000　　□100 000 及以上
□村委会借款	□<10 000　　□10 000~30 000　　□30 000~50 000 □50 000~100 000　　□100 000 及以上
□村民互助基金	□<10 000　　□10 000~30 000　　□30 000~50 000 □50 000~100 000　　□100 000 及以上
□高利贷	□<10 000　　□10 000~30 000　　□30 000~50 000 □50 000~100 000　　□100 000 及以上

4.7 您参加或购买的各种社会保障和保险情况（可多选）

保障类型	农村养老保险	农村合作医疗保险	农村低保	五保户	城镇职工养老保险	城镇职工医疗保险	城镇职工失业保险	城市低保	商业保险	没有任何社会保障
目前	☐	☐	☐	☐	☐	☐	☐	☐	☐	☐

5 社会资本

5.1 家庭夫妻关系情况如何？（注意：受访者为 60 岁以上，问与其共同生活子女的夫妻关系）

夫妻双方谁管家里的钱？	☐丈夫 　☐妻子 　☐各人管自己的钱，各人用自己的钱 ☐夫妻共同管理
家里重大事情（买房、车、电器）谁说了算？	☐丈夫 　☐妻子 　☐相互商量 　☐基本上无商量
夫妻之间家务劳动分配情况？	☐丈夫承担全部 　☐丈夫承担大部分 　☐双方差不多 ☐妻子承担大部分 　☐妻子承担全部
夫妻经常一起外出（购物、走亲戚或散步）吗？	☐经常 　☐有时 　☐偶尔 　☐极少 　☐从来不
夫妻双方交流多吗？	☐经常 　☐有时候会 　☐很少 　☐从来都不
夫妻之间的总体关系怎么样？	☐感情非常好 　☐感情比较好 　☐关系一般化 ☐关系不大好，将就着过 　☐关系很僵了，没感情了

5.2 家庭上下辈关系

家中上下辈之间经常聊天、谈心、交流吗？	☐基本每天 　☐经常 　☐偶尔 　☐有事时 　☐基本不交流 ——若选前四项，续问交流方式？（多选） ☐谈心 　☐电话 　☐QQ 或微信 　☐其他：_____
长辈是否对晚辈给予钱、物补贴或赠送吗？	☐按月给 　☐每年几次 　☐每年一次 ☐有大事时（如买房造屋、结婚等） ☐过年过节会给些压岁钱等 　☐基本不给
晚辈是否补贴长辈的生活费用？	☐按月给 　☐每年几次 　☐每年一次 　☐需要时给 ☐基本不给
晚辈常给长辈买礼物吗？	☐经常 　☐逢年过节 　☐偶尔 　☐基本没有过
晚辈记得给长辈过生日？	☐每年都过 　☐有时过，有时忘记了 ☐只有大生日过（整 10 岁） 　☐基本不过
总体来说，您的家庭长辈和晚辈关系是？	☐很亲密 　☐较亲密 　☐一般 　☐较疏远 　☐很疏远

5.3 家庭社会网络

您与亲戚联络（包括相互走动、电话）频繁吗？	☐非常频繁 　☐频繁 　☐一般 　☐较少 　☐基本不走动
您与邻居联络（包括走动、电话）频繁吗？	☐非常频繁 　☐频繁 　☐一般 　☐较少 　☐基本不走动
总体来说，您与家里的亲戚关系如何？	☐很密切 　☐较密切 　☐一般 　☐较疏远 　☐很疏远
总体来说，您与邻居关系如何？	☐很密切 　☐较密切 　☐一般 　☐较疏远 　☐很疏远

5.4 您的家庭、亲戚和朋友中是否有人担任社区(村、镇)干部?
　　☐没有　　　　　　　☐有——续问:人数:_____。

5.5 您的家庭、亲戚和朋友中是否有人在机关事业单位工作或是企业老板高管?
　　☐没有　　　　　　　☐有——续问:人数:_____。

5.6 您参与的村(社区)民间组织有哪些?

组织类型	各类组织
文化健身娱乐类组织	☐歌舞协会　☐合唱团　☐读书会　☐健身晨练队　☐爬山爱好者组织 ☐书画社　☐其他:_____
社会服务类组织	☐社区治安队　☐志愿者队伍　☐免费家电维修　☐爱心社　☐社区服务中心 ☐社区学校　☐医疗义诊
社区维权类组织	☐妇联　☐残联　☐老年协会　☐动物保护协会　☐环保协会 ☐其他:_____
慈善救助类组织	☐福利院　☐敬老院　☐儿童基金会　☐重大疾病救助基金会 ☐其他:_____

5.7 您所参与的社区组织的活动有哪些?

参与的活动类型	各类活动	
参加的会议有哪些?	☐很多　☐较多 ☐有一些 ☐较少　☐很少	☐村、乡镇选举大会　　☐村主任和干部选举会 ☐村卫生、环境整治会议　☐村安全、治安会议 ☐失业、救济、扶贫会议　☐学习政府文件政策会议
参与的文、体、宣传活动有哪些?	☐很多　☐较多 ☐有一些 ☐较少　☐很少	☐免费观看电影　　　☐街道、社区文艺汇演 ☐体育比赛活动　　　☐优秀家庭、居民评比活动 ☐治安、卫生宣传活动　☐国家政策宣传活动
参与的公益活动有哪些?	☐很多　☐较多 ☐有一些 ☐较少　☐很少	☐看望、帮助、救助孤寡老人、失亲儿童 ☐打扫街道卫生、清理垃圾　☐治安巡逻 ☐为灾区捐款、捐物 ☐为患重病的、经济困难的居民捐款　☐免费义诊

5.8 您所在的社区(村、镇)是否有社区(村)企业?
　　☐没有　　　☐有,数量:_____

5.9 总体上,让您1~5分给本社区居委会的工作打分,您觉得可以打几分? (1分代表很不满意,5分代表很满意)
　　☐1分　☐2分　☐3分　☐4分　☐5分

5.10 您在日常生活中是否经常使用手机上网或电脑上网?
　　☐一直　☐经常　☐有时　☐偶尔/很少　☐从不

6 其他

6.1 征地拆迁时,您担心过它对自己或所在村有影响吗?

□一点不担心 □基本不担心 □无所谓	选择后两项,续问:最担心哪三件事?
□担心 □很担心	□是否会失地 □是否有足够的经济补偿或房屋补偿 □是否能安排工作 □子女上学的学校问题 □安置房质量好坏 □安置小区的基础设施是否配套齐全 □能不能适应城市生活 □老邻居们能否居住得很靠近

6.2 您回忆一下,当初工程建设前政府是否有进行拆迁宣传?

拆迁宣传	如果有,则选择宣传方式
□很多 □较多 □有一些 □较少 □很少	□宣传专栏/海报 □政府动员大会 □居民座谈会 □村委会/街道公告 □工作组家庭走访 □宣传手册

6.3 您还记得,当初政府有关该工程的各种宣传中主要宣传、动员的内容有哪些?

宣传、动员内容	您当时认为这些宣传可信吗	后来,这些宣传落实了吗
□工程建设信息(规模、大小、影响的村镇) □补贴政策:_____ □提供就业和工作机会 □增加收入 □拆迁和迁移问题 □解决子女上学问题 □环境影响 □发展地方经济 □其他:_____	□政府的宣传当然可信 □不可信,目的是让我们配合搬迁 □部分可信,但有些过度夸大了 □当时有些怀疑,不能判断	□完全落实 □大部分落实 □落实了一半 □小部分落实 □完全没有落实

6.4 在当初的工程建设过程中,是否有村民因拆迁、安置、补贴、环境问题,用以下一些方式进行投诉或反映?

方式	主要原因	反映是否起到作用
□向村委会/居委会投诉 □找工程建设方 □个人或集体到政府上访 □向新闻媒体求助 □向其他团体求助 □法律诉讼(打官司) □网上发帖 □集体阻扰施工或找相关单位	□拆迁安置问题 □补贴政策 □就业问题 □失地问题 □子女上学问题 □环境影响 □其他:_____	□很有作用,解决了几乎所有问题 □有较大作用,解决了大多数问题 □作用一般,解决了一些问题 □作用很小,只解决了个别问题 □根本没用

6.5　您对拆迁、安置、补贴政策满意吗？

□很满意　□较满意	选择后三者，续问：哪些方面不太满意？
□一般 □较不满意 □很不满意	□政策制度不透明　　□干部和普通民众之间分配不均 □补贴金额低、安置住房面积小 □没有提供失业、养老、医疗保险 □同一地区的补贴方案前后不一致，不公平 □征用了耕地的，政府没有帮助就业 □安置小区的基础设施配套不够齐全 □安置房质量不好 □老邻居们住得离得很远，无法适应城市生活

6.6　本社区与其他社区相比，您认为下面这些方面怎样？

比较方面	本社区与其他社区相比				
经济情况	□好不少	□好一些	□差不多	□差一些	□差很多
政治工作（选举/政策执行等）	□更民主	□民主一些	□差不多	□比较专制	□专制
治安状况	□好不少	□好一些	□差不多	□差一些	□差很多
道路交通情况	□好不少	□好一些	□差不多	□差一些	□差很多
环境、卫生状况	□好不少	□好一些	□差不多	□差一些	□差很多
集体文体活动	□多好多	□多一些	□少一些	□少很多	
邻里关系	□好多了	□好一些	□差不多	□差一些	□差很多
尊老爱幼、困难家庭帮助等公益活动	□多好多	□多一些	□少一些	□少很多	
家庭纠纷情况	□少得多	□少一些	□差不多	□多一些	□多很多
政府的社区服务工作	□好不少	□好一些	□差不多	□差一些	□差很多

其他：（开放性问题，可让居民自由填写本社区与其他社区差异的地方，尽量问出）

6.7　总体来说，与拆迁前相比，您的生活发生了哪些变化？

比较方面	与拆迁前相比				
收入情况	□多很多	□多一些	□差不多	□少一些	□少很多
幸福感	□好不少	□好一些	□差不多	□差一些	□差很多
满意度	□很满意	□比较满意	□一般	□不太满意	□很不满意

6.8　总体说来，您内心是赞成还是反对这个项目/拆迁？

　　　□非常赞成　　□基本赞成　　□无所谓，没关心　　□不太赞成　　□反对

6.9　拆迁安置在城镇生活，对您来说最大的问题是？（尽量问出三点及以上）

再一次感谢您的支持和协助！

卷外问题（其他建议及意见）或个案口述史等（访员在下面空白处记录）。

注：在拆迁安置前后问卷有细微调整，主要体现在涉及拆迁安置的问题上，拆迁安置前的问卷调研不涉及此类问题。

参考文献

Adger W N, 1999. Social Vulnerability to Climate Change and Extremes in Coastal Vietnam [J]. World Development, 27(2):249-269.

Adger W N, 2006. Vulnerability [J]. Global Environmental Change, 16(3): 268-281.

Allison E H, Horemans B, 2006. Putting the principles of the Sustainable Livelihoods Approach into fisheries development policy and practice[J]. Marine Policy, 30(6): 757-766.

Armaş I, 2008. Social vulnerability and seismic risk perception. Case study: the historic center of the Bucharest Municipality/Romania [J]. Natural Hazards, 47(3): 397-410.

Armour A, 1990. Integrating impact assessment in the planning process: From rhetoric to reality [J]. Impact Assessment, 8(1/2): 1-14.

Barnett J, Lambert S, Fry I, 2008. The hazards of indicators: insights from the environmental vulnerability index[J]. Annals of the Association of American Geographers, 98(1): 102-119.

Berkowitz R S, Marean A R, Hamilton N, et al, 1980. Psychological and social impact of gestational trophoblastic neoplasia[J]. Journal of Reproductive Medicine, 25(1): 14-16.

Branch K, 1984. Guide to social assessment[M]. Boulder,CO: Westview Press.

Burdge R J, 1994. A community guide to social impact assessment[J]. Middleton, WI: Social Ecology Press.

Burdge R J, Fricke P, Finsterbusch K, 1995. Guidelines and principles for social impact assessment[J]. Environmental Impact Assessment Review, 15(1): 11-43.

Cannon T, 2008. Vulnerability, "innocent" disasters and the imperative of cultural understanding [J]. Disaster Prevention and Management, 17(3): 350-357.

Carney D, 1998. Sustainable rural livelihoods: what contribution can we make? [J]. International Development, 10(7):213.

Cave S, Williams T, Jolliffe D, et al, 2012. Peterborough social impact bond: An independent assessment [J]. Development of the PSM methodology. Ministry of Justice Research Series, 8: 12.

Cox R S, Perry K M E, 2011. Like a Fish Out of Water: Reconsidering Disaster Recovery and the Role of Place and Social Capital in Community Disaster Resilience [J]. American Journal of Community Psychology, 3(48): 395-411.

Cutter S L, Mitchell J T, Scott M S, 2000. Revealing the vulnerability of people and places: A case study of Georgetown County, South Carolina [J]. Annals of the Association of American Geographers, 90(4): 713-737

Cutter S L, 2012. Hazards vulnerability and environmental justice [M]. London: Routledge.

Cutter S L, 1993. Living with risk: the geography of technological hazards [M]. London: Edward Arnold.

DFID U K. Sustainable livelihoods guidance sheets[R]. London: DFID, 1999: 4-5.

Downing T E, 1992. Vulnerability and global environmental change in the semi-arid tropics: modelling regional and household agricultural impacts and responses [C]//The International Conference on Impacts of Climatic Variations and Sustainable Development in Semi-Arid Regions(ICID), Fortaleza, State of

Ceará, Brazil.

Dwyer M J, Istomin K V, 2006. Mobility and Technology: Understanding the vulnerability of two groups of nomadic pastoralists to reindeer losses[J]. Nomadic Peoples, 10(2): 142-165.

Fearnside P M, 1997. Greenhouse-gas emissions from Amazonian hydroelectric reservoirs: The example of Brazil's Tucuruí Dam as compared to fossil fuel alternatives[J]. Environmental Conservation, 24(1): 64-75.

Forbes D, Smith S, Horner R, 2008. Investigating the weighting mechanism in BREEAM Ecohomes[C]// CIB W055-W065 Joint International Symposium: Transformations through Construction, Dubai, United Arabic Emirates.

Franks D, 2012. Social impact assessment of resource projects[J]. International Mining for Development Centre, 5(3): 235-243.

Freudenburg W R, Gramling R, 1992. Community Impacts of Technological Change: Toward a Longitudinal Perspective[J]. Social Forces, 70(4): 937.

Gramling R, 1992. Employment data and social impact assessment[J]. Evaluation & Program Planning, 15(3): 219-225.

IOCPG, 1995. Guidelines and principles for social impact assessment [J]. Environmental Impact Assessment Review, 15(1): 11-43.

Ionescu C, 2009. Vulnerability Modeling and Monadic Dynamical Systems [D]. Berlin: Freien University Berlin.

Jackson S, Sleigh A, 2000. Resettlement for China's Three Gorges Dam: socio-economic impact and institutional tensions [J]. Communist and Post-Communist Studies, 33(2): 223-241.

Juslén J, 1995. Social impact assessment: a look at Finnish experiences[J]. Project Appraisal, 10(3): 163-170.

Kemp B H, 1965. Social impact of a highway on an urban community[J]. Highway Research Record 75: 92-102.

Keskitalo E C H, 2012. Climate change and globalization in the Arctic: an integrated approach to vulnerability assessment[M]. London: Earthscan.

Leon V D, Carlos J, Zeil, et al, 2006. Evaluation of the capacity building programme for natural disaster reduction (CBNDR) in Central America and the Caribbean[M]. Louisiana State University Press: 477-478.

Luo Y, Zhang M, Wang W, 2009. The impact of corporation social responsibility on relational benefit: The perspective of brand image[C]//2009 International Conference on Management Science and Engineering. IEEE: 806-811.

Nelson R, Brown P, Darbas T, et al, 2007. The potential to map the adaptive capacity of Australian land managers for NRM policy using ABS data[J]. Natural Heritage Trust: 15-17.

Osman B, Elhassan N G, Ahmed H, et al, 2005. Sustainable Livelihood approach for assessing community resilience to climate change: case studies from Sudan[R]. Assessments of Impacts and Adaptations to Climate Change (AIACC) Working Paper: 12-13.

Pitilakis K, Alexoudi M, Argyroudis S, et al, 2008. Vulnerability and Risk Assessment of Lifelines [M]// Assessing and Managing Earthquake Risk. Springer Netherlands: 185-211.

Ren Y, Li M, 2010. Dimensionless research on the evaluation index of social in road construction projects [J]. Technological Development of Enterprise, 29(7): 63-65.

Rogers J C, Simmons E A, Convery I, et al, 2012. Social impacts of community renewable energy projects:

findings from a woodfuel case study[J]. Energy Policy, 42：239-247.

Rygel L, O'Sullivan D, Yarnal B, 2006. A Method for Constructing a Social Vulnerability Index：An Application to Hurricane Storm Surges in a Developed Country [J]. Mitigation and Adaptation Strategies for Global Change, 11(3)：741-764.

Schultz T W, 1961. Investment in human capital[J]. American Economic Review, 51：1-17.

Sharma U, Patwardhan A, 2008. Methodology for identifying vulnerability hotspots to tropical cyclone hazard in India[J]. Mitigation and Adaptation Strategies for Global Change, 13(7)：703-717.

Sharp K, 2003. Measuring destitution：Integrating qualitative and quantitative approaches the analysis of survey data[R]. IDS Working Paper 217：50-69.

Sheehan P, Jones R N, Jolley A, et al, 2008. Climate change and the new world economy：implications for the nature and timing of policy responses[J]. Global Environmental Change, 18(3)：380-396.

Sheng E, Nossal K, Zhao S, et al, 2008. Exploring the feasibility of an adaptive capacity index using ABS Data[R]. ABARE and CSIRO Report for the National Land and Water Resources Audit, Canberra.

Takahashi K, Otsuka K, 2010. The increasing importance of nonfarm income and the changing use of labor and capital in rice farming：the case of Central Luzon, 1979—2003[J]. Agricultural Economics, 40(2)：231-242.

Tilt B, Braun Y, He D, 2009. Social impacts of large dam projects：a comparison of international case studies and implications for best practice [J]. Journal of Environmental Management, 90(S3)：S249.

Timmerman P, 1981. Vulnerability, resilience and the collapse of society：a review of models and possible climatic applications[M]. Institute for Environmental Studies, University of Toronto.

Turner B L, Kasperson R E, Matson P A, et al, 2003. A framework for vulnerability analysis in sustainability science [J]. Proceedings of the National Academy of Sciences, 100(14)：8074-8079.

Vanclay F, 1999. Green or Gone：Health, Ecology, Plagues, Greed and Our Future [Book Review][J]. Rural Society,9(1)：388-397.

Verhagen A, Dietz A J, Ruben R, et al, 2003. Climate Change and Food Security in the Drylands of West Africa[M]// Global Environmental Change and Land Use. Springer Netherlands：167-185.

Wang P, Dong S, Lassoie J, 2013. The large dam dilemma：an exploration of the impacts of hydro projects on people and the environment in China[M]. Springer Science & Business Media.

成得礼,2008. 对中国城中村发展问题的再思考——基于失地农民可持续生计的角度[J]. 城市发展研究, 15(3)：68-76.

丁士军,张银银,马志雄,2016. 被征地农户生计能力变化研究——基于可持续生计框架的改进[J]. 农业经济问题(6)：25-34.

关云龙,付少平,2009. 可持续生计框架下的农户生计资产分析——基于四省五县的调查[J]. 广东农业科学(12)：269-272.

黎洁,李亚莉,邰秀军,等,2009. 可持续生计分析框架下西部贫困退耕山区农户生计状况分析[J]. 中国农村观察,05：29-38,96.

李鹤,张平宇,程叶青,2008. 脆弱性的概念及其评价方法[J]. 地理科学进展, 27(2)：18-25.

李树苗,梁义成,Feldman M W,等,2010. 退耕还林政策对农户生计的影响研究——基于家庭结构视角的可持续生计分析[J]. 公共管理学报,02：1-10,122.

李小云,董强,饶小龙,等,2007. 农户脆弱性分析方法及其本土化应用[J]. 中国农村经济(4)：32-39.

刘燕华,李秀彬,2007. 脆弱生态环境与可持续发展[M]. 北京:商务印书馆.

蒙吉军,艾木入拉,刘洋,等,2013. 农牧户可持续生计资产与生计策略的关系研究——以鄂尔多斯市乌审旗为例[J]. 北京大学学报自然科学版,49(2)：321-328.

夏立明,陈树平,孙丽,2010.高速公路项目社会影响后评价指标体系构建研究[J].建筑经济(3)：92-95.

谢东梅,2009.农户生计资产量化分析方法的应用与验证——基于福建省农村最低生活保障目标家庭瞄准效率的调研数据[J].技术经济,28(9)：43-49.

徐鹏,徐明凯,杜漪,2008.农户可持续生计资产的整合与应用研究——基于西部10县(区)农户可持续生计资产状况的实证分析[J].农村经济(12)：89-93.

杨云彦,赵锋,2009.可持续生计分析框架下农户生计资本的调查与分析——以南水北调(中线)工程库区为例[J].农业经济问题(3)：58-65,111.